F. Lorinser

Die Bhagavad-Gita

Salzwasser

F. Lorinser

Die Bhagavad-Gita

1. Auflage | ISBN: 978-3-84605-116-0

Erscheinungsort: Frankfurt, Deutschland

Erscheinungsjahr: 2020

Salzwasser Verlag GmbH

Reprint of the original, first published in 1869.

Die

Bhagavad-Gita.

Uebersetzt und erläutert

von

Dr. F. Lorinser.

Breslau, 1869.

Verlag von G. P. Aderholz' Buchhandlung

(G. Porsch).

Vorrede.

Wenn ich es wage, in der vorliegenden Arbeit ein Gebiet zu betreten, auf dem ich nur zu sehr als Neuling mich bekennen muss, und das bereits so ausgezeichnete Bearbeiter wie A. W. v. Schlegel und Christian Lassen gefunden hat, denen ich mich gleichzustellen nicht im entferntesten beanspruchen darf, so mussten starke Gründe vorhanden sein, die zu einem so gewagten Unternehmen mich ermuthigen konnten. Ich will es versuchen, dieselben in Kürze hier darzulegen.

Bei der Lektüre der Bhagavad-Gita stieg zunächst der Wunsch in mir auf, dieses herrliche und äusserst merkwürdige Gedicht in einer vollständigen, dem indischen Versmass nachgebildeten Uebersetzung verdeutscht zu sehen. Eine solche ist meines Wissens noch nicht vorhanden. Die einzige vollständige deutsche Uebersetzung (von Peiper, Leipzig 1834) ist in zwanglosen Jamben abgefasst und lässt anerkanntermassen viel zu wünschen übrig. Bruchstücke, im Slokenversmass wiedergegeben, hat Friedrich v. Schlegel schon 1808 in seiner Schrift: Ueber die Sprache und Weisheit der Indier, und Wilhelm v. Humboldt in seiner in der Berliner Akademie der Wissenschaften 1826 gelesenen Abhandlung: „Ueber die unter dem Namen der Bhagavad-Gita bekannte Episode des Maha-Bharata" veröffentlicht. Neuerdings hat noch Boxberger (im Programm der Realschule zu Erfurt vom Jahre 1863) die ersten elf Gesänge in gereimten Jamben wiederzugeben versucht. Wenn ich es daher

sind die beiden Jamben am Ende der meisten Verse durchweg festgehalten worden. Die Länge oder Kürze der übrigen Silben habe
ich, wie meist wohl auch das Original, mit voller Freiheit behandelt,
ohne mich um speziellere, bisher kaum mit Sicherheit festgestellte
Unterschiede zu kümmern. Wenn der jambische Tonfall der im Allgemeinen vorherrschende ist, so liegt das im Genius der deutschen
Sprache, und ich hielt es nicht für angemessen, ihn dort gewaltsam
zu unterbrechen, wo die möglichst wörtliche Wiedergabe des Originales dazu keine natürliche Veranlassung bot. Durch eine künstliche,
absichtliche Schwerfälligkeit des Ausdrucks wird meines Erachtens
das Sloka-Versmass keineswegs in entsprechender Weise wiedergegeben. Was die längeren Verse (*Trischtubh*) betrifft, mit denen die
Sloka zuweilen abwechselt, so habe ich sie nicht, wie Lassen in der
zweiten Ausgabe des Originales, in zwei Hälften aufgelöst, sondern
mit Beachtung der Silbenzahl und der Cäsur in der Mitte, als eine
lange Zeile in ihrer ursprünglichen Integrität belassen, weil durch die
Halbirung derselben der eigentlich beabsichtigte Eindruck einer in
grösserer Athemfülle hinströmenden und desshalb wohl auch beschleu-
nigter, in erhöhter Stimmung vorgetragenen Rede verloren geht.

Doch die Uebersetzung war nicht das Einzige, wozu das Studium der Bhagavad-Gita mich veranlasst und angeregt hat. Noch
viel wichtiger erschien es mir, die zuerst mit Befremden und Staunen
gemachte Wahrnehmung, die sich jedoch bald zur klarsten Ueberzeugung entwickelte, dass der Verfasser der Bhagavad-Gita nicht nur
die Schriften des Neuen Testamentes gekannt und vielfach benutzt,
sondern auch in sein System überhaupt christliche Ideen und
Anschauungen verwoben hat, so weit es mir möglich war, urkundlich zu beweisen und dem Publikum gegenüber darzuthun, dass dieses vielbewunderte Denkmal altindischen Geistes, dieses schönste und
erhabenste didaktische Gedicht, welches als eine der edelsten Blüthen
heidnischer Weltweisheit betrachtet werden kann, gerade seine reinsten und am meisten gepriesenen Lehren zum grossen Theil einer
Quelle verdankt, welche man hier bisher entweder gänzlich übersehen, oder vielleicht absichtlich ignorirt hat. Ich selbst bin mit

vollkommener Unbefangenheit, ja durch Schlegels Vorrede inducirt, sogar mit Ehrfurcht vor ihrem hohen Alter an die Lektüre der Bhagavad-Gita gegangen. Allerdings frappirten mich bald überraschende Anklänge an manche Stellen des Neuen Testamentes und an christliche Ideen und Lehren, welche ich jedoch zuerst entweder für zufällige Aehnlichkeiten oder für übrig gebliebene Erinnerungen aus der Uroffenbarung hielt. Erst später, als jene Aehnlichkeiten immer häufiger wiederkehrten, als mir namentlich in der Offenbarung der göttlichen Gestalt Krischna's eine überraschende Uebereinstimmung mit der Verklärung Christi auf Tabor entgegen trat, fing ich an, eine wirkliche Entlehnung zuerst für möglich, und dann für immer wahrscheinlicher zu halten, je mehr sich die Spuren derselben häuften und bis zum Ende des Gedichtes noch fortdauerten. Jetzt erst begann ich auch, Schlegel's Autorität in Betreff des vermeintlichen hohen Alters der Bhagavad-Gita verlassend, Lassen und andere mir zugängliche Autoren über das Alter des Gedichtes zu Rathe zu ziehen, und gewann bald die aufmunternde Ueberzeugung, in der ich überdies durch H. Professor Dr. Stenzler in Breslau, sowie durch H. Professor Dr. Weber in Berlin bestärkt wurde, dass von Seiten der Chronologie nichts im Wege stehe, eine nachchristliche Abfassungszeit für die Bhagavad-Gita anzunehmen, dass dieselbe vielmehr, auch abgesehen von meinen besonderen Gründen, selbst von Lassen für wahrscheinlich gehalten werde.

Ich glaube nun in der vorliegenden Arbeit, zunächst schon im fortlaufenden Commentar, und dann insbesondere in dem beigegebenen Anhange: Ueber die in der Bhagavad-Gita vorhandenen Spuren einer Benützung christlicher Schriften und Ideen, den wissenschaftlichen Nachweis geliefert zu haben, der eine vorurtheilsfreie Kritik nicht zu scheuen hat, dass die Annahme eines christlichen und speziell neutestamentlichen Einflusses auf die Abfassung der Bhagavad-Gita mehr als eine blosse Hypothese ist. Wenn dadurch ein Standpunkt, ein δός μοι ποῦ στῶ, gewonnen sein sollte, der für die Beurtheilung anderer indischer Literaturdenkmäler massgebend zu werden verspricht, so dürfte die Arbeit schon um desswillen eine fruchtbare geworden sein. Sie hat sich übrigens auch noch eine andere Aufgabe gestellt, über welche ich noch einige Worte zu sagen habe.

Es lag auf der Hand, dass, für Diejenigen zumal, die sich nicht speziell mit dem indischen Alterthum beschäftigen, und die ich bei meiner Arbeit, wenn auch nicht ausschliesslich, doch vorzugsweise im Auge hatte, ein möglichst ausführlicher und erschöpfender Commentar ein unabweisliches Bedürfniss sei, wenn die Uebersetzung der Bhagavad-Gita mit Interesse und Nutzen gelesen werden sollte. Einen solchen zu schreiben, war daher eine Aufgabe, die ich mir schon aus diesem Grunde zu stellen hatte, wäre sie nicht auch durch den zu führenden Nachweis der christlichen Spuren in dem Gedichte geboten gewesen. Für diesen Commentar habe ich ausser der oben schon erwähnten Abhandlung von Wilhelm v. Humboldt, die höchst schätzenswerthen Vorarbeiten von Lassen (in der II. Ausgabe des von Schlegel zuerst mit lateinischer Uebersetzung edirten Textes) und Cockburn-Thomson (The Bhagavad-Gita. Translated with copious notes, an introduction on Sanskrit philosophy and other matters. Hertford 1855) benützen können, musste aber zugleich die Ueberzeugung gewinnen, dass mir, auch ausser der von mir zuerst versuchten Nachweisung der vielen christlichen Spuren, noch ein reichliches Feld der Nachlese übrig blieb, namentlich in Betreff der Auffindung von Parallelstellen in den Upanischad's, die nicht selten höchst wichtige Beiträge zum Verständniss liefern, sowie auch in Betreff des ganzen Wesens und Charakters der indischen Philosophie, deren eigentliche Bedeutung selten mit der erforderlichen Tiefe und Gründlichkeit aufgefasst wird. In letzterer Hinsicht hat mir das ausgezeichnete, noch viel zu wenig benützte und gewürdigte Werk von Hieronymus Windischmann: Die Philosophie im Fortgang der Weltgeschichte. II. bis IV. Abtheilung. (Bonn 1829—1834) die grössten Dienste geleistet; in ersterer Hinsicht habe ich, ausser Windischmann, der von vielen wichtigen Urkunden treffliche Uebersetzungen mittheilt, insbesondere die in der Bibliotheca Indica in Calcutta mit englischer Uebersetzung und

Commentaren publicirten Upanischads zu Rathe gezogen. Auch das Gesetzbuch des Manu, das des Jadschnavalkja (von Stenzler mit deutscher Uebersetzung herausgegeben), die von Wilson (Oxford 1837) edirte und mit trefflichen Noten versehene Sankhja-Karika, sowie die Abhandlung von Fritz Windischmann: Sancara, sive de theologumenis Vedanticorum, haben mir schätzbares Material geliefert. Interessant und oft auch belehrend war ferner die Vergleichung der von Emile Burnouf (Nancy 1861) ohne Noten herausgegebenen französischen Uebersetzung der Bhagavad-Gita. Bei Abfassung dieses Commentares war es mein Bestreben, zunächst den Sinn des Textes mit gewissenhafter Treue so zu deuten, wie er den indischen Anschauungen und dem brahmanischen Standpunkt des Verfassers gemäss mit Hilfe der vorhandenen anderweitigen indischen philosophischen und mythologischen Urkunden gedeutet werden muss, und erst dort, wo diese nicht mehr ausreichen, und das neue Element, das ihnen aufgepfropft wird, mit unverkennbarer Deutlichkeit zu Tage tritt, eine Erklärung im christlichen Einfluss zu suchen. Ich verhehle mir keineswegs, dass es oft schwierig ist, hier die Grenze mit Sicherheit und Bestimmtheit zu ziehen, hoffe aber, in den Hauptsachen wenigstens, nirgends ein christliches Element gesehen zu haben, wo nicht unverkennbare Spuren seines Vorhandenseins zu dieser Annahme berechtigten. Mit rein philologischer Kritik habe ich mich nicht befasst, und konnte dies umsomehr, als alles in dieser Hinsicht Wünschenswerthe und Erforderliche von Schlegel und Lassen bereits geleistet ist. Nur wo es zur Feststellung des Sinnes nothwendig erschien, konnte die Kritik des Textes nicht unberücksichtigt bleiben. Auch habe ich es absichtlich vermieden, aus den gewonnenen Resultaten, die dem Theologen reichlichen Stoff zum Nachdenken liefern, weitergehende Schlüsse und Folgerungen zu ziehen, welche die Grenzen eines Commentares überschreiten würden.

Uebrigens halte ich, wie sehr mir auch das Hauptresultat der von mir angestellten Untersuchungen fest zu stehen scheint, hiermit die über die Bhagavad-Gita zu machenden Studien keineswegs für abgeschlossen oder erschöpft. Nicht nur scheint es einerseits nicht

unmöglich, dass spätere Untersuchungen die Entstehungszeit der
Bhagavad-Gita in eine noch viel jüngere Zeit herabsetzen könnten, als man gegenwärtig anzunehmen berechtigt ist; andererseits
aber war mir auch eine beträchtliche Menge von Material, aus dem
sich für die Erklärung des Gedichtes voraussichtlich schätzbare Resultate gewinnen lassen, unzugänglich. Ich rechne hierzu vor Allem den
Commentar Sankara's, der vielleicht irgendwo in Indien schon
gedruckt sein mag, aber in der Bibliotheca Indica noch nicht erschienen ist und für mich unerreichbar war; ferner alle jene Urkunden, welche bisher nur im Sanskrit-Text (ohne Uebersetzung) publicirt
sind, und von denen ich, wegen ungenügender Fertigkeit im cursorischen
Sanscritlesen, nur sehr eingeschränkten Gebrauch machen konnte.
Trotzdem glaube ich, dass die Lektüre der Bhagavad-Gita, so wie
sie von mir übersetzt und nach den mir zu Gebot stehenden Hilfsmit-
teln erklärt worden, ein klares und anschauliches Bild des gesammten
indischen Lebens und Denkens, das sich hier in der vielseitigsten
Weise abspiegelt, darbieten kann, und hoffe zugleich, dass das Auge
des Theologen, mit dem ich dieses wesentlich theologische Gedicht
betrachtet habe, manche Beziehungen entdeckt und klar gemacht
haben dürfte, welche selbst denen, die sich ausschliesslich mit indischen Studien beschäftigen, über manches bisher nicht Beachtete Aufschluss geben können. Wenn es keinem Zweifel unterliegen kann,
dass die Bhagavad-Gita dem Philosophen sowohl als dem
Theologen als eine höchst wichtige Urkunde erscheinen muss,
dann würde es mich insbesondere freuen, wenn meine Arbeit
dazu beitragen könnte, deren Aufmerksamkeit auf ein Dokument hinzulenken, das die ihm gebührende Beachtung bisher nur in sehr
geringem Masse gefunden hat. Der bedeutende poetische Werth
endlich, den die Bhagavad-Gita besitzt, kann übrigens auch
von dieser Seite nicht verfehlen, die Aufmerksamkeit auf ein Gedicht
hinzulenken, dessen Schönheiten dann erst vollkommen gewürdigt
werden können, wenn die nöthigen Hilfsmittel zum vollen Verständniss desselben vorhanden sind. Dass ich, anstatt, wie Cockburn-
Thomson, eine Abhandlung über die indische Philosophie als Ein-

leitung voranzuschicken, es vorgezogen habe, einen gedrängten Ueberblick über den Hauptinhalt des Mahabharata voranzustellen, dürfte
denjenigen nicht unwillkommen sein, welche über dieses berühmte
Epos, von welchem es noch keine vollständige Uebersetzung in irgend
einer Sprache giebt, und dem die Bhagavad-Gita als Episode eingefügt ist, etwas Näheres erfahren wollen.

Freilich haben die kritischen Untersuchungen, welche die Bhagavad-Gita sich gefallen lassen musste, den Nimbus abgestreift, mit
dem das vermeintliche hohe Alter derselben sie früher umgeben hatte;
sie wird aber nichtsdestoweniger immer noch verdienen, einen besonderen Ehrenplatz unter den Denkmälern der indischen Literatur einzunehmen, wenn auch, zum Theil wenigstens, bei ihr der Ausspruch
Max Müllers seine Geltung findet, den ich gewissermassen als Motto
über diese meine Arbeit schreiben könnte: „Jf, after years of
tiresom labour, we do not arrive at the results which we
expected — if we find but spurious and unimportant fabri-
cations of individuals, where we thought to place ourselves
face to face with the heroes of an ancient world, and among
ruins that should teach us the lessons of former ages, — we
need not be discouraged nor ashamed, for in true science
even a disappointment is a result." (A History of Ancient
Sanskrit Literature. London 1859. p. 8.) Gleichwohl halte ich
weder die Bhagavad-Gita für ein „bedeutungsloses Machwerk,"
noch kann ich in der That von „Enttäuschung" reden, welche das
gewonnene Resultat mir bereitet hätte. Diese überlasse ich Denen,
welche über jeden Verlust untröstlich sind, den die vermeintliche
Herrlichkeit des Heidenthums dem Christenthum gegenüber erleidet,
und gestehe gern, dass es mir zu wahrer Befriedigung gereichen
würde, wenn die vorliegende Arbeit im Stande wäre, zur Verherr-
lichung der allein göttlichen Lehre des Christenthums, selbst auf
Kosten zerstörter Illusionen über den Werth und die Vortrefflichkeit
indischer Weisheit, einigermassen beizutragen.

Breslau, den 17. September 1868.

Der Verfasser.

Historische Einleitung.

Die berühmteste und merkwürdigste aller Episoden des grossen indischen Epos Mahabharata, die unter dem speziellen Titel Bhagavad-Gita, d. h. das Lied des Glückseligen, Verehrungswürdigen, Erhabenen, bekannt ist, bedarf zwar zum Verständniss ihres Hauptinhaltes, da sie ein philosophisch-theologisches Gespräch ist zwischen Krischna (der sich im Verlaufe desselben als Incarnation Vischnu's, des einen höchsten, unendlichen, göttlichen Wesens, offenbart) und Ardschuna, einem der hervorragendsten Helden des Mahabharata, keineswegs der Kenntniss des ganzen, unglaublich reichen und mannichfaltigen Inhaltes jenes grossen über 100,000 Slokas (Doppelverse) umfassenden Gedichtes, dem sie als Episode eingefügt ist. Denn zur Auseinandersetzung der Situation, in welcher dieses Gespräch stattfindet, genügen wenige Worte. Es ist die grosse Schlacht zwischen den beiden verwandten Königsgeschlechtern der Kuruiden und Panduiden mit ihren zahlreichen Verbündeten, welche eben beginnen soll. Ardschuna, der gefeiertste Kämpfer der Letzteren, steht im Begriff seinen Bogen zu spannen. Da er unter den ihm gegenüberstehenden Feinden seine eigenen Verwandten, Lehrer und früheren Freunde erkennt, erfüllt ihn tiefes Mitleid und er beginnt zu zweifeln, ob ein solcher Kampf ihm erlaubt sei. Krischna, Fürst der Jàdavas, der als sein Wagenlenker ihn begleitet, löst seine Zweifel durch tiefe und geheimnissvolle philosophische Lehren, die er ihm weitläufig ertheilt, und offenbart sich selbst als das höchste, göttliche Wesen, das in ihm Menschenleib angelegt, um die verlorne Weisheit und Gerechtigkeit auf Erden herzustellen und seinem Freunde helfend beizustehen. Das Ganze wird dem alten blinden König Dhritaràschthra, dem Kuruiden, der an der Schlacht nicht theilgenommen, in der sein ganzes Geschlecht zu Grunde gegangen, und dasselbe überlebt hat, von Sandschaja, als Augenzeugen der Schlacht, und der Inhalt des Gespräches insbesondere, wie er es „durch Vjàsas Gunst gehört hat," erzählt.

Wenn es sich aber um ein tieferes Eingehen in den Zusammenhang, in welchem die Bhagavad-Gita mit den übrigen Theilen des Mahabharata, und insbesondere um das Verhältniss handelt, in dem die hier vorgetragenen Lehren mit dem Geiste und den Anschauungen stehen, welche sonst im Mahabharata vorherrschen, dann genügen diese kurzen Hinweise nicht, und wird es unerlässlich, sich einen Ueberblick von dem grossen Ganzen zu verschaffen, in welches diese seltsame Episode eingeflochten ist. Es wird dann von vornherein klar werden, dass so reine und erhabene Lehren, wie sie hier vorgetragen werden, in grellstem Gegensatz zu den Handlungen stehen, welche von den Haupthelden des Epos, und von Krischna selbst, im Mahabharata erzählt werden und nicht einmal der historisch erwiesenen Thatsache bedürfen, dass die Vergötterung des Helden Krischna erst aus nachbuddhistischer Zeit und die förmliche Ausbildung des Krischna-Dienstes sogar erst aus dem Purana-Zeitalter stammt, um einzusehen, dass die Bhagavad-Gita zu jenen späteren Einschiebseln in das grosse Epos gehört, deren Inhalt wenig zu den älteren Theilen des Gedichtes passt. Ueberdies ist der Inhalt des Mahabharata denen, welche nicht spezielle Studien auf dieses Gebiet führen, noch so wenig bekannt, dass es angemessen erscheint, anstatt einer einleitenden Uebersicht über den Charakter der indischen Philosophie, die man sich leicht anderweitig verschaffen kann, und wovon das zum Verständniss nöthige im Commentar gesagt werden wird, vielmehr den Versuch zu machen, dem Leser hier einen gedrängten Ueberblick über den Inhalt des indischen Epos zu geben, der freilich bei der colossalen Masse des Stoffes auf Vollständigkeit keinen Anspruch machen kann, und wobei ich mich nur darauf beschränke, die Mittheilungen Lassens in seiner indischen Alterthumskunde, die er bei Gelegenheit der Darstellung der ältesten indischen Geschichte aus dem Mahabharata giebt, in übersichtlicher Weise zusammen zu stellen und das rein Episodische grösstentheils zu übergehen. Historisch ist übrigens diese Einleitung nur insofern, als sie die von der Sage überlieferten Thatsachen einfach erzählt, ohne sich mit der historischen Kritik derselben, wie Lassen es gethan hat, zu befassen. Nur folgende Bemerkungen mögen hier noch vorangeschickt werden.

Das Mahabharata, angeblich von Vjâsa verfasst, welcher Augenzeuge der Begebenheiten war, giebt sich selbst nicht für die erste Rhapsodie, wie sie ursprünglich einem Könige vorgetragen worden, sondern für eine Wiederholung derselben bei dem Opferfeste eines Brahmanen aus. Die gegenwärtige Recension des Epos mit allen späteren Einschiebseln stammt gewiss erst aus dem Purana-Zeitalter, d. h. kann möglicher Weise bis in den Anfang des Mittelalters hinab reichen. Der eigentliche Kern des Gedichtes, wie es ihn selbst oft bestimmt, der Hader der zwei alten naheverwandten Königsgeschlechter, der Pândava und Kaurava, ihr grosser Kampf und schrecklicher Untergang, ist (wie Lassen sich ausdrückt) von einer grossen Masse angewachsenen Stoffes eingeschlossen; die ursprüngliche Sage, der grosse Kampf, kann durch das Labyrinth der ringsum aufgeschlossenen wuchern-

den Wälder nur mit Mühe ihre Bahn finden und wird nur zu oft in ihrem Fort-
schritte gehemmt. Doch ist dies kein zufälliger Anwuchs; das grosse Werk
behauptet, in sich alle Erzählungen der Vorwelt zu umfassen, über alle Interessen
des gegenwärtigen und zukünftigen Lebens zu belehren. Es nennt sich selbst
(I, 646) „ein grosses Lehrbuch des Nützlichen, ein Lehrbuch des Rechtes, ein Lehrbuch des Angenehmen, ausgesprochen durch Vjâsa von unermesslichem Geiste."
Eine Folge dieser Anlage ist der lockere Zusammenhang mancher Theile und eine
grosse Leichtigkeit, Einschiebsel einzufügen; es kann, wie Lassen und Eugen
Bournouf behaupten, keine Frage sein, dass wir im Mahabharata Stücke aus
sehr verschiedenen Zeiten und sehr verschieden an Inhalt und Farbe vor uns haben.
Lassen lehnt es zwar ab, eine Bestimmung über die Zeit geben, in welcher das
grosse epische Gedicht zu seiner abgeschlossenen, jetzt noch erhaltenen Gestaltung
gelangte, indem er behauptet, dass die in ihm enthaltenen Sagen manche Umwand-
lungen erfahren haben, ehe sie in einer festen und bleibenden Form aufgeschrieben
worden sind, glaubt aber andererseits sicher einzusehen, dass diesen Veränderungen
„in ziemlich früher Zeit" ihre Grenze gesetzt worden ist, dass sie der vorbuddhi-
stischen Zeit angehören und seitdem nicht mehr wesentlich geändert worden sind,
und fügt dann ausdrücklich hinzu, dass er bei dieser Behauptung natürlich dasjenige nicht berücksichtige, was er als reines Einschiebsel, als blos äusserlich
angefügte Zuthat glaube bezeichnen zu dürfen. Zu dieser letzteren Kategorie
gehört nämlich Alles, worin der erweislich spätere Mythus von den Verkörperungen
des Vischnu auf Krischna übertragen wird. Man kann, wie Lassen bemerkt,
das Gedicht nicht mit Aufmerksamkeit lesen, ohne an die spätere Hinzufügung
dieser vergötternden Abschnitte, an ihre oft ungeschickte Einführung*), ihre lose
Verbindung und ihre Entbehrlichkeit für den Fortgang der Erzählung erinnert zu
werden. Krischna ist, wie das Mahabharata jetzt uns vorliegt, nicht der
Hauptheld des Gedichtes; dieses sind die Pàndava. Er gehörte gewiss schon
zur ursprünglichen Pàndava-Sage, aber als Held seines Stammes und nicht höher
stehend, als die Pàndava; seine Erhebung über die Nebenhelden gehört späteren
Bemühungen, durchdringt aber nicht das ganze Werk. Diese Thatsache ist von
entscheidender Wichtigkeit für die Beurtheilung des Alters der Bhagavad-Gita
und entkräftet insbesondere die Behauptung Schlegel's (in der Vorrede zu seiner
ersten Ausgabe der Bhagavad-Gita pag. XXV), wenn er sagt: „Disputan-

---

*) Dies lässt sich jedoch von der Bhagavad-Gita nicht behaupten. Denn sowohl
die im ersten Abschnitt enthaltene Motivirung des Gespräches, die durch wiederholt einge-
streute Ermahnungen zum Kampf festgehaltene Einheit der Situation, als auch der zum Ein-
gange vollkommen passende Schluss, zeugen von grosser dichterischer Gewandtheit und Beson-
nenheit, wie unwahrscheinlich auch immer die Vornahme eines langen Gespräches über die
tiefsten philosophischen Fragen in Mitten des Kampfgewühles erscheinen mag.

und sich der Ruhe zu ergeben. Er gab daher dem Pûru seine Jugend zurück, setzte ihn als König seines Hauptreiches ein, seine Brüder aber an den äussersten Grenzen, und zog sich als Büsser nach Bhrigutunga im Himalaja zurück, wo er bis zu seinem Tode blieb. Von seinem Sohne Jadu stammen die Jâdava (deren Fürst später Krischna war), von Pûru die Paurava-Könige Indiens. Ein späterer Nachkomme desselben, Bharata, der Sohn des Duschjanta und der Sakuntala, der Tochter des berühmten Rischi Visvâmitra, wird als der erste Beherrscher der ganzen Erde betrachtet, als erster *Tschakravartin* d. h. der das Rad *(tschakra)* seiner Herrschaft über die Erde Rollende. Er ist einer der Namengeber der Könige des Mondgeschlechtes. Er begründete die Dynastie der Bhârata, welcher Name dann überhaupt als Appellativum für König und Herrscher gebraucht wird. (Daher der Name des ganzen Epos Mahabharata.) Der letzte König dieser Dynastie war Samvarana. Er erblickte die Tapatî auf der Jagd und verlangte sie zur Frau; sie verwies ihn an ihren Vater, den Sonnengott. Er zog dann mit einem Begleiter in den Wald, verehrte die Sonne und gedachte ihres Priesters, des alten Rischi Vasischtha, der ihm am zwölften Tage erschien und zum Sonnengotte emporstieg, von dem er die Tochter erhielt. Samvarana übertrug dann die Regierung einem Minister und blieb 12 Jahre mit seiner Frau im Walde. Während dieser Zeit liess Indra es nicht regnen. Als Vasischtha diesen Zustand sah, führte er den König mit der Tapatî zur Stadt zurück, Indra regnete dann wieder, wie früher, und der König opferte zwölf Jahre. Als Nachfolger des Samvarana wird Kuru, der Stammvater des Geschlechtes der Kaurava (der Kuruiden) genannt. Der siebente Nachfolger des Kuru war Pratîpa. Als dieser alt geworden und Vorbereitungen machte, seinen ältesten Sohn Devâpi zum Könige weihen zu lassen, verhinderten ihn die alten Brahmanen und die Unterthanen daran, weil Devâpi am Aussatze litt und die Götter an einem mit körperlichen Gebrechen behafteten Könige keine Freude haben. Sântanu, der jüngere Bruder, wurde König, und Devâpi zog sich in den Wald zurück. Devâpi und Marû (oder Marûtta) aus dem Geschlechte der Aikschvakava (der Ikschvakuiden) erwarben sich durch die Kraft ihrer Busse ein ewiges Leben und leben in dem Dorfe Kalâpa, jenseits des Himalaja; sie werden einst auf die Erde zurückkehren und die zwei grossen königlichen Geschlechter wieder herstellen. Die Pândava fanden auf ihren Wanderungen den Devâpi am Berge Gandhamâdana in der grössten Einsamkeit als vollendeten Büsser und Kenner aller Gesetze. Er wird im Mahabharata neben dem Sindhudvîpa als König genannt, welcher durch seine Busse die Würde eines Brahmanen erreichte. Ehe wir die Geschichte des Sântanu, des Urgrossvaters der Pândava, weiter verfolgen, müssen wir noch hören, was das Mahabharata über einige andere Völker und Könige zu berichten weiss, welche nicht in direkter Linie zu dem Sonnen- und Mondgeschlecht gehören.

Als die fünf Hauptvölker des östlichen Indiens, im Süden und Westen des Ganges, zwischen Maghada und dem Meere, stellt das Mahabharata die Anga, die Pundra, die Banga, die Suhma und die Kalinga dar und hat uns die Sage über ihre Bekehrung zum Brahmanischen Gesetz aufbewahrt. Dirghatama, der Sohn des Rischi Uttathja, der durch einen Fluch des Vribaspati blind geboren war, wurde von seiner Frau, der Brahmanin Pradveschi und ihren Söhnen, weil er sie nicht ernähren konnte, auf einem Flosse festgebunden und dem Strome des Ganges übergeben. Das Floss folgte dem Laufe des Flusses und schwamm an vielen Ländern vorüber, bis es in die Gegend des mächtigen, aller Gesetze kundigen Königs Bali kam, der den Dirghatama aufnahm und sich zum Erzeuger seiner Söhne wählte. Er forderte seine Königin Sudeschna auf, zu ihm zu gehen; als diese aber sah, dass er alt und blind war, schickte sie eine Sudra-Dienerin, mit welcher er Kâkschivât und zehn andere Söhne erzeugte. Diese wollte der König als die seinigen annehmen; der Rischi erwiederte aber, dass die Königin ihn wegen seiner Blindheit und seines Alters verachtet und eine Sudra geschickt, mit welcher er die Söhne erzeugt habe, die daher ihm gehörten. Der König begütigte ihn wieder und schickte ihm die Königin aufs neue zu. Er berührte dann ihre Glieder und aus dieser Berührung entstanden die fünf Söhne Anga, Banga, Kalinga, Pundra und Suhma, nach deren Namen die Länder benannt wurden. Ein späterer König von Anga, Namens Adhirata, ein Freund des Dhritaräschthra, den wir als Haupt des Geschlechtes der Kuru kennen lernen werden, war kinderlos und nahm den Karna an Sohnes statt an, welcher in dem grossen Kampfe eine hervorragende Rolle spielt. Damit hatte es folgende Bewandniss.

Karna stammte aus dem Geschlechte der Jâdava. Sûra, der Grossvater des Krischna, hatte dem Könige Kuntibodscha seine Tochter Prithâ, auch Kunti genannt, die später die Mutter der drei ältesten Pândava wurde, abgetreten. Sie gebar als Jungfrau dem Sonnengotte den Sohn Karna, der mit den goldnen Ohrgehängen seines Vaters und einem unspaltbaren Panzer geboren ward. Die Mutter liess ihn durch ihre Milchschwester in einen Kasten legen und diesen in dem Flusse Asvanadi aussetzen. Er wurde aus diesem in die Karmanvatî, aus dieser in die Jamunâ, dann in die Gangâ (Ganges) fortgetrieben, bis er im Lande des Adhirata, des Königs von Anga, anlangte. Dieser befand sich zufällig mit seiner Frau Râdhâ am Ufer, die den Kasten herauszog und öffnen liess; er erkannte, dass der, der jungen Sonne an Glanz ähnliche Knabe von Göttern erzeugt und ihm gegeben worden sei und nahm ihn an Sohnesstatt an. Er sandte ihn, als er erwachsen, nach Hastinapura, an den Hof der Kuru-Könige, um dort von den kriegskundigen Brahmanen Kripa und Drona die Kriegskunst zu erlernen. Hier schloss er innige Freundschaft mit dem Durjodhana, der von

Hass gegen die Pàndava erfüllt war. Als Drona, aus Liebe zu diesen, ver-
weigerte, ihm die Waffe des Brahma mitzutheilen*), zog er nach dem Berge
Mahendra zu Parásu-Ráma, den er sich geneigt machte, und von dem er die
Waffe erhielt. In ihrem Besitze kehrte er zu Durjodhana zurück und begleitete
ihn zum Könige von Kalinga, dessen Tochter Durjodhana, von ihm beschützt,
nach Hástinapura entführte. Als der König von Maghada, Dscharásandha,
von der Tapferkeit des Karna Kunde erhalten hatte, forderte er ihn zum Kampfe
heraus und gab ihm, überwunden und erfreut über seine Tapferkeit, die Stadt
Málini in Anga, wo Karna nunmehr herrschte. Neben den Kuru wird auch das
Geschlecht der Pantschála als ein mächtiges bezeichnet. Einer ihrer Könige
besiegte den Samvarana, den letzten der Bhárata. Von dem Pantschála-
Könige Divodása wurde die Stadt Váránasi (Benares) am Nordufer des Ganges
gegründet. Ein Nebenzweig der Pantschála war das Geschlecht der Somaka,
zu welchen Drupada gehörte, der in der grossen Schlacht auftritt, und der kriegs-
kundige Brahmane Kripa. Das Geschlecht des Drupada wird abgeleitet von
Divodása's Sohne Mitraju, dessen vierter Nachfolger Somaka ist, der 100
Söhne hatte, von denen Prishata, der Vater des Drupada, der jüngste war.
Kripa ist der Sohn eines Brahmanen und einer Tochter der Götter, Gánapadí;
ihn und seine Schwester Kripá fand der Kuru-König Sántanu auf der Jagd im
Walde, nahm sie mit und liess sie erziehen. Kripa ist einer der Heerführer der
Kuru in der grossen Schlacht und seine Schwester die Frau des Brahmanensohnes
Drona, der ebenfalls ein Heerführer der Kuru ist. Beide sind Lehrer der jungen Kuru und Pàndava in der Kriegskunst und die letzten Brahmanen, welche
noch das Geschäft des Krieges mit der priesterlichen Würde verbanden. Maghada,
war zur Zeit des ersten Auftretens der Pàndava das mächtigste aller indischen
Reiche, und dessen König Dscharásandha hatte viele Könige überwunden und
viele Stämme aus ihren Sitzen vertrieben. Der Gründer dieses Reiches hiess Vasu,
den das Mahabharata in das Geschlecht der Paurava versetzt. Maghada
wird als ein mit Gewässern, Wäldern, nährenden Gewächsen und Heerden reichlich
ausgestattetes, gesundes und blühendes Land, die Bewohner als die gerechtesten
und glücklichsten geschildert. Vasu wird als Einsiedler dargestellt, welcher der
Jagd pflegte und sich einer strengen Busse widmete. Der Gott Indra forderte ihn
auf, in der Welt das Recht zu schützen und in dem an Heerden und Korn reichen
Lande der Tschedi sich anzusiedeln, in welchem alle Kasten ihren Gesetzen
gehorchten. Er versprach ihm einen krystallnen Götterwagen, auf dem er wie ein
verkörperter Gott in der Luft umherwandeln und Alles, was geschieht, erfahren

---

*) Die alten Inder glaubten, dass die Götter ihre besonderen Kräfte und Eigenschaften
den Menschen als Waffen verleihen konnten. Die mächtigste dieser Waffen war die des
Brahma.

von Menschen." Ueber die durch Dscharâsandha veranlasste Völkerbewegung, welche der Periode der Pândava voranging, berichtet die Sage insbesondere noch folgendes. Die Bhodscha waren eines der grössten und mächtigsten unter den altindischen Völkern, welche von Jajâti abstammten. Nur einer ihrer Könige, Puruschit von Kuntibhodscha, ihr mütterlicher Oheim, war in dem grossen Kampfe den Pândava treu geblieben. Dagegen hatte sich Bhischmaka dem Maghada-Könige ergeben. Er hiess wegen seiner furchtbaren Macht Hiranjaroman. Die achtzehn Geschlechter der nördlichen Bhodscha waren aus Furcht vor Dscharâsandha in die westliche Gegend gezogen. Die Sûrasena, die Bodha, die räuberischen Sâlva, die Susthala, Mukutta, Kulinda, die südlichen Pantschâla, die östlichen Kosala und die Matsja wählten in der südlichen Gegend ihre Zuflucht. Die Satvata, deren König Iujudhâna an der grossen Schlacht Theil nahm, waren ein nach Süden gewanderter Stamm der Jâdava, welcher Könige aus dem Geschlecht der Bhodscha hatte. Auch die Kratha und die Kaisika gehörten zu dem Volke der Jâdava und werden von einem früheren Könige der Sâtvata, Namens Vidarbha, abgeleitet. Bhischmaka erscheint als ein Verdränger dieser Völker nach Süden und Osten. Er beherrschte auch die Ahuka, einen anderen Stamm der Jâdava. Der Sohn des Bhischmaka, Rukmin, war ebenfalls ein Feind der Pândava. Von Krischna, der seine Schwester Rukminî entführte, besiegt, gründete er an der Stelle des Kampfes die Stadt Bhodschakata, die Burg der Bhodscha. Nur ein Stamm der nördlichen, die Kunti der Bhodscha, war im Bunde mit den Jâdava, da dessen Könige Krischna's Grossvater seine Tochter Prithâ gab, die daher auch Kuntî genannt wurde, und die später den Pându sich zum Gemahle wählte und ihm die drei ältesten Söhne gebar. Von den Sâlva werden einige die räuberischen genannt, andere hatten Könige. Einer derselben war der Bruder des Sisupâla, des Königs der Tschedi. Dieser überfiel die Stadt des Krischna, Dvârakâ, während seiner Abwesenheit, verwüstete und verbrannte sie, tödtete die jungen Helden der Jâdava und entführte ihre Frauen. Er wurde deshalb später von Krischna bei dem Râdschasûja-Opfer des Judhischthira, von dem unten noch die Rede sein wird, erschlagen. Sisupâla's Bruder, der König der Sâlva, wurde, als er die Kunde von dem Tode seines Bruders erhielt, von heftigem Zorn gegen Krischna ergriffen und zog während seiner Abwesenheit gegen die seines Beistandes beraubte Stadt, die er mit seinem Heerführer Sâmba belagerte. Er entstand ein heftiger Kampf zwischen ihm und den dortigen Kriegern, in welchem diese von ihm hart bedrängt wurden. Als Krischna nach seinem Abzuge nach Dvârakâ zurückkehrte, fand er die Stadt ihres Glanzes beraubt und die Frauen in Trauer. Er gelobte dann, den König der Sâlva zu vernichten, und zog gegen ihn aus mit einem grossen Heere. Während des Kampfes

kam ihm ein Bote aus D v â r a k â zu, mit der Nachricht, dass sein Vater von dem
Könige der S â l v a erschlagen worden sei. Er griff darauf diesen wieder an, tödtete ihn im Kampfe und zerstörte seine Stadt.

Auch ein Theil des grossen Volkes der J â d a v a musste sich vor der Ueber-
macht des D s c h a r â s a n d h a beugen und, von ihm bedrängt, aus seinen alten
Sitzen an der J a m u n â flüchten und Zuflucht in der südlichen Gegend suchen.
Die unter den J â d a v a besonders hervorragenden Persönlichkeiten sind K r i s c h n a,
S û r a, sein Grossvater, V a s u d e v a, sein Vater, und B a l a r â m a sein Bruder.
S û r a bedeutet Held und hängt mit dem Worte *svarga*, Himmel, zusammen, weil
die Helden, wenn sie im Kampfe fallen, den Himmel des Götterkönigs I n d r a zum
Wohnsitz erhalten. K r i s c h n a, der berühmteste Held seines Volkes, erhielt dess-
halb zum Grossvater den Namenträger des Heldenthums. V a s u d e v a bedeutet
Gott der Vasu. Die Vasu sind 8 Genien, deren Namen Feuer, Licht und Erschei-
nungen des Lichtes bedeuten. Sie werden mit den R u d r a s, den Göttern der Stürme,
und den A d i t j a s, den zwölf Sonnengöttern, schon im Rigveda erwähnt. Auch gelten diese Götter als Schöpfer und Beschützer der Kühe. Wenn K r i s c h n a's
Vater V a s u d e v a, Gott der Vasu, genannt wird, so wird ihm ein Beiname des
Götterkönigs I n d r a beigelegt, welcher V â s a v a, nach dem Namen der Vasu,
heisst und dem diese Benennung eigentlich zukommt. K r i s c h n a's Mutter heisst
D e v a k î, die Göttliche. In der älteren Sage war K r i s c h n a der Sohn des Kuhhirten
N a n d a und seiner Frau J a s o d â. Nach der späteren Entstellung der Ueberlieferung
trug V a s u d e v a, aus Furcht vor K a n s a, der seine sechs früheren Söhne getödtet
hatte, den eben geborenen Sohn in das Haus des N a n d a, in welchem J a s o d â in
demselben Augenblick eine Tochter geboren hatte und vertauschte, von ihr nicht
bemerkt, die Kinder. Von V a s u d e v a (mit kurzem a) wird einer der vielen Namen
V i s c h n u's, V â s u d e v a (mit langem a) abgeleitet und bedeutet seinen Sohn. Er
gehört jedoch nicht zu den ältesten, da er, wie L a s s e n bemerkt, nicht unter denen
vorkommt, die in den ältesten, buddhistischen S u t r a s erwähnt werden, findet sich
dagegen an mehreren Stellen des M a h a b h a r a t a, aber nur solchen, die offenbar zu
den spätesten Zusätzen gehören. Wahrscheinlich wurde er zuerst dem K r i s c h n a
(als Patronymikon) gegeben und erst mit der Vergötterung K r i s c h n a's auf V i s c h n u
übertragen. Die Bedeutung des Namens B a l a r â m a, des älteren Bruders des
K r i s c h n a, ist wörtlich: der starke Erfreuer. Er führt auch noch den Namen
H a l â j u d h a, der mit dem Pfluge Kämpfende, und S a n k a r s c h a n a, der Pflüger;
ferner T â l a d v a d s c h a, der in seiner Fahne einen Palmbaum Führende. Die
Sage schildert ihn als den ersten Benützer der Früchte der Palmen. Der Berg
G o v a r d h a n a, am Ufer der J a m u n â, war reich mit den schönsten Palmbäumen
bewachsen, wurde aber von einem D a i t j a (Dämon), Namens D h e n u k a, in der
Gestalt eines Esels, und von einer grossen Heerde von Eseln, den Verwandten

desselben, bewacht und war den Menschen unzugänglich. Als Râma unbewaffnet mit Krischna diesen Wald besuchte und die reifen Früchte von den Bäumen herabschütteln wollte, wurde er von dem Daitja, der auf dem Baume sass, gebissen und mit den Füssen geschlagen. Râma riss ihn vom Baume herunter und zermalmte seine Glieder, tödtete dann auch seine Verwandten. Seitdem wandelten die Hirten mit ihren Heerden furchtlos in dem schönen Walde umher. Râma wird ferner Musali, der Keulenträger, genannt und galt als ein Meister im Kampfe mit dieser Waffe. Von ihm hatten Bhîma und Durjodhana (von denen unten die Rede sein wird) diese Kunst gelernt. Er nahm aber nicht Theil an der grossen Schlacht, sondern kam erst an, als diese seine beiden Schüler ihren Kampf mit Keulen zu beginnen im Begriffe waren, mit welchem die Schlacht endigte. Die Geschichte Krischna's im Mahabharata schildert nicht sein jugendliches Leben bei den Hirten und seine vielen Abentheuer mit den Hirtinnen, die in der späteren Zeit vorzüglich hervorgehoben und besungen wurden. Es werden ihm dagegen Siege über mehrere Könige und Völker zugeschrieben, die ihn als Helden darstellen. Doch wird er Govinda d. h. Besitzer, Erwerber der Kühe genannt und von ihm gesagt, dass er bei den Heerden aufgewachsen sei. Es wird erzählt, dass er einen Dânava (Dämon), der in der Gestalt eines Stieres die Heerden tödtete, mit seinen Armen erdrosselt habe. Der Name Krischna selbst bedeutet der Schwarze, während sein Freund, der erste Held unter den fünf Pândava, Ardschuna, der Weisse, heisst. — Ein oben schon erwähnter König der Jâdava, Namens Kansa, der die Brüder des Krischna getödtet hatte, verband sich mit Dscharâsandha, dem Könige von Maghada, und heirathete, nachdem er die Jâdava hart bedrängt, die zwei Töchter desselben, Asti und Prâpti. Dscharâsandha zog dann mit seinen beiden Heerführern Hansa und Dschimbaka, die durch Waffen nicht zu tödten waren, in Verbindung mit dem Kansa, gegen die Jâdava; in der Schlacht ertranken zwar die beiden Feldherrn und Kansa wurde von Krischna erschlagen, aber der Sieg war kein entscheidender, denn die Jâdava mussten sich mit Krischna in die westliche Gegend zurückziehen. Nach der Flucht der Jâdava war Dscharâsandha der mächtigste König Indiens; er hatte das Sâmrâdschja, die höchste Königswürde, erreicht. Nachdem er 86 Könige überwunden und gefangen genommen, hielt er sie eingesperrt in der Höhle eines hohen Berges, „wie ein Löwe die Elephanten.‟

Wir kehren nun, um auf die eigentliche Geschichte der Pândava zu kommen, zu dem Geschlechte der Kaurava (den Nachkommen des Kuru) zurück, von denen oben bereits erzählt wurde, dass der aussätzige Devâpi seinem jüngeren Bruder Sântanu die Herrschaft einräumen musste. Sântanu hatte drei Söhne: Bhischma, Tschitrângada und Vitschitravîrja. Bhischma ist die Verkörperung eines Vasu, einer Klasse von Halbgöttern, die durch den Fluch des göttlichen Rischi Vasischtha gezwungen wurden, menschliche Geburt zu erleiden, und ein Sohn der Flussgöttin Gangâ (des Ganges); er durfte deshalb keine menschliche Nachkommenschaft haben. Bhîschma ist das Muster eines weisen, gesetzkundigen und gerechten Königs, des vollendeten Helden durch seine Kenntniss der Gesetze und seine Meisterschaft im Gebrauche der Waffen. Nachdem Sântanu 36 Jahre regiert hatte, ohne an den Frauen Freude zu haben, findet er auf einer Wanderung im Walde an der Gangâ einen göttergleichen Jüngling, den Bhîschma, den er nicht wiedererkannte, weil er ihn nur bei seiner Geburt gesehen und die Mutter ihn gleich mitgenommen hatte. Es ist sein von der Gangâ aufgezogener Sohn, den der König nach der Stadt heimführte und zum Juvarâdscha, zum jungen Könige, Nachfolger und Mitregenten, weihen liess. Vier Jahre später fand er an der Jamunâ die göttlich gestaltete, mit dem lieblichsten Wohlgeruche begabte Tochter des Königs der Dâsa, welche beschäftigt war, nach dem Befehle ihres Vaters, Leute über den Fluss zu führen. Diese ist Satjavatî, welche wir oben schon als die Tochter des Königs Vasu von Maghada und der in einen Fisch verwandelten Apsarase kennen, welche er dem König der Dâsa gegeben hatte. Diese hatte der Rischi Parâsara auf einer Pilgerfahrt bei ihrer Beschäftigung gefunden und geliebt; ihr Sohn ist Vjâsa, der angebliche Anordner der Vedas und Verfasser des Mahabharata. Für ihre Gunst gewährte ihr der heilige Mann statt des ihr seit ihrer Geburt anklebenden Fischgeruches den lieblichsten Wohlgeruch; sie heisst daher auch Ghandavatî, die Wohlriechende. (Satjavatî heisst die Wahrheitredende, und Vjâsa, der Sagensammler, ist dadurch als Sohn der Wahrheit bezeichnet.) Als Bhîschma den Kummer seines Vaters, der ausser ihm, der keine Nachkommenschaft haben durfte, keine anderen Söhne hatte, bemerkte, weil sein Geschlecht, wenn er stürbe, zu Grunde gehen würde, zog er mit den alten Kriegern zu dem Könige der Dâsa hin, von dem er erfuhr, dass Satjavatî Kind eines Arja und aus einem Geschlechte geboren sei, welches dem seinigen an Tugend gleichkomme, und dass ihr Vater ihm oft den Sântanu genannt habe als würdig, die Satjavatî zu heirathen. Bhîschma sagte ihm, dass er schon früher der Nachfolge entsagt habe, versprach ihm, dass der Sohn der Satjavatî Nachfolger werden solle und er selbst fortan als Brahmatschârin, d. h. ehelos, leben wolle. Er erhielt darauf die Tochter für seinen Vater und verheirathete sie mit ihm. Satjavatî gebar dem Sântanu nun die beiden anderen, oben genannten Söhne, Tschitrângada und Vitschitravîrja. Sântanu starb, ehe der erste sein Jugendalter erreicht hatte. Bhîschma setzte ihn zum Könige ein und er überwand nicht nur alle menschlichen Könige, die er nicht für seiner würdige Gegner hielt, sondern griff auch die Götter und die Götterfreunde an und wurde nach einem dreijährigen Kampfe vom Könige der Gandharvas (einer Art Halbgötter) erschlagen.

Bhîschma weihte nun den zweiten zum Könige und verwaltete mit Zustimmung der Satjavatî das Reich während seiner Kindheit. Als er sein Jugendalter erreicht hatte, erkämpfte ihm Bhîschma bei der Gattenwahl der Töchter des Königs von Kâsi seine zwei Frauen. Nach sieben Jahren starb der junge König an der Schwindsucht, die er sich durch seine Ausschweifungen zugezogen hatte. Aus der dadurch entstandenen Verlegenheit wegen der Fortpflanzung des Geschlechtes halfen Vjâsa und die Satjavatî heraus. Vjâsa, der als schon Erwachsener geboren worden und gleich nach seiner Geburt mit seinem Vater fortgezogen war, hatte der Mutter versprochen, dass er in jeder Noth sich zeigen werde, sobald sie seiner gedenke. Sie gedachte seiner jetzt und er erschien. Nach dem indischen Gesetz ladet derjenige, der ohne einen Sohn zu hinterlassen, stirbt, die grösste Schuld auf sich und verursacht den Vorfahren grosses Unheil; denn wenn die Opfer für die Vorfahren, welche ihre Nachkommen darzubringen haben, unterlassen werden, verlieren jene ihre Sitze in den höheren Welten und müssen zu frühe wieder auf Erden geboren werden. Vjâsa, als der älteste (Halb-) Bruder der zwei gestorbenen Söhne des Sântanu, erzeugte, von der Satjavatî dazu aufgefordert, mit Bhîschma's Zustimmung mit den beiden Wittwen des Vitschitravirja, Ambikâ und Ambalikâ, zwei Söhne, den Dhritarâschthra und den Pându. Dhritarâschthra wurde blind geboren und erhielt desshalb nicht die Regierung, sondern Pându wurde König. Dhritarâschthra erscheint immer, auch in der Folgezeit, als der alte, schwache, mit Blindheit geschlagene Fürst, welcher das Rechte weiss und will, sein Unrecht erkennt und beklagt, allein zuletzt sich immer den bösen Anschlägen und Ueberredungen seines Sohnes Durjodhana und dessen Rathgebern ergiebt. Pându's Name bedeutet weiss und wird darauf zurückgeführt, dass die Satjavatî sich vor dem Vjâsa fürchtete, als er ihr erschien, und blass wurde. Ein dritter Bruder, den Vjâsa mit einer Sudra erzeugt hatte, hiess Vidura. Er hatte auf die Herrschaft keinen Anspruch, und die Sage schildert ihn als den weisen, gerechten, von Zorn und Leidenschaften freien Rathgeber, der stets zum Guten mahnt und die Pândava vor den Anschlägen ihrer Feinde warnt.

Bhîschma beschützte die drei Königssöhne, wie seine eigenen, und liess sie in allen Wissenschaften und Künsten unterrichten. Pându wurde der erste aller Bogenschützen, Dhritarâschthra übertraf alle Anderen durch seine Stärke, Vidura durch seine Kenntniss der Gesetze. Um das Geschlecht fortzupflanzen, verheirathete Bhîschma seine Schutzbefohlenen, Dhritarâschthra erhielt zur Frau Gândhârî, die Tochter des Königs Subala von Gandhâra und die Schwester des Sakuni. Sie gebiert einen kieselharten Fleischklumpen, aus welchem, unter Vjâsas Anleitung, hundert Söhne entstehen, von denen der älteste Durjodhana genannt wird. Ein anderer Sohn des Dhritarâschthra, von einer Vaisjâ-Dienerin, heisst Jujutsu. Pându erhielt zur Frau die Prithâ (auch

Kuntî genannnt), die wir oben schon als die Tochter des Grossvaters Krischna's kennen gelernt haben. Diese gebar ihm, während er sich in die Gegend des Himâlaja, wo die Götterwohnungen sind, zurück zog, von göttlichen Vätern jene Söhne, welche vorzugsweise die Pândava heissen: den Judhischthira, den ältesten der Brüder, der in der Sage als König erscheint und dessen Vater Dharma, der Gott der Gerechtigkeit ist; den Ardschuna, den vollendetsten Heros der grossen Schlacht, der den König der Götter, Indra, zum Vater hat, und den Bhîma (oder Bhîmasena), durch ungeheuere Körperstärke und Schnelligkeit ausgezeichnet, den Sohn des Vâju, des Gottes des Windes. Ausser der Prithâ (oder Kuntî), von welcher die drei Genannten die Patronymika Pârtha und Kaunteja erhalten, hatte Pându noch eine zweite Gemahlin, die Mâdrî, welche ihm, ebenfalls von göttlichen Vätern (den Asvinau, welche Zwillinge und die schönsten der Götter sind) noch zwei Söhne, den Nakula und Sahadeva gebar. Auch diese beiden werden zu den Pândava gerechnet, die also fünf von göttlichen Vätern und zwei verschiedenen Gemahlinnen des Pându abstammende Brüder sind. Im Gegensatz zu ihnen heissen die Nachkommen des Dhritarâschthra, von Kuru, dem gemeinschaftlichen Stammvater des ganzen Geschlechtes, Kaurava (Kuruiden) obgleich der Name Kurusohn (Kurûnandana) auch zuweilen den Pândava gegeben wird.

Pându starb bald nach der Geburt seiner fünf Söhne; seine zweite Frau, Mâdrî, liess sich mit ihm verbrennen und die Kinder wurden in den heiligen Wäldern bei den Büssern und Einsiedlern aufgezogen und später von diesen mit ihrer Mutter Kuntî nach Hâstinapura, in die Residenzstadt der Dhritaraschthriden geführt, worauf die Ueberbringer der Kinder sogleich verschwanden. Die Pândava wohnten dann dort, nachdem sie alle Vedas und die verschiedenen Waffen gelernt hatten, geehrt und ohne Furcht. Als aber die Kuru sahen, dass die so mit Tugend, Tapferkeit und Kraft begabten Pândava Glück und Ruhm gewannen und von den Bürgern geachtet wurden, ertrugen sie es nicht. Dhritarâschthra liess sich von Durjodhana überreden, sie nach Vârânavata, eine acht Tagereisen südlich von Hâstinapura am Ganges gelegene Stadt zu verbannen. Hier hatte Durjodhana ein Haus. aus leicht entzündlichem Material von einem Diener erbauen lassen und ihn beauftragt, das Vertrauen der Pândava sich zu erwerben und es anzuzünden, wenn sie keine Gefahr ahneten. Die Pândava zogen dorthin mit ihrer Mutter und blieben daselbst ein Jahr. Von Vidura über die Pläne ihres Feindes belehrt, zündeten sie selbst das Haus an und es verbrannte darin der Diener des Durjodhana. Sie entflohen selbst unbemerkt; die Bürger der Stadt glaubten, die Pândava seien verbrannt und setzten davon den Dhritarâschthra in Kenntniss. Die Pândava zogen nun nach Süden in einen grossen Wald, der von einem menschenfressenden Könige der Râkschasas (dämonischen Wesen) bewohnt wurde. Dieser erblickte die schlafenden Pândava und schickte seine Schwester Hidimbâ hin, um sie ihm zuzuführen. Diese verliebte sich in den Bhima, der zum Schutze seiner Brüder und seiner Mutter Wache hielt, nahm menschliche Gestalt an und erklärte ihm ihre Liebe. Als ihr Bruder hinzukam, wollte er sie mit den Pândava erschlagen, wurde aber von Bhima zermalmt. Der Hidimbâ wurde zugestanden, bei den Pândava zu bleiben, bis sie dem Bhima einen Sohn geboren hatte. Dieser wurde Ghatokaka genannt, wurde als Jüngling geboren und übertraf alle anderen Râkschasas an Stärke. Er versprach, zu den Pândava zurückzukehren, wenn sie seiner bedürfen würden, und zog dann mit seiner Mutter fort nach der nördlichen Gegend. Später nahm er Theil an der grossen Schlacht und wurde von Karna erschlagen.

Die Pândava zogen nun weiter von Wald zu Wald und nahmen die Tracht der Brahmanen an, von der Jagd lebend und die Vedas studirend, bis ihnen Vjâsa rieth, nach der Stadt Ekatschakrâ im Lande Kîtschaka zu ziehen. Hier wohnten sie längere Zeit in dem Hause eines Brahmanen in grosser Armuth und von Almosen lebend, von den Einwohnern wegen ihrer Tugenden geliebt. Bhima erschlug hier den menschenfressenden Riesen Baka, dem jeden Tag ein Mensch als Tribut ausgeliefert werden musste, und gegen den sich die Leute von Kîtschaka nicht zu schützen vermochten. Die Pândava blieben in Ekatschakrâ, bis ein vielgereister Brahmane bei ihrem Wirthe einkehrte und von der nahe bevorstehenden Selbstwahl der Draupadî berichtete*). Drupada, König der Somaka, eines Stammes der Pantschâla, der Hälfte seines Reiches von dem Brahmanen Drona beraubt und nach einem Sohne verlangend, der ihn wegen dieser Schmach räche, hatte sich die Gunst der weisen Brahmanen Dschâga und Upadschâga gewonnen; bei dem Opfer, welches sie für ihn verrichteten, wurde aus der Opferflamme der Sohn Dhrischtadjumna vollständig bewaffnet geboren, der bestimmt war, den Drona zu tödten. Aus der Opferstätte entstand auch seine Schwester, und wurde wegen ihrer Farbe Krischnâ, die Schwarze, oder, nach ihrem Vater, Draupadî genannt. Bei der vom Könige Drupada veranstalteten Selbstwahl der Tochter, gewann sie Ardschuna durch seine Meisterschaft im Bogenschiessen. Die Brüder, von ihrer Schönheit hingerissen, verliebten sich Alle in sie, und beschlossen, damit nicht Zwist unter ihnen ihretwegen entstehe, sie zu ihrer gemeinschaftlichen Frau zu machen. Da nichts den Altindischen Sitten so sehr widersprechen kann, als Vielmännerei, muss Vjâsa auftreten, um diese Ehe durch die Belehrung zu rechtfertigen, dass die Draupadî, im früheren Leben die Tochter eines Rischi, dazu bestimmt gewesen, bei ihrer nächsten Geburt fünf Männer zu erhalten. Nach-

---

*) Die Königstöchter hatten in Indien das Recht, sich selbst einen Gemahl zu wählen; das Fest wurde ausgeschrieben und die Freier erschienen von nah' und fern, um sich der Nupturientin zu präsentiren.

dem Judhischthira, der älteste der fünf Brüder, das ihm von den Kuru wider-
fahrene Unrecht dem Drupada geklagt hatte, schmähte dieser den Dhrita-
ráschthra und versprach dem Judhischthira sein Reich.

Die Kuru hatten indessen durch Späher Kunde von dem Glück der Pándava
erhalten, und hielten Rath, was nunmehr zu thun sei. Durjodhana und Karna
(der Sohn der Kuntî vor ihrer Verheirathung mit Pându, und König von Anga)
stimmten für den Krieg; Bhîschma, Drona und Vidura dagegen. Dhrita-
ráschthra beschloss, um den Krieg zu vermeiden, den Pándava die Hälfte seines Reiches abzutreten und schickte Vidura zu ihnen, um sie nach Hástinapura
einzuladen. Sie verliessen nun die Stadt des Pantschála-Königs, in welcher
sie ein Jahr geblieben waren, und zogen mit Krischna, dem Fürsten der Jádava,
ihrem treuesten Freunde und Rathgeber bei allen Unternehmungen, nach Hástinapura, wo Dhritaráschtra sie freundlich empfing und sie aufforderte, nach
dem Khándava-Walde zu ziehen und sich dort niederzulassen. Sie begaben sich
dorthin unter der Anführung Krischna's und gründeten in dem dortigen wüsten
Walde, aber in heiliger Gegend an der Jamuna, die Stadt Indraprastha,
die befestigt wurde, und in welcher aller Wissenschaft kundige Brahmanen, Kauf-
leute aus verschiedenen Ländern und alle Sprachen verstehend, und Künstler und
Handwerker jeder Art sich niederliessen.

Die Pándava hatten beschlossen, dass, wer von ihnen mit ihrer gemeinschaftlichen Gattin Draupadî zusammen sitzend einem Anderen sich zeigen würde,
zwölf Jahre im Walde als Büsser leben müsse. Ardschuna brach diesen Vertrag,
indem er, um einem Brahmanen die ihm geraubten Kühe wieder zu verschaffen, in
die Waffenkammer trat, wo Judhischthira mit der Draupadî sass. Nachdem er
den Räubern die Kühe wieder abgenommen hatte, verklagte er sich selbst bei
Judhischthira, und verlangte in den Wald zu ziehen, obgleich Judhischthira
ihm erklärte, dass er ihm verzeihe. Als Ardschuna, nachdem er im Himâlaja
strenge Busse geübt, auf einer von dort aus unternommenen Pilgerfahrt nach Pra-
bhâsa gekommen war, wurde er von Krischna aufgesucht und ging mit ihm
nach Dvárakâ, der Stadt der Jádava. Hier verliebte er sich in Krischna's
Schwester Subhadrâ, die er mit dessen Hilfe, aber im Widerspruch mit seinem
Bruder Râma und den übrigen Häuptern seines Volkes, entführte. Durch Krischna's Ueberredung wurden diese versöhnt, Ardschuna kehrte nach Drávakâ
zurück, wurde mit der Subhadrâ verheirathet und blieb dort, bis die zwölf Jahre
seiner Verbannung verflossen waren. Er kehrte dann zuerst allein zu der Draupadî zurück, bat sie um Verzeihung, und erhielt ihre Erlaubniss, die Subhadrâ
ihr zuzuführen. Diese wurde bei ihr als Hirtin eingeführt und kündigte sich ihr
an als ihre Dienerin. Als Krischna die gute Aufnahme seiner Schwester bei den
Pándava vernahm, zog er mit seinem Bruder Râma und einem grossen Heere

der Helden seines Volkes nach **Indraprastha** (auch **Khândavaprastha** genannt), wo sie mit grossen Ehren aufgenommen wurden. Dort blieben sie lange Zeit; dann kehrte **Râma** mit seinen Völkern nach **Dvârakâ** zurück, **Krischna** aber blieb noch einige Zeit bei den **Pândava** und wurde bei seiner Heimkehr mit den grössten Ehrenbezeugungen entlassen.

Nun wollte **Judhischthira** das **Râdschasûja**-Opfer verrichten und die Würde eines **Samrâdsch** gewinnen. An **Krischna** wurde desshalb ein Gesandter geschickt, um seinen Rath und Beistand zu erhalten. Dieser kam selbst schnell herbei und erklärte dem **Judhischthira**, dass er zwar alle Tugenden besitze, die ihn dessen würdig machten, es aber nicht möglich sei, so lange **Dscharâsandha**, der König von **Magadha**, lebe und so viele Könige gefangen halte. Es wurde daher beschlossen, dass **Krischna**, **Ardschuna** und **Bhîma** allein nach **Magadha** ziehen und den **Dscharâsandha** überfallen sollten, weil er in der Schlacht unbesiegbar sei und nur im Zweikampf überwunden werden könne. Sie schlichen sich, als *Snâtaka* (verheirathete Brahmanen) verkleidet, unbewaffnet in den Palast des **Dscharâsandha**. **Krischna** sagte ihm, **Ardschuna** und **Bhîma** hätten das Gelübde abgelegt, nur nach Mitternacht mit ihm zu sprechen. **Dscharâsandha** gab ihnen dann eine Wohnung in seiner Opferkapelle und kam in der Nacht zu ihnen. **Krischna** warf ihm sein Unrecht vor, dass er die Könige gefangen halte, um sie dem **Siva** zu opfern, nannte dann seinen und seiner Gefährten Namen und forderte ihn zum Zweikampf heraus, wenn er die Könige nicht freilassen wolle. **Dscharâsandha** wählte den Kampf mit **Bhîma**; sie rangen vierzehn Tage mit einander, bis **Bhîma** ihn überwand und ihm mit seinen Knieen den Rücken zerbrach. Sein Sohn wurde dann zum Könige eingesetzt und die gefangenen Könige befreit, welche mit ihnen nach **Indraprastha** zogen und von **Judhischthira** nach ihren Ländern entlassen wurden, nachdem sie versprochen, sich bei seinem **Râdschasûja**-Opfer einzustellen. **Krischna** kehrte nach **Dvârakâ** zurück und kam dann, als das Opfer beginnen sollte, mit einem grossen Heere wieder. Erst nach seiner Erlaubniss begann der König die Vorbereitungen und die andern Könige wurden dazu eingeladen. Als am Tage des Festes **Bhischma** den **Judhischthira** aufforderte, den Würdigsten unter den Versammelten das Ehrenopfer darzubringen*) und **Judhischthira** den **Krischna** für den Würdigsten erklärte, wurde ihm dasselbe von **Sahadeva**, dem jüngsten der fünf **Pândava**, dargebracht. Der mächtige König der **Tschedi**, **Sisupâla**, duldete aber diese Verehrung nicht, tadelte den **Bhischma** und **Judhischthira** in der Versammlung, schmähte den **Krischna** als unwürdig der königlichen Ehren

---

*) Dieses besteht in den Ehrenbezeigungen, die einem Gaste dargeboten werden, in der Darbringung von Sesamumöl, Blumen, Gerste, Wasser und Sandelholz in einem kupfernen Gefässe, welches auf den Kopf gelegt und den Gästen mit Sprüchen dargeboten wird.

Dhritaràschthra entliess sie und sie zogen nach ihrem eigenen Reiche zurück. Während der Zeit des Spieles war Krischna in den Krieg mit dem Könige der Sàlva verwickelt und die Pàndava seines Beistandes beraubt.

Die Kuru blieben aber nicht bei diesem ersten Versuche stehen, sondern benutzten die wiedererrungene Ueberlegenheit, um die Pàndava ganz aus ihrem Besitze zu verdrängen. Es wird ein neues Spiel veranstaltet; die Verlierenden sollten zwölf Jahre im Walde leben, das dreizehnte als Unbekannte, und wenn sie erkannt würden, wieder zwölf Jahre, dann aber zurückkehren dürfen und ihr eigenes Reich wiedererhalten. Judischthira, obgleich seinen Verlust voraussehend, kam wieder nach Hàstinapura und verlor wieder. Die Pàndava legten nun Einsiedlertracht an und zogen mit ihrer Frau, Draupadì, und in Begleitung des Brahmanen Vrihadasva, der ihnen unterweges, um sie zu trösten, die Geschichte des Königs Nàla erzählte, der auch sein Reich im Würfelspiel verloren und zuletzt doch wiedergewonnen, nordwärts nach dem Kàmjaka-Walde, wo Bhìma den menschenfressenden Ràkschasa Kirmìra, den Bruder des früher von ihm getödteten Baka, erschlug. In diesem jetzt sicher gewordenen Walde und in dem benachbarten Dvaita-Walde lebten nun die Pàndava, viele Brahmanen um sich versammelnd, des Lesens der Veda und der Jagd beflissen. Während dieser Zeit machte Ardschuna einen Besuch bei seinem Vater, dem Gotte Indra, im Himmel und die anderen Brüder verschiedene Pilgerfahrten und bestanden allerlei Abentheuer. Mit dieser Reise Ardschunas in den Himmel hatte es folgende Bewandniss. Er begab sich auf Vjàsa's Rath in das Gebirge Himavat, um die vier Lokapàla (die Hüter der Welt) den Indra, den Gott des Firmamentes (den griechischen Zeus und römischen Jupiter), den Varûna, den Gott des Wassers (Uranus), den Agni, den Gott des Feuers (Ignis) und den Jama, den Gott des Todes und der Unterwelt (Pluto) und die anderen Götter, durch die dort übernommenen Bussübungen zu bewegen, ihm zur Bekämpfung seiner Feinde ihre himmlischen Waffen zu leihen. Siva, der zerstörende Gott, der in Gestalt eines Kiràta*) mit ihm kämpfte, belohnte seine Tapferkeit mit dem wunderbaren Pfeile Pàsupata. Auch Varûna, Jama und der Gott des Reichthums, Kuvera, gaben ihm besondere Waffen. Indra, sein Vater, liess ihn von seinem Rosselenker Màtali auf einem mit pfauffarbigen Pferden bespannten, glänzenden Wagen in seinen Himmel holen, schloss ihn vor der Versammlung der Götter in seine Arme und feierte seine Ankunft mit herrlichen Festen. Dann zeigte er ihm seine Waffen und gab ihm den Bogen Gàntiva, an welchem er selbst die Sehne befestigte, und die Muschel Devadatta (Göttergeschenk), welche als Kriegstrompete diente; ferner einen undurchdringlichen Harnisch, himmlische Gewänder und himmlische

---

*) Name eines verachteten Gebirgsvolkes; nach Anderen bedeutet das Wort Affe.

Juwelen, so dass Ardschuna mit fünfzehn Götterwaffen ausgerüstet war, deren Vortrefflichkeit, nachdem er im Gebrauche derselben unterrichtet worden, er auf Indra's Befehl sogleich in einem Vertilgungskampfe gegen die Titanenähnlichen Nivâtakavatschas, Dânavas und Kalakandschas erproben musste, welche Alle von ihm besiegt wurden. Nachdem er fünf Jahre in Indra's Palast zugebracht, sprach dieser zu ihm: „Es ist Zeit zur Rückkehr, denn die Brüder gedenken Deiner," und Ardschuna kehrte auf die Erde zurück.

Am Ende des zwölften Jahres, als die Pândava wieder Alle in dem Dvaita-Walde beisammen waren, erschien ihnen der Gott Dharma, der Vater des Judhischthira, und gewährte ihnen, das dreizehnte unbekannt in der Stadt des Virâta-Königs zu leben. Sie nahmen nun Abschied von den Einsiedlern und verliessen den Wald. Unterweges verrichtete der Priester Dhaumja für sie ein Feueropfer zur Herstellung ihrer Macht und Besiegung der Erde. Er ging dann mit dem heiligen Feuer, den Wagenlenkern, den Hausmeistern, den Frauen und Dienerinnen der Draupadî nach der Stadt des Pantschâla-Königs. Sie selbst zogen zu Fuss und bewaffnet durch die Wälder und Gebirge, von der Jagd lebend, nach der Stadt des Königs der Matsja, Virâta. Hier verbargen sie in der Nähe des Leichenplatzes in einem hohlen Baume ihre Waffen; gingen dann in die Stadt, boten sich dem Könige als Freunde und Diener des Judhischthira zum Dienste an, wurden als solche freundlich aufgenommen und versahen die erhaltenen Aemter zur Zufriedenheit des Königs. Als Kîtschaka, der Heerführer des Königs und Sohn eines Königs der Kekaja, Draupadî zu nothzüchtigen versuchte, wurde er von Bhîma erschlagen, welche That den Ghandharvas zugeschrieben wurde. Die Pândava stiegen immer mehr in der Gunst des Königs. Der König der Trigarta war ein Feind der Matsja und sein Heer von ihrem Feldherrn Kîtschaka wiederholt geschlagen worden. Sein Nachfolger Susarman hatte bei den Kuru Schutz gesucht und wartete auf eine Gelegenheit, durch ihre Hilfe sich an seinem Feinde zu rächen. Die Kuru hatten Späher durch alle Länder ausgesandt, um den Aufenthalt der Pândava zu erforschen, ohne dass dieselben ihn entdecken konnten. Sie brachten aber dem Durjodhana die erfreuliche Nachricht von dem Tode des Kîtschaka mit. Der König von Trigarta schlug nun den Kuru vor, den gedemüthigten und schutzlosen König der Matsja anzugreifen und die Schätze seines reichen Landes zu rauben. Sie zogen unter seiner Anführung aus und entführten dem Könige Virâta die Tausende seiner Kuh-Heerden. Dieser bewaffnete schnell sein Heer und liess auch den Pândava Waffen geben, weil er von ihrer Tapferkeit überzeugt war. In dem nun folgenden Kampfe wurde aber sein Heer von dem Trigarta-Könige geschlagen, und er selbst gefangen genommen. Bhîma jedoch befreite ihn wieder und auch die Heerden wurden von den Pândava wiedergewonnen und ihr Sieg den Bewohnern der Stadt verkündet. Unterdessen hat-

ten die Kuru mit einem grossen Heere auf einem anderen Wege die übrigen Heerden des Virâta entführt; ihr Aufseher brachte dem jüngsten Sohne des Virâta,
Uttara, davon die Botschaft und forderte ihn auf, die Kuru im Kampfe zu besiegen und sich den Ruhm eines Helden zu gewinnen. Er war dazu bereit; allein es
fehlte ihm ein Wagenlenker, da der seinige vor Kurzem in der Schlacht gefallen
war. Ardschuna, der unter dem Namen Brihannalâ in Frauenkleidern, als
frühere Dienerin der Draupadî, am Königshofe lebte, liess ihm durch die Draupadî, die sich dort für eine frühere Dienerin ihrer selbst ausgab, die Brihannalâ, die früher Wagenlenker des Ardschuna und sein ihm gleicher Schüler im
Bogenkampfe sei, als solchen anbieten. Uttara wurde nun gegen das grosse
Heer der Kuru geführt. Als er vor ihrer Uebermacht erschrak und entfliehen
wollte, nöthigte ihn Ardschuna, die Stelle seines Wagenlenkers einzunehmen
und kündigte sich, seine Brüder und die Draupadî als solche an. Er zog dann
allein gegen das ganze Heer der Kuru, die ihn an dem gewaltigen Getöse seiner
Muschel und seines Wagens, an dem erderschütternden Geklirre seines Bogens,
sogleich erkannten, nöthigte sie Alle zum Rückzuge und gewann ihnen die geraubten Heerden wieder ab. Bei seiner Rückkehr zur Stadt verbarg er seine Waffen
wieder, nahm seine Verkleidung und das Geschäft des Wagenlenkers wieder an
und liess dem Könige seinen Sieg als den seines Sohnes Uttara durch Boten verkündigen.

Unterdessen war auch der König nach der Stadt zurückgekehrt und wurde
wegen des Sieges beglückwünscht; die Boten brachten ihm die Nachricht von dem
Siege seines Sohnes, den er sofort in der Stadt verkündigen und durch ein Fest
feiern liess. Der König bot nun dem spielkundigen Brahmanen Kanka (diesen
Namen hatte Judhischthira angenommen), ein Spiel um sein Reich und seinen
ganzen Besitz an. Dieser stellte sich, als ob er es nur ungern annehme mit Berufung auf die bekannte Geschichte des Judhischthira, der sein Reich und seine
Brüder sich im Spiele habe abgewinnen lassen. Während des Spieles rühmte sich
der König, dass sein Sohn Uttara die Kuru besiegt habe; Kanka schrieb den
Sieg dem Wagenlenker zu, und der erzürnte König schlug ihm mit dem Würfel
eine blutige Wunde an der Nase. In diesem Augenblick kam Uttara von seinem
Kampfe zurück und den verwundeten, blutbefleckten Kanka erblickend, frägt er
den Vater, wer diese Sünde auf sich geladen habe. Als dieser sich selbst für den
Thäter erklärte, forderte der Sohn ihn auf, den Kanka sogleich zu versöhnen,
damit die furchtbare Macht der Brahmanen ihn nicht vertilge. Diesem Rathe folgte
der Vater und Judhischthira erklärte sich für befriedigt. Als nun der König
wieder seinen Sohn als Sieger pries, schrieb dieser den Sieg einem Göttersohne zu,
der sich morgen oder übermorgen offenbaren werde. Dies geschah drei Tage nach-
her. Die Pândava zogen in vollem Schmucke in die Halle des Königs und nahmen

schuna die Wahl, ob er ihn als nichtmitkämpfenden Wagenlenker haben, oder ein grosses Heer von Gopa (Kuhhirten) von ihm erhalten wolle. Ardschuna zog das Erstere vor und kehrte mit ihm, als seinem Wagenlenker, zurück.

Während die Könige mit ihren Heeren nacheinander anlangten, sandte Drupada einen Purohita (Priester) zu den Kuru, um ihnen die Forderungen der Pàndava vorzulegen. Derselbe wurde aber ohne Antwort zurückgeschickt. Dhritaràschthra schickte dann den Sûta (Wagenlenker) Sandschaja als Unterhändler. Judhischthira bot dem Durjodhana den Frieden an, wenn er ihm fünf Städte abtreten wolle. Mit dieser Antwort kehrte Sandschaja zurück und trug sie in der Versammlung der Kuru vor. Diese kamen aber zu keinem Beschlusse, und die Pàndava, die keine Antwort erhielten, ersuchten den Krischna, ihnen aus dieser Verlegenheit zu helfen. Aber auch er konnte nichts ausrichten und kehrte mit der Botschaft zurück, dass die elf Heere der Kuru unter der Anführung Bhischma's auf dem Marsche nach Kurûkschetra (dem Kurufelde) wären. Dort fand nun die grosse Völkerschlacht statt, deren einzelne Ereignisse mit ermüdender Weitläufigkeit beschrieben werden.

Auf der Seite der Pàndava standen: der König Jujudhâna von Sâtvata, Dhrischtaketu, der Fürst der Tschedi, Gajatsena, der König von Magadha, die Völker des Drupada und des Virâta, der König Pàndscha, der König Hiranjavarman von Dasârna (der seine Tochter dem Sohne Drupada's zur Frau gab, welcher bestimmt war, den Drona zu tödten), der König Kuntibodscha, ihr Grossvater, und der König Kâsi, dessen Tochter Bhima's Frau war. Krischna nimmt nur als Wagenlenker des Ardschuna in scheinbar untergeordneter Stellung an der Schlacht Theil, offenbart sich aber diesem kurz vor der Schlacht, um ihn zum Kampfe zu ermuthigen, als höchster Gott in eben jenem theosophischen Gespräch, dass den Namen Bhagavad-Gita führt, und das sich eben dadurch in Vergleich mit dem Uebrigen, was im Mahabharata von Krischna erzählt wird, als eine viel spätere, im Interesse des Vischnu-Cultes eingeschobene Interpolation kennzeichnet. Den Kuru zogen zu Hilfe Bhûrisravas, König von Bahlîka, Sudakschina, König der Kâmbodscha mit den Saka und Javana, der König Dschajadratha mit den Sindu und den Sauvîra. Ferner die fünf Brüderkönige der Kekaja, die Fürsten von Anga, Banga, Kosala, Videha und Kalinga. Der König der Madra, Salja, wollte den Pàndava helfen, wurde aber von Durjodhana überredet, zu ihm überzugehen. Auch der König der Trigarta, Susarman, der Herr von Prasthala, erscheint in der Schlacht als Bundesgenosse der Kuru. Endlich waren auch noch die Gàndhâra mit ihnen verbündet und Kritavarman, der Sohn des Hridika, mit den Bodscha, Andhaka und Kukkura. Von den Jâdava erscheint auch der König Rukmin von Bodschakata als Verbündeter des Durjodhana.

c

Der Kampf selbst dauerte 18 Tage; Bhischma war 10 Tage Oberbefehlshaber der Kuru, Drona 5, Karna 2, Salja und Durjodhana jeder einen halben Tag. Die Schlacht endigte damit, dass Durjodhana von Bhima erschlagen wurde. Alle anderen Könige, Krieger und Völker der Kuru waren gefallen, mit Ausnahme der Könige Kritavarman, Asvatthaman (Sohn des Drona) und Kripa, welche in der Nacht das Lager der Pândava überfielen und Alle erschlugen, ausser den fünf Pândava, Krischna und Jujudhâna. Kripa kehrte später nach Hâstinapura zurück, Kritavarman nach seinem eigenen Reiche; Asvatthaman wollte nach der Einsiedelei des Vjâsa ziehen, wurde aber von den Pândava überwunden.

Nachdem der blinde Dhritarâschthra, der an der Schlacht nicht Theil genommen hatte, von Sandschaja den Tod seiner Söhne und der übrigen Könige erfahren hatte, zog er mit Vidura, der Gândhârî, der Kuntî und den übrigen Frauen aus der Stadt, um die Todtenopfer für die Erschlagenen zu verrichten. Judhischthira begegnete ihm mit seinen Brüdern, mit Krischna, Jujudhâna, der Draupadî und den übrigen Frauen, und es fand durch die Vermittelung Vjâsas zwischen Dhritarâschthra und seiner Frau und den Pândava und der Draupadî eine Versöhnung statt. Judhischthira liess dann durch Dhaumja die Todtenfeier verrichten und blieb einen Monat vor der Stadt wohnen. Dann hielt er mit Dhritarâschthra an der Spitze seinen Einzug in die Stadt Hâstinapura, wo er in dem Palaste die Götter verehrte, mit Glückwünschen von den Brahmanen begrüsst wurde und die Huldigungen der Unterthanen empfing. Er wurde dann mit der Draupadî, nachdem Dhaumja ein Feueropfer verrichtet hatte, von Krischna gekrönt, erkannte aber den Dhritarâschthra als sein Oberhaupt.

Nachdem die Pândava ihr Reich geordnet und sich von den Mühseligkeiten des Krieges erholt hatten, besuchte Judhischthira mit seinen Brüdern, mit Krischna, Jujudhâna und Kripa den alten Bhischma, der zwar in der Schlacht gefallen, aber noch am Leben war. Es war ihm nämlich von seinem göttlichen Vater die besondere Gunst zugestanden worden, sterben zu können, wann er wolle, und er hatte gewählt, lebend zu bleiben, bis die Sonne nach Norden zurückkehre, da es als ein Unglück galt, zu sterben, während die Sonne nach Süden ging. Als er in der Schlacht fiel, war die Erde um ihn her ganz mit Pfeilen bedeckt, so dass er sie gar nicht berührte; er lag auf einem Pfeillager, das sich am Flusse Moghavatî befand. Auf diesem Pfeillager wurde er von den Pândava mit ihren Freunden besucht, um von ihm die Kenntniss aller Gesetze zu erhalten. Von ihm belehrt, verliessen sie ihn, mit dem Versprechen, ihn vor seinem Tode noch einmal zu besuchen. Dies geschah in Gesellschaft des Dhritarâschthra. Nachdem er gestorben war, liessen sie seine Leiche verbrennen und die Todtenopfer für ihn

verrichten, und kehrten dann nach Hâstinapura zurück. Hier forderte Vjâsa
den Judhischthira auf, ein Pferdeopfer zu veranstalten. Durch den grossen
Krieg waren aber alle Könige verarmt; es fehlte daher dem Judhischthira an
den Mitteln, um das grosse, überaus kostspielige Opfer zu verrichten. Vjâsa verwies ihn auf den unermesslichen Schatz des Königs Marutta, der noch im Himâlaja sich befand. Die Pândava zogen dahin und versöhnten den Gott des Reichthums, Kuvera, die Jakschas und Râkschasas durch Opfer. In Folge dessen durften sie dann alle diese Schätze herausgraben und brachten sie nach Hâstinapura. Dort gebar Uttarâ, die Frau des Sohnes Ardschuna's, einen todt-
gebornen Sohn, den Krischna wieder belebte und ihm den Namen Parîkschit
gab, weil er erst, nachdem sein Geschlecht vertilgt worden, geboren sei. Nach
Beendigung des Pferdeopfers kehrte Krischna mit seinem Volke nach Dvârakâ
zurück. Dhritarâschthra beschloss, durch Bhîma's unversöhnlichen Hass veranlasst, nach dem Gebrauche früherer Könige, sich in den Wald zurück zu ziehen
und seine letzte Lebenszeit als Büsser zuzubringen. Er wurde von der Gândhârî
und der Kuntî, von Vidura und Sandschaja begleitet, und liess sich nieder
in Kurûkschetra, in der Einsiedelei des Satajûpa, eines Königs der Kekaja.
Hier lebten sie drei Jahre, und gingen dann mit Sandschaja nach Gangâdvâra,
wo Dhritarâschthra mit seiner Frau und der Kuntî bei einem Waldbrande
umkam. Sandschaja ging nach dem Himalâja; Vidura zog sich in die tiefste Einsamkeit zurück und hatte schon zwei Jahre vor dem Tode des Dhritarâschthra die höchste Stufe der geistigen Vertiefung erreicht. Er starb bei einem Be-
suche der Pândava, und sein Geist ging in den des Königs Judhischthira ein.
Dem Letzteren brachte im 36sten Jahre seiner Regierung Dâruka, der Wagenlenker des Krischna, die Trauerbotschaft, dass alle Geschlechter der Jâdava,
von Zwietracht befallen, im Kampfe einander erschlagen hatten und forderte
Ardschuna auf, nach Dvârakâ zu kommen, um die Frauen zu beschützen. Diese
Zwietracht war aus einem Fluche entstanden, welchen die Gândhârî nach der
grossen Schlacht gegen Krischna ausgesprochen hatte, weil er, obgleich die
Macht dazu besitzend, es zu hindern, die Vertilgung ihres Geschlechtes geduldet
hatte. Die Jâdava konnten nämlich weder von anderen Menschen, noch von den
Göttern getödtet werden und nur durch sich selbst ihren Untergang finden. Als
Krischna aus den Wahrzeichen übler Vorbedeutung erkannte, dass die Zeit des
Unterganges herangekommen war, veranstaltete er eine Pilgerfahrt nach Pra-
bhâsa, wo die Jâdava sich berauschten und Jujudhâna dem Kritavarman
vorwarf, die schlafenden Helden überfallen und getödtet zu haben. Es entstand
dann unter ihnen ein Zank, und jener schlug diesem den Kopf ab. In dem darauf
entstandenen allgemeinen Kampfe erschlugen sich Alle mit Keulen. Krischna
ging dann zu seinem Bruder Râma, der im Walde sich der Betrachtung hingege-

ben hatte. Als er zu ihm kam, entwich sein Geist in das Meer. Krischna selbst wurde von einem Jäger am Fusse verwundet, und sein Geist erhob sich in den Himmel.

Als Ardschuna in Dvârakâ ankam, erzählte ihm Vasudeva, der Vater des Krischna, den Untergang aller Jâdava und den Tod seiner Söhne und erhob sich dann gleichfalls in den Himmel. Ardschuna liess einen Scheiterhaufen errichten, auf welchem die Leiche des Vasudeva mit seinen vier Frauen verbrannt wurde, und verrichtete für Alle die Todtenopfer. Er führte dann ihre Frauen und das ganze Volk von Dvârakâ aus der Stadt. Bei seinem Abzuge überschwemmte das Meer Dvârakâ und die noch übrigen Bewohner flohen in die Wälder und Gebirge. Nach verschiedenen Fährlichkeiten brachte Ardschuna die Frauen und das seiner Helden beraubte Volk nach Indraprastha, wo er den Vadschra, den Urenkel Krischna's, zum Könige einsetzte. Nachdem er von hier aus noch den Vjâsa in seiner Einsiedelei besucht hatte, kehrte er getröstet nach Hâstinapura zurück.

Sobald die Pândava von Ardschuna die Nachricht von dem gänzlichen Untergange der Jâdava erhalten hatten, beschlossen sie, ihre Regierung niederzulegen und sich von der Welt zurückzuziehen. Sie gaben dem Parikschit die königliche Weihe als König der Kuru in Hâstinapura, und dem Vadschra, dem letzten der Jâdava, als Beherrscher von Indraprastha. Die ganze Regierung übertrugen sie dem Jujutsu, dem noch lebenden Bruder des Dhritarâschthra und geben dem Parikschit zum Lehrer den Brahmanen Kripa. Dann legten sie ihren Schmuck ab, zogen die Einsiedlertracht wieder an und gingen mit der Draupadî aus der Stadt. Sie umpilgerten nun die Erde; mit dem Osten anfangend und durch den Süden nach Westen gehend, kamen sie von da über den Himâlaja nach dem Norden, zum Berge Meru. Endlich erhielten sie ihre Sitze im Himmel, wo sie alle Helden der grossen Schlacht wiederfanden, bei den Göttern und Halbgöttern, deren Söhne sie auf der Erde gewesen waren.

Bhagavad-Gita.

Zur Erklärung des Titels unseres Gedichtes, *Bhagavad-Gita*, diene kurz Folgendes. Das Wort *Bhagavat* bedeutet als Adjektivum: almus, sanctus, divinus, venerandus, und wird als Ehrentitel sowohl den Göttern, als den Menschen, insbesondere den Brahmanen und Einsiedlern, gegeben. Substantivisch gebraucht, ist das Wort, wie Lassen bemerkt, fast ausschliesslich Eigenname Krischna's geworden. Daher die Bezeichnung *Bhagavata-purana*, der Titel jenes Purana, das die Geschichte Krischna's enthält. *Gita* (Participium von *gau*, singen) bedeutet Gesang. Zur Erklärung dieser Bezeichnung für die von Krischna hier vorgetragenen Lehren, bemerkt Lassen: „Sciendum est, verbum *gau* (canere) eodem sensu adhiberi, quo apud Latinos vates oracula cecinisse dicuntur. Facilis inde transitus fuit ad omnia, quae de rebus absconditis quasi divinando ac numinis instinctu aliquis docet." In diesem Sinne wird daher die Bezeichnung *Gita* auch noch verschiedenen anderen theologischen und philosophischen Theilen der Vedas gegeben, selbst solchen, die nicht einmal metrisch abgefasst sind. Die Femininalform *Gita* bezieht sich auf das zu ergänzende Wort *Upanischad*, wie die Schriften genannt werden, welche, als die jüngsten Theile der einzelnen Vedas, die Erklärung ihres tieferen philosophischen Sinnes zum Gegenstand haben, und unter welche auch die Bhagavadgita ihres heiligen Inhaltes wegen später aufgenommen wurde. Sie wird zu den 52, zum Atharvan, dem vierten, spätesten Theile der Vedas gehörenden Upanischad's gerechnet, und bildet dort einen Theil der dritten Abtheilung, die *Brahmavidja* (Brahmawissenschaft) heisst. — *Adjâja*, Lesung, werden die Abschnitte oder Capitel der Vedas und anderer Schriften genannt, welche philosophischen Inhalts sind. Nach indischer Sitte wird der Titel der einzelnen Abschnitte, als Unterschrift, an das Ende derselben gesetzt. Derselbe lautet bei diesem ersten Abschnitt folgendermassen: „Das ist die erste Lesung, Ardschuna's Bestürzung genannt, in dem Gespräch des göttlichen Krischna und Ardschuna, in der Jogalehre, in der Brahmawissenschaft, in den Upanischad's der göttlichen Bhagavadgita." Da diese weitschweifigen Titel, oder Unterschriften, offenbar späteren Ursprungs sind, so hielt ich es nicht für nöthig, sie im Texte der Uebersetzung wieder zu geben, obgleich sie sich in allen Manuscripten vorfinden. „Ardschuna's Bestürzung" heisst der erste Abschnitt, weil in ihm erzählt wird, wie dieser Held in jene Gemüthsbewegung geräth, welche Veranlassung zu dem Gespräch mit Krischna giebt.

Erste Lesung.

Dhritaráschtra spricht:

1 Auf heil'gem Feld, dem Kuru-feld[1]), gesammelt kampfbegierig da
   Die Mein'gen und die Pândava, was thaten sie, o Sandschaja[2])?

Sandschaja spricht:

2 Erblickend das Pândavaheer geordnet so Durjodhana[3]),
   Trat zu dem Lehrer er heran und sprach, der König, dieses Wort:
3 „Schau hin dort, o Lehrer[4]), und sich der Pândusöhne grosses Heer,

---

1) Das Kuru-feld *(Kurikschetra)* hiess die Gegend im Westen der Jamuna bis zur Sarasvati, in der Nähe des heutigen Delhi. Kuru, der Stammvater der Kaurava, hat ihm den Namen gegeben, weil er dort gebüsst und geopfert hatte. Es heisst auch *BrahmaKschetra*, weil die alten Weisen, die *Devarschi* und *Rischi*, dort Sarasvati'sche Opfer verrichtet hatten. Es war überhaupt die heiligste Gegend Indiens.

2) *Sandschaja*, ein *Sûta* (Wagenlenker) und Sänger, der bereits in der histor. Einleitung erwähnt worden als der Erzähler der Begebenheiten und des Gespräches vor dem blinden Könige Dhritaraschtra. Es war ihm von *Vjâsa* die Gabe verliehen worden, Alles, was in der grossen Schlacht sich ereignete, innerlich zu schauen, um es dem blinden Könige erzählen zu können.

3) *Durjodhana*, wörtlich: der schlecht Kämpfende, wird zuweilen im Mahabharata auch *Sujodhana*, der gut Kämpfende, genannt. Lassen vermuthet, dass dies sein eigentlicher Name gewesen, der nur durch Uebersehen bei der späteren Bearbeitung der alten Sagen zu Gunsten der Pandava an einigen Stellen noch stehen geblieben. Schlecht kämpfend wird er genannt nicht wegen Mangel an Geschick und Tapferkeit im Kampfe, sondern wegen seiner Tücke und seinen unehrenhaften Anschlägen gegen die Pandava.

4) *Drona*, der kriegskundige Brahmane, war der Lehrer der jungen Kuru und Pandava. Bhischma hatte sich nach dem besten Lehrer in der Kriegskunst erkundigen lassen und sie dem Drona als dem Trefflichsten übergeben. Auch *Kripa* wird noch als ihr Lehrer genannt; er kann aber hier nicht gemeint sein, da er unten (Sloke 8) ausdrücklich unter denen aufgezählt wird, die ausser diesem „Lehrer" noch mitkämpfen.

1*

Geordnet von Drupada's Sohn[5]), von deinem kund'gen Schüler da.

4 Dort stehn die Bogenschützen kühn, Ardschuna, Bhima gleich im
Kampf,

Jujudhâna und Virâta und Drupada zu Wagen hoch[6]),

5 Dhrischtaketu, Tschekitàna, der Kàsi-König voller Kraft[7]),

Purûdschit, Kuntibodscha auch[8]), und Saivja[9]), dieser Männerstier,

6 Judhàmanju, der starke Held, Uttamautschas auch, voller Kraft[10]),

Saubhadra, die Draupader auch, sie Alle dort zu Wagen hoch[11]).

---

5) Ich vermuthe, dass unter diesem Sohne Drupada's nicht sein wirklicher Sohn *Drischthadjumna* zu verstehen sei, der bestimmt war, den Drona zu tödten, sondern vielmehr *Judhischthira*, sein Schwiegersohn, der älteste der Pandava und ihr Anführer in der Schlacht, der ebenfalls den Drona zum Lehrer gehabt hatte und daher hier dessen Schüler genannt wird. Auch ist nicht anzunehmen, dass Judbischthira hier ganz unerwähnt geblieben sein sollte.

6) *Jujudhâna* ist der Held der Sâtvata, eines Stammes der Jâdava; *Virâta*, der König der Matsja, an dessen Hofe sich die Pandava zuletzt aufgehalten hatten; *Drupada* der König der Somaka (eines Stammes der Pantschala), gegen welchen die Pandava bei der ersten Heldenthat, die von ihnen überliefert wird, zu Felde zogen. Der Kampf war durch Drona veranlasst worden, der als Belohnung für seinen Unterricht die Gefangennehmung dieses Königs forderte. Ardschuna nahm damals den Drupada gefangen, und Drona liess sich die Hälfte seines Reiches von ihm abtreten. Später wurde er (siehe die histor. Einl.) der Schwiegervater der Pandava und schloss einen Bund mit ihnen.

7) *Dhrischtaketu* ist der König der Tschedi, der Sohn des Sisupala; *Tschekitâna* ebenfalls ein mit den Pandava verbündeter König und Anführer eines Heeres; der König von *Kasi* (d. h. von Varanasi = Benares), war der Schwiegervater des Bhima, welcher sich mit einer seiner Töchter verbunden hatte.

8) Von dem grossen Volke der *Bodscha* war nur einer ihrer Könige, *Purûdschit*, der mütterliche Oheim der Pandava, diesen stets treu geblieben. Sein Bruder war *Kuntibodscha*.

9) *Sairja*, der König der Sibi, von Sivi, ihrem Ahnherrn so genannt, war ebenfalls Bundesgenosse der Pandava.

10) *Judhâmanju*, (d. h. der im Kampfe Zürnende), ein nicht weiter bekannter Held, ebenso wie *Uttamautschas* (d. h. die höchste Kraft).

11) *Saubhadra* ist der Sohn des Ardschuna und der Subhadra, der Schwester des Krischna, derselbe, der auch Abhimanju genannt wird. *Draupadejas* heissen die Söhne der Draupadi, also ebenfalls der Pandava. Als Sohn des Judhischthira wird *Pratirindhja*, des Bhima *Sutasoma*, des Ardschuna *Srutakîrtis*, des Nakula *Satanika*, des Sahadeva *Srutasena* genannt. — Die Kriegswagen waren bei den Indern ebenso wie bei den Egyptern und Griechen üblich.

7 Doch Unsrer auch die Besten merk', du der Brahmanen Trefflichster!
Die Führer meines Heeres nun nenne ich dir, dass du sie weisst.

8 Du selbst und Bhîschma, Karna[12]) auch, und Kripa[13]), der den
Krieg besiegt,
Asvatthâman und Vikarna und Saumadatti gleichfalls auch[14]),

9 Und viele andre Helden noch, für mich des Lebens achtend nicht,
Verschiedne Waffen schwingend und gar wohl erfahren in dem
Kampf.

10 Doch unhinreichend unsres ist, dies von Bhîschma geführte Heer;
Hinreichend aber jenes ist, das von Bhîma geführte Heer.

11 Aber überall wohl vertheilt, in guter Ordnung aufgestellt,
Soll Bhîschma unterstützen nur der Tapfern Schaar, die Alle dort[15]).''

12 Da, dessen Muth erregend, blies der Kuru-Greis, der alte Mann[16]),
In seine Muschel, er, der Held, und wie ein Löwe brüllt' er laut[17]).

13 Da wurden Muscheln, Pauken auch, und Trommeln, und das
Rindermaul
Gar kräftig angeschlagen all'; der Lärm, der war gewaltig da[18]).

---

12) *Karna*, der König von Anga, war der Sohn des Sonnengottes Sûrja und der Kunti
vor ihrer Verheirathung mit Pandu. (Das Nähere über ihn, sowie über *Bhîschma*,
siehe in der histor. Einleitung.)

13) *Kripa*, der kriegskundige Brahmane, stammte aus dem Geschlechte der Somaka (Pantschala), zu welchen Drupada gehörte. Er ist der Sohn eines Brahmanen und einer
Tochter der Götter. Er wurde mit seiner Schwester Kripâ von dem Kuru-Könige
Santanu auf einer Jagd im Walde gefunden und an seinem Hofe erzogen. Seine Tochter war die Frau des Drona.

14) *Asvatthâman* ist der Sohn des Drona; *Vikarna* ein Bruder des Durjodhana; *Saumadatti* der Sohn des Somadatta, eines Königs der Bahîka.

15) D. h. sie sollen ihm den Rücken decken, wenn er sich zu weit in die feindlichen
Schaaren wagt.

16) Bhischma nämlich, der die letzten Worte des Durjodhana gehört hat.

17) Wörtlich: „Löwenton ertönen lassend, blies er in die Muschel.'' Löwengebrüll ist der
gebräuchliche Ausdruck für Krieg-geschrei.

18 Grosse Seemuscheln (*Sâgarasambhavas*, aus dem Meere entstanden, werden sie ausdrücklich genannt Mahabh. VI. sl. 1521) bedienten sich die Inder, wie noch gegenwärtig manche Stämme der Wilden, als Kriegstrompeten. — *Gomukha* (Kuh-Maul)
hiess eine besondere Art Trompete. Die Muscheln der einzelnen Helden hatten ihre
eigenen Namen.

14 Auf dem grossen Wagen stehend, mit weissen Rossen wohlbespannt,
   Blies Mâdhava und Pândava das göttlich' Muschelhorn nunmehr[17]);
15 Das Riesenhorn Hrischîkesa, das Gottgeschenk Dhanandschaja[20]).
   Die grosse Muschel Paundra auch blies Bhîma, grimmig wie ein
   Wolf[21]);
16 Die immer triumphirende der Kuntî Sohn, Judhischthira,
   Nakula, Sahadeva auch die blum'ge und die süssen Klang's[22]).
17 Und Kâsja dann, der Bogenheld, Sikhandin auch, zu Wagen hoch[23]),
   Drischthadjumna und Virâta und Sâtjaki noch nie besiegt[24]),
18 Drupada und die Draupader, o Herr der Erde[25]), insgesammt,
   Und der grossarm'ge Saubhadra, ein jeder da die Muschel blies.
19 Der Dhârtarâschtrer Herz zerriss der so gewaltig starke Klang;
   Die Erde und den Himmel auch durchdröhnte dieser Schall allda.

---

19) *Mâdhava* ist ein Beiname des Krischna; wie Lassen vermuthet, ein Patronymikon, da Madhu einer seiner Vorfahren ist. Vielleicht hängt das Wort mit *Madhusûdana* (Tödter des Madhu) zusammen, wie Krischna sonst häufig genannt wird. Dieser Madhu war ein Riese, den Krischna umgebracht hatte. Der hier erwähnte Pandava ist *Ardschuna*, der sich mit Krischna, als seinem Wagenlenker, auf demselben Wagen befindet.

20) *Hrischîkesa*, ein Beiname des Krischna, gleichbedeutend mit *Kesava*, d. h. mit aufrechtstehenden Haaren. — *Dhanandschaja*, Besieger der Schätze, ein gewöhnlicher Beiname des Ardschuna. Schlegel übersetzt: contemptor opum, während Lassen das Wort erklärt: qui divitias sibi victoriis comparaverat. — Das Horn des Krischna hat den Namen *Pântschadschanja*, weil es angeblich aus den Knochen des besiegten Riesen *Pantschadschana* gemacht war. Uebrigens heisst auch die Muschel des Vischnu so. *Devadatta*, Gottgeschenk, ist der Name der Muschel Ardschunas, die er von seinem Vater, dem Gotte Indra, erhalten hatte.

21) *Paundra* ist der Name der Muschel des Bhima, von *pundra*, einer Art Rohr, so genannt. Beiname des Bhima ist *Vrikodara*, d. h. mit Wolfseingeweiden; „ob voracitatem, ut videtur" meint Lassen.

22) *Anantaridschaja*, ohne Ende siegend, hiess die Muschel des Judhischthira, des ältesten der Pandava. Die beiden jüngsten Pandava, Nakula und Sahadeva, deren Mutter nicht Kunti, sondern Madri ist, hatten ebenfalls ihre eigenen Muscheln, von denen die des Nakula: *Sughoscha*, die Wohlklingende, und die des Sahadeva: *Manipuschpaka*, die Edelsteinblumige, hiess.

23) *Kâsja* ist derselbe, der oben Kasi-König genannt wird; *Sikhandin*, ein mit den Pandava verbündeter Held, der früher die Tochter des Drupada war und durch einen *Jakscha* (Riesen) in einen Knaben verwandelt worden.

24) *Drischthadjumna* ist der Sohn des Drupada; *Sâtjaki* ein anderer Name für *Jujudhâna*.

25) Anrede des erzählenden Sandschaja an den König Dhritaraschtra.

20 Da nun die Dhàrtaràschtrer sah der affenfahn'ge[26]) Pândava
  So aufgestellt, im Pfeilgeschwirr den Bogen selbst ergreifend schon,

21 Zu Hrischíkesa sprach er da, o Herr der Erde, dieses Wort:
  „Halt' an in Mitte beider Heer', nie Fehlender[27]), den Wagen mir,

22 Bis dass ich erst betrachte jetzt die kampfbegier'gen Schaaren dort,
  Mit denen hier ich kämpfen soll in der Anstrengung dieses Kriegs.

23 Schon kampfbereit erschau' ich sie, die dort zusammen sich gethan,
  Dem thör'chten Dhàrtaràschtrer[28]) da durch Kampf ein Liebes
  anzuthun.

Sandschaja spricht:

24 Als so zu Hrischíkesa nun sprach Gutàkesa[29]), Bhàrata[30])!
  Hielt an in Mitte beider Heer' den Wagen er, den besten da,

25 Vor Bhischma's, Drona's Angesicht und all' der Erdenherrscher dort.
  „Da sieh',“ so sprach er, „Prithasohn[31]), die Kuruiden[32]) vor dir
  steh'n.“

26 Da sah der Prithasohn sie steh'n, die Väter, die Grossväter da,
  Die Lehrer, Brüder, Oheim' all', die Söhne, Enkel, Freunde da,

---

26) *Kapidradscha*, der Affenfahnige, ein Beiname des Ardschuna, der in seiner Fahne,
  welche die indischen Helden an ihren Streitwagen befestigt zu führen pflegten, das
  Bild eines Affen hatte, weil er, wie Einige meinen, mit Siva, der die Gestalt eines
  Affen angenommen, gekämpft hatte.

27) *Atschjuta*, nicht fallend, nicht fehlend, nicht hinfällig, ist ein Beiname des Vischnu,
  der in der Bh. G. durchweg dem Krischna gegeben wird.

28) D. h. dem Durjodhana.

29) *Gutàkesa*, ein Beiname des Ardschuna, der sich ebenfalls, wie das Wort *Hrischikesa*,
  auf das Haar bezieht. (*Guta* bedeutet Knäul.)

30) *Bhàrata* (mit langem a) ist Patronymikon von *Bharata*, Name eines berühmten Königs,
  eines Vorfahren der Kuru und Pandava; daher der Name als Anrede für beide Königsgeschlechter gebraucht wird. Aber auch *Bharata* (mit kurzem a) dient als Anrede
  der Könige, namentlich in den Verbindungen *Bharatarschaba* (Bharata-Stier), *Bharata-
  arschta* (bester Bharata), *Bharatasattama* (dasselbe), und scheint überhaupt als Appellativum für König gebraucht zu werden.

31) *Pârtha*, Patronymikon von *Pritha*, der Mutter des Ardschuna, eine sehr gewöhnliche
  Anrede desselben.

32) *Kuri* oder *Kaurava*, Patronymikum von Kuru, dem gemeinschaftlichen Stammvater
  der Kuru und Pandava, wird aber gewöhnlich ausschliesslich für die Söhne des
  Dhritaraschtra, im Gegensatz zu den Pandava, gebraucht.

27 Die Schwäger, die Verwandten auch, in beider Heere Mitte dort.

  Als diese Kaunteja[33]) nun sah, die Nahen, die da standen All',

28 Von tiefem Mitleid angefüllt, sprach dieses er voll Traurigkeit:

Ardschuna spricht:

  Seh' die Verwandten, Krischna, ich so kampfbegierig aufgestellt,

29 Da schlaffen meine Glieder hin und trocknet aus mein Angesicht[34]);

  Den Körper fasst ein Zittern mir, es sträubt zu Berge sich das Haar;

30 Gàntiva[35]) fällt mir aus der Hand und Fiebergluth durchrinnt die
                                                    Haut;

  Auch nicht vermag ich mehr zu steh'n; es schwankt verwirrt mir
                                                    das Gemüth.

31 Vorbedeutungszeichen[36]) seh' ich unglückverkündend, Locken-
                                                    haupt[37])!

  Nicht Gutes schau' ich, ist im Krieg erschlagen die Verwand-
                                                    schaft mir.

32 Noch wünsch' ich Sieg, o Krischna, jetzt, noch Herrschaft, noch
                                                    Vergnügenslust.

  Was soll uns Herrschaft, Govinda[38])! was Reichthum, was das
                                                    Leben uns?

33 Wozu denn wär' uns wünschbar noch jetzt Herrschaft, Reichthum,
                                                    süsse Lust?

  Die dort steh'n ja zum Kampfe auf, wegwerfend Leben und Besitz,

--- --- ---

33) *Kaunteja*, Patronymikum von *Kunti*, dem anderen Namen der *Pritha*, Ardschuna's
    Mutter.

34) „Es trocknet aus" d. h. das Blut zieht sich zurück und das Angesicht wird blass.
    Schlegel übersetzt: os exsangue tabescit; Peiper sehr ungeschickt: „Es ver-
    tröcknet mir der Mund."

35) *Gàntiva* heisst der Bogen, welchen Ardschuna von dem Gotte Agni zum Geschenk
    erhalten hat.

36) *Nimittani* sind omina. Man braucht indessen nicht an das Erscheinen von Unglücks-
    vögeln und dergleichen zu denken, denn, wie Lassen richtig bemerkt: „contra cogna-
    tos pugnare, quia nefas, est omen omnium infaustissimum."

37) Im Original steht *Kesava*. Siehe oben Anm. 20.

38) *Govinda*, Beiname des Krischna, der sich auf sein Jugendleben unter den Hirten
    bezieht und soviel heisst, als Besitzer, Erwerber von Rindern.

34 Die Lehrer, Väter, Söhne da, die Enkel und Grossväter auch,

Die Brüder, Oheim', Schwäger dort und die Verwandten allzumal[39]).

35 Die will ich tödten nicht, auch wenn sie tödten, Madhusûdana[40])!

Um der drei Welten[41]) Herrschaft nicht; was gar um dieser Erde
hier?

36 Erschlüg die Dhârtarâschtrer ich, wie wär's uns lieb, Dschanârdana[42])?

Es käme Sünde über uns, erschlügen diese Räuber[43]) wir.

37 Nicht ziemt's uns, die Dhârtarâschter umzubringen mit ihrem
Stamm.

---

39) Diese Aufzählung (sowie auch oben sl. 26) ist als eine poetische Amplification aufzufassen und nicht ganz wörtlich zu nehmen. Die Söhne des Pandu und des Dhritaraschtra waren unter einander Geschwisterkinder; Drona war ihr beiderseitiger Lehrer.
Bhischma ihr Grossoheim, wird mit Grossvater bezeichnet; Karna war Halbbruder
des Ardschuna d. h. von derselben Mutter geboren.

40) *Madhusûdana*, d. h. Tödter des Madhu, ein Beiname Krischna's. (Siehe oben Anm. 19.)

41) *Trailokja* oder *Triloki*, die drei Welten d. h. der Himmel, der Luftraum und die Erde,
oder: der Himmel, die Erde und die Unterwelt. Mit Rücksicht auf die *Triguna* (die
drei Qualitäten: Wesenheit, Leidenschaft, Finsterniss, von denen unten die Rede sein
wird) unterscheiden die Inder auch die Welt des *sattra* (Wesenheit oder Wahrheit),
des *radschas* (der Leidenschaft oder des Staubes) und des *tamas* (der Finsterniss).

42) Wörtlich: Welche Freude wäre uns? — *Dschanârdana* ist ein Beiname des Vischnu,
der hier wieder dem Krischna gegeben wird. Er heisst wörtlich: hominum vexator,
obgleich die Grammatiker erklären: ab hominibus cultus, daher Schlegel übersetzt:
o mortalium votis expetite! Doch bedeutet Dschanardana wörtlich nur: homines
feriens oder vexans, wozu Lassen bemerkt: Quod ita fortasse intelligi debet,
ut sit, qui desiderio sui corda hominum quasi vexat. Ich vermuthe, dass sich
der Ausdruck auf die Entsendung der glühenden und zugleich befruchtenden Sonnenstrahlen bezieht, deren Repräsentant der Gott Vischnu ist. — Bemerkenswerth ist übrigens, dass
Ardschuna im Verlauf des Gespräches den Krischna wiederholt mit Beinamen des Vischnu
anredet, auch bevor sich ihm derselbe in seiner göttlichen Grösse offenbart hat, ein Beweis
dafür, dass es dem Verfasser darauf ankam, die Göttlichkeit des Krischna bei jeder
Gelegenheit hervorzuheben, dass diese Tendenz der ganzen Bh. G. zu Grunde liegt.

43) *Atatâjin* heisst wörtlich: gespannten Bogen tragend, mit bewaffneter Hand Jemandem
nach dem Leben trachtend, daher: Räuber. Später zählte man zu den *Atatâjinas*, wie
der Commentator der Bhagavadgita, *Sridarasrâmin*, erwähnt, folgende sechs Arten
von Verbrechern: Brandstifter, Giftmischer, Meuchelmörder, Räuber, Ackerverwüster
und Entführer von Ehefrauen. Aller dieser Verbrechen, bemerkt derselbe Commentator, hatte sich Durjodhana und seine Brüder gegen die Pandava schuldig gemacht.

Nach der Verwandten Metzelei, wie wär'n wir glücklich, Mâdhava?

38 Wenn jene auch nicht gewahren, von mit Begier geschlagnem
                                                          Geist,

Des Verwandtenmordes Sünde, der Freundbeleidigung Vergeh'n,

39 Wie wüssten wir denn nicht, dass uns von Sünd' sich zu enthal-
                                                          ten ist,

Die des Verwandtenmord's Vergeh'n wir einseh'n, o Dschanârdana?

40 Durch Stammesmord gehen unter die ew'gen Rechte des Geschlechts;

Und ist das Recht dahin, durchdringt Unheiligkeit[44]) den ganzen
                                                          Stamm.

41 Und dringt Unheiligkeit hinein, entartet, Krischna! auch das Weib.

Ist's Weib verdorben, Vârschneja[45])! dann Kastenmischung auch
                                                          entsteht[46]).

42 Vermischung wie die Hölle ist der Stammesmörder und des
                                                          Stamm's.

Es stürzen ihre Väter dann, der Todtenopfer ja beraubt[47]).

43 Durch solche Stammesmörderschuld, die Kastenmischung so
                                                          bewirkt,

Wird der Familie Recht zerstört und des Geschlechtes ew'ges Recht.

---

44) *Adharma*, wörtlich: Ungesetzlichkeit, von Schlegel entsprechend mit **impietas** übersetzt. *Dharma* (Recht) hat immer den Nebenbegriff des religiös geheiligten Rechtes,
daher es auch häufig geradezu in dem Sinne von Pflicht, Tugend, Sitte, gebraucht
wird.

45) *Vârschneja*, Beiname des Krischna und Patronymikum von *Vrischni*, einem seiner
Vorfahren.

46) Die Vermischung der vier Kasten untereinander durch **connubium** war nach dem
Indischen Gesetze streng untersagt.

47) Der Sinn ist: da durch die Kastenmischung eine Ungewissheit über die Abstammung
entsteht, so können die Nachkommen für ihre Vorfahren keine Todtenopfer mehr darbringen, was nach indischer Anschauung zur Folge hat, dass ihre Geister aus den
Wohnungen der Seligen in den *Naraka*, die Unterwelt, die Hölle, zurückfallen. Die
Seligkeit der Verstorbenen ist also von dem Gebet und dem Opfer ihrer Nachkommen
für sie abhängig, eine Vorstellung, welche, obgleich durch Aberglauben entstellt,
immerhin ein uraltes Zeugniss für die Wirksamkeit des Gebetes für die Verstorbenen
enthält. — Was oben durch Todtenopfer übersetzt ist, lautet im Original spesiell
pinada d. h. libum, frustum, libatio, quae majoribus offertur, und *udaka*,
d. h. Opferwasser, Libation. Schlegel übersetzt: „liborum et libationum solemnibus privati."

44 Sind des Geschlechts Rechte zerstört der Menschen, o Dschanár-
dana!
Nothwendig in der Hölle dann die Wohnung ist; so hörten wir.

45 Ach, ach, wohl ein grosses Unrecht zu üben da beschlossen wir,
Dass wir aus süsser Herrschaft Lust Verwandtentödtung hier
erstrebt.

46 Wenn ohne Wehr und waffenlos mich, waffenschwingend in dem
Kampf,
Die Dhártaráschtrer umgebracht, das wäre wohl mir besser noch.

Sandschaja spricht:

47 Als so Ardschuna in der Schlacht gesprochen, setzt' er nieder sich
Im Wagen; Pfeil und Bogen legt' er hin, mit Trauer im Gemüth.

Zweite Lesung.

Sandschaja spricht:

1 Zu dem, den Mitleid so ergriff, dessen Blick, thränenvoll, sich trübt',
Dem Trauernden, sprach dieses Wort alsdann nun, Madhusúdana:

Der Erhabene spricht:

2 Woher hat solcher Kleinmuth denn dich befallen im Kampfesdrang,
So unwürd'ger, unhimmlischer[1]), ruhmraubender, o Ardschuna?

3 Nicht gieb schlaffer Schwäche dich hin; das ziemet dir nicht,
Prithasohn!
Des Herzens niedren Sinn leg' ab, und steh', o Feindbedränger, auf.

---

1) *Asvarya*, unhimmlisch, wird der Kleinmuth genannt, weil er den Helden, der sich ihm
hingiebt, des Vorzugs beraubt, wenn er im Kampfe fällt, sofort in die Wohnungen der
Götter (den Himmel des Indra) zu gelangen. Vergl. unten sl. 32.

Ardschuna spricht:

4 Wie soll den Bhîschma in der Schlacht und Drona, Madhusûdana!
Ich mit Pfeilen bekämpfen denn, die Beide mir der Ehre werth?

5 Nicht tödtend diese beiden theuren Lehrer, wär' in der Welt
Bettelbrod essen besser[2]).
Doch tödtend die reichthumsbegier'gen Lehrer, würd' ich mit Blut
befleckte Speisen essen.

6 Nicht wissen wir, was hier uns besser wäre, wenn w i r gesiegt,
wenn jene u n s besiegten.
Nach deren Tod zu leben wir nicht wünschten, die stehen vor uns
dort, die Dhârtarâschtrer.

7 Mit Mitleid und Schuldfurcht in meiner Seele, frag' ich dich, durch
das Recht bewegt im Geiste,
Welcher Rath besser wäre, den mir sage. Dein Schüler bin ich;
lehr' mich, der ich höre.

8 Denn nicht erblick' ich, was von mir die Trauer, die sinnentrock-
nende, vertreiben könnte,
Hätt' ich auf Erden auch ein nie von Feinden erschüttert Reich,
ja selber Götterherrschaft.

Sandschaja spricht:

9 Nachdem zu Hrischîkesa so Gutâkesa nun dieses Wort:
„Nicht kämpf' ich," zu Govinda dort, gesprochen hatte, war er still.

10 Und Hrischîkesa hub nun an, gleichsam wie lächelnd, Bhârata!
In beider Heere Mitte, und zu dem Verzagten sprach er so:

---

2) Zum Verständniss des Metrums dieser längeren Verse (*trischtubh*), die an die Stelle
der Sloka (*anuschtubh*) in solchen Stellen des Gedichtes treten, wo, wie Schlegel
bemerkt, poeta impetu lyrico altius exurgit, ist zu bemerken, dass sie (mit einigen seltenen Ausnahmen, welche bei der Uebersetzung unberücksichtigt geblieben sind)
aus 22 Silben bestehen, die in zwei gleiche Theile von 11 Silben, die durch eine
Cäsur getrennt sind, zerfallen, wobei jedoch, wie in der Sloka, die Länge oder Kürze
der einzelnen Silben ziemlich willkührlich, oder vielleicht noch nicht vollkommen
erforscht ist. Folgendes Schema dient zur Veranschaulichung dieses Metrums:

⏑⏑|⏑⏑|⏑⏑|⏑⏑|⏑⏑|꜑|⏑⏑|⏑⏑|⏑⏑|⏑⏑|⏑⏑|꜑,

während die gewöhnliche Sloka so dargestellt werden kann:

⏑⏑|⏑⏑|⏑⏑|⏑⏑|꜑⏑⏑|⏑⏑|⏑‒|⏑‒‒.

Der Erhabene spricht:

11 Nicht zu Betrau'rnde thun dir leid, und Weisheitsworte redest du[3])!
Gestorbne nicht noch Lebend'ge beklagen weise Männer je[4]).

12 Denn nicht war nicht Ich je, noch du, noch jene Menschen-
herrscher dort,
Noch werden je wir nicht mehr sein, wir Alle, künftig immerhin[5]).

13 Wie Kindheit, Jugend, Alter hier in diesem Leib des Menschen ist,
So andern Leib's Erlangung auch[6]). Da wird der Tapfre nicht
bestürzt.

14 Des Stoffes Stösse[7]), Kanuteja! bewirkend Frost, Gluth, Lust und
Leid,
Sie kommen, geh'n und bleiben nicht. Ertrage diese, Bhárata!

----

3) Ich lese mit Schlegel und Lassen: *anrasotschas tram pradschnárádánstscha báschase*,
und nicht, wie Peiper vorschlägt, ohne Anusvara: *anrasotschas trapradschnárádáns* etc.,
wo, abgesehen davon, dass die Cäsur in der Mitte des Verses verloren ginge, an die
Stelle des von ihm für überflüssig erklärten *tram* (du) ein noch weit überflüssigeres
und sinnstörendes *tu* (aber) treten, und das folgende *a* als *a* privativum zu *pradschná*
gezogen, und übersetzt werden müsste: „Thorheitsworte redest du." Ardschuna hat
in der That nichts Thörichtes gesagt, nur einen falschen Schluss, nämlich, nicht zu
kämpfen, aus seiner Anschauung von der Sache gezogen. Offenbar ist der Gegensatz, der in den beiden Behauptungen Krischna's liegt, viel poetischer, als die andere
Auffassung, die sich nur durch flache Verständlichkeit empfiehlt.

4) D. h. sie klagen nicht darüber, dass Jemand gestorben ist, oder dass er noch lebt.

5) Offenbar wird in diesen Worten nicht bloss die Unsterblichkeit des Geistes, sondern
auch seine Anfangslosigkeit gelehrt. Krischna stellt in diesem Punkte die Menschen
sich selbst, der Gottheit, vollkommen gleich. Der eingewurzelte Wahn von der Gleich-
wesenheit des menschlichen Geistes mit Gott liegt dieser Vorstellung, wie der ganzen
indischen Philosophie, zu Grunde.

6) Man darf hier nicht etwa an das den Indern unbekannte Dogma von der Auferstehung
der Leiber denken, sondern vielmehr an den allen Systemen gemeinschaftlichen Glauben an die Seelenwanderung. Die drei Welten (siehe Les. I. Anm. 41) werden als
der dreifache Aufenthalt und Wanderungskreis aller Lebendigen angesehen, welche die
Befreiung noch nicht erlangt haben. Sie wandeln die Bahn dieser dreifachen Welt
nach oben, oder nach unten, gemäss ihren Werken. Geburten folgen auf Geburten;
Alles ist in fortwährenden Umwälzungen begriffen, und zwar um der endlichen Rückkehr zum Brahma willen, welche jedoch, durch die Schuld der verschiedenen Werke
der Einzelnen, vielfach misslingt und unterbrochen wird.

7) *Mátra* (von der Wurzel *má*, messen), das lateinische *materies*, das ich hier mit Stoff
wiedergebe, bedeutet zunächst Elemente, dann aber auch überhaupt die Körperwelt,
im Gegensatz zum Geiste. Während die Vedanta-Philosophie zwar auch eine Unter-

15 Denn, welchen in Verwirrung nicht die bringen, der, o Männerstier!
Der Starke, gleich in Leid und Lust, erlanget die Unsterblichkeit.
16 Sein ist nicht des Nichtseienden, und Nichtsein nicht des Seienden[8]),
Und dieser beiden Unterschied schau'n nur die Wahrheitschauenden.

---

scheidung *(vidschnána)* zwischen Geist und Materie lehrte, hielt sie doch im Grunde
beide in ihrem Wesen für identisch, indem sie das Wegfallen dieses Unterschiedes
durch die Erkenntniss behauptete und als anzustrebendes Ziel des Geistes aufstellte.
Die Sankhja-Philosophie sieht diese Behauptung vom Hinwegfallen des Unterschiedes
zwischen Geist und Natur beim Eintritt der Erkenntniss als einen Irrthum an, und
lehrt, dass die Natur überhaupt auf keine Weise mit dem Geist identisch sei, dass sie
vielmehr jederzeit von ihm unterschieden werden müsse. Enthüllung des Geistes mittelst richtiger Unterscheidung ist Befreiung und das Ziel der Sankhja. Ist der Geist
enthüllt, und in seiner Selbstständigkeit von ihm selbst erkannt, dann ist auch die
Täuschung vom Schein der Haltbarkeit der Naturentfaltungen nach allen ihren Arten
und Graden völlig zerstört, und die Unterscheidung dieses Nichtseienden vom wahrhaft Seienden für immer sichergestellt. Durch diese Unterscheidung zwischen dem
Geist, dem an und für sich Wirklichen, aus und durch sich Lebendigen, und zwischen
der Natur, der für sich nicht wahrhaft wirklichen, nicht aus und durch sich lebendigen, wird alles Vergängliche in Schatten gestellt gegen den ewig Selbstständigen,
den Geist. Dieser kann daher nur gewissermassen mit der Natur behaftet und verbunden sein. Daher kommt es darauf an, dieses scheinbare Behaftetsein, diese bloss
vorübergehende Beziehung, genau zu erkennen, damit, wie Patandschali sagt, nichts
für Geist gehalten werde, was nicht Geist ist. (Vergl. II. Windischmann: Die Philosophie im Fortgang der Weltgeschichte I. Th. IV. Abth. S. 1796 u. ff.) — Dass diese
Anschauung der Sankhja-Lehre in der Bhagavadgita unverkennbar hervortritt, liegt
auf der Hand und ist schon von Wilhelm v. Humboldt in seiner Abhandlung über
die Bh. G. (Berlin 1826) nachgewiesen worden. Doch wussten die Brahmanen die
Vedantalehre mit der Sankhja auf wohlbedachte Weise, insbesondere durch Hervorhebung der Jogalehre (von der unten die Rede sein wird), zu vereinigen, wovon ebenfalls die Bh. G. vielfache Belege giebt. — *Mátrásparsás* ist oben übersetzt mit: des
Stoffes Stösse. *Sparsa* heisst wörtlich nur contactus, Berührung. Die Uebersetzung
rechtfertigt sich aber durch den Sinn und das folgende: *titikschasva*, ertrage.

8) Der Sinn ist: Aus dem Nichtsein kann niemals Sein, aus dem Sein niemals Nichtsein
werden. Die Unmöglichkeit eines Ueberganges vom Sein zum Nichtsein, und umgekehrt, ist ein Hauptsatz der indischen Philosophie. Kein Grund ist eigentlich ein her-
vorbringender; in jedem ist die Wirkung, gleich ewig mit ihm selbst, enthalten. Sein
und Nichtsein bilden zwei in's Unendliche fortlaufende Linien; jede Schöpfung aus
Nichts erscheint mithin unmöglich. Obgleich daher Gott auch den Indern als der
Schöpfer aller Dinge gilt, so sind dieselben doch, nicht bloss in der Idee, sondern in
ihrer Substanz, schon vor seinem Schaffen in ihm vorhanden gewesen. Die Idee der
Creation im christlichen Sinne fehlt den Indern gänzlich, und das Wort, welches
Schaffen bedeutet *(sridsch)*, heisst in seiner Grundbedeutung nur Entlassen; jede

17 Doch unvergänglich wisse Das, wodurch dies All entfaltet ist[9]);
Vernichtung dieses Ewigen kann Niemand ja bewirken je.

18 Die vergänglichen Körper, heisst's, sind eines Geist's, der ewig ist,
Der nicht vergeht, den nichts ermisst[10]).   Und desshalb kämpfe,
Bhârata!

19 Wer diesen einen Tödter meint, wer für getödtet diesen hält,
Die haben's Beide nicht erkannt. Er tödtet nicht, er wird nicht todt[11a]),

Schöpfung erscheint nur als Emanation. Dabei bleibt es jedoch immerhin noch frag-
lich, ob, bevor diese Lehre später philosophisch ausgebildet wurde, nicht ursprünglich
doch die wahre Creationsidee zu Grunde gelegen hat, und nur der Begriff der erzeu-
genden Ursache poetisch und gleichsam plastisch durch ewige Existenz im Keime
dargestellt wurde. In der Tschandogja-Upanischad (III, 19, 1) kommt in der That
eine Stelle vor, welche die Entstehung des Seins aus dem Nichtsein zu lehren scheint.
Dort heisst es (nach der englischen Uebersetzung von Radschendralala Mitra in der
Bibliotheca Indica, Calcutta 1862, No. 78 u. 181 pag. 65): „Verily at first all this
was non-existent (Nasat); that non existence became existent." Interessant
ist die Art und Weise, wie Sankara in seinem Commentar, der Vedantalehre gemäss,
diese Worte zu deuten sucht (ibid.): „Non existent, i. e. this earth before its
development (utpatti) was of unmanifest name and form, and not
actually non-existent, for (an the authority of the Sruti), how can
existence proceed from non-existence? .... We see the word sat is
freely used to indicate the manifestation of the name and form of an
object, and that manifestation being generally dependent upon the
sun, in the absence of which the earth is inveloped in deep darkness
and not visible, the expression is appropriate."

9) Hier ist offenbar von dem höchsten Geiste, der Gottheit, der Grundursache von Allem,
die Rede. Man vergleiche mit dem Ausdruck, der hier für Schöpfung gebraucht wird,
tan, (lat. tendere, expandere), die Stellen im Alten Testamente: „Er spannt die
Himmel aus" (Job. 9, 8), „der die Himmel schuf und sie ausspannte (Jes. 42, 5), „meine
Hände spannten die Himmel aus" (ibid. 45, 12). Was im Hebräischen nur auf das
Firmament sich bezieht, das unter dem Bilde eines Zeltes gedacht wird, erscheint hier
auf das ganze Weltall (sarram idam) ausgedehnt. Cockburn-Thomson behauptet
von dem Ausdruck tan: „It is a purely philosophical use of the word and
alludes to the doctrine, that the supreme Being is at the same time
the efficient and material cause of the universe."

10) Aprameja d. h. nicht messbar. Die Immaterialität des Geistes wird dadurch, der
Sankhjalehre gemäss, auf das deutlichste bezeichnet. Dass auf diese Lehre hier ausdrücklich angespielt wird, scheint auch aus dem beigefügten ukta: (auf dehi bezüg-
lich) hervorzugehen, was Schlegel durch e sapientum sententia wiedergiebt, und
die obige Uebersetzung noch wörtlicher durch das eingeschobene: heisst's.

11a) D. h. Tödten und Getödtet werden ist keine eigentliche Vernichtung des Lebens. Man
vergleiche damit den Ausspruch Christi (Matth. 10, 28) „Fürchtet nicht diejenigen,

20 Nicht wird geboren er, noch stirbt er jemals; nicht, einst entstanden,
wird er sein auch wieder.

Ungebor'n, beständig, alt, ewig ist er; wird nicht getödtet, ist der
Leib getödtet[11b]).

21 Wer jenen unvernichtbar weiss, beständig, ewig, ungebor'n,
Wie lässt der Einen tödten denn, wie tödtet, Pârtha, einen der?

22 Wie Kleider, die zerrissen sind, ablegend, zu neuen greift alsdann
der Mensch, zu andern,

So ablegend auch Körper die zerrissen, in andre kleidet sich der
Geist, in neue[12]).

23 Den spalten die Geschosse nicht, den brennt die Feuerflamme nicht,
Nicht machen ihn die Wasser nass, nicht trocknet ab ihn auch
der Wind.

24 Unverwundbar, unverbrennbar, zu netzen nicht, zu trocknen
nicht,

Ist ewig er, allhingehend, fest, unerschüttert, dauernd stets[13]).

---

welche den Leib tödten, die Seele aber nicht zu tödten vermögen," und was Clemens
Alexandrinus (Strom. VI. cap. 4. §. 38) von der Antwort, die ein indischer Gymno-
sophist dem Alexander auf die Frage gegeben „πότερον οἴεται τοὺς ζῶντας εἶναι
πλείονας ἢ τοὺς τεθνεῶτας," berichtet; denn: „τοὺς ζῶντας ἔφη· οὐ γὰρ εἶναι
τοὺς τεθνεῶτας (d. h. es giebt keinen Todten).

11b) Dieselbe Stelle findet sich wörtlich wieder in der *Katha-Upanischad*, I. Th. 2. valli.
n. 18 u. 19. (Biblioth. Indic. Vol. XV. pag. 105 und bei H. Windischmann, die Philosophie im Fortgang der Weltgeschichte. S. 1712): „Nicht wird der Weise geboren,
noch stirbt er; nicht wurde dieser irgend einer irgendwoher. Ungeboren, ewig, beständig, alt ist er, nicht wird er getödtet, wenn der Leib getödtet wird. Glaubt der
Tödter zu tödten, der Getödtete sich getödtet, so erkennen sie beide nicht; er tödtet
nicht und wird nicht getödtet."

12) Offenbar ist hier wieder von der Seelenwanderung die Rede. In Bezug auf das Bild
aber, das hier gebraucht wird, vergleiche man den Ausdruck des N. Testamentes
(2. Petr. 1, 14): ἀπόθεσις τοῦ σκηνώματός μου, und die Psalmenstelle (101, 27): „Sie
alle veralten wie ein Kleid und wie ein Gewand veränderst du sie."

13) Die vorstehenden Verse sind eine poetische Aussprache des Hauptprinzipes der Sankhja-
Lehre, dass nämlich der Geist von der Materie vollkommen unabhängig sei. „Die
Sankhja," sagt H. Windischmann (l. c. S. 1801), „ist die Lehre, mittelst deren der
Geist durch scharfe Auffassung, wohlgeordnete Aufzählung und Ermessung der Stufen
der Natur d. h. alles dessen, was im äusseren und inneren Bewusstsein unterscheidbar

25 Unsichtbar, zu ergründen nicht, unwandelbar wird er genannt.
  Drum, da du so jenen erkennst, so wolle nicht betrauern ihn.

26 Doch, wenn du stets geboren ihn und stets auch ihn gestorben
  denkst[14]),
  Auch dann, Grossarm'ger! musst du doch nimmermehr ja
  betrauern ihn.

27 Gebornem sicher ist der Tod, Gestorbnem sicher die Geburt;
  Drum über Unvermeidliches musst also du auch trauern nicht.

28 Unsichtbar ist das erste Sein; sichtbar, was in der Mitte liegt;
  Unsichtbar dann der Untergang[15a]). Was ist für Grund zur
  Klage da?[15b])

---

ist, zur richtigen und genauen Erkenntniss des Unterschiedes seiner selbst von der
Natur gelangt, und begreift, dass er über ihr und allen ihren vorübergehenden Ent
wickelungsstufen stehe, und nach seiner wahren, vollen Wirklichkeit von ihnen
unabhängig und für sich allein sei."

14) D. h. auch angenommen, der Geist wäre nicht unsterblich und würde mit den neuen
Körpern auch immer aufs neue erzeugt.

15a) Man vergleiche hiermit die Lehre des Isvara Krischna, eines Sankhja-Philosophen,
in seinen, die *Sánkhja-Kárika* genannten kurzen Lehrsätzen (N. 15 u. 16): „Wegen der
Begränztheit der Spaltungen (d. h. der Einzeldinge), wegen ihrer Gleichartigkeit und
ihrer Thätigkeit aus einer Kraft, wegen der Trennung der Ursache und Wirkung, und
wegen der Nichttrennung des Allgestaltigen, ist das Unentfaltete die Ursache."
Denn alles Entfaltete (Existirende) ist vor der Entfaltung aus dem Urgrunde selbst
unentfaltet (d. h. unsichtbar), und wiederum unentfaltet nach der Rückkehr in jenen
Grund. (H. Windischmann l. c. S. 1815 u. 1828.)

15b) *Ká parideraná* (Welche Klage?). Derselbe Ausdruck findet sich wörtlich im Gesetzbuch des Jadschnavalkja III, 9, wo die Trostgründe angeführt werden, mit denen die
Greise der Familie bei den Todtenopfern die Hinterbliebenen unterhalten sollen. Die
ganze Stelle bietet Anklänge an die hier von Krischna vorgetragenen Reden, so dass
es fast den Anschein hat, als finde eine Anspielung auf dieselbe statt. Sie lautet nach
der Uebersetzung von Stenzler, p. 89): „Wer in dem menschlichen Leben, welches
marklos ist, wie der Stamm der Kadali, und einer Wasserblase ähnlich, ein Mark
sucht, der ist thöricht. Wenn der fünffach zusammengesetzte Körper durch die aus
dem Körper selbst entspringenden Handlungen sich in die fünf Elemente auflöst, wesshalb da die Klage? (*Ká parideraná*. Die Erde wird untergehn und der Ocean und
die Götter; wie soll die schaumähnliche Welt der Sterblichen nicht untergehn? Weil
der Verstorbene wider Willen den Speichel und die Thränen geniesst, welche die
Verwandten vergiessen, so muss man nicht weinen, sondern die Todtenopfer nach Vermögen vollziehen."

2

29 Wie Wunder schauet Einer an wohl jenen[16]); wie Wunder spricht
         von ihm wohl auch ein Andrer;
    Wie Wunder noch ein Andrer auch ihn höret; und hört er auch
         ihn, kennet ihn doch Keiner.
30 Der Geist stets unverwundbar ist in Jedes Leibe, Bhârata!
    Darum die Wesen insgesammt nicht zu beklagen ziemet dir.
31 Das eigne Recht[17]) betrachtend nur, musst du erbeben nimmer da;
    Denn Bessres, als gerechten Krieg, giebt's Andres für den
         Krieger nicht.
32 Wie geöffnetes Himmelsthor, das sich von selber bietet dar,
    Ergreifen, Pârtha! fröhliche Krieger ja einen solchen Kampf[18]).
33 Doch aber, wenn du diesen Kampf, den so gerechten, kämpfest nicht,
    Dann wirst dein Recht du und den Ruhm wegwerfend, Schmach
         erwerben dir.
34 Und deine ew'ge Schande nur erzählen dann die Menschen sich;
    Die Schande des Vortrefflichen sie überraget noch den Tod.
35 Dass du aus Furcht vom Kampf ablässt, die Wagenhelden
         meinen dann;
    Von denen hochgeschätzt du warst, dieselben dann verachten dich.
36 Nichtzuredende Reden viel wohl deine Feinde reden dann,
    Und tadeln deine Tüchtigkeit. Was wäre da wohl schlimmer noch?
37 Getödtet, winkt der Himmel dir; als Sieger, ist die Erde dein.
    Drum stehe auf, o Kaunteja! Zum Kampfe sei entschlossen doch.

---

16) Den Geist nämlich. Die Unerforschlichkeit des Wesens des Geistes wird hier für eine
    dreifache Klasse von Menschen behauptet, für den schauenden, contemplativen Asceten,
    für den lehrenden Philosophen, und für den hörenden Schüler. — Eine ganz ähnliche
    Stelle findet sich in der Katha-Upanischad (bei Windischmann S. 1711): „Der bei
    Vielen auch für das Gehör nicht zu erreichen ist, den, selbst hörend, Viele nicht wis-
    sen, — ein Wunder ist sein Erklärer, erfahren sein Erfasser; ein Wunder
    sein Erkenner, von einem Erfahrenen belehrt."
17) *Dharma* scheint hier mit Rücksicht auf das Folgende nicht sowohl mit Pflicht,
    officium, als vielmehr mit Recht, im eigentlichen Sinne des Wortes, übersetzt werden
    zu müssen. Damit ist jedoch nicht ausgeschlossen, dass die Wahrung dieses Rechtes
    durch den Krieg für den *Kschatrija* auch eine seiner Kaste entsprechende Pflicht ist.
18) Wie oben (Anm. 1) schon angedeutet wurde, gingen nach indischem Glauben die im
    Kampfe gefallenen Krieger sofort in Indra's Himmel ein.

38 Gleich achtend also Lust und Leid, Gewinn, Verlust, Sieg und
Nichtsieg,

So wende dich dem Kampfe zu; dann keinen Makel du erwirbst.

39 Die Lehre zeigten Gründe dir; nun hör', was dir Vertiefung sagt[19]).

---

19) Wörtlich: „Diese Meinung ist dir dargestellt durch Sankhja, durch Joga aber höre
sie." Es ist hier der Ort, über diese beiden Ausdrücke und die von ihnen benannten
philosophischen Schulen das zum Verständniss der Bhagavadgita Nöthige zu sagen.
Sankhja hat die Bedeutung Zahl, Zählung, Ueberlegung, Raisonnement, und adjektivisch gebraucht bedeutet es: das rationale, auf Vernunftgründen beruhende philosophische System, als dessen Begründer der alte Rischi Kapila angesehen wird. Seine
Lehre (die reine Sankhja), auch die *Sankhja niriwara* genannt, was mit Unrecht mit
atheistisch übersetzt wird, schrieb der Natur *(prakriti)* einen Willen zu, unterschied
dieselbe aber wohl vom Geist, und hielt die Erkenntniss *(dschnana)*, als deren Quellen er, ausser der Vernunft, auch noch die Offenbarung gelten liess, und darum auch
weder mit den Vedas, noch mit der brahmanischen Götterlehre in Conflict kam, für
das Höchste, ohne jedoch über Gott den Herrn *(iswara)* irgend etwas Bestimmtes auszusprechen. Zu diesem System gehört die oben schon citirte Sankhja-Karika des Iswara
Krischna, eines späteren Philosophen. Einen anderen Zweig der Sankhja-Philosophie
bildet die sogenannte theistische Sankhja, *Sankhja seswara* (mit *iswara*) genannt, welche
ausdrücklich von dem einen höchsten Wesen spricht. Zu dieser letzteren gehört die
Joga-Lehre des Patandschali, der mit den Hauptlehren der theistischen Sankhja die
Forderung der bis zum Somnambulismus gesteigerten Versenkung des Geistes in sich
selbst, bei vollständiger Abstraktion von der Aussenwelt, verband, die schon von den
alten Rischis und Munis (Weisen und Einsiedlern) geübt worden war, und wodurch
sie mit Gewalt die durch den Sündenfall verloren gegangene Vereinigung mit der
Gottheit wieder zu gewinnen suchten. Ueber die Bedeutung des Ausdruckes Joga sagt
Wilhelm v. Humboldt (in seiner Abhandlung über die Bhagavadgita, Berlin 1826
S. 33): „Joga ist ein von der Wurzel *judsch*, vereinigen, binden, dem lateinischen
jungere, gebildetes Nomen, und drückt die Verknüpfung eines Gegenstandes mit dem
anderen aus. Darauf lassen sich alle vielfachen, abgeleiteten Bedeutungen des Wortes
zurückführen. Im philosophischen Sinne ist Joga die beharrliche Richtung des Gemüthes
auf die Gottheit, die sich von allen anderen Gegenständen, selbst von den inneren
Gedanken, zurückzieht, jede Bewegung und Körperverrichtung möglichst hemmt, sich
allein und ausschliessend in das Wesen der Gottheit versenkt, und sich mit demselben zu verbinden strebt. Ich werde den Begriff durch Vertiefung ausdrücken.
Denn ist auch jede Uebertragung eines aus ganz eigenthümlicher Ansicht entspringenden Ausdrucks einer Sprache durch ein einzelnes Wort einer anderen mangelhaft, so
bleibt doch die Insichgekehrtheit das auffallendste Merkmal, an dem man den
Jogi, d. h. den der Joga sich Widmenden, und in derselben Begriffenen, erkennt.
Auch liegt in dem Ausdruck der Vertiefung die mystische, dem Jogi eigene Gemüths-
stimmung, die, wo das Wort absolut gebraucht wird, am natürlichsten auf die End-
ursache aller Dinge bezogen wird. Durch die Richtung auf die Gottheit geht der

Vertiefst du in die Lehre dich, wirst von der Handlung Band
du frei[20]).

Begriff in den der Frömmigkeit, durch das ausschliessliche Hingeben an einen
Gegenstand, in den der Weihung, Widmung über, und eignet sich von diesen beiden Seiten für den lateinischen Ausdruck devotio, und die von diesem in den neueren
Sprachen abgeleiteten. Der ursprüngliche Begriff der Verknüpfung verschwindet
aber bei dieser Uebertragung zu sehr, und die ganze Bedeutung des Wortes wird vermuthlich sogar zu enge bestimmt.... Gar keinen Gebrauch verstattet devotio in den
Stellen, in welchen Joga als eine Thatkraft und eine Eigenschaft in der Gottheit selbst
geschildert wird. Als Anstrengung, Beschäftigung kommt das Wort auf den Begriff
hinaus, sich zu etwas zu bestimmen, auf etwas zu legen, etwas zu üben, und in diesen mannichfaltigen Bedeutungen geht es Zusammensetzungen mit mehreren anderen
Wörtern ein, indem bald der Zweck, bald die anzuwendenden Mittel näher bestimmt werden." — Diese mit der Jogalehre verbundene Sankhja des Patandschali liegt offenbar
den Anschauungen der Bhagavadgita am meisten zu Grunde; doch wird die Strenge
der von Patandschali geforderten Joga durch die der Bh. G. eigenthümliche Lehre der
Karma-Joga (Werkjoga) bedeutend gemildert, wie denn überhaupt der Charakter des
ganzen Werkes der eines vermittelnden Eklekticismus ist. — Indem nun Krischna die
beiden Worte Sankhja und Joga gebraucht, spielt er offenbar auf die beiden Systeme
an, welche vorzugsweise so bezeichnet wurden, die Sankhja, wegen ihrer rein speku-
lativen und theoretischen Natur, und die Joga (des Patandschali), welche in ihrer
Tendenz vorzugsweise praktisch war, und sich durch ihr Dringen auf die Nothwendigkeit der mystischen Versenkung des Geistes in sich selbst auszeichnete. Durch
Sankhja sind also hier die im Vorhergehenden philosophischen Prinzipe der Unsterblichkeit der Seele, der Seelenwanderung u. s. w., bezeichnet, welche das Joga-System
mit der reinen Sankhja gemein hatte, durch Joga die jenem System eigenthümlichen
Lehrsätze, welche erst von nun an zur Tröstung und Ermuthigung des Ardschuna
entwickelt werden.

20) Der Handlung Band (*Karmabandha*) ist ein in unserem Gedicht häufig wiederkeh-
render Ausdruck, der auf einer eigenthümlichen Vorstellung der indischen Philosophie
beruht. Wilhelm v. Humboldt fasst die Sache wohl zu oberflächlich, wenn er sagt:
„Das Handeln fesselt den Geist, indem es ihn den Bedingungen der Wirklichkeit unter-
wirft und vom reinen Nachdenken abzieht." Cockburn-Thomson in der Anmerkung
zu dieser Stelle (The Bhagavad-Gita. Translated with copious notes etc.
Hertford 1855) bemerkt darüber: „In der indischen Philosophie glaubte man, dass alle
Handlungen, welche aus einem selbstsüchtigen Motive unternommen werden, sei es, um
einen irdischen Vortheil zu erlangen und einer selbstsüchtigen Begierde zu fröhnen, sei es
in der Hoffnung auf Lohn durch Aufnahme in den Himmel, den Handelnden in gewisse
nothwendige Consequenzen verwickeln. Die erste derselben war irdische
Wiedergeburt, das Hauptübel, zu dessen Beseitigung die Philosophie helfen sollte, und
die Strafe im künftigen Leben, welche manche unserer Handlungen in diesem Leben
erwartet." — Doch der tiefere Grund dieser Anschauung hängt mit der pantheistischen
Vorstellung von der *Mâjâ* und mit demjenigen zusammen, was von Brahma als

40 Nicht geht Bestrebung unter dort[21]), noch findet Schade[22]) da
sich ein;

Pradschâpati (Schöpfer) und von seinen Weltzeugungen gelehrt wurde. Die Brahma-
wissenden erklären, dass Alles, was von der Entfaltung der Dreigunawelt, von Ver-
vielfachung der Maja (des göttlichen Zaubers, der göttlichen Magie, in welcher die
sichtbare Welt ihrem Wesen nach besteht), gesagt werde, nur eine weitere Entfaltung
jener Täuschung sei und selbst wieder täuschend durch das Interesse an dem, was
doch keine wirkliche Existenz hat. „Pradschâpati Viradsch d. h. eigentlich Adam,
hier jedoch gleiches Wesens mit Gott genommen (sagt H. Windischmann: Die Philosophie im Fortgang der Weltgeschichte IV. Abth. 8. 1631 u. ff.) sammt allen Lebendigen muss die Täuschung von der Lust an seiner Selbstbespiegelung büssen, muss
sich selbst opfern und in die Gunawelt binden, muss durch schwere Bussen innerhalb
derselben sich wieder aus ihren Banden befreien; dies ist sein selbst gemach-
tes Verhängniss. Hiervon ist natürlich Keiner von den Vielen, welche Pradschapati
aus sich erzeugt, ausgenommen, so lange er ebenfalls, wünschend und wollend, Vieles
zu sein, eine Welt in seinem Manas (Geiste, Herzen) entfaltet, woran er Lust und
Beschäftigung findet. So muss Jeder diese Lust büssen und seine Beschäftigung ver-
eitelt sehen. Das reine Brahma aber steht im Hintergrunde dieses tragischen Verhängnisses; es ist der Abgrund von Macht, von Dunkelheit oder Licht, das Namen- und
Gestaltlose, ewig mit sich allein .... Alles was, diesem visionären Dogma gemäss,
vom Verhängniss solcher Täuschung und Selbstbethörung ernstlich ergriffen ist — vom
Brahma-Pradschapati bis in den Abgrund der Finsterniss hinab — das ist dieses durch
die Gewalt des *Ahankára* (des Bewusstseins des Ich, Egoismus, Stolz). Pradschapati
selbst, der Vater aller Wesen, wird der Stolze, der Herrscher genannt. Aus ihm gehen
dann weiter, kraft desselbigen Principes, die Lebendigen durch dreifache Zeugung
hervor, und zwar nach den Graden der Selbstvergessenheit des Geistes, oder nach
dem Masse seiner Wiedererinnerung (mit Rücksicht auf die drei Eigenschaften: *sattra
radschas* und *tamas*). Diese drei Regionen sind Pradschapati's Gewirke, die Frucht
seiner Werke, und die aus ihm Erzeugten wirken und bilden sie weiter aus, indem
sie, vom Höheren zum Niederen herabsinkend, den Weg nach unten verfolgen, oder
vom Niederen zum Höheren aufsteigend, den Weg nach oben wandeln, immer andere
und andere Stellungen einnehmend, gleich dem Vater selbst, welchem sie gleichwese-
nig und darum auch, ohngeachtet dieses Verhängnisses, dennoch an sich frei von
Bethörung, sündenlos, d. h. selbst Brahma sind. Sofern aber Pradschapati nicht Brahma,
der Geist an und für sich, sondern der Stolze, der Ich ist, fällt er, sammt Allen, die
von ihm stammen, der Sünde anheim. Diese Vorstellung enthält noch eine unverkennbare Spur des Glaubens an die Erbsünde, und Pradschapati erscheint deutlich genug
als der gefallene Adam selbst, nach seiner Lust und Busse, und nach dem ganzen
Zwiespalt, der in ihn gekommen war. Aber die Sünde und der Fall hat hier eine
andere Bedeutung, nämlich nicht jene des Undankes und Ungehorsams, so wie des
bethörten Willens, Gott gleich zu werden; sie wird vielmehr in die Vergessenheit der
Consubstanzialität mit Gott, d. h. des Selbstgottseins, und in die nur darum verdam-
mungswerthe Anhänglichkeit an die sinnliche Vorspiegelung gesetzt, und auf diese

Ein wenig nur von solchem Recht [23]) befreiet ja von grosser
                                        Furcht [24]).
41 Die Lehre der Beständigkeit ist eine hier, o Kuru-sohn! [25])

---

wird alle Schuld gewälzt. ... Innerhalb der dreifachen Welt, diesem Aufenthalte der
Nichterkennenden oder nur Halbsehenden, wuchert die Täuschung für Alle, die darin
befangen sind, ins Unendliche fort und löst sich für Pradschapati als Erkennenden und
für alle Erkennenden ebenso ins Unendliche auf, so dass die Nichterkennenden diese
verwickelte Dreigunawelt durchwandern, jeder nach seinen Werken darin
befangen und die Früchte des Guten und Bösen geniessend, die Erkennenden
aber von allen Werken und deren Früchten befreit sind." Die hier ausführlich dargelegten Grundanschauungen der indischen Philosophie über die Bedeutung des Weltlaufes und alles irdischen Lebens dienen wesentlich zum Verständniss
auch vieler anderer Stellen der Bh. G. und sind desshalb in extenso hier mitgetheilt worden.

21) Wörtlich: „Nicht ist dort Beginnensuntergang." Der Sinn ist: die Joga-Lehre verhin-
dert den Untergang (nâsa) der Bestrebungen, weil ihr alleiniges Ziel die endliche
Befreiung des Geistes und die Rückkehr desselben zu Gott ist, während jede andere
Bestrebung eitel und vergeblich ist. Alle irdischen und selbstsüchtigen Bestrebungen
sind, auch wenn sie an ihr Ziel gelangen, dem Untergange unterworfen. Die Anstrengungen aber, die gemacht werden, um an dieses höchste Ziel zu gelangen, sind nicht,
wie alles Andere, vergeblich, denn sie werden durch die Werke, wenn dieselben ohne
Rücksicht auf ihre Frucht (phala) d. h. ohne Selbstsucht verrichtet werden, nicht
gehindert. — Man vergleiche damit den Sinn des Ausspruches Christi: „Was nützt es
dem Menschen, wenn er die ganze Welt gewinnt, und an seiner Seele Schaden leidet?"

22) Unter diesem Schaden ist der Untergang, die Vergeblichkeit der Bestrebungen zu
verstehen.

23) Recht (dharma) wird hier eben diese rechte, heilige Lehre genannt, von der die Rede
ist. In Bezug auf den Ausdruck: „ein Wenig nur" (svalpam api) vergl. den gleich-
bedeutenden Ausdruck bei Matth. 17, 20 (u. Luc. 17, 6): „ἐὰν ἔχητε πίστιν ὡς
κόκκον σινάπεως."

24) Von der Furcht nämlich, durch die Handlungen gebunden und an der endlichen
Befreiung gehindert zu werden, oder gar den Weg nach unten zu gehen durch Wiedergeburt in einem niedrigeren Zustande, das grösste Unglück, das für den Inder
gedacht werden konnte.

25) Vjavasâjâtmikâ budhir, wörtlich: Die beständigkeitartige Lehre oder Meinung (Schlegel:
ad constantiam efformata sententia), diese Jogalehre nämlich, bei welcher
kein Untergang der Bestrebungen ist. Dieselbe bleibt sich immer gleich, ist immer
auf ein und dasselbe Ziel, die endliche Befreiung, gerichtet. Vielleicht liegt darin
auch eine Anspielung darauf, dass die Joga, als tapas (Busse), schon von jeher von
den alten Rischi's (Weisen) geübt wurde. — Hier (iha) kann sowohl bedeuten:
hier auf Erden, in dieser Welt, (wie das Wort sehr häufig gebraucht wird), oder:
in dieser Jogalehre.

Doch vielverzweigt und endlos sind Meinungen Unbeständiger[26]).

42 Welch'[27]) blum'ge[28]) Rede, Pârtha, wohl unweise Männer sprechen aus,

Am Vedawort sich freuend, und: „Nichts Andres giebts,“ so
sagend stets[29]),

43 Von gier'gem Geist, des Himmels voll[30]), die[31]) als Werkfrucht
Geburt verheisst[31]),

---

26) Die Unbeständigen sind Jene, welche ihr Ziel in irdische Dinge setzen. „In
wordly actions the objects are as many as our desires, and subdivided
by intrigue“ (Cockburn-Thomson). — Wie bei allen grossen Dichtern, finden sich
auch in der Bh. G. viele Sentenzen, welche allgemeine, immer gültige Wahrheiten
aussprechen und die verschiedenste Anwendung zulassen. So könnte z. B. diese Sloka
höchst passend auf das Verhältniss des Katholicismus zum Protestantismus angewendet werden, dessen Histoire des variations Bossuet geschrieben hat.

27) Das Relativum bezieht sich auf das in Sl. 44 folgende: „von der.“ Die Sanskritsprache liebt es, den Relativsatz voranzustellen, wodurch die Construction oft sehr
verwirrt wird.

28) *Puschpita*, blumig, wird die Rede genannt mit Rücksicht auf die Unbeständigkeit ihres
Inhaltes; es ist eine solche, die, wie die Blume, nur so lange gefällt, bis sie vertrock-
net oder abfällt, im Gegensatze zur Frucht, die einen dauerhafteren Genuss gewährt.

29) Cockburn-Thomson vermuthet, dass hier die Purva-Mimansa-Schule gemeint
sei, welche, wie die jüdischen Pharisäer, das grösste Gewicht auf die Beobachtung
der äusseren Gebräuche legte, die in den Vedas vorgeschrieben werden. — Dass es
ausser den Vedas noch etwas Höheres gebe, und dass namentlich die Philosophie über
die Vedas zu stellen sei, wird schon in den Upanischads nicht selten ausgesprochen.
So heisst es in der Mundaka-Upanischad I, 1, 4 - 5 (Bibl Indica. vol. XV. p. 151,
nach der Uebersetzung von Dr. Roer): „Two sciences must be known, thus
tell us the knowers of Brahma, the highest and the lesser. The lesser
comprehends the Rik, the Yajus, the Sama and the Atharva Vedas,
accentuation, ritual, grammar, glossary, prosody and astronomy.
Again the highest is the science, by which that indestructibe (Brahma)
is comprehended“

30) *Sargapari* (den Himmel für das Höchste haltend), übersetzt Schlegel: „sedem
apud Superos finem bonorum praedicantes“ und Emile Burnouf (La Bhagavad-Gita, ou le chant du Bienheureux. Traduit. Nancy 1859): „Mettant
le ciel en première ligne.“ Der Himmel, *svarga*, von dem hier die Rede ist, war
nach der indischen Vorstellung nur ein zeitweiliger Aufenthalt und ebenfalls, wie die
Welt und die Götter, dem Untergange ausgesetzt, während doch die endliche Befreiung und Auflösung in Brahma, welche nur durch philosophische Erkenntniss und Vertiefung des Geistes erreicht werden kann, für das höchste Gut zu halten ist.

31) „Die“ bezieht sich auf Rede *(vâtscham)* in Sl. 42.

Die mannichfach verrichtungsvoll um Reichthum und um Herrschaft ist[33]),

44 Von der im Geist Befangenen, den Reichthums-Herrschafts-
Gierigen,

Wird Lehre der Beständigkeit durch Betrachtung niemals zu
Theil[34]).

45 Drei Kräfte stell'n die Vedas dar[35]); nicht dreikräftig sei, Ardschuna[36])!

---

32) D. h. die zu guten Werken durch das Versprechen einer Wiedergeburt in höherem
Zustande nach dem Tode antreibt. Jede Wiedergeburt ist aber ein Uebel, weil sie
die endliche Befreiung verzögert.

33) E. Burnouf übersetzt: Qui renferme une abondante variété de ceremonies,
par lesquelles on parvient aux richesses et la puissance. Alles das sind
untergeordnete Güter, nach denen man als letztes Ziel nicht streben soll.

34) D. h. sie erheben sich nicht durch Betrachtung, Contemplation, (samâdhi) zu dieser
Lehre. Vergl. Katha-Upanischad I, 2. valli. 24 (Bibl. Ind. vol. XV. p. 106 bei
Windischmann p. 1713): „Keiner der ohne Frieden ist und böse wandelnd, kein
nicht Beruhigter, kein nicht darauf Gerichteter, keiner der nicht beruhigten Herzens
ist, kann ihn durch Erkenntniss erlangen."

35) *Traigunjavischajâ*, drei Kräfte darstellend sind die Vedas. Schlegel übersetzt:
ternarum qualitatum materiam exhibent libri sacri; C. Thomson: The
object of the Vedas is the three qualities; E. Burnouf: On trouve les
trois qualités dans les Vedas. Das Verständniss dieser Stelle bietet nicht uner-
hebliche Schwierigkeiten dar, welche weder durch die vorstehenden Uebersetzungen,
noch durch dasjenige, was Lassen zu dieser Stelle in den Annotationes bemerkt,
gelöst werden. Zunächst steht wohl fest, dass hier von jenen drei Kräften oder Natur-
Eigenschaften die Rede ist, welche am Ende unseres Gedichtes (Lesung XIV. u. ff.)
ausführlich erörtert werden, die in der indischen Philosophie (unter den Namen triguna)
seit der ältesten Zeit eine so grosse Rolle spielen und als Sattva (Wesenheit), Radschas (Leidenschaft) und Tamas (Finsterniss) bezeichnet werden. (Das Nähere über
die Bedeutung dieser Worte wird unten an der betreffenden Stelle gesagt werden.)
Was bedeutet nun aber der Ausdruck *vischajâ* in Bezug auf diese drei Qualitäten?
Das Wort *vischajâ* (von der Wurzel *si*, ligare, vincire) bezeichnet als Substantivum: res sensibus obvia, ausserdem auch noch regio, terra; adjektivisch
gebraucht, würde es also zunächst: sinnlich darstellend bedeuten. Soll dies nun
in der hier gebrauchten Verbindung heissen: in den Vedas werden diese drei Qualitäten gelehrt, als die Eigenschaften der Natur dargestellt und gezeigt, oder vielmehr: der Inhalt der Vedas ist ein Produkt dieser drei Naturkräfte? Lassen nimmt
das Letztere an, wenn er sagt: „Poeta Vedos mixti argumenti esse et pravis
affectibus interdum lenocinari affirmat. Ad secundam qualitatem,
impetum, sine dubio vult referri spem ostentatam, cultu deorum opes

Nicht zwiefach[37]), stets nur wesenhaft, von Sorge frei[38]), nur bei
dir selbst[39]).

et dominationem, tum in hac vita, tum in futuro aliquo statu, obtineri
posse; ad tertiam, **caliginem,** superstitiones malignas, quales sunt ritus
magici, inimicos excindendi causa suscepti." Ich vermuthe vielmehr das
Erstere, und zwar hauptsächlich aus dem Grunde, weil es höchst unwahrscheinlich ist, dass durch diese Worte ein direkter Tadel der Vedas ausgesprochen werden solle, wie Lassen annimmt, wenn er sagt: Acerrima his verbis inest
Vedorum vituperatio. Wenn auch (wie oben Anm. 29 bereits nachgewiesen worden) die Vedas in den Upanischads und philosophischen Sutras vielfach für unzurei-
chend erklärt werden, wenn die philosophische Erkenntniss, ganz unabhängig von den
Vedas, als höchstes Heilmittel gilt, wenn auch in der Bh. G. selbst zuweilen eine
mehr oder weniger verhüllte Andeutung dieser Unvollkommenheit der Vedas vorkommt,
so war doch der Verfasser der Bh. G. immerhin ein Brahmane, und als solcher konnte
er unmöglich in offenen, direkten Widerspruch zu seinen heiligen Büchern treten.
Ein solcher wäre denn auch vollkommen unvereinbar mit anderen Stellen, wo die
Vedas unverholen gepriesen werden (z. B. Les. XV. sl. 15, wo Krischna von sich
sagt: „Ich bin in allen Vedas zu erkennen," und X. sl. 22, wo er sich selbst den Sama-
Veda nennt), so wie mit der vermittelnden Rücksicht, die der Verfasser, trotz seiner
Sankhja- und Joga-Philosophie, überall auf die Lehren der Vedanta-Schule nimmt.
Hier entsteht jedoch die Frage, wo denn in den Vedas die Lehre von der Triguna
ausgesprochen sei? Offenbar ist das in den Mantras nicht der Fall; ob in den älteren Brahmanas, dürfte sehr zweifelhaft sein; höchstens könnte es in einigen späteren
Upanischads vorkommen. Meine Vermuthung geht dahin, dass hier nicht die Vedas
im engeren Sinne, sondern vielmehr das Gesetzbuch des Manu gemeint sei, wo
die Lehre von der Triguna (lib. XII. sl. 24—50) ausführlich vorgetragen und dem
alten Rischi Bhrigu in den Mund gelegt wird. Das Gesetzbuch des Manu wurde
aber in der That in der späteren Zeit als ein Bestandtheil der Vedas angesehen (wie
ja noch später auch die Bhagavadgita selbst und das ganze Mahabharata), und wir
hätten folglich hierin zugleich ein Zeugniss für die relativ späte Abfassung der Bhagavadgita. Gleichwohl gestehe ich, dass auch diese Erklärung ihr Bedenkliches hat
und mich keinesweges ganz befriedigt. Gerade über diese Stelle wäre es höchst
interessant, Sankara's Commentar, der mir leider unzugänglich ist, nachzusehen.

36) *Nistraigunja*, wörtlich: nicht dreieigenschaftig. Schlegel: liber esto a ternis
qualitatibus. E. Burnouf: sois exempt des trois qualités. Der Sinn ist
offenbar: Suche dich frei zu machen von dem Einfluss der drei Qualitäten durch die
Uebung der Joga und handle nicht nach ihrem Antrieb; denn sich gänzlich von ihnen
zu befreien, ist unmöglich, wie unten (Les. XVIII. sl. 40) ausdrücklich gelehrt wird.

37) *Nirdvandva*, wörtlich: nicht zwiefältig. Ich gestehe, dass die gewöhnliche Erklärung
dieses Ausdruckes (Schlegel: liber a sensu rerum sibi oppositarum,
Burnouf: que ton Ame ne se partage point) mir hier nicht zusagen will.
Dvandva bedeutet allerdings ein Paar, und wird sehr häufig von zwei einander
entgegengesetzten Begriffen, wie Lust und Schmerz, Kälte und Hitze, gebraucht

46 Wie vielfach man den Brunnen braucht, in den allher das Wasser
                              fliesst[40]),
So vielfach aller Vedas auch kund'gen Brahmanens Nutzung ist[41]).

Nicht zwiefach würde dann hier bedeuten: nicht von den Gegensätzen afficirt,
stets unempfindlich gegen die Extreme; wie Lassen dazu bemerkt: Stoicorum
more ἀταραξία commendatur. Naheliegender und natürlicher ist aber doch wohl
die andere (obwohl von Lassen und Thomson verworfene) Erklärung, das Wort
hier auf die beiden letzten der drei Qualitäten, welche durchaus schlecht und verwerflich sind, und das folgende *nitja sattva-to* auf die erste, die sattva (Wesenheit,
Güte) zu beziehen. Denn wenn hier sattva, wie Lassen will, die andere Bedeutung firmitas, robur, in der es allerdings zuweilen gebraucht wird, haben soll, so
wäre eine verwirrende Unvollkommenheit des Ausdrucks vorhanden, die bei der sonstigen Klarheit und Eleganz der Schreibweise des Verfassers kaum anzunehmen ist.
Was hauptsächlich gegen diese Auffassungsweise eingewendet wird, dass nämlich dann
ein Widerspruch vorhanden wäre, da Krischna den Ardschuna so eben aufgefordert
hat, sich von allen drei Qualitäten frei zu machen, scheint mir in der That nicht von
Bedeutung zu sein. Denn die Unvollkommenheit, die in dem Sattva vorhanden ist,
ist eine rein theoretische und schwer zu fassende, und bei der Auseinandersetzung
des Wesens der Triguna, welche in den letzten Abschnitten des Gedichtes gegeben
wird, erscheint dasjenige, was dem Sattva angehört, immer als das zu Erstrebende und
Festzuhaltende, und wird nur jenes getadelt, was in den beiden anderen seinen
Ursprung hat.

38) *Nirjogakschema* ist ebenfalls ein Ausdruck, dessen Verständniss nicht ohne Schwierigkeiten ist. Lassen bemerkt darüber: „Jogakschema est dictio a jure civili
e re mercatoria desumpta. Inter varias ejus significationes huc mihi
facere videtur **praestatio**, quando quis certa mercede accepta alteri
cavet, ubi quid periculi timetur, se damnum esse reparaturum."
Schlegel übersetzte zuerst: expers sollicitudinum, Lassen (ihn verbessernd
in der II. Ausgabe) de custodiendis et augendis opibus haud sollicitus;
C. Thomson: free from wordly anxieties, und E. Burnouf: que le bon-
heur ne soit pas l'objet de ses pensées. Aus dieser Verschiedenheit der Auffassung geht hervor, dass der eigentliche Sinn noch keineswegs feststeht, und man
daher am besten thut, sich an den allgemeinen Ausdruck Schlegels zu halten.

39) *Atmarân*, wörtlich: sui compos. E. Burnouf: qu'elle (ton âme) soit mai-
tresse d'elle même.

40) Von was für einer Art von Brunnen hier die Rede ist, erklärt Lassen: „Intellige
lacus arte factos, lapide stratos, publicis usibus destinatos, quales
plurimi Romam olim ornabant hodieque ornant."

41) Aus diesen Worten geht hervor, dass der Verfasser nicht gegen die Vedas selbst,
sondern vielmehr gegen den Gebrauch, der von den Vedatexten gemacht wird, pole-
misirt. Mit Recht bemerkt C. Thomson: „Man muss nicht glauben, dass unser

47 Für's Werk streng' deine Sorge an, doch für die Früchte nimmermehr;

Nicht Fruchterzielung sei dir Grund, noch Hang dir zur Unthätigkeit[12]).

48 Die Werke in Vertiefung thu', und lass den Hang, Dhanandschaja[43])!

—

Autor durch dasjenige, was er hier sagt, den Gebrauch der Vedas verwerfen will.
Er mahnt nur zu vorsichtigem Gebrauch derselben." Der ganze Satz schillert indessen in einem zweideutigen Lichte und lässt, seinem Wortlaut nach, auch die Erklärung
offen, dass die Anwendung der Vedas im guten Sinne eine höchst mannichfaltige und
reiche sei. Daher sagt Lassen nicht ohne Grund: „Ridet poeta industriam
Brachmanum quorundam ... Sed hanc sententiam consulto compa-
ratione involutam ita protulit, ut anceps videri possit."

42) Mit dieser Sloke beginnt die oben (sl. 39) versprochene Auseinandersetzung der Joga-
Lehre. Es ist aber nicht die reine Joga des Patandschali, die Krischna hier empfiehlt,
welche gänzliches Unterlassen aller Handlungen, soweit es dem Menschen möglich ist,
verlangt, um sich zum höchsten, magnetischen Hellsehen zu erschwingen und dadurch
die endliche Befreiung zu erlangen, eine Methode, die mit dem Ausdruck Dschnana-
Joga (Erkenntnissjoga) bezeichnet und als das Höherstehende zwar in seiner Berechtigung anerkannt wird, dem aber der Verfasser der Bhagavadgita die ihm eigenthümliche, sogenannte Karma-Joga (Werkjoga) entgegenstellt, eine Vertiefung (Joga), die
mit dem Handeln, dem sich der Mensch ohnehin nie ganz entziehen kann, vereinbar
ist, und welche demjenigen entspricht, was in der christlichen Ascese innere
Abtödtung, sancta indifferentia, Lostrennung der Seele von jeder sinnlichen
und irdischen Begierde, genannt wird. Die Grundsätze dieser Karmajoga verlangen
keine wirkliche Zurücksiehung von der Welt, sondern die Erfüllung der Pflichten,
welche Jedem sein Stand, seine Kaste, vorschreibt, wohl aber die innere, moralische
Zurücksiehung von den Einflüssen der Welt und das Aufgeben aller weltlichen und
selbstsüchtigen Interessen. Wenn daher das Handeln selbst nicht aufgegeben werden
kann, so kommt es nur darauf an, sich von den Fesseln der Handlungen los zu
machen. Dies aber geschieht, wenn man alle Rücksicht auf den Erfolg, die Frucht
(phala) der Handlungen, aufgiebt, und nur handelt, um zu handeln, d. h. um seine
Pflicht zu erfüllen, oder der Nothwendigkeit des Naturdranges zu folgen. Alsdann
beraubt man die Handlungen ihrer fesselnden Natur, und handelt, mitten im Handeln,
eigentlich nicht. — Ich vermuthe, dass diese, dem Verfasser der Bh. G. eigenthümliche Theorie der Karmajoga dem Christenthum entlehnt und nicht auf indischem
Boden gewachsen ist, eine Vermuthung, deren Richtigkeit sich im Folgenden immer
deutlicher herausstellen und auch durch andere, unverkennbare Spuren christlichen
Einflusses bestätigt werden wird.

43) Unter Hang (sanga von der Wurzel sandsch, figere, affigere) ist dasselbe
zu verstehen, was die christliche Ascese als ungeordnete Neigung, Anhänglichkeit,
bezeichnet.

In Glück und Unglück bleibe gleich; Gleichmuth[44]) Vertiefung
wird genannt.

49 Weit niedrer steht das Werk als Geist's-Vertiefung, o Dhanandschaja[45])!

Im Geiste suche Hülfe dir[46a]); elend sind, welche Frucht nur
treibt[46b]).

50 Der Geistvertiefte verlässt hier Beides, was wohl, was schlecht
gethan[47]).

---

44) *Samatva* (Abstraktum von *sama* gleich) ist unser Gleichmuth. (Schlegel: aequa-
bilitas. Burnouf: égalité d'âme.) Dieser Gleichmuth wird hier *joga*, Vertiefung,
genannt, indem unter Joga, der Grundbedeutung des Wortes gemäss, die Vereinigung
der Seele mit der Gottheit (nicht die Lehre, sondern die Ausübung derselben)
verstanden wird.

45) Der Sinn ist: Wenn ich die Verrichtung der Werke von dir verlange, so stelle ich
dieselben nicht etwa höher, als die Vertiefung des Geistes, die Erkenntniss selbst.
Diese bleibt immer das Höchste; selbst die guten Werke, Opfer, religiöse Gebräuche,
Abtödtung und Entsagung, sind davon nicht ausgenommen.

46a) Im Geiste d. h. im Streben nach Erkenntniss, dem letzten Ziel der Joga, suche
das Mittel, dich von den Banden der Werke zu befreien, in welche Diejenigen verstrickt werden, die die Werke nur um ihrer Folgen willen, d. h. aus selbstsüchtigen
Motiven verrichten. Diese ganze Lehre erinnert sehr deutlich an die christliche Forderung der guten Meinung, der reinen Intention, die man bei Verrichtung
der Werke haben muss und die allein den Werken ihren Werth verleiht, und der
hier gebrauchte Ausdruck insbesondere an den Ausspruch des Apostel Paulus
(Coloss. 3, 28): Καὶ πᾶν ὅ τι, ἐὰν ποιῆτε, ἐκ ψυχῆς ἐργάζεσθε, ὡς τῷ κυρίῳ, καὶ
οὐκ ἀνθρώποις. Nur ist der grosse Unterschied, dass der Begriff der Gottheit, mit
der sich zu vereinigen, Ziel der Joga ist, nach indisch-pantheistischer Anschauung
mit dem des Rein-Geistigen überhaupt zusammenfällt. Daher bemerkt Wilhelm v.
Humboldt richtig (l. c. p. 7): „Die reine Scheidung des Geistigen von dem Körperlichen und die Vernichtung der Handlungen führen beide, jene positiv, durch die
Einerleiheit alles rein Geistigen, diese negativ, durch die Entfernung der Störungen,
in welche das Handeln den Menschen verwickelt, zu der Erkenntniss und Anschauung
der Gottheit, aus welcher die höchste Vollendung hervorgeht.‟

46b) *Phalahetava*, wörtlich: die Fruchtursachigen, die sich die Frucht der Werke als
Ursache, Antrieb ihres Handelns setzen.

47) Cockburn-Thomson scheint diesen Vers nicht richtig aufzufassen, wenn er übersetzt (wahrscheinlich inducirt durch den Schlusssatz des folgenden Verses): He who
is mentally devoted, dismisses (by means of Yoga) alike successful and
unsuccessful results;‟ richtig dagegen E. Burnouf: „L'homme qui s'applique
à la meditation, se degage ici-bas des bonnes et des mauvaises

Drum weihe der Vertiefung dich; Vertiefung ist in Werken
Glück[48]).
51 Werkentsprosste Frucht verschmähend, die Geist'gen[49]), die Ver-
ständigen,
Von Banden der Geburt befreit[50]), gelangen in leidlosen Stand[51]).

— — ....

oeuvres." Auch Schlegel giebt *sukritaduschkrite* wieder mit: bene et male
facta. Der Ausdruck: verlässt *(dschdhati)* hat allerdings einen anderen Sinn in
Bezug auf die guten, als in Bezug auf die schlechten Werke. Die letzteren verlässt
der Vertiefte durch Unterlassen, indem er sie nicht verrichtet, die ersteren, indem er
sie nicht aus selbstsüchtigem Motiv, nicht um des Lohnes willen, verrichtet und sich
so von ihren Banden (nach indischer Anschauung) losmacht. Damit stimmt auch
Lassen überein, wenn er zu dieser Stelle bemerkt: „Dimittit devotus bene
facta, quia nulla praemiorum spe ad agendum impellitur; male facta,
quia summi numinis cognitione cultuque ab omni labe lustratur."

[48] *Kausala* heisst zunächst felicitas, dann auch dexteritas. Burnouf übersetzt:
elle rend les oeuvres heureuses. Schlegel: dexteritatem in operibus
praebet. Ich übersetze wörtlich, und fasse die Sache so, dass *Kausala* hier
gewissermassen synonym mit *phala* (Frucht), mit Rücksicht auf diesen Ausdruck in
der vorhergehenden Sloke, gebraucht wird. Krischna will sagen: Nachdem ich
dich ermahnt habe, dasjenige zu verlassen, was gewöhnlich für das Glück der Werke
gehalten wird, den Erfolg, den irdischen Nutzen, den sie haben, sage ich dir, dass dir
dafür die Joga selbst Ersatz geben wird; diese Vertiefung, in der du die Werke thun
sollst, ist selbst ihre beste Frucht, der beste Gewinn, den du aus ihnen ziehen kannst.
Vertiefung also verleiht den Werken den wahren Erfolg, die wahre Frucht, nach der
zu streben ist.

[49] *Bodhijukta*, die in die Erkenntniss, den Geist Vertieften. Schlegel: mente devoti.
Burnouf: les hommes d'intelligence: derselbe Ausdruck, der in der vorigen
Sloke mit Geistvertiefte wiedergegeben ist.

[50] D. h. der Seelenwanderung durch Wiedergeburt in einem anderen Körper nicht unterworfen, das grosse Ziel, das alle Upanischads und Sutras denen verheissen, die
ihren Lehrsätzen folgen. So heisst es am Ende der Sankhja-Karika des Isvara
Krischna (n. 68): „Nachdem er aber die Trennung vom Leibe erreicht hat, da die
Parkriti (Natur) wegen der Vollendung ihres Geschäftes aufhört, gelangt er zum vollständigen und unendlichen Fürsichsein." Dies ist es, was im Zustande der Joga hienieden schon erlebt wird, nach der gänzlichen Trennung vom Leibe aber ewig und
unwandelbar ist.

[51] *Padam gatschantjanamajam.* Wörtlich: Sie gehen in den nicht kranken Ort oder
Zustand. Schlegel: progrediuntur ad sedem summae salutis. Burnouf:
vont au séjour du salut. Thomson: Attain to that place, which is free
from all disease. Der Ausdruck *anamajam* (nicht krank, gesund), in welchem
Thomson eine Anspielung auf das ungesunde Clima Indiens findet, scheint vielmehr
an die Schilderung der Apocalypse vom Himmel zu erinnern, wenn es dort heisst:

52 Wenn das Gestripp der Thorheit dann durchschritten haben wird
dein Geist,

Wirst in Unwissenheit du gehn dess', was man hören kann und
hört[52a]).

(Apocal. 21, 4) „Οὔτε πένθος, οὔτε κραυγή, οὔτε πόνος οὐκ ἔσται ἔτι · ὅτι τὰ πρῶτα
ἀπῆλθον." Vergl. auch unten XV, sl. 4 und 6, wo ebenfalls der Ausdruck padam
gebraucht wird, und sich ein Anklang an eine andere Stelle der Apocalypse findet.

52a) In diesen Worten ist wiederum (wie oben sl. 42) eine deutliche polemische Anspielung auf die Purva-Mimansa enthalten. Nach ihrer Lehre (H. Windischmann
l. c. S. 1764) giebt es ausser der Evidenz aus der Offenbarung und aus dem aufbe-
wahrten Gehörten (Sruti, der Tradition) noch eine andere aus den Erinnerungen
(Smriti) der alten Weisen. Srotavja (das, was zu hören ist) ist dasjenige, was nach
der Meinung jener Schule von diesen Traditionen anzunehmen ist, oder was überhaupt noch künftig darüber disputirt werden kann; daher Burnouf übersetzt: Tu
parviendras au dedain des controverses passées et futures. Man vergleiche damit die Polemik Christi gegen die Traditionen der Pharisäer,
insbesondere die Stelle Matth. 15, 3: Διατί και ὑμεῖς παραβαίνετε τὴν ἐντολὴν τοῦ
Θεοῦ διὰ τὴν παράδοσιν ὑμῶν;" — Nirveda, ignorantia, hat hier den Nebenbegriff der Verachtung. Eine gewisse Polemik gegen die Vedas selbst (worauf
auch der Ausdruck nirveda in feiner Weise abzuzielen scheint) ist hier nicht zu
verkennen, abgesehn davon, dass unter dem Sruti die Brahmanas der Veden gewöhnlich verstanden werden. Jedenfalls stellt der Verfasser die Joga noch über die Vedas,
wenn er sich auch mit Vorsicht und oft nicht ohne Zweideutigkeit ausspricht. Der
Standpunkt des Verfassers der Bh. G. den Vedas gegenüber ist derselbe, wie der des
Kapila, der ihre Autorität als letzte Erkenntnissquelle, wo andere Mittel fehlen, zulässt, und insbesondere auch, wie der der Sankhja-Karika, die mit dem Satze beginnt
(n. 2): „Wie das Sichtbare, so auch das Ueberlieferte; denn es ist verknüpft mit
Unreinheit, Vergänglichkeit und Uebermass. Das diesen Entgegengesetzte ist besser,
wegen der Erkenntniss des Entfalteten, Nichtentfalteten und Erkennenden." Dazu
bemerkt Wilson (The Sankhja Karika. Oxford 1837. pag. 14): „Nachdem er
gelehrt hat, dass weltliche Mittel unwirksam sind, um weltliche Uebel zu besiegen,
wird zunächst behauptet, dass devotional remedies (überlieferte, offenbarte Mittel, anusrarika), wie die Gebräuche, die in den Vedas befohlen werden, ebenso unzu-
reichend sind, und dass Erkenntniss der drei Theile oder Eintheilungen der materiellen und spirituellen Existenz die einzige Weise ist, wie Befreiung von den Unvollkommenheiten des körperlichen Seins erlangt werden kann. Die Vedas sind ungenügend wegen ihrer Inhumanität, da sie Blutvergiessen (blutige Opfer) vorschreiben;
der Lohn, den sie versprechen, ist auch nur zeitlich, wie die Götter selbst endliche
Wesen sind, die in jeder periodischen Umwälzung untergehen. Die Unsterblichkeit,
von der in den Vedas gesprochen wird, ist nur eine lange Dauer, oder sogar eine
Auflösung der existirenden Formen der Dinge. Die Vedas also verursachen Leid,
anstatt es zu heilen u. s. w." Diese Erklärung stimmt auch mit der Auffassung des
Gaurapada (Verfassers der Bhâschja, des Commentars zur Karika) überein.

53 Wenn vom Gehörten abgewandt dann unbeweglich erst dein Geist
  Wird fest in der Betrachtung stehn, erlangest die Vertiefung du[52b]).

Ardschuna spricht:

54 Woran erkennt man den[53]), der fest in Weisheit und Betrachtung
steht?
  Wer festen Geistes ist, wie spricht, wie ruht er, wie benimmt er
sich?

Der Erhabene spricht:

55 Wenn die Begierden alle er, die durch den Geist ihm gehn, verlässt,
  Zufrieden selber mit sich selbst, wird fest in Weisheit er genannt[54]).

[52b]) Bemerkenswerth ist die Aehnlichkeit dieser ganzen Stelle mit mehreren Aussprüchen der Upanischad's. So Katha-Upanischad I, 3. valli. 23. (Bibl. Indic. vol. XV. p. 106; bei Windischmann S. 1713): „Der Geist ist nicht erreichbar durch Hersagen, nicht durch Opfer, nicht durch viel Gehörtes." Ferner Svetasvatara-Upanischad, 4, 8 (Bibl. Indic. vol. XV. p. 59): „Of what use are the hymns of the Rig to him that does not know him, the immortal letter of the Rig (or the eternal meaning of the Rig), the highest ether, in whom all gods abide? But those who know him, obtain the highest end." — Ebenso Mundaka-Upanischad I, 2, 10 – 12 (Bibl. Indic. XV. p. 154. Bei Windischmann S. 1700): „Vielfältig in der Unwissenheit wandelnd, vermeinen die Kinder: wir sind vollendet. Weil sie, Werke verrichtend, keine Einsicht haben, ihrer Leidenschaft wegen, desshalb sinken sie krank herab, wenn ihre Welten vernichtet sind. Das Ischtapurtam (das fromme Werk) für das Vorzüglichste haltend, erkennen die Bethörten nicht das Bessere; nachdem sie auf dem Rücken des Himmels, dem genussreichen, genossen haben (vergl. Bh. G. oben sl. 43), geben sie hinein in diese mangelhafte Welt . . . Eingesehen habend, dass jene Welten durch die Werke gesammelt werden, möge der Brahmane gehen zum Nirreda (Nichtwissen)."

[53]) Wörtlich: Welches ist die Sprache dessen ‚kâ bhâschâ'? Das Wort bhâschâ (Sprache) wird hier, wie der Scholiast bemerkt, im Sinne von lakschana (Zeichen), gebraucht. Daher: welches ist die Beschreibung, Definition. Vergl. unten XIV. sl. 21, wo bei einer ähnlichen Frage des Ardschuna das Wort linga (Zeichen) in demselben Sinne gebraucht wird, wie hier bhâschâ.

[54]) Ich fasse den Zusammenhang der hier auf die Bitte des Ardschuna von Krischna gegebenen Beschreibung des wahren Weisen mit der im Vorhergehenden auseinandergesetzten Lehre folgendermassen auf. Obgleich der Verfasser, wie oben schon bemerkt wurde, in den Ermahnungen, die Krischna dem Ardschuna giebt, der strengen Joga

56 Wess Geist im Leid erbebet nicht, in Lust auch ohn' Verlangen ist,
Wer frei von Gier und Furcht und Zorn, der heisst Einsiedler
festen Geist's[55]).

57 Wer gänzlich ohne Neigung ist, ob Glück, ob Unglück er erlangt,
Sich freuet nicht und hasset nicht[56a]), dessen Weisheit beständig
ist[56b]).

---

des Patandschali die mildere Form der Karma-Joga, als das für ihn, seinen Standespflichten als Kschatrija gemäss, Geeignete, substituirt, so gilt ihm doch, wie er dies
auch oben schon zu verstehen gegeben hat, die Dschnanajoga als das Höhere. Von
Ardschuna aufgefordert, ihm den wahren Weisen zu beschreiben, kann er daher nicht
umhin, ihm ein Bild des wahren und eigentlichen Jogi, der zugleich Muni (Einsiedler) ist, zu entwerfen. Nur hebt er absichtlich dabei dasjenige hervor, was auch
Ardschuna in Mitten der Welt auszuüben vermag und was auch für den Jogi das
Wichtigste ist: die innere Lostrennung des Geistes von jeder Anhänglichkeit an die
Welt, die vollständigste Bezähmung und Unterwerfung der Sinne unter die Herrschaft
des Geistes. Man braucht daher nicht mit C. Thomson anzunehmen, dass das Wort
Einsiedler *(Muni)*, wo es unten vorkommt, in der weitesten Bedeutung, der einer
heiligen Person überhaupt (in is widest sense, that of a saintly personage)
genommen werde. Was insbesondere sl. 59, 61 und 69 gesagt wird, passt in der That
nur auf einen wirklichen Jogi, der in gänzlicher Zurückgezogenheit durch Ausübung
körperlicher Ascese nach dem Zustande der *Kaivalja* (magnetischen Ekstase) strebt,
oder ihn schon erreicht hat. Die auffallende, höchst frappante Aehnlichkeit der hier
vorgetragenen Lehren mit denen der höheren, christlichen Ascese kann keinem Unbe-
fangenen verborgen bleiben und deutet auf das Vorhandensein eines Zusammenhanges, dessen Natur sich aber erst mit einiger Bestimmtheit ermitteln lassen wird, wenn
uns später noch andere Spuren zu seiner näheren Bestimmung verholfen haben werden. — Zufrieden selber mit sich selbst (wörtlich: in sich selbst durch sich
selbst erfreut, *âtmanjerâtmanâ tuschta)* hat wohl hier keine andere Bedeutung als,
sich in das eigene Innere vollständig zurückziehend, ohne etwas von der Aussenwelt
zu erwarten, in demselben Sinne wie Christus sagt (Luc. 17, 21): „Ἡ βασιλεία τοῦ
Θεοῦ ἐντὸς ὑμῶν ἐστιν."

55) *Sthitadir munir utschjate*. Ich ziehe mit Burnouf *sthitadir* als Adjectivum zu *munir*
(il est dit alors solitaire ferme en la sagesse), nicht, wie Schlegel, als
letztes Epitheton zum Vorhergehenden (in meditando defixus, anachoreta
dicitur), und zwar des Parallelismus wegen, der zwischen dieser Sloke und der
Vorhergehenden, sowie den beiden Nachfolgenden besteht, welche alle mit dem Ausdruck: beständige Weisheit *(pradschnâ pratischtitâ)*, schliessen.

56a) *Dvesch* heisst im Allgemeinen: abgeneigt sein, Widerwillen, Hass empfinden gegen
eine Person oder eine Sache. Ich übersetze es der Kürze wegen mit hassen, wenn
auch dieses Wort im Deutschen selten intransitiv gebraucht wird. — Vergl. zu dieser
Stelle Thomas a Kempis (de imitatione Christi lib. III. cap. 26): „Hoc opus

58 Wer wie die Glieder ziehen ein Schildkröten allwärts, ziehet ab
Die Sinne von der Sinne Ziel, dessen Weisheit beständig ist[57])

59 Die Sinnesdinge schwinden hin dem Menschen, der das Fasten übt[58]);
Die grosse Gierabwendung dess' dann sehend, schwindet selbst
die Gier[59])

60 Zuweilen auch, o Kaunteja! des Mannes, der ein Weiser ist,
Stürmische Sinne reissen hin ihm mit Gewalt wohl das Gemüth;

61 Die alle bändigend, vertieft sitz' er, mit Mir beschäftigt ganz[60]).

est perfecti viri, nunquam ab intentione coelestium animum relaxare
et inter multas curas quasi sine cura transire, non more torpentis,
sed praerogativa quadam liberae mentis, nulli creaturae inordinata
affectione adhaerendo."

56[*]) Vergl. die folgende Stelle im Gesetzbuch des Jadschnavalkja III, 61. (Stenzler,
p. 96): „Die Sinnenschaar zügelnd, Liebe und Hass aufgebend, die Furcht vor den
Wesen von sich werfend, wird der Zwiegeborne unsterblich" und Manu VI, 60 (nach
der Uebersetzung von Loiseleur Delongchamps): „En maitrisant ses organs,
en renonçant à toute espéce d'affection ou de haine, en évitant de faire
du mal aux creatures, il se prepare l'immortalité."

57) Wie die Schildkröte, wenn sie Kopf und Füsse unter ihr Schild zurückzieht, dieselben gegen jeden äusseren Einfluss sicher stellt, so soll der Weise seine Sinne gleichsam in sich selbst zurückziehen, um zu verhüten, dass sie von äusseren Objekten
afficirt werden. Diese Nothwendigkeit des Zurückziehens der Sinne ist ein Hauptgrundsatz der christlichen Ascese. So sagt Thomas a Kempis (de imitat.
Christi lib. III. c. 1: „Beatae aures, quae venas divini susurri suscipi-
unt et de mundi hujus susurrationibus nihil adverterunt. Beatae
plane aures, quae non vocem foris sonantem, sed interius auscultant
veritatem loquentem et docentem. Beati oculi, qui exterioribus clausi,
interioribus autem sunt intenti. Beati qui interna penetrant et ad
capienda arcana coelestia magis ac magis per quotidiana exercitia se
student praeparare. Beati qui Deo vacare gestiunt, et ab omni impe-
dimento saeculi se exuunt. Animadverto haec, o anima mea, et
claude sensualitatis tuae ostia."

58) *Nirāhāra*, wörtlich: ohne Nahrung, sich des Essens enthaltend. Thomson: a man
who refrains from food. Schlegel unbestimmter: ab homine abstinente.

59) Lassen bemerkt richtig: „Nihil valde obscuri huic disticho inest, nisi
sit προσωποποιία paullo audacior. Res sensibus objectae et ipse appe-
titus prodeunt in scenam, vident se in mente viri temperantis domi-
nari non posse, ideoque quasi spe frustrati recedunt." Man wird dabei
unwillkührlich an die Versuchungsgeschichte Christi (Matth. 4) erinnert.

60) Vergl. Thomas a Kempis (l. c. lib. III, c. 33): „Quamdiu vixeris, mutabi-
litati subjectus es, etiam nolens. . . . Sed stat super haec mutabilia

In wessen Macht die Sinne sind, dessen Weisheit beständig ist.

62 Dem Sinnliches Betrachtenden erzeuget Neigung sich daraus;

Aus Neigung Begierde entsteht, aus der Begierde Zorn entsteht[61]).

63 Aus Zorn Verwirrung wird des Geist's, Gedächtnisserschütt'rung

aus der;

Aus dieser Verstandesverlust, durch den er ins Verderben geht[62])

---

sapiens et bene doctus in spiritu, non attendens, quid in se sentiat, vel qua parte flet ventus instabilitatis, sed ut tota intentio mentis ejus ad debitum et optimum proficiat finem. Nam sic poterit unus et idem inconcussusque permanere, simplici intentionis oculo per tot varios eventus ad me impraetermisse directo. . . . In multis caligat oculus purae intentionis: respicit enim cito in aliquid delectabile, quod occurrit. Nam et raro totus liber quis invenitur a naevo propriae exquisitionis. . . . Mundandus est ergo intentionis oculus, ut sit simplex et rectus, atque ultra omnia varia media ad me dirigendus." — *Matpara*, ganz mit mir beschäftigt, in mich versenkt. So oft Krischna von sich spricht, ist immer die eine höchste Gottheit gemeint, als deren Incarnation er in der Bh. G. dargestellt wird. — Das Wort *âsita*, er möge sitzen, deutet deutlich auf den Zustand des von der Welt zurückgezogenen Jogi hin, wie er unten (V, sl. 27—28 und VI, sl. 10—14) ausführlicher beschrieben wird.

61) *Krodha* heisst Zorn; Schlegel übersetzt daher: ira. Burnouf und Thomson geben dem Worte ohne Grund hier die allgemeine Bedeutung Leidenschaft, indem der Erstere es mit appetit violent und der Letztere mit passion wiedergiebt. Der Begriff Leidenschaft ist aber zu allgemein; (auch *Kâma* ist schon appetit violent); durch *Krodha* soll vielmehr jenes Ungestüm der Leidenschaft bezeichnet werden, das in seiner Aufregung allem feindlich gegenüber tritt, was sich ihm widersetzt (daher unten III, sl. 37, wo dasselbe Wort wiederkehrt, Schlegel: furor iracundiae übersetzt), jene leidenschaftliche Verblendung, aus der die folgenden Zustände naturgemäss entstehen, nämlich zuerst: *sammoha* (Schlegel: temeritas; Burnouf: trouble de la pensée; Thomson: bewilderment) und dann: *smritivibhrama* (wörtlich: Gedächtnisserschütterung; Schlegel: memoriae confusio; Burnouf: divagation de la memoire).

62) Die Folge der Gedächtnissverwirrung ist Verlust der richtigen Erkenntniss, *budhinâsa*, wörtlich: Untergang des Verstandes d. h. Unfähigkeit desselben, sich zur richtigen Erkenntniss zu erheben, was nothwendig ins Verderben führt, da, nach der Lehre der indischen Philosophie, die Erkenntniss das einzige Mittel ist, zur endlichen Befreiung zu gelangen. Anders, aber vielleicht nicht ganz in Uebereinstimmung mit der indischen Anschauung, fasst Thomson die Sache auf, wenn er sagt: „Confusion of memory implies forgetfulness of his duty, and destruction of the intellect entails loss of his senses, folly, under the influence of which he acts wrongly and absurdly, and hence comits sins, which are recompensed with hell and destruction."

64 Wer aber durch die Sinneswelt[63]) mit Sinnen geht ohn' Gier und Hass,

Mit unterworf'nen, ruh'gen Geist's, der kommt zur Geistesheiterkeit[64]).

65 Durch Heiterkeit entsteht in ihm Verlassen aller Widrigkeit;

Wer heitren Geistes ist, bei dem stellt sich sogleich Erkenntniss ein[65]).

66 Dem Nichtvertieften kein Verstand noch wird Sammlung des Geist's[66]) zu Theil;

Nicht Ruhe[67]) des Zerstreuten giebt's. Woher Unruhigem das Glück?

67 Welches Menschen Geist unterthan herumschweifenden Sinnen ist,

Dess' Weisheit reissen sie dahin, wie Wind das Schiff in Wasserfluth.

68 Desshalb, Langarm'ger, welches Mann's Sinne zurückgehalten sind

Von Sinnesdingen allerwärts, dessen Weisheit beständig ist.

---

63) Die Sinneswelt, *rischajän*, res sensibus obvia's, dasselbe Wort, das oben (sl. 62) mit „Sinnliches" übersetzt wurde.

64) *Prasāda*, wörtlich: Klarheit, Reinheit, Ungetrübtheit, dann auch Heiterkeit des Gemüthes, gute Laune. Schlegel: serenitas; Thomson: tranquillity of thought. Vergl. Thomas a Kempis (de imit. Christi III, 12): „Ecce in contemptu omnium mundanorum et in abscissione omnium infirmarum delectationum erit benedictio tua et copiosa tibi reddetur consolatio."

65) *Budhi: parjavatischthate.* Das Verbum *parjavatthā* fasse ich nicht, wie die anderen Uebersetzer, in der Bedeutung befestigen (Burnouf: sa raison est affermie. Thomson: the mind becomes fixed (on one object), sondern einfach als wieder dasein (stare, versari, esse. Bopp im Glossar.), mit Rücksicht auf den Ausdruck *budhindsa* in Sl. 63. Das Wort würde dann ganz unserem sich einstellen entsprechen. Der Genitiv *prasannatschetaso* dürfte dieser Auffassung wohl nicht im Wege stehen, da die Sanskritsprache es liebt. Beziehungen, wo wir den Dativ gebrauchen würden, durch den Genitiv auszudrücken.

66) *Bhāvanā* (von der Wurzel *bhu*, esse) bedeutet zunächst (nach dem Lexicon der Petersb. Akad.): das Bewirken, in-die-Erscheinung-bringen; dann: Vergegenwärtigung, Einbildung. Vorstellung, Voraussetzung. Ausserdem auch noch: das Feststellen, Erweisen. Schlegel übersetzt hier: sui conscientia. Thomson: reflection. Burnouf (umschreibend) il ne peut mediter. „Am meisten dürfte im Deutschen hier der Ausdruck: Bei-sich-sein entsprechen.' Das Folgende *abhāvajat* (nicht bei sich seiend, zerstreut; Schlegel: non sui conscius; Burnouf: celui qui ne medite pas. Thomson: who does not practise reflection) dient zur Erklärung des Sinnes, in welchem *bhāvanā* hier zu verstehen ist.

67) *Śānti*, unsere Besänftigung (von *sam*, sedari, tranquillari), jener Zustand des Geistes, wo er von keiner Leidenschaft oder Begierde aufgeregt wird.

69 Was für die Wesen alle Nacht, darin wacht, wer bezähmt sich hat;
Worin die Wesen wachen all', ist des schau'nden Einsiedlers
Nacht[68]).

68) Hier ist mehr, als ein blosses poetisches Bild vorhanden und die Erklärung Lassen's nicht ausreichend, wenn er sagt: „Vulgus hominum spiritus rerumque divinarum ignorantia quasi tenebris nocturnis involvitur, qua ex parte oculatus est sapiens. Isti interdiu vigilant, negotiis, curis, voluptatibus, omnino rebus sensibilibus distracti, a quibus omnibus perinde ac per noctis quietem silentiumque vacat sapiens, contemplationi unice intentus." Der indische Scholiast Sridarasvamin (den Lassen citirt) scheint die Sache schon tiefer zu fassen, wenn er erklärt: „Sicut animalia interdiu coeca, quales sunt noctuae, noctu acerrima oculorum acie valent, similiter sapiens veri gnarus, vel apertis oculis, non res sensibiles, sed numen, ceteris invisibile, intuetur." Den eigentlichen Aufschluss giebt hier die Sânkhjasâra, ein späteres Compendium der Sankhja-Philosophie (bei Windischmann l. c. S. 1833), wenn es dort heisst: „im tiefen Schlaf werde die Unterscheidung zwischen Geist und Natur am schärfsten und deutlichsten, wenn der Geist als Offenbarer wie Licht erscheine; er mache dann für sich allein und ohne Beistand der Operationen der Vernunft Alles klar; im Wachen dagegen werde geglaubt, diese Operationen seien nicht verschieden vom Geist; aber schon während des Traumes werde diese Verschiedenheit bemerkbarer, da hier schon das Erforderniss des Instrumentes der Sinne wegfalle, indem der Geist unmittelbar anschaue; im tiefen Schlaf aber, wo auch das innere Organon (budhi, ahankara und manas) völlig ruht, schaue der Geist ohne alle Vermittelung die Werke der Prakriti (Natur) und wende sich dann ohne weitere Störung zur Betrachtung seiner selbst. Daher sei die Vorstellung, welche wir uns durch die Operationen der Vernunft, des Selbstbewusstseins, der Imagination u. s. w. vom Geiste bilden, nämlich, als ob es zu seinem Wesen gehöre, mit inneren und äusseren Organen verwickelt, mit Gestalt bekleidet zu sein, täuschend und falsch. Dieses Ueberdecken der Vernunft mit der Dunkelheit wird der schwere Schlaf der Vernunft genannt, die Freiheit aber von dieser Bedeckung (Verhüllung) wird der Gutschlaf genannt. — Nach der Jogalehre wird in diesem Gutschlaf der Herr *(isvara)* dem Jogi im vollsten Lichte offenbar. Die Unterscheidung wird vollendet, der Herr allein als wahre und ewige Wirklichkeit gesehen, ohne den alles Uebrige nichts ist, die Täuschung von getrennter Existenz ist verschwunden. Den Geist sieht der vollendete Jogi in dessen strahlender Wesenheit, welche der Herr *(isvara)* selbst ist, und in dieser vollkommnen Abstraktion von Allem, was die äussere und innere Natur darbietet, ist er Eins mit dem Herrn. Das ist das vollkommne Erwachen im Schlaf des natürlichen Lebens, in welchem die Elemente, die Sinne, die Imagination und das Gefühl, das Selbstbewusstsein und der selbstische Wille, endlich auch die Vernunft, sofern sie auf dieses Alles gerichtet ist, versinken und ins Unentfaltete einkehren, so dass nun, wie das Wachen im tiefsten Schlafe zeigt, nichts mehr übrig ist ausser dem Geist, in welchem die Vernunft zu geistigem Leben erwacht, ihren Gedanken ganz in ihn versenkt, in ihm, dem Leben-

70 Wie in das volle Meer, das unbewegte, einströmet überall der
Wasser Menge,
So, wem einströmen alle die Begierden, Ruhe erlangt, nicht der
Begierbegier'ge[69]).

---

digen, allein ein Leben hat; der Geist aber ist unauflöslich eins mit dem Herrn und
in seiner Vollendung selbst der Herr." Aus diesem Citat erhellt, dass der Verfasser der Bhagavad-Gita, über dessen Verhältniss zur Sankhja-Joga-Lehre kein Zweifel
obwalten kann, hier jedenfalls an die Kaivalja (die magnetische Ekstase) des
Patandschali gedacht hat. E. Burnouf scheint die Sache ebenso aufzufassen,
wenn er übersetzt: „pour le clairvoyant solitaire." Man vergleiche mit dieser
Stelle der Bh. G. auch noch die nachfolgenden Stellen aus anderen indischen Urkunden.
Zunächst Manu XII, 122: „Er (der Brahmane) möge wissen jenen höchsten Geist
(Puruscha) als den Herrscher über Alles, feiner als das Feine, goldglänzend, vom
Geist im Schlaf zu erreichen;" Ferner Katha-Upanischad V, 8: „Der in
den Schlafenden wacht, der Puruscha, nach Wohlgefallen bildend, das ist das
Reine, das ist Brahma, das heisst unsterblich, darin beruhen alle Welten, das über-
trifft Niemand." Weiter Tschandogja-Upanischad cap. IV. (bei Windischmann
S. 1737): „Wenn der Mensch schläft, dann ist er begabt mit dem Seienden (Sat); er
ist hinweggegangen zu dem, was sein eigen ist; darum sagen sie von ihm: er schläft,
denn er ist hinweggegangen zu seinem Eigenen (Sva, sein und srap, schlafen — ein
Wortspiel das bei den Vedantisten häufig vorkommt). Endlich Prasna-Upanischad IV, 2—5 (Bibl. Indic. Val. XV. p. 133. Uebersetzung von Dr. Roer): „This
all becomes one in the highest god, in the mind (at the time of sleep).
Therefore at that time the soul (puruscha) does not hear, nor see, nor
smell, nor taste, nor touch; it does not speak, nor take, nor enjoy
itself, nor evacuate, nor move, it even sleeps, it is said. Then that
god (the mind) enjoys in dream power. Whatever is seen, he sees
again, he hears again all the objects that have been heard, he enjoys
again and again, what has been enjoyed in other countries and places.
What is visible and invisible, what is heard and not heard, what is
enjoyed and not enjoyed, all is beheld, all is beheld by the one who
is all."

69) Lassen bemerkt: Cardo comparationis in eo vertitur, quod sapiens iis,
quae natura postulat, salva tranquillitate fruitur. sicuti amnes, quam,
vis magna aquarum mole in oceanum effusa, conditionem ejus non
mutant. Der Ausdruck einströmen (prarisanti) hat hier den Nebenbegriff des
Sich Verlierens: wie die Flüsse im Ocean untergehen, so verlieren sich die Begierden
in Demjenigen, der sich von ihnen durch Selbstbezähmung abwendet, und nicht nach
ihnen selbst Begierde trägt, der nicht Kâmakâmi (Begierde begehrend) ist. — Dasselbe Bild kehrt wieder in der Prasna-Upanischad VI. 5 (Bibl. Indic. vol. XV.
p. 140): „As the flowing, sea-going rivers, when they have reached the
sea, are annihilated, as their names and forms perish, and only the nam

71 Welcher Mann, die Begierden all' verlassend, wandelt ohne Wunsch,
Von Selbstsucht und von Hochmuth frei, der gelangt zur Beruhigung [70]).

72 Dies Brâhma-Zustand [71]) ist, Pârtha! Wer ihn erlangt, wird nicht
verwirrt.

Wer auch am Ende [72]) in ihm steht, der wird in Brâhma aufgelöst [73]).

---

of sea remains, so the sixteen parts of the witness (soul) which are
going to the soul (as the rivers to the sea) when they have reached
the soul, are annihilated, their names and formes perish and only the
name of soul remains; it is (then) without parts, it is immortal." Ebenso
Mundaka-Upanischad III, 2, 8 (Bibl. Ind. ibid. p. 164): „As the flowing
rivers come to their end in the sea, losing name and form, so liberated
from name and form, proceeds the wise to the divine soul, which is
greater than the great."

70) Vergl. Thomas a Kempis (de imit. Christi III, 32): „Relinque cupidinem
et reperies requiem" und ibid. I, 6: „Superbus et avarus nunquam
quiescunt, pauper et humilis spiritu in multitudine pacis conver-
satur."

71) *Brahmî stiti*, Zustand des Brahma. Der Sinn ist: die Seele ist alsdann ebenso frei
von dem Einfluss des Körpers auf dieselbe, wie der höchste Geist, ein Zustand, der
hier auf Erden schon der der endlichen Befreiung, der Auflösung in Brahma, ähnlich
ist und dazu vorbereitet.

72) *Antakâle*, wörtlich: in der Endzeit, der Todeszeit. Die indische Philosophie legt durchweg auf den Zustand, in welchem sich der Mensch im Augenblick des Todes befindet,
das höchste Gewicht. (Siehe unten Les. VIII, sl. 6.)

73) *Brahmanirvânam ritschati*, er geht in das Erlöschen in Brahma. Das Wort *nirvâna*
(wörtlich: Verwehen, Erlöschen) bedeutet zunächst das Erlöschen der Lebensflamme,
Auflösung, dann auch: Erlösung, die ewige Seligkeit, die Vereinigung mit der Gottheit, endliche Befreiung nicht bloss von den Banden des Körpers, sondern auch von
dem Ahankara, dem Selbstbewusstsein, der Individualität, Rückkehr in das unendliche Brahma, das letzte und höchste Ziel aller Erkenntniss und aller Joga. Vergl.
Mundaka-Upanischad III, 2, 6 (Biblioth. Indic. vol. XV. p. 163): „Those, who
by the Yoga, which renounces all wordly concerns, are striving (for
emancipation) and whose intellects are purified, all those at the time
of their final death enjoying the highest immortality in the worlds of
Brahma, become fully liberated."

Am Schlusse dieses Abschnittes dürfte es nicht ohne Interesse sein, noch einige
Stellen aus Clemens Alexandrinus mit der hier vorgetragenen Lehre zu vergleichen, in denen sich auffallende Anklänge nicht nur an den Inhalt derselben, sondern mitunter auch an die Form, in der sie dargestellt wird, wiederfinden lassen.
(Man beachte dabei, dass Pantaenus, der Lehrer des Clemens, im zweiten Jahrhun-

Dritte Lesung.

—·——

Ardschuna spricht:

1 Wenn höher als die Handlung dir das Denken gilt, Dschanàrdana[1])!
Was treibst du dann zum Schreckenswerk[2]) mich also an, o
Lockenhaupt?

———

dert als Missionar in Indien gewirkt hatte.) Den wahren Gnostiker (d. h. den
zur höchsten Erkenntniss durch den Glauben und die Ascese gelangten Christen —
das Wort γνωστικός entspricht hier vollkommen dem *budhijukta*, der die *dschnâna*
pratischthita erlangt hat —) schildert Clemens (Stromat. VI. cap. 9. §. 74 und 75.
ed. Klotz) folgendermassen: „Ἐξαιρετέον ἄρα τὸν γνωστικὸν ἡμῖν καὶ τέλειον ἀπὸ
παντὸς ψυχικοῦ πάθους, ἡ μὲν γὰρ γνῶσις συνάσκησιν, ἡ συνάσκησις (joga) δὲ
ἕξιν ἢ διάθεσιν, ἡ κατάστασις δὲ ἡ τοιάδε ἀπάθειαν ἐργάζεται, οὐ μετριοπάθειαν
(non animi motuum moderationem), ἀπάθειαν δὲ καρποῦται παντελής, τῆς
ἐπιθυμίας ἐκκοπῇ. ἀλλ᾽ οὐδὲ ἐκείνων τῶν θρυλλουμένων ἀγαθῶν, τουτέστι, τῶν παρα-
κειμένων τοῖς πάθεσι παθητικῶν ἀγαθῶν, μεταλαμβάνει ὁ γνωστικός, οἷον εὐφροσύνης
λέγω, ἥτις παράκειται τῇ ἡδονῇ καὶ κατηφείᾳ, αὕτη γὰρ τῇ λύπῃ παρέζευκται, καὶ
εὐλαβείᾳ, ὑπέσταλκεν γὰρ τῷ φόβῳ, ἀλλ᾽ οὐδὲ θυμοῦ· παρὰ τὴν ὀργὴν οὗτος τέτακται.
Κἂν λέγωσί τινες μηκέτ᾽ εἶναι ταῦτα κακά, ἀλλ᾽ ἤδη ἀγαθά· ἀδύνατον γὰρ τὸν
ἅπαξ τελειωθέντα δι᾽ ἀγάπης, καὶ τὴν ἀπλήρωτον τῆς θεωρίας εὐφροσύνην ἀιδίως
καὶ ἀκορέστως ἑστιώμενον ἐπὶ τοῖς μικροῖς καὶ χαμαιζήλοις ἐπιτέρπεσθαι, τίς γὰρ
ὑπολείπεται ἔτι τούτῳ εὔλογος αἰτία, ἐπὶ τὰ κοσμικὰ παλινδρομεῖν ἀγαθὰ τῷ τὸ
ἀπρόσιτον ἀπειληφότι φῶς; κἂν μηδέπω κατὰ τὸν χρόνον καὶ τὸν τόπον, ἀλλ᾽
ἐκείνῃ γε τῇ γνωστικῇ ἀγάπῃ, δι᾽ ἣν καὶ ἡ κληρονομία καὶ ἡ παντελὴς ἕπεται ἀπο-
κατάστασις βεβαιοῦντος δι᾽ ἔργων τοῦ μισθαποδότου, ὃ διὰ τοῦ ἑλέσθαι γνωστικῶς,
διὰ τῆς ἀγάπης φθάσας προείληφεν ὁ γνωστικός. ἢ γὰρ οὐχὶ ἀποδημῶν πρὸς τὸν
κύριον δι᾽ ἀγάπην τὴν πρὸς αὐτὸν κἂν τὸ σκῆνος αὐτοῦ ἐπὶ γῆς θεωρῆται ἑαυτὸν
μὲν οὐκ ἐξάγει τοῦ βίου· οὐ γὰρ ἐπιτέτραπται αὐτῷ, ἐξήγαγεν δὲ τὴν ψυχὴν τῶν
παθῶν, συγκεχώρηται γὰρ αὐτῷ, ζῇ τε αὖ νεκρώσας τὰς ἐπιθυμίας, καὶ οὐκ ἔτι
συγχρῆται τῷ σώματι, μόνον δὲ αὐτῷ ἐπιτρέπει χρῆσθαι τοῖς ἀναγκαίοις, ἵνα μὴ τὴν
αἰτίαν τῆς διαλύσεως παράσχῃ.“ Mit dieser merkwürdigen Stelle vergleiche man ferner Strom. VII. c. 7. §. 44: „Οὕτως ὁ μεγαλόφρων μαλātmanas[1] ὁ τὸ πάντων τιμιώ-
τατον, ὁ τὸ πάντων ἀγαθώτατον κατὰ τὴν ἐπιστήμην κεκτημένος εὔθικτος μὲν κατὰ
τὴν προσβολὴν τῆς θεωρίας, ἔμμονον δὲ τὴν τῶν θεωρητικῶν δύναμιν ἐν τῇ ψυχῇ
κεκτημένος, τουτέστι τὴν διορατικὴν τῆς ἐπιστήμης δριμύτητα. ταύτην δὲ ὡς ἔτι
μάλιστα βιάζεται κτήσασθαι, τὴν δύναμιν ἐγκρατὴς γενόμενος τῶν ἀντιστρατευομένων
τῷ νῷ καὶ τῇ μὲν θεωρίᾳ ἀδιαλείπτως προσεδρεύων, τῇ ἑπτικῇ δὲ τῶν ἡδέων καὶ
τῇ κατορθωτικῇ τῶν πρακτέων ἐγγυμνασάμενος ἀσκήσει πρὸς τούτοις ἐμπειρίᾳ πολλῇ
χρησάμενος, τῇ κατὰ τὴν μάθησίν τε καὶ τὸν βίον, παῤῥησίαν ἔχει.“ Ganz überein-

2 Mit schwanker Rede[3]) ja den Geist verwirrest so du gleichsam mir.
   Das Eine sage mir bestimmt, wodurch mir Bess'res wird zu Theil.

Der Erhabene spricht:

3 In dieser Welt zwiefachen Stand vorher[1]) schon lehrt', Sünd-
                                                            loser, ich;
   Erkennender durch Denkübung, und Vertiefter durch Werkübung.

---

stimmend mit der Lehre, dass die Erkenntniss *(dschnána)* das Höchste sei, ist ferner
folgende Stelle (Stromat. VI. cap. 8. §. 68—70): Αὐτίκα γὰρ τολμῶμεν φάναι
(ἐνταῦθα γὰρ ἡ πίστις, ἡ γνωστικὴ), πάντων ἐπιστήμονα εἶναι καὶ πάντων περι-
ληπτικὸν βεβαίᾳ καταλήψει κεχρημίνον, καὶ ἐπὶ τῶν ἡμῖν ἀπόρων, καὶ τῷ ὄντι
γνωστικῶν, ὁποῖος ἦν Ἰάκωβος, Πέτρος, Ἰωάννης, Παῦλος, καὶ οἱ λοιποὶ ἀπόστολοι,
γνώσεως γὰρ πλήρης ἡ προφητεία, ὡς ἂν παρὰ κυρίου δοθεῖσα καὶ διὰ κυρίου πάλιν
τοῖς ἀποστόλοις σαφηνισθεῖσα, καὶ μή τι ἡ γνῶσις ἰδίωμα ψυχῆς τυγχάνει λογικῆς
εἰς τοῦτο ἀσκουμένης, ἵνα διὰ τῆς γνώσεως εἰς ἀθανασίαν ἐπιγραφῇ; ἄμφω γὰρ
δυνάμεις τῆς ψυχῆς γνῶσίς τε καὶ ὁρμή. Εὑρίσκεται δ' ἡ ὁρμὴ μετά τινα συγκατά-
θεσιν κίνησις οὖσα, ὁ γὰρ ὁρμήσας εἴς τινα πρᾶξιν πρότερον τὴν γνῶσιν τῆς πράξεως
λαμβάνει, δεύτερον δὲ τὴν ὁρμήν. Ἔτι κἀπὶ τοῦδε κατανοήσωμεν, ἐπειδὴ γὰρ τὸ
μαθεῖν τοῦ πρᾶξαι πρεσβύτερόν ἐστιν, φύσει γὰρ ὁ πράσσων τοῦτο ὃ πρᾶξαι βούλε-
ται, μανθάνει πρότερον καὶ ἡ μὲν γνῶσις ἐκ τοῦ μαθεῖν, τὸ πρᾶξαι δ' ἐκ τοῦ ὁρμῆσαι,
κἀκ τοῦ μανθάνειν ἡ γνῶσις, ἕπεται δὲ τῇ ἐπιστήμῃ ὁρμὴ μεθ' ἣν ἡ πρᾶξις, ἀρχὴ
καὶ δημιουργὸς πάσης λογικῆς πράξεως ἡ γνῶσις εἴη ἂν, ὥστ' αὖ εἰκότως ταύτῃ
μόνη χαρακτηρίζοιτο ἡ τῆς λογικῆς ἰδιότης ψυχῆς· τῷ ὄντι γὰρ ἡ μὲν
ὁρμή, καθάπερ γνῶσίς ἐστιν ἐπὶ τῶν ὄντων κινουμένη, γνῶσις δὲ αὐτὸ τοῦτο θέα
τίς ἐστι τῆς ψυχῆς τῶν ὄντων ἤτοι τινὸς ἢ τινῶν, τελειωθεῖσα δὲ τῶν συμπάντων."

1) Vergl. Les. II. sl. 49. *Buddhi*, das ich hier mit Denken übersetze, heisst Einsicht,
   Verstand, Urtheilskraft. (Ueber die philosophische Bedeutung der *buddhi* im Sankhja-
   System siehe unten VII, Anm. 6.) Frucht der *buddhi* ist *dschnána*, Erkenntniss, das
   Ziel des *buddhijukta*.

2) Zum Kampfe mit den Verwandten.

3) *Vjámisrena vákjena*, wörtlich: mit vermischter Rede, weil Krischna im Vorhergehenden Beides, die Dschnânajoga und die Karmajoga empfohlen hat (vergl.
   unten sl. 3). Burnouf übersetzt: Par tes discours ambigus. Schlegel:
   ancipiti oratione.

4) C. Thomson ist der Ansicht, dass sich dies auf sl. 39 in der vorhergehenden Lesung
   bezieht, wo die Sankhja und die Joga ausdrücklich unterschieden wird. Für diese
   Auffassung giebt allerdings der Ausdruck *sánkjanám* im folgenden Verse einen Anhaltspunkt. Gleichwohl scheint es dem Zusammenhange angemessen zu sein, unter dem
   zwiefachen Stande, von welchem Krischna hier redet, vielmehr einerseits den
   Stand des eigentlichen Jogi, den er sodann als den höheren geschildert hat, und der
   sich, wie es Patandschali vorschreibt, von allen Werken vollkommen zurückzieht,

4 Nicht, wenn er Werke nicht beginnt, geniesst Werklosigkeit der
Mensch[5]).
Und durch Ablassen nicht vom Werk[6]) gelangt er zur Vollkom-
menheit.

5 Es ruht nicht einen Augenblick von allem Werke Jemand je;
Unwillkührlich zu jedem Werk treibt ihn naturgeborne Kraft[7]).

6 Wer Handlungssinne[8]) hat gezähmt, und sitzt, im Herzen[9]) denkend dann

---

und andererseits den der mit Ausübung der Werke vereinbaren Joga, der Karmajoga, zu verstehen, welcher dem Ardschuna als der für ihn angemessene empfohlen
wird. Der erstere wird durch Dschnânajoga und der letztere durch Karmajoga
bezeichnet. Ich glaube daher nicht, dass unter den *sânkhjanâm* die Anhänger der
reinen Sankhja des Kapila, und unter der dschnânajoga hier, wie Thomson
will, das Studium der Sutras des Kapila und Isvara Krischna zu verstehen sei;
— denn von einer Joga ist dort überhaupt keine Rede, — sondern vielmehr die Lehre
des Patandschali, welche sehr wohl auch mit Sankhja bezeichnet werden kann,
da sie ein Zweig der reinen Sankhja ist, der sich nur durch die Verbindung derselben mit der Jogatheorie von ihr unterscheidet. Dass der Verfasser der Bh. G. dieser
Richtung angehört, darüber kann gar kein Zweifel sein; durch die ihm eigenthümliche Karmajoga sucht er ihre Lehre nur populär zu machen und ihr eine weniger
exclusive Richtung zu geben.

5) Der Zusammenhang mit dem Vorhergehenden ist folgender: Ich habe allerdings von
einem zwiefachen Stande gesprochen und den ersteren als Denkübung (Dschnânajoga), den letzteren als Werkübung (Karmajoga) bezeichnet. Doch ist dies nicht
so zu verstehen, dass sich derjenige, der den ersteren erwählt, schlechterdings aller
Werke enthalten müsse; denn dies ist unmöglich. Wenn ich dich daher zu Werken
antreibe, so bedenke, dass auch der vollkommne, von der Welt zurückgezogene Jogi
sich der Werke nicht gänzlich enthalten kann.

6) *Sanjasanât.* Schlegel: abdicatione. Thomson: renuntiation (of actions).
Zu ergänzen ist: allein, bloss (Thoms. only). Das blosse Verzichtleisten auf
die Handlung ist es nicht, wodurch das Ziel erreicht wird; es kommt vor Allem auf
die innere Verfassung des Geistes an.

7) *Prakritidschair gunair.* Wörtlich: Durch aus der Natur entstehende Kräfte, Eigenschaften. Schlegel: facultatibus naturalibus. Burnouf: par les fonctions
naturelles de son être. Vergl. unten Les. XVIII, sl. 59.

8) *Karmendrijâni.* Die Sankhja-Philosophie unterscheidet ausser den fünf Sinnen (*in-
drijâni*) noch gewisse körperliche Organe als besondere Sinne und nennt dieselben Karmendrijani (Handlungssinne, Werksinne). So heisst es in der Sankhja-Karika
n. 26: „Sinne der Buddhi sind: Auge, Ohr, Geruch, Geschmack und Haut (Getast);
Rede (Zunge), Fuss, Hand, After und Genitalien nennt man Handlungssinne (Karmendrijani)." Ebenso im Gesetzbuch des Jadschnavalkja III, 92.

An Sinnesdinge, thörch'ten Geist's, ein solcher Heuchler wird
                                                    genannt[9]).

7 Doch wer die Sinne durch das Herz bänd'gend, Werkübung,
                                                    Ardschuna,

Mit Handlungssinnen ohne Hang beginnt, der ausgezeichnet ist.

8 Nothwend'ges Werk[11]) verrichte du; besser als Nichtsthun ist das
                                                    Werk.

Des Körpers Unterhaltung selbst gelänge dir unthätig nicht.

9 Ausser den Opferwerken ist durch Werke bindend diese Welt[12]).

---

9) *Manasá.* Manas (mens, entsprechend unserem Ausdruck Herz; Thomson: with
his heart) wird als ein elfter, (innerer) Sinn betrachtet, durch den die zehn äusseren ihre Eindrücke mittheilen und der sie seinerseits regelt und anwendet. Nach
der Sankhja - Karika (32 und 33) besteht das ganze Organon (Karanam) aus
einem inneren und einem äusseren. Das innere Organon ist dreifach (buddhi, ahankara und manas), das äussere zehnfach (die fünf Sinne und die fünf Handlungssinne). Das Nähere hierüber siehe unten VII, Anm. 6. — Man vergleiche übrigens,
was den Sinn dieser Sloke betrifft, den Ausspruch Christi bei Matth. 15, 18—19:
„Τὰ δὲ ἐκπορευόμενα ἐκ τοῦ στόματος ἐκ τῆς καρδίας ἐξέρχεται. . . . Ἐκ γὰρ
τῆς καρδίας ἐξέρχονται διαλογισμοὶ πονηροί."

10) *Mithjátschára*, wörtlich: ein falscher Frommer, Gerechter. Thomson: a false
pietist. — Vergl. Matth. 5, 28: „Πᾶς ὁ βλέπων γυναῖκα πρὸς τὸ ἐπιθυμῆσαι αὐτῆς,
ἤδη ἐμοίχευσεν αὐτὴν ἐν τῇ καρδίᾳ αὐτοῦ." — Es liegt in dieser Sloke eine polemische Anspielung auf den Missbrauch, der mit der Joga getrieben wurde, indem
man den Schwerpunkt derselben in die Enthaltung von äusseren Werken legte. Lassen bemerkt: „Jam tum nimirum abundabat India hominibus, qui aut
sanctitatis famam captantes, aut eo consilio, ut a Diis praemia quasi
vi extorquerent, severissimis votis adstricti, inter jejunia, silentium
et immobilem corporis stationem intus tamen libidini indulgebant,
commoda futura voluptatesque somniantes." Das der Bhagavad-Gita eigenthümliche Dringen auf die innere Reinheit der Gesinnung, das sich in dieser Weise
kaum anderswo in der Indischen Literatur vorfindet, würde für sich allein die Vermuthung eines Einflusses christlicher Ideen schon nahe legen, auch wenn nicht andere
Spuren desselben sich nachweisen liessen.

11) Vergl. unten Les. XVIII. sl. 7 und 9. Unter den nothwendigen Handlungen werden
einerseits die natürlichen Akte verstanden, die zur Erhaltung des Lebens nöthig sind,
und andererseits die Werke, welche den Pflichten der einzelnen Kasten entsprechen,
wie sie unten XVIII, sl. 41 u. ff. aufgezählt werden.

12) Der Sinn dieser Worte scheint zu sein: Es giebt noch andere Werke ausser denen,
die zum Opfer gehören, von welchen man sich in dieser Welt nicht losmachen kann.
Denn wenn, wie diese Stelle gewöhnlich übersetzt wird, der Sinn wäre: ausser dem

Desshalb an's Werk, o Kaunteja, frei von Begierde tritt heran.
10 Mit Opfer schaffend das Geschlecht[13]) sprach ehedem Pradschâpati[14]):

Opfer verwickeln alle anderen Werke den Menschen in Banden, in dem oben
(II. Anm. 20) auseinandergesetzten Sinne (Burnouf: hormis l'oeuvre saint, ce
monde nous enchaîne par les oeuvres), dann würde der Zusammenhang gewaltsam gestört, und liesse sich auch dadurch noch nicht herstellen, dass man dem allgemeinen Worte *Karma* im nächsten Verse die Nebenbedeutung Opferwerk beilegte
(wie Lassen, der übersetzt: sacris inserviens opus aggredere). Der Begriff
Opfer (*jadschna*) müsste dann in einem eigenthümlich weiten Sinne gefasst werden,
so zwar, dass jedes, ohne Hang und Selbstsucht unternommene Werk ein Opfer wäre.
Im Folgenden ist aber offenbar nur von wirklichen Opfern im engeren Sinne die Rede
(wie insbesondere aus sl. 12 erhellt) und Krischna will hier überhaupt beweisen, dass
die Werke, wenn sie nur in der rechten Weise verrichtet werden, nicht an und für
sich verwerflich sind, da ja selbst das Opfer nicht ohne Werke verrichtet werden kann,
dass daher das Werk von Brahma selbst stammt, wie unten (sl. 15) ausdrücklich
gesagt wird. Derselbe Gedanke ist ausgesprochen in der Taittarija-Upanischad
(Brahmananda Valli, 5. anuvaka), woselbst es heisst (nach der Uebersetzung von Dr.
Roer in Biblioth. Indic. Vol. XV. pag. 17): „Knowledge arranges sacrifice,
and it arranges also works." — Vollständig missverstanden hat Peiper diese
Stelle, wenn er übersetzt: „Mehr ist hier noth als frommer Brauch; in Arbeit ist die
Welt verflochten."

13) *Sahajadschna* (wörtlich: zusammen, zugleich mit Opfer) übersetzt Schlegel: Simul
cum ritu sacrifico und Thomson giebt dazu die Erklärung: „Der höchste Geist,
als Brahma personificirt in seiner Eigenschaft als schöpferische Macht, setzte das
Feueropfer ein als einen Vertrag gegenseitiger Hilfe zwischen den Göttern und den
Menschen und gab die Veda's als Textbuch zum Gebrauche für ihren Ritus. Die
Menschen sollten durch Opfer fortgepflanzt werden, weil die Götter, wenn sie durch
dieselben versöhnt und genährt werden, die Sonnenstrahlen, Wind und Regen senden,
wodurch ihre Unterhaltung bewirkt wird." Diese Erklärung reicht aber nicht aus und
fasst die Sache viel zu äusserlich. Wir müssen hier zunächst auf die Erzählung der
Schöpfung im Gesetzbuch des Manu zurückgehen. Dort heisst es (I. 5 u. ff.): „Einst
war dieses (All) Finsterniss geworden und unerkannt, ohne Kennzeichen, unerforsch-
bar, ununterscheidbar, gleichsam von allen Seiten eingeschlummert. Alsdann ward
offenbar Srajambhu (der durch sich selbst Seiende), der Selige, der Unentfaltete, ent-
faltend dieses (All): die grossen Elemente und das Uebrige .... Er, nachdem er tief
betrachtet, erschaffen wollend die verschiedenen Creaturen aus seinem eigenen
Leib (*sarira*), erschuf er im Anfang die Gewässer und liess in sie herab einen Samen.
Dieser wurde ein goldenes Ei, dem Tausendstrahler (Sonne) an Glanz ähnlich; in diesem wurde Brahma selbst geboren, der Ahnherr der Welten .... Er, der Selige,
nachdem er in dem Ei gewohnt ein Jahr hindurch, theilte das Ei kraft der Betrachtung seiner selbst entzwei. Aus diesen Hälften bildete er Himmel und Erde; in
der Mitte die Luft und die acht Weltgegenden und den unvergänglichen Aufenthalt

„Durch dieses sollt erzeugt ihr sein; das sei euch eurer Wünsche
Kuh [13]).

der Gewässer. Und aus sich selbst bereitete er aus den **Manas**, den **Ahankara**
(wörtlich Ich-macher), den Stolzen, den Herrscher; und den grossen Geist *(Mahanâtma)*,
und Alles, was drei Gunas hat, und die fünf Sinne, die Ergreifer der Gegenstände —
allmählich alles dies. Nachdem er hatte eingehen machen seine Glieder von diesen
von unermessner Kraft in die Matras (Maasse) seiner selbst, bildete er alle Wesen. . . .
Er, der Herr der Lebendigen, erschuf die ätherische Schaar der Geister (Devas),
deren Wesen Werk ist, und jene der zu Vollendenden, und das ewige Opfer.
Aus Feuer, Wind und Sonne melkte er zur Vollendung des Opfers, das ewige,
dreifache Brahma (göttliche Wort), welches bezeichnet wird durch **Ritsch, Jadschus**
und **Sama** (die drei Vedas)." Aus dieser ganzen Darstellung geht hervor, dass die
Schöpfung selbst als ein Opfer des Schöpfers, eine Hingabe seiner selbst,
betrachtet wird, der aus seiner eigenen Substanz alle Wesen bildet. Diese Auffassung
findet sich denn auch durch die Aussprüche vieler anderer Urkunden bestätigt. In
einem **Hymnus des Rig-Veda** (zuerst von **Colebrooke** übersetzt in Asiat. Res. VIII,
393; bei H. Windischmann S. 1581) heisst es: „Wer kennt genau und wer wird
in dieser Welt darthun, woher und warum diese Schöpfung stattfand? Die Himmlischen folgten der Hervorbringung dieser Welt; wer kann wissen, woher sie hervorgegangen oder woher diese mannichfaltige Welt entstand? Und ob sie sich von selber
hält oder nicht? Er, der in dem höchsten Himmel der Herrscher dieses Weltalls ist,
weiss es in der That; aber kein Anderer kann diese Erkenntniss besitzen. Jenem
Opfer, welches gewoben war mit Fäden von jeder Seite und ausge-
streckt durch die Arbeit von hundert und einem Deva, erwiesen die
Väter, welche webten und bildeten (die Maharschis, welche selbst bei der
Schöpfung thätig waren) Verehrung. Der Puruscha breitet aus und umgiebt
dieses (Gewebe) und entfaltet es in dieser Welt und im Himmel. . . .
Welches war das Maass dieses göttlichen Opfers, das alle Devas opferten?
Welche Gestalt hatte es? Welchen Beweggrund? Wie war die Darbringung und das
Gebet? Zuerst wurde hervorgebracht die *Gajatri* (das heiligste Gebet der Veda's)
vereint mit Feuer; dann die Sonne *(Savitri)* begleitet von *Uschni*, dann der glänzende
Mond . . . *Dschagati* folgte allen Deva's und durch dieses (allgemeine) Opfer
wurden Weise und Menschen gebildet. Als dieses alte Opfer vollendet war, wurden Weise und Menschen und unsere Ahnen durch dasselbe gebildet." — In der Upanischad Vrihadaranjaka heisst es (bei
Windischmann S. 1620 u. ff): „Diese ganze sichtbare Welt war einst nicht.
Hiranjagarbha (Pradschapati, der Schöpfer) hatte dies Alles in seinem Hunger ver-
schlungen. Er wünschte: möge sein das Manas. So bildete er das Manas. Er verlangte das Manas zu entfalten, und in dem Gedanken: Ich bin der Herr des Manas,
wusste er sich gross und begann, sich zu verehren (zu opfern). Zum Opfer gehört
Wasser. So wurde Wasser hervorgebracht. Er dachte: um meinetwillen ist dieses
Wasser hervorgebracht; so ist es Opferwasser . . . . Darauf veranstaltete er das
Werk des Opfers und brachte den Menschen und die übrigen Leben-

11 Die Götter nähr't durch dieses; sie, die Götter sollen nähren euch[16]).

___

digen zur wirklichen Existenz." — Aus den angeführten Stellen geht unzweifelhaft hervor, dass das Schöpfungswerk selbst als ein Opfer betrachtet wurde, dass man daher auch an dieser, unserer Stelle nicht an die Anordnung der Feueropfer zu denken braucht und an die künstliche Erklärung, wie durch Darbringung dieser Opfer, indem sie die wohlthätige Wirkung der Elementarkräfte erwerben, das Menschengeschlecht fortwährend erhalten werde. Wenn es also im folgenden Verse heisst: „Durch dieses (das Opfer) sollt erzeugt ihr sein," so ist der Sinn kein anderer als: indem ich, Pradschapati, mich selbst zum Opfer bringe, da ich aus meinem eigenen Wesen euch bilde, erhaltet ihr euere Existenz. — Die alterthümliche Form *prasarischjadhram*, welche Sridarasvamin (wie Lassen anführt) mit: in majus subinde auctum incrementum capite, erklärt, erinnert in auffallender Weise an Genesis 1, 28: „Crescite et multiplicamini." Sollte hierin vielleicht eine Spur der Uroffenbarung sich erhalten haben?

14) *Pradschápati* (d. h. Herr der Geschöpfe, Schöpfer) ist die Bezeichnung eines obersten Gottes über den benannten Göttern der vedischen Periode. Im Rigveda kommt der Name in diesem Sinne nur einmal vor, häufig aber in den jüngeren Liedern des Atharvan und der Vadschasaneji-Sanhita, und ist allgemein angenommen in den Brahmanas. So hoch aber auch die Prädikate sind, welche diesem obersten Gotte der älteren indischen Theologie, an dessen Stelle die Philosophie Brahma setzt, beigelegt werden, so wird derselbe gleichwohl in zahlreichen Legenden durchaus polytheistisch behandelt (Sanskr. Wörterb. d. K. Ak. d. V. in Petersburg).

15) *Kámaduh* (von *Káma*, Wunsch, und *duh*, melken) die Wunderkuh, von der alles Gewünschte gemelkt werden kann (das indische Horn der Amalthea), auch *Surabhi* und *Nabala* genannt. Im Vischnu-Purana wird folgender Mythus von der Entstehung dieser Wunderkuh erzählt (dessen Kenntniss auch zum Verständniss noch anderer Stellen der Bh. G. dient). Die Söhne der Diti und Aditi, zweier Schwestern, die dem Kasjapa vermählt waren, kamen überein, um Heilmittel hervorzubringen, das Milchmeer umzurühren und die dadurch hervorgebrachte Quintessenz zu trinken, damit sie unsterblich würden. Sie gebrauchten dazu den Berg Madara als Quirl und die Schlange Vasuki als Seil und rührten so in dem Meere tausend Jahre. Da spie die Schlange ein der ganzen Welt, selbst den Göttern, Verderben drohendes Gift aus, und nur Sankara (Siva) half dadurch, dass er auf Vischnu's Rath das Gift verschlang. Als nun der grosse Berg bis in die Unterwelt sank, nahm Vischnu in Gestalt einer Schildkröte ihn auf seine Schultern, stellte sich dann selbst unter die Götter, ergriff den Gipfel des Berges und quirlte. Dies hatte die Wirkung, dass nach tausend Jahren der heilige Arzt Dhanvantari mit seinem Stabe, dann sechshundert Millionen Apsaren (Wassernymphen), dann Varuni, die Tochter des Varuna, welche die Kinder der Diti verschmähten, die Kinder der Aditi dagegen freundlich aufnahmen, wesshalb diese Suras, jene Asuras heissen, dann das Haupt aller Pferde, Uttschaisravasa, dann der grösste der Elephanten, Airavata, dann die Wunderkuh Surabhi, ferner der erste aller Edelsteine, und Soma, der Mond, hervor

Einander so ernährend dann erlanget ihr das höchste Heil.

12 Erwünschte Nahrung geben euch opfergespeiste Götter dann.

Wer ihre Gaben, ihnen nicht auch gebend, isst, ein Dieb ist der[17]).

13 Opferrest essende Gute werden befreit von aller Schuld;

Doch Böse essen Sünde nur, die kochen bloss um ihrer selbst[18]).

14 Durch Nahrung leben die Wesen; aus der Wolke die Nahrung

lebt;

---

gingen. Als die Suras und Asuras hierauf das Umrühren noch weiter fortsetzten, stieg die grosse, den Lotus bewohnende Göttin Padma oder Sri hervor, die ihren Aufenthalt in dem Busen des Padma nabhas (Vischnu) nahm, und endlich das Amrita (Ambrosia), worüber zwischen Jenen ein schrecklicher Streit entstand. Da Alle vom Kampfe erschöpft waren, entwendete Vischnu, in der Gestalt einer Schönen, das Amrita. Auf diese Weise wurden die Suras, auf deren Seite er stand, Sieger; denn er zerschmetterte, was von den Asuras sich ihm nahte. (Die Bedeutung dieses Mythus soll eine astronomische sein.) — Der Sinn unserer Stelle ist: So wie ihr selbst durch Opfer geschaffen, erzeugt seid, so könnt auch ihr durch Opfer Alles erlangen, was ihr wünschet.

16) Der hier ausgesprochene Gedanke ist das immer wiederkehrende Thema der Hymnen in den Vedas. So heisst es z. B. im Sama-Veda (I, 1, 2, 1. bei Benfei: Die Hymnen des Sama-Veda pag. 216): „Hocherhaben zu unserem Schutz stehe (o Agni!) als hehrer Spender von Speisen, wenn mit Opfern wir mit Priestern vielfach flehen zu dir!" Ferner: ibid. I, 1, 2, 3: „Die Speis', o Agni, der Kuh vielwerk'ge Spende mach' ewig dauernd Dem, der zu dir flehet;" ibid. I, 1, 2, 5: „Frühmorgens tön' dem Agni Lob, dem vielgeliebten Gast des Hauses, in welchem, dem Unsterblichen, die Sterblichen all' opfern.... Wie eine Büffelin entströmt von dir Reichthum, Nahrung von dir." Ibid. I, 3, 2, 5: „Wenn fern du bist, so eile rasch herbei zum Mahl.... Presst Soma dem Blitzschleuderer Indra, dem Somatrinkenden; kocht Opferspeisen, lockt zum Schutz ihn herbei; den speisenden speist er mit Freud'." Eine andere Stelle aus einem Vedahymnus (bei Windischmann S. 1225 aus Ward mitgetheilt) lautet: „O Indra und Varuna! Wenn wir diese Werke verrichten für Eure Erhaltung (Nahrung) gelangen wir zu Reichthümern; Reichthümer erhaltend, häufen wir auf, was übrig bleibt nach dem Genuss."

17) Da die Nahrung eine Gabe der Götter ist, so hat derjenige kein Recht auf dieselbe, der sich durch Opfer nicht dankbar erweist.

18) Diese Sloke findet sich fast wörtlich wieder im Gesetzbuch des Manu (III, 118), wo es heisst (nach der Uebers. von Lois. Del.): „Il ne se repait que de péché celui qui fait cuire pour lui seul; en effet, le repas fait avec les reliefs de l'oblation, est appelé la nourriture des gens de bien." — Mit dem Ausdruck „Sünde essen" (bundschate agham) vergleiche man 1. Corinth. 11, 29: „κρῖμα ἑαυτῷ ἐσθίει καὶ πίνει."

Durch Opfer werden die Wolken; des Opfers Nahrung ist das
Werk[19]).“

15 Das Werk von Brâhma stammend wiss'[20]); aus letztem Grunde
Brâhma stammt[21]).

---

19) Auch für diese Sloke ist ein Analogon bei Manu (III, 76) vorhanden, wo es heisst:
„L'offrande de beurre clarifié *(âhuti)* jetée dans le feu de la manière
convenable, s'elove vers le soleil (en vapeur), du soleil elle descend
en pluie; de la pluie naissent les végétaux alimentaires; de ces végétaux les créatures (tirent leur subsistence).“ Lassen bemerkt mit Recht,
dass hier nicht von einer physischen Wirkung des Opfers die Rede sei, wenn er
sagt: „Mystice potius quam physice accipienda est vetus illa doctrina
de mirabili sacrificiorum virtute.“ — Auch bei Jadschnavalkja (Gesetzbuch III, 70) ist derselbe Gedanke ausgesprochen: „Durch Opfer wird die Sonne
genährt, aus der Sonne entsteht Regen, dann Kräuter; diese als Speise werden in der
Gestalt von Flüssigkeit zu Samen (Stenzler pag. 97). Ferner ibid. 121—124: „Die
vorzügliche Flüssigkeit, welche aus der Darbringung eines Gegenstandes an die Götter entsteht, diese Flüssigkeit wird, nachdem sie die Götter erfreut, und dem Opfern-
den den Lohn verschafft, durch den Wind zum Monde getragen, und von da durch
die Strahlen zu dem aus Rik, Jadschus und Saman bestehenden Glanze der Sonne
hinaufgeführt. Die Sonne schafft aus ihrem eigenen Kreise das herrliche Amrita,
welches der Ursprung aller Wesen ist, der essenden und der nicht essenden. Aus
dieser Speise wird wieder das Opfer, dann wieder Speise und wieder Opfer. So dreht
sich dieser Kreis ohne Anfang und Ende umher“ (Stenzler p. 102). — Aus dem
Texte geht nicht deutlich hervor, wo die dem Pradschapati in den Mund gelegte
Rede endet, und Krischna wieder in seiner eigenen Person zu reden anfängt. Schlegel und Lassen fassen schon diese Sloke als Krischnas eigene Worte auf wegen
ihres Zusammenhanges mit dem Folgenden. Ich vermuthe vielmehr, dass dieselbe
noch zu den Worten Pradschapati's zu rechnen ist und zwar aus einem zweifachen
Grunde; einmal wegen des Anklanges an Manu der sich hier ebenso, wie in der
vorigen Sloke findet, weshalb beide wohl nicht von einander zu trennen sind, und
zweitens, weil mit den letzten Worten: „Des Opfers Ursprung ist das Werk“ die
ganze Rede erst zum Abschluss kommt und der eigentliche Zweck dieser Citation
für die Beweisführung Krischna's erreicht wird. Ob diese von Krischna hier citirten
Worte Pradschapati's sich in irgend einer anderen indischen Urkunde wiederfinden,
darüber scheint noch nichts ermittelt zu sein, und geben auch die Commentatoren,
soweit sie mir zugänglich sind, keinen Aufschluss. Die ähnlich lautenden Stellen in
den Gesetzbüchern des Manu und Jadschnavalkja berechtigen keineswegs zu
dem Schlusse, dass der Verfasser der Bh. G. seine Worte aus diesen entlehnt hat;
schon wegen der bei aller Aehnlichkeit doch vorhandenen nicht unbedeutenden Verschiedenheit des Textes ist dieses kaum anzunehmen. Vielleicht haben Alle hier aus
irgend einer älteren Tradition geschöpft.

20) Krischna knüpft seine eigene Rede unmittelbar an das Vorhergehende, indem er die
Erforschung der Ursachen weiter fortsetzt. Vergl. zu diesen Worten die oben (Anm. 12)

Drum alldurchdringend Bràhma ist im Opfer gegenwärtig stets [22])
16 Wer das so sich drehende Rad nicht weiter vorwärts hier bewegt [23]).

_____

aus der Taittarija-Upanischad citirte Stelle. Unter Knowledge ist nämlich dort Brahma zu verstehen, wie im Folgenden ausdrücklich gelehrt wird: „All the gods worship as the eldest the Brahma, which is Knowledge." (Bibl. Ind. vol. XV. pag. 17.)

21) *Akscharasamudbhavam* wird Brahma genannt, insofern überhaupt dem Brahma eine Entstehung, d. h. eine Offenbarung seiner selbst zugeschrieben wird. So heisst es in der Mundaka-Upanischad I., 1, 1. (Bibl. Indic. vol. XV. p. 150): „Brahma, the creator of the universe, the preserver of the world, was first produced (i. e. manifested by his own act, nach der Erklärung Sankara's) among the gods." Ebendaselbst kommt auch der Ausdruck *akschara* (wörtlich: unvergänglich, einfach, der letzte Grund alles Seins) zur Bezeichnung des Brahma vor: „The highest is the science, by which that indestructible (Brahma) is comprehended. He is the invisible unseizable being, without origin, without distinction, without eye or ear, without hand or foot, the eternal, pervading, omnipresent, subtle, inexhaustible being, whom the sages behold as the source of the elements." — Thomson übersetzt: „The supreme Being is co-existent with the indivisible." Doch heisst *samudbhava* einfach origo, also adjektivisch gebraucht ortus oder oriens. Auch wird Brahma, in dem oben angegebenen Sinne, anderweitig hervorgebracht genannt.

22) Der Sinn dieser Worte scheint zu sein: Brahma selbst ist thätig, und zwar im Opfer; desshalb darf sich auch der Mensch dem Handeln nicht entziehen. Man vergleiche mit dieser Stelle, was Windischmann (l. c. S. 1618 u. ff.) aus den Gebeten des Jadschur-Veda bei der Feier des Weltopfers *(Sarvamedha)* citirt: „Brahma ist ein uferloses Meer, mitten in der Welt und über dem Himmel. Grösser als alles Grosse ist es eingegangen (in die Welt), leuchtend in Allem durch seine Kraft, Herr der Lebendigen, verborgen in Allem, in der Mitte aller Dinge. Alles geht aus von ihm, ist in ihm, geht ein in Es, und alle Devas, Es als den Herrn wissend, sind in Ihm .... Der Weise betrachtet dieses geheimnissvolle Wesen, in welchem das Weltall ist, allein auf dieser Grundlage beruhend. In Ihm verschwindet diese Welt, aus Ihm entspringt sie, in die Creaturen ist er geflochten und gewoben unter verschiedenen Gestalten des Daseins. Der Weise, der die Offenbarung kennt, möge bereitwillig jenes unsterbliche Wesen preisen, den geheimnissvoll Seienden, und den mannichfaltigen Raum .... Wissend die Elemente, entdeckend die Welten, anerkennend alle Regionen der Welt (als Ihn) und den Erstgeborenen verehrend, durchdringt der Opferer den belebenden Geist des feierlichen Opfers durch seinen eigenen Geist. Himmel, Erde und Luft als Ihn erkennend, die Welten wissend, Raum und Sonnenkreis entdeckend als Ihn, betrachtet er jenes Wesen. Er wird jenes Wesen und wird eins mit ihm, indem er das Gewebe des feierlichen Opfers vollendet."

23) Unter dem Bilde des Rades wird der Weltumtrieb dargestellt. Jeder Mensch hat

Sündhaft lebend in Sinneslust, der lebt vergeblich, Prithakind!

17 Wer aber in sich selbst vergnügt, ein mit sich selbst zufriedner
Mann,

Nur seiner selber sich erfreut, für den giebt's nicht Geschäftigkeit[24]).

18 Nicht kümmert den, was hier vollbracht, was nicht vollbracht ist
irgendwie,

Und nöthig ist aus keinem Grund um aller Wesen Kummer ihm[25]).

19 Drum immer ohne Hang geh' an das Werk, das zu verrichten
ist[26]);

Denn ohne Hang an's Werk gehend, erlangt das höchste Ziel der
Mann[27]).

20 Durch Werke zur Vollkommenheit kam Dschanaka und wer ihm
folgt'[28]).

---

die Aufgabe, durch seine Handlungen in die Speichen dieses Rades einzugreifen und
es weiter fortzubewegen. Wer ein sinnliches Leben führt, erfüllt diese Aufgabe nicht.

24) Vergl. oben II, sl. 55. *Kârjam* heisst Obliegenheit, Geschäft, Beschäftigung, hier
wohl in dem Sinne von Geschäftigkeit gebraucht. Ich habe die Stelle wörtlich
übersetzt; Schlegel: is omni negotio vacat. Thomson: has no selfish
interest in action. Burnouf: celui-là ne dédaigne aucune oeuvre.

25) *Vjapâsraja*, wörtlich: Hingang (abitio, secessus) zu allen Wesen. Schlegel:
Neque cum ex omnibus animantibus auxilii ullius expectatio suspen-
dit. Thomson: Nor is there among all things, which exist, any object
of use to him. Burnouf: il n'attend son secours d'aucun des êtres.
Die Verbindung der Gedanken ist hier ziemlich abrupt. Während die Nothwendigkeit
des Handelns eingeschärft wird, sucht Krischna auf der anderen Seite zugleich zu
beweisen, dass die in der rechten Weise (d. h. in Vertiefung) verrichteten Handlungen
jede Unruhe und jede Abhängigkeit von ihren Folgen ausschliessen.

26) *Kârjam karma*, das zu verrichtende Werk, d. i. dasjenige, welches die Standespflicht
und die Naturnothwendigkeit fordert.

27) Im Original steht bloss *param*, das Höchste. Schlegel: summum bonum. Burnouf: le but suprême. Offenbar ist jener Zustand gemeint, der oben (II, sl. 72)
brahmi stiti (Brahma-Zustand) genannt wird.

28) *Dschanaka*, ein König von Mithila oder Videha, der wegen seiner Weisheit und Heiligkeit berühmt war, obgleich er nicht das Leben eines Muni (Einsiedlers) führte,
weshalb er zu den Radscharschi's (den Königsweisen) gerechnet wird. Sein Beispiel beweist, dass man auch mitten in der Welt, die Werke eines Königs ausübend,
zur Vollkommenheit gelangen kann.

Wenn auf den Inbegriff[29]) der Welt du schau'st, so musst du han-

deln auch.

21 Was immer nur der Beste wählt, dem folget auch ein andrer Mensch;

Was für ein Beispiel jener giebt, nach diesem richtet sich die Welt[30]).

22 Nichts, Pârtha! übrig ist zu thun in den drei Welten irgend mir[31]);

---

29) *Sangraha*, wörtlich: comprehensio, complectio, congeries (unser Inbegriff).
Lasson ist der Meinung, dass das Wort hier (und unten sl. 25) soviel bedeute wie
anugraha (Nutzen). Der Sinn erfordert jedoch diese Annahme nicht nothwendig,
und ich ziehe mit Burnouf (welcher übersetzt: l'ensemble des choses humai-
nes) die ursprüngliche Bedeutung vor. Der Sinn scheint mir demgemäss zu sein:
Wenn du dich nicht als Einzelwesen, sondern im Zusammenhange mit der übrigen
Welt betrachtest, so musst du handeln. Die folgende Sloke erklärt dies näher.

30) Der Sinn ist: da die Macht des Beispieles in der Welt so gross ist, so würde die
Verbindung der Welt *(sangraha)* aufgelöst werden, wenn sich jeder als Muni von
allem Handeln zurückziehen wollte. Desshalb haben die Trefflichsten schon früher
(wie Dschanaka) das Beispiel des Handelns gegeben, wie du selbst es ebenfalls
geben musst. Was Cockburn-Thomson in seiner Einleitung über die Motive
sagt, welche zu der in der Bh. G. aufgestellten Lehre Veranlassung gegeben, verdient
hier citirt zu werden und dient insbesondere auch zur Erklärung dieser und der folgenden Sloken. „Das System des Patandschali" (heisst es dort pag. CIV. u. ff.)
„wurde zu verführerisch für ein so contemplatives und trübsinniges Volk, wie die
Hindu, gefunden, welches seine harten Forderungen, weil sie die endliche Befreiung
versprachen, den Wechselfällen einer gehassten Existenz vorzog, die später sicher
wieder begonnen werden musste durch einen blossen Wechsel des Leibes, vielleicht
zum Schlimmeren. Man fand, dass es die Institution der Kasten zerstörte, indem es
alle Klassen von ihren vorgeschriebenen Pflichten ablockte zu einem ascetischen
Leben, das bisher nur den Brahmanen offen stand, und da von der Kasteneinrichtung
die Lebenskraft des Brahmanismus abhing, so war es nöthig, diesem schlimmen Einfluss entgegen zu wirken. Der Verfasser der Bh. G., wer immer er gewesen sein
mag, war ein Brahmane, ein Philosoph und, was noch mehr ist, ein Mann von mehr
gesundem Verstande, als gewöhnlich weder die eine noch die andere dieser Menschenklassen zu besitzen pflegen. . . . Zwei Hauptpunkte mussten festgestellt werden, die
Nothwendigkeit der Fortdauer der Kasteneinrichtung und die Anwendung eben der
Lehren, denen man entgegentreten wollte, auf das gewöhnliche Leben, und die daraus
hervorgehende Versöhnung der Jogalehre mit dem Brahmanismus. Unser Autor war
zugleich selbst ein Anhänger Patandschali's und während er die Kasteneinrichtung vertheidigt, und die Menschen vom Ascetismus zur Welt zurück zu führen sucht,
läugnet er doch keineswegs die Kraft und Vortrefflichkeit des von Patandschali
gelehrten Ascetismus; er behauptet aber mit Klugheit, dass seine eigene Anwendung
desselben auf das gewöhnliche Leben noch vortrefflicher und wirksamer sei."

31) *Na me kartarjam kintschana* hat, wie ich mit W. v. Humboldt annehme, den
Sinn: Alles Thubare habe ich bereits gethan, so dass mir nichts mehr zu thun übrig

Unerreicht nichts Erreichbares; und doch beweg' ich mich im Werk [32]).

bleibt, und nicht: Ich habe in den drei Welten nichts zu thun, zu schaffen (je n'ai rien à faire) wie es von den anderen Uebersetzern aufgefasst wird. Dies letztere würde einen Widerspruch mit dem Folgenden bilden. Thomson giebt die Erklärung: „Krischna, der mit dem höchsten Geiste identificirt wird, hat keine endliche Befreiung mehr zu erstreben; er hat den menschlichen Leib bloss durch seine Macht angelegt und kann ihn jeden Augenblick wieder abwerfen, auch kann Er, der Höchste, kein Interesse an dieser kleinen Welt haben." Ich sehe nicht ein, wie sich diese Auffassung mit sl. 23 u. 24 in Einklang bringen lässt.

32) Krischna führt hier sich selbst, die eine, höchste Gottheit, dem Ardschuna als Beispiel dafür an, dass gehandelt werden muss. „Es kehrt hier, (wie W. v. Humboldt sich ausdrückt) von der Gottheit ausgesagt, dieselbe Lehre zurück, die oben dem Menschen eingeschärft wurde." Die Gottheit handelt durch die immer sich erneuernde Hervorbringung der Natur, durch die Erhaltung der Welt, die sonst in Nichts zurück sinken würde. Krischna insbesondere handelt durch die Annahme eines menschlichen Leibes und durch die Erfüllung der seinem Stande als Kschatrija obliegenden Pflichten. — Ob aber in irgend einer anderen älteren indischen Urkunde diese göttliche Wirksamkeit Handlung genannt und den Menschen als Beispiel aufgestellt wird, ist mir unbekannt und ich möchte es bezweifeln. Im Gegentheil scheint der Begriff des Handelns überall vielmehr von der Gottheit ausgeschlossen zu werden. Sie wird ebenso, wie der mit ihr consubstanziale menschliche Geist, immer nur als ein blosser Zuschauer, ohne eigentliche Thätigkeit, dargestellt. So heisst es, um nur einige Beispiele anzuführen, in der Svetasvatara-Upanischad 6, 11 (Bibl. Ind. vol. XV. p. 66): „Möge der eine Gott, welcher, wie die Spinne, durch seine eigene Natur sich in vielfache Fäden hüllt, welche durch das Erste (pradhana, die Urmaterie — also nicht direkt durch ihn selbst —) hervorgebracht werden, uns Identität mit Brahma gewähren. Der eine Gott, der in allen Wesen verborgen ist, der Alles durchdringt, der die innere Seele aller Wesen ist, der Beherrscher aller Handlungen, der in allen Wesen wohnt, der Zeuge, welcher blosses Denken ist, und ohne Eigenschaften, der Eine, von sich selbst Abhängende unter den Vielen, die nicht aktiv sind u. s. w." Ferner (ebendaselbst 4, 6—7. loc. cit. pag. 53): „Zwei Vögel (der höchste und der individuelle Geist), immer verbunden, von demselben Namen, wohnen auf einem und demselben Baume (dem Körper). Der eine von ihnen (die individuelle Seele) geniesst die süsse Frucht des Feigenbaumes, der andere (der höchste Geist) sieht umher als ein Zeuge." Ebendaselbst (4, 12. l. c. pag. 59): „Möge Rudra, der Herr des Universums, der Allwissende, welcher die Götter hervorbrachte, und ihnen Majestät gab, welcher die Geburt von Hiranjagarbha (des goldenen Welteies) sah (— also nicht bewirkte —) uns mit glücklicher Einsicht stärken." Ueberall wird die Erkenntniss, das Schauen, Zeuge-sein, und das unwillkührliche, naturnothwendige Erzeugen, niemals eigentliches freies Handeln als die Thätigkeit der Gottheit dargestellt. So insbesondere auch in der Mundaka-Upanischad I, 1, 7. (Biblioth. Ind. vol. XV. p. 151): „Wie die Spinne abwirft und einzieht (ihre Fäden), wie auf

23 Bewegt' ich einen Augenblick im Werk mich, unermüdet, nicht,
  (Denn meinen Wegen folgen nach die Menschen, Pârtha, überall)[33])

24 Versänken diese Welten gleich, wenn einmal Werk ich wirkte nicht,
  Und der Verwirrung Thäter wär' ich, tödtend wär' ich dies Ge-
                                                                schlecht[34]).

25 Wie, an dem Werke hängend, die Unweisen handeln, Bhârata!

  So thu's der Weise ohne Hang, der Welt Verbindung[35]) strebend an,

---

der Erde die Gewächse des Jahres hervorgebracht werden, wie bei dem lebendigen
Menschen die Haare auf dem Kopf und dem Leibe hervorkommen, so wird das All
von dem Unvernichtbaren *(akschara)* hervorgebracht." Dasselbe ist auch die Lehre
der Sankhja-Karika (19): „Aus diesem Gegensatz wird bewiesen: Das Zeugesein
dieses Puruscha, sein Fürsichsein, sein In-der-Mitte-Stehen, sein Zuschauersein und
sein Nichthandeln *(akartribháva*, wörtlich Nicht-Handler-Sein)." — Wenn nun also
in der Bhagavad-Gita der Ausdruck handeln, wirken, im Werke sich bewegen auf die Gottheit angewendet wird, weil es dem Verfasser hier in sein System
passt, so dürfte die Vermuthung kaum abzuweisen sein, dass hierin ein Anklang an
christliche Ideen liege, insbesondere, wenn man mit den hier vorliegenden Worten die Stelle Johannes 5, 17 vergleicht: „Ὁ πατήρ μου ἕως ἄρτι ἐργάζεται,
κἀγὼ ἐργάζομαι." Die vollkommene Identität des Ausdruckes ist jedenfalls höchst
frappant.

33) Dieser Vers kehrt unten (IV, 11) wörtlich wieder. Lassen hält ihn hier, weil er
   die Construction unterbricht, für interpolirt. Wichtiger als die Ermittelung dieser
   Frage, scheint mir 'die Aehnlichkeit zu sein, die in diesen Worten mit bekannten
   Sentenzen des Evangeliums hervortritt: Joh. 8, 12: „Ὁ ἀκολουθῶν ἐμοί, οὐ μὴ περι-
   πατήσει ἐν τῇ σκοτίᾳ." Luc. 9, 57: „Ἀκολουθήσω σοι ὅπου ἂν ἀπέρχῃ, κύριε."
   Matth. 16, 24: „Εἴ τις θέλει ὀπίσω μου ἐλθεῖν . . . . ἀκολουθείτω μοι."

34) Vergl. die Psalmenstelle (Ps. 103, 29): „Du wendest ab dein Angesicht und sie
   erschrecken, du nimmst weg ihren Geist, und sie vergehen und werden zu Staub." —
   Thomson versteht unter *sankara* (Verwirrung) hier speziell die Vermischung der
   Kasten, wie oben I, sl. 43 (wo aber ausdrücklich *varna-sankara*, Kastenverwir-
   rung, steht). Zu dieser Annahme scheint mir ein zwingender Grund nicht vorhanden
   zu sein. Sie hängt offenbar damit zusammen, dass Thomson unter dem Handeln
   und Wirken, das Krischna sich zuschreibt, nur sein Handeln als Krieger, als Wagenlenker des Ardschuna, versteht. Der ganze Zusammenhang aber deutet auf einen tieferen Sinn, in welchem auch W. v. Humboldt die Stelle gefasst hat. Ebenso Burnouf, wenn er übersetzt: je ferais un chaos. — Der Ausdruck *ima pradschá*
   (dieses Geschlecht) erinnert auffallend an den bekannten des Evangeliums: ἡ γενεὰ
   αὕτη (Matth. 24, 34. Marc. 8, 12 und an andern Stellen des N. T.)

35) *Sangraha* übersetze ich hier mit Verbindung in Rücksicht auf das oben (Anm. 29)
   über dieses Wort Gesagte. Burnouf: pour procurer l'ordre du monde. Der
   Sinn ist: durch Ausübung der Werke (dadurch, dass er sich nicht als Jogi von der

26 Erzeuge Meinungsspaltung nicht Unweiser[36]), am Werk Hängender;
Lieben mach' alle Werke[37]), wenn vertieft der Weise an sie geht.

27 Durch der Natur Kräfte gewirkt werden die Werke ganz und gar[38]);
In Selbstsucht wer sich selber täuscht, „ich bin Vollbringer,“ meint
er dann[39]).

28 Doch wer die Wahrheit weiss, o Held, des Unterschied's von Kraft
und Werk,
„Kräfte in Kräften wirken nur,“ so denkend, hängt er nicht daran[40]).

Welt gänzlich zurückzieht) soll er die gegenseitige Verbindung unter den Menschen,
die Grundlage der Gesellschaft, aufrecht erhalten.

36) Unter den Unweisen *(adschnáná)* versteht Thomson hier die niederen Kasten, in
welche die verschiedenen, einander entgegengesetzten philosophischen Ansichten der
Höheren (Brahmanen und Kschatrijas) nicht eindringen dürfen, um die Kasteneinrichtung nicht zu gefährden; die strenge Ausübung der Joga des Patandschali wäre ein
gefährliches Beispiel für die Vaisjas und Sudras, wodurch das Uebergewicht und
der Einfluss der Brahmanen und der Fürsten erschüttert werden könnte.

37) Das Causativum *dschoschojet* erfordert, wie Lassen bemerkt, einen doppelten Accusativ, den der Sache und den der Person. Der letztere ist hier zu ergänzen, nämlich:
die im Vorigen genannten Unweisen. Er mache sie die Werke lieben durch sein
Beispiel; nur soll er sich dadurch von ihnen unterscheiden, dass er die Werke, an
denen sie hängen, ohne Hang verrichtet. Burnouf übersetzt ziemlich frei: Qu'il
ne fasse pas naître le partage des opinions parmis les ignorants,
attachés à leurs oeuvres; mais que s'y livrant avec eux, il leur fasse
aimer leur travail.

38) Durch die drei Gunas nämlich, von denen unten noch ausführlich die Rede sein wird.
Sie sind die eigentliche Ursache der Handlungen, insofern der Geist von ihnen angetrieben wird. (Vergl. Manu XII, 27—33.) Der Geist ist dabei nur Zuschauer und
es wird ihm desshalb in der Sankhja-Karika (19) ausdrücklich: *akartribháva*
(Nicht-Handler-Sein) zugeschrieben.

39) In der Sankhja-Karika (24) heisst es: „Stolz ist ahankara“ *(abhimáno 'hankáras)*.
Wilson, der dies übersetzt: Consciousness is egotisme, macht dazu die Bemerkung (The Sankhya Karika. Oxford 1837. pag. 91): „Der gewöhnliche Sinn
beider Worte ist Stolz *(pride)* und die technische Anwendung derselben: der Stolz
oder Begriff der Individualität, Selbstgenügsamkeit, die Vorstellung: „Ich thue, ich
fühle, ich denke, ich bin,“ wie Vachespati es erklärt: ich allein herrsche und habe
Macht über Alles, was wahrgenommen und erkannt wird, und alle diese Objekte der
Sinne sind für mich; es giebt keinen anderen Höchsten als Ich; ich bin. Dieser
Stolz, wegen seiner exclusiven Anwendung, ist Ahankara.“

40) Thomson übersetzt: „Who knows the truth of the difference between the
qualities and actions, believing that they revolve in the qualities;“

29 Die der Natur Kräfte bethört, der Kräfte Werken hängen an;
Die nicht Alles wissenden Thor'n, wer Alles weiss, mach' wanken
nicht[41]).

Burnouf dagegen: „Colui qui connait la verité, sachant faire la part de
l'attribut et de l'acte, se dit: les attributs (de l'âme) se rapportent
aux attributs (de la matière). Schlegel: Veri gnarus de gemino qualitatum operumque discrimine: „qualitates in qualitatibus versantur"
sic arbitratus, non implicatur. Die Erklärung, welche Thomson giebt, scheint
die natürlichste zu sein. Er bemerkt dazu: „Die Qualitäten wirken niemals allein,
sondern stets in Verbindung mit einander, obgleich oft in so ungleichen Verhältnissen, dass die eine allein dazusein scheint, ohne die anderen beiden. Von dieser
gemeinschaftlichen Wirkung wird in der XIV. Lesung gehandelt. Jede Handlung
wird verursacht durch den Einfluss dieser Qualitäten auf die Materie, und der Weise,
welcher weiss, dass sie so in beständiger Verbindung miteinander wirken, schreibt
ihnen jede Handlung zu, während der Unwissende, der die Wirkung der Qualitäten
nicht bemerkt, selbst der Handelnde in jedem Werke zu sein glaubt. Indem er so
durch den Einfluss der Qualitäten getäuscht wird, hängt er sich an die Handlung
und ihren Erfolg." — Zum Verständniss des Ausdrucks: *gunâ guneschu vartanta*
(Kräfte bewegen sich in Kräften, — ich übersetze hier guna der Kürze wegen mit
Kraft, nicht mit Eigenschaft, weil der Ausdruck Kraft der indischen Vorstellung ebenfalls entsprechend ist —) dient folgende Stelle der Sankhja-Karika (12): „Die
Gunas haben Freude, Schmerz und Betäubung zum Wesen, dienen zur
Erleuchtung, Thätigkeit und Hemmung, und befinden sich im Zustand
gegenseitiger Ueberwältigung, Anlehnung, Erzeugung und Paarung
und wechselseitiger Gegenwart," was Gaurapada, der Commentator der
Sankhja-Karika (bei Wilson l. c. pag. 49) folgendermassen erklärt: „Die Gunas:
Wesenheit, Leidenschaft und Finsterniss sind dasselbe wie Freude, Schmerz und Betäubung. . . . Sie sind im Zustande gegenseitiger Ueberwältigung: sie sind gegen-
seitig unumschränkt, unterhaltend, produktiv, cooperativ und coexistirend. . . . Wenn
Wesenheit herrschend ist, überwältigt sie Leidenschaft und Finsterniss durch ihre
eigenen Eigenschaften und wird identificirt mit Licht und Freude. Wenn Leidenschaft
vorherrscht, überwältigt sie Wesenheit und Finsterniss und existirt in Leid und Handlung. Wenn Finsterniss siegt, unterdrückt sie Wesenheit und Leidenschaft und herrscht
als Betäubung und Unthätigkeit. So lehnen sie sich an einander an, sie combiniren
sich mit einander, wie binärische Atome. Sie erzeugen einander wie der Lehmklum-
pen den irdenen Krug. Sie paaren sich mit einander wie Mann und Weib. Desshalb
heisst es: Wesenheit ist die Gemahlin der Leidenschaft und Leidenschaft die der
Wesenheit; Dunkelheit heisst die Gemahlin beider. Sie sind wechselseitig gegenwärtig: sie wohnen oder existiren wechselseitig, nach dem Texte: Die Kräfte wohnen
in den Kräften (unsere Stelle der Bhagavad-Gita)." Zu den letzten Worten bemerkt
Wilson: „that is, the same qualities may be regarded as different,
according to their differents effects."

41) *Vitschâlajet.* Schlegel: haud labefactet. Burnouf: ne les fasse pas tre-

30 In mir ablegend jedes Werk[42]), nur denkend an den höchsten
Geist[43]),
Von Hoffnung und von Selbstsucht frei, kämpfe und lass die Traurigkeit!
31 Die diese meine Lehre stets befolgen[44]), solche Menschen nur,

---

bucher. Thomson: should not cause these people to relax from their
duty. Ich schliesse mich der letzteren Auffassung an und glaube, dass dieses Wort
hier in derselben Bedeutung zu nehmen ist, wie bei Manu VII, 28, wo es mit dharma
verbunden ist und die Bedeutung hat: vom Rechte, von der Pflicht abweichen. (Hier
im Causativum: abweichen lassen, machen). Gegen die allerdings auch naheliegende
Auffassung, den Potentialis nicht im Sinne des Rathes oder Imperativs, sondern der
reinen Möglichkeit zu fassen, so dass der Sinn wäre: die Unwissenden würde auch
der Weise nicht bewegen, von ihrer Meinung abbringen, scheint mir der Zusammenhang zu sprechen, insbesonders in Rücksicht auf sl. 26. Der Sinn ist demgemäss:
der Weise bringe die Unwissenden nicht in Verwirrung, mache sie insbesondere durch
sein Beispiel nicht abwendig von ihrem Dharma, den Pflichten ihrer Kaste, dadurch,
dass er das Handeln gänzlich aufgiebt. — In welchem Sinne *krisna* (Alles)
hier zu fassen sei, ist nicht ganz klar. Schlegel übersetzt: universitatis
gnarus; Thomson: who understands the whole universe; Burnouf: qui
connait le general.

42) Vergl. Psalm 54, 23: „Wirf deine Sorge auf den Herrn" und insbesondere (mit Rücksicht auf das Folgende) Hebr. 12, 1—2: „Ὄγκον ἀποθέμενοι πάντα, καὶ τὴν εὐπερίστατον
ἁμαρτίαν, δι' ὑπομονῆς τρέχωμεν τὸν προκείμενον ἡμῖν ἀγῶνα, ἀφορῶντες εἰς τὸν
τῆς πίστεως ἀρχηγὸν καὶ τελειωτὴν Ἰησοῦν." Man vergleiche ferner mit der ganzen
hier vorgetragenen Lehre die Aussprüche des Thomas a Kempis, (de imit.
Christi II, 4.): „Nulla bona actio te impediet, si liber intus ab in ordi-
nato affectu fueris. Si nihil aliud quam Dei beneplacitum et proximi
utilitatem intendis et quaeris, interna libertate frueris;" ferner (ibid. II, 5):
„Si tibi et Deo totaliter intendis, modicum te movebit, quod foris per-
cipis. Nil altum, nil magnum, nil gratum, nil acceptum tibi sit, nisi
pure Deus, aut de Deo sit." — Derselbe Gedanke findet sich auch in der Svetasvatara-Upanischad, deren Lehre mit der der Bh. G. grosse Verwandtschaft
hat, und in der sich ebenfalls Spuren christlichen Einflusses nachweisen lassen. Dort
heisst es (6, 4. Bibl. Ind. vol. XV. p. 65): „Whoever, after he has performed
works endowed with qualities, places them and all his fondness upon
Gad — for if they not exist, the effects also cease — obtains by the
cessation of work that, which is different from the principles (of
nature), (that is to say, he becomes like Brahma)."

43) *Adhjatma*, der höchste Geist, Gott. Die Bedeutung dieses Ausdrucks wird unten
Les. VIII. erklärt. Hier identificirt sich Krischna selbst offenbar mit demselben.

44) Man vergleiche die gleichlautenden Ausdrücke im Evangelium, Joh. 8, 51: „Ἐάν τις

Die gläubig sind, die lästern nicht[45]), werden befreit, durch Werke
                                                        auch[46]).

32 Die aber, dieses lästernd, nicht befolgen, was von mir gelehrt,
   Die wisse jeglichen Verstand's beraubt; verlor'ne Thoren sind's[47]).

33 Was ähnlich eigener Natur, nach diesem strebt der Weise auch;
   Die Wesen folgen der Natur; was wird der Zwang bewirken
                                                        denn[48])?

34 Aus jeden Sinnes Gegenstand Neigung und Abscheu sich erzeugt;
   Nicht geh' auf deren Will'n er ein, die Beide seine Feinde sind[49]).

τὸν λόγον τὸν ἐμὸν τηρήσῃ, θάνατον οὐ μὴ θεωρήσῃ εἰς τὸν αἰῶνα," und Joh. 14,
23—24: „Ἐάν τις ἀγαπᾷ με, τὸν λογὸν μοῦ τηρήσει . . . ὁ μὴ ἀγαπῶν με, τοὺς
λόγους μου οὐ τηρεῖ."

45) *Sraddhâjanto 'nasûjanto.* Wir werden unten noch öfter auf die Ausdrücke *sraddhá*
und *bhakti* stossen, welche ganz wie der christliche Begriff von πίστις und ἀγάπη die
gläubige und verehrende religiöse Hingabe an die Person bezeichnen. Es scheint
keinem Zweifel zu unterliegen, dass diese Begriffe keine ursprünglich indischen Vorstellungen sind (wie sie auch im ganzen übrigen Heidenthum sich nicht vorfinden)
sondern aus dem Christenthum hinübergenommen sind, was insbesondere Dr. A. Weber
in den Indischen Studien (Bd. II. pag. 398 u. ff. siehe den Anhang) vermuthet und
zum Theil nachgewiesen hat. — Thomson bemerkt, dass in den Worten: die
lästern nicht eine Anspielung auf die Sekte der Saivjas (Verehrer des Siva), und
auf die Anhänger des Mimansa- und Vedanta-Systems liege, welche alle anderen Schulen angriffen. — Der Ausdruck *asuj,* dem wir noch öfter als Epitheton der
Gegner der Lehre Krischna's begegnen werden, entspricht vollkommen dem biblischen
βλασφημεῖν als Gegensatz von πιστεύειν und ἀγαπᾶν. Vergl. z. B. 1. Timoth. 1, 20:
„ἵνα παιδευθῶσι μὴ βλασφημεῖν." und Tit. 2, 5: „ἵνα μὴ ὁ λόγος τοῦ Θεοῦ
βλασφημῆται."

46) *Karmabis* übersetze ich nicht, wie Burnouf: von den Werken (dégagés du
lien des oeuvres), sondern wie Lassen und Thomson: durch die Werke
d. h. durch die mit der rechten Gesinnung, d. h. ohne Anhänglichkeit verrichteten
Werke. Das fordert nicht bloss der Zusammenhang, sondern auch das dabeistehende
api (auch, selbst). Thomson bemerkt dazu: „In opposition to Kapila and his
disciples, who maintained, that spiritual knowlegde alone was the
means of salvation."

47) Vergl. Tit. 3, 10—11: „Αἱρετικὸν ἄνθρωπον μετὰ μίαν καὶ δευτέραν νουθεσίαν
παραιτοῦ, εἰδὼς ὅτι ἐξέστραπται ὁ τοιοῦτος καὶ ἁμαρτάνει, ὢν αὐτοκατάκριτος."

48) *Nigraha* (coercitio) hat hier denselben Sinn wie oben (sl. 4) *sanjasana.* Aus der
dort vorgetragenen Lehre erhellt die Verbindung dieser Worte mit dem Vorhergehenden. Der Sinn ist: Werke zu vollbringen ist naturgemäss, das gänzliche Aufgeben,
die gänzliche Unterdrückung derselben, unmöglich.

49) In dieser Sloke ist fast dogmatisch genau die christliche Lehre von der Concupiscenz

35 Besser ist, eig'ne Pflicht kraftlos erfüllt, als trefflich fremde
Pflicht[50]).

ausgesprochen, die erst dann zur Sünde wird, wenn der Mensch freiwillig ihren Ein-
gebungen folgt. Vergl. Röm. 6, 12: „Μὴ οὖν βασιλευέτω ἡ ἁμαρτία ἐν τῷ θνητῷ
ὑμῶν σώματι, εἰς τὸ ὑπακούειν αὐτῇ ἐν ταῖς ἐπιθυμίαις αὐτοῦ." Ferner
Jacob. 1, 14—15: „Ἕκαστος δὲ πειράζεται ὑπὸ τῆς ἰδίας ἐπιθυμίας ἐξελκόμενος καὶ
δελεαζόμενος. Εἶτα ἡ ἐπιθυμία συλλαβοῦσα τίκτει ἁμαρτίαν." In Rücksicht auf den
Ausdruck: Feinde vergl. man Röm. 8, 7: „Διότι τὸ φρόνημα τῆς σαρκὸς ἔχθρα
εἰς Θεόν." und Matth. 10, 36: „Καὶ ἐχθροὶ τοῦ ἀνθρώπου οἱ οἰκιακοὶ αὐτοῦ, was
von den ascetischen Schriftstellern in mystischer Erklärung auf die Concupiscenz, die
im Menschen wohnt, angewendet wird.

50) Unter *sradharma* (eigene Pflicht) sind hier zunächst die vorgeschriebenen Werke und
Beschäftigungen der verschiedenen Kasten zu verstehen. Lassen bemerkt zur Erklärung dieser Stelle: „Etenim diversa officia hominibus quaternorum ordi-
num imponuntur. Brachmanam decet neminem laedere et injurias
tolerare; Xatrium, suos tueri, vim injustam armis repellere, ac pro
jure, si opus sit, mortem oppetere. Quod si Arjunas, caedem cogna-
torum aversatus, inermem se Curnidis necandum praebuisset (I, 46),
potius Brachmanae partes, quam suas, utpote viri e stirpe regia sive
militari oriundus, egisset." Interessant ist die Anwendung, welche von dieser
Sloke (deren erste Hälfte wörtlich Les. XVIII, 47 wiederholt wird) von den heutigen
Brahmanen gemacht wird, um die Zumuthung, zum Christenthum überzutreten, von
sich abzuweisen. In dem sehr instruktiven Werke von Banerjea (Professor in Calcutta): Dialogues on the Hindu Philosophy (London 1861), wird von einem
treu gebliebenen Brahmanen einem anderen, zum Christenthum übergegangenen, vor-
geworfen (pag. 5): Have you forsake that which the illustrious son of
Vasudeva (Krischna) said, was the most excellent for you, and adopt a
foreign system, which the same sacred authority emphatically pro-
nounced to be fraught with terror? (Hier folgt das Citat unserer Stelle.) Aus
den letzten Worten (fraught with terror) geht übrigens hervor, dass Banerjea
oder die von ihm redend eingeführten Brahmanen die letzten Worte des zweiten Verses unserer Sloke („fremde Furcht erzeugt") nicht in dem Sinne auflassen, wie sie
gewöhnlich übersetzt werden. Schlegel: alienum officium periculum affert.
Burnouf: la loi d'autrui a des dangers, obgleich *baja* häufig die Bedeutung
von Gefahr hat und auch hier wohl in diesem Sinne zu verstehen ist. — *Sradharma*
wäre allerdings, abgesehen von dem speciellen Sinne, den es hier hat, eine ganz entsprechende Bezeichnung für dasjenige, was wir „unsere Religion, in der wir geboren
und erzogen sind" nennen. — Was kraftlos *riguna* hier bedeutet, scheint seine
Erklärung unten (Les. XVIII. sl. 48) zu finden. Alles was hier gesagt wird, zielt
deutlich dahin ab, die Uebergriffe der Kschatrijas und der anderen Kasten in die
Rechte der Brahmanen zurückzuweisen, und überhaupt den strengen Unterschied der
Kasten, der durch die Philosophie wankend gemacht wurde, aufrecht zu erhalten.

In eig'ner Pflicht zu Grunde geh'n, ist besser; fremde Furcht
erzeugt[51]).

Ardschuna spricht:

36 Doch wodurch angetrieben geht in Sündenschuld denn jener Mann[52])
Unfreiwillig, o Vàrschneja! wie mit Gewalt dazu gedrängt[53])?

Der Erhabene spricht:

37 Das ist Begierde, Zorn ist das, aus der Leidenschaftskraft erzeugt[54]),
Viel verzehrend, viel sündigend; diesen Feind hier[55]) erkenne du.
38 Wie Feuer wird von Rauch umhüllt, von Schmutz der Spiegel
wird befleckt,
Wie Mutterleib die Frucht umgiebt, so wird von dem dies All
umfasst[56]).

---

51) D. h. wer die Pflichten einer anderen Kaste, als seiner eigenen, wenn auch noch so
gut erfüllen wollte, würde sich der Gefahr aussetzen, der endlichen Befreiung nicht
theilhaftig zu werden (vergl. oben II, 40). — Zu Grunde Gehen *(nidhanam)* ist hier
gleichbedeutend mit Sterben, den Tod finden, mit Rücksicht auf die Gefahr, der sich
Ardschuna durch Uebernahme des Kampfes auszusetzen verpflichtet ist.

52) *Ajam puruscha,* jener Mann. Es ist nicht ganz deutlich, worauf sich dieser Ausdruck
bezieht. Die Uebersetzer sind alle einig, *puruscha* hier in der Bedeutung **Mann**
aufzufassen. Dann wäre der Sinn: Irgend ein Mann, der sich der Sünde schuldig
macht, wodurch kommt er dazu? Doch könnte *puruscha* vielleicht hier in der Bedeutung **Geist** zu fassen sein, und dann würde der Sinn sein: wodurch zieht sich der
Geist die Sünde zu, wenn nicht er, sondern die Natur *(prakriti)* die Urheberin der
Handlungen ist? Das Pronomen *ajam* (jener) würde dann eine natürliche Erklärung
dadurch finden, dass sich Ardschuna hier an jenen Geist erinnert, den ihm Krischna
oben (II, 23—25) als von den Natureinflüssen völlig unabhängig geschildert hat.
Freilich wurde dieser Geist dort nicht *puruscha,* sondern *sariri* und *dehin* genannt;
doch kommt auch unten (sl. 40) wieder *dehin* vor, offenbar im Sinne von **Geist.**
Dieser letzteren Auffassung steht jedoch entgegen, dass nach indischer Anschauung
die Sünde den Geist, oben weil er blosser Zuschauer ist, selbst nicht berührt, wie
unten (XIII. sl. 32) ausdrücklich gelehrt wird. Sollte in Bezug hierauf aber doch vielleicht ein Unterschied zwischen dem höchsten, göttlichen, und dem individuellen Geiste
zu machen sein, von welchem andererseits ausdrücklich zugestanden wird (XIII, 21),
dass er, in der Natur stehend, auch von den Gunas afficirt wird?

53) Vergl. oben Sl. 5.

54) D. h. aus der zweiten der drei Gunas, dem *radschas.*

55) **Hier,** d. h. in dieser Welt.

56) **Von dem** d. h. von dem obengenannten Feinde, von der Concupiscenz, welche nach
ihren beiden Seiten als Begierde und Zorn *(Kâma* und *Krodha)* sich darstellt und in

39 Erkenntniss wird von ihm umstrickt, dem ew'gen Feind des Wissenden,

Dem vielgestalt'gen, Kaunteja! dem Feuer, welches nimmer satt[57]).

40 Sinne, Gemüth und der Verstand, die heissen seiner Herrschaft Reich[38]).

---

der Eigenschaft des *radschas* ihre Wurzel hat. — Man vergleiche mit dieser Sloke die Stelle im Gesetzbuch des Jadschnavalkja III, 141: „Wie ein schmutziger Spiegel nicht geeignet ist, die Gestalt darin zu sehen, so ist der mit unreifen Werkzeugen begabte Geist nicht der Erkenntniss fähig (bei Stenzler S. 104). — *Malena* übersetzt Schlegel mit Rost (aerugine) mit Rücksicht auf den metallenen Stoff der Spiegel des Alterthums, und ihm folgen die anderen Uebersetzer. Doch heisst *mala* nur Schmuts, Unrath, Unreinigkeit, wie denn auch Stenzler dasselbe Wort bei Jadschnavalkja mit Schmutz wiedergiebt. — Die ganze Stelle erinnert deutlich an die christliche Lehre von der Erbsünde und ihren Folgen.

57) Die Verdunkelung der Erkenntniss durch die Concupiscenz und die Vergleichung derselben mit einem verzehrenden Feuer, einem Funken, der immer unter der Asche fortglimmt, sind ebenfalls so specifisch christliche Ideen, dass die Aehnlichkeit unverkennbar ist. Man vergleiche Thomas a Kempis (de imit. Christi III, 55): „Natura ad malum semper prona ab adolescentia sua. Nam per primum hominem Adam lapsa, et vitiata per peccatum, in omnes homines poena hujus maculae descendit: ut ipsa natura, quae bono et recta a te condita fuit, pro vitio jam et infirmitate corruptae naturae ponatur, eo quod motus ejus sibi relictus ad malum et inferiora trahit. Nam modica vis, quae remansit, est tanquam scintilla quaedam latens in cinere. Haec est ipsa ratio naturalis, circumfusa magna caligine, adhuc judicium habens boni et mali, veri falsique distantiam, licet impotens sit ad implere omne, quod approbat, nec pleno jam lumine veritatis, nec sanitate affectionum suarum potiatur."

58) Nach der Anschauung der indischen Philosophie werden nicht bloss die äusseren Sinne, sondern auch die inneren, *buddhi* (Verstand), *ahankára* (Selbstbewusstsein) und *manas* (Herz, Gemüth) zur Natur *(prakriti)* im Gegensatz zum reinen Geist *(puruscha)* gerechnet. Die Qualitäten *(gunas)* können nicht direkt, sondern nur durch ihre Vermittelung auf den Geist Einfluss ausüben. So heisst es in der Sankhja-Karika: „Aus der Prakriti (Natur, im Gegensatz von Geist) wird das Grosse (Buddhi), hieraus der Ahankara" (22) „Hinwendung (d. h. Intention auf den reinen Geist, aber auch auf die Sinnenwelt) ist die Buddhi (Vernunft, Verstand); die Gerechtigkeit, Erkenntniss, Leidenschaftslosigkeit und Herrschaft heissen das Sattvische (die sattvischen Eigenschaften der Buddhi), das Tamasartige ist das Gegentheil davon" (ibid. 23). „Von beiderlei Wesen ist das Manas: Bildungskraft *(sankalpa,* d. h. willkührliche Wahrnehmung und Zusammenfassung durch die Sinne und aus den Sinnen, bildende Imagination; das Manas vermittelt die Sinne mit der Buddhi; der Akt, mittelst dessen es das Sinnliche zusammenfasst, ist *Sankalpa)* und Sinn, wegen der

Durch diese täuscht den Geist[39]) er dann, hat die Erkenntniss er
umhüllt.

41 Die Sinne drum von Anfang an bezwingend, bester Bhârata!
Lass ab von dieser Sünde, die Kenntniss und Erkenntniss zerstört[60]).

Gleichartigkeit mit den Sinnen. Seine Mannichfaltigkeit folgt aus dem Unterschiede
der Veränderungen der Gunas und aus der äusseren Spaltung" (ibid. 27). Hieraus
ist ersichtlich, in welchem Sinne in unserer Stelle manas und buddhi das Reich
der Herrschaft des radschas, das sich als Kama und Krodha äussert, genannt
werden.

59) *Dehinam* übersetze ich mit Thomson hier durch Geist und nicht, wie Schlegel
und Burnouf, durch Menschen. Thomson bemerkt zu dieser Stelle: „Alle Eindrücke von Aussen werden durch die Sinne empfangen und unmittelbar dem manas
(heart) zugeführt. Dieses übermittelt sie dem Verstande (der buddhi) und dieser
wiederum der Seele (soul), dem Geiste selbst. Wird also das manas nicht unter
der Herrschaft des Geistes gehalten, so wird es durch Leidenschaft getäuscht und
übergiebt einen fieberhaften und falschen Eindruck von den äusseren Objekten dem
Geiste, wodurch dieser selbst getäuscht wird." — Man vergleiche hiermit auch Katha-
Upanischad I, 3. valli. 3 u. ff. (Biblioth. Ind. Vol. XV. pag. 107 und bei Windischmann l. c. S. 1713): „Wisse, dass der Geist der Herr des Wagens ist, der Leib
aber der Wagen; die Vernunft (buddhi) aber wisse als den Wagenlenker, das
Manas als den Zügel; die Sinne nennt man die Rosse, die Gegenstände ihre
Bahn. . . . Der, welcher ohne Erkenntniss ist, und ein Gemüth hat, das nicht vereinigt ist (mit Gott), dem sind die Sinne ungehorsam, wie böse Pferde dem Wagenlenker. . . . Der Mann, welcher Erkenntniss zum Wagenlenker hat und das Manas
zum Zügel, der erreicht das Ziel des Weges, jene höchste Stufe des Vischnu."
(Beiläufig sei hier bemerkt, dass zwar Weber (Ind. Studien II. p. 200) die Möglichkeit andeutet, dass hier von dem Vedischen Vischnu und nicht dem später unter diesem Namen als höchste Gottheit verehrten Vischnu die Rede ist, weil die ganze Upanischad einen rein vedantischen Charakter habe. Indessen wird doch auch die Joga
ziemlich deutlich darin gelehrt und bei der Uebereinstimmung mehrerer Stellen derselben mit der Bhagavad-Gita, die sich selbst bis auf eine gewisse Polemik gegen die
Sruti erstreckt (siehe oben II. Anm. 52 b), möchte ich vielmehr der Ansicht sein, dass
der Standpunkt der Verfasser beider Werke völlig derselbe war. Auch die Svetasvatara-Upanischad, welche ebenfalls in mehreren Stellen wörtliche Anklänge an
die Katha-Upanischad zeigt, steht, obgleich sie Rudra dem Vischnu substituirt,
in ihren Lehren und Anschauungen ganz auf dem Standpunkt der Bhagavad-Gita.
Ein Gleiches lässt sich auch von der Mundaka-Upanischad sagen.· Der innere
Zusammenhang aller dieser Urkunden scheint mir zweifellos zu sein.)

60) Vergl. oben Les. II. sl. 44. — *Adau* übersetzt Schlegel: in principio; Thomson: in the first place; Burnouf: dès le principe. Der Sinn scheint derselbe
zu sein, wie in dem Ovidischen Verse: „Principiis obsta, sero medicina para-
tur," der auch von christlichen Asceten häufig auf den Kampf mit der Sinnlichkeit

42 Die Sinne nennen mächtig sie; mächt'ger als Sinne ist's Gemüth;
Mächt'ger als Gemüth ist Verstand; doch stärker als Verstand ist
der[61]).

43 So wissend stärker als Verstand ihn, selbst dich stützend auf dich
selbst[62]),

Besiege, Grossarm'ger, den Feind, den vielgestalt'gen, schwer
nahbar'n.

---

angewendet wird. — *Dschnâna* und *Vidschnâna*, was ich durch: Kenntniss und Er-
kenntniss wiedergebe, um die Aehnlichkeit des Ausdrucks beizubehalten, und das
Schlegel mit scientia et judicium, Thomson mit spiritual knowledge
and spiritual discernment übersetzt, unterscheidet sich, wie Thomson unten
zu Les. VII, sl. 2, wo derselbe Ausdruck wiederkehrt, bemerkt, folgendermassen:
Dschnâna ist die ganze philosophische Erkenntniss, welche sowohl das höchste
Wesen, als auch das Universum, die Seele, und jede zum Heile derselben nöthige
Kenntniss umfasst. *Vidschnâna* ist eine speziellere Kenntniss, die sich nur auf das
höchste Wesen und zwar in seinem Verhältniss zur Materie bezieht.

61) Der d. h. der Feind, den du bekämpfen musst, die Kama und Krodha, die aus dem
Radschas entsteht. Bemerkenswerth ist wieder die Aehnlichkeit mit folgender Stelle der
Katha-Upanischad (I, 3. valli, 10 – 11. Bibl. Ind. XV. p. 108 bei Windischmann
S. 1713): „Höher als die Sinne sind die Gegenstände, höher als die Gegenstände das
Manas, höher als das Manas die Vernunft, höher als die Vernunft der grosse Geist. Höher
als der Grosse das Unentfaltete, höher als das Unentfaltete der Puruscha. Höher als der
Puruscha giebt es nichts; das ist das Beste, das ist der höchste Weg" — Das Wort
para habe ich nach Schlegels Vorgange, dem Sinne gemäss, in unserer Stelle mit
mächtiger, stärker, wiedergegeben. So auch Burnouf: plus fort. Thomson
wörtlicher: greater. — Eine ganz ähnliche Steigerung findet sich in der Tschandogja-Upanischad VII. (bei Windischmann S. 1689 u. ff.): „Die Rede ist grös-
ser als das Wort. . . . Das Manas ist grösser als die Rede. . . . Der Wille ist grös-
ser als das Manas. . . . Der Verstand ist grösser als der Wille. . . . Die Betrachtung ist grösser als der Verstand. . . . Die Erkenntniss ist grösser als die Betrachtung. . . . Die Kraft ist grösser als die Erkenntniss u. s. w.

62) *Sanstabhjâtmânam âtmanâ.* Schlegel: te ipsum tecum confirmans. Thomson:
strengthening thyself by thyself. Bei aller Aehnlichkeit der hier gelehrten
Ascese mit der christlichen, ist doch eine ungeheure Kluft zwischen den beiden Anschauungen vorhanden, welche wesentlich auf der pantheistischen Selbstvergötterung
beruht, in der das innerste Geheimniss der indischen Philosophie beruht. Die spezi-
fisch christlichen Ideen der Demuth und der Nothwendigkeit der göttlichen Gnade
finden in diesem Systeme keinen Raum, oder ihre Bedeutung wird, wo ein Anklang
an dieselben hervor zu treten scheint, (wie z. B. XVIII, sl. 58 u. 62) so abgeschwächt
durch die immer hindurchschimmernde Identität des individuellen Geistes mit dem
höchsten göttlichen Geiste, dass sie einen wesentlich anderen Sinn erhalten. Man

Vierte Lesung.

Der Erhabene spricht:

1 Diese Vertiefung lehrt' ich dem Vivasvat einst, die ew'ge, schon;
Vivasvat sagt' dem Manu sie; Manu sprach's zu Ikschvâku dann¹).

vergleiche mit der hier dem Ardschuna ertheilten Lehre als Gegensatz dazu die Worte des Thomas a Kempis (de imit. Chr. III, 55): „Domine Deus meus, concede mihi hanc gratiam, quam ostendisti tam magnam et necessariam ad salutem, ut vincam pessimam naturam meam, trahentem ad peccata et in perditionem." Dass hier nicht von Bekämpfung der Feinde in der Schlacht die Rede ist, sondern vielmehr von dem oben geschilderten inneren Feinde, würde aus dem Zusammenhange allein schon hervorgehen, wenn es auch nicht aus dem Ausdruck *Kâmarupa* (vielgestaltig, der nach Gefallen jede Gestalt annehmen kann) hervorginge, welcher oben (sl. 39) von eben diesem inneren Feinde gebraucht wird.

1) Wie alle Weisheitslehren in den Upanischads und Sutras auf die Tradition, auf die Aussprache irgend eines erleuchteten Weisen der Vorzeit, zurückgeführt werden, so sucht auch der Verfasser der Bh. G. seine ihm eigenthümliche Jogalehre als ein uraltes Geheimniss darzustellen. Er begnügt sich aber nicht damit, ihren Ursprung auf einen menschlichen Rischi, einen alten Seher der Vorzeit, zurück zu führen, sondern stellt sie geradezu als eine Offenbarung der höchsten Gottheit, des Vischnu, dar, der sie selbst den Urvätern mitgetheilt habe. Diese Idee, die Gottheit persönlich als Offenbarer geheimer Weisheit darzustellen, ist keine altindische (die Vedischen Götter erscheinen nicht als Offenbarer); sie tritt erst in den späteren Upanischads, z. B. in der Mundaka-Upanischad hervor (deren Anfang mit unserer Stelle grosse Aehnlichkeit hat, und wo Brahma als Offenbarer erscheint an seinen Sohn Atharvan, von dem die Lehre successive bis zu Angiras gelangt — in der Katha-Upanischad erscheint Jama, der Gott der Unterwelt, der personificirte Tod, als Offenbarer, wohl mehr im allegorischen, als traditionellen Sinne —), sie gehört hauptsächlich den späteren Sekten der Vischnuiten und Sivaiten an, und die Folgerung ist daher vielleicht nicht unberechtigt, auch in dieser Thatsache eine Spur des Einflusses christlicher Vorstellungen zu finden. Zwar wird Manu I, 58 allerdings gesagt, dass das Unvergängliche (Brahma) dieses Gesetzbuch zuerst verfasst und es dann dem Manu gelehrt habe, der es dem Maritschi und den anderen Weisen überliefert. Da aber das Alter des Manu noch keineswegs feststeht, und der gegenwärtige Text zumal erweislich in eine ziemlich späte Zeit zu setzen ist, so dürfte diese Stelle kaum als ein Einwurf gegen die ausgesprochene Ansicht geltend gemacht werden können. Wenn sich, was schon Weber vermuthet hat (Ind. Studien II. S. 409) und was ich entschieden glaube, der christliche Ursprung des ganzen Avatâra-Systemes (d. h. der Vorstellung von den sogenannten Verkörperungen,

2 So weiter überliefert fort die weisen Kön'ge sie erfuhr'n.
Durch lange Zeit Vertiefung dann verloren ging, o Feindbedräng'r[2])!
3 Nun die Vertiefung ward von mir dir offenbart, die alte, heut'.
Ergeben bist du mir und Freund; denn das ein tief Geheimniss ist[3]).

Ardschuna spricht:

4 Deine Geburt die spät're ist, die des Vivasvat früher war;
Wie soll ich das verstehen denn, dass du's im Anfang schon gelehrt[4])?

Der Erhabene spricht:

5 Viel Geburten vorüber sind meiner, deiner auch, Ardschuna[5])!

Incarnationen Vischnu's) nachweisen lässt, dann würde dadurch die obige Vermuthung bedeutend unterstützt werden. — Vivasvat ist der Name der Sonne, die als Vater des Manu Vaivasvata gilt, des letzten der sieben Manu's, der an der Spitze des gegenwärtigen Manvantara steht. (Jedes Kalpa, Zeitalter, beginnt mit einer neuen Schöpfung und zerfällt in 14 Manvantaras oder Perioden, die mit einem Manu beginnen. Sechs derselben sind bereits vorüber; das gegenwärtige ist das siebente.) Dieser Manu, der Sohn des Vivasvat, wird als der Urheber des unter seinem Namen bekannten Gesetzbuches (Dharmasástra) angesehen. Sein Sohn ist Ikschvaku, der erste König des Sonnengeschlechtes. Er wird, sowie seine ersten Nachkommen, zugleich als König und Seher (Rischi) dargestellt. Dieses sind die sogenannten weisen Könige, oder Königsweisen (Radscharschis). Dass diesen hier, und nicht den Brahmanen, die Ehre der Weiterüberlieferung der alten Weisheit zuerkannt wird, ist, wie Thomson bemerkt, eine Schmeichelei für die Kschatrijas, um sie dem brahmanischen Gesetze ergeben zu erhalten.

[2]) Alt ist die Gewohnheit aller Sektirer, ihre Lehre als die Erneuerung einer alten, in Vergessenheit gerathenen Weisheit darzustellen.

[3]) Alle Upanischad's umgeben sich mit dem Nimbus des Geheimnissvollen. Die in ihnen gelehrte Brahmavidja (Kenntniss des Brahma) ist eine durchaus esoterische Lehre und darf nur den Eingeweihten mitgetheilt werden.

[4]) Ardschuna bemerkt noch nicht, dass Krischna sich hier selbst mit Vischnu identificirt, sich für eine Incarnation des Vischnu ausgiebt. Er kann nicht begreifen, wie er sich älter als Vivasvat und die Radscharschis nennen kann. Die Stelle erinnert sehr deutlich an Joh. 8, 57—5ν: „Εἶπον οὖν οἱ Ἰουδαῖοι πρὸς αὐτόν· πεντήκοντα ἔτη οὔπω ἔχεις, καὶ Ἀβραὰμ ἑώρακας; εἶπον αὐτοῖς ὁ Ἰησοῦς· ἀμήν, ἀμὴν λέγω ὑμῖν, πρὶν Ἀβραὰμ γίνεσθαι, ἐγώ εἰμι."

[5]) Krischna bezeichnet hier seine Avatáras (Verkörperungen) als Vischnu ebenso mit Dschanma (Geburt), wie die früheren körperlichen Existenzen des Ardschuna, die er in der Welt, der Lehre von der Seelenwanderung gemäss, schon durchgemacht hat. — Was diese Avatáras des Vischnu betrifft, so werden in den Puranas

Die weiss ich alle; aber du, o Feindbedränger, weisst sie nicht[6]).

6 Ob ungebor'n, unvergänglich auch, aller Wesen Herr ich bin,
Befehlend eigener Natur[7]), entsteh' durch meinen Zauber ich[8]).

---

zehn derselben angenommen. Es sind folgende: 1) *Matsja*, als Fisch. Satjavrata
(d. i. Manu Vaivasvata, hier der biblische Noah) wird durch diesen Fisch aus der
Sündfluth gerettet; 2) *Kurma*, als Schildkröte (siehe oben II. Anm. 15). 3) *Varâha*,
als Eber. Als der Dämon Hiranjakscha die Erde bis auf den Boden des Weltmeeres gestossen hatte, nahm Vischnu diese Form an, tauchte unter, und hob die
Erde mit seinen Hauern wieder empor. 4) *Narasinha*, als Mann-Löwe. In dieser
Form vernichtete er zur Errettung der Erde den Dämon Hiranjakaschipu. 5) *Va-
mana*, als Zwerg. Der Dämon Bali war in den Besitz der drei Welten gelangt.
Vischnu erschien vor ihm in Gestalt eines Zwerges und verlangte nur so viel Land,
als er mit drei Schritten umschreiten könne; Bali gewährte ihm die Bitte, und
Vischnu, sich in einen Riesen verwandelnd, überschritt alle drei Welten. 6) *Parasu-
Râma*. 7) *Râma-tschandra*. 8) *Balarâma* und *Krischna*. 9) *Buddha*. 10) *Kalkin*.
Die letzte Avatara wird erst in der Zukunft, am Ende dieses Weltalters, eintreten,
wo Vischnu auf einem weissen Rosse erscheinen und die Welt zerstören wird. Ueber
diese Avatâras bemerkt Thomson (The Bhagavad-Gita. Translated etc.
p. 147), dass sie im Allgemeinen nur als direkte Emanationen von Vischnu betrachtet werden; nur in Krischna ist der Gott selbst aktuell Mensch geworden. Sie
gehören übrigens alle dem Zeitalter der Puranas an (also einer nachchristlichen
Periode), und auch Thomson glaubt, dass manche derselben „dem Lande der Bibel
ihren Ursprung verdanken," ob aber vor oder nach der christlichen Aera, sei eine
Frage, die er sich nicht zu beantworten getraue, „obgleich ohne Zweifel viele Aehn-
lichkeitspunkte zwischen Krischna und unserem Erlöser vorhanden sind;" die zehnte
Avatâra *(Kalkin)* erinnere sehr stark an die Weissagungen der Apokalypse. — Nach
meiner Ansicht kann gegenwärtig darüber gar kein Zweifel mehr obwalten, dass die
Incarnation Vischnu's als Krischna, die einzige, die als eine wirkliche Mensch-
werdung der Person des Gottes selbst dargestellt wird, dem christlichen Dogma über
die Person Christi nachgebildet ist, worauf nicht bloss die Aehnlichkeit des Namens
Krischna mit Christus, und vielfache Uebereinstimmungen in den Legenden von
Krischna mit dem Leben des Erlösers hindeuten, wie das auch früher schon von Fra
Paolino a S. Bartolomeo in seinem Systema Brahmanicum (Rom 1791), von
H. Windischmann und Anderen vermuthet und zuletzt von Weber (Ind. Studien I. p. 400. II, p. 398 u. ff.) und von Wheeler (hist. of India p. 464 ff.)
angenommen worden ist, sondern was namentlich aus der Bhagavad-Gita bewiesen
werden kann und im Verlaufe dieses Commentares nachgewiesen werden wird.

6) Man vergleiche Joh. 8, 14: „Οἶδα πόϑεν ἦλϑον καὶ ποῦ ὑπάγω. ὑμεῖς δὲ οὐκ οἴδατε
πόϑεν ἔρχομαι καὶ ποῦ ὑπάγω."

7) *Prakritim sväm adhischtája* wörtlich: meiner eigenen Natur vorstehend; Schlegel:
naturae meae imperans; Thomson: in presiding over nature which is
mine; Burnouf: maitre de ma propre nature. In welchem Sinne *prakriti*

7 Wenn immer nur Gerechtigkeits-Erschlaffung, Bhârata, entsteht,

(Natur) hier zu verstehen ist, ob im philosophischen, als Gegensatz zu *puruscha*, Geist, oder als ursprüngliche, natürliche Form, Gestalt, ist schwer zu entscheiden. Thomson nimmt mit Lassen das Erstere an, wenn er bemerkt: „Indem er von sich als dem höchsten Wesen spricht, nennt er die Natur seine eigene. *Maja* ist die mystische Macht des höchsten Wesens, durch welche es die Natur schafft, die keine reale Existenz hat, da reale Existenz ewig ist; nur der Geist ist ewig und existirt wirklich. Dem Menschen scheint allerdings die Natur reale Existenz zu haben, und daher der Gebrauch des Wortes *maja*, wörtlich Magie, um die schaffende Macht zu bezeichnen." Mir scheint es einfacher und richtiger, *prakriti* hier in der allgemeinen Bedeutung von Natur, Wesen, natürliche Form, Gestalt (wie in der vorigen Lesung sl. 33) zu fassen, mit Rücksicht auf die im vorigen Verse erwähnten Geburten d. h. Formen, Gestalten des Vischnu, die er sich selbst erwählt hat.

8) *Maja* bedeutet wörtlich: Trugbild, Gaukelei, Zauber (Magie). Wie Windischmann (S. 1602 u. ff.) auseinandersetzt, erscheint dem indischen Geiste die ewige Liebe des Schöpfers nicht als der liebreiche Wille, zu schaffen und zu beseligen, sondern als Ueberwältigung von der eigenen Fülle, als liebestrunkene Lust Brahma's an der Maja, als Lust zu zeugen, aus und mit sich selbst. Diese Lust scheint dem trüben Seherblick aus dem Abgrunde des göttlichen Wesens hervorzubrechen und sich wieder in diesen Abgrund zurückzuziehen. So ist ihm die ganze Schöpfung nichts Anderes als Zeugung aus dem Willen der Lust, aus Einem Vieles zu werden; die Lust aber, in ihrer Fülle schwelgend und wuchernd, schlägt über in schwere Busse, zu deren Ausführung alsdann weiter die sichtbare, körperliche Welt mit ihren Lockungen und ihren Banden, mit ihrem ganzen unglücksvollen Getriebe, immer zwischen Lust und Busse, erzeugt und angeordnet ist bis dahin, wo sie ihrer Vernichtung anheimfällt, und alle Lebendigen in jenen Abgrund der Macht und Lust, in Brahma, versinken, der allein als Befreiung gilt, ohne doch selbst wahrhaft frei zu sein von dem Drang seiner Fülle, welche dann nothwendigerweise alles Erzeugte täuscht und bedeckt." So heisst es in einer Upanischad des Jadschur-Veda (bei Windischmann S. 1613 u. ff.): „Die Wahrheitsuchenden erkannten, Brahma in der Einigung (joga) mit seiner Maja habe die Welt hervorgebracht. — Diese Welt aus Brahma's Jogamaja sei das Brahmareich. In diesem Brahmareich sahen die Wahrheitsuchenden das Licht, woraus Alles hervorgegangen ist. Sowie das Brahmareich, ist auch die Brahmamaja ein Meer mit mächtigen Wogen und gewaltigen Strömungen. . . . In Brahma, dem Grossen aber, dem durch sich selbst Seienden, ist Maja sammt allen Lebendigen und allen Welten; darum heisst er gross. Die Vedakundigen, welche wissen, dass diese drei in ihm verschwinden, verschwinden selbst in ihm, befreit von den Fesseln des Daseins. Die Maja, welche das Verlangen Brahmas ist, ist ewig; nicht ewig aber, sondern vergänglich, ist jene, welche die Willenslust der Lebendigen ist. Paramâtma (der höchste Geist) ist unendlich, die Welt seine Gestalt; er selbst ist der Nichtgeschäftige, Mühelose. Die gebundene Maja ist vergänglich und der Lebendige, welcher frei geworden, macht sie vergehen. Beider Herr ist aber jener Leuchtende, Eine. Wer diesen erkennt, wird aus allen Netzen

Und des Unrechtes Erhebung, alsdann erzeuge ich mich selbst[9]),
8 Zu der Guten Beschützung und zur Vernichtung der Schändlichen.
Zur Stütze der Gerechtigkeit werd' ich gebor'n von Zeit zu Zeit[10]).

---

und Banden der Unwissenheit, der Selbstsucht, der Begierde, Feindschaft und Furcht,
befreit und ist, von jeder vorübergehenden Geburt in anderen Welten und vom
Tod erlöst. ... Dieses Licht mitten im Leib und im Manas weiss alles Verborgene. Es ist ewig; es ist das zu Wissende, ausser ihm ist nichts und ist nichts
zu wissen. Der Lustgeniessende und die Lusterweckende (Maja) ist in Wahrheit
Brahma allein. Dies ist der Geist, der Alles erfüllt und Erkenntniss ist der Anfang,
ihn zu finden." Diese merkwürdige Stelle spricht nicht nur den Grundgedanken der
indischen Philosophie sehr klar aus, sondern wirft auch noch auf andere Stellen und
Lehren der Bh. G. Licht, denen wir unten begegnen werden. — In Betreff der Idee
des Sich-selbst-Erschaffens, die in dieser Sloke ausgesprochen wird, vergleiche
man Taittarija-Upanischad (Brahmananda Valli, 7. anuvaka. Bibl. Ind.
vol. XV. p. 19): „This (unchangeable Brahma) created himself; therefore it is called self-created."

9) Lassen hat in dieser Sloke (Indische Alterthumskunde II, S. 1107) das indische
„Dogma" von den Avatâras des Vischnu am kürzesten ausgedrückt gefunden und
in den Berichten des Megasthenes vom indischen Herkules die Verkörperung des
Vischnu in Krischna wiederzuerkennen gemeint, wie sie in der Bhagavad-Gita
gelehrt wird. Diese Ansicht ist indessen von Weber in den „Indischen Studien"
(Bd. II. p. 409) mit schlagenden Gründen widerlegt und insbesondere nachgewiesen
worden, dass die dieser Stelle zu Grunde liegende Idee „dass der Gott aus Mitleid
mit der leidenden, aus Zorn gegen die sündige Menschheit selbst als Mensch geboren wird und ein menschliches Dasein führt," keineswegs aus der Schilderung des
Megasthenes vom indischen Herkules zu entnehmen ist, sondern vielmehr, wenn
nicht als eine Nachahmung christlicher Lehren, so doch wenigstens der alttestamen-
talischen Prophetie (der Messiashoffnung?) erscheine. Das Letztere erscheint jedoch
um so unwahrscheinlicher, als eine literarische Verbindung der Inder mit den Hebräern
schwer nachweisbar sein würde, wohingegen die Einführung des Christenthums in
Indien in den ersten christlichen Jahrhunderten eine historische Thatsache ist. Alle
jene irrthümlichen Voraussetzungen entspringen, wie es scheint, aus der, namentlich
durch Schlegel verbreiteten, vorgefassten Meinung von dem hohen Alter der Bha
gavad-Gita, die sich gegenwärtig aus unwiderleglichen Gründen als eine Illusion
erweist.

10) Mit diesen Worten vergleiche man zunächst: 1. Joan. 3, 8: „Εἰς τοῦτο ἐφανερώθη
ὁ υἱὸς τοῦ Θεοῦ, ἵνα λύσῃ τὰ ἔργα τοῦ διαβόλου." und Joan. 18, 37: „Εἰς τοῦτο
ἐλήλυθα εἰς τὸν κόσμον, ἵνα μαρτυρήσω τῇ ἀληθείᾳ." Ferner Svetasvatara-
Upanischad VI, 6 (Bibl. Ind. Vol. XV. p. 66): „Who is the establisher of
virtue and the destroyer of sin." — Juge, juge, das ich mit von Zeit zu
Zeit übersetze, heisst nicht: einmal in jedem Weltalter (juga), (Schlegel: per
singula saecula) sondern überhaupt: nach längeren Zeiträumen. Die Avataras Vischnu's sind zehn; es werden aber nur vier Jugas (Weltalter) angenom-

9 Wer mein Geborenwerden so, mein himmlisch Werk, in Wahrheit
kennt,

Der geht, wenn er den Leib verlässt, nicht zur Geburt; er geht zu
mir[11]).

---

men, das Satja-, Treta-, Dvapara- und Kali-Juga (wovon unten Les. VIII.
ausführlicher die Rede sein wird) und welche mit den Sandhjas und Sandhjan-
tas, die jedem vorgehen und nachfolgen (*sandhja* = crepusculum), einen Zeitraum von 5,440,000 Jahren ausmachen. Die ersten vier Avataras fanden im Sat-
jajuga, die folgenden 3 im Treta-, die achte im Dvapara- und die letzten im
gegenwärtigen Kali-Juga statt.

11) Wenn der hier ausgesprochenen Lehre auch offenbar die allgemeine Anschauung der
indischen Philosophie von der endlichen Befreiung durch Erkenntniss des höchsten
Geistes zu Grunde liegt, so mischen sich mit dieser Vorstellung doch so deutlich
fremdartige Elemente, dass wir wohl berechtigt sind, gerade in dieser Sloke unverkennbare Spuren einer Aneignung christlicher Ideen zu erblicken. Zunächst ist es
auffallend, dass die erlösende Wirksamkeit hier nicht, wie sonst gewöhnlich, der Erkenntniss des Geistes schlechtweg zugeschrieben wird, sondern vielmehr der Kenntniss der Avataras des Vischnu, insbesondere seiner Menschwerdung als Krischna.
Dies erinnert zu deutlich an das christliche Dogma von der Nothwendigkeit des Glaubens an Christus, als dass man die christliche Spur übersehen könnte. Man vergleiche
nur Joan. 17, 3: „Αὕτη δέ ἐστιν ἡ αἰώνιος ζωή, ἵνα γινώσκωσί σε τὸν μόνον ἀληθινὸν
Θεόν, καὶ ὃν ἀπέστειλας Ἰησοῦν Χριστόν." und Joan. 3, 36: „Ὁ πιστεύων εἰς τὸν
υἱόν, ἔχει ζωὴν αἰώνιον." — Auffallend ist ferner die Bezeichnung: *karma dirjam*
göttliches, himmlisches Werk, welche Krischna seiner Menschwerdung giebt. Abgesehn davon, dass, wie oben schon erwähnt wurde (III. Anm. 32), nach indischer Auffassung das Handeln und Wirken von der höchsten Gottheit sonst ausgeschlossen
wird, ist wiederum die Aehnlichkeit mit den Aussprüchen Christi unverkennbar, der
wiederholt von seinem Werke spricht: Joan. 17, 4: „Τὸ ἔργον ἐτελείωσα, ὃ δέδωκάς
μοι ἵνα ποιήσω," und Joan. 4, 29: „Τοῦτό ἐστι τὸ ἔργον τοῦ Θεοῦ, ἵνα πιστεύσητε
εἰς ὃν ἀπέστειλεν ἐκεῖνος." Endlich ist im zweiten Verse der Sloke der Ausdruck:
er geht zu mir vollkommen identisch mit dem Ausspruch Christi Joan. 6, 37:
„Πᾶν ὃ δίδωσί μοι ὁ πατὴρ πρὸς ἐμὲ ἥξει· καὶ τὸν ἐρχόμενον πρὸς με οὐ μὴ
ἐκβάλω ἔξω." (Vergl. auch die unten Anm. 15 citirte Stelle Joan. 12, 26.) Wenn
auch die Bedeutung dieser Worte im Sinne Krischna's ein von dem Sinne der gleichlautenden Worte Christi ganz verschiedener ist und nichts Anderes, als die sogenannte
Auflösung in Brahma bedeuten soll, so erhält die Darstellung doch eben durch die
menschliche Personification dieses Brahma in Krischna und das ihm beigelegte persönliche Wohlwollen gegen Ardschuna, welches in anderen Stellen des Gedichtes noch
deutlicher hervortreten wird, in der Form einen entschieden christlichen Anstrich, der
von der Darstellung der philosophischen und theologischen Lehren in den älteren
Upanischads und Sutras vollständig verschieden ist. — Er geht nicht zur
Geburt (im Texte: nicht wieder zur Geburt) heisst: er wird von dem Gesetze der
Seelenwanderung befreit.

10   Frei von Begierde, Furcht und Zorn, mir ergeben, zu mir gewandt [12]),
Viele, durch Wissensbusse rein [13]), gingen in meine Wesenheit [14]).

---

12) *Manmajâ mâm upâsritâ.*   Schlegel: mei similes, me confisi. Thomson: devoted to me and taking refuge in me. Burnouf: devenus mes devots et mes croyants. *Manmajâ* heisst nach dem Lex. d. Petersb. Akad.: aus mir hervorgegangen, hervorgehend, was hier keinen Sinn giebt; nach Bopp (im Glossar.) mei devotus. Die Bedeutung des Ausdrucks wird offenbar durch das Folgende *mâm upâsritâ* erklärt, wörtlich: mich (um Hülfe) angegangen habend. Beide Ausdrücke schliessen den Begriff der persönlichen Verehrung, Ergebenheit und Hingabe (der *bhakti*) ein, von der selbst Lassen (Ind. Alterthumskunde Bd. II, S. 1099) zugiebt, dass sie „ein der älteren indischen Religion fremdes und erst unter den Sekten entstandenes Dogma ist,“ dessen Ursprung darin seine Erklärung finde, „dass einige Brahmanen in einem ihrem Vaterlande im N. W. gelegenen Lande das Christenthum kennen gelernt und einige christliche Lehren nach Indien gebracht haben.“ Dasselbe nimmt auch Weber an (Ind. Stud. Bd. II. p. 398 u. ff.).

13) Vergl. unten Sl. 19 und Sl. 38. Die Erkenntniss *(dschnâna)* hat nach der Lehre der indischen Philosophie eine reinigende Kraft, sie ist das höchste Mittel des Heiles, durch sie allein kann die endliche Befreiung bewirkt werden. Unter dieser *dschnâna* ist jedoch, wo ihr diese Kraft zugeschrieben wird, vor Allem die Erkenntniss Gottes, des Brahma, des höchsten Wesens, zu verstehen, welches freilich (in gewissem Sinne wenigstens) mit dem individuellen Geiste identificirt wird. Abgesehen von dem pantheistischen Irrthum, der sich damit verbindet, stimmt diese Anschauung ganz mit dem christlichen Glauben überein; denn auch Christus, der Herr, lehrt: „Das ist das ewige Leben, dass sie Dich erkennen, den einen wahren Gott“ (Joan. 17, 3). Die Inder scheinen aber das Wesen der ewigen Seligkeit (die visio beatifica) mit den Mitteln, sie zu erlangen, zu verwechseln. Während das Christenthum die Reinheit des Herzens als nothwendige Bedingung, um Gott schauen zu können, verlangt, will die indische Weisheit sich aus eigener Kraft, gewaltsam, mit Aufbietung aller Mittel der Abstraktion und Ascese, die bis zum somnambulen Hellsehen gesteigert werden, zu dieser Erkenntniss erschwingen, wobei sie der beklagenswerthesten Täuschung über das wahre Wesen der Gottheit unterliegt. Diese vermeintliche Erkenntniss *(dschnâna)* wird daher auch hier, wie an vielen anderen Stellen, Busse *(tapas)* genannt, und ihr unter allen Arten von Busswerken die erste Stelle eingeräumt. Das Wort *tapas* heisst in seiner Grundbedeutung: Gluth, Hitze, wobei man sowohl an die innere Andachtsgluth, die den Geist entzündet und zu der gewaltsamen Anstrengung treibt, als auch an die äussere Gluth und Hitze zu denken hat, welche eines der gebräuchlichsten Mittel der indischen Abtödtung und körperlichen Ascese bildet. So wird dem *Vanaprastha* (dem Brahmanen, der sich zur Uebung der Ascese in den Wald zurückgezogen hat) im Gesetze geboten: „In der Hitze sitze er, von fünf Feuern umgeben (viere rings um ihn, und die Sonne von Oben). . . . Das Feuer dann in seinen Geist emporgehoben habend, sei er nun ein Ohnefeuer, ein Ohnehaus, Wurzeln und Früchte essend. . . . Er sei ein Ohnemein, wohnend unter Bäumen“ (Manu VI, 23 u. ff.).

14) *Madbhâvam âgatâ.*   Schlegel: in meam essentiam transiere. Thomson:

11 Wie. diese mir sich wenden zu, so ehre ich sie auch alsdann[14]);
Es folgen meinen Wegen nach die Menschen, Pârtha, überall[16]).

12 Erfolg der Werke Wünschende bringen den Göttern Opfer dar;
Schnell in der Menschenwelt ja ist Erfolg, der aus dem Werk entsteht[17]).

---

enter my being; Burnouf: se sont unis à ma substance. Das Wort *bhâva*
(von *bhû*, sein) hat (nach Bopp im Glossar.) sechs verschiedene Bedeutungen:
1) existentia; 2) substantia; 3) status, conditio; 4) natura, indoles;
5) proprietas; 6) animus. Es ist also nicht unbedingt nöthig, hier an das *Nirvâna*,
das Aufgeben der persönlichen Existenz in Brahma, zu denken. Vergleiche unten
XIII, sl. 18.

15) Es ist unmöglich, hierin nicht wieder eine Nachahmung des Ausspruches Christi zu
zu finden (Joan. 14, 21): „Ὁ δὲ ἀγαπῶν με, ἀγαπηθήσεται ὑπὸ τοῦ πατρός μου·
καὶ ἐγὼ ἀγαπήσω αὐτόν;" und (namentlich mit Rücksicht auf den zweiten Vers der
Sloke) Joan. 12, 26: „Ἐὰν ἐμοὶ διακονῇ τις, ἐμοὶ ἀκολουθείτω· καὶ ὅπου εἰμὶ ἐγώ,
ἐκεῖ καὶ ὁ διάκονος ὁ ἐμὸς ἔσται· καὶ ἐάν τις ἐμοὶ διακονῇ, τιμήσει αὐτὸν ὁ πατήρ."
Das Wort *bhadsch* (wovon *bhakti* abgeleitet ist) heisst ebenso lieben, wie verehren;
colere, venerari, deditum esse, amare (Bopp. im Glossar.), ist also eine ganz
entsprechende Uebersetzung von dem Griechischen ἀγαπεῖν und τιμεῖν. Die zweite
hier citirte Stelle aus Johannes kann zugleich als Beweis dafür dienen, dass der
zweite Vers der Sloke (dem wir schon oben III, 28 begegnet sind) hier seine richtige Stelle hat, während er oben weniger zu passen scheint.

16) Thomson und Lassen bringen diese Worte mit dem unten (Les. IX. sl. 23) Gesagten
in Verbindung, so dass der Sinn sein würde: Obgleich die Menschen verschiedene
Götter unter den verschiedensten Formen verehren, verehren sie doch unter diesen
Formen, ohne es selbst zu wissen, nur mich, das eine, höchste Wesen. Ich halte
diese Erklärung nicht für nöthig, ja sogar für sinnstörend. Krischna spricht hier nur
von seinen eigenen, wahren Verehrern, wie in der vorhergehenden Sloke, und bemüht
sich, die Zahl derselben dem Ardschuna als sehr gross darzustellen. Mir scheint
hierin eine direkte Beziehung auf das Christenthum zu liegen, insofern die Brahmanen
im Christo, durch die Aehnlichkeit des Namens veranlasst, ihren Krischna wiederzufinden glaubten, gerade wie die Griechen überall ihren Herakles und Dionysius fanden
(Vergl. Weber Ind. Studien Bd. II. p. 398 u. ff.). Was im XII. Buch des Mahabharata von den Bewohnern Svetadvipa's erzählt wird, dass sie mit dem vorzüglichsten Glauben *(bhakti)* begabt waren, stimmt sehr gut zu dieser Annahme, wenn es
anders richtig ist, was kaum bezweifelt werden kann und auch von Weber angenommen wird, dass man bei der Sage vom Sveta an einen hervorragenden christlichen
Lehrer, vielleicht an eine syrisch-christliche Mission zu denken hat, deren Lehren von
indischen Schülern in brahmanisches Gewand gekleidet wurden, so dass vom Christenthum nur der Monotheismus übrig blieb (Vergl. Ind. Studien Bd. I. S. 421.).

17) Krischna stellt in dieser Sloke die Verehrung, welche anderen Göttern erwiesen wird,
der seinigen gegenüber, und belohnet sie als eine eigennützige, welche nur von

13 Die vier Kasten erschaffen sind von mir, nach Kraft und Werk
getheilt [18]);
Auch deren Schöpfer wisse mich, den Nichthandelnden, Ewigen[19]).
14 Die Werke nicht beflecken mich, nicht ist nach Werkesfrucht mir
Drang;

---

denen geübt wird, die von ihren Werken, den Opfern, die sie den Göttern darbringen,
zeitlichen Nutzen haben wollen. — Was *kschipram* (schnell) hier bedeuten soll, ist
nicht ganz klar. Thomson sucht es dadurch zu erklären, dass jede Gottheit für
einen besonderen Zweck, eine besondere Gabe um ihre Hilfe angefleht wird, welche
denen auch bald von Krischna selbst gewährt wird, deren Verehrung aufrichtig ist.
Doch diese Auffassung passt, wie oben schon angedeutet wurde, nicht zum Zusammenhange. Richtiger scheint es zu sein, mit Wilkins *kschipram* hier adjektivisch, nicht
adverbial, zu fassen und mit: etwas Schnelles, d. h. Vergängliches, Hinfälliges, zu
übersetzen. Im Ganzen scheint der Sinn zu sein: der Erfolg *(siddhi)* d. h. der irdische
Nutzen, der aus den Werken gewonnen wird, ist allerdings leicht und schnell zu
erreichen, ist aber auch ebenso hinfällig und vergänglich und kann überhaupt den
Vergleich mit Demjenigen, was Ich meinen Verehrern gewähre, die endliche Befreiung
nämlich, nicht aushalten.

18) Wie Krischna oben seine *Avatâras* sein göttliches Werk genannt, und die Kenntniss
derselben (sl. 9) als Bedingung zur Seligkeit bezeichnet hat, so schreibt er sich hier
auch die Institution der Kasten zu und macht die Erkenntniss dieser seiner Eigenschaft, dass er bei all' seinem Handeln eigentlich nicht handelt, zur Bedingung für
die Befreiung von den Banden der Handlungen (sl. 14). Er identificirt sich hier, wie
überall, mit Brahma selbst, dem im Gesetz des Manu die Schöpfung der vier Kasten
zugeschrieben wird (I, 31 u. 87 u. ff.). — *Gunakarmavibhâgasas* heisst wörtlich: je
nach den Antheilen der Gunas und der Werke. Nach indischer Anschauung sind die
drei Gunas (Eigenschaften, Kräfte der Natur) in verschiedener Weise in den Kasten
vorherrschend. Bei den Brahmanen herrscht das *Sattram* (Wesenheit) vor; bei den
Kschatrijas *sattva* und *radschas* (Leidenschaft); bei den Vaisjas *radschas* und *tamas*
(Finsterniss); bei den Sudras nur *tamas*. Auch die Werke sind den Kasten von
Brahma in verschiedener Weise zugetheilt. „Er, der Glanzvolle, um diese ganze
Schöpfung zu beschützen, setzte ein die besonderen Werke für die aus dem Munde,
den Armen, den Lenden und den Füssen Geborenen. Lehren und Lernen, Opfern für
sich und Andere, Geben und Empfangen, bestimmte er für die Brahmanen.
Beschützung der Unterthanen, Geben, Opfern, Lernen und Nichtanhänglichkeit an die
Gegenstände der Sinne und der Handlungen, bestimmte er für den Kschatrija.
Hütung der Heerden, Geben, Opfern und Lernen, Handel treiben, Geld auf Zinsen
legen, und den Ackerbau für den Vaisja. Ein einziges Werk bestimmte der Herr
dem Sudra: den Gehorsam ohne Unmuth gegen die übrigen Kasten" (Manu I, 87—91.).
Vergl. auch unten Les. XVIII. sl. 41—44.

19) In diesem Verse nennt sich Krischna in einem Athem *kartâram* (was man hier mit
Schöpfer übersetzen muss) und *akartâram*, Nichthandelnden. Der scheinbare Wider-

Wer mich als solchen erkennet, durch Werke nicht gebunden wird[20]).
15 So wissend, von den Alten ward das Werk gethan[21]) im Lösungs-
drang[22]);

---

spruch erklärt sich aus der Vorstellung, dass derjenige, welcher die Werke, ohne an ihrem Erfolge zu hängen, verrichtet, eigentlich nicht handelt, was unten sl. 20 ausdrücklich gelehrt wird. Wenn dies von den Menschen gilt, so gilt es umsomehr von der Gottheit, deren Handlungslosigkeit *(akartribhâva)* doch immer wieder, der alten indischen Lehre gemäss, hervorgehoben wird, wenn auch Krischna in sonst ungewöhnlicher, an christliche Ideen erinnernder Weise, von seinem „göttlichen Werke" spricht und selbst sein Handeln dem Ardschuna als Vorbild aufstellt (III. sl. 22 u. ff.).

20) Dieser Vers ist ein weiterer Beleg dafür, dass diejenige Erkenntniss, welche als ein Mittel zur Erlangung der endlichen Befreiung, der ewigen Seligkeit, betrachtet wird, nur die Erkenntniss Gottes in seiner wahren Natur und seinem wahren Wesen sei, wie oben (Anm. 13) schon bemerkt wurde. Nur dies ist die richtige Bedeutung der Dschnânajoga, wie sie in der Bh. G. und anderen mit ihr verwandten Urkunden gelehrt wird. So heisst es, hiermit übereinstimmend, in der Svetasvatara-Upanishad I, 11. (Bibl. Ind. vol. XV. p. 50): „By knowlegde of god (deva) all the bonds are destroyed; birth and death cease with a decrease of pain of every kind. By the meditation on him the third state, whose power equals the universe, is obtained at the separation from the body. By the meditation upon Brahma in his own independent nature a person obtains all desires."

21) Zu *evam dschndtva* (so wissend) ist offenbar mich zu ergänzen mit Rücksicht auf das im vorigen Verse Gesagte: *iti mâm jo 'bhidschânâti.* Diese Auffassung scheint mir durch den Zusammenhang geboten und zugleich die einfachste und natürlichste zu sein. Bei jeder anderen entstehen aus der Bedeutung des *evam* (so) Schwierigkeiten. Schlegel übersetzt: Sic statuto, wobei er dem Worte *dschndtva* eine ihm sonst fremde Nebenbedeutung geben muss. Thomson übersetzt: Knowing it to be thus, und ist geneigt das *evam* auf das in sl. 13 über die Kasten Gesagte zu beziehen, indem er sl. 14 als eine Parenthese auffasst. Burnouf fasst, von allen Anderen abweichend, beide Verse der Sloke nur als einen Satz und übersetzt: „Sachant donc que d'antiques sages desireux de la delivrance ont accompli leur oeuvre, toi aussi accompli l'oeuvre que ces sages ont accomplie autrefois." Da aber Krischna oben bereits gesagt hat, dass er selbst schon den Alten, (unter denen die sl. 1. und 2. erwähnten Persönlichkeiten, die Radscharschis, zu verstehen sind) die Jogalehre offenbart hat, so hat er ihnen ebendadurch auch die Kenntniss seiner selbst mitgetheilt, und es darf nicht befremden, wenn er hier behauptet, dass diese Alten schon ihn so erkannt haben, wie es, um zur endlichen Befreiung zu gelangen, nöthig ist.

22) *Mumukschubis,* wörtlich von den nach Befreiung Verlangenden. Dieser heftige Drang nach Befreiung, der hier durch das Desiderativum ausgedrückt wird, ist für die alten indischen Weisen, wie sie überall geschildert werden, charakteristisch, und war der Grund der erstaunlichen und langwierigen Busswerke (tapas), welche von ihnen

Drum thu' das Werk auch Du, das einst auch von den Alten ward
gethan [23]).

16 Was Werk, was Nichtwerk, dieses bringt die Dichter in Verwirrung selbst [24]);

---

berichtet werden. „Es liegt (sagt Windischmann l. c. S. 574) über den strengen
Geistesakten dieser Art, sowie über diesem ganzen contemplativen und aktiven Verhältniss zu Gott und jedem Ausdruck der inneren Gesinnung der Heiligen der Vorwelt, ein tiefer, man darf sagen, ein tragischer Ernst. . . . Die ganze Existenz wird
als eine Gott zu weihende, ihm zu versöhnende geachtet, die Fortdauer der Welt ist
nur durch Opfer zu erkaufen." Ferner ibid. S. 684 u. ff.: „Der Zustand nicht bloss
der Sammlung des Gemüthes und der ernsten Selbstverläugnung, die tiefe Abstraktion
und gänzliche Entrückung von der Erde in eine ekstatische Contemplation und ver-
meinte Anschauung Gottes, das Gewinnenwollen einer absoluten Erkenntniss des Ewigen und einer schrankenlosen Macht über alle Creaturen — alle diese Züge lassen uns
schon die Einmischung des subjektiven Willens in die ernste Betrachtung des Unglücks
der Welt und in das reine Verlangen nach der Wiedervereinigung mit Gott erkennen. . . .
Jene Wehklagen über den Abfall von Gott, hervorgedrängt aus der bewegten Brust
durch eigene Erfahrung, sowie durch alte Erinnerung und auch wohl durch Geistes-
blicke in die Zeiten der Urwelt, kommen auch hier vor und ihr Ton ist schmerzlicher
als irgendwo; aber es ist nicht der Ton demuthvoller Hoffnung auf göttliche Ver-
heissungen, sondern, wenn sich die Klage durch alle Modulationen des Schmerzge-
fühles über die Entfernung der Creaturen von Gott hindurchgerungen hat, wenn das
Bewusstsein von dieser Entfernung durch alle ihre Grade von übriggebliebenem Abglanz
des göttlichen Lichtes bis in die Abgründe der Finsterniss ausgemalt ist, dann ima-
ginirt sich dem betrachtenden Geist eine der unabsehlichen Entfernung angemessene,
unabsehliche Vorstellung von der Rückkehr und der allmählichen Näherung der
Geister durch alle Stufen ihrer seelischen Wanderungen, und es entzündet sich
das Verlangen, Gott wieder anzuschauen, auf's heftigste, es wird zum entschie-
denen Willen entflammt, sich durch die äusserste Anstrengung des Geistes,
durch Verzehrung und Zerstörung des irdischen Leibes und Lebens im Feuer der
Abstraktion und Concentration des Geistes, mit Gewalt in diese unmittelbare Anschauung zu versetzen, und in dieser Gluth der Bussandacht die Sünden des vorhergehenden Lebens mit einmal zu verbrennen, auch wohl durch diese Fülle, diesen Ueberfluss der Busse dem Himmel Gewalt anzuthun, dass er, bewogen durch das
hohe Verdienst, die Wege der Wanderung für die den Büssern anvertrauten Seelen
abkürze."

23) Unter diesem Werke *(karma)* kann sowohl das Handeln überhaupt, als auch, wie
  Thomson will, das Werk, welches Ardschuna eben vorhat, der Kampf, verstanden
  werden; denn diese Alten, von denen hier die Rede ist, die oben genannten Radscharschis, waren Könige und Krieger, die durch ihre Kaste zum Kampfe berufen waren
  und denselben mit ihrer Busse zu vereinigen wussten.

24) Dichter *(Kavjas)* heissen die Weisen, Philosophen, welche ihre Weisheit schriftlich
  niedergelegt haben, was in Indien fast immer in gebundener Rede geschah. Der

Das Werk will ich dir sagen, das du kennend wirst vom Uebel
frei[25]).

17 Denn zu beachten ist das Werk und das Ablassen auch vom Werk[26]),
Nichtwerk auch zu beachten ist; verborgen ist des Werkes Gang[27]).

18 Wer Nichtwerk in dem Werke sieht und im Nichtwerke sieht das
Werk,

Der unter Menschen weise ist, vertieft, zu jedem Werk geschickt[28]).

Verfasser der Bhagavad-Gita selbst, übrigens ein wahrer Dichter im strengsten Sinne
des Wortes, ist ein solcher Kavi. — Dieser Vers dient zur Bestättigung der oben
schon ausgesprochenen Ansicht, dass in der Bh. G. über den Begriff des Werkes
(karma) eine neue, der altindischen Vorstellung fremde, dem Christenthum zum Theil
entlehnte Ansicht vorgetragen wird, welche der Verfasser geschickt mit den alten
Vorstellungen zu verbinden weiss. Durch diese Worte soll der Widerspruch möglichst
verhüllt und der neuen Lehre Eingang verschafft werden.

25) Möglicher Weise liegt in diesen Worten ein Anklang an Luc. 10, 25. 28: „Διδάσκαλε,
τί ποιήσας ζωὴν αἰώνιον κληρονομήσω;" „τοῦτο ποίει, καὶ ζήσῃ."

26) *Vikarman* heisst (nach Bopp im Gloss.): secessio ab opere. Demgemäss übersetzte Schlegel: Attendendum est ad secessionem ab opere, und Burnouf:
la cessation. Lassen dagegen übersetzt, Schlegel verbessernd, in der zweiten,
von ihm besorgten Ausgabe: ad opus haud rite imponsum, und ihm folgend,
Thomson: forbidden action. Mit Rücksicht auf das unten (XVIII. sl. 3) Gesagte,
wo von den zu unterlassenden und nicht zu unterlassenden Werken die Rede ist, scheint
mir die erstere Auffassung den Vorzug zu verdienen. *Vikarma* würde sich dann von
akarma (Nichtwerk) insofern unterscheiden, dass bei dem ersteren eine wenigstens nega-
tive Thätigkeit, die des freiwilligen, bewussten Unterlassens, bei dem letzteren gänzliche
Unthätigkeit und Passivität stattfindet. — Wie Lassen bemerkt, sind die drei Genitive
(karmanas, vikarmanas, und akarmanas) nicht von dem Verbum b*ddharjam*, sondern
von einem zu ergänzenden *tattram* (Natur, Wesenheit) abhängig.

27) *Gati*, wörtlich Gang, heisst auch Zustand, Lage, Verhältniss, Wesen. Schlegel:
obscura est operis ratio. Burnouf: La marche de l'acte est difficile à
saisir.

28) Die diesen Worten zu Grunde liegende Idee, durch welche sie ihre Erklärung finden,
ist oben (III. sl. 27 und 28) schon ausgesprochen. Der Bhag. G. eigenthümlich ist
die praktische Richtung, welche die in ihr vorgetragenen philosophischen Lehren
immer nehmen. Wenn das in gewissem Sinne von der gesammten indischen Philosophie gilt, da ihr die Erkenntniss stets nur als Mittel zum Zweck, zur endlichen Befreiung vom Gesetz der Seelenwanderung d. h. zur ewigen Seligkeit dient, so unterscheidet sich doch die Bh. G. wesentlich dadurch von den anderen Systemen, dass
sie ihre Lehren mit den Bedürfnissen und Pflichten des praktischen Lebens, wie das
Christenthum, zu vereinigen sucht, und die unpraktischen Consequenzen, die daraus
gezogen werden können, stets zu beseitigen bemüht ist. In dieser Beziehung ist auch

19 Wessen all' Unternehmen bleibt verlassen von der Neigung Rath,
   Wess' Werk Erkenntnissfeu'r[29]) verzehrt, verständig nennen
                                  Weise den.

20 An Werkesfrucht nicht hängend, stets erfreut und hülfsbedürftig[30])
                                     nicht,
   Thut der, ob in dem Werke auch er sich beschäftigt, dennoch nichts.

21 Hoffnungslos, sein Denken zähmend, verlassend jeglichen Besitz[31]),
   Körperlich nur das Werk thuend[32]), erwirbt er kein Verschulden
                                     sich.

22 Mit dem, was sich von selbst ihm giebt, zufrieden, ohne Zwist[33])
                                  und Neid,
   Gleich bei Erfolg und Misserfolg, bindet er, handelnd auch, sich
                                  nicht[34]).

---

eine innere Verwandschaft mit Seneca vorhanden, demjenigen unter den Philosophen des klassischen Alterthums, von dem es mehr als wahrscheinlich ist, dass er die Lehren des Christenthums gekannt und in seinen Schriften verwerthet hat.

29) Vergl. unten sl. 37. Das Bild scheint vom Opfer hergenommen zu sein. Die Erkenntniss *(dschnána)* ist das Feuer *(agni)*, in welchem alle Werke gereinigt und in gewissem Sinne geopfert werden.

30) *Nirásraja:*, wörtlich: ohne Hülfe, Zuflucht (die er nicht bedarf). Schlegel: non egens patrocinio; Thomson: independent; Burnouf (abweichend) exempt d'envie. Der Sinn ist: er genügt sich selbst und ist nicht von der Aussenwelt abhängig.

31) Verlassend d. h. nicht daran hängend. Vergl. Luc. 14, 33: „Ὅς οὐκ ἀποτάσσεται πᾶσι τοῖς ἑαυτοῦ ὑπάρχουσι, οὐ δύναταί μου εἶναι μαθητής." — Hoffnungslos *(nirásir)* bedeutet hier: ohne von dem Erfolge der Handlungen etwas zu erwarten.

32) *Sáriram kevalam karma kurran.* Wörtlich: als körperliches alles Werk thuend. Schlegel: corporali dumtaxat ministerio opus peragens. Thomson: who renders his actions merely corporal. Burnouf: n'accomplissant son oeuvre qu'avec le corps. Der Sinn ist: der Geist ist blosser Zuschauer, und nur die Natur handelt.

33) *Dvandva* übersetze ich hier mit Zwist, welches deutsche Wort dem Sanskritausdruck (von *dva*, zwei, abgeleitet) etymologisch vollkommen entspricht. Nach Bopp (Gloss.) heisst dieses Wort ausser duplicitas (seiner Grundbedeutung) auch rixa, lis, altercatio, certamen. Hier ist der innere Zwiespalt gemeint, der aus dem Kampfe der Leidenschaft mit der Vernunft entsteht, wenn die erstere noch nicht besiegt ist. Burnouf übersetzt: supérieur à l'amour et à la haine.

34) D. h. er unterliegt nicht den, die endliche Befreiung verhindernden Folgen, welche die Handlungen nach sich ziehen, wenn sie ohne jenen Gleichmuth unternommen werden, der sie allein ihres befleckenden und die Auflösung in Brahma retardirenden Charakters beraubt. (Vergl. II. Anm. 20.)

23 Wer ohne Hang, vertieft[35]), in der Erkenntniss mit dem Geiste bleibt,
Sich zum Opfer hat hingewandt[36]), dem schwindet alles Werk
dahin[37]).

24 Brahma ist Gabe, Brahma Fett[38]), Brahma im Feu'r, durch ihn's
Geschenk[39]);
Zu Brahma wird auch jener gehn, der handelnd nur an Brahma
denkt[40]).

35) Ich halte die von Thomson vorgeschlagene Conjektur, hier *juktasja* anstatt *muktasja* zu lesen, für vollkommen begründet. *Mukta*, befreit, bedeutet in der philosophischen Sprache: von den Banden des Körpers, dem Gesetz der Seelenwanderung, befreit, erlöst, also an dem Ziel angekommen, welches alle Philosophie und Ascese sich als letztes und höchstes gesetzt hat. Diese Bedeutung würde aber hier offenbar unzulässig sein, wogegen *jukta*, vertieft, vollkommen passend ist und einen sehr guten Sinn giebt. Wenn man bedenkt, wie wenig sich das m und j im Sanscrit-Alphabet unterscheidet, und wie leicht hier eine Verwechslung möglich ist, dann muss man Thomson gewiss Recht geben, wenn er sagt: „When the sense is so materially improved by so slight a change as that of a y for a m, i do not hesitate to adopt it"

36) Der Begriff Opfer ist hier in geistigem, übertragenen Sinne zu fassen. Von welcher Art das Opfer sei, von dem hier die Rede ist, wird unten Sl. 25—30 auseinandergesetzt. Vergl. auch oben Sl. 19, wo vom Erkenntnissfeuer die Rede ist, offenbar mit Beziehung auf dieses geistige Opfer.

37) D. h. er handelt, auch wenn er handelt, eigentlich nicht, und nimmt an der ewigen Ruhe der Gottheit, des Brahma, Theil.

38) *Haris*, gereinigte Butter, welche in das Opferfeuer geworfen wird.

39) *Hutam* d. h. die Opfergabe, das Opfer.

40) Der Sinn dieser Sloke und ihr Zusammenhang mit dem Vorhergehenden liegt nicht gerade auf der Hand, und bedarf wohl einer Erklärung, obgleich weder Thomson noch Lassen etwas darüber sagen. Der Schlüssel zum Verständniss scheint mir in demjenigen zu liegen, was oben (III, Anm. 13) über das Opfer Brahma's, auf welchem die Schöpfung und die Existenz der Welt beruht, gesagt wurde. Wer mit diesem Opfer, wie in der vorhergehenden Sloke angedeutet ist, in geistiger Weise sich vereinigt, indem er seine Handlungen in dem Feuer der Erkenntniss opfert, der nimmt selbst Theil an Brahma's Opfer, wird durch dieses Opfer selbst zu Brahma, der ja in allen Gegenständen als ihre innerste Substanz vorhanden ist. Die Erklärung, welche Thomson von dem letzten Verse giebt: „Since the Supreme Spirit exists in every action and every thing, the man who recognizes him in every thing and has him as his sole object in his every action, attains to him," lässt die Beziehung der ganzen Stelle zum Begriffe des Opfers, welche offenbar wesentlich ist, ganz beiseite und genügt daher nicht, um den Zusammenhang klar zu machen. — Bei den vielfachen Spuren einer Amalgamirung christlicher Ideen mit

25 Dem Götteropfer liegen ob die Einen der Vertieften wohl[41]);
     Im Brahmafeu'r das Opfer dann durch Opfer Andre opfern auf[42]).

26 Gehör und Sinne Andre dann im Bänd'gungfeuer opfern auf;
     Töne und sinnlich Ding Andre in Sinnenfeuern opfern auf[43]).

---

indischen, philosophisch-pantheistischen Vorstellungen, denen wir in der Bh. G. begegnen, bin ich sogar geneigt, auch in dieser Stelle einen Anklang an die christliche
Lehre wieder zu finden, dass sich der Mensch selbst zum Opfer bringen müsse, um
an dem grossen Opfer Christi wahrhaft theilzunehmen. Man vergleiche die Stellen:
Röm. 12, 1: „Παρακαλῶ οὖν ὑμᾶς, παρασιῆσαι τὰ σώματα ὑμῶν θυσίαν ζῶσαν,
ἁγίαν, εὐάρεστον τῷ Θεῷ, τὴν λογικὴν λατρείαν ὑμῶν." Ferner Ephes. 5, 2:
„Περιπατεῖτε ἐν ἀγάπη, καθὼς καὶ ὁ Χριστὸς ἠγάπησεν ἡμᾶς καὶ παρέδωκεν ἑαυτὸν
ὑπὲρ ἡμῶν προσφορὰν καὶ θυσίαν τῷ Θεῷ." 1. Petr. 2, 5: „Καὶ αὐτοὶ ἱεράτευμα
ἅγιον, ἀνενέγκαι πνευματικὰς θυσίας." Hebr. 13, 15: Δι αὐτοῦ οὖν ἀναφέρω-
μεν θυσίαν αἰνέσεως διαπαντὸς τῷ Θεῷ." Da das Opfer überhaupt im Brahmanischen
Religionssystem eine so hervorragende Rolle spielt, so lag es besonders nahe, an verwandte christliche Ideen anzuknüpfen, um dieselben mit indischen Vorstellungen in
Uebereinstimmung zu bringen.

41) *Daivam jadschnam*, d. i. das Opfer, welches den **Devas**, dem **Indra**, **Varuna**,
Agni, wie es in den Veden vorgeschrieben ist, dargebracht wird. Insofern dieses
Opfer in der rechten Gesinnung, d. h. ohne selbstische Interessen und mit der Erkenntniss, dass auch in diesen niederen Göttern Brahma ist, dargebracht wird, ist auch ein
solches Opfer des Vertieften nicht unwürdig.

42) **Schlegel** übersetzt diesen Vers: In theologiae igne alii religionem ipsa
religione denuo sacrificant. **Thomson**: Others offer sacrifice by the
action of worship only in the fire of the Supreme Being. **Burnouf**:
D'autres, dans le feu brahmanique, offrent le sacrifice par le moyen
du sacrifice lui-même. **Thomson** erklärt den Sinn, indem er sagt: „Hier sind
jene erwähnt, welche, den eingeführten Opferritus aufgebend, ein geistiges Opfer darbringen, wobei jene Riten selbst die Opfergabe bilden, welche durch die Verehrung
des höchsten Wesens verzehrt wird, indem dieses selbst das Opferfeuer wird." Unter
dem Brahmafeuer, von dem hier die Rede ist, dürfen wir wohl dasselbe verstehen,
was oben (sl. 19) Erkenntnissfeuer genannt wird, denn das wahre und einzige
Objekt dieser Erkenntniss ist Brahma (Vergl. auch Hebr. 12, 29: „Καὶ γὰρ ὁ Θεὸς
ἡμῶν πῦρ καταναλίσκον."). — Eine ganz ähnliche Stelle kommt im Gesetzbuch des
Manu vor, IV, 22—25: „Einige, wohl kundig des Opferritus, nicht wünschend die fünf
grossen Opfer zu feiern, opfern immer in ihren Sinnen (durch Zucht und Anhalten
derselben). Einige opfern den Athem und die Stimme, den Athem beim Unterricht
und bei den Lobpreisungen Brahmas, die Stimme beim Stillschweigen und Nachdenken; sie sehen und geniessen (bei diesem Verfahren) in dem Athem und in der
Stimme die unvergängliche Frucht des Opfers. Andere Brahmanen opfern durch
die Erkenntniss, indem sie durch das Auge der Erkenntniss sehen, dass die Verrichtung jedes Opfers in der Erkenntniss ihre Wurzeln hat."

43) **Lassen** bemerkt in den Annotationes zu dieser Stelle: „Omnes res, quibus frui

27 Und alle Sinneswerke dann und Athemswerke Andre auch
Opfern im Selbstbezähmungsfeu'r, das durch Erkenntniss ist ent-
brannt[44]).

28 Reichthumsopfrer, Busswerkopfrer, Vertiefungsopfrer Andre sind,
Stiller Lesung, Erkenntniss auch[45]), sich mäss'gend, im Gelübde
fest[46]).

---

naturae jure licitum foret, a quibus tamen numinis colendi gratia quis
abstinet, omnes conatus eodem consilio suscepti, sacrificii loco haben-
tur. Porro quaelibet facultas mentis corporisque, cujus ope aliquid constanter aut omittitur, aut peragitur, cum igne sacro comparatur." Den
Unterschied zwischen den beiden, in dieser Sloke erwähnten Klassen von Opferern
erklärt Thomson folgendermassen: „Diejenigen, welche, die Welt verlassend, sich
in den Wald zurückziehen, wo ihre Sinne nicht durch äussere Objekte angereizt
werden, opfern die Sinne durch solche ascetische Zurückgezogenheit *(sanjama)*, die
das Feuer ist, welches die Sinne verzehrt, indem es sie der durch die Sinne vermit-
telten Genüsse beraubt. Jene aber, die in der Welt bleiben und durch die Objekte
der Sinne (wie Musik u. dergl.) angereizt werden, opfern dieselben durch die vollkommne Herrschaft über sich selbst, die ihren Einfluss zerstört. Hier sind die Objekte
der Sinne das Opfer und die Sinne selbst das Opferfeuer."

44) Hier sind die eigentlichen Jogi's gemeint, die nicht nur ein ascetisches Einsiedler-
leben führen, sondern auch in demselben zur wirklichen inneren Vertiefung und zur
höchsten Erkenntniss des Brahma gelangt sind durch jene *dschânajoga*, welche noch
über der dem Ardschuna empfohlenen *karmajoga* steht. *Indrijakarmâni* (Sinneswerke)
sind die Akte und Funktionen der sogenannten Handlungssinne (*Karmendrija*) von
denen oben (III, Anm. 8) die Rede war. *Prânakarmâni* (Lebenshauches-werke) sind
die Funktionen der sogenannten *prânasjâjatanâni* (Wohnungen des Athems), als welche
im Gesetzbuch des Jadschnavalkja (III, 93) aufgeführt werden: „der Nabel, die
Lebenskraft, der After, der Samen, das Blut und die beiden Stirnknochen, der Kopf,
die Achseln, der Hals und das Herz. Da diese *prânasjâjatanâni* bei Jadschnavalkja unmittelbar nach den *Karmendrijani* aufgezählt werden, so ist es mehr als
wahrscheinlich, dass man hier die *prânakarmâni*, welche in Verbindung mit den *indrijakarmâni* genannt werden, auf eben diese *prânasjâjatanâni* zu beziehen hat. —
Atmasanjamajogâgnau, wörtlich im Feuer der Joga der Selbstbezähmung. Indem die
Funktionen der Handlungssinne und Athemswohnungen unterdrückt werden, bilden
dieselben ein Opfer, das in dem Feuer der Joga und Enthaltsamkeit verzehrt wird,
welches selbst durch das Mittel der Erkenntniss angezündet worden (Eine ganz ähnliche Stelle findet sich Manu IV, 23—24.).

45) Die hier genannten Gegenstände, welche als Objekte des Opfers bezeichnet werden,
sollen keinen Gegensatz zu den im Vorhergehenden Genannten bilden, sondern sind
nur eine Spezification oder Exemplification dessen, was in den schon erwähnten Opfern
enthalten ist. Lassen bemerkt: „Ludit argutius et luxuriat poeta in qui-
busdam, quae non nimis urgere oportet." — Reichthumsopferer sind die-

29 Im Aushauch Einhauch opfern sie, im Einhauch Aushauch Andre
dann,

Ein - und Aushauchsweg verschliessend, um Athemsbändigung
bemüht[47]).

---

jenigen, welche, wie Thomson erklärt: „Give away all that they possess,
and impose poverty on themselves." Dem *Vanaprastha* (dem Brahmanen, der
sich in den Wald zurückzieht) wird im Gesetze des Manu (VI, 3. 4) vorgeschrieben:
„Alles lasse er zurück; nur geweihtes Feuer und Opfergeräthe nehme er mit."
Busswerkopfrer *(tapojadschnâ)* sind Alle, die nach dem Vorbilde der alten Rischis
sich freiwilligen Abtödtungen und Mortificationen unterziehen (vergl. oben Anm. 13).
Vertiefungsopfrer *(jogajadschnâ)* sind Alle, welche nach der Vereinigung mit
Brahma streben, sei es durch Dschnânajoga oder Karmajoga. Stille Lesung
(svâdhjâja, i. e. tacita vel susurrans lectio Vedorum) opfern diejenigen, welche
sich dieser Uebung hingeben, wie sie bei Manu (IV, 95 u. ff.) in Bezug auf Zeit,
Ort, Art des Vortrages und der Aussprache, Accentuation u. s. w. gesetzlich bestimmt
und bis ins Kleinste geregelt ist. Erkenntniss *(dschnâna)* wird von Denen geopfert,
welche dieses höchste und vortrefflichste aller Reinigungsmittel (vergl. unten sl. 33
und 38) anwenden.

46) *Sansitavrata* kann heissen: vollkommen im Gelübde (propositi tenaces), wie es
Schlegel in der ersten Ausgabe übersetzt, oder: ein vollkommenes d. h. strenges
Gelübde gemacht habend (votis austeris sese obstringentes), wie Lassen in
der zweiten Ausgabe verbessert hat. Ich ziehe die erstere Bedeutung vor, und finde
in diesen letzten Worten die Andeutung, dass die Beständigkeit in der Ausführung
nothwendig zum Wesen dieser Opfer gehöre.

47) Vergl. unten Les. V. sl. 27. Die *prânajâma* (Athemsbändigung) ist eines der wichtigsten, von Patandschali vorgeschriebenen Exercitien, um zur vollkommnen Vertiefung zu gelangen. Sie besteht darin, dass das rechte Nasenloch mit dem Daumen
geschlossen, und durch das linke eingeathmet wird; dann werden beide Nasenlöcher
geschlossen, und endlich wird das rechte zum Ausathmen geöffnet. Dabei soll der
Geist beständig auf die Gottheit gerichtet sein. Diese Praxis scheint nicht bloss ein
mechanisches Mittel zu sein, um zu jener Concentration des Geistes zu verhelfen, aus
der sich zuletzt somnambüle Zustände und die magnetische Ekstase entwickeln kann,
sondern sie beruht, wie H. Windischmann (l. c. S. 1343 u. ff.) nachgewiesen hat,
auf einer eigenthümlichen Vorstellung von der Bedeutung und der Kraft des *prâna*
(Lebenshauches), die in mehreren Upanischad's und auch im Gesetzbuch des
Manu (XII, 120—125) gelehrt wird, wobei, wie es scheint, oft eine Verwechslung
des *prâna* (Hauches) mit *âtma* (der Seele selbst) stattfindet. *Prâna* ist der Hauch
des belebenden Geistes, der Athem des Lebens, durch dessen Mittheilung der Mensch
zur lebendigen Seele wurde. So heisst es in der Kauschitaki-Brahmana-Upa-
nischad: „Jener Prana, den Körper erfasst habend, hält ihn aufrecht. Deswegen
möge man ihn verehren. . . . So lange in diesem Leib der Prana wohnt, so lange
ist das Leben" (bei Windischmann l. c.). Eine Hymne des Rig-Veda sagt

30 Andre versagend Nahrung sich, Leben im Leben opfern auf").

(ibid.): „So lange Prana (als Hervorhauch und Aushauch) mit dem Apana (dem Ein- und Abhauch) verbunden ist, geht er nicht weg. Die ganze Welt wird gehegt in diesem Lebenshauch. Mittelst seiner wird das Wort des Veda im Herzen bewahrt. Möge er nicht entweichen!" „So (sagt eine andere Hymne), muss Prána betrachtet werden, wie die Sonne, ruhig und bewegt. Er geht aus vom Geist (átma) als dessen leuchtender Schatten. Er begleitet den Geist in den Leib als erwärmender Feuerhauch (Vaisranara, die animalische Wärme) und belebt ihn hundert Jahre. Möge er rein bewahrt werden und das Herz im leuchtenden Prána zur Erkenntniss gelangen." Es kommt demnach Alles darauf an, dass der Prána bewahrt und gesammelt werde, dass er nicht verwehe. „Dieses (sagt Gautama zu Sanatsadschata, der ihn um den Weg der Erkenntniss und Befreiung fragt), dieses ist das Geheimniss und der Schatz der Wissenschaft: Der Hauch geht ein und aus; wer ihn kennt, gewinnt in dieser Welt die grössten Güter, in jener die volle Befreiung und Seligkeit (ibid.). Um ihn zu erkennen, wird die Unterdrückung der äusseren und inneren Sinne gefordert. So lange der Mensch der sinnlichen Lust und der Begierde anhängt, oder bloss den äusseren Werken fröhnt, strömt der Prána aus und ein, das Leben zerstreut sich und schwindet; denn es kommt und geht mit dem Hauch. Wer also diesen, den lebendigen, Alles durchdringenden, Alles erhaltenden, nicht hegt und bewahrt, wer diesen Prána ein und aushaucht, ohne dessen Mitte und innere Vereinigung zu suchen und festzuhalten (was eben durch die Uebung der pránajáma bezweckt wird), der gelangt niemals zur Erkenntniss seines wesentlichen Selbst's (átma). Nach dem alten Glauben der Brahmanen ist es eben der kataleptische, ekstatische, das Leben in sich selbst concentrirende oder verschliessende Zustand des Menschen, und nicht minder auch der Zustand des tiefen Schlafes, in welchem die Pránas sich in jener Mitte und inneren Vereinigung befinden, und alle Sinne und Aktionen in das Herz (manas) eingegangen sind. Dieser Glaube wird durch die Erfahrung aller Zeiten und durch die Beobachtung solcher Personen, die sich in magnetischen Zuständen befinden, vielfach bestättigt und erläutert. Es ist Thatsache, dass im magnetischen Schlaf das Bedürfniss des äusseren Verkehres nachlässt; der Athem geht leise, Hunger und Durst schweigen, die Ab- und Aussonderungen lassen nach, ja verschwinden gänzlich, während das Leben innerlich um das Herz und die Herzgrube sich sammelt und ein leuchtendes, den magischergriffenen Personen sichtbares Pneuma (Lebensäther, Nervengeist u s. w. in neuerer Zeit genannt) hier zusammenfluthet, welches von da aus dann in allen Richtungen, am reinsten aber in der Richtung nach Oben, nach der Kehle und dem Halse, und durch das Gehirn bis zum Scheitel strömt. In diesem inneren Licht wird dann, wie die Upanischad's lehren, von denjenigen, welche ihre Sinne bändigen und ihren Prána zusammenhalten, Alles gesehen, was von der Intention des Manas ergriffen, womit das Herz in die Joga (Einigung) eingegangen ist. „Einer solchen Person" (heisst es in der Dschabala-Upanischad) wird Alles offenbar im Herzen: vom Auge her die Sonne, vom Ohr her der Aether, vom Mund und der Nase her der allverbreitete Prána, von den inneren Strömungen desselben der Wind, von den Säften

Die Alle opferkundig sind, durch Opfer tilgend Sündenschuld[49]).
31 Die Opferrest's Ambrosia essen[50]), ins ew'ge Brahma[51]) geh'n. ·

des Leibes her die Gewässer, von der ruhenden (festen) Gestalt des Leibes her (den Knochen) die Erde. Dies Alles spiegelt sich ab im M a n a s, und d e r in der Höhle (des Herzens), der P u r u ç c h a, erblickt es in diesem Spiegel und das anfangs mondhelle Licht in der Höhle steigt allmählich bis zu einem Glanz, welcher den Glanz der Sonne hundertmal, und hundertmal hundertmal übertrifft" (bei W i n d i s c h m a n n l. c.). — Wir erkennen hierin die natürliche, von den Brahmanen wohlgekannte Grundlage alles Hellsehens, aller ausserordentlichen magnetischen und mystischen Erscheinungen. Es genügt daher nicht, zur Erklärung solcher Stellen, wie die vorliegende, diese sonderbaren Uebungen bloss als einen lächerlichen Aberglauben zu bezeichnen, oder mit C o l e b r o o k e alles Derartige für fanatischen Mysticismus zu erklären; sondern man muss vorurtheilsfrei jene natürlichen Wahrheiten und Thatsachen zu ermitteln suchen, welche den Schlüssel zur Erklärung aller dieser Excentricitäten und Verirrungen des Geistes darbieten, der aber Denjenigen vollständig fehlt, welche in allen magnetischen und mystischen Erscheinungen nichts Anderes als Betrug und Selbsttäuschung sehen wollen.

48) *Prânân prâneschu dschuhvati* übersetzt T h o m s o n: s a c r i f i c e l i f e i n t h e i r l i f e. B u r n o u f: o f f r e n t l e s c h o s e s m ê m e s d e l a v i e d a n s l e s a c r i f i c e q u ' i l s e n f o n t. *Prâna* hat, im Plural gebraucht, immer die Bedeutung L e b e n. Der Sinn ist: Durch Entziehung der Nahrung werden sie, obgleich lebend, fast leblos; sie bringen also ihr Leben, selbst noch lebend, zum Opfer.

49) Die sündentilgende Kraft, welche dem Opfer und den ascetischen Uebungen innewohnt, wird schon in den ältesten indischen Urkunden hervorgehoben und darf nicht als eine dem Christenthum entnommene Vorstellung betrachtet werden. Jede Verschuldung, namentlich die der sinnlichen Lust, der auch die alten Rischis zuweilen unterliegen, muss durch langwierige Busse *(tapas)* gesühnt werden, und diese besitzt die Kraft, ihnen die verlorene Heiligkeit, oft in noch höherem Masse, wieder zu erwerben. Sie kann sogar dem Himmel Gewalt anthun und die Götter zittern machen, wie die im *Ramâjana* erzählte Geschichte des *Visvamitra* beweist.

50) Wörtlich: Die das vom Opfer übrig gebliebene Unsterbliche *(Amrita)* essen, oder: die den unsterblichen Opferrest essen. Richtiger ist wohl, unter *Amrita* hier den Trank der Unsterblichkeit, Lebensessenz, ἀμβροσία, zu verstehen, von dessen Entstehung oben (III, Anm. 15) die Rede war. T h o m s o n scheint den Sinn richtig aufzufassen, wenn er erklärt: „Wie es oben hiess (III, 12), derjenige sei ein Dieb, welcher isst, ohne zu opfern, so isst derjenige, welcher geniesst, was vom Opfer übrig bleibt, Ambrosia, denn es sichert ihm das ewige Leben. Dies bezieht sich aber nicht bloss einfach auf die wirkliche Speise, welche vom Opfer übrig bleibt, sondern auf jenen Zustand des Lebens, den ein Frommer geniesst, nachdem er die oben erwähnten Opfer dargebracht hat." Jedenfalls liegt hier eine kühne poetische Metapher vor, welche die Wirksamkeit und den Nutzen der verschiedenartigen geistigen Opfer aussprechen soll unter einem Bilde, das dem gewöhnlichen Opferritus entnommen ist und

Nicht einmal diese Welt ist für Nichtopfrer; wie die andre gar⁵²)?
32 So vielgestalt'ge Opfer sind gelegt vor Brahmas Angesicht⁵³).

─ ·· ──

hinter welchem sich der tiefere Sinn (vielleicht nicht ohne Absicht) zu verbergen
scheint. — Etwas kühn, aber nicht ohne Anhaltspunkt, wäre die Conjektur, in diesen
Worten eine Anspielung auf die Stelle bei Joan. 6, 51 zu finden: „Ἐάν τις φάγῃ ἐκ
τούτου τοῦ ἄρτου, ζήσεται εἰς τὸν αἰῶνα.‟

51) Das Wort Brahma, als Bezeichnung der Gottheit, kommt in einer zweifachen Form vor:
1) Als Masculinum, mit langem â endend, bedeutet es die mythologische Person,
welche die erste Stelle in der Trias der drei höchsten Gottheiten einnimmt (Brahma,
Vischnu und Siva), die Personification der schaffenden Macht, selbst aber sterblich,
und dem Untergange unterworfen. In dieser mythologischen Bedeutung kommt Brahma
in unserem Gedicht nur an vier Stellen vor (VIII, 16 und 17. und XI, 15 und 37).
2) Als Neutrum, mit kurzem a endend, ist es die philosophische Bezeichnung des höchsten Wesens, des Unendlichen, Absoluten, Unzerstörbaren, das in pantheistischer Auffassung zuweilen unpersönlich gedacht zu werden scheint, obgleich dabei seine geistige Natur nicht ausgeschlossen ist. In der Bh. G. wird Brahma fast durchweg als
Neutrum gebraucht; Krischna identificirt sich selbst mit ihm. An einer Stelle endlich (XIV, 3), wo Brahma auch als Neutrum steht, bezeichnet dieses Wort nicht das
ganze höchste Wesen, sondern nur denjenigen Theil desselben, welcher die Ursubstanz
aller Materie ist.

52) Der Sinn ist: Selbst der Genuss der Güter dieser Welt ist dem Opfer zu verdanken,
wie oben schon (III, 10 u. ff.) gelehrt wurde; umsomehr können die Güter der anderen Welt, die ewige Seligkeit, nicht ohne Opfer erworben werden. — Der Ausdruck
andere Welt (anja) für den Zustand nach dem Tode ist bei einem Inder und Brahmanen auffallend; denn sie unterscheiden gewöhnlich drei Welten (Siehe I. Anm. 41);
im Sankhja- und Vedanta-System werden sogar acht verschiedene Welten unterschieden. (Siehe unten V, Anm. 57.) (Die im Original in diesem Verse noch stehende
Anrede: Kurúsattama, bester der Kuru, musste in der Uebersetzung wegbleiben.)

53) Ich nehme keinen Anstand, die von St. Hilaire und Thomson vorgeschlagene Auffassung dieser Stelle zu adoptiren, da diese sowohl die einfachste und grammatisch
richtigste ist, als auch den besten und passendsten Sinn giebt. Schlegel übersetzte,
wie Wilkin und die Uebrigen: propagata sunt e numinis ore, (Burnouf:
institués de la bouche de Brahma), wobei dem Worte ritata (particip. von
tan, extendere) eine ungewöhnliche Bedeutung gegeben wird; St. Hilaire dagegen zuerst wörtlich: „repandus devant la divinité.‟ Bei Manu III, 28 wird
ritata ganz ebenso in dem Sinne von Darbringen eines Opfers gebraucht. Das
Wort mukha heisst, wie das Lat. os, sowohl Angesicht, als Mund. Der Localis
mukhe mit voranstehendem Genitiv der Person wird gewöhnlich im Sinne von coram,
ante faciem alicujus, gebraucht. Wir finden daher hier ganz die hebräische Redeweise לְפָנַי (vor mein Angesicht) wieder, wie sie Exod. 25, 30 von dem Opfer der
Schaubrote gebraucht wird. — Der Sinn ist demgemäss: Alle diese verschiedenen
obengenannten Opfer werden der höchsten Gottheit, dem Brahma, dargebracht, vor

Die wisse werkentstanden all'[54]); so wissend wirst du dann befreit.

33 Besser als Reichthumsopfer[55]) ist Erkenntnissopfer[56]) Feindbedräng'r!

Denn aller Opfer Inbegriff Erkenntniss einschliesst, Prîthakind!

34 Die finde du durch Niederknie'n, durch Fragen, durch ergebnen
Dienst[57]);

---

seinem Angesichte ausgebreitet. Es liegt darin zugleich ein indirekter Beweis, dass
dieses Brahma, das höchste göttliche Wesen, in der That durchaus nicht als ein
unpersönliches gedacht wird, wie sehr auch manche Ausdrücke diese Auffassung
nahe zu legen scheinen.

54) Vergl. oben III, sl. 14: „Des Opfers Ursprung ist das Werk." Diese ganze Lehre
über die Opfer wird hauptsächlich zu dem Zweck dem Ardschuna hier vorgetragen,
um ihm zu beweisen, dass gehandelt werden müsse.

55) Wörtlich: Aus Reichthum (d. h. aus materiellen Gaben) entstandenes Opfer. Vergl.
Ps. 49, 9 u. ff.: „Ich will aus deinem Hause keine Farren nehmen, noch Böcke aus
deinen Heerden. . . . Soll ich denn Fleisch der Stiere essen, oder Blut der Böcke
trinken? Opfere Gott ein Opfer des Lobes und bezahle dem Allerhöchsten dein
Gelübde."

56) Dass die Erkenntniss ein Opfer genannt wird, scheint ebenfalls ein aus christlichen Vorstellungen herüber genommener Ausdruck zu sein, von dem ich bezweifle,
dass er in einer älteren indischen Urkunde sich findet. Man vergleiche die Worte
des Athenagoras in seiner Schutzschrift für die Christen cap. 13 (ed. Otto pag. 60):
„ἀλλὰ θυσία αὐτῷ μεγίστη, ἂν γινώσκωμεν τίς ἐξέτεινε καὶ συνεσφαίρωσε τοὺς
οὐρανοὺς καὶ τὴν γῆν"; ferner die mit den in unserem Gedichte vorgetragenen
Ideen vielfach übereinstimmenden Stellen bei Clemens Alexandrinus: Strom. VII,
cap. 6 (ed. Klotz. III, pag. 231 u. ff.): „Φαμὲν δ' ἡμεῖς ἁγιάζειν τὸ πῦρ, οὐ τὰ κρέα,
ἀλλὰ τὰς ἁμαρτωλοὺς ψυχάς, πῦρ οὐ τὸ παμφάγον καὶ βάναυσον, ἀλλὰ τὸ φρόνιμον
λ'γοντες, τὸ διικνούμενον διὰ ψυχῆς τῆς διερχομένης τὸ πῦρ." Ibid. cap. 7 (l. c.
pag. 232): „Ὅθεν οὔτε ὡρισμένον τόπον οὐδὲ ἐξαίρετον ἱερὸν οὐδὲ μὴν ἑορτάς τινες
καὶ ἡμέρας ἀποτεταγμένας, ἀλλὰ τὸν πάντα βίον ὁ γνωστικὸς ἐν παντὶ τόπῳ . . .
τιμᾷ τὸν θεόν, τουτέστι χάριν ὁμολογεῖ τῆς γνώσεως τῆς πολιτείας"; und namentt-
lich (ibid.): Προσεχέστερον δὴ ὁ γνωστικὸς οἰκειοῦται θεῷ (propius autem Deo
jungitur et familiaris efficitur is, qui est cognitione praeditus).
Φαίνεται δὲ τὸ ἔξοχον τῆς γνώσεως ὁ προφήτης ὦδε παριστάς· „Χρηστότητα καὶ
παιδείαν καὶ γνῶσιν δίδαξόν με" · κατ' ἐπανάβασιν αὐξήσας τὸ ἡγεμονικὸν τῆς τελειό-
τητος. οὗτος ἄρα ὄντως ὁ βασιλικὸς ἄνθρωπος, οὗτος ἱερεὺς ὅσιος τοῦ θεοῦ, ὅπερ
ἔτι καὶ νῦν παρὰ τοῖς λογιωτάτοις τῶν βαρβάρων σώζεται τὸ ἱερατικὸν γένος εἰς
βασιλείαν προσαγόντων. (Sollte vielleicht in den letzten Worten eine Anspielung auf
die Inder, und die bei ihnen herrschende Kaste der Brahmanen liegen?)

57) Dies bezieht sich auf die Art und Weise, wie nach dem Gesetz des Manu der
Brahmatschari (Brahmabeflissene, Schüler) mit seinem Lehrer zu verkehren hat.
Der Hinaufgang zur Erkenntniss, wovon die Umhängung der dreifachen Schnur

Lehren werden Erkenntniss dich die Weisen, die die Wahrheit seh'n.

35 Und kennst du sie, dann gehst du nicht in Irrthum wieder, Pandava[58])!

Durch die die Wesen ganz und gar in dir du siehst und dann in mir[59]).

36 Auch wenn mit allen Sünden selbst du wärest noch so schuldbefleckt,

Im Nachen der Erkenntniss schiffst du dann durch aller Sünden Meer[60]).

---

ein Symbol ist (H. Windischmann l. c. S. 902 u. ff.), beruht einerseits auf der unbedingten Autorität des Lehrers *(guru)*, andererseits auf der ebenso unbedingten Ehrfurcht des Schülers, welcher zur Erkenntniss geführt werden soll. Ein Brahmatschari muss (Manu II, 71 u. ff) zu den Füssen seines Lehrers gegenübersitzen, mit gefalteten Händen ihm ins Angesicht sehen, dessen Wohlergehen und Nutzen stets im Auge haben und sich nicht das geringste Unanständige gegen ihn erlauben, am wenigsten die Unwahrheit. Er muss jederzeit seinen *Guru* bedienen und ihn, wo er ihm begegnet, ehrfurchtvoll begrüssen, weil er sein himmlischer Führer ist u. s. w. — Man vergleiche übrigens mit dieser Stelle die ganz ähnlichen Aussprüche im Buch der Sprüchwörter Salomos cap. 4: „Höret Kinder auf die Zucht des Vaters und merket auf um Klugheit zu lernen. . . . Erwirb dir die Weisheit, erwirb dir die Klugheit; vergiss nicht und weiche nicht von den Worten meines Mundes. . . . Ich will dir den Weg der Weisheit zeigen und dich führen auf die Wege der Gerechtigkeit."

58) Vergl. Sprüchw. Salomos 4, 12: „Wenn du sie (die Wege der Weisheit und Gerechtigkeit) gehest, werden nicht beengt deine Schritte, und wenn du laufest, wirst du nicht anstossen." Es scheint aber auch die Vorstellung hier mit zu Grunde zu liegen, dass derjenige, der einmal zur höchsten Erkenntniss gelangt ist, dieselbe nicht mehr verlieren kann. (Siehe unten V, sl. 17.) Man vergleiche auch Sprüchw. 4, 18: „Der Weg der Gerechten ist wie ein glänzendes Licht, geht fort und wächst bis an den hellen Tag," welche Worte an die oben (Anm. 47) citirte Stelle aus der Dschabala-Upanischad erinnern: „Das anfangs mondhelle Licht steigt allmählich bis zu einem Glanz, welcher den Glanz der Sonne hundert und hundertmal übertrifft."

59) Hier scheint nicht bloss eine philosophische Lehre ausgesprochen zu werden, so dass der Sinn wäre, wie Thomson erklärt: „Du wirst die Verbindung zwischen allen Dingen und dir selbst und mir, den höchsten Geist, erkennen, da alle Seelen Emanationen von mir sind," sondern ich vermuthe, dass hier auf das magnetische Hellsehen, wovon oben (Anm. 47) die Rede war, angespielt wird, welches man als die höchste Stufe der Erkenntniss betrachtet.

60) Der Sinn ist nicht, dass der wahrhaft Erkennende alle Sünden ohne Nachtheil für sich begehen könne, sondern dass diese Erkenntniss, welche im Folgenden das beste Reinigungsmittel genannt wird, alle früheren Sünden auslösche. Daher behauptet Laforet in seiner Histoire de la Philosophie (Bruxelles 1867. Vol. I. pag. 134) ganz ohne Grund und mit vollständigem Missverständniss des wahren Sinnes dieser Stelle, auf die er sich beruft: „Platon ne pretendra point, comme

37 Wie angezündet Feuer Holz in Asche wandelt, Ardschuna,
So wandelt der Erkenntniss Feu'r in Asche alle Werke dann[61]).

---

les sectateurs du Sankhya, que la science efface tous les crimes et que
la veritable sagesse puisse exister sans la vertu." Von diesen beiden
Behauptungen ist nur die erste, und zwar auch nur in dem eingeschränkten Sinne,
dass unter science die höchste Erkenntniss, die Gottes, verstanden wird, wahr,
die letztere dagegen durchaus unbegründet. Dass die wahre Weisheit ohne Tugend
bestehen könne, hat kein einziger indischer Philosoph jemals gelehrt, wenn auch der
indische Begriff von Tugend, zum Theil wenigstens, ein anderer als der christliche
ist. Der Haupterrthum der indischen Philosophie besteht vielmehr darin, dass sie
einer irrthümlichen, pantheistischen Erkenntniss des Wesens der Gottheit, die auf miss-
verstandener Wahrheit beruht, eine Kraft zuschreibt, welche die blosse Erkenntniss Gottes, auch wenn sie die richtige wäre, nicht haben kann. Wie sehr gerade
die höchste Tugend von dem durch Erkenntniss Vollendeten, dem *Sannjasi*, verlangt
wird, beweisen die Vorschriften, welche das Gesetzbuch des Manu ihm giebt: „Er
sei geduldig in der Krankheit, von Standhaftigkeit erfüllt. Er freue sich nicht auf
den Tod, er freue sich nicht am Leben. Er wandle mit Vorsicht auf der Erde, um
keine Creatur zu verletzen. Muss er sprechen, so rede er Worte, die durch die
Wahrheit gereinigt sind; vor Allem aber habe er ein reines Herz. Tadel trage er
mit Geduld, mache Niemanden herunter, verwickle sich mit Niemand in Zwist um
vergänglicher Dinge willen. Gegen den Zornigen sei er nicht zornig; wird er
geschmäht, so spreche er Freundliches.... Sich erfreuend am höchsten Geist, ohne
Rückblick, ohne Fleisch, wandle er mit dem Geist, strebend hienieden nach der
Seligkeit.... Er verzehre durch Anhalten des Athems seine Vergehungen und die
Sünde durch die Betrachtung, und die Anhänglichkeit durch das Zurückziehen,
und die gottlosen *(anisvara)* Weltqualitäten *(gunas)* durch *Dhjâna* (Meditation). ...
Festigkeit, Geduld, Selbstbezähmung, kein fremdes Eigenthum angreifen, Reinig-
keit, Anhalten der Sinne, Weisheit, Wissenschaft, Wahrhaftigkeit, Sanftmuth — dies
ist das zehnfache Zeichen der Gerechtigkeit. Diejenigen Brahmanen, welche diese
zehn Kennzeichen des Gesetzes betrachten und, wenn sie dieselben betrachtet
haben, darnach handeln, wandeln die höchste Bahn. Der, welcher diesem gemäss
handelt, möge immer ein Sannjasi werden, er, der Schuldlose." (Bei Windischmann l. c. S. 930 u. ff.) — Dass insbesondere die blosse Erkenntniss, ohne
Tugend und Selbstverläugnung, nicht zur endlichen Befreiung führen könne, lehrt
ausdrücklich die Katha-Upanischad, 2. Valli 24. (Bibl. Ind. Vol. XV. p. 106):
„Whoever has not ceased from wicked ways, is not subdued (in his
senses), not concentrated (in his intellect) and not subdued in
mind, does not obtain it, not even by knowlegde." — Wie ist es möglich,
von einer solchen Philosophie zu behaupten, sie lehre, dass die wahre Weisheit ohne
Tugend bestehen könne?

61) Auffallend ist die Uebereinstimmung im Ausdruck (bei aller Verschiedenheit des Sinnes) mit 1. Corinth. 3, 13. 15: „Ἑκάστου τὸ ἔργον ὁποῖόν ἐστι, τὸ πῦρ δοκιμά-
σει ... εἴ τινος τὸ ἔργον κατακαήσεται ...." — Unter allen Werken *(sar-*

38 Denn wie Erkenntniss giebt es nicht ein ähnlich Rein'gungsmittel
hier[62]);

Dies der vollkommen Vertiefte findet selbst mit der Zeit in sich[63]).

39 Der Gläub'ge erfasst Erkenntniss[64]), drauf sinnend[65]), seiner Sinne
Herr;

Ist Erkenntniss erlanget, geht er schnell zur höchsten Ruhe ein[66]).

40 Wer ohn' Erkenntniss, ungläubig, zweifelnden Geists, der untergeht[67]).

---

rakarmáni) sind übrigens hier nicht bloss die in der vorigen Sloke erwähnten Sünden zu verstehen, sondern alle Werke überhaupt, insofern sie mit der ewigen Ruhe,
dem Nicht-Handler-Sein *(akartribhára)* der Gottheit nicht vereinbar sind, an welcher
derjenige Theil nimmt, der sie (die Gottheit), und seinen eigenen Geist als mit ihr
identisch, erkannt hat.

62) Der *Dschnána* wird hier ganz dieselbe Kraft zugeschrieben, wie dem Glauben (im
weitesten Sinne des Wortes) Apostelgesch. 15, 9: „τῇ πίστει καθαρίσας τὰς καρδίας
αὐτῶν."

63) Die höchste Erkenntniss, dieses vollkommenste Reinigungsmittel, wird nicht durch
Lehre von Anderen gewonnen, welche dazu nur vorbereiten und anleiten kann, son-
dern durch eigene, innere Erfahrung, durch unmittelbares Schauen in magnetischer
Ekstase.

64) Thomson erklärt: „Glaube ist die Abwesenheit jedes Zweifels und Skepticismus,
Vertrauen auf die Offenbarung der Religion und bereitwillige Ausübung ihrer Vorschriften. Dies ist ein anderes Argument gegen Ardschunas Weigerung zu kämpfen,
weil dieselbe aus Zweifel an seiner Pflicht als Kschatrija entstand." Ich halte den
Begriff des Glaubens *(sraddha)* in diesem Sinne, ebenso wie den der *bhakti* (siehe
oben III. Anm. 45 und IV. Anm. 12) für eine aus dem Christenthum herübergenom-
mene Vorstellung und bezweifle, dass *sraddha* in den älteren, indischen Urkunden, in
denen sich ein christlicher Einfluss noch nicht nachweisen lässt, in diesem Sinne
gebraucht werde. — Der hier ausgesprochene Satz: *Sraddhávállabhate dschnánam*
(Schlegel: qui fidem habet, adipiscitur scientiam) ist nichts anderes, als
das bekannte: Credo, ut intelligam, ein Grundsatz, der nur auf christlichem
Boden entstanden sein kann, und der, wo er in den Urkunden des indischen Brahmanismus sich wiederfindet, seinen christlichen Ursprung deutlich genug an der Stirn trägt.

65) *Tatpara:*. Schlegel: huic (scientiae) intentus. Burnouf: quand il est
tout à elle (à la science).

66) *Param sántim adhigatschati.* Unter *sánti* (Beruhigung) ist die Freiheit von der Unruhe und den bindenden Folgen der Handlungen, unter der höchsten *sánti* die endliche Befreiung von der Seelenwanderung zu verstehen.

67) Mit dem Begriff des Glaubens im religiösen Sinne ist auch die Lehre von der Nothwendigkeit des Glaubens zur Seligkeit aus dem Christenthums entlehnt und dem brahmanischen System angepasst worden. Man vergleiche mit diesem Verse Marc. 16. 16:
„Ὁ πιστεύσας . . . . σωθήσεται· ὁ δὲ ἀπιστήσας κατακριθήσεται."

Nicht diese Welt, nicht andre, nicht Seligkeit[68]) für den Zweifler
giebt's.

41 Wer in Vertiefung senkt das Werk, den Zweifel durch Erkenntniss
bannt,

Den seiner Mächt'gen[69]) binden nicht die Werke, o Dhanandschaja!

42 Drum, der Unkenntniss hat erzeugt, den Zweifel, der im Herzen
steht,

Spaltend mit der Erkenntniss Schwerdt[70]), steh' auf, verlieft[71]), o
Bhârata!

---

68) *Sukham*, felicitas, übersetzt Thomson mit final beatitude und bemerkt dazu:
„weil er aus Zweifel an seiner Pflicht sie vernachlässigt und desshalb im *Naraka* (in
der Hölle) gestraft wird." Das Wort Zweifel *(sansaja)* in dem Sinne von religiösem
Zweifel, Zweifel an den Offenbarungen und Lehren der Religion, scheint mir ebenfalls kein altindischer Ausdruck und Begriff zu sein. Das Verbum (zweifeln) wird
nachweisbar zuerst in diesem Sinne gebraucht Matth. 28, 17: „*οἱ δὲ ἐδίστασαν.*"

69) *Atmarantam*. Schlegel: virum sui compotem. Thomson: selfpossessed.
Burnouf: rendu à lui même. Das Wort heisst: sich beherrschend, verständig,
bei sich selbst sciend, und bedeutet hier insbesondere: zu sich selbst gekommen
durch die Erkenntniss, dass der eigene Geist, das eigene Ich, mit der Gottheit consubstanzial ist.

70) In Betreff des Ausdruckes und der Anwendung des Bildes vom Schwerdte auf rein
geistige innere Zustände, vergleiche man Ephes. 6, 17: „*Δέξασθε τὴν μάχαιραν τοῦ
πνεύματος, ὅ ἐστι ῥῆμα Θεοῦ.*" und Hebr. 4, 12: „*Ζῶν γὰρ ὁ λόγος τοῦ Θεοῦ καὶ
ἐνεργὴς καὶ τομώτερος ὑπὲρ πᾶσαν μάχαιραν δίστομον, καὶ διϊκνούμενος ἄχρι μερισμοῦ
ψυχῆς τε καὶ πνεύματος.*" — Wie Thomson treffend bemerkt, ermahnt Krischna in
der Regel am Ende einer jeden Lesung, wo der Sinn es nur immer zulässt, den
Ardschuna, zum Kampfe aufzustehen, sei es gegen die in der Schlacht ihm gegenüberstehenden, oder gegen innere Feinde.

71) Wörtlich: Zur Vertiefung dich erhebend.

Fünfte Lesung.

Ardschuna spricht:

1 Verzichtung auf die Werke lobst, Krischna! Vertiefung wieder du[1]);
Was besser von den Beiden ist, das sage mit Bestimmtheit mir.

Der Erhabene spricht:

2 Verzichtung, Werkvertiefung auch, bereiten beide Seligkeit[2]);
Doch der Werkverzichtung ist noch die Werkvertiefung vorzu-
ziehn[3]).

---

1) Unter Vertiefung (Joga) ist hier ausschliesslich die Karmajoga d. h. die Verrichtung der Werke im Zustande der Vertiefung, wozu Ardschuna in der vorigen Lesung
ermahnt wird, zu verstehen, im Gegensatz zu jener Dschnânajoga, welche die
Verzichtung, Ablegung *(sanjâsa)* der Werke verlangt. (Der Genitiv *karmanâm* ist
ebenso von *jogam*, wie von *sanjâsam* abhängig.) Im Vorhergehenden wurde von
Krischna dem Ardschuna zwar das Handeln wiederholt und dringend anempfohlen und
als mit dem Zustande der Vertiefung vereinbar dargestellt, aber zu gleicher Zeit auch
die *dschnâna*, deren höchster Grad nur im Zustande der Verzichtung auf Äusserliches
Handeln durch höchste Concentration des Geistes erreicht werden kann, als das vortrefflichste aller Reinigungsmittel gepriesen. Die Rede des Krischna war ebenso
schwankend, wie oben (Les. II.). Desshalb erbittet sich Ardschuna ebenso wie dort
(III. sl. 2) eine deutliche Erklärung darüber, was für ihn das Bessere sei. Der
Schlüssel dieser scheinbaren Doppelzüngigkeit des Krischna wird in diesem Abschnitt
dadurch gegeben, dass die innere Identität und nothwendige Verbindung beider Arten
der Joga behauptet und so in sehr geschickter Weise der neuen Lehre Eingang verschafft wird, ohne der anderen offen entgegen zu treten.

2) *Nisrejasa:* id, quo melius quidquam excluditur, ea hominis conditio,
qua melior fingi nequit i. e. finis bonorum (Schlegel).

3) Dies scheint auf den ersten Blick dem II. sl. 49 Gesagten zu widersprechen. Doch
ist zu beachten, dass dort nur vom Werk als solchem die Rede ist und nicht von
der mit dem Handeln zu verbindenden Joga. Wenn auch das Werk an und für sich
der Erkenntniss nachsteht, so ist doch, für Ardschuna wenigstens, (denn diese Beschränkung scheint dieser allgemeine Satz doch zu erfordern), seinem Stand als Kschatrija
gemäss, die Karmajoga das Beste und Geeignetste, wodurch er die endliche Befreiung
am sichersten erlangen wird. Trotz dieser klaren und bestimmten Aussprache bleiben
die Reden Krischna's auch im Folgenden noch mit einer gewissen Zweideutigkeit in
Betreff dieses Punktes behaftet, und er hebt die Glückseligkeit des vollkommen von
der Welt zurückgezogenen Jogi am Ende dieses Abschnittes und im Folgenden mit

3 Als stets verzichtend wird erkannt, wer hasset nicht und nicht
begehrt[4]);
Denn wer nicht zwiefach[5]), Grossarm'ger, leicht von der Fessel[6])
wird befreit.

4 Erkenntniss- und Vertiefungs-Lehr'[7]) trennen[8]) Kinder, Verständ'ge
nicht;
Wer sich der Einen nur ergiebt, beisammen findet beider Frucht[9]).

5 Der Zustand, den Erkenntniss[10]) giebt, wird durch Vertiefung
auch erlangt;
Wer Erkenntniss und Vertiefung als eine Sache sieht, der sieht[11]).

---

solcher Emphase hervor, dass man sieht, es war dem Verfasser nur darum zu thun, das seiner Ansicht nach Höchste für die Brahmanen zu reserviren und den Kschatrijas eine Praxis zu empfehlen, die er zwar auch als zum höchsten Ziele führend darstellt, die aber mit der ferneren Ausübung ihrer Standespflichten verträglich ist.

4) Der Sinn ist: Die Freiheit von jeder Leidenschaft, die den Frieden des Geistes stört, ist auch eine sehr wesentliche Verzichtung; sie macht erst die wirkliche Verzichtung auf das äussere Handeln zur wahren Verzichtung.

5) *Nirdvandva* heisst hier: frei von den eben genannten Gegensätzen des Abscheus und der Neigung (vergl. II. Anm. 37). Burnouf: celui qui n'a point ces deux affections. Schlegel: a gemino affectu immunis.

6) D. h. von der Fessel der Werke. Siehe oben II. Anm. 20.

7) Im Original: die Sankhja und Joga. Vergl. II. Anm. 19. Unter Sankhja ist hier wieder die Dschnânajoga und unter Joga die Karmajoga zu verstehen.

8) *Pritagpravadanti.* Wörtlich: seorsum nuncupant.

9) D. h. er gewinnt auch die Frucht der Anderen, da beider Frucht dieselbe ist, die endliche Befreiung und die ewige Seligkeit und Auflösung in Brahma.

10) Ich übersetze *Sânkhja* hier mit Erkenntniss, weil die hier gemeinte Dschnânajoga direkt durch Concentration des Geistes nach Erkenntniss strebt, während die Karmajoga (Vertiefung) durch Verrichtung der Werke das höchste Ziel zu erlangen sucht, ohne jedoch das Streben nach Erkenntniss desshalb aufzugeben.

11) Das zweite *pasjati* (er sieht) ist hier emphatisch gebraucht: er sieht mit wahrhaft durchdringendem Schauen. — Es drängt sich unwillkührlich bei dem hier hervorgehobenen Gegensatz zwischen Dschnâna- und Karmajoga und der dabei behaupteten Identität und gleich heilsamen Wirksamkeit beider, die Erinnerung an den in der christlichen Ascese bestehenden Gegensatz des contemplativen und aktiven Lebens hervor. Die Analogie zwischen diesen beiden Richtungen in der christlichen Ascese und den beiden hier gelehrten Formen der indischen Weisheit ist in der That in die Augen springend. Beide Richtungen sind in beiden Anschauungen (der christlichen und der indischen) eigentlich nur zwei verschiedene Formen eines und desselben heilbringenden Strebens; sie dürfen nie gänzlich von einander getrennt werden; sie führen beide zur Seligkeit; im Grunde aber steht die contemplative Richtung

6 Verzichtung, o Grossarm'ger, ist schwer möglich dem, der nicht
vertieft [12]).

Einsiedler, der Vertiefung sich geweiht, geht schnell in Brahma
ein [13]).

7 Vertiefter, welcher reinen Geist's, sich selbst besiegt, die Sinne
zähmt,

Durch aller Wesen Geist belebt [14]), wird, handelt auch er, nicht
befleckt [15]).

(deren Typus die sinnige **Maria** ist) höher als die aktive (welche durch die geschäftige **Martha** bezeichnet wird), ebenso wie dort die **Dschnânajoga**, wenn auch nicht für Alle anwendbar, doch das höhere, denen, die nach der höchsten Vollkommenheit streben, Vorbehaltene ist.

12) Wörtlich: schwer zu erlangen ohne Vertiefung.

13) Die Worte **vertieft** und **Vertiefung** haben hier den speziellen Sinn der inneren Lostrennung des Geistes von aller Anhänglichkeit an die äusseren Dinge, und der vollkommnen Apathie allen natürlichen Trieben und Neigungen gegenüber, was bereits wiederholt als nothwendiges Requisit der Vertiefung bezeichnet wurde. Der Sinn ist: die äussere Lostrennung von der Welt kann nicht durchgeführt werden ohne innere Entsagung; wo aber beides zusammen trifft, da wird das höchste Ziel leicht und schnell erreicht.

14) *Sarvabhûtâtmabhûtâtma.* Schlegel: Omnium animantium communione animatus. Thomson: whose soul participates in the souls of all creatures. Burnouf: vivant de la vie de tous les vivants. Thomson giebt dazu die Erklärung: „Who considers all beings to be the same as himself, and feels towards them accordingly." Der dunkle Sinn dieser Worte, der mir weder durch die verschiedenen Uebersetzungen, noch durch die von Thomson gegebene Erklärung hinreichend aufgehellt zu sein scheint, kann vielleicht einiges Licht erhalten durch Vergleichung folgender Stelle aus der Svetasvatara-Upanischad (Bibl. Ind. Vol. XV. p. 48), welche nach der engl. Uebersetzung von Dr. Roer lautet (1, 6—7: „In this wheel of Brahma, which is the support, as well as the end of all beings, which is infinite, roams about the pilgrim soul, when it fancies itself and the (supreme) ruler different; it obtains immortality, when it is upheld by him." Zu dem letzten Satz bemerkt Sankara (ibid.): This takes place, if a person thinks himself as one with him.

15) Man vergleiche mit der hier vorgetragenen Lehre, was Thomas v. Kempis über das äussere Handeln derer sagt, welche ein innerliches Leben führen (de imit. Chr. II, 1): „Qui ab intra scit ambulare et modicum res ab extra ponderare ... non illi obest labor exterior aut occupatio ad tempus necessaria; sed sicut res eveniunt, sic se illis accommodat. ... Nihil sic maculat et implicat cor hominis, sicut impurus amor in creaturis. Si renuis consolari exterius, poteris speculari coelestia et frequenter jubilare interius."

8 „Ich thue nichts," so denket der Vertiefte, der die Wahrheit
weiss,

Sieht, hört, berührt und riechet er, isst, gehet, schläft und athmet er,

9 Spricht er, entlässt und greifet er, macht er die Augen auf
und zu;

„Die Sinne nur im Sinnenkreis bewegen sich[16])," so meinet er.

10 Wer niederlegend in Brahma die Werke[17]), ohne Hang sie thut,

_____

16) Vergl. oben III. sl. 28 (Anm. 40). Wörtlich: Die Sinne bewegen sich in Sinnesdingen. Schlegel: Sensus in rebus sibi subjectis versantur. Thomson: the
senses moves (by natural impulse) towards the objects of the senses.
Burnouf: Les sens sont faits pour les objects sensibles. — Ich thue
nichts *(naiva kintschit karomi)* hat hier denselben Sinn, wie die Worte: *Na
asmi, na me, na aham* (nicht bin ich, noch ist etwas mein, noch bin ich) in der
Sankhja-Karika (64): „So entsteht durch die Erforschung der Wesenheit eine vollständige, wegen ihres Nichtwiderspruchs gereinigte, absolute (allein auf den Puruscha
gerichtete) Erkenntniss: Nicht bin ich, noch ist etwas mein, noch bin ich. Die kraft
dieser Erkenntniss vom Gebären aufhörende und um des Zweckes willen aus den sieben Formen zurückgekehrte Prakriti (Natur), sieht der Puruscha wie ein Zuschauer,
ruhig dabei stehend." Wilson bemerkt zu dieser Stelle (The Sankhya Karika.
pag. 179): „Was für eine Art von Erkenntniss ist dies? Welches Resultat lehrt sie?
Die Abwesenheit der Individualität, den Begriff der abstrakten Existenz des Geistes.
Nicht bin ich, noch ist etwas mein, noch bin ich, heisst: es giebt in mir keine
Aktivität, kein Eigenthum, kein individuelles Handeln. „Ich bin nicht" schliesst
nur die Thätigkeit aus. In der That soll die Wurzel *as*, sowie *bhû* und *kri*
nur Handlung im Allgemeinen bedeuten. *Nâsmi* heisst also nicht: ich existire nicht,
sondern ich handle nicht. . . . Ich bin, ich thue, ich leide, bedeutet: die materielle
Natur, oder eines ihrer Produkte, ist, thut oder leidet, und nicht der Geist, welcher
unveränderlich und indifferent, nicht empfänglich für Freude und Leid ist und nur
darüber reflektirt oder scheinbar Theil daran nimmt, wegen der Nähe der Natur, von
welcher diese Affektionen wirklich erfahren werden; der Geist ist, den Vedas gemäss,
absolut existirend, ewig, frei, unafficirt von Leidenschaften."

17) Vergl. III. sl. 30 (Anm. 42). Unter dem Niederlegen in Brahma ist ganz dasselbe
zu verstehen, was die christl. Moral von der rechten Intention, in welcher man alle
Werke verrichten soll, lehrt. Thomson übersetzt: Who offers his actions to
the Supreme Spirit. Burnouf: accomplit ses oeuvres en vue de Dieu.
Damit vergleiche man die Lehre des Apostel Paulus Coloss. 3, 17: „Πᾶν ὅ τι ἂν
ποιῆτε, ἐν λόγῳ ἢ ἐν ἔργῳ, πάντα ἐν ὀνόματι Κυρίου Ἰησοῦ," und 1. Corinth. 10, 31:
„Εἴτε οὖν ἐσθίετε, εἴτε πίνετε, εἴτε τι ποιεῖτε, πάντα εἰς δόξαν Θεοῦ ποιεῖτε."
Man beachte zugleich die Specificirung der einzelnen Werke in diesen beiden Stellen
(ἐν λόγῳ, ἐν ἔργῳ — εἴτε ἐσθίετε, εἴτε πίνετε) und die in den vorangehenden beiden
Sloken, die mit dieser im nächsten Zusammenhange stehen, stattfindende Aufzählung
der körperlichen Handlungen.

Der wird von Sünde nicht befleckt, wie Lotusblatt vom Wasser
nicht[18]).

11 Mit Körper, Gemüth und Verstand[19]), und mit den blossen Sinnen
auch[20]),

Thun die Vertieften ohne Hang die Werke, zur Selbstreinigung[21]).

12 Vertiefter, der der Werke Frucht verschmäht, erlangt die höchste
Ruh';

Nichtvertiefter, hängend an Gier-erzeugender Frucht, bindet sich[22]).

18) Zum Verständniss dieses schönen Bildes bemerkt Thomson: „Die meisten Gewebe
werden beschädigt oder wenigstens verändert, wenn sie beständig im Wasser bleiben.
Aber das Lotusblatt ist durch seine Natur gegen den äusseren Einfluss der Nässe
geschützt."

19) Man muss sich daran erinnern, dass nach der Anschauungsweise der indischen Philosophie auch *manas* (Herz, Gemüth) und *buddhi* (Verstand) zur *prakriti* (der Natur)
gerechnet werden.

20) *Keralair indrijair api* wurde von Schlegel zuerst übersetzt: cunctisque sensibus etiam, später von Lassen verbessert: mero sensuum ministerio etiam,
was auch Thomson adoptirt hat: merely through the medium of the senses,
während Burnouf bei der ersteren Auffassung bleibt: par tous leurs sens même.
Das Wort *Kerala* heisst in seiner Grundbedeutung: ausschliesslich eigen, allein,
alles Andere ausschliessend, dann auch ganz, gesammt, mit der Nebenbedeutung: in sich abgeschlossen. Es ist hier offenbar von jenen Handlungen
und Thätigkeiten die Rede, welche blosse, selbst unwillkührliche Funktionen der Sin-
neswerkzeuge sind und die von den Indern ebenfalls als *Karmáni* (Werke) bezeichnet werden.

21) *Atmasuddhaje*, zur Reinigung ihrer selbst. Thomson erklärt: „Mit ihrem Körper
zur körperlichen Reinigung, wie die religiösen Ceremonien, mit dem Herzen *(manas)*
zur Reinigung ihrer Wünsche, mit dem Verstande zur Reinigung der Gedanken."
Man vergleiche folgende Stelle im Gesetzbuch des Jadschnavalkja III, 31—34
(bei Stenzler S. 92): „Zeit, Feuer, Handlung, Erde, Wind, Gedanke, Erkenntniss, Busse, Wasser, Reue, Fasten: alle diese sind Ursachen der Reinigung. Eine
Gabe bewirkt die Reinigung derer, welche Verbotenes gethan haben, Schnelligkeit die
des Flusses; Erde und Wasser die eines verunreinigten Gegenstandes, Entsagung die
der Zwiegebornen. Busse bewirkt die Reinigung der Vedakundigen, Geduld die der
Wissenden, Wasser die des Körpers, leises Gebet die der heimlichen Sünden, Wahrheit die des Geistes. Einem Gemüthe, welches an den Elementen haftet, giebt Busse
und Wissen Reinigung, dem Verstande die Kenntniss; für die Seele wird Kenntniss
des Herrn als die höchste Reinigung angesehen." (Vergl. auch die ähnliche Stelle
bei Manu V, 105 u. ff.)

22) *Nibadhjate* d. h. er unterliegt den Folgen der Handlungen, welche ihn binden.

13 Der Geist, der durch's Gemüth alles Werk abgelegt, sitzt leicht
als Herr
In der neunthor'gen Stadt[23]), und nicht thut etwas er, noch lässt
er thun.

---

23) Zur Rechtfertigung der oben gegebenen Uebersetzung bemerke ich, dass ich *dehi* als
Subjekt und zwar in dem Sinne von Geist, Seele, hier fasse und *vaśi* (potestatem,
imperium habens) als Attribut zu *âste* (or sitzt) ziehe. Schlegel übersetzt:
Cunctis operibus ex animo sepositis commodo sedet temperans mortalis etc. Thomson: The self-restrained, renouncing all actions with
his beast, can without difficulty rest etc. Burnouf: Le mortel qui par
la force de son ésprit pratique l'abnégation dans tous ses actes, habite
paisible et tout puissant etc. Schlegel und Thomson ziehen *vaśi* als Attribut zu *dehi* und geben ihm die ungewöhnliche Bedeutung temperans, selfrestrained.
Abgesehen davon, dass die ursprüngliche Bedeutung dieses Wortes (potestatem,
imperium habens) in der von mir angenommenen Auffassung dieser Stelle einen sehr
guten Sinn giebt (wie ja auch Burnouf bei dieser Bedeutung bleibt), scheint mir die
Uebersetzung von *dehi* mit *mortalis*, Mensch, weit weniger zu passen, als wenn man
das Wort hier mit Geist, Seele (der Körperbegabten) wiedergiebt. Insbesondere aber
bestimmt mich zu dieser Auffassung eine ähnliche Stelle in der Svetasvatara-
Upanischad III, 18, welche lautet (Bibl. Ind. Vol. XV. p. 57): Embodied in
the town of nine gates, the soul (Hansa) moves to things without,
subduing the whole world, all that is immoveable and moveable."
Offenbar findet eine Abhängigkeit dieser beiden Stellen von einander statt. Der Anfang
der letzteren *(navadvâre pure dehi)* lautet vollkommen gleich mit dem Anfang des
zweiten Verses unserer Sloke. Das Wort *vaśi* findet sich ebenfalls in beiden Stellen
(subduing the whole world). Unter *dehi* ist also in der Stelle der Bh. G.
offenbar die individuelle Seele *(hanso)* zu verstehen, welches Wort in der Upanischad anstatt des in der Bh. G. gebrauchten *dehi* steht, und von der allein
passend gesagt wird, dass sie in der neunthorigen Stadt des Leibes sitze, was vom
Menschen *(mortalis)* behauptet, ein sehr inadäquater Ausdruck wäre. Man vergleiche hiermit auch das Bild bei Jadschnavalkja III, 103: „Zwei und siebzig-
tausend Adern, die guten und die bösen genannt, gehen aus dem Herzen hervor. In
deren Mitte ist, wie der Mond glänzend, ein Kreis; in dessen Mitte befindet sich die
Seele, wie eine unbewegte Lampe. . . . Ueber die Seele muss man nachdenken,
welche als Herr wie eine Lampe im Herzen weilt." (Bei Stenzler S. 101.) — Was
den Ausdruck neunthorige Stadt betrifft, so ist der menschliche Leib darunter zu
verstehen, welcher 9 Oeffnungen hat: 2 Augen, 2 Ohren, 2 Nasenlöcher, den Mund,
den After und die Oeffnung an den Genitalien. Dasselbe Bild kommt auch in der
Katha-Upanischad vor (5. Valli 1. Bibl. Indic. Vol. XV. p. 113), nur dass dort
von elf Thoren die Rede ist, indem der Nabel und (nach Dr. Roers Erklärung): the
opening on the middle of the head, d. i. die Scheitelnaht *(vidriti)*, wovon es

14 Nicht Thäterschaft und Werke nicht in's Dasein setzt der Herr
der Welt[24]),

Noch Werkesfruchterstrebung auch; es wirkt die eigene Natur[25]).

15 Nicht irgend eines Sünde nimmt auf sich[26]), noch gute That, der
Herr;

---

in der *Aitareja Aranjaka* heisst, dass der *âtma* durch dieselbe in den Menschen ein-
drang, so wie auch der befreite Geist durch dieselbe wieder aufsteigt, mitgezählt wer-
den. — Noch bleibt der Ausdruck *manasd* (durch's Gemüth) hier zu erklären. Das
manas gilt der indischen Philosophie als Leiter und Beherrscher der Sinne und der
Handlungen; es gehört der *prakriti* (Natur) an und ist vom Geiste selbst verschieden.
Das Ablegen der Handlungen kommt also ihm, nicht dem Geiste selbst, zu. Vergl.
Sankhja-Karika 27: „Von beiderlei Wesen ist das Manas, Bildungskraft und
Sinn. Seine Mannichfaltigkeit folgt aus dem Unterschiede der Veränderungen der
Gunas und aus der äusseren Spaltung." Dazu bemerkt Wilson (l. c. p. 98): „Mind
(manas) is an organ both of perception and action; perceiving the
objects presented by the senses and forming them into a positive idea.
It is further identified with both classes of organs by originating
from the same source, egotism affected by goodness, and consequently
it consists of the same material."

24) *Lokasja prabhu* d. h. Herr, Gebieter der Welt. Diese Bezeichnung des höchsten
Wesens ist ein neuer Beweis dafür, dass dasselbe vom Verfasser der Bh. G. keineswegs als ein unpersönliches gedacht wird. Man vergleiche mit diesem Ausdruck
1. Timoth. 1, 17: „τῷ δὲ βασιλεῖ τῶν αἰώνων."

25) *Srabhdras tu praeartate*. Schlegel: sed sua quemque indoles impellit.
Burnouf: c'est le resultat de la nature individuelle. Unter dieser *srabhdra*
ist die durch die verschiedene Mischung der drei Natureigenschaften theils mit Nothwendigkeit bestimmte, theils durch die Ueberwindung ihres Einflusses je nach dem
höheren oder geringeren Grade der Erkenntniss mit Freiheit ausgebildete Individualität der einzelnen Menschen zu verstehen, welche durch die Gottheit, nachdem sie
einmal die Natur und die Seelen der Einzelnen geschaffen hat, nicht weiter beeinflusst wird. Mit Recht bemerkt Thomson, dass diese *Srabhára* (disposition,
character, bent) in der indischen Philosophie als das einzige Surrogat unserer
Idee des freien Willens erscheint.

26) *Adatte* (von *âdâ*, sumere, sibi dare) übersetzt Schlegel mit accipit; Thomson: recieves; Burnouf: se charge. — Aus der in der vorhergehenden Sloke
vorgetragenen Lehre folgt, dass die Gottheit, obgleich Urheber der Natur und des
individuellen Geistes, doch nicht zugleich Urheber der einzelnen Handlungen desselben und für diese verantwortlich ist, da diese ihre Quelle nur in der Prakriti
haben, welche durch die Gunas wirkt. Und da der individuelle Geist mit der Gottheit consubstanzial ist, so folgt auch, dass er sie durch Schuld sich beflecken kann.
S. unten XIII, sl. 31.

Von Unkenntniss Erkenntniss ist umhüllt; d'rum die Geschöpfe
irr'n[27]).

16 Doch denen die Unkenntniss hat Erkenntniss aus dem Geist getilgt,
Der'n sonnengleich Erkennen dann erhellet, was das Höchste ist[28]).

17 Dess eingedenk, dem gleichförmig, darin bleibend, d'rin gehend
auf[29]),

Geh'n nicht mehr rückzukehr'nden Weg[30]), die Schuld durch Wissen abgestreift[31]).

---

27) Vergl. Ephes. 4, 18: „Ἐσκοτισμένοι τῇ διανοίᾳ ὄντες, ἀπηλλοτριωμένοι τῆς ζωῆς τοῦ
Θεοῦ, διὰ τὴν ἄγνοιαν τὴν οὖσαν ἐν αὐτοῖς."

28) Vergl. Clemens Alexandrinus Protrept. §. 114: „Ἀφέλωμεν οὖν τὴν λήθην
τῆς ἀληθείας, τὴν ἄγνοιαν καὶ τὸ σκότος τὸ ἐμποδὼν ὡς ἄχλον ὄψεως καταγαγόντες
τὸν ὄντως ὄντα Θεὸν ἐποπτεύσωμεν . . . . ὅτι φῶς ἡμῖν ἐξ οὐρανοῦ . . ἐξελάμψεν,
ἡλίου καθαρώτερον, ζωῆς τῆς ἐνταῦθα γλυκύτερον." — Tat param, dieses Höchste d. i.
die Gottheit. Thomson: that supreme one. Dies ist nicht Subjekt, sondern Objekt,
abhängig von prakâsajati, erleuchtet, d. h. setzt ins Licht. Die Erkenntniss verbreitet
Licht über das Wesen der Gottheit. Man vergleiche auch in Bezug auf den Ausdruck 2. Petr. 1, 19: „ἕως οὗ ἡμέρα διαυγάσῃ καὶ φωσφόρος ἀνατείλῃ ἐν ταῖς καρδίαις ὑμῶν." und 2. Corinth. 4, 6: „Ὅτι ὁ Θεὸς ὁ εἰπὼν ἐκ σκότους φῶς λάμψαι,
ὃς ἔλαμψεν ἐν ταῖς καρδίαις ἡμῶν, πρὸς φωτισμὸν τῆς γνώσεως τῆς δόξης τοῦ Θεοῦ
ἐν προσώπῳ Ἰησοῦ Χριστοῦ." — Sonnengleich (aditjavat) wird die Dschnâna
(Erkenntniss) hier genannt, weil sie das Wesen des höchsten Geistes so aufschliesst,
wie die Sonne die Erde erleuchtet.

29) Hieraus geht deutlich hervor, von welcher Art die Erkenntniss ist, welche von den
Indern für das Höchste gehalten und der die Kraft der Sündentilgung zugeschrieben
wird. Es ist nicht, wie mitunter irrthümlich behauptet wird, irgend eine philosophische
Erkenntniss überhaupt, sondern die Erkenntniss Dessen, der in der vorigen Sloke tat
param (dieses Höchste) genannt wird, worauf sich alle diese Ausdrücke, welche den
Sinn der höchsten geistigen Beschäftigung und Vertiefung haben, beziehen. Schlegel
übersetzt: Hujus memores, huc sese transferentes, hujus consortes, in
hoc intenti. Thomson: Whose thoughts are in that spirit, whose souls
are in it, who exist in it and are intent on it. Burnouf: Pensant a Lui,
partageant son essence, séjournant en Lui, tout entiers à Lui. — Mit
den Worten tadâtmânas und tannischtâs vergleiche man den Ausdruck des h. Petrus
(2. Petr. 1, 4): „θείας κοινωνοὶ φύσεως."

30) D. h. sie erreichen die endliche Befreiung, welche der Seelenwanderung ein Ende
macht.

31) Wörtlich genau müsste diese Sloke übersetzt werden: „Dess sich Erinnernde, Dem
Gleichförmige, darin Bleibende, darin Aufgehende gehen nicht mehr rücksukehrenden
Weg, nachdem sie die Schuld durch Wissen abgeschüttelt haben" (excussis scien-
tia peccatis. Schlegel).

18 Im Brahmanen gelehrt und sanft[32]), im Rind, im Elephanten auch,

Im Hund[33]), im Hundsfleisch Essenden[34]), seh'n die Weisen dasselbe nur[35]).

32) Wörtlich: „Mit Wissenschaft und Bescheidenheit begabt."

33) Das Rind (die Kuh) ist bei den Indern das heiligste und verehrteste aller Thiere, der Hund das verächtlichste unter denselben, der Elephant, wie Thomson sich ausdrückt, a respectable medium.

34) *Srapáka* (wörtlich: „der den Hund Kochende"), ist der Name der verächtlichsten Klasse unter den Hindus, wie die Brahmanen, im Gegensatz dazu, die Verehrungswürdigsten unter den Menschen sind. Der *Srapáka* ist der Sohn einer *Ugra*-Mutter (*Ugra*, das Kind eines *Kschatrija* von einer *Sudra)* und eines *Kschatrija*-Vaters. Ein solcher war durch das Gesetz dazu verurtheilt, ausserhalb der Thore der Stadt zu wohnen, aus zerbrochenen Gefässen zu essen, Todtenkleider zu tragen, kein anderes Eigenthum als Esel und Hunde zu haben, und von jeder Communication mit anderen Stämmen ausgeschlossen zu sein; nur mit den *Tschandalas*, die mit ihm auf der gleichen Stufe stehen', durfte er umgehen. Sein Amt war das des Nachrichters und des Todtengräbers derjenigen Personen, welche, ohne Nachkommenschaft und Verwandte zu hinterlassen, starben.

35) Um den Sinn dieser Sloke zu verstehen, muss man sich daran erinnern, dass nach der indischen Vorstellung von der Seelenwanderung in jedem Thiere eine menschliche Seele wohnt, die um der Vergehungen und Verbrechen, die in einem früheren Leben begangen wurden, verurtheilt wurde, bei ihrer nächstfolgenden Geburt, je nach dem Grade ihrer Schuld, als eines dieser Thiere geboren zu werden, wie das im Gesetz des Manu (XII, 53 u. ff) ausführlich für jedes einzelne Vergehen bestimmt wird. („Der Mörder eines Brahmanen geht in den Körper eines Hundes, eines Esels, eines Kameeles, eines Stieres u. s. w., je nach dem Grade seiner Schuld. Der Brahmane, welcher spirituöse Getränke getrunken hat, wird wiedergeboren in der Form eines Insektes, eines Wurmes, einer Heuschrecke, eines Vogels, der sich von Excrementen nährt, eines wilden Thieres. Der Brahmane, welcher Geld gestohlen hat, geht tausendmal in den Körper von Spinnen, von Schlangen, von Chamäleonen, von Wasserthieren und von Vampyren." Manu XII, 55—57) Da nun die menschliche Seele, selbst in ihrer tiefsten Entartung und Erniedrigung, ihrem Wesen nach immer ein Theil von Brahma ist, und, wenn auch durch noch so lange Wanderungen und Erniedrigungen aufgehalten, endlich dazu bestimmt ist, in Brahma aufgelöst zu werden, so sieht der wahrhaft Weise in jedem Geschöpfe dieses ewige Brahma, das seinem Wesen nach stets identisch ist. — Die Art und Weise, wie diese Lehre hier vorgetragen wird, erinnert stark an die christliche Lehre der Gleichheit aller Menschen vor Gott, insbesondere an das Gleichniss vom barmherzigen Samaritan, da die Samaritaner bei den Juden in ähnlicher Weise verabscheut waren, wie die *Srapákas* und *Tschandalas* bei den Indern.

19   Hienieden ist Natur[36]) besiegt von denen, die im Gleichmuth
steh'n[37]);

    Sündlos, immer gleich, ist Brahma; darum in Brahma diese
stehn[38]).

20   Nicht freut sich, wenn ihm Liebes ward, noch trauert, ward Unlie-
bes ihm,

    Wer festen Geistes, unbewegt, Brahma-kundig, in Brahma steht[39]).

21   Aeussrer Berührung[40]) abgeneigt, wer Süsses findet in sich selbst[41]),

---

36)   *Sarga* hat hier die Bedeutung von Natur, im Gegensatz zu der unbeweglichen und unveränderlichen Wesenheit des Brahma. Thomson übersetzt: the tendencies of their nature.

37)   Wörtlich: von denen, deren *manas* (Gemüth) in der *sámja* (aequabilitate) steht. Unter dieser *sámja* scheint hier speziell jene Gesinnung verstanden zu werden, die in der vorigen Sloke geschildert wird, die Erkenntniss der Identität des Brahma in allen Wesen. Vergl. Svetasvatara-Upanischad IV, 15—17 (Bibl. Ind. Vol. XV. pag. 60): „Wer immer Ihn erkennt, der, verborgen in allen Wesen, der Herr der Welt ist, und mit dem die Brahmarschis und die Götter durch Vertiefung vereinigt sind, zerschneidet die Bande des Todes. Wer immer den gepriesenen Gott kennt, welcher, ausserordentlich fein, wie Rahm in gereinigter Butter, in allen Wesen verborgen ist, den einen Durchdringer des Universums, wird frei von allen Banden. Dieser Gott, dessen Werk das Weltall ist, diese höchste Seele, welche stets wohnt in den Herzen der Wesen, wird offenbaret durch das Herz, durch Verstand und durch Betrachtung Die ihn kennen, werden unsterblich.“

38)   D. h. sie werden ihm ähnlich und werden eins mit ihm durch die Sündlosigkeit und den Gleichmuth, welches seine wesentlichen Eigenschaften sind. In wiefern auf diese Vorstellungen und auf die Ausdrucksweise derselben christliche Ideen von Einfluss gewesen, oder dieselben aus dem ursprünglich indischen Pantheismus sich entwickelt haben, ist schwer zu bestimmen. Man vergleiche übrigens die Stelle Act. 17, 28: „Ἐν αὐτῷ γὰρ ζῶμεν καὶ κινούμεθα καὶ ἐσμέν.“

39)   Beachtenswerth ist die Aehnlichkeit solcher Aussprüche mit den Grundsätzen der christlichen Ascese. Conf. Thomas a Kempis (de imit. Christi III, 37): „Relinque te, resigna te, et frueris magna interna pace ... Sta pure et inhaesitanter in me, et habebis me.... Tunc deficient omnes vanae phantasiae, conturbationes iniquae et curae superfluae. Tunc enim recedet immoderatus timor et inordinatus amor morietur.“ — *Brahmavid*, Brahma wissend, kennend (numinis gnarus. Schleg.) übersetzt Thomson: Seeking to know the supreme Being, und Burnouf: songeant a Dieu.

40)   *Váhjasparsešchu*, äussere Berührungen. Schlegel: Externarum rerum contactibus. Unter diesen Berührungen ist überhaupt die Communication mit äusseren Objekten durch die Sinne zu verstehen, welche für die meisten Menschen die Quelle ihrer Freuden und Genüsse ist.

Brahmavertiefung ganz geweiht, unvergängliche Lust geniesst[42]).

22 Genuss, der aus Berührung stammt, ist nur des Schmerzes Mutterleib[43]),

Hat End' und Anfang[44]), Kaunteja! Nicht freuet dess der Weise sich.

23 Wer hier ertragen kann, bevor er von dem Körper ist befreit,

Den Drang der Liebe und des Zorn's[45]), der ist vertieft, ein sel'ger
Mann[46]).

---

41) Ich habe die zuerst von Schlegel vorgeschlagene und auch von Thomson adop-
tirte Conjektur, hier *ja: sukham* anstatt *jat sukham* zu lesen, der Uebersetzung zu
Grunde gelegt.

42) In den letzten Worten scheint nicht bloss auf die geistige Freude, welche mit der
Erkenntniss im Allgemeinen verbunden ist, Bezug genommen, sondern (wie auch
unten VI. sl. 21) auf das in der magnetischen Ekstase empfundene Wonnegefühl angespielt zu werden, welches solche Erscheinungen zu begleiten pflegt. Das wird bestätigt durch das Citat einer Sentenz des *Vasischtha*, welche der indische Scholiast hier
zur Erklärung anführt (bei Lassen, Annotat. pag. 194), und welche lautet:

Prâne gate jathâ deha: sukham du:kham na rindati,

Tathâ tschet prânajukto 'pi sa kailraljâsrajo baret,

wo ausdrücklich die *Kairalja* (magnetische Ekstase) erwähnt wird. Dieser Zustand
wird hier *sukham akschajam* (unvergängliche Lust) genannt, weil, nach der Lehre des
Patandschali, derjenige, der diesen höchsten Grad der Abstraktion erlangt hat,
nicht mehr unterliegen kann, wenn ihn auch die Asuras und selbst die Devas von
der Abstraktion abhalten wollten; er ist schon völlig befreit, mit *Israra* (dem Herrn)
eins, die Vernunft vollkommen erleuchtet und vom Licht des Herrn überstrahlt.
(II. Windischmann l. c. S. 1886.)

43) Der Sinn ist: Jeder sinnliche Genuss erzeugt den Schmerz, trägt ihn gleichsam in
sich, wie der Mutterleib den Embryo. Schon die kurze Dauer eines solchen Genus-
ses, sollte er auch keinen anderen Schmerz nach sich ziehen, macht ihn zu einem
solchen, der Unbehagen in seinem Schoosse trägt.

44) D. h. er ist von den Umständen abhängig und beschränkt. *Idjantarat* bildet den
Gegensatz zu *akschaja* in der vorigen Sloke.

45) *Kâma* und *Krodha*, die beiden einander entgegengesetzten Leidenschaften der Neigung und Abneigung, welche oben (III. sl. 37) als die mächtigsten Feinde des Menschen bezeichnet wurden, und deren Besieger, da sie zwei Gegensätze bilden,
nirdrandra (nicht zwiefältig) heisst.

46) Der Ausdruck *Sukhi nara* (vir beatus. Schlegel) erinnert an die biblische Redeweise, und insbesondere an Jacob. 1, 12: „Μαχάριος ἀνὴρ ὃς ὑπομένει πειρασμόν."
Man vergleiche auch den Ausdruck des Apostel Paulus, wo er von dem Nichtwie-
derheirathen einer Wittwe redet (1. Corinth. 7, 40): „Μαχαριωτέρα δέ ἐστιν, ἐὰν
οὕτω μείνη." Der in dieser Sloke ausgesprochene Gedanke hat ein ganz christliches
Gepräge und erinnert an die Worte des h. Chrysostomus (de virginitate cap. 11):

24 Wer innerlich vergnügt, erfreut, und innerlich erleuchtet ist,
Der, Brahma selbst geworden, geht, vertieft, zur Brahmaauflö-
sung[47]).

25 Brahmaauflösung wird zu Theil den Weisen, deren Schuld getilgt,
Die Zwiespalts-frei[48]), sich selbst gezähmt, durch aller Wesen Gut
erfreut[49]).

26 Bei denen, die von Gier und Zorn getrennt, mässig, gezähmten
Geist's[50]),

„Εἶδες τῆς παρθενίας τὸ ἀξίωμα· τοὺς ἐπὶ τῆς γῆς διατρίβοντας τοῖς ἐν οὐρανοῖς διαιτωμένοις ὁμοίως πολιτεύεσθαι ποιεῖ, τοὺς σώματα περικειμένους τῶν ἀσωμάτων οὐκ ἀφίησι λείπεσθαι δυνάμεων."

47) Die Ausdrücke: anta: sukho, antarârâmas und antardschjoti sind sämmtlich Bezeichnungen jenes mystischen Zustandes, wo, nach der Lehre des Patandschali, die Seele vom Licht des Isvara überstrahlt wird. Man vergleiche die ausführliche Beschreibung dieses Zustandes in der Prasna-Upanischad IV, 2 u. ff. (Bibl. Ind. Vol. XV. p. 133): „Wie alle Strahlen der Sonne, wenn sie niedersinkt, eins werden in dieser Lichtscheibe, und wie sie zerstreut werden, wenn sie wieder und wieder aufgeht, so wird auch dieses All eins in dem höchsten Gott, in dem Geist (zur Zeit des magnetischen Schlafes). Desshalb hört zu dieser Zeit die Seele (Puruscha) nicht, noch sieht sie, noch schmeckt sie, noch riecht sie, noch fühlt sie; sie spricht nicht, und nimmt nicht, geniesst sich selbst nicht, leert nicht aus und bewegt sich nicht; sie schläft, so sagt man. Die Feuer der Lebenshauche sind lebendig in dieser Stadt . . . Dann geniesst dieser Gott (der Geist) im Traume Macht. Was immer geschen ist, sieht er wieder, er hört wieder Alles, was gehört worden, er geniesst wieder und wieder, was genossen worden in anderen Gegenden und Orten. Was sichtbar ist und unsichtbar, was gehört und nicht gehört, was genossen und nicht genossen ist, alles wird gesehen, alles wird gesehen in dem Einen, welcher Alles ist. Wenn er überstrahlt wird mit Licht, dann sieht dieser Gott (der Geist) nicht die Träume; zu dieser Zeit entsteht jene Glückseligkeit (des tiefen Schlafes) in dem Leibe . . . Das Höchste, das Unzerstörbare, ist erlangt. Wer immer dieses kennt, was ohne Schatten ist, ohne Leib, ohne Farbe, das Glänzende, Unvernichtbare, wird allwissend, wird Alles."

48) *Tschinnadraidhâ*, wörtlich: bei denen der Zwiespalt abgeschnitten ist, d. h. die von der Neigung und Abneigung nicht mehr berührt werden. Schlegel: Ancipiti conditione exemti. Derselbe Begriff wird in der folgenden Sloke ausgedrückt mit: *kâmakrodharijukta*, qui a cupidine et ira segregati sunt (Schlegel).

49) *Sarvabhûtahite ratâ*, omnium animantium bono gaudentes (Schlegel); qui se sont réjouis du bien de tous les vivants (Burnouf). Der Sinn ist wohl, dem Zusammenhange gemäss: die allen Wesen Gutes wünschen, gegen Alle liebevoll gesinnt sind, was insbesondere unten aus Les. XII, sl. 4, hervorgeht, wo derselbe Ausdruck wiederkehrt.

50) Wörtlich: temperantes, temperatis cogitationibus (Schlegel).

Weilt nahe Brahmaauflösung, die zu sich selbst gekommen sind[51]).

27 Wer äuss're Berührung entfernt, nur zwischen Augenbrauen blickt[52]),
Den Ein- und Aushauch gleich gemacht[53]), der durch die Nasenlöcher geht,

28 Bänd'gend Sinne, Verstand und Herz, einsam[54]), nur nach Befreiung strebt,

Wer ohne Wunsch und Furcht und Zorn, der ist beständig schon
befreit[55]).

---

51) *Viditátmanám*, wörtlich: die sich selbst gefunden haben. Schlegel übersetzt: spi-
ritalis essentiae gnari. Thomson: who know their own souls. Bur-
nouf: qu'on connait soi même.

52) D. h. um durch die Wahrnehmung äusserer Objekte in der Betrachtung nicht gestört
zu werden, da die Augen, um den Schlaf zu vermeiden, nicht geschlossen werden
sollen. In der folgenden Lesung (VI. sl. 13) wird dieselbe Regel so ausgesprochen,
dass der Anachoret auf seine Nasenspitze blicken solle.

53) Vergleiche, was oben (IV. Anm. 47) über die Uebung der *pránajáma* (Athemsbändigung) gesagt wurde.

54) Das Wort *muni* (Einsiedler, Anachoret), welches auch im Original an dieser Stelle
steht, ist eigentlich das Subjekt des ganzen Satzes, welcher zwei Sloken umfasst.

55) Vergl. Katha-Upanischad 6. valli 14, 15 (Bibl. Ind. vol. XV. p. 117): „When
all the desires cease which were cherished in his heart, then the
mortal becomes immortal, then he obtains here Brahma. When all
the bonds of the heart are broken in this life, then the mortal
becomes immortal; this alone is the instruction." Nach der Lehre der
Sankhja- und Joga-Philosophie (sowohl des Kapila, als auch des Patandschali)
wird die endliche Befreiung, welche erst beim Tode durch gänzliche Trennung des
Geistes vom Körper eintritt, schon in diesem Leben gleichsam anticipirt in jenem
Zustande, wo die Seele von den Einflüssen des Körpers unabhängig wird, was vor
allem in der magnetischen Ekstase stattfindet. Wer diese erreicht, wird daher von
Patandschali *Dschivan mukti* (lebendig befreit) genannt. Es kann gar keinem
Zweifel unterliegen, dass auch hier in der Bhagavad-Gita von diesem Zustande des
Dschivan mukti die Rede ist. Aus der oben (Anm. 47) citirten Stelle der Prasna-
Upanischad geht deutlich hervor, dass dieser Zustand der endlichen Befreiung gleich
geschätzt wurde. Ebenso auch aus der Sankhja-Karika (67.: „Der Puruscha,
nachdem er durch Erreichung richtiger Erkenntniss die Selbstzwecklosigkeit der
übrigen Zustände erkannt hat, bleibt jedoch, seinen Leib festhaltend, wie das Um-
schwingen des Rades vermöge des gegebenen Antriebes fortdauert." — Auch für
diese mystischen Zustände, welche dem indischen Leben durchaus eigenthümlich sind
und zur Praxis der dortigen Weisen gewiss seit den ältesten Zeiten, ehe noch an das
Christenthum zu denken war, gehörten, konnte übrigens der Verfasser der Bh. G. in
den Schriften des N. Testamentes ein Analogon finden, was ihn um so mehr bestär-
ken musste, in denselben eine der Beachtung nicht unwürdige Weisheit zu sehen, die

29　Wer als der Opfer und Busse Geniesser[56]), aller Welten[57]) Herrn,
Und Freund der Wesen[58]) allzumal, Mich hat erkannt, der kommt
zur Ruh.

---

sich mit indischen Ideen und Irrthümern amalgamiren lasse. Er konnte möglicher
Weise in der Erzählung des h. Paulus von seiner Entzückung bis in den dritten Himmel eben diesen Zustand des *Dschivan mukti* wiederfinden, der ihm als das höchste
in diesem Leben zu erstrebende Ziel erschien. Vergl. 2. Corinth. 12, 2—4: „Οἶδα
ἄνθρωπον ... (εἴτε ἐν σώματι, οὐκ οἶδα· εἴτε ἐκτὸς τοῦ σώματος οὐκ οἶδα· ὁ Θεὸς
οἶδεν) ἁρπαγέντα τὸν τοιοῦτον ἕως τρίτου οὐρανοῦ. Καὶ οἶδα τὸν τοιοῦτον ἄνθρωπον ... ὅτι ἡρπάγη εἰς τὸν παράδεισον, καὶ ἤκουσεν ἄῤῥητα ῥήματα."

56) Vergl. oben IV, sl. 32. Geniesser *(bhoktâram)* der Opfer und der Busse nennt sich
Krischna, weil die Opfer Ihm dargebracht werden, und die Ascese Ihn zum Zweck
und Gegenstand hat.

57) Gewöhnlich werden drei verschiedene Welten unterschieden: Himmel, Erde und Unterwelt. In dem Sankhja- und Vedanta-System unterscheidet man jedoch acht
materielle Aufenthaltsorte aller Wesen: 1) *Brahmaloka*, die Welt der höchsten Gottheiten; 2) *Pitriloka*, die der Altväter, der Rischis; 3) *Somaloka*, die Welt des Mondes
und der Planeten; 4) *Indraloka*, die Welt der niederen Gottheiten; 5) *Gandharvaloka*,
die Welt der guten, himmlischen Geister; 6) *Rakschasaloka*, 7) *Jakschaloka* und
8) *Pisatschaloka*, die Welten der Riesen und Dämonen.

58) Krischna nennt sich in der Bh. G. wiederholt Freund aller Wesen, insbesondere
Freund des Ardschuna, der ihm lieb ist. Da die Idee des persönlichen
Wohlwollens der höchsten Gottheit den Menschen gegenüber eine der indischen Phi-
losophie fremde ist und dies schon wegen des pantheistischen Charakters derselben
nothwendig sein muss, so vermuthe ich hier ebenfalls die Aufnahme eines christlichen
Gedankens in das solcher Vorstellung sonst fernstehende indische System. Vergl.
Joan. 15, 14—15: „Ὑμεῖς φίλοι μου ἐστὲ ... Οὐκέτι ὑμᾶς λέγω δούλους ....
ὑμᾶς δὲ εἴρηκα φίλους."

Sechste Lesung.

Der Erhabene spricht:

1 Wer nicht um Werkesfrucht besorgt verrichtet das zu thun'de
Werk[1]),

Der hat entsagt, der ist vertieft; nicht wer ohn' Feu'r und heilig
Werk[2]).

2 Was sie Verzichtung nennen, das Vertiefung wisse, Pándava[3])!

Denn keiner, der den Plänen nicht entsagt[4]), jemals ist vertieft.

3 Wer Vertiefung zu ersteigen strebet, dem Werk ein Mittel ist;

Wer Vertiefung erstiegen hat, dem ein Mittel die Ruhe ist[5]).

---

1) *Kárjam karma*, opus peragendum d. h. das durch die Pflicht und den Stand gebotene Werk.

2) Dies bezieht sich auf die im Gesetzbuch des Manu gegebene Vorschrift für den Sanjasi d. h. denjenigen Brahmanen, der die letzte und höchste Stufe der Ascese erreichen will, nachdem er zuerst das heilige Feuer mit in den Wald genommen und die vorgeschriebenen Opfer verrichtet hat, endlich, nachdem er „das Opferfeuer in seinen Geist aufgenommen," als ein *anagni* d. h. ohne Feuer zu leben (Manu. VI. 25. 38), und ohne weitere äusserliche religiöse Verrichtungen allein nach der endlichen Befreiung *(mokscha)* zu streben. Der Sinn ist: auch ein solcher wäre kein wahrer Sanjasi, wenn er nicht jene innerliche Abtödtung (Verzichtung auf die Frucht der Werke) besässe, welche ich dir empfehle, und die auch mit der Verrichtung der Standespflichten verträglich ist.

3) Dieser Satz enthält die Antwort auf die in der vorigen Lesung sl. 1. gestellte Frage des Ardschuna. Vergl. auch ibid. sl. 5.

4) *Asanjastasankalpo.* Thomson: Who has not (previously) renounced all (earthly) plans of interest. Burnouf und Schlegel umschreiben den Ausdruck, der erstere mit: sans le renoncement de soi même, Letzterer durch: nisi abdicato sui studio. Das Wort *Sankalpa* hat hier die Bedeutung des Willens, Entschlusses, Planes und zwar in Bezug auf den Erfolg der Handlungen.

5) Wörtlich: wird ein Mittel genannt. Das Wort *Káranam* bedeutet zunächst: Grund, Ursache; dann auch: Hülfsmittel. Der Sinn ist: Die Werke selbst sind Mittel, um zur Vertiefung zu gelangen; ist diese aber einmal erlangt, dann ist das Nichthandeln, die Ruhe *(sama,* was Thomson mit cessation of action übersetzt) ein Mittel, um zur endlichen Befreiung zu gelangen. Es scheint hier wieder angespielt zu werden auf die oben erwähnten Vorschriften im Gesetze des Manu für die verschiedenen

4 Denn wenn an Sinnesdingen nicht er und nicht an den Werken

hängt,

Und allen Plänen hat entsagt, hat Vertiefung erstiegen er[6]).

5 Er zieh' sich selbst aus sich heraus[7]), nicht drück' er selber nie-

der sich;

Die Seele ist ihr eigner Freund, die Seele auch ihr eigner

Feind[8]).

6 Dess Menschen Freund die Seele ist, der selber sich durch sie

besiegt;

Stufen der brahmanischen Ascese. Unter dem *ârúrúkscha* (der die Joga zu ersteigen
strebt) ist der *Brahmatschari*, der *Grihasta* und der *Vanaprastha* zu verstehen;
unter dem *árúdha* (der sie schon erstiegen hat) der *Sanjasi*, welcher ohne Feuer und
Opfer leben und sich in vollkommenster Ruhe auf die Auflösung vorbereiten soll.
Unter dem *Karma* in der ersten Hälfte der Sloke scheint demnach hier dasselbe
gemeint zu sein, was in sl. 1. mit *Krijam*, heiliges Werk, im Gesetze vorgeschriebene
Ceremonien, bezeichnet wurde.

6) Wörtlich: dann wird er ein die Vertiefung *(joga)* erstiegen Habender genannt.

7) Schlegel übersetzt, ebenfalls wörtlich: Extricet semet, sua ipsius ope. Thomson: Let him raise his soul by his own means. Burnouf: Qu'il s'eleve
donc. Ich vermuthe in diesem Ausdruck nichts Anderes als die Nachbildung des
Ausspruches Christi (Matth. 16, 24): „Ἀπαρνησάσθω ἑαυτόν (abneget semetipsum). Beachtenswerth ist dabei insbesondere, dass bei Matthäus unmittelbar
auf diesen Ausspruch die Worte folgen (v. 25): „Ὃς γὰρ ἂν θέλῃ τὴν ψυχὴν αὑτοῦ
σῶσαι, ἀπολέσει αὐτήν· ὃς δ' ἂν ἀπολέσῃ τὴν ψυχὴν αὑτοῦ ἕνεκα ἐμοῦ, εὑρήσει αὐτήν.",
welche einen deutlichen Anklang an den zweiten Vers der Sloke darbieten, der noch
evidenter wird, wenn man damit die Parallelstelle bei Johannes (12, 15) vergleicht:
„Ὁ φιλῶν τὴν ψυχὴν αὑτοῦ ἀπολέσει αὐτήν. καὶ ὁ μισῶν τὴν ψυχὴν αὑτοῦ
ἐν τῷ κόσμῳ τούτῳ, εἰς ζωὴν αἰώνιον φυλάξει αὐτήν," wobei namentlich der Umstand
noch auffällig ist, dass sich an diese Worte bei Johannes unmittelbar jene Stelle
anschliesst, von der oben schon nachgewiesen wurde, dass sie vom Verfasser der
Bh. G. Les. IV. sl. 11 (siehe dort Anm. 15) benutzt worden.

8) Thomson erklärt den Sinn dieser Worte richtig, wenn er sagt: „Die Seele wird
bekanntlich als durchaus verschieden vom Körper angesehen; sie wohnt auf Erden in
demselben, um ihr Heil (salvation) zu wirken. Aber das individuelle Selbst in
dieser Welt besteht aus der Verbindung von Leib und Seele, und obgleich der Leib,
beeinflusst von der Leidenschafts-Guna *(radschas)* von Natur der ganzen Person feindlich ist, so ist er nichtsdestoweniger ihr Freund, wenn er durch die Seele gebändigt
wird, indem er das Mittel wird, wodurch die Seele Befreiung von der materiellen
Existenz erlangt." — Die ganze Lehre erinnert stark an Röm. 7, 23: „Βλέπω δὲ
ἕτερον νόμον ἐν τοῖς μέλεσί μου, ἀντιστρατευόμενον τῷ νόμῳ τοῦ νοός μου, καὶ
αἰχμαλωτίζοντά με τῷ νόμῳ τῆς ἁμαρτίας τῷ ὄντι ἐν τοῖς μέλεσί μου.

Durch Feindschaft des Ungeistigen[9]) wird aber er sein eigner Feind.

7 Wer sich besiegt, ist beruhigt, richtet auf's Höchste seinen Geist[10]),
In Kälte, Hitze, Lust und Leid, in Ehre, in Unehre auch[11]).

8 Wer an Erkenntniss sich erfreut[12]), hoch stehend[13]), seiner Sinne Herr,
Der Weise wird vertieft genannt[14]), dem gleich sind Scholle,
Stein und Gold.

9 Wer gegen Freund, Feind, Fernsteh'nden, Gleichgült'gen, den, der fremd, verwandt,
Gute und Schlechte, gleichgesinnt, ein solcher ausgezeichnet ist[15]).

---

9) *Anátmanas tu satrutve*. Schlegel: propter inimicitiam autem orga id, quod non spirituale est. Dieser Ausdruck erinnert unverkennbar an die oben citirten Worte des Apostel Paulus.

10) *Paramátmá samáhita* wird von den Uebersetzern verschieden wiedergegeben. Schlegel: spiritus summum locum obtinens in se recolligitur. Burnouf: l'âme suprême demeure recueillie. Thomson: the soul is intent on the Supreme Being. Die letztere Auffassung scheint die natürlichste zu sein.

11) Ich finde in diesen Worten einen Anklang an Röm. 8, 35: „Τίς ἡμᾶς χωρίσει ἀπὸ τῆς ἀγάπης τοῦ Χριστοῦ; θλίψις ἢ στενοχωρία, ἢ διωγμός, ἢ λιμὸς etc." in Verbindung mit 2. Corinth. 6, 4: „Ἐν παντὶ συνιστῶντες ἑαυτοὺς ὡς Θεοῦ διάκονοι ἐν ὑπομονῇ πολλῇ, ἐν θλίψεσι .... διὰ δόξης καὶ ἀτιμίας."

12) Im Original stehen hier die beiden Worte *dschnána* und *vidschnána*. Die Bedeutung derselben wurde bereits oben (III, Anm. 60) erklärt. Sie werden übrigens häufig in Verbindung mit einander gebraucht (vergl. VII, sl. 2 und IX, sl. 1), so dass es den Anschein hat, als ob das eine Wort nur zur Verstärkung des anderen diente, ohne dass man an verschiedene Begriffe dabei zu denken habe.

13) *Kutastho* d. h. einen erhabenen Standpunkt einnehmend.

14) *Jukta itjudschjate jogi* übersetzt Burnouf offenbar unrichtig: „a pour nom Yogi, car il est uni spirituellement." *Iti* kann sich nur auf das voranstehende *jukta* beziehen; daher muss *Jogi* Subjekt und *jukta* l'rädikat sein. *Jogi* ist ein weiter Begriff und bedeutet wohl hier so viel wie *muni* überhaupt. Der Sinn ist demgemäss: nicht jeder *Jogi* ist *jukta* (vertieft), sondern nur derjenige, welcher solche Gesinnungen hegt, wie sie hier ausgesprochen werden. Daher Thomson übersetzt: „The devotee, whose soul is sated with spiritual knowlegde .... is called devoted."

15) Die hier zu Grunde liegende Anschauung ist dieselbe wie oben V, sl. 18 (Anm. 35). Die Form des Ausdruckes trägt aber ein ganz christliches Gepräge. Vergl. Matth. 5, 44—45: „Ἐγὼ δὲ λέγω ὑμῖν, ἀγαπᾶτε τοὺς ἐχθροὺς ὑμῶν, εὐλογεῖτε τοὺς καταρωμένους ἡμᾶς, καλῶς ποιεῖτε τοὺς μισοῦντας ἡμᾶς .... ὅπως γίνησθε υἱοὶ τοῦ πατρὸς ὑμῶν τοῦ ἐν οὐρανοῖς, ὅτι τὸν ἥλιον αὐτοῦ ἀνατέλλει ἐπὶ πονηροὺς καὶ ἀγαθούς." — Was die hier vorkommenden Ausdrücke betrifft, so sind unter den

10 Es übe der Vertiefte stets sich selbst in der Verborgenheit[16]),
    Einsam, seiner Gedanken Herr, Erwartungs- und Umgebungs-los[17]).

11 'An reinem Orte festen Sitz sich selber auserwählend dann,
    Nicht allzuhoch, zu niedrig nicht[18]), mit Fell und Kusa-Gras
                                                    bedeckt[19]),

12 Auf Eins nur richtend sein Gemüth, Gedanken zähmend, Sinn'
                                                    und Werk',
    Dort sitzend üb' Vertiefung er zu seiner eig'nen Reinigung[20]).

13 Und so den Leib, den Kopf, den Hals dort unbeweglich tragend fest,
    Auf seine Nasenspitze schau'nd[21]), nach Orten nicht sich sehend um,

14 Mit ruh'gem Geist, und ohne Furcht, im Brahmacultgelübde fest[22]),
    Das Herz bezähmend, Mein gedenk, sitz' er vertieft, in Mich
                                                    versenkt[23]).

---

madhjastha (in der Mitte Stehenden), solche, die nicht Freunde und nicht Feinde sind (neutrarum partium homines, Schlegel), unter den *udâsina*, Gleichgültige, Indifferente, unter den *dveschja* (wörtlich zu Hassende) Fremde, im Gegensatz zu den Verwandten, zu verstehen. (Peiper übersetzt ganz verfehlt: Bei Freunden, Feinden u. s. w. ist Gleichmuth geehrt.)

16) Wörtlich: Im Verborgenen stehend. Vergl. Matth. 6, 6: „σὺ δὲ ὅταν προςεύχῃ, εἴσελθε εἰς τὸ ταμιεῖόν σου .... καὶ πρόσευξαι τῷ πατρί σου τῷ ἐν τῷ κρυπτῷ.“

17) *Nirâsir aparigraha*, wörtlich ohne Hoffnung (d. h. mit Verzicht auf alle irdischen Pläne) und ohne Umgebung. *Parigraha* bedeutet sowohl die Familie, die Gesellschaft, als auch das Besitzthum.

18) Nach Thomson bezieht sich dies nicht auf den Sitz selbst, sondern auf den Ort, wo er aufgeschlagen werden soll, nämlich nicht auf einer Anhöhe und nicht in einem tiefen Thale, was mir jedoch unwahrscheinlich ist. (Vergl. unten Anm. 23. die aus Jadschnavalkja citirte Stelle und Stenzler's Uebersetzung derselben.) Gewöhnlich wählten die Muni's einen Platz im Walde am Ufer eines Flusses, wo ihnen Wasser zum Trinken und Baden zur Hand war.

19) Das *Kusa*-Gras (poa cynosuroides) wurde bei den Indern zu verschiedenen religiösen Ceremonien gebraucht, besonders beim Opfer, wo es unter dem Opferfeuer liegen musste. Hier dient Fell und Kusagras zugleich zur Lagerstätte.

20) Vergl. oben IV. sl. 38 und V. sl. 11 (Anm. 21).

21) Siehe oben V. Anm. 52.

22) Wörtlich: Im Gelübde des Brahmatschari d. h. des Brahmanenschülers. Siehe oben IV. Anm. 57.

23) Diese Schilderung der Art und Weise, wie der Jogi zur Vereinigung mit Brahma und zur endlichen Befreiung streben soll, stimmt, zum Theil selbst wörtlich, überein mit einer Stelle der Svetasvatara-Upanischad (II, 7), woselbst diese Mittel und ihre mystischen Folgen noch ausführlicher beschrieben werden. Dort heisst es (Bibl. Ind.

15 So übend der Vertiefte stets sich mit gebändigtem Gemüth,

Zu in Auflösung gipfelnder Ruh[24]) kommt er, die in Mir besteht[25]).

Vol. XV. p. 53): „Die oberen Körpertheile aufrecht haltend und gleich mit den anderen Theilen des Leibes, im Herzen Sinne und Gedanken bezähmend, möge der Weise in dem Boot des Brahma über alle furchtbaren Ströme setzen. Niederhaltend den Athem, unterwerfend seine Wünsche und sanft athmend durch die Nasenlöcher, möge der Weise sorgfältig auf seinen Geist achten, wie auf einen Wagen, gezogen von wilden Rossen. An einem ebenen Orte, frei von Kieseln, Feuer und Sand, angenehm dem Gemüthe durch seine Töne, Wasser und Laubdach, nicht beschwerlich dem Auge, in eine Höhle sich zurückziehend, geschützt gegen den Wind, möge er sich üben. Diese Erscheinungen gehen voran der Vertiefung, durch welche die Offenbarung Brahmas bewirkt wird: es (Brahma) nimmt an die Form des Frostes, des Rauches, heisser Luft, des Windes, des Blitzes, des Krystalles und des Mondes. Wenn in dem Leibe des Jogi, welcher zusammengesetzt ist aus Erde, Wasser, Licht, Luft und Aether, die fünffältigen Qualitäten, welche die Vertiefung bezeichnen, offenbar sind, dann giebt es weder Unbehagen, noch Alter, noch Leid für denjenigen, der den in dem Feuer der Vertiefung brennenden Leib erlangt hat. Wenn der Leib hell und ohne Unbehagen ist, das Gemüth ohne Wunsch, wenn die Farbe glänzend, die Stimme süss, und der Geruch angenehm ist, wenn die Excremente wenig sind, dann, sagen sie, ist der erste Grad der Vertiefung erreicht." Eine andere, noch speziellere Schilderung von der Uebung des *Jogi* findet sich bei Jadschnavalkja III, 198 – 201 (bei Stenzler S. 111): „Die ausgebreiteten Füsse auf die Schenkel legend und die ausgebreitete rechte Hand auf die Linke, das Gesicht ein wenig erhebend und auf die Brust stützend, die Augen schliessend, in Ruhe verweilend, die Zähne mit den Zähnen nicht berührend, die Zunge unbeweglich am Gaumen haltend, mit verhülltem Antlitz, ganz unbeweglich, alle Sinne im Zaume haltend, auf nicht zu niedrigem und nicht zu hohem Sitze, vollziehe er zwiefache oder dreifache Athemhemmung. Dann denke er an jenen Herrn, welcher wie eine Lampe im Herzen weilt, er halte den Geist an Diesem fest und übe Sammlung des Gemüthes verständig." Vergl. auch unten (Anm. 33) die dort mitgetheilte Stelle aus der Amritananda-Upanischad.

24) *Sántim nirvánaparamám* wird von den Uebersetzern verschieden aufgefasst. Schlegel gab es ursprünglich wieder mit: ad tranquillitatem extinctioni proximam; Lassen (in der zweiten Ausgabe): ad tranquillitatem praecipuam extinctionis conditionem. Thomson: that tranquillity, the supreme extinction. Burnouf: à la beatitude qui a pour terme l'extinction. Ich fasse *parama* hier, wie es am Ende eines adj. compos. gewöhnlich heisst, in der Bedeutung von: Hauptbestandtheil, das Vorwiegende, so dass der Sinn ist: er kommt zu jener Ruhe, welche schon der Anfang des *nirvána* ist, und in diesem ihre letzte Vollendung, ihr Höchstes, ihren Gipfel erreicht. Es liegt dabei die schon oben (V. Anm. 55) erwähnte Vorstellung zu Grunde, dass die in der *Kaivalja* erreichte Freiheit der Seele von den Einflüssen des Körpers (der Zustand des *Dschivanmukti*) ein anticipirtes *nirvána* ist.

25) *Matsansthám*, wörtlich apud me constitutam d. h. die ihr Princip, ihren Grund in mir hat.

16 Vertiefung wird nicht dem zu Theil, der viel isst, noch der gar
nicht isst,

Noch der an vielen Schlaf gewöhnt, noch der immer wacht,
Ardschuna[26])!

17 Wer vertieft[27]) isst und sich erholt, vertieft in Werken sich bewegt,
Vertieft schläft und erwachet, dem leidtilgende Vertiefung[28]) wird.

18 Wenn den gezähmten Gedanken er richtet auf sich selbst allein[29]),
Unangereizt von jeder Gier, dann wird Vertiefter er genannt.

19 Wie eine Leuchte ohne Wind nicht zittert[30]) — dieses Bild, erwähnt

---

26) Vergl. Matth. 11, 19: „Ἦλθεν ὁ υἱὸς τοῦ ἀνθρώπου ἐσθίων καὶ πίνων‟ und Luc. 5, 33:
„Διατί οἱ μαθηταὶ Ἰωάννου νηστεύουσι πυκνὰ ... οἱ δὲ σοὶ ἐσθίουσι καὶ πίνουσιν;‟

27) *Jukta* übersetzte Schlegel hier mit devotus, später Lassen mit temperans, dem
die anderen Uebersetzer folgen. Ich glaube nicht, dass *jukta* (vertieft) hier nur den
speziellen Sinn von mässig haben solle, was nur aus dem Grunde angenommen worden zu sein scheint, weil dasselbe Wort (*joga*, Vertiefung) als Bezeichnung der Frucht
dieses Verhaltens gebraucht wird. Gegen die Uebersetzung von *jukta* mit temperans
scheint mir auch der Ausdruck *arabodhasja* zu sprechen; denn *budh* mit *ava* bedeutet
zunächst nicht wachen, wie es dann gefasst werden muss, sondern vielmehr erwachen (expergisci), wobei von Mässigkeit keine Rede sein kann. Unter *jukta*
(vertieft) verstehe ich demgemäss hier soviel wie geistig vereinigt mit Brahma
durch die rechte Intention, in welcher alle Handlungen verrichtet werden, die
Handlungen „in Brahma niederlegend,‟ wie es oben (V. sl. 10) verlangt wird.

28) Unter dieser „leidtilgenden Vertiefung‟ ist meines Erachtens hier wiederum
der Zustand der Kaivalja zu verstehen, der oben (sl. 15) mit *sânti nirvânaparama*
bezeichnet wird.

29) Weil der eigene Geist ein Theil des Brahma ist, und in ihm Brahma erkannt werden
kann. So heisst es in der Svetasvatara-Upanischad II, 15 (Bibl. Ind. vol. XV.
p. 54): „Wenn in diese Vertiefung versunken, er durch die wahre Natur seines eignen
Selbst, welches beleuchtet wie ein Licht, die wahre Natur des Brahma sieht, des
Ungebornen, Ewigen, von allen Einflüssen der Natur Freien, dann wird er von allen
Banden befreit.‟

30) Die Stelle, auf welche hier angespielt wird als der *Smriti* angehörig, findet sich fast
wörtlich wieder in den dem Sankara zugeschriebenen kurzen Lehrsätzen der Vedanta-Philosophie, die unter dem Namen Balabodhani bekannt sind und von Fritz
Windischmann in seiner Dissertation: „Sancara, sive de theologumenis
Vedanticorum,‟ mitgetheilt, übersetzt und commentirt worden sind. Sie lautet
(sl. 27): „Die irrthumslose Betrachtung ist wie eine Lampe an wildstillem Orte (*nird-
tasthapradîparat*) durch den Selbstgenuss ohne Rücksicht auf Sichtbares und Laut.‟
— Bei Jadschnavalkja wird dasselbe Bild von der Seele selbst gebraucht: III,
109. (Siehe oben V. Anm. 23.)

Vom Weisen wird's, gezähmten Geist's, der in sich selber sich
vertieft[31]).

20 Wo der Gedanke ruht[32]), gezähmt durch der Vertiefung Ausübung,
Wo, wenn er selber sich beschaut, er an sich selber Freude hat,

21 Wo Lust er ohne End', die nur der Geist begreift, die sinnlich nicht,
Erfährt, in der er weilend, nicht aus der Wesenheit wieder geht,

22 Und hat er sie erlangt, andren Gewinn nicht mehr für höchsten hält,
Und in ihr weilend nicht durch Schmerz, durch schweren auch,
erschüttert wird[33]):

---

31) *Jundschate jogamâtmana:*. Schlegel: qui suam ipsius devotionem exercet.
Thomson: who practices devotion of the soul. Der Sinn ist derselbe, wie
in der vorigen Sloke: Derjenige, welcher sich in seine eigene Seele mit seinen Gedanken vertieft.

32) *Paramate*, requiescit. Burnouf: jouit de la quietude. Thomson: thoughts
cease, d. h. alle anderen, zerstreuenden Gedanken hören auf.

33) Dass hier nicht bloss von jener geistigen Ruhe und inneren Befriedigung die Rede
ist, welche die Erkenntniss und Meditation dem nachdenkenden Geiste gewährt, sondern von mystischen und ekstatischen Zuständen und jener inneren Wonne und Seligkeit, welche dieselben (nach der übereinstimmenden Aussage von somnambulen und
ekstatischen Personen) mit sich bringen, liegt auf der Hand. — In Bezug auf den
Ausdruck *na tschalati tattvata:* (er geht nicht aus der Wesenheit) vergleiche man die
folgende Stelle aus der Amritanada-Upanischad, woselbst die Methode, um in
diesen Zustand zu gelangen, ganz systematisch behandelt wird (bei Windischmann
l. c. S. 1459): „Wie durch Ausbrennen der Erzschlacken das reine Gold und Silber
gewonnen wird, so wird durch Anhalten des Hauches die Finsterniss der Sinne ausgebrannt. Die Seele geht dann nicht zur Linken, sondern das *Dharma* (Gerechtigkeit) brennt die Sünden aus, und es geht jenes leuchtende Wesen im Geist
auf. Das Anhalten des Hauches aber ist dreifach: Einziehen, Insichzurückhalten und
Hinausgehenlassen. Einziehen heisst, sich mit dem *Prâna* (dem allgemeinen Lebensgeist) erfüllen; während des Insichzurückhaltens soll der grosse Name (*Pranava*
— ... lum, *Om*, der geheimnissvolle Name Gottes) betrachtet werden. Den Hauch hinauslassen, dass er zum *Akkasa* (Aether) geht, woher er gekommen, das heisst, ihn
entschwinden lassen, wie die Welt entschwindet. Den Hauch weder einziehen noch
entlassen, die Glieder nicht bewegen, vom Prâna durchdrungen bleiben, heisst ihn
bewahren. Getragen vom *Pranava* (vom Lobpreis Brahma's, d. i. dem göttlichen
Namen *Om*' wie von einem Wagen, wird der, welcher bezähmter Sinne ist, zum
erwünschten Ziel gelangen; dann möge er auch, den Wagen verlassend, eingehen
in die Wesenheit. Diese erreicht habend, lasse er all' sein Wissen schwinden,
wie einer, der, eine brennende Fackel in der Hand tragend, sie an dem Orte niederlegt, welchen er in der Finsterniss suchte und nun gefunden hat. Die Art zu sitzen
aber in solcher Joga ist diese: an einem Orte, wo Ruhe waltet, wo das Herz nicht

23 Die Trennung von Schmerzeinigung[34]) Vertiefung wiss' er sie genannt.

Die Vertiefung entschieden[35]) muss üben, wer an Auflösung denkt[36]).

24 Die Phantasie-entsprungenen[37]) Begierden lassend ganz und gar, Der Sinne Schaar[38]) bezähmend durch das Herz von allen Seiten her[39]),

---

ein- und auswandelt, wo nicht Furcht, Schrecken oder Unreinigkeit ist, da sitze der Einsame auf Stroh, und baue aus seiner Gerechtigkeit eine Mauer um sich und wisse: der Geist ist mein Wächter von allen Seiten, und vertiefe sich in das *Pranava* (die heilige Sylbe *Om*). So abgeschlossen in sich an allen Pforten des Leibes, betrachte er das Licht in der Herzgrube unter steter Wiederholung des *Pranava*.''

34) Schmerzeinigung, d. h. Verbindung mit Schmerz *(du:khasanjoga)* wird hier der natürliche Zustand des Menschen genannt, von dem er durch die Uebung der Joga getrennt werden soll, um in den mystischen Zustand der inneren Wonne zu gelangen. — Charakteristisch für den indischen Geschmack ist in diesem Verso die dreimalige Wiederholung des Wortes *joga* in immer verschiedener Zusammensetzung und Bedeutung *(du:khasanjoga, vijogam, jogasandschnitam)*.

35) *Nistschajena.* Schlegel: certo consilio. Thomson: with determination. Burnouf: avec constance.

36) Ich habe mir hier erlaubt, die Uebersetzung auf eine Conjektur zu gründen, durch welche, meiner Meinung nach, ein vortrefflicher Sinn in die ganze Stelle kommt, während die gewöhnliche Lesart alle Uebersetzer in Verlegenheit bringt, und kaum irgend einen Sinn hat. Ich lese nämlich: *nirvânatschetasâ* anstatt *nirvinnatschetasâ*. Das Letztere würde heissen: mit solcher Entschiedenheit, durch welche das Denken in Nichtwissen verwandelt wird. Schlegel: quo mens rerum inde alienarum immemor fiat. Thomson: by which though becomes indifferent. Burnouf: au point que la pensée s'y abime. — Ich fasse *nistschajena* als adverbialen Instrumentalis (mit Entschiedenheit) und *nirvânatschetasâ* als Instrumentalis der Person, von welcher oder durch welche die Joga zu üben ist, und übersetze es: von einem solchen, der an das *Nirvâna* denkt, der nach dem *nirvâna* strebt. Dass *tschetas* in Zusammensetzungen einen solchen Sinn haben kann, geht insbesondere hervor aus VIII. sl. 14, *ananjatschetas*, nihil aliud cogitans, wo es in einer ganz ähnlichen Verbindung steht. Lässt man diese von mir vorgeschlagene Conjektur gelten, dann motivirt dieser Vers ganz passend alle im Vorhergehenden und Nachfolgenden gegebenen Regeln durch Erinnerung an das höchste, durch Befolgung derselben zu erstrebende Ziel, während aus der gewöhnlichen Lesart nur mit Gewalt ein sehr unklarer Sinn herausgepresst werden kann. Man vergleiche auch oben (sl. 15) den Ausdruck: *nirvânaparama*, dem dieser dann ganz analog wäre.

37) *Sankalpa* hat die Bedeutung der willkührlichen Wahrnehmung und Zusammenfassung durch die Sinne und aus den Sinnen, der bildenden Imagination, Phantasie.

38) *Indrijagrâma* ist die Bezeichnung für die sämmtlichen äusseren Sinne, sowohl die fünf Wahrnehmungs-Sinne, als auch die sogenannten Handlungssinne *(Karmendrija)*, von denen oben (III. Anm. 8) die Rede war.

25 Allmählich komm' zur Ruhe er durch fest gewordenen Verstand[40]);
Bei sich selbst festhaltend das Herz[41]), denk' er auch irgend etwas
nicht[42]).

26 Wie oft nur immer schweifet ab das Herz, beweglich und nicht fest,
So oft auch es bezähmend dann, bring' er es unter seine Macht[43]).

---

39) *Samantatas*, undique. Die Sinne werden von den äusseren Objekten, mit denen sie
sich in Verbindung setzen, angereizt.

40) *Buddhjâ dhritigrihîtajâ*. Schlegel: mente perseverantiam amplexa; Thomson: by his mind's acquiring firmness. Burnouf: par sa raison affermie dans la constance.

41) D. h. ihm nicht gestattend, mit äusserlichen Gegenständen sich zu beschäftigen.

42) Darunter ist nicht zu verstehen, dass jede Thätigkeit des Denkens aufhören soll, sondern dass sich der Geist nicht mit Anderem, als mit sich selbst und mit dem Gedanken an Brahma zu beschäftigen habe, wobei er sich allerdings rein passiv zu verhalten hat. Hieraus geht deutlich hervor, dass jene höchste Erkenntniss, welche das Ziel
der Joga ist, nicht eine durch logisches Denken vermittelte, sondern vielmehr eine
innere Intuition ist, welche durch die *buddhi* nicht erreicht werden kann. — Diese
Art von Unterdrückung des Gedankens wird von Patandschali .*tsampradschnâta*
genannt, die Betrachtung, bei welcher ein Einhalten aller Thätigkeit des Denkens
stattfindet, nichts mehr durch die gewöhnliche Vermittlung der Vernunft erkannt wird,
wo demnach gänzliche Ruhe eintritt. Patandschali lehrt, die Joga sei die höchste
Stufe und Vollendung der Sankhja, und diese werde in der Kaivalja (Ekstase)
erreicht. Die erste Bedingung hierzu ist das Einhalten der Thätigkeit des Denkens,
sofern sie in den Sinnen und dem Manas mit blosser Wahrnehmung und Folgerung
beschäftigt ist. Die Gedanken sollen innerlich versammelt und zur geistigen Betrachtung werden. So in sich gekehrt und auf Eins gerichtet, wird der Gedanke in seiner
Vertiefung dem ähnlich, worauf er gerichtet ist. Geht diese Richtung auf einen
Gegenstand der Welt, so ist der Gedanke noch weltgestaltig, auch weltkräftig, aber
immer noch rastlos, leidenschaftlich, lüstern; geht aber die ganze Intention auf
Isvara (den Herren, Gott, den Geist) so wird er *Isvara*-gestaltig. (Siehe H. Windischmann l. c. S. 1881.) — Man vergleiche auch Katha-Upanischad 2. valli. 23.
(Bibl. Ind. Vol. XV. p. 106): „The soul cannot be gained by knowlegde,
not by understanding, not by manifold science. It can be obtained by
the soul, by which it is desired. His soul reveals its own truth."

43) Wenn auch die indische Philosophie keine adäquate Bezeichnung für unseren Begriff
der Freiheit des Willens besitzt, so geht doch aus dieser Sloke unzweifelhaft hervor,
dass die Thatsache der Freiheit des Willens anerkannt wird. Es ist sogar die grösste
nur denkbare Energie des Willens, die in der Ascese der Muni's und Jogi's ihren
Ausdruck findet, und bleibt es immerhin seltsam genug, dass die indische Philosophie,
trotz ihres Pantheismus, sich nicht zur klaren Idee der Freiheit des Willens zu erheben vermochte.

27 Wer, ruh'gen Herzens, so vertieft, den überkommt die höchste
Lust[44]),
Wer Leidenschaft besänftigt hat[45]), Brahma geworden, sündenrein.
28 So übend der Vertiefte stets sich selbst, von Sündenschuld befreit,
Mit Lust Brahmaberührung er, unbegränzete Lust, geniesst[46]).
29 Den Geist, der in allen Wesen, und alle Wesen in dem Geist
Schaut, wessen Seele ist vertieft, der überall dasselbe sieht[47]).

44) Die in der Ekstase empfundene innere Wonne, nicht, wie Thomson jedenfalls irrthümlich hier erklärt: final emancipation. Schlegel übersetzt: illum summa
voluptas subit. Burnouf: une felicité suprême penetre l'âme du Yogi.
45) Sántaradschasam d. h. der die Qualität des radschas, der Leidenschaft in sich besiegt hat.
46) Schlegel übersetzt: commode infinita voluptate e numinis contactu fruitur. Thomson: enjoys without trouble supreme felicity — the contact
of the Suprem Spirit. Burnouf: jouit héreusement dans son contact
avec Dieu d'une beatitude infinie. Der Ausdruck brahmasparsam, Brahmaberührung, scheint mir eine Art Gegensatz zu der Bezeichnung brahmanirvâna zu bilden (II. sl. 72), indem es nämlich der Dschivanmukti in der Kairalja nur gleichsam
bis zur Berührung des göttlichen Wesens bringen kann, während er bei seinem
Tode erst in dasselbe aufgelöst wird. — Bei dieser Schilderung der inneren geistigen
Wonne, welche der vollkommene Ascet in seiner innigen Vereinigung mit Gott geniesst,
und bei welcher der Verfasser hier mit Vorliebe verweilt, wird man unwillkührlich
an die inneren Tröstungen und Entzückungen erinnert, welche von den christlichen
Asceten als die Frucht vollkommener Abtödtung und der beständigen Vereinigung
der Seele mit Gott durch das Gebet geschildert werden. Man vergleiche mit diesen
Stellen der Bh. G., was Thomas a Kempis (de imit. Christi II, 8) über das Glück
der mit Gott durch Ascese und Comtemplation vereinigten Seele sagt: „Quando
Jesus adest, totum bonum est, nec quidquam difficile videtur....
Si Jesus unum verbum (intus) loquitur tantum, magna consolatio sen-
titur.... Felix hora, quando Jesus vocat de lacrymis ad gaudium
spiritus.... Esse sine Jesu, gravis est infernus, et esse cum Jesu,
dulcis est paradisus. Si fuerit tecum Jesus, nullus poterit nocere ini-
micus. Qui invenit Jesum, invenit thesaurum bonum, imo bonum super
omne bonum.... Magna ars est, scire conversari cum Jesu et scire
Jesum tenere, magna prudentia. Esto humilis et pacificus et erit
tecum Jesus. Sis devotus et quietus, et permanebit tecum Jesus....
Esto purus et liber ab intus, sine alicujus creaturae implicamento.
Oportet te esse nudum et purum cor ad Deum gerere, si vis vacare et
videre, quam suavis sit Dominus."
47) Die hier vorgetragene Lehre stimmt vollkommen mit den Grundsätzen der Vedanta-
Philosophie überein, welche der Verfasser der Bh. G. mit der Sankhja zu vereinigen
sucht. Man vergleiche damit Balabodhani 41—43: „Der scheinbare (im Traum

30 Wer Mich erblicket überall und Alles auch in Mir erblickt,

Aus dem entschwinde nimmer Ich, noch auch entschwindet er

aus Mir[48]).

31 Wer Mich, der Ich in Allem bin, verehrt, die Einheit strebend an[49]),

Der Weise, wie auch immer nur er lebet[50]), lebt stets in Mir.

32 Wer nach der eignen Aehnlichkeit[51]), Ardschuna, Alles gleich nur

schaut,

Ob Lust es oder Leid, der gilt für der Vertieften Trefflichsten.

---

befindliche) Lebendige hält diese scheinbare Welt für real; der andere, wirkliche, aber
für falsch. Der thätige (Weltbeschäftigte) Lebendige hält diese thätige Welt für real;
der andere, wirklich reale, aber für falsch. Der wirkliche Lebendige erkennt die
Einheit mit Brahma als real; nichts Anderes wird gesehen; es wird
nur gesehen durch Unwahrheit" — Vergl. auch über den Zustand des magnetischen Schauens und die dabei empfundenen Wonne die oben (V. Anm. 47) citirte
Stelle aus der Prasna-Upanischad.

48) Vergl. Isa-Upanischad 6. (Bibl. Ind. vol. XV. p. 72): „Whoever beholds all
beings in the soul alone, and the soul in all beings, does hence not
look down (an any creature)." — Die pantheistische Lehre, welche hier vorgetragen wird, und die sich ihrem Inhalte nach kaum von der All-einslehre der Vedantisten unterscheiden dürfte, erhält jedoch durch die Personification des Brahma in
Krischna ein ganz eigenthümliches Gepräge, welches sie in der Form, wie sie hier
ausgesprochen wird, mit christlichen Vorstellungen in nahe Berührung bringt. Insbesondere scheint es der Ausspruch Christi zu sein (Joan. 6, 56): *Ἐν ἐμοὶ μένει κἀγὼ
ἐν αὐτῷ,* in welchem der Verfasser der Bh. G. einen Anklang an seine eigenen Ideen
gefunden haben dürfte, und den wir unten noch wiederholt in mehreren Sätzen (namentlich
IX. sl. 29) wiederfinden werden. Dieser Ausspruch ist so eigenthümlich und charakteristisch, dass es schwer zu glauben ist, es sei irgend ein pantheistischer Philosoph ohne
jede Kenntniss vom Christenthum darauf verfallen. Die Brücke dazu konnte nur gebaut
werden durch die mit dem reinen Pantheismus schwer vereinbare Annahme der Menschwerdung des höchsten Wesens in der Person des Krischna, von der es, auch schon deshalb allein, mehr als wahrscheinlich ist, dass sie keine ursprünglich indische Erfindung, sondern dem Christenthum entlehnt ist.

49) *Ekatram āsthita,* unitati intentus (Schlegel); intent on unity (of object
i. e. on the Supreme Being, the one object (Thomson); qui demeure
ferme dans le spectacle de l'Unité (Burnouf). Zur Erklärung dient der Ausdruck *brahmaikjam* (die Einheit mit Brahma) in Balabodhani. 43.

50) D. h. ob er in der Welt lebt und seine Standespflichten erfüllt, oder sich als Ascet
in die Einsamkeit zurückgezogen hat. Vergl. unten XIII, sl. 23.

51) *Atmaupamjena.* Schlegel: sui ipsius similitudine ductus. Thomson: by
comparison with himself. Burnouf: instruit par sa propre identité.
Aupamja heisst: das Verhältniss der Aehnlichkeit oder Gleichheit, Gleichniss. Der

Ardschuna spricht:

33 Der Vertiefung durch Gleichmuth[52]), die du lehrest, Madhusûdana!
    Seh' keinen sicheren Bestand ich, wegen der Beweglichkeit.

34 Beweglich ist das Herz, Krischna, unruhig, mächtig, starren Sinn's;
    Bezähmung dessen also schwer, mein' ich, wie die des Windes ist.

Der Erhabene spricht:

35 Schwer, ohne Zweifel, Wagenheld, zu zügeln, flüchtig ist das Herz;
    Durch Uebung aber, Kaunteja, durch Entsagung wird es gezähmt.

36 Wer seiner Herr nicht ist, erlangt Vertiefung schwer; so meine ich;
    Wer lenksam ist und sich bemüht, der kann erreichen sie mit
                                                        Kunst[53]).

Ardschuna spricht:

37 Wer nicht gezähmt[54]), doch glaubensvoll[55]), von der Vertiefung
                                                   abgeschweift,

---

Sinn ist: wer Alles mit sich selbst identificirt. Zur Erklärung (namentlich in Bezug
auf den folgenden Ausdruck: ob Lust es oder Leid) dient der Schluss der Balabodhani (44—47): „Sowie die Eigenschaften des Wassers: Süsse, Flüssigkeit und
Kälte, nachdem sie in die Woge übergegangen sind, dann auch in den darin befindlichen Schaum übergehen, so sind die im Zeugen (im Geiste) befindlichen Eigenschaften des Seins, Denkens und der Glückseligkeit auch im thätigen Lebendigen vorhanden und durch ihn gehen sie in den scheinbaren über. Wie aber umgekehrt beim Vergehen des Schaumes die darin vorhandenen Eigenschaften der Flüssigkeit u. s. w. in der Woge, und auch bei deren Vergehen im Wasser bleiben, wie es
vorher gewesen: so sind die Eigenschaften des Seins, Denkens und der Glückseligkeit
beim Vergehen des scheinbaren Lebendigen im thätigen, und bei dessen Vergehen
kehren sie zurück in den Zeugen."

52) *Sâmjena*. Schlegel: aequabilitate. Burnouf: que tu place dans l'iden-
    tité. Ich halte die Auffassung Schlegels, der auch Thomson folgt, hier für die
    richtige. Nicht auf die eben vorgetragene Identitätslehre, sondern auf jenen, mit ihr
    allerdings zusammenhängenden Gleichmuth, jene Indifferenz, allen äusseren Eindrücken
    gegenüber, bezieht sich Ardschuna hier, welche namentlich Sl. 7 u. 8 und dann auch
    sl. 24—26 gelehrt wird.

53) *Upâjatas* heisst wörtlich: durch ein Heilmittel, durch List. Schlegel: industria
    quadam. Thomson: by (proper) means. — Die ganze Rede des Krischna
    athmet einen christlich-ascetischen Geist, von dem in den Jogasutras des Patand-
    schali, so weit wir ihren Inhalt kennen, keine Spur zu finden ist.

54) *Ajati* d. h. der es nicht zu jener vollkommenen Bezähmung der Sinne und des Her-
    zens gebracht hat, welche die Bedingung ist, um zur *Kaivalja* und zum *Nirvâna* zu
    gelangen.

Und nicht Vollkommenheit erlangt, welchen Weg, Krischna, wandelt der?[55])

38 Geht hier und jenseits er gestürzt[57]), gespalt'ner Wolke gleich[58]), zu Grund,

Unstät, Grossarm'ger, abgeirrt vom Pfade, der zu Brahma führt?

39 Den Zweifel wolle mir, Krischna, nun lösen jetzo ganz und gar.

Des Zweifels andrer Löser wird ja nicht gefunden, als nur du[59]).

Der Erhabene spricht:

40 Nicht hier, nicht jenseits[60]), Prithakind, trifft einen solchen Untergang;

---

55) *Sraddhajopeto.* Schlegel: fide instructus. Thomson: gifted with faith. Burnouf: mais croyant. Es ist hier von jenem Glauben (*sraddha*) und jener Verehrung (*bhakti*) die Rede, welche in sl. 31 beschrieben wurde, d. h. die sich auf Vischnu als die höchste Gottheit, die in der Person des Krischna sich offenbart hat, bezieht.

56) D. h. an welches Ziel gelangt er?

57) *Ubajaribhraschtas.* Schlegel: utrinque dejectus. Burnouf: repoussé de part et d'autre. Thomson: ejected from both (heaven and emancipation). Wie *ubaja* (utrinque) hier zu verstehen sei, geht, meines Erachtens, deutlich aus der Antwort des Krischna (sl. 40) hervor: *naireha námutra* d. h. nicht hier (in dieser Welt), noch jenseits (nach dem Tode). Zu gekünstelt erscheint mir die Erklärung Thomson's, wenn er sagt: „Wer die im Gesetz und in den Vedas vorgeschriebenen Opfer und Ceremonien unterlässt, um sich der Joga zu weihen, geht dadurch verlustig jener beschränkten Glückseligkeit, welche den Veda-Gerechten im vergänglichen Himmel des Indra erwartet. Bleibt nun ein solcher auch in der Joga-Uebung nicht beständig, so beraubt er sich auch des Lohnes, welcher dieser verheissen ist, der endlichen Befreiung." (In diesem Sinne erklärt er auch im folgenden Verse unstät, *apratischtho*, mit: not remaining steady i. e. constant to the established religion.) Die Ausübung der Joga ist aber keineswegs unvereinbar mit der Beobachtung der gesetzlichen Ceremonien und steht durchaus in keinem solchen Gegensatz zur Veda-Religion, dass das eine das andere ausschliesse. Selbst Patandschali, der in der Joga-Praxis am weitesten geht, lässt die Offenbarung (Jogasutras 7.) als Beweis gelten. (H. Windischmann l. c. S. 1880.)

58) D. h. eine Wolke, die, nachdem sie durch Regen sich entleert hat, zerreisst. Schlegel: sicuti nubes fulmine discussa. Thomson: like a broken cloud.

59) Vergl. Joh. 6, 68: „Κύριε, πρὸς τίνα ἀπελευσόμεθα; ῥήματα ζωῆς αἰωνίου ἔχεις." Eine ganz ähnliche Stelle kommt in der Katha-Upanischad (1. Valli, 22) vor: „Ein anderer Erklärer davon, der dir gleicht, ist nicht zu verlangen" (bei Windischmann l. c. S. 1708).

60) *Amutra*, wörtlich dort, insbesondere im Gegensatz zu *iha* (hier): im Jenseits, nach dem Tode.

8

Denn Keiner, welcher Gutes thut[61]), geht, Lieber! einen bösen
Weg[62]).

41 In die Welten der Guten[63]) kommt er und weilt ew'ge Jahre dort;
In Reiner, Glücklicher Haus[64]) wird gebor'n, wer aus Vertiefung fiel.

42 Oder er wird aus dem Geschlecht weiser Vertiefter wieder dann.
Doch schwier'ger zu erlangen ist in der Welt solche Neugeburt[65]).

43 Dort nimmt er an den Geistesdrang, der in dem früh'ren Körper
war[66]);

---

61) *Kaljânakrit.* Schlegel: honestus. Thomson: who acts uprigthly. Burnouf: un homme de bien. Dies scheint sich zunächst auf einen solchen zu beziehen, welcher, wie Ardschuna (sl. 37) gesagt hat, *Sraddhajopetas* d. h. von Glauben
und Verehrung für ihn (Vischnu) erfüllt ist.

62) D. h. er geht dem Untergange entgegen. Unter dem bösen Wege *(durgati)* und dem
Untergange *(nâsa)*, von welchem hier die Rede ist, hat man wohl zunächst die Wie-
dergeburt auf einer niedrigen Stufe der Existenz zu verstehen, welche die endliche
Befreiung in unabsehbare Ferne rückt.

63) *Punjakritâm lokân.* Schlegel: Sedes superas proborum. Es sind hier die
ersten fünf jener acht Welten gemeint, von denen oben (V. Anm. 57) die Rede war.
Die guten Menschen, die noch nicht zur endlichen Befreiung gekommen sind, gelangen nach ihrem Tode, ehe sie auf Erden wiedergeboren werden, in eine jener fünf
Welten, je nach dem Masse ihres Verdienstes, um daselbst einen langdauernden Lohn
zu empfangen. Der Ausdruck *sâsvati samâ* (ewige Jahre) im Folgenden bedeutet nur:
einen sehr langen Zeitraum, nicht aber: durch alle Ewigkeit. Denn alle jene Welten
sind vergänglich und gehen beim Weltuntergange, auf welchen eine neue Schöpfung
folgt, mit unter. Nur die Auflösung in Brahma und die gänzliche Befreiung vom
Körper bereitet ewige, unverlierbare Seligkeit.

64) *Geha,* wörtlich: domus, habitatio, kann hier entweder den Leib, die Wohnung
des Geistes, bedeuten (wie es Thomson fasst: in the body) oder: Familie,
Hausstand heissen (wie Schlegel übersetzt: in castorum beatorumque
familia). Unter den Reinen versteht Thomson hier die Brahmanen und unter
den Glücklichen die Kschatrijas.

65) *Durlabhataram,* wörtlich: schwieriger zu erlangen. Der Comparativ bezieht sich auf
die in der vorigen Sloke erwähnten Geburten. Worin die Schwierigkeit bestehe und
wodurch sie überwunden werden könne, wird nicht gesagt. Man darf wohl hier nicht
an die eigentlichen Jogi's denken, welche sich der Ascese in der Einsamkeit widmen,
da dieselben keinen Hausstand haben und daher von einem Geschlechte *(kula)* derselben nicht füglich gesprochen werden kann, sondern muss vielmehr annehmen, dass
hier von solchen Vertieften die Rede ist, welche, wie es dem Ardschuna empfohlen
wird, die Verrichtung ihrer Standespflichten mit der Joga verbinden.

66) Es ist ein Hauptprinzip der indischen Lehre von der Seelenwanderung, dass die in
dem früheren Leben erworbenen Eigenthümlichkeiten der Seele in das neue Leben

Und strebet um so mehr alsdann nach der Vollendung, Kurûsohn!

44 Durch jene heil'ge Uebung wird er fortgerissen, willenlos.

Vertiefungswissbegierig nur, er Brahma-Lehre übertrifft[67]).

45 Doch wer mit Eifer sich bestrebt[68]), der Vertiefte, von Sünden rein,

Durch mehrfache Geburt verklärt[69]), der wandelt dann den höchsten Weg[70]).

---

mit hinüber genommen werden, sowie auch die Vergehungen eines früheren Lebens in dem gegenwärtigen gebüsst werden müssen, — die einzige Erklärung, welche die Inder von der Verschiedenheit der irdischen Loose, die den Menschen zu Theil werden, zu geben wissen. Wer also in dem früheren Leben schon nach Vertiefung gestrebt hat, dem wird dieser Hang, wenn er auch durch seine Unbeständigkeit an der Erreichung des Zieles gehindert worden ist, auch in dem neuen Leben innewohnen und ihn gleichsam mit Nothwendigkeit antreiben, seine Bemühungen fortzusetzen.

67) Der Sinn ist: Wer auch nur das Verlangen hat, durch die Uebung der Joga die unmittelbare und höchste Erkenntniss des Brahma sich zu erwerben, der steht höher, als diejenigen, welche Brahma nur gleichsam vom Hörensagen, durch dasjenige kennen, was darüber gelehrt oder überliefert wird. *Sabdabrahma* übersetzt Schlegel: theologiam meris verbis circumscriptam, indem er das Wort *brahma* hier in der Bedeutung: heilige Weisheit, Theosophie fasst, wie es in den Upanischad's nicht selten gebraucht wird. *Sabdabrahma* (Wort- oder Ton-Brahma) bedeutet dann, im Gegensatz zu der inneren Intuition, die nur der vollkommene Jogi in sich erfährt, dasjenige, was von Brahma gehört, überliefert, äusserlich gelernt wird. Oder sollte vielleicht durch *sabdabrahma* (Ton-Brahma) das heilige Wort *Om*, der Name der Gottheit bezeichnet werden, und der Sinn sein: das blosse Verlangen nach der wahren Vertiefung lehrt schon mehr von Brahma kennen, als die Aussprache dieser heiligen Silbe?

68) *Prajatnâdjatamânas* (dessen Herz mit Eifer sich anstrengt) bildet hier den Gegensatz zu dem *dschidschnasur jogasja* (Vertiefungswissbegierigen), der in der vorigen Sloke erwähnt wird und der sich nur durch Wissbegierde, aber nicht durch Eifer und Beharrlichkeit auszeichnet, der nur einen Versuch der Joga gemacht hat, ohne dabei zu beharren. Vergl. Mundaka-Upanischad III, 2, 4. (Bibl. Ind. Vol. XV. p. 163): „The soul cannot be obtained by a man without strength, nor by carelessness, nor by devotion, nor by knowlege which is unattended by devotion; but if the wise strives with those supports, then enters the soul the abode of Brahma."

69) Wörtlich: vervollkommnet *(sansiddhas)*. Die Wiedergeburt wird insofern ein Vervollkommnungsmittel genannt, als sie dazu antreibt, den Eifer zu verdoppeln, um das Ziel nicht wiederum zu verfehlen.

70) D. h. denjenigen, der zur endlichen Befreiung führt.

46 Ueber Büssern Vertiefter steht[71]), gilt höher als Gelehrte auch[72]),
     Höher als Werkverrichtende[73]); drum sei Vertiefter, Ardschuna!
47 Von allen den Vertieften wer, den innern Geist Mir zugewandt,
     Mich glaubensvoll verehrt, den halt' Ich selbst für den Vertief-
                                             testen[74]).

---

71) Hier sind natürlich nur solche Büsser gemeint, die Alles von der Strenge und Menge
bloss äusserlicher Busswerke erwarten, ohne jene innere Abtödtung und Lostrennung
von allen Begierden, in welcher der Geist der wahren Vertiefung besteht.

72) D. h. als solche, welche nur theoretische Erkenntniss besitzen, die ohne jene praktische, welche nur die Joga gewähren kann, zur Erreichung des höchsten Zieles unzugänglich ist. Diese Sloke kann als Beweis dafür angeführt werden, dass diejenigen
irren, welche den Indern die Lehre imputiren, dass die Erkenntniss, das Wissen schlechtweg (in Hegelscher Auffassung), das Höchste sei und zum höchsten Ziele führe.

73) D. h. solche, welche in die Verrichtung der Werke allein, worunter hier namentlich
religiöse Werke, Opfer und Ceremonien zu verstehen sind, ihre Hoffnung setzen.
Der wahrhaft Vertiefte vereinigt in sich Ascese, Erkenntniss und Werkverrichtung.

74) Dies hängt mit der von Krischna schon oben (IV. sl. 9) ausgesprochenen Lehre zusammen, dass die Erkenntniss der Incarnation Vischnu's in der Person des Krischna
die höchste aller Erkenntnisse sei und die Kraft habe, die endliche Befreiung zu verleihen. Es wurde aber schon darauf hingewiesen, dass dieses eine der altindischen
Lehre völlig fremde Vorstellung sei, die ihre Erklärung nur in der Nachahmung des
christlichen Dogmas von dem als Bedingung zur Seligkeit nothwendigen Glauben an
Christus findet.

Siebente Lesung.

Der Erhabene spricht:

1 Wie im Gemüth Mir anhängend, Vertiefung übend, Mir vertrau'nd,
   Unzweifelhaft Mich ganz du wirst erkennen, Pàrtha, höre nun[1]).
2 Die Kenntniss mit Verständniss[2]) will Ich dir erklären ganz und gar;
   Und hast du die erkannt, so bleibt nichts Andres zu erkennen hier[3]).

---

1) Mit dieser Lesung beginnt der zweite Haupttheil der **Bhagavad-Gita**, welcher die
   Abschnitte VII—XII. umfasst und der den eigentlichen Kern des Gedichtes bildet.
   Während in den ersten 6 Abschnitten hauptsächlich die Lehren der Joga-Praxis entwickelt werden, wie diese vom Verfasser, ausgehend von dem System des **Patandschali**,
   dasselbe jedoch mildernd und auf das praktische Leben ausdehnend und vielfach durch
   christliche Anschauungen modificirend, verstanden wird, beschäftigt sich der zweite
   Theil vorwiegend mit der Natur und den Eigenschaften Gottes und seinem Verhältniss zur Welt und zu den Menschen. Die hier zu Grunde liegenden Ideen sind theils
   aus der theistischen **Sankhja**, theils aus der **Vedanta**-Philosophie geschöpft, werden jedoch wiederum durch christliche Vorstellungen modificirt, so dass der in ihnen
   vorhandene Pantheismus vielfach den Anschein eines spirituellen Monotheismus gewinnt.
   Im Gegensatz zu der reinen Identitäts-Lehre der **Vedanta** wird der Unterschied des
   höchsten Geistes von der Welt (wenigstens des materiellen Theiles derselben), gelehrt,
   im Gegensatz zur **Sankhja**, welche die schaffende Kraft lediglich der Natur (der
   prakriti) zuschreibt, die Schöpfungsmacht des göttlichen Geistes behauptet. Alles
   gipfelt jedoch in der Lehre, dass **Vischnu**, der in der Person des **Krischna** Mensch
   geworden, diese eine höchste Gottheit, und dass daher der Glaube an ihn und seine
   Verehrung nothwendige Bedingung des Heiles sei. Wie sehr eine solche Lehre die
   Aufnahme christlicher Elemente in das System begünstigen musste, liegt auf der Hand.
   Dass dabei, bei dem sonstigen Festhalten an den Hauptprinzipen der indischen Philosophie, auch mannichfache innere Widersprüche entstehen mussten, ist ebenfalls
   erklärlich. Dieselben werden jedoch sehr geschickt verhüllt, und es lässt sich nicht
   läugnen, dass die Abschnitte VII – XII. der Bh. G. zu dem Schönsten und Erhaben-
   sten zu rechnen sind, was in der heidnischen Welt je über Gott gedacht und geschrieben worden ist, wobei man jedoch nicht übersehen darf, dass die wenn auch noch so
   mangelhafte Kenntniss vom Christenthum, welche der Verfasser hatte, einen sehr
   wesentlichen Antheil an Demjenigen hat, was in der Bh. G. zu schätzen und zu
   bewundern ist.

2) Ueber die Bedeutung von *dschnâna* und *vidschnâna* ist bereits oben (III. Anm. 60
   und VI. Anm. 12) das Nöthige gesagt worden.

3) Vergl. 1. Corinth. 2, 2: „Οὐ γὰρ ἔκρινα τοῦ εἰδέναι τι ἐν ὑμῖν, εἰ μὴ Ἰησοῦν Χριστόν." Derselbe Gedanke findet sich ausgesprochen in der **Svetasvatara-Upani-**

3 Von Tausenden der Menschen strebt Vollkommenheit kaum
                              Einer an⁴);

Von Strebenden und Vollkomm'nen erkennt kaum Einer wirklich
                              Mich⁵).

4 In Erde, Wasser, Feuer, Wind, Aether, Gemüth und in Verstand
  Und Selbstbewusstsein spaltet sich Meine Natur, achtfältig so,

5 Die nied're hier⁶). Doch wisse du auch Meine andre, höh're, noch,

---

schad I, 12. (Bibl. Ind. Vol. XV. p. 50): „This (the absolute nature of
Brahma) should be thought as eternal, and as abiding in one's own
soul; for beside him there is nothing to be known."

4) Vergl. Matth. 7, 14: „Ὅτι στενὴ ἡ πύλη, καὶ τεθλιμμένη ἡ ὁδὸς ἡ ἀπάγουσα εἰς τὴν
   ζωήν, καὶ ὀλίγοι εἰσὶν οἱ εὑρίσκοντες αὐτήν," und Thomas a Kempis (de imit.
   Chr. II, 9): „Raro invenitur tam spiritualis aliquis, qui omnibus sit
   nudatus. Nam verum pauperem spiritu et ab omni creatura nudum
   quis inveniet?"

5) Vergl. Joan. 1, 10: „Ἐν τῷ κόσμῳ ἦν . . . καὶ ὁ κόσμος αὐτὸν οὐκ ἔγνω."

6) Zum Verständniss dieser und der folgenden Sloken ist die Kenntniss der von der
   Sankhja-Philosophie aufgestellten Categorien nothwendig, nach welchen alles Existirende classificirt wird. Dieselben sind nach Kapila die folgenden: 1) die unentfaltete Natur, mûlaprakriti, mûlapradhâna, arjakta, auch maja genannt. Dieses
   Prinzip hat keine Ursache, keinen Ursprung, ist ewig, unveränderlich, einfach und
   unabhängig. Von ihm hervorgebracht ist 2) die entfaltete Natur, Materie, vjakta,
   dschagat (Welt) auch prakriti im engeren Sinne, genannt. Sie ist nicht ewig, verän-
   derlich, vielfach, abhängig. Diese (entfaltete) Natur besteht aus 23 Bestandtheilen. Ihr erstes und edelstes Produkt ist Verstand (1), buddhi, mahat (das Grosse).
   Obgleich selbst materiell, ist die buddhi das Glied, welches den Geist mit der Materie
   verbindet, sie steht in derselben Beziehung zum Geiste, wie die Sinne zum Körper.
   Aus ihr entspringt: das Selbstbewusstsein (2), ahankâra, das Bewusstsein unserer eigenen Individualität. Dasselbe erzeugt erstens (3—7) die fünf feinen Elemente (tanmâtra), gleichsam die Elemente der Elemente, Wesenheiten, welche die
   Qualitäten der 5 groben Elemente in sich schliessen. Als solche werden angenommen: Ton, Fühlbarkeit, Riechbarkeit, Sichtbarkeit und Schmackhaftigkeit; zweitens
   (8—12) die fünf groben Elemente (mahâbhûta) nämlich: Aether (âkâsa), hervorgebracht durch das feine Element des Tones, jenes Fluidum, das jeden Raum erfüllt
   und in jedem Dinge vorhanden ist; Luft oder Wind (vâju), hervorgebracht durch das
   feine Element der Fühlbarkeit; Erde, aus der Riechbarkeit entstanden; Feuer (oder
   Licht und Wärme) das die Sichtbarkeit erzeugt; endlich Wasser, ein Produkt der
   Schmackhaftigkeit. Andererseits bringt die Ahankara ferner hervor: die fünf
   Perceptions-Sinne (13—17), indrijani, welche unseren fünf Sinnen und den respek-
   tiven Elementen entsprechen; dann die fünf Handlungs-Sinne (18—22) karmendrijani, von denen oben (III. Anm. 8) schon die Rede war. Endlich wird noch das

Lebenspendende[7]), Grossarm'ger, von der getragen wird die Welt.
6 Aus deren Mutterleib entstammt sind alle Wesen[8]). So versteh's.

Herz oder Gemüth (23), *manas*, als ein elfter innerer Sinn zur *prakriti* gerechnet.
Es ist die Kraft der Sensibilität, bemächtigt sich der sinnlichen Eindrücke und übermittelt sie der Buddhi, durch welche sie dann dem Geiste (der Seele) zugeführt
werden. Diese 23 Bestandtheile bilden die entfaltete Natur *(vjakta)*, Materie. Von
der unentfalteten sowohl als der entfalteten Natur wesentlich verschieden und unabhängig von derselben ist nach der Lehre der Sankhja der Geist *(átma, purúscha,
kschetradschna)*. Er ist ebenso, wie die *múlaprakriti*, durch nichts hervorgebracht,
bringt aber auch seinerseits nichts hervor. Er ist mit der Gottheit identisch, oder
ein Theil derselben, und während sowohl die unentfaltete als auch die entfaltete Natur
unvernünftig ist, allein mit Vernunft, Erkenntniss, begabt. — Die Kenntniss dieser
Categorien der Sankhja-Philosophie giebt den nöthigen Aufschluss über die an
unserer Stelle gebrauchten Ausdrücke. Unter Natur *(prakriti)* ist hier die Materie,
die sichtbare Welt im Allgemeinen zu verstehen, und Krischna nennt sie die seine,
weil nach der Lehre des Verfassers der Bh. G. dieselbe nicht als unabhängig neben
Gott bestehend gedacht wird, sondern vielmehr (mit Accommodation an die Vedanta-
Lehre) als ein Theil von ihm selbst, insofern Gott nicht bloss der hervorbringende,
sondern auch der materielle Grund der Welt ist, der dieselbe, wie die Spinne ihre
Fäden, aus seiner eigenen Wesenheit hervorgebracht hat. Insofern diese Natur die
entfaltete *(vjakta)* ist, wird sie hier von Krischna seine niedere Natur genannt, während er die sogenannte unentfaltete Naturkraft *(múlaprakriti*, wörtlich: Wurzelnatur)
seine höhere Natur nennt. Von der ersteren, welche nach der Sankhja-Lehre aus
23 Bestandtheilen besteht, werden hier nur acht aufgeführt, nämlich die fünf groben
Elemente (zu denen gehörig auch die feinen, sowie die 5 Handlungssinne hier zu
rechnen sind), das *manas*, welches als Vermittler der sinnlichen Eindrücke auch die
5 Perceptionssinne in sich begreift, die *buddhi* und die *ahankára*. In dieser Weise
erklärt Thomson, gewiss mit Recht, die Reduktion der Bestandtheile der entfalteten
Natur auf 8 in dieser Stelle.

7) *Dschírabhútám.* Schlegel: vitalem; Thomson: of a vital kind; Burnouf:
principe de vie. Während die reine Sankhja das belebende Prinzip lediglich der
múlaprakriti zuschreibt, die zwar mit einer Art von Willen (einem dunklen Triebe)
begabt, aber ohne Erkenntniss ist, stellt sich Krischna hier selbst als dieses Prinzip
dar, indem er diese *múlaprakriti* seine eigene höhere Natur nennt, von welcher die
Welt getragen wird. Es ist dies ein so bedeutender Fortschritt über die von allen
heidnischen Philosophen (selbst von Plato) gehegte Ansicht von der Selbstständigkeit und Unabhängigkeit der Materie von dem Wesen der Gottheit, dass er ohne die
Annahme des Einflusses christlicher Ideen kaum erklärlich ist.

8) *Etadjonini bhútáni sarrani.* Schlegel: Ex ejus utero funduntur universa
animantia. Thomson: all things are produced from this latter (the
superior) nature. Durch diese Worte wird unzweideutig die Selbstständigkeit der
Materie neben Gott geläugnet.

Ich selber bin der ganzen Welt Ursprung und Auflösung zugleich[9]).

7 Als Mich Erhab'neres giebt's nicht irgend And'res, Dhanandschaja!
   An Mich geknüpft ist dieses All', wie Perlenschaar am Faden
                                                       hängt[10]).

8 Im Wasser bin Ich der Geschmack[11]), in Mond und Sonne Ich der
                                             Glanz,
   In allen Vedas Pranava[12]), Ton im Aether[13]), in Männern Kraft[14]);

---

9) Mit diesem Satze tritt der Verfasser in den schärfsten Gegensatz zur Sankhja-Lehre, indem er Gott (Krischna) hier vollkommen an die Stelle jener ewigen, unerzeugten Mulaprakriti stellt. Die christliche Creationslehre hat ohne Zweifel Einfluss auf diesen Ausdruck gehabt, obgleich der Pantheismus des Verfassers noch fortbesteht, indem er die Welt aus der göttlichen Substanz hervorgegangen denkt, jedoch in der Weise, dass eine gewisse Freiheit der Schöpfung und Wiederauflösung des Geschaffenen angenommen wird.

10) Dieses schöne Bild drückt denselben Gedanken höchst poetisch aus, der oben mit den Worten ausgesprochen wurde: „von der (meiner höheren Natur) getragen wird die Welt." Es bezeichnet auf das Bestimmteste die gänzliche Abhängigkeit der Welt von der erhaltenden Kraft Gottes. Wilhelm v. Humboldt bemerkt zu dieser Stelle: (Ueber die Bhagavad-Gita. S. 19.): „Das Gleichniss scheint die Philosophie von der Mythologie entlehnt zu haben, wenn nicht diese sich des dichterisch-philosophischen Ausdruckes zu ihrem Endzweck bemeistert hat. Denn auch in Bildwerken ist die Reihe der geschaffenen Dinge als eine Perlenschnur dargestellt. Es ist interessant auf diese Weise eine Hieroglyphe in Dichtung entziffert, oder eine Dichtung in Hieroglyphe übertragen zu sehen." Vergl. auch Svetasvatara-Upanischad IV. 13 (Bibl. Indic. vol. XV. p. 60): „To the God, who is the lord of the gods, in whom the worlds have their support, and who rules the bipeds and quadrupeds, let us bring an oblation" und ibid. IV. 15: „Whoever knows him, who at the due time is the preserver of this world, who, concealed in all beings, is the lord of the universe, and with whom the Brahmarshis and the deities are united by concentration, cuts the bonds of death."

11) Das grobe Element des Wassers entsteht nach der Sankhja aus dem feinen der Schmackhaftigkeit (rasas).

12) Pranava (wörtlich Lobpreisung) ist der spezielle Ausdruck zur Bezeichnung der heiligen Silbe Om (A-u-m), ursprünglich ein Wort feierlicher Bekräftigung und ehrfurchtsvoller Anerkennung, dem Sinne nach oft dem ἀμήν vergleichbar; im Gottesdienst als ein heiliger Ausruf viel gebraucht und beim Beginn und Schluss der Recitation heiliger Schriften, sowie zum Gruss ausgesprochen. Schon in den Upanischad's erhält das Wort einen mystischen Character, es wird zum Gegenstand einer religiösen Betrachtung und Vertiefung, indem es, wie das Hebräische Jehova, als der Name Gottes, die lautliche Aussprache seines Wesens erscheint. Auch auf die einzelnen lautlichen Bestandtheile desselben (a, u, m) werden die höchsten religiö-

9 Bin in der Erde Wohlgeruch[13]) und in dem Feuer Ich das Licht[15a]),
Leben in allen Lebenden, Entsagung in Entsagenden[16]).

---

sen Begriffe übertragen. In einer noch späteren Zeit suchte man darin die Trias:
Brahma, Vischnu und Siva. Die übliche Bezeichnung für dieses heilige Wort
ist *Pranava*, seltener und später *Omkara*. — Hier bedeutet es soviel als: höchster,
heiligster Inhalt der Vedas, das eigentlich Göttliche in ihnen.

13) Der Aether *(kha, âkâsa)* wird hervorgebracht durch das feine Element des Tones
(sabda). Siehe oben Anm. 6.

14) *Paurûscham* wörtlich Männlichkeit, männliche Kraft, Mannesmuth. Schlegel: vigor
masculus; dasjenige, was den Mann zum Manne macht. Das Wort ist abgeleitet
von *purûscha*, was ursprünglich Mann, Mensch, dann das Persönliche und Beseelende
im Menschen, Seele, Geist bedeutet; daher auch, insofern der Geist mit der Gottheit
identificirt wird, höchster Geist. Weltseele.

15) Das grobe Element der Erde ist aus dem feinen der Riechbarkeit *(gandha)* entstanden,
wie das Feuer von der Sichtbarkeit erzeugt ist.

15a) Vergl. zu dieser ganzen Stelle Svetasvatara-Upanischad II. 17. (Bibl. Ind.
vol. XV. p. 54): „To the god, who is the fire, who is in the water, who
entered the universe, who is in the annual herbs, and who is in the
regents of the forest (the trees), to this be reverence."

16) *Tapas tapasrischu*, wörtlich Busse in den Büssern. Schlegel: castimonia in
ascetis. Lassen bemerkt zu dieser Stelle: „In his distichis docet poeta in
omni rerum natura numen summum id esse, in quo rei cujusque pro-
pria vis maxime enitet. („Was jedem Dinge den ihm eigenthümlichen Vorzug
giebt, das ist Gott" W. v. Humboldt über die Bh. G. S 11.) Logica methodus
ab eo non erat expectanda, corporalia et spiritualia promiscue profert.
Consueto id fecisse videtur, ut admirationem augeret; obruitur quasi
auditoris animus cumulatis exemplis inter se diversissimis." — Diese
Art von Pantheismus, wie sie hier gelehrt wird, scheint mir in der That keineswegs
der Ausdruck eines verloren gegangenen Bewusstseins der über der Welt stehenden,
dieselbe erschaffenden, regierenden und mit ihrer erhaltenden Kraft und Allgegenwart
durchdringenden höchsten Persönlichkeit Gottes zu sein (wo, wie im modernen Pantheismus, an die Stelle einer höchsten Intelligenz und Macht die blosse in ihren
Erscheinungen zwar mannichfaltige, aber ihrem Wesen identische Materie gesetzt wird),
sondern vielmehr eine poetische Uebertreibung der das All durchdringenden Gegenwart und Macht des Schöpfers, welche, wenn man von dem eingewurzelten Irrthum
der Consubstanzialität des menschlichen Geistes mit dem göttlichen absieht, sehr wohl
mit der christlichen Lehre von Gott, als dem Schöpfer und Erhalter der Welt, dem
alles Leben und alles Gute den Ursprung verdankt, vereinbar ist. Höchst beachtenswerth ist, was der Spanier Balmes über den sogenannten Pantheismus der alten
Indier sagt (historia de la filosofia cap. 1.): „Viele scheinen der Meinung zu
sein, in der Lehre Indiens finde sich der reine Pantheismus vor. Ich achte die Meinung dieser Autoren, wage es aber zu bezweifeln, dass sie hinreichend begründet ist.
Es ist wahr: zu sagen, dass nichts existire als Brahma, und dass Alles, was nicht Er

10 Den Samen aller Wesen wiss', o Prîthakind, den ew'gen Mich[17]);
    Verstand bin der Verständigen, der Glanz bin Ich der Glän-
                                  zenden[18]),

ist, blosse Täuschung sei, scheint die Lehre von der einzigen Substanz zu sein, welche
Alles ist und die unter verschiedenen Formen als unter ebensovielen Phänomenen
sich offenbart. Allein bei genauerem Nachdenken scheint es nicht unmöglich, dass in
solchen Ausdrücken etwas von der geheimnissvollen Uebertreibung enthalten sei, welche
die orientalischen Völker auszeichnet, und dass die wahre Bedeutung derselben nicht
der reine Pantheismus in der oben bezeichneten Auffassungsweise. . . . In jenen
grossartigen Ideen über Brahma bemerkt man die Spuren der primitiven Traditionen
von einem Gott, dem unendlichen Wesen. In der Lehre von den Emanationen findet
sich, obgleich sehr entstellt, die Lehre der Schöpfung wieder. . . . Was die Lehre
von der Seele betrifft, so finden wir gleichfalls in der indischen Philosophie Spuren
primitiver Traditionen. Zunächst springt in die Augen die Unterscheidung zwischen
Körper und Seele, die Unsterblichkeit der letzteren und ihre Belohnung oder Bestrafung nach dem Erdenleben. Die Strafe besteht in dem Uebergange in einen gröberen
Körper, Symbol der Herabwürdigung und Verworfenheit; der Lohn ist die innige Vereinigung mit Brahma, in welcher unschwer die Spur der visio beatifica erkannt
wird, welche die Christen als Dogma bekennen und die dem Menschen seit seiner
Schöpfung geoffenbart wurde. Diese Ideen, von den Irrthümern gereinigt, durch welche
die indische Philosophie sie verdunkelt und verwirrt, schliessen eine Fülle von Grösse
und Erhabenheit in sich, welche deutlich ihren Ursprung zu erkennen giebt. Die
pantheistischen Tendenzen selbst deuten auf die Uebertreibung der Idee des Unendlichen, die dem Menschengeschlecht in seiner Wiege mitgegeben wurde und den folgenden Generationen sich überlieferte. Es scheint mir leicht zu sein, diese Behauptung über den Rang einer blossen Conjectur zu erheben. Wir haben zwei Mittel,
um zu einer Wahrheit zu gelangen: die Vernunft und die Offenbarung. In der Kindheit des Menschengeschlechtes war die Vernunft wenig entwickelt; der Mangel an
Methode, an welchem die indische Philosophie leidet, ist hiervon ein deutlicher Beweis.
Jede Lehre, welche die Einheit zur Grundlage nimmt, muss, wenn sie die Tochter
von Vernunftforschungen ist, erst nach langen philosophischen Arbeiten zum Vorschein
kommen. Warum also findet sich an der Wiege der Philosophie nicht bloss die Idee
der Einheit, sondern sogar ihre Uebertreibung? Es ist klar, dass dies nur erklärt werden kann, wenn man auf eine primitive Thatsache sich beruft, nicht aber durch die
rationelle Methode." (Damit stimmt im Wesentlichen auch Friedrich v. Schlegel
überein: Ueber die Sprache und Weisheit der Indier. S. 96 und 103 u. ff.)

17) Der Sinn ist: Ich bin die befruchtende Kraft, welche allen Wesen den Ursprung gegeben hat, natürlich in dem Sinne (weil die Idee der Schöpfung aus Nichts den Indiern
fehlt), dass alle Wesen Emanationen der göttlichen Substanz sind.

18) Thomson übersetzt: Stärke der Starken und versteht darunter hier die physische
Kraft in den Thieren, im Gegensatz zum Verstande in den Menschen. Tedschas heisst
aber nicht bloss Kraft, Stärke, sondern auch Glanz, und ich übersetze, in Uebereinstimmung mit X. sl. 36, wo dieselben Worte wiederkehren: Glanz der Glänzen-

11 Der Kraftbegabten Kraft bin Ich, von Begier frei und Leidenschaft[19]);

Begier bin Ich, die kein Recht hemmt, in den Geschöpfen,
Bhârata![20])

12 Naturen[21]), welche wesenhaft, leidenschaftlich und finster auch,

---

den bin ich, d. h. ich bin es, der den Mächtigen (den Königen) ihren Glanz und ihre
Herrlichkeit verleiht. Diese Auffassung dürfte auch desshalb vorzuziehen sein, weil
im Folgenden wiederum von der Kraft die Rede ist.

19) Unter diesen Kraftbegabten *(balaratâm)*, von welchen hier die Rede ist, und deren
Kraft frei ist von Begier und Leidenschaft, sind höchst wahrscheinlich die Jogi's zu
verstehen, welche durch die Ausübung der Joga sich jene übernatürlichen Kräfte
(vibhûti) erworben haben, die Patandschali als die Frucht der *pratjâhâra* (der vollkommenen Herrschaft über die Sinne) und der *sanjama* (der vollkommenen Vertiefung)
schildert. „Er sieht Vergangenes und Zukünftiges, dringt kraft der Intention seines
Willens in das Innere der Dinge ein; auf den Ton gerichtet, gewinnt er durch ihn
Erkenntniss der Harmonie; auf Eindrücke früherer Geburten, z. B. die Schicksalslinien
in der Hand, gerichtet, erkennt er frühere und folgende Geburten und Wanderungen;
auf die Gedanken Anderer gerichtet, weiss er, was in der Menschen Herzen vorgeht;
auf seine eigene Gestalt gerichtet, wird er dieselbe den Augen Anderer entziehen; auf
seine eigenen Handlungen gerichtet, wird er ihre Früchte und die Zeit, den Ort, die
Veranlassungen seiner Befreiung durch den Tod sehen.   Geht die Intention seines
Gedankens auf Mitleid und Wohlthun, so ist der Jogi der Freund aller Creaturen;
geht sie auf die Kraft der Mächtigen und Starken, so wird er gleiche Macht erlangen. . . . Er ist fähig, in einen todten oder lebendigen Körper einzugeben und darin
zu handeln, als wäre es sein eigener, u. s. w." (Windischmann l. c. S. 1884 u. ff.)

20) Unter dieser, durch das Recht d. h. das Gesetz nicht zu hemmenden Begierde, ist
wohl der ungebändigte Naturtrieb der geschlechtlichen Lust in den Thieren und in
jenen Menschen zu verstehen, welche keine Entsagung und Ascese üben. „Auf diese
Weise" sagt W. v. Humboldt (l. c. S. 12) „muss das göttliche Wesen einander entgegengesetzte Eigenschaften in sich fassen, deren Widerspruch sich nur in der Allheit
seiner Natur auflöst. Ein Gott, der das Rasen der ungebändigten Naturkraft mit der
Ruhe in sich verbindet, die in reiner Herrschaft des Geistigen über allem Endlichen
schwebt, regt alle Bilder der Phantasie an, welche eine grosse dichterische Wirkung
hervorzubringen im Stande sind." Man darf jedoch dabei nicht vergessen, dass diese
Ausdrücke, eben weil sie poetische Uebertreibungen sind, in ihrem philosophischen
Sinne nicht gerade wörtlich gefasst werden dürfen. Dieser Sinn kann daher sehr wohl
sein: Gott ist, als der Urheber aller Dinge, ebenso die Quelle der Busse und Entsagung in den Büssern und Asceten, als auch die Quelle jenes Naturtriebes, den er
selbst in die Geschöpfe gelegt hat, eine Wahrheit, welche der christlichen Anschauung vollkommen entspricht und keineswegs nothwendig den Pantheismus zur Voraussetzung hat.

21) *Bhârâ*, das ich in der Uebersetzung hier durch Naturen wiedergegeben habe, bedeutet

Aus Mir entsprungen wisse[22]); nicht bin Ich in ihnen; sie in Mir[23]).

13 Durch dieser drei Kräfte Wesen getäuschet, diese ganze Welt
Erkennet nicht, dass höher Ich als diese, unvergänglich bin[24]).

überhaupt: e x i s t e n t i a e, hier insbesondere: i n d o l e s. S c h l e g e l übersetzt es mit
a f f e c t u s, T h o m s o n mit d i s p o s i t i o n s, B u r n o u f mit p r o p r i é t é s.

22) K r i s c h n a schreibt sich also hier auch den Ursprung der drei Qualitäten (Gunas)
zu, welche nach der S a n k h j a - L e h r e Eigenschaften der Natur (der *prakriti*) sind und
die Gottheit selbst, weil sie alle mehr oder weniger Unvollkommenheit in sich schliessen, nicht tangiren. Auch hierin liegt eine Accommodation an die V e d a n t a - L e h r e,
und ihren höchsten Grundsatz: Alles ist Brahma, den wir auch unten unter der Form
„Alles ist Vasudeva" (d. h. Vischnu) wiederfinden werden (sl. 19).

23) Dieser Ausspruch soll die Gegenwart Gottes in den oben genannten drei Qualitäten
als eine andere, von seiner Gegenwart in den vorhergenannten Dingen verschiedene,
darstellen. Die Erklärung, welche T h o m s o n giebt, scheint ungenügend zu sein.
Weil die drei Qualitäten nicht zu den oben (Anm. 6) angeführten Categorieen gehören,
in welche alle Existenzen gebracht werden, weil sie abstrakte, unabhängige Kräfte
seien, welche die Natur beeinflussen, desshalb könne K r i s c h n a nicht sagen, dass er
in i h n e n sei. Er hat jedoch soeben erst sich selbst für ihren Ursprung erklärt, was
eigentlich dasselbe sagen will. Wenn die ganze Natur nothwendig mit diesen Qualitäten
behaftet ist und wenn Gott in der ganzen Natur gegenwärtig ist, dann ist er nothwendig
auch in diesen Qualitäten gegenwärtig. Ich vermuthe daher, dass K r i s c h n a hier
nicht von seiner absoluten Gegenwart, sondern von einer besonderen Art und Weise
seiner Gegenwart redet, wenn er sagt: n i c h t b i n i c h i n i h n e n. Die Qualitäten
sind Unvollkommenheiten, welche die Eigenschaft der Geschöpflichkeit in allen Wesen
hervorbringt. Gott ist allerdings der Urheber der Beschränkungen, welchen die Geschöpfe unterliegen, aber nicht in demselben Sinne, wie er der Urheber des Wesenhaften, des Guten in ihnen ist. Gott ist also, trotz seiner Allgegenwart, n i c h t in den
Defekten der Creatur, obgleich dieselben, in gewissem Sinne, ihm den Ursprung verdanken, da er die Creatur beschränkt, und mit freiem, des Missbrauchs fähigen Willen geschaffen hat. Vermöge seiner Unermesslichkeit aber ist die Creatur mit all' ihren
Defekten und Unvollkommenheiten in i h m, wie der Apostel P a u l u s lehrt (Act. 17, 28):
„Ἐν αὐτῷ γὰρ ζῶμεν, καὶ κινούμεθα, καὶ ἰσμεν," eine Stelle, welche vielleicht nicht
ohne Einfluss auf den hier vorliegenden Ausdruck der Bhagavad-Gita gewesen.

24) Es liegt hier die vedantistische Vorstellung von der *Maja* zu Grunde (vergl. oben II.
Anm. 20.) d. h. die Annahme, dass die ganze sichtbare Welt keine reale Existenz
habe, sondern nur ein Zauberwerk, eine Täuschung sei. Die drei Qualitäten, mit
denen sie behaftet ist, sind die Ursache, dass sie irrthümlich für wirklich existirend
gehalten wird, dass das Wesen Gottes mit dieser vergänglichen *Maja* verwechselt
wird. Man vergleiche B a l a b o d h a n i 13—15: „Eine Zweiheit von Kräften hat die
Täuschung *(maja)*: der Verwechselung (des Truges) und der Bedeckung. Die
Kraft der Verwechselung schafft die Welt, welche mit dem feinen Leib anfängt und
mit Brahma's Ei endigt. Schöpfung ist alles Hervortreten von Namen und Gestalt

14 Dieser mein göttlicher Weltkraft-Zauber[25]) wird überschritten
schwer;
Nur welche sich zu Mir flüchten, den Zauber überschreiten die[26]).

in dem brahmagestaltigen, mit Sein, Denken (oder Leuchten) und Glückseligkeit begabten Wesen, wie das Entstehen des Schaumes in dem Meere. Die andere Kraft bedeckt innerlich den Unterschied zwischen Sehenden und Sichtbaren, äusserlich zwischen Brahma und der Schöpfung; sie ist die Ursache des Weltumtriebes." (Bei Windischmann l. c. S. 1774.) W. v. Humboldt erklärt die durch die *Maja* bewirkte Täuschung folgendermassen: „Jene Wunderkraft Gottes wird auch eine magische, einen Schein hervorbringende genannt und dadurch angedeutet, dass das einzige, wahre Sein doch nur das unvergängliche, ewige, alles übrige, dem Wechsel unterworfene, aber nur ein durch die Gottheit erzeugtes Scheinbild sei. Da es aber schwer ist, zu erkennen, dass Gott durch diesen Antheil an der Endlichkeit nicht beengt wird, und sein eigentliches, unsichtbares Sein nicht mit jenem Sein des Scheines zu verwechseln, so täuscht jene Wunderkraft die Menschen (l. c. p. 16)." — Ueber das Verhältniss der *Triguna* zur *Maja* vergleiche man auch folgende Stelle aus der **Maitrajani-Upa-**nischad, welche Windischmann mittheilt (l. c. S. 1615): „Vor allen Creaturen war *Maja*. In ihr war Dunkelheit (die Tamasguna), in welcher das Verlangen ruht. Brahma war vertieft im Verlangen, nicht wirkend war er, nicht gewirkt. ... Brahma gab seinem Verlangen Bewegung und aus der Bewegung nahm es zu, und seine Zunahme und Ausdehnung war die Radschas-guna (Leidenschaft), die Alles Hervorbringende (Erscheinenmachende). Brahma gab der Hervorbringung Bewegung und die Zunahme dieser Bewegung wurde *Satra-guna* genannt, die Erhaltende, Bewahrende. Und durch die Bewegung, welche Brahma der Erhaltung (und Fortdauer) gab, wurde jenes Wesen, welches die Gestalt der ganzen Welt ist; aus der Mitte der drei Gunas fiel es träufelnd in jenes ungeheure Meer herab, und der vorzüglichste Samentropfen, welcher herabgeträufelt, der Wissensgestaltige, war der *Buhkirátma*, der Beleber des Körpers. In ihm, dem von der Mitte der Gunas Ausgegangenen, wurde offenbar der Wille und entscheidende Entschluss und das Bewusstsein des Ich, welches, alle drei Gunas auf sich beziehend, spricht: Ausser mir ist nichts."

25) *Gunamaji maja*, wörtlich der in den Gunas (den drei Qualitäten) wirkende, durch sie aufrecht erhaltene Zauber. Schlegel: Divina illa virtus mea, in qualitatibus operata. Thomson: this divine illusion, effected by the natural qualities.

26) Während die Sankhja sowohl, als die Vedanta, die Erkenntniss des Brahma und des eigenen Geistes als das höchste Mittel, um sich vom Einfluss der Qualitäten frei zu machen, lehren, macht Krischna hier die Zuflucht zu ihm selbst, das Herantreten an ihn, zur Bedingung, um sich von der durch die *Maja* und die Gunas veranlassten Täuschung zu befreien. Wenn auch der Sinn vielleicht derselbe sein mag, so ist doch die Form des Ausdrucks wesentlich von der Sprache der älteren Upanischads und Sutras verschieden und erinnert sehr deutlich an den Ausspruch Christi (Matth. 11, 28): „δεῦτε πρός με πάντες οἱ κοπιῶντες καὶ πεφορτισμένοι, κἀγὼ ἀναπαύσω ὑμᾶς."

15 Nicht flüchten Uebelthäter, Thor'n, der Menschen Niedrigste zu Mir,
   Vom Zauber hingeriss'nen Geist's[27]), folgend dämonischer Natur[28]).
16 Vierfache Menschenklassen nur, Ardschuna! Gute, ehren Mich:
   Bedrängte[29]), Wissbegier'ge[30]), Gut-Begehr'nde[31]), Weise[32]),
                                                              Bhârata!
17 Von diesen geht der Weise vor, der stets vertieft, sich Einem weiht;
   Lieb bin dem Weisen mehr als Gut[33]) Ich; er auch wieder ist Mir
                                                              lieb[34]).

---

27) *Mâjajâpahritadschnânâ*, wörtlich: deren Erkenntniss durch die *Maja* fortgerissen wird.
   Schlegel: quorum scientia aufertur rerum specie. Thomson: deprived
   of spiritual knowlegde by this illusion.

28) *Asuram bhâvam âsritâ.* Schlegel: daemoniacam indolem sectantes. Die
   Asuras (Riesen, Dämonen) sind Feinde der Götter, in denen die Qualität des *Tamas*,
   der Finsterniss vorherrscht. Man vergleiche mit dieser Stelle Joan. 8, 44: „Ὑμεῖς
   ἐκ πατρὸς τοῦ διαβόλου ἐστὲ καὶ τὰς ἐπιθυμίας τοῦ πατρὸς ὑμῶν θέλετε ποιεῖν";
   und ibid. v. 23: „Ὑμεῖς ἐκ τῶν κάτω ἐστὲ, ἐγὼ ἐκ τῶν ἄνω εἰμί." (Ueber den
   Unterschied zwischen dem göttlichen [devischen] und ungöttlichen [asurischen] Loose
   wird unten, Les. XVI. noch ausführlich gehandelt werden.) — In Betreff des Ausspruches, dass Uebelthäter und schlechte Menschen nicht zu den Anhängern Krischnas
   gehören, vergleiche man auch die Stelle Joan. 3, 19—20: „Αὕτη δέ ἐστιν ἡ κρίσις,
   ὅτι τὸ φῶς ἐλήλυθεν εἰς τὸν κόσμον, καὶ ἠγάπησαν οἱ ἄνθρωποι μᾶλλον τὸ σκότος
   ἢ τὸ φῶς· ἦν γὰρ πονηρὰ αὐτῶν τὰ ἔργα. Πᾶς γὰρ ὁ φαῦλα πράσσων, μισεῖ τὸ φῶς."

29) Vergl. Matth. 11, 28: „Δεῦτε πρός με πάντες οἱ κοπιῶντες καὶ πεφορτισμένοι."

30) Vergl. Joan. 18, 37: „Πᾶς ὁ ὢν ἐκ τῆς ἀληθείας ἀκούει μου τῆς φωνῆς." *Dschi-
   dschnâsu*, wörtlich: der nach der höchsten Erkenntniss, der Wahrheit, strebt (Cog-
   noscendi studiosus, Schlegel).

31) *Arthârthin*, wörtlich der nach Gut, nach Besitz Verlangende d. h. dasselbe Entbeh-
   rende. Daher übersetzte Schlegel in der ersten Ausgabe: pauper. Lassen: quae-
   rendis opibus intentus. — Vergl. Matth. 11, 5: „πτωχοὶ εὐαγγελίζονται."

32) *Dschnanâ.* Schlegel: sciens. Thomson: who is possessed of spiritual
   knowlegde.

33) *Atjartham* wird gewöhnlich adverbialisch gefasst und mit: sehr, valde, ausserordentlich, übersetzt. Thomson übersetzt, wie ich glaube, mit Recht: „beyond pos-
   sessions" und bemerkt dazu: „I confess, i think the word has here a more
   prominend and emphatic force, and that the context demands the trans-
   lation i have given. To the afflicted, hoping for consolation, to the
   seeker of some possession, and the thirster after knowlegde, some
   object (artha) is dear, and prompts their worship. To the spiritually-
   wise the Supreme Being alone is dear above all such objects." Dazu
   kommt noch die Uebereinstimmung des Ausdrucks *atjartham*, über alles Gut und Besitzthum, mit Luc. 14, 33: „ὃς οὐκ ἀποτάσσεται πᾶσι τοῖς ἑαυτοῦ ὑπάρχουσιν, οὐ

18 Die Alle zwar sind gut; doch halt den Weisen ich Mir selber
gleich[33]);
Vertieften Geist's naht er sich Mir[36]), der Ich der allerhöchste
Weg[37]).

19 An vieler Geburten Ende[38]) gelangt der Weise dann zu Mir.
„Vâsudeva ist Alles" — solch Grossgeist'ger schwer zu finden ist[39]).

δύναταί μου εἶναι μαθήτης." Man vergleiche auch mit dem Ausdruck: „Lieb bin
dem Weisen mehr als Gut ich," das Gebot der Liebe, welches befiehlt, Gott über
Alles zu lieben.

34) Vergl. Joan. 14, 21: „Ὁ ἀγαπῶν με, ἀγαπηθήσεται ὑπὸ τοῦ πατρός μου· καὶ ἐγὼ
ἀγαπήσω αὐτόν."

35) Atmaira. Schlegel: mei ipsius instar. Thomson: is verily myself to
my thinking. Burnouf: Le sage, c'est moi même. Mit Recht bemerkt
Thomson, dass die Lesart: âtmera (âtmâ ira) vorzuziehen ist vor der gewöhnlichen
âtmaira (âtmâ era). Der Sinn bleibt indess in beiden Fällen derselbe. Eine merkwürdige Uebereinstimmung mit diesem Ausspruch findet sich in zwei Stellen bei Clemens Alexandrinus, Strom. lib. 4. §. 151 (ed. Klotz I. pag. 360): „Τούτῳ
δυνατὸν τῷ τρόπῳ τὸν γνωστικὸν ἤδη γενέσθαι θεόν," und ibid. §. 157. (l. c.
p. 363): „Εἰκότως οὖν καὶ Πλάτων τὸν τῶν ἰδεῶν θεωρητικὸν θεὸν ἐν ἀνθρώποις
ζήσεσθαί φησι, νοῦς δὲ χώρα ἰδεῶν, νοῦς δὲ ὁ θεός· τὸν ἀοράτου θεοῦ θεωρητικὸν θεὸν ἐν ἀνθρώποις ζῶντα εἴρηκεν."

36) Vergl. Clemens Alexandrinus Strom. IV. §. 159. (ed. Klotz I. pag. 364: „διὸ
δὴ καὶ τὸ εἰς αὐτὸν καὶ τὸ δι᾽ αὐτοῦ πιστεῦσαι μοναδικὸν ἐστι γίνεσθαι ἀπερισπάστως
ἑνούμενον ἐν αὐτῷ, τὸ δὲ ἀπιστῆσαι διστάσαι ἐστὶ καὶ διστῆναι καὶ μερισθῆναι."

37) Mâmerânuttamâm gatim. Thomson übersetzt wörtlich: he has approached even
me, the highest path. Dass sich Krischna hier selbst den höchsten Weg nennt,
scheint nur dadurch erklärbar, dass der Verfasser der Bh. G. den Ausspruch Christi
gekannt hat (Joh. 14, 6): „Ἐγώ εἰμι ἡ ὁδός."

38) Vergl. oben VI. sl. 45. (Anm. 69.)

39) Ich habe mich in der Uebersetzung hier vollständig der indischen Construction ange-
quemt, weil dieselbe trotz ihrer elliptischen Kürze vollkommen verständlich ist. Der
Sinn ist: Wer so erhabenen Geistes ist (mahâtma, wörtlich: grossgeistig), dass er kennt,
Vâsudera sei Alles, ein solcher ist schwer zu finden. Vâsudera ist der Name Krischnas, als Patronymikum von seinem Vater Vasudera (mit kurzem a) abgeleitet. Später
wird dieser Name überhaupt von Vischnu gebraucht, dessen Incarnation Krischna ist.
So namentlich in den Sandilja-Sutras, welche die Lehren der Sekte der Pantscharâtras
enthalten, einem Zweige der Vischnu-Verehrer, deren modificirter Pantheismus zu den
Lehren der Bh. G. in sehr naher Beziehung steht. Ihre Grundlehre, dass Vâsudera
der Eine, Allseelige, und von Allem die bewirkende und materielle Ursache sei, ist
eben nichts anderes als der hier ausgesprochene Satz: „Vâsudeva ist Alles." (Vergl.
H. Windischmann l. c. S. 1944.) — Ich finde in dem Namen Vâsudeva für Vischnu

20 Der'n Erkenntniss vielfält'ge Gier geraubt, weih'n andern Göttern
        sich[40]),

Vielfacher Uebung[41]) zugewandt, bezwungen von ihrer Natur[42]).

21 Wer immer welchem Gott[43]) sich weih'nd, durch Glauben ihn ver-
        ehren will,

Dem immer diesen Glauben, den beständigen, vergelte Ich[44]).

---

ein vollkommenes Analogon zu der Bezeichnung „Menschensohn," welche der
Heiland sich selbst wiederholt giebt. Vergl. auch Luc. 3, 23: „ὢν (ὡς ἐνομίζετο)
υἱὸς Ἰωσήφ."

40) Unter diesen andern Göttern *(anjadevatá:)* sind die Vedischen und die in der späteren indischen Mythologie verehrten Gottheiten zu verstehen, welche, wie bei anderen
heidnischen Völkern, wegen Erlangung bestimmter irdischer oder auch überirdischer
Güter, angerufen werden, wie z. B. *Indra*, der seinen Verehrern eine beschränkte
Glückseligkeit in seinem Himmel gewähren kann, *Kuvera*, der Gott des Reichthums,
u. s. w. Alle diese beschränkten Wünsche, welche sich nicht auf das Höchste, die
endliche Befreiung, beziehen, sind unter den vielfältigen Begierden *(Kâmais tais tais)*
zu verstehen, von denen hier die Rede ist. — Durch den Ausdruck *anjadevatá:* gesteht
Krischna diesen Göttern eine gewisse Berechtigung zu, neben ihm für Gottheiten
gehalten zu werden, oder stellt sich vielmehr selbst in die Kategorie dieser Gottheiten,
deren Cult er nicht direkt bekämpft, sondern ihn nur für ungenügend zur Erlangung
der höchsten Seligkeit erklärt. Aus dieser Stelle geht übrigens hervor, dass zur Zeit
der Abfassung der Bh. G. bereits in Indien, wie noch heute, eine Menge von Sekten
bestanden, von denen jede der von ihr besonders verehrten Gottheit den höchsten Rang
zuerkannte.

41) *Nijama* bedeutet hier: Gelübde, feste Regel, eine Beschränkung, die man sich selbst
auferlegt, eine übernommene, besondere Observanz. Schlegel übersetzt das Wort
mit norma; Thomson mit: rites of worship. Burnouf: ils suivent chacun
son culte.

42) D. h. je nach ihren besonderen Neigungen, welche sie dazu antreiben und die in der
Qualität des *Radschas* (der Leidenschaft) ihre Wurzel haben, welche die höhere Erkenntniss bei ihnen verdunkelt. Die Stelle erinnert einigermassen an Röm. 1, 23 u. ff.:
„Καὶ ἤλλαξαν τὴν δόξαν τοῦ ἀφθάρτου Θεοῦ ἐν ὁμοιώματι εἰκόνος φθαρτοῦ ἀνθρώπου ... Διὸ καὶ παρέδωκεν αὐτοὺς ὁ Θεὸς ἐν ταῖς ἐπιθυμίαις τῶν καρδιῶν αὐτῶν etc."

43) *Tanu*, das ich hier mit Gott übersetze, bedeutet wörtlich: Körper, und wird hier insbesondere zur Bezeichnung von Götterbildern gebraucht. Thomson bemerkt, es
bezeichne hier alle Gegenstände der göttlichen Verehrung überhaupt, seien es nun
Götter oder Dämonen oder irdische Dinge zum Unterschiede von dem Einen höchsten
Wesen, welches der Weise verehrt. Das Wort würde dann vollkommen dem εἴκων in
der oben citirten Stelle des Römerbriefes entsprechen. Schlegel übersetzt in der
That: „Quamcunque effigiem aliquis colens." Burnouf: Quelle que
soit la personne divine, à laquelle un homme offre son culte.

44) Ich kann Thomson nicht beistimmen, wenn er die Uebersetzung Schlegels von

22 Der strebt, da solchem Glauben er sich weiht, nach Dessen [45])
Gnade wohl;
Und dann empfängt er zugetheilt, was Gutes er gewünscht [46]),
von Mir.

---

dieser Stelle „ganz willkührlich und unverständlich" nennt. Schlegel übersetzt:
„unicuique horum secundum fidem istam constantem ego (sortem suam)
dispertio." Thomson dagegen: „i make that faith of his constant." Ebenso
Burnouf: „j'affermis sa foi en ce dieu." Diese letztere Auffassung lässt sich
allerdings grammatisch rechtfertigen und scheint die einfachste und natürlichste Uebersetzung der Worte: tajdtschaldm sraddhám támeva vidadhámjaham zu sein. Dass
aber der Sinn dann weder zu dem Vorhergehenden, noch zu dem Folgenden passt,
scheint Thomson selbst eingesehen zu haben, da er bemerkt: „i have not suc-
ceeded in making it more intelligible." Schlegel's Uebersetzung dagegen,
welche auch Lassen in der zweiten Ausgabe nicht geändert hat, scheint mir weder
willkührlich noch unverständlich zu sein. Es hängt Alles von der Bedeutung ab,
welche das Wort vidadhámi (tribuo, dispertio) hier hat und von der Art und
Weise wie der Accusativ: sraddhám tám zu erklären ist. Schlegel hat offenbar die
Bedeutung von vidadhámi hier nicht willkührlich gefasst, sondern dieselbe aus dem
in der folgenden Sloke im Participium wiederkehrenden Worte (vihitán) entnommen,
was dort ohne Zweifel zugetheilt heisst. Der Accusativ: sraddhám tám atschalám,
welchen Schlegel in seiner Uebersetzung mit secundum fidem istam constantem
wiedergiebt, hängt meiner Meinung nach (wie es auch Schlegel aufgefasst zu haben
scheint, was er jedoch im Lateinischen nicht wiedergeben konnte) direkt von vidadhámi
ab, und die Sache wird ganz erklärlich, wenn man annimmt, dass dieses Verbum hier
vollkommen unserem deutschen vergelten entspricht, ein Begriff, der mit der Grundbedeutung tribuere sehr nahe verwandt ist. Wenn auch diese Bedeutung bisher in
keinem Lexicon aufgeführt ist, so dürfte diese Stelle, welche nur so einen Sinn giebt,
vielleicht hinreichen, um dieselbe festzustellen. Lässt man diese Auffassung gelten,
dann stimmt der Sinn unserer Stelle vollkommen mit demjenigen überein, was unten
noch wiederholt ausgesprochen werden wird (IX. sl. 23. 24. 26.), dass nämlich Krischna
jeden religiösen Cult, wenn derselbe in guter Absicht, wenn auch in ungehöriger
Form, ausgeübt wird, auf sich bezieht und desshalb auch belohnt, eine Vorstellung,
welche mit der christlichen Idee von der bona fides, welche den Irrthum entschul-
digt, zusammen zu hängen scheint. Völlig sinnlos aber wäre es, und stünde in offe-
nem Widerspruch mit dem eben ausgesprochenen Tadel des Glaubens an andere,
ungenügende Gottheiten, wenn Krischna hier behaupten wollte, dass er selbst diesen,
nach seiner Meinung falschen und unvollkommenen Glauben, beständig mache, ihm
Festigkeit verleihe.

45) D h. des Gottes (tanu), den er verehrt.

46) Wörtlich: die guten Begierden, Wünsche (kamán hitán). Vergl. Jacob. 1, 17: „Πᾶσα
δόσις ἀγαθὴ καὶ πᾶν δώρημα τέλειον ἄνωθέν ἐστι, καταβαῖνον ἀπὸ τοῦ πατρὸς τῶν
φώτων."

23 Beschränket[47]) aber ist der Lohn derer, die so kleingeistig[48]) sind;
Zu Göttern Götteropfrer geh'n; wer Mich verehrt, der geht zu Mir[49]).

24 Sichtbar, der Ich unsichtbar bin, glauben die Unverständ'gen
Mich[50]);
Mein höh'res Wesen kennend nicht, das unvergänglich, unerreicht.

25 Nicht bin Ich Jedem offenbar, in Joga-Zauber[51]) eingehüllt;

---

47) *Antarat*, wörtlich: ein Ende, eine Gränze habend; im Gegensatz zu dem Lohne, welchen Krischna seinen Anhängern verspricht und der ewig dauernd ist. Auch hier scheinen christliche Vorstellungen nicht ohne Einfluss gewesen zu sein. Schon die Idee, dass die endliche Befreiung als ein von der höchsten Gottheit gespendeter Lohn (*phala*, Frucht) betrachtet wird, ist keine auf dem Boden der indischen Philosophie gewachsene und hängt mit dem Bestreben zusammen, das höchste Wesen nicht nur als ein persönliches, sondern auch überweltliches darzustellen.

48) *Alpatschetas*, parum intelligens, im Gegensatz zu Jenen, welche *Vâsudeva* als das All erkennen, und die oben (sl. 19) *mahâtmâ* (Grossgeistige) genannt werden.

49) D. h. nach dem Tode. Wer z. B. Indra verehrt, kommt in Indra's Himmel und bleibt daselbst nur bis zum Weltuntergange, bei welchem auch Indra untergeht, und eine neue Schöpfung beginnt. Wer aber Vischnu verehrt und zur endlichen Befreiung gelangt, der ist für immer dem Weltumtriebe entrückt.

50) In welchem Sinne hier die Eigenschaft der Unsichtbarkeit dem göttlichen Wesen vindicirt wird, erklärt der folgende Vers, nämlich in Bezug auf seine höhere Natur, von der Krischna schon oben (sl. 5) gesprochen hat und von der in der folgenden Lesung noch ausführlicher die Rede sein wird. Vergl. Mundaka-Upanischad I. 1, 6. (Bibl. Ind. Vol. XV. p. 151): „He is the invisible, unseizable being, without origin, without distinction, without eye or ear, without hand and foot, the eternal, pervading, omnipresent, subtle, inexhaustible being, whom the sages behold as the source of the elements." — Zu den hier gemeinten Unverständigen scheinen nicht bloss diejenigen gerechnet zu werden, welche ein *Tanu* (siehe oben Anm. 43) für die höchste Gottheit halten (also die eigentlichen Götzendiener), sondern auch Jene, welche, in grobem Pantheismus befangen, diese sichtbare Welt in ihren niederen Theilen mit der Gottheit identificiren, ohne Annahme eines höchsten, über der Welt stehenden Geistes, von dem die sichtbare Welt in der Weise abhängig ist, wie es oben (sl. 7) durch das Bild von der Perlenschnur dargestellt wird. Man vergl. übrigens auch Joan. 1, 18: „Θεὸν οὐδεὶς ἑώρακε πώποτε," welcher Ausdruck unten (sl. 26) fast wörtlich wiederkehrt.

51) *Jogamâjâ* übersetzt Schlegel mit mystica virtute; Thomson: by my magic illusion; Burnouf: dans la magie, que l'Union spirituelle dissipe. Der letztere allein also versucht es, das hier mit *mâjâ* verbundene Wort *joga* zu erklären. Ob die von ihm gegebene Erklärung richtig oder überhaupt grammatisch möglich ist, wage ich nicht zu entscheiden. Die anderen Uebersetzer lassen den Begriff *joga* hier vollständig bei Seite. Wenn man irgend eine Erklärung dieser räthselhaften Zusam-

Nicht kennt Mich die bethörte Welt, den ungebor'nen, ewigen.

26 Ich kenne die vergangenen, die gegenwärt'gen, Ardschuna,

Und die zukünft'gen Wesen[52]); doch nicht irgend Einer kennet
Mich[52b]).

27 Durch Doppeltäuschung, die entsteht aus Wunsch und Abscheu,
Bhârata[53]),

Geh'n alle Wesen in der Welt in Irrthum, Feindbedränger du!

28 Doch deren Sünde unterging[54]), die Menschen, deren Werke rein,

Die, von der Doppeltäuschung frei, verehren Mich, im Vorsatz
fest[55]).

29 Die, strebend nach Alter- und Tod-Befreiung[56]), sind zu Mir gefloh'n,

---

menstellung versuchen will, so möchte ich mich der Ansicht zuneigen, dass *jogamâjâ*
nicht die durch *joga* des Menschen zu beseitigende, sondern vielmehr durch *joga* der
Gottheit bewirkte *mâjâ* sei, wo dann natürlich der Begriff *joga* in anderer Weise zu
fassen sein wird. (Siehe unten IX. Anm. 13.)

52) Vergl. Hebr. 4, 13: „Καὶ οὐκ ἔστι κτίσις ἀφανὴς ἐνώπιον αὐτοῦ· πάντα δὲ γυμνὰ
καὶ τετραχηλισμένα τοῖς ὀφθαλμοῖς αὐτοῦ, und Sapient. Salom. 8, 8: „Οἶδε τὰ
ἀρχαῖα καὶ τὰ μέλλοντα εἰκάζειν.". In Betreff des letzten Satzes vergl. 1. Timoth. 6, 16:
„ὃν εἶδεν οὐδεὶς ἀνθρώπων οὐδὲ ἰδεῖν δύναται."

52b) Vergl. Kena-Upanischad 1, 3. (Bibl. Ind. Vol. XV. p. 78): „Him (the supreme
Brahma) does not approach the eye or speech or mind. We do not
recognise, we do not know, how to teach him. It is even different
from what is known, it is also beyond what is known. Thus we heard
from the former (teachers) who explained it to us."

53) Vergl. oben III. sl. 37. — Schlegel übersetzt: ancipiti errore, propensione
et aversione excitato. Thomson: by reason of that delusion of natural
opposits, which springs from liking and disliking, indem er unter dem
drandra die natürlichen Gegensätze von Hitze und Kälte, Lust und Schmerz u. s. w.
versteht. Die Ursache der Täuschung ist die Neigung oder Abneigung, welche diese
Gegensätze erzeugen. Vergl. Tit. 3, 3: „πλανώμενοι, δουλεύοντες ἐπιθυμίαις καὶ
ἡδοναῖς."

54) *Jeschâm antargatam pâpam.* Schlegel: Quorum deleta est labes. Thomson:
in whom sin is dead. Der Ausdruck erinnert auffallend an Röm. 6, 6: „ἵνα
καταργηθῇ τὸ σῶμα τῆς ἁμαρτίας." Vergl. auch Ephes. 2, 5: „καὶ ὄντας ἡμᾶς
νεκροὺς τοῖς παραπτώμασι, συνεζωοποίησε τῷ Χριστῷ."

55) *Dridhavratâ.* Schlegel: votorum tenaces. Thomson: firm in devotion.
Vergl. Coloss. 1, 23: „τῇ πίστει τεθεμελιωμένοι καὶ ἑδραῖοι" und 1. Corinth. 15, 58:
„ἑδραῖοι γίνεσθε, ἀμετακίνητοι, περισσεύοντες ἐν τῷ ἔργῳ τοῦ κυρίου πάντοτε."

56) *Dscharâmarana mokschâja.* Schlegel: ad liberationem a senio ac morte.
Burnouf: qui cherchent en moi la delivrance de la vieillesse et de la

Die kennen dieses Brahma ganz, den höchsten Geist, das ganze
Werk.
30 Die Mich als das, was höchstes All', höchster Gott, höchstes
Opfer ist[57]),
Wissen, auch in der Todeszeit, die kennen Mich[58]), vertieften Geist's.

---

mort. Dass die Zuflucht zu Krischna vom Alter und Tode befreie, ist eine der indischen Philosophie so fremde Idee, dass sie nur aus dem Christenthum herstammen
kann. Vergl. Joann. 8, 51: „Ἐάν τις τὸν λόγον τὸν ἐμὸν τηρήσῃ, θάνατον οὐ μὴ
θεωρήσῃ εἰς τὸν αἰῶνα. und 11, 26: „Πᾶς ὁ ζῶν καὶ πιστεύων εἰς ἐμὲ, οὐ μὴ ἀποθάνῃ εἰς τὸν αἰῶνα." — Das Alter (dschará, γέρας) wird wohl hier als Vorbereitung,
gleichsam als Anfang des Todes erwähnt. Der Begriff: ewige Jugend hängt nothwendig mit dem der Unsterblichkeit zusammen.

57) Die Erklärung dieser Ausdrücke wird im Anfange der nächsten Lesung gegeben.

58) *Vidus*, sie wissen, kennen, hat hier (wie *pasjati* V. sl. 5.) emphatische Bedeutung:
sie kennen mich wirklich und vollkommen. — Dass diese Kenntniss, um zur endlichen Befreiung zu gelangen, vor Allem im Augenblick des Todes vorhanden sein
müsse, weil von diesem das Schicksal in der anderen Welt abhängt, scheint ebenfalls
eine unter dem Einfluss christlicher Ideen entstandene Vorstellung zu sein, der wir
unten noch wiederholt begegnen werden. — Vergl. mit der ganzen Stelle Mundaka-
Upanischad III. 2, 5—6. (Bibl. Ind. vol. XV. p. 163): „When the Rishis, who
are satisfied with knowlegde, who have acquired (the knowlegde of)
the soul, who are without passion and placid in mind, have obtained
him, then wise and with concentrated mind, every where comprehen-
ding the all-pervading, they enter it wholly. Those, who have ascer-
tained the meaning of the kowlegde derived from the Vedanta, who by
the Yoga, which renounces all wordly concerns, are striving (for emancipation) and whose intellects are purified, all those at the time of
their final death enjoying the highest immortality in the worlds of
Brahma, become fully liberated."

Achte Lesung.

Ardschuna spricht:

1 Was dies Brahma? Was höchster Geist? Was für ein Werk,
Vortrefflichster?
Was wird das höchste All' genannt, und was die höchste Gottheit
heisst?

2 Wie höchstes Opfer in dem Leib hier ist wer, Madhusûdana?
Wie bist Du in der Todeszeit zu kennen von sich Zähmenden?

Der Erhabene spricht:

3 Brahma ist, was nimmer vergeht; Selbstwesen heisset höchster
Geist;
Den Wesen Ursprung gebende Schöpfung, die wird das Werk
genannt.

4 Höchstes All' theilbare Natur, höchste Gottheit ist Lebensgeist;
Und höchstes Opfer bin Ich selbst im Leib hier, bester Sterblicher[1])!

---

1) Zum Verständniss der hier vorkommenden Ausdrücke und der von Krischna gegebenen Erklärung derselben diene zunächst die allgemeine Bemerkung, welche W. v.
Humboldt (l. c. S. 23) macht: „Es scheint, dass die indische Philosophie, wo sie
einzelne vertheilte Kräfte oder Eigenschaften an Wesen wahrnimmt, den Begriff derselben in seiner Reinheit auffasst, bis zu schrankenloser Allgemeinheit erweitert und
nicht bei der Bildung des Begriffes vor dem Geiste stehen bleibt, sondern sie als
reale Urstoffe wirklich setzt. Es entsteht alsdann hieraus zweierlei: einerseits, dass
diese Grund- oder Urstoffe der Ursprung der einzeln vertheilten Kräfte sind, andererseits, dass sie in ihrer Reinheit und Unendlichkeit ganz oder theilweise zu der Natur
der Gottheit gehören.“ (Diese Bemerkung scheint mir nur darin nicht genau zu sein,
dass hier der Ausdruck Urstoffe für Urprinzipe gebraucht wird, weil man dadurch
verleitet werden könnte, die indische Philosophie für eine rein materialistische zu halten, was sie keineswegs ist, da sie Geist und Materie durchweg sehr scharf unterscheidet.) — Die am Schluss der vorigen Lesung von Krischna gebrauchten Ausdrücke,
deren Erklärung sich Ardschuna erbittet, und die ihm Krischna hier giebt, sind folgende
sechs: 1) Brahma; 2) Adhjâtma (was ich mit „höchster Geist“ wiedergegeben habe);
3) das ganze Werk; 4) Adhibhûta (höchstes All); 5) Adhidaiva (höchster Gott)
und 6) Adhijadschna (höchstes Opfer). — 1) Brahma (als Neutrum gebraucht und
hier noch besonders durch das Demonstrativum tat, dieses, bezeichnet, das mir hier

5 Wer, in der Todeszeit denkend Meiner, nach abgelegtem Leib

mehr als ein blosses Demonstrativum zu bedeuten scheint und wohl in Zusammenhang mit der Bedeutung steht, die es unten XVII. sl. 23 und 25 hat) ist die allgemeine Bezeichnung für das höchste Wesen, welche die vier folgenden speziellen Bezeichnungen in sich schliesst, die dasselbe unter besonderen Gesichtspunkten darstellen sollen. Krischna erklärt dieses Brahma durch das Wort: *akscharam*, welches unvergänglich und zugleich einfach bedeutet, ein Ausdruck, welcher das höchste göttliche Wesen an sich, ohne Rücksicht auf sein Verhältniss zu anderen Wesen, bezeichnet. 2) *Adhjâtmâ* ist zusammengesetzt aus dem Präfix *adhi*, welches über, höher, vor bedeutet und dem Worte *âtmâ*, Geist, Seele. *Adhjâtmâ* bedeutet also wörtlich dasjenige, was über dem Geiste, über der Seele steht; es bezeichnet mithin das höchste Wesen in Beziehung zum Geiste, zur Seele, als das Höchste davon; es bezeichnet Gott in seinem Verhältniss zum menschlichen Geiste, der von Ihm emanirt und mit ihm consubstanzial ist, und der sich zu ihm verhält, wie ein niederer Theil zu einem höheren Ganzen. Ueber *Adhjâtmâ* erklärt sich Krischna durch den Ausdruck *svabhâva*, was buchstäblich das eigene Sein, Selbstwesen, bedeutet; Gott wird also dadurch als der Absolute, die Urpersönlichkeit, der von nichts in seiner Existenz abhängige Geist, der den Grund seines Seins in sich selbst hat *(svajambhû)*, bezeichnet, im Gegensatz zu den individuellen Seelen, welche von ihm abhängen und ihm untergeordnet sind. (Man ersieht hieraus, dass der indische Pantheismus himmelweit verschieden ist von dem anderen, der das eigene Ich allein für die höchste Gottheit hält. Die dort angenommene Consubstanzialität des individuellen Geistes mit der Gottheit scheint ursprünglich bloss eine Uebertreibung der Ebenbildlichkeit Gottes zu sein, welche in der menschlichen Seele vorhanden ist und die in Folge der Urüberlieferung den alten Indern bekannt war.) Wenn W. v. Humboldt die Bemerkung macht, man dürfe den Begriff des *Adhjâtmâ* nicht mit dem des höchsten Geistes verwechseln, für den es einen anderen *(paramâtmâ)*, auch in unserem Gedicht (XIII. sl. 31) vorkommenden gebe, so hat mich dies doch nicht abhalten können, *adhjâtmâ* in der Uebersetzung durch höchster Geist wieder zu geben, anstatt, wie Humboldt, dafür den Ausdruck: das Uebergeistige zu setzen, weil durch diesen letzteren Ausdruck die Idee der Zusammengehörigkeit des göttlichen Geistes mit den anderen Geistern verloren geht. *Paramâtmâ* unterscheidet sich meines Erachtens von *Adhjâtmâ* nur dadurch, dass es den göttlichen Geist als den vorzüglichsten, ausgezeichnetsten, höchsten bezeichnet, während *adhjâtmâ* ihn als dasjenige zu erkennen giebt, worin alles Geistige gleichsam gipfelt. — 3) Das ganze Werk *(karma akhilam)*. Dieser Begriff bedeutet, wie W. v. Humboldt ihn jedenfalls richtig auffasst: das absolute Handeln, und als solches wird von Krischna das die Erzeugung des Daseins der Geschöpfe bewirkende Entlassen oder Schaffen bezeichnet *(bhûtabhâvodbhâvakaro visarga:)*. Der Begriff des Handelns wird bei dem ursprünglichsten Handeln, der Schöpfung, aufgenommen. Es fasst unter sich die einzelnen Handlungen, entspringt aber, nach der Lehre der Bh. G., im Gegensatz zur reinen Sankhja, nicht aus der Prakriti, welche dort als das einzig handelnde Prinzip angenommen wird, sondern selbst aus dem göttlichen Wesen, als dem ursprünglichen Urheber aller Dinge. Es wird daher in unmittelbare Verbindung mit der Gottheit gesetzt und gesagt

Hinübergeht, der geht, da ist kein Zweifel, in meine Natur[7]).

(VII. sl. 29), dass man diese und das ganze Handeln kennt, wenn man sich zu Krischna wendet, um sich vom Alter und Tod zu befreien. — 4) *Adhibhúta* ist zusammengesetzt aus dem Präfix *adhi* und *bhúta* d. h. was geworden ist, was existirt. Das Wort bedeutet also dasjenige, was Allem, was existirt, vorsteht, das höchste Wesen in seiner Beziehung zum ganzen Universum, in seiner Verbindung mit der Materie, insofern es selbst die Wesenheit der Materie in sich enthält. Da der Geist nach indischer Anschauung als ewig gedacht wird, also streng genommen nicht unter dem Begriff des *bhúta*, des Gewordenen, fällt, so bildet *adhibhúta* einen Gegensatz zu *adhjátmá*, und bezeichnet Gott als das summum der Materie. Dass man bei dem Worte *bhúta* hier nicht an geistige Wesen, sondern an dasjenige zu denken habe, was im Gegensatz dazu als Natur *(prakriti)* bezeichnet wird, geht insbesondere auch aus der Erklärung hervor, welche Krischna von *adhibhúta* giebt, indem er es theilbare Natur *(kscharo bhára)* nennt, da die Theilbarkeit eine wesentliche Eigenschaft der Materie ist. Dazu bemerkt W. v. Humboldt (l. c. S. 23): „Die Eigenthümlichkeit endlicher Wesen beruht auf ihrer geschiedenen Persönlichkeit, also auf Selbstständigkeit und Vereinzelung. Für die erstere galt der soeben erwähnte Begriff *adhjátmá*. Die letztere liegt in dem gegenwärtigen *adhibúta*. Es muss aber ein solcher allgemeiner Grundstoff, dem die Möglichkeit beiwohnt, sich einzeln zu vertheilen, vorhanden sein, da in einem Systeme, wie dieses ist, alle Wesen, ihrer Geschiedenheit unbeschadet, Eins sind." Was den Ausdruck *kschara* betrifft, so bedeutet dieses Wort (von *kschar*, fliessen, strömen) zunächst: was da zerrinnt, vergänglich, und theilbar eben nur insofern, als alles Theilbare auch auflösbar, vergänglich ist. Es bildet den geraden Gegensatz von der Erklärung des Brahma, das *akschara*, unvergänglich, untheilbar, einfach genannt wird. — 5) *Adhidaira* (oder wie der Ausdruck in sl. 4 lautet: *adhidairata*) ist zusammengesetzt aus dem Präfix *adhi* und *dera* oder *derata*, Gottheit. Die Götter *(dera)* sind nach den philosophischen Systemen der Inder nur Wesen höherer Art als die Menschen, die ersten und höchsten der geschaffenen Wesen (den Engeln und Dämonen in der christlichen Lehre vergleichbar). Sie sind ebenso, wie die Menschen, den einschränkenden Eigenschaften der Natur unterworfen und dürfen nicht verwechselt werden mit dem höchsten göttlichen Wesen, dem Urquell aller Dinge. Sie wohnen daher mit allen übrigen Geschöpfen in Krischna (XI. 15. XIV. 27). *Adhidaira* bezeichnet also das höchste Wesen in seinem Verhältnisse zu dem höheren Theile der Schöpfung als das eigentliche Prinzip und den Urquell derselben. In der Erklärung, welche Krischna von *adhidaira* giebt, wird die höchste Gottheit in ihrer Beziehung zu den *deras* als *puruscha* bezeichnet, was ich in der Uebersetzung hier mit Lebensgeist wiedergegeben habe. Ueber die Bedeutung des Wortes *Puruscha* sagt W. v. Humboldt (l. c. S. 25): „Die genaue und eigentliche Bedeutung des Wortes ist: die, dass es das Männliche bedeutet. Es heisst also Mann und Mensch. Sein übriger Gebrauch aber zeigt, dass es den Menschen ursprünglich nur von der Seite bezeichnete, von der er mit höheren Wesen und allem Geistigen verwandt ist. Denn man bedient sich desselben auch geradezu von dem Schöpfer. Krischna wird so von Ardschuna genannt: X. 12 und XI. 18, 38. In dieser Bedeutung kommt *puruscha* gewöhnlich mit Beiwörtern vor, der höchste (VIII. 22),

6 Welcher Natur gedenkend, er am Ende seinen Leib verlässt,

der ewige, göttliche (X. 12), der uralte (XI. 38), ursprüngliche (XV. 4), allein auch absolut, als der Geist (XI. 18). Schon hieraus sieht man, dass es nicht bloss ein verschiedener Name für die Gottheit ist, und untersucht man seinen Gebrauch genauer, so findet man, dass es einen grösseren Umfang hat und auch in der Gottheit eine bestimmte Eigenschaft, oder vielmehr Wirksamkeit anzeigt. Es ist nämlich das wirkende Prinzip, welches, aber immer geistig, herrschend und sich Alles unterordnend, in der Natur ruht, Verbindungen auch mit ihrem endlichen Wesen eingeht und dadurch irdisch zeugt und schafft. In der Indischen Philosophie kann auch die Gottheit nicht unterlassen, dies zu thun; es entsteht eben daraus, dass Gott und die Geschöpfe in dieser Beziehung Eins werden, und der Mensch Ihn und Alle in sich schauen kann, und von dieser Idee, von der göttlichen Durchdringung der Natur zum Behuf der Schöpfung, geht, soviel ich aus dem Gebrauche des Wortes wahrnehmen kann, seine Anwendung auf die Gottheit aus." — 6) *Adhijadschna*, zusammengesetzt aus dem Präfix *adhi* und *jadschna*, Opfer, bedeutet wörtlich Dasjenige, was das höchste aller Opfer ist. Ueber diesen Ausdruck sagt W. v. Humboldt (l. c. S. 24): „Ueber das Opfer nennt Krischna auf eine dunkle und mystische Weise sich selbst in diesem seinem, also menschlichen, Leibe, und der Ausdruck kommt sonst nicht an Stellen vor, die über diese mehr Licht verbreiten. Vielleicht aber soll diese Irdischwerdung selbst als ein Opfer und folglich Er als das höchste, alle anderen in sich fassende, angesehen werden." Thomson fasst das Wort *jadschna* (mit welchem Recht, lasse ich dahingestellt) hier in der allgemeinen Bedeutung von religiöser Verehrung (worship) und bemerkt dazu: „Man is too material to be able to worship the pure abstract idea of a Supreme universal Spirit. Some tangible and manifest personification was required for the less philosophic portion of mankind, some *adhijadschna*, to give a definition and name to their faith, and Krischna is that *adhijadschna*." Diese Erklärung scheint mir nicht nur ganz willkührlich und durch die Bedeutung des Wortes *jadschna* nicht gerechtfertigt zu sein, sondern auch in der That eigentlich nichts zu erklären. Wenn selbst *jadschna* in der allgemeinen Bedeutung von religiöser Verehrung aufgefasst werden könnte, so würde *adhijadschna* dann als höchste Verehrung, als höchstes Prinzip aller religiösen Verehrung aufzufassen sein (wie es Schlegel in seiner Uebersetzung: supra religiones, und in der zweiten Ausgabe: auctor religionum, gefasst hat), nicht aber als höchster Gegenstand dieser Verehrung. Ich glaube daher vielmehr mit W. v. Humboldt, dass man hier durchaus bei der Grundbedeutung von *jadschna*, Opfer stehen bleiben muss, und halte die oben citirte Auffassung desselben für vollkommen begründet. Krischna nennt sich selbst in seinem menschlichen Leibe das höchste Opfer, wie ja auch nach altindischer Ansicht die ganze Schöpfung als ein Opfer Brahmas angesehen wird (S. oben III. Anm. 13), und es scheint mir höchst wahrscheinlich, ja evident zu sein, dass die hier zu Grunde liegende Idee aus der christlichen Lehre von dem grossen, welterlösenden Opfer des menschgewordenen Gottes herstamme, das in der Menschwerdung selbst seinen Anfang nahm, am Kreuz in blutiger Weise dargebracht wurde und durch fortwährende Hingabe seines menschlichen Leibes in dem Geheimniss der Eucharistie fortdauert. Wenn Krischna,

In die nur geht er, Kaunteja! stets geworden wie die Natur[3]).

als Incarnation des *Vischnu*, von sich sagt: er selbst sei in diesem seinem (menschlichen) Leibe das höchste Opfer, so müsste man in der That blind sein, um hierin nicht einen so merkwürdigen Anklang an die Grundlehre des Christenthums zu sehen, dass man, bei dem vollständigen Mangel ähnlicher Ideen in anderen altindischen Urkunden, an dem christlichen Ursprunge dieser Vorstellung und Ausdrucksweise nicht mehr zweifeln kann. — Was die Uebersetzung der hier erklärten Ausdrücke betrifft, welche ihre grossen Schwierigkeiten hat und nie eine ganz adäquate sein kann, so giebt Schlegel *Brahma* mit numen, *adhjâtmâ* mit intimus spiritus, *adhibhûta* mit anima animantium, *adhidaira* mit numen Deorum, und *adhijadschna* mit auctor religionum wieder; Thomson lässt diese Ausdrücke unübersetzt; Burnouf übersetzt *Brahma* mit Dieu, *adhjâtmâ* mit Ame Suprème, *adhibhûta* mit Premier Vivant, *adhidaira* mit Divinité Première, *adhijadschna* mit Premier Sacrifice. Die von Krischna gegebenen Erklärungen dieser Ausdrücke werden folgendermassen wiedergegeben: *Akscharam* von Schlegel mit: Essentia simplex et individua, von Thomson mit: the One simple and indivisible, von Burnouf mit: le principe neutre suprême et indivisible; *Srabhâra* von Schlegel mit indoles, von Thomson mit: my own nature, von Burnouf mit: la substance intime (alle drei Uebersetzungen scheinen mir unangemessen zu sein, denn *srabhâra* ist hier offenbar das Abstractum von *svajambhû*); *Kschara bhâva* von Schlegel mit: natura dividua, von Thomson mit: my own indivisible (?) nature, von Burnouf mit: la substance divisible; *Purûscha* von Schlegel mit: genius, von Thomson mit: the spiritual person, von Burnouf mit: le principe masculin. Die von mir versuchte Uebersetzung, von der ich keineswegs zu behaupten wage, dass sie überall vollkommen zutreffend sei, findet ihre Erklärung und Rechtfertigung in dem oben über die Bedeutung der einzelnen Ausdrücke Bemerkten.

2) Dieser Satz in Verbindung mit dem Folgenden soll ohne Zweifel die Antwort auf die von Ardschuna im zweiten Verse der sl. 2 gestellten Frage enthalten. Der Sinn scheint demgemäss zu sein: Die Erkenntniss meiner in der Todeszeit hängt davon ab, dass man im Leben nach nichts Anderem gestrebt hat, als sich der Vertiefung zu weihen und sich geistig beständig mit Mir zu beschäftigen. (sl. 8.) Der Lohn dieser Uebung zeigt sich beim Eintritt des Todes darin, dass derjenige, der sich mir im Leben durch Vertiefung geweiht hat, sich dadurch befähigt, nach Ablegung des irdischen Leibes mit Mir wesentlich vereinigt zu werden, so wie er durch die Joga im Leben durch sein Verlangen und sein Streben mit mir vereinigt gewesen.

3) Derselbe Gedanke kehrt, in anderer Form ausgesprochen, wieder Les. XVII. sl. 3. Vergl. *Tschandogja-Upanischad* III. 14, 1. (Bibl. Indic. No. 78 u. 181. pag. 59, nach der Uebersetzung von Radschendralala Mitra): „Man is a creature of reflection; whatever he reflects upon in this life, he becomes the same hereafter; therefore should he reflect (upon Brahma)." Ein ganz analoger Ausspruch findet sich auch bei Clemens Alexandrinus (Strom. lib. IV. c. 23. §. 152 ed. Klotz, Vol. I. p. 361.): Ὁ μὲν οὖν ἄνθρωπος, ἁπλῶς οὗτος κατ᾿ ἰδίαν κλάσσεται τοῦ συμφυοῦς πνεύματος." Auch das Christenthum lehrt, dass der Zustand der Seele im Augenblick des Todes für den Zustand derselben in der Ewigkeit entscheidend ist. —

7 Desshalb zu allen Zeiten Mein gedenke du, und kämpfe auch[4]);

Zu Mir das Herz, den Geist gewandt, kommst ohne Zweifel du zu

Mir[5]).

8 Wer auf Vertiefungsübung nur sinnend, nicht schweifend andershin,

Des höchsten Geist's, des göttlichen[6]), gedenket, Pàrtha, geht zu

ihm.

9 Wer an den alten Dichter[7]), den Regierer[8]), der feiner als das Aller-

feinste[9]), denket,

Tadbhâva bhâvita übersetzt Schlegel: ad naturam istam conformatus. Burnouf: puisque c'est sur elle (cette substance) qu' il s'est modelé.

4) Kämpfe d. h. in der Schlacht gegen die gegenüberstehenden Feinde, was ebenfalls in
Vertiefung des Geistes geschehen kann. Vergl. iV. sl. 42. Durch diese wiederholt
eingestreuten Aufforderungen zum Kampfe soll die sehr lose Verbindung der ganzen
Episode mit dem Mahabharata einigermassen hergestellt werden.

5) Vergl. was oben bereits (IV. Anm. 11.) über den Ausdruck „er geht zu mir" gesagt worden.

6) *Paramam purûscham divjam.* Schlegel: summum genium coelestem. Vergl.
was oben Anm. 1. über die Bedeutung des Wortes *purûscha* gesagt worden.

7) *Kavim purânam* übersetzt Schlegel: vatem antiquum; Thomson: the Sage
without beginning; Burnouf: ce poëte antique. Thomson bemerkt, Gott
werde Dichter hier wegen seiner Allwissenheit genannt, weil die Dichter vorzugsweise als Vielwissende galten. Poetischer wird der Sinn von W. v. Humboldt aufgefasst, wenn er sagt (l. c. S. 27.): „In der jugendlichen Frische eines zur Wissenschaft
aufblühenden Volkes erscheint das Dichten nicht wie eine menschliche Kunst, sondern
wie ein wirkliches Schaffen, und auch die mannichfaltige, gestaltenreiche, bunte, durch
die Zauberkraft der Gottheit hervorgerufene, wie ein Wunder vor dem jungen Gemüth
dastehende Schöpfung kann wohl mit einem vor der Phantasie vorüberrauschenden
Gedichte verglichen werden." Bemerkenswerth ist, dass das Wort *Kavi*, dessen Grundbedeutung sinnig, verständig, klug, weise ist, schon in den Vedas auf die Götter
angewendet wird. Agni wird so genannt Rig-Veda 2, 23, 1; Indra 1, 130, 9; Varuna
und die Aditja 2, 28, 1; 1, 9, 2; 3, 45, 10. Dass das Wort *purâna*, alt, hier die
Bedeutung ewig, anfangslos hat, liegt auf der Hand. Man vergleiche damit den
Ausdruck antiquus dierum bei Daniel 7, 9.

8) *Anusâsitâram.* Schlegel: moderatorem. Thomson: the regulator. *Anu-
sâsitri* heisst wörtlich: gubernator, rector (von *sâs*, jubere). Dass hierin der Begriff
der göttlichen Weltregierung liegt, und zwar vermittelst persönlicher Macht und
Weisheit (namentlich in Verbindung mit dem Epitheton *Kavi*), ist offenbar. Es ist
vollkommen unmöglich, hierbei an ein unpersönliches höchstes Brahma zu denken, wie
etwa noch bei dem oben (VII. sl. 7) gebrauchten Bilde von der am Faden hängenden
Perlenschnur anginge.

9) *Anorantjas*, wörtlich: kleiner als das Kleinste, als ein Atom. Durch diesen Ausdruck

Des All's undenkbargestalt'gen[10]) Erhalter, den sonnenfarbigen,
der fern vom Dunkel[11]),

10 Zur Todesstunde[12]), unbewegten Herzens[13]), der Verehrung sich
weihend[14]) durch Vertiefung,

Den Athem sammelnd zwischen Augenbrauen[15]), geht ein in diesen
Geist, den göttlich höchsten.

11 Den unvergänglich Vedakund'ge nennen, den Mäss'ge betreten,
Begierdelose,

Den wünschend sie in Brahmaweihung treten, den Ort will Ich in
Kürze dir erklären[16]).

— · ——

soll die Geistigkeit Gottes, im Gegensatz zur Materie, bezeichnet werden, weil seine
Wesenheit einfach und untheilbar ist. Derselbe Ausdruck (subtler than what is
subtle, in Verbindung mit greater than what is great) wird in der Katha-
Upanischad 2. valli. 20 (Bibl. Ind. Vol. XV. pag. 105) von der Seele, insofern sie
mit Gott consubstanzial ist, gebraucht.

10) *Atschintjarúpa*. Schlegel: incomprehensibili forma; wörtlich: von nicht zu
denkender Gestalt. Vergl. Jerem. 32, 19: „Magnus consilio et incomprehensi-
bilis cogitatu."

11) Vergl. 1. Joan. 1, 5: ὁ Θεὸς φῶς ἐστι, καὶ σκοτία ἐν αὐτῷ οὐκ ἔστιν οὐδεμία. — *Tamasa*:
parastát wörtlich: ultra tenebras. Schlegel: supra tenebras; Thomson:
beyond the darkness.

12) Dies bezieht sich auf: wer denket, in dem vorigen Distichon.

13) D. h. unbeirrt, seine Gedanken auf nichts Anderes richtend.

14) *Bhaktjá jukto*. Ueber die Bedeutung des Wortes *bhakti* und das Verhältniss dieses
Begriffes zu christlichen Vorstellungen ist schon oben (III. Anm. 45. IV. Anm. 12. u. 64)
gesprochen worden.

15) Vergl. oben V. sl. 27. Nach den von Windischmann (l. c. S. 1359) mitgetheilten
urkundlichen Ermittelungen über die Methode der Inder, die magnetischen Zustände
herbeizuführen, schaut die Seele zwischen den Augenbrauen und der Nase, als
einem Orte der Wonne, eine Fülle von Licht und vertieft sich in diese Anschauung.
Dazu wird folgende merkwürdige Stelle aus Sankara citirt: „Jener unendliche, untheil-
bare Geist hat seinen Aufenthalt im Nichtbefreiten. Dieser aber verweilt in Varanasi,
zwischen Varana und Nasi. Was bedeutet Varana? Was bedeutet Nasi? Varana
bedeutet die Abwehr aller Sünden, Nasi die Vernichtung aller Sünden. Was ist das
für ein Aufenthalt? Die Verbindung der Nase mit den Augenbrauen, das ist, die Verbindung des Himmels mit der höchsten Welt, der Ort des Gebetes; da halten sie den
Athem an." Dieses Bild vom Aufenthalte Brahmas zwischen der Nase und den Augenbrauen (an der Nasenwurzel) spielt zugleich auf die Etymologie des Namens der heiligen Stadt Varanasi (Benares) an, welche als einer der vorzüglichsten Buss- und Gebets-
Orte betrachtet wird.

16 *Pada* (Ort, Standort, Stelle) hat hier dieselbe Bedeutung, wie II. sl. 51. Was dort

12 Wer, alle Thore schliessend [17]), sein Gemüth im Herzen hält zurück [18]),
Im Kopf den Athem sammelnd [19]), bleibt in Vertiefungsbeständigkeit,

13 „Om,“ das Eine, Ew'ge, Brahma, aussprechend [20]), sich erinnernd
Mein,
So hinübergehet, den Leib verlassend, geht den höchsten Weg [21]).

14 Wer nichts Andres denkend stets, sich Meiner erinnert immerfort,
Dem bin Ich zu erlangen leicht [22]), dem Jogi, welcher stets vertieft.

15 Die zu mir gehn, nicht Neugeburt [23]), hinfäll'ge Schmerzenswohnug
nicht
Erlangen, die Grossgeist'gen, zur höchsten Vollkommenheit gelangt.

16 Bis hin zum Brahmahimmel sind die Welten wirbelnd, Ardschuna [24])!

---

padam anâmajam genannt wird, heisst hier *akscharam*, unvergänglich. Thomson
bemerkt zu diesem Ausdruck: „The being of the Supreme Spirit, the spiritual
region which he inhabits, which, though infinite and undefined, is
called a place.“ Dass die höchste Gottheit hier ein Ort genannt wird, nach welchem
zu streben ist, erinnert an das christliche Dogma von der Oertlichkeit des Himmels.
— *Brahmatschârjam* (was ich mit Brahmaweihung übersetzt habe) ist der Stand des
Brahmanenschülers *(brahmatschâri),* von dem oben (IV. Anm. 57) die Rede war. —
Eine fast ganz gleichlautende Stelle findet sich in der Katha-Upanischad II, 15:
„Den Ort, den alle Vedas nennen, den alle Bussen sprechen, den wünschend sie die
Schülerpflichten üben, den Ort will ich Dir in Kürze sagen. *Om,* so ist es. Denn
dieser Laut ist *Brahma;* denn dieser Laut ist das Höchste; denn diesen Laut erkannt
habend, erlangt man, was immer man wünscht.“ (Bei Windischmann l. c. S. 1712.)

17) Die Thore des Leibes d. h. die Sinne. Vergl. oben V. sl. 13.

18) *Mano hridi nirûdhja.* Thomson bemerkt hierzu: „Mark the distinction between *manas,* the abstract, and *hrit,* the concret. *Manas* is the heart
which desires, and *hrit* that which beats.“

19) Vergl. was oben (IV. Anm. 47) über die *Prânâjuma* (Athembändigung) gesagt wurde.

20) *Ekam akscharam* (unum immortale) ist, wie *Pranava,* ebenfalls eine Bezeichnung
der heiligen Silbe *Om,* die hier noch durch das hinzugefügte *brahma* erklärt wird,
woraus deutlich hervorgeht, dass das Wort *Om* als verbales Repräsentativ des höchsten
Wesens gilt. (S. was oben VII. Anm. 12 über *Om* gesagt worden.)

21) D. h. er erlangt die ewige Vereinigung mit der höchsten Gottheit.

22) *Sulabha:* (facilis ad impetrandum). Es scheint in diesem Ausdruck ein Gegensatz
zu dem Lesung VI. sl. 42 Gesagten zu liegen.

23) *Punardschanma* d. h. Wiedergeburt nach dem Tode in einem anderen Körper. Jeder
Körper wird hier *du : khâlojam asâsratam* (Schmerzenswohnung, die nicht ewig ist),
genannt, im Gegensatz zu dem schmerzfreien und unvergänglichen Zustande derer, die
zur endlichen Befreiung gelangt sind.

24) *Brahmaloka* (wofür hier das gleichbedeutende *bhuvana* steht,) ist die höchste der acht

Bin Ich erreicht, dann, Kaunteja! giebt Neugeburt es nimmermehr.

17 Die den nach tausend Weltaltern verflossnen Brahmatag erkannt,
Die tausend Alter dau'rnde Nacht, die Menschen kennen Tag
und Nacht²⁵).

---

verschiedenen Welten, von denen oben (V. Anm. 57) die Rede war. Sie ist aber, wie alle anderen, dem Untergange und der wiederholten Entstehung in ihrer vergänglichen Natur bei einer neuen Schöpfung ausgesetzt. — *Punaráravtino* übersetzt Schlegel: remeabiles; Thomson: subject to return. *Avarta* bedeutet: Wirbel, Strudel (vortex); also *áravtin*: wirbelnd, im Kreise wiederkehrend.

25) Wie wenig der Verfasser der Bh. G. daran dachte, auch wo er über das Wesen der Gottheit eine verhältnissmässig reine und erhabene Lehre vorträgt, sich dadurch von dem Glauben an die indische Mythologie zu emanzipiren, geht namentlich aus dem letzten Theile dieses Abschnittes aufs Deutlichste hervor. — Der mythologische Gott Brahmâ, von dem hier die Rede ist, (so wie auch das mit Brahma, als Neutrum, in der philosophischen Sprache bezeichnete höchste Wesen) steht in besonderer Beziehung zur Sonne, wie überhaupt der ganze brahmanische Cult, was Windischmann (l. c. S. 741 u. ff.) ausführlich nachgewiesen hat. Wie nun die Sonne es ist, welche den gewöhnlichen irdischen Tag hervorbringt, so beginnt mit der Schöpfung des Universums durch Brahmâ, da es ist, der die entfaltete Materie aus der unentfalteten Natur hervorgehen lässt, auch ein Tag Brahmas. Die Zeit beginnt überhaupt mit dem Moment, da *Brahmâ-Pradschapati*, der in die Schöpfung eingehende, sich ihr einverleibende *Purûscha* zuerst sein Auge aufschlägt, in dessen Strahl sich die Sonne entzündet. Mit diesem Ur-Sprung aus der Ewigkeit in die Zeit beginnt dieser Aufenthalt der Lebendigen, die Welt, das Jahr und die grösseren Perioden, und alle Wesen werden offenbar (*rjakta*) aus dem, was vorher verborgen (*arjakta*) gewesen, und gehen, wenn ihr Ziel erreicht ist, d. h. wenn Brahma schläft, wieder in ihn ein. Eine Schöpfung Brahmas mit den vier Weltaltern, (dem *Kritajuga*, das 1.440,000 Jahre. dem *Tretajuga*, welches 1,080,000 Jahre, dem *Draparajuga*, das 720,000, und dem *Kalijuga*, das 360,000 Jahre dauert), währt also 3,600,000 Jahre, und werden dazu noch die *Sandhjas* und *Sandhjansas* (Dämmerungen) gerechnet, welche 720,000 Jahre dauern, im Ganzen 4,320,000 Jahre. Ein solcher Zeitraum heisst *Mahâjuga*. Tausend *Mahâjugas* bilden ein *Kalpa*, einen Tag Brahmas; 360 solche Tage ein Jahr Brahmas, und 100 solche Jahre (ein *Para*) bilden die ganze Lebenszeit Brahmas, eine Periode von 255,520,000,000 menschlichen Jahren, innerhalb welcher die Welt 36,000 Mal aus ihm emanirt und wieder in ihn zurückfliesst. — Unter den Weltaltern, von denen in unserer Stelle die Rede ist, sind also *Mahâjuga's* zu verstehen, von denen 1000 auf einen Tag Brahmas gehen. Auf jeden dieser Tage folgt dann eine ebenso lange dauernde Nacht, während welcher Brahma schläft und nichts Sichtbares (Erfaltetes) existirt. — Der Zusammenhang dieser mythologischen Anspielung mit dem Vorangehenden und Folgenden ist darin zu suchen, dass Krischna dadurch die Erhabenheit und Grösse jenes seligen Zustandes anschaulich machen will, der von allen diesen unendlich langen Veränderungen unabhängig macht, und in dem man auf den Tag Brahmas selbst, wie auf etwas Kurzes und Vergängliches, herabblicken kann.

18 Aus Unsichtbarem geht hervor alles Sichtbare, kommt der Tag[26])
Und kommt die Nacht, wird's aufgelöst in das, was Unsichtbar
genannt.

19 Die Schaar der Wesen hier, nachdem sie war und war[27]), wird
aufgelöst,
Wenn kommt die Nacht; von selber dann[28]) wird, Pârtha, sie,
wenn kommt der Tag.

20 Doch andres, als dies Sichtbare, giebt's, unsichtbares, ew'ges Sein,
Das, gehn die Wesen alle auch zu Grunde, nicht zu Grunde geht[29]).

21 Unsichtbar, einfach wird's genannt. Das, sagt man, ist der höchste
Weg.
Wer den erlangt, kehrt nicht zurück. Das Meine höchste Wohnung
ist[30]).

22 Doch der höchste Geist[31]), Pârtha, ist erreichbar nur durch seinen
Cult[32]),

---

26) Nämlich dieser Tag Brahmas, von welchem eben die Rede war.

27) D. h. nachdem sie in Folge der Seelenwanderung wiederholt und in verschiedener
Gestalt gewesen ist.

28) *Arasa*, wörtlich: ohne Willen, d. h. nicht: wieder ihren Willen, da die Natur keinen
Willen hat, sondern unwillkührlich, in Folge innerer Nothwendigkeit, die durch den
schöpferischen Willen Brahmas gesetzt ist.

29) Vergl. Matth. 24, 35: „'Ο οὐρανὸς καὶ ἡ γῆ παρελεύσονται· οἱ δὲ λόγοι μου οὐ μὴ
παρέλθωσι."

30) Mit dieser Sloke vergleiche man Joan. 14, 2—6: „'Εν τῇ οἰκίᾳ τοῦ πατρός μου μόναι
πολλαί εἰσιν· εἰ δὲ μὴ, εἶπον ἂν ὑμῖν· πορεύσομαι ἑτοιμάσαι τόπον ὑμῖν. Καὶ ἐὰν
πορευθῶ καὶ ἑτοιμάσω ὑμῖν τόπον, πάλιν ἔρχομαι, καὶ παραλήψομαι ὑμᾶς πρὸς
ἐμαυτόν· ἵνα ὅπου εἰμὶ ἐγώ, καὶ ὑμεῖς ἦτε. Καὶ ὅπου ἐγὼ ὑπάγω, οἴδατε καὶ τὴν
ὁδὸν οἴδατε.... 'Εγώ εἰμι ἡ ὁδός...· οὐδεὶς ἔρχεται πρὸς τὸν πατέρα, εἰ μὴ δι' ἐμοῦ."
— Vergl. auch I. Tim. 6, 16: 'Ο μόνος ἔχων ἀθανασίαν, φῶς οἰκῶν ἀπρόσιτον, ὃν
εἶδεν οὐδεὶς ἀνθρώπων, οὐδὲ ἰδεῖν δύναται." Auffallend ist die Anwendung des Begriffes Wohnung (*dhama, οἰκία, οἰκεῖν*) auf die Gottheit in diesen Stellen des Neuen
Testamentes und der *Bhagavadgita*, und zwar in dem Sinne, dass unter dieser Wohnung ihre eigene unendliche Wesenheit (dort φῶς ἀπρόσιτον, hier *arjakta, akschara*)
zu verstehen ist. Dieselbe merkwürdige Uebereinstimmung findet auch in der Anwendung des Wortes Weg (*gati, ὁδός*) statt. Sowohl Christus als auch Krischna bezeichnen sich selbst als den Weg.

31) Man könnte auch übersetzen, was sehr nahe liegt, im Anschluss an die Sätze der vorhergehenden Sloke: „Das ist der höchste Geist *(puruscha: sa para:)*, aber nur erreichbar u. s. w.;" denn dieser *Puruscha* ist eben nichts Anderes als jenes *arjakta, akschara*,
von dem in der vorigen Sloke die Rede ist.

Im Innern dess die Wesen sind[32]), durch den dies All' entfaltet
ist[34]).

23 Zu welcher Zeit zur Nichtrückkehr, zur Rückkehr auch[35]) Vertiefte
geh'n,

Wenn sie hinübergeh'n, die Zeit will Ich dir sagen, Bhârata!

24 Feuer, Licht, Tag, zunehm'nder Mond, das Halbjahr, wenn die
Sonne hoch[36]),

---

32) *Bhaktjâ labhjas ananjajâ.* Schlegel: impetrari potest cultu non aliorsum
spectante. Thomson: may be approched by devotion, which is intent
on him alone. Burnouf: par une adoration exclusive. *Ananjajâ* heisst
wörtlich: durch keinen anderen d. h. der sich nicht auf Ihn bezieht, mit Rücksicht
auf die oben vorgetragene Lehre, dass die Seele in diejenige Natur eingeht, auf welche
sie beständig ihre Gedanken und ihre Intention gerichtet hält.

33) *Jasjânta: sthani bhutâni.* Schlegel: cui penitus insunt animantia. Vergl.
Act. 17, 28: „Ἐν αὐτῷ γὰρ ζῶμεν καὶ κινούμεθα καὶ ἐσμεν."

34) Dieselben Worte, denen wir schon Lesung II. sl. 17. begegnet sind.

35 D. h. zur endlichen Befreiung, oder zur Rückkehr in einen anderen Körper.

36) Zum Verständniss dieser eigenthümlichen Vorstellungen von der Einwirkung des physischen Lichtes auf die Erreichung des höchsten Zieles in der dauernden Vereinigung mit der Gottheit muss man an die grosse Bedeutsamkeit, welche das Licht und
die Sonne überhaupt im brahmanischen Cultus hat, sich erinnern. Was insbesondere
den Moment des Todes betrifft, so verhält es sich damit nach indischer Anschauung
folgendermassen (H. Windischmann l. c. S. 1361 u. ff.): „Wenn die zur vollen
Befreiung aufsteigende Seele zugleich mit den Pranas, welche in ihr absorbirt sind, in
ihre eigenthümliche Wohnung, das Herz, zurückgegangen ist, dann blitzt dieses auf
und erleuchtet den Weg, durch welchen sie gehen muss, von der Brust aufwärts bis
zum Scheitel des Hauptes. Durch die Ader des süssen Schlafes (*Suschumna*), welche
unter den 101 aus dem Herzen entspringenden Adern bis zu diesem Punkte führt, tritt
die Seele des Weisen, begünstigt durch die Gnade Brahmas, der im Herzen wohnt,
nun vermöge ihrer erlangten Erkenntniss hervor und schwebt über dem Scheitel des
Leibes. Hier begegnet sie einem Sonnenstrahl. Strahlen von Licht kommen von
der Sonne zur Ader und erstrecken sich umgekehrt von dieser zur Sonne. Diese Verbindung der Scheitelader durch den Sonnenstrahl mit der Sonne selbst, eröffnet den
Weg zur Seligkeit. Derjenige, welcher ein Erwachter, ein Weiser ist, wandelt auf jenem
Strahl zur Sonne. Die Unwissenden aber, die nicht nach dem Geist verlangen, gehen,
wenn die Seele vom Leibe scheidet, nicht durch den Scheitel zur Sonne und zu Brahmas
Welt, sondern durch den Weg anderer Adern gehen sie aus und bleiben in dieser
Welt zerstreut, erlangend die Frucht ihrer Werke. Der fernere Fortschritt der Seele
vom Ende der Scheitelader, welche mit einem Sonnenstrahl in Verbindung steht, zu
ihrer höchsten Bestimmung, zur Wohnung des Brahma, wird in verschiedenen Texten
der Vedas verschieden beschrieben ... Ihr Weg geht, der Zusammenstimmung der verschiedenen Texte gemäss, mittelst jenes Sonnenstrahles zum Reiche des Feuers, von

Da geh'n die Brahmakund'gen ein in's Brahma, geh'n hinüber sie.

da zu den Herrschern des Tages, der Hälfte des Mondumlaufes, der sechs Sommermonate und des Jahres, und von da zur Wohnung der Devas, zum Wind, dessen Herrscher *(Vaju)* die reisende Seele aus seinem Gebiet weiter bringt durch einen schmalen Weg, welcher der Nabe eines Wagenrades verglichen wird, nach der Sonne hin. Von da ist der Uebergang zum Mond, von hier zur Region des Blitzes, über welcher das Reich des Varuna, des Herren der Gewässer ist. Der Rest des Weges geht durch das Reich des Indra zur Wohnung Brahmas ... Bloss die Seelen jener heiligen Personen, deren andächtige Betrachtung auf das reine Brahma gerichtet war, nehmen den höchsten Weg, nicht diejenigen, deren Betrachtung theilweise oder beschränkt war. Diese haben ihren besonderen Lohn. Viele gelangen, wenn sie auch in der Sonne einen kurzen Aufenthalt geniessen, oder wenigstens an ihr vorüberwandeln, nur bis zum Mond, und kehren dann wieder. So lange jedoch die Hindernisse einer vollen Befreiung noch nicht ganz gehoben sind, und die Seelen der betrachtenden Brahmaverehrer noch die Vorstufen bis zu Brahmas Sitz durchwandeln, bleiben dieselben mit einer feinen, elementarischen Gestalt *(lingam)* vereinigt, welche mit den Lebensgeistern *(prânas)* verbunden ist bis zur Auflösung der Welten, wenn sie sich in das höchste Licht versenkt. Der völlig Befreite aber, der gerade hinauf zu Brahma geht, legt auch den feinen Lichtleib ab. Name und Gestalt hört auf, und er wird unsterblich ohne Theile und Glieder." Diese von Windischmann urkundlich zusammengestellten Vorstellungen über den Weg, den die Seele nach dem Tode zu durchlaufen hat, lassen jedoch nicht deutlich erkennen, welches der Einfluss der in unserer Stelle erwähnten physischen Einwirkungen auf den Gang der Seele sei, und man muss daher wohl annehmen, dass die Gegenwart und der Einfluss des äusseren Lichtes als eine nothwendige Bedingung angesehen wurde, damit die Seele ihren Weg zum höchsten Ziele finde, vielleicht, wie Thomson bemerkt, in der Weise, dass jener Sonnenstrahl, mit dem sich die Seele bei ihrem Austritt aus dem Scheitel verbindet, um so heller und stärker ist bei Feuer, Tag und den helleren Mond- und Sonnen-Phasen, und um so schwächer und matter im entgegengesetzten Falle. — Man vergleiche mit unserer Stelle auch noch die folgende im Gesetzbuch des Jadschnavalkja III. 190 bis 196 (bei Stenzler, S. 110): „Das Lernen der Vedas, Opfer, Keuschheit, Busse, Bezähmung, Glaube, Fasten, Selbstbeherrschung sind die Ursachen der Erkenntniss des Geistes. Denn den Veda müssen alle Klassen so kennen zu lernen suchen, die Zweigeborenen (Brahmanen) aber müssen ihn schauen, überlegen und hören. Die Zweigeborenen, welche ihn so erlangen, und welche sich in den Wald zurückziehen, gelangen zur Wahrheit, mit höchstem Glauben begabt. Der Reihe nach kommen sie zum Feuer, zum Tage, zur hellen Mondhälfte, zum nördlichen Sonnenlaufe, zur Sonne und zum Glanze. Dann nahet ihnen der geistige Genius *(purûscha)* und macht sie zu Bewohnern von Brahmas Welt, und es wird ihnen keine Rückkehr in diese Welt zu Theil. Die Männer aber, welche durch Opfer, Busse und Gaben den Himmel gewinnen, kommen zum Rauche, zur Nacht, zur dunkeln Mondeshälfte und zum südlichen Sonnenlaufe, zur Welt der Väter, zum Monde, zum Winde, Regen, Wasser und zur Erde, der Reihe nach, und gelangen wieder in diese Welt." — Vergl. auch Prasna-Upanischad I. 9—10. (Bibl. Ind. vol. XV.

25 Rauch, Nacht und auch abnehm'nder Mond, das Halbjahr, wenn
die Sonne tief[37]),

Da kehrt der Vertiefte, Mondglanz erlangt nur habend[38]), noch
zurück.

26 Die beiden Wege, weiss und schwarz, sind ewig in der Welt
gekannt[39]);

Auf einem geht zur Nichtrückkehr man, auf dem andern kehrt
man um.

---

p. 124): „It (the year) has two paths, the one to the south, the other to
the north. Therefore those, who worship it under the idea of work (that
is to say, as finite) as oblations and pious gifts, obtain even the sphere
of the moon; they return again. Therefore those, who are desirous of
offspring (the house-holders) obtain the southern path (the moon).
This food is verily the path of the forefathers. Again those, who,
through austerity by the performance of the duties of a Brahma-student,
by faith and knowlegde comprehend themselves, obtain the sphere of
Aditya, by the northern path. This is verily the support of the creatures, this is immortal, this is without fear, this is the supreme path.
From thence none ever returns."

37) Rauch *(dhúma)*, insofern er das Licht des Feuers verhüllt; vielleicht ist auch Nebel,
bedeckter Himmel, hier darunter zu verstehen. Die Ausdrücke: *sukla* (weiss) und
krischna (schwarz) werden speziell als Bezeichnungen der hellen und dunklen Mondphasen gebraucht. *Schanmásá uttarájanam* bedeutet wörtlich: die sechs Monate, wo
die Sonne am höchsten (im Norden) steht, und *schanmásá dakschinájanam* die sechs
Monate, wo die Sonne am tiefsten (im Süden) steht.

38) Darunter ist wohl zu verstehen: er gelangt nur bis zum *Somaloka*, der Welt des Mondes, von der er wieder auf die Erde zurückkehren muss. (Vergl. die oben Anm. 36
von Windischmann citirte Stelle aus den Upanischads). — Thomson ist der
Ansicht, diese ganze Stelle (sl. 23-26) sei nicht wörtlich, sondern metaphorisch zu
erklären, und der Verfasser der Bh. G. habe hier nur „einen populären Volksglauben
zu einer passenden und eleganten poetischen Metapher" benützt. Das höchste Wesen
sei hier unter dem Bilde der Sonne dargestellt, und Alles Andere demgemäss allegorisch zu verstehen. Doch für eine solche Erklärung bietet der Context auch nicht
den geringsten Anhaltspunkt. Im Gegentheil lässt sich durch viele Stellen unseres
Gedichtes nachweisen (namentlich im IX. und XI. Abschnitt), dass der Verfasser vollständig in den Vorstellungen der indischen Mythologie befangen ist und dieselben
keineswegs zu verwerfen, sondern vielmehr mit seinem System in Einklang zu bringen sucht.

39) *Prchagata: súsrate mate* übersetzt Schlegel: perpetuo in hoc mundo praedi-
cantur. Thomson: are eternally decreed to the world. Burnouf: objet
de foi ici-bas. Diese Worte scheinen zu beweisen, dass jener doppelte Einfluss des

10

27 Die beiden Pfade kennend, kein Vertiefter, Pàrtha, wird verwirrt[40]).
   Drum weih' zu allen Zeiten du, Ardschuna, der Vertiefung dich.
28 Welch' reine Frucht der Vedalesung, Opfern, Busse, Almosen immer
   ist versprochen[41]),
   Das Alles übertrifft noch der Vertiefte, dies wissend, und gelangt
   zum höchsten Zustand.

Lichtes und der Finsterniss, der hier durch den Ausdruck: der weisse und der
schwarze Weg bezeichnet wird (wenn man es nicht vorzieht, die betreffenden Worte
speziell auf die Mondphasen zu beziehen, und demgemäss zu übersetzen: die beiden
Wege des zunehmenden und abnehmenden Mondes) wegen seiner allgemeinen Annahme
auch vom Verfasser der Bh. G. als unumstössliche, nicht zu bezweifelnde Wahrheit
hingestellt wird. — Ewig *(sâsvate)* hat hier die Bedeutung: immer vorhanden, immer
dauernd.

40) Dieser Vers deutet den Zusammenhang an, in welchem diese ganze Stelle mit der in
diesem Abschnitt vorgetragenen Lehre steht. Dieser Zusammenhang scheint mir folgender zu sein. Da die Erreichung des höchsten Zieles nicht bloss von den geistigen
Anstrengungen des Vertieften, sondern auch von äusseren, physischen Einflüssen abhängig ist, so könnte sich Jemand in Rücksicht auf diese Einflüsse davon abhalten
lassen, all' seinen Eifer für dieses Ziel anzuwenden, in der Meinung, dass sein Streben
dennoch vielleicht vergeblich sein und durch äussere, von ihm nicht abhängige Verhältnisse paralisirt werden könnte. Dieselben sind aber kein Grund, der den Vertieften
in Verwirrung bringen, in seinem Entschlusse wankend machen darf. Denn das Höchste
muss, aller sich entgegenstellenden Hindernisse ungeachtet, angestrebt werden, und endlich wird dieses Streben doch mit Erfolg gekrönt werden.

41) Vergl. hiermit die oben (Anm. 36) citirte Stelle aus Jadschnavalkja: „Die Männer
aber, welche durch Opfer, Busse und Gaben den Himmel gewinnen, kommen zum
Rauche, zur Nacht u. s. w.;" nur dass der Verfasser der Bh. G. auch die Vedalesung,
welcher bei Jadschnavalkja der höchste Weg verheissen wird, zu diesen unvollkommenen Mitteln rechnet, und der von ihm gelehrten Vertiefung allein den höchsten Preis
vorbehält.

Neunte Lesung.

Der Erhabene spricht:

1 Die geheimnissvollste Kenntniss will Ich dich lehren, schmähst du
nicht[1]),
Mit Verständniss[2]), die, hast du sie erkannt, du wirst vom Uebel
frei.

2 Dies Königswissenschaft, Königs-Geheimniss[3]), höchste Läuterung,
Leicht zu versteh'n[4]), dem Recht gemäss[5]), süss zu erfüll'n[6]), vergänglich nicht[7]).

---

1) *Anasújare* übersetzt Schlegel: tibi haud obtrectanti, und Thomson: If thou
objectest not. Das Wort bedeutet jedoch noch mehr; *asúja* heisst: maledicus,
convicians, blasphemans. Wir haben dieses Wort bereits oben (III. 31) ganz in
der Bedeutung des biblischen βλασφημεῖν gebraucht gefunden. Die Verbindung in der
es hier gebraucht wird, erinnert an Matth. 7, 6: „Μὴ δῶτε τὸ ἅγιον τοῖς κυσὶ, μηδὲ
βάλητε τοὺς μαργαρίτας ὑμῶν ἔμπροσθεν τῶν χοίρων." Vergl. auch Luc. 8, 10:
„Ὑμῖν δίδοται γνῶναι τὰ μυστήρια τῆς βασιλείας τοῦ Θεοῦ· τοῖς δὲ λοιποῖς ἐν παρα-
βολαῖς."

2) Ueber die Bedeutung von *dschnána* und *vidschnána* ist schon oben III. Anm. 60 und
IV. Anm. 12 gesprochen worden.

3) In Bezug auf diesen Ausdruck vergleiche man Jacob. 2, 7—8: „Οὐκ αὐτοὶ βλασφημοῦσι
τὸ καλὸν ὄνομα τὸ ἐπικληθὲν ἐφ' ὑμᾶς; εἰ μέντοι νόμον τελεῖτε βασιλικὸν, κατὰ
τὴν γραφήν . . . . καλῶς ποιεῖτε." Jedenfalls auffallend ist die Aufeinanderfolge der
beiden Ausdrücke: βλασφημοῦσι und νόμον βασιλικόν, verglichen mit den Worten:
anasújare und *rádscharidja* in unserer Stelle. Man vergleiche noch den Ausdruck:
regia via crucis, der königliche Weg des Kreuzes, als Bezeichnung für die höchste
christliche Weisheit, im Anschluss an das Wort des Apostels 1. Corinth. 2, 2. Allerdings beziehen sich diese Anklänge lediglich auf die Form des Ausdrucks und nicht
auf den Sinn der in Vergleichung gebrachten Stellen. Für den Nachweis einer Benützung christlicher Schriften und Lehren ist aber gerade die Form des Ausdruckes
von der grössten Wichtigkeit und zuweilen für sich allein entscheidend.

4) *Pratjakscháragamam.* Schlegel: ipso intuitu perspicuum. Thomson: clearly
comprehensible. Vergl. Psalm 110, 10: „Intellectus bonus omnibus facien-
tibus eum."

5) *Dharmjam* erklärt Thomson: „in Uebereinstimmung mit der bestehenden Religion
(*dharma*)," weil diese von Krischna vorgetragene Lehre, im Gegensatz zur reinen
Sánkhja, mit allen Vorschriften und Glaubenslehren der Vedas, mit dem Institut der
Kasten u. s. w. übereinstimmt.

3 Menschen, die ohne Glauben sind an dieses Heil⁸), o Feindbedräng'r,

Mich nicht erlangend, auf den Pfad der Sterblichkeitswelt⁹) kehr'n
zurück.

4 Durch Mich unsichtbargestalt'gen¹⁰) entfaltet ist die ganze Welt.
In Mir die Wesen alle steh'n, nicht stehe in den Wesen Ich¹¹).

5 Auch steh'n die Wesen nicht in Mir¹²). Meine Herrschervertiefung¹³) schau!

---

6) *Susukham kartum.* Schlegel: percommodum actu. Thomson: very easy to carry out. Burnuof: agréable à accomplir. Der Ausdruck erinnert in auffallender Weise an Matth. 11, 30: „Ὁ γὰρ ζυγός μου χρηστός καὶ τὸ φορτίον μου ἐλαφρόν ἐστιν."

7) Vergl. Matth. 24, 35: „οἱ δὲ λόγοι μου οὐ μὴ παρέλθωσι."

8) *Dharmasjâsja.* Schlegel: huic religioni. Es ist damit die von Krischna vorgetragene Lehre und ihre Vorschriften gemeint, welche mit dem Worte *dharma* (Recht) bezeichnet werden. Burnouf übersetzt ganz abweichend: qui ne croient pas en sa conformité à la Loi, was grammatisch schwer zu rechtfertigen sein dürfte. — Der Ausdruck: *asraddadhâna* (Schlegel: qui fide deficiuntur, Thomson: who do not put faith), stimmt vollkommen mit dem christlichen Ausdruck ungläubig (ἀπιστεύων) überein.

9) *Mritjusansâra,* die Todeswelt, d. h. der durch Sterben und Geborenwerden sich fortbewegende Kreislauf dieser Welt.

10) Durch den Ausdruck: *avjakta mûrtinâ* bezeichnet sich hier Krischna selbst als dasjenige, was in der reinen Sankhja die Mulaprakriti, das unentfaltete, wurzelhafte Prinzip der Natur, genannt wird. In der Sankhja-Sara wird dieses Prinzip *Sakti* genannt und in den Puranas als die Frau Brahma's bezeichnet, mit der er die Welt gezeugt hat.

11) Hierdurch soll offenbar die Unermesslichkeit Gottes, welche alle Wesen umfasst, im Gegensatz zu der Beschränktheit und Endlichkeit der Geschöpfe bezeichnet werden, in demselben Sinne, wie Salomo sagt (3. Buch der Könige 8, 27): „Wenn der Himmel und die Himmel der Himmel dich nicht fassen können, um wie viel weniger dieses Haus, das ich gebaut habe."

12) In welchem Sinne die Wesen als nicht in Gott seiend hier betrachtet werden, sucht Thomson dadurch zu erklären, dass er sagt: „das höchste Wesen muss in seinem doppelten Charakter, als geistige und materielle Wesenheit (essence) betrachtet werden. Als materielle Wesenheit, materielle Ursache aller Dinge, sind Alle in ihm; als Geist jedoch kann die Materie nicht in ihm sein, weil Geist und Materie keine direkte Verbindung (connection) haben. Als Geist allein existirt er auch nicht in den Wesen, weil der Geist der Materie nicht inhärent sein kann." Jedenfalls geht hieraus hervor, dass die Philosophie der Bh. G. kein reiner Pantheismus ist und in gewisser Weise eine Verschiedenheit Gottes von der Welt ausdrücklich lehrt. Vergl.

Die Wesen tragend, selbst nicht drin, Mein Geist der Wesen
Schöpfer [14]) ist.

6 Wie in dem Aether überall hin stets der Wind, der grosse, geht [15]),
So alle Wesen auch in Mir befinden stets sich; so versteh's [16]).

7 Die Wesen alle, Kaunteja, in die Natur geh'n Meiner Selbst [17])

---

auch Isa-Upanischad 5. (Bibl. Ind. vol. XV. pag. 72): „He moves, he does not
move; he is far and also near; he is within this all, he is out of this all."

13) *Me jogam aisvaram* übersetzt Schlegel: mysterium meum angustum. Thomson: my lordly mystery. Dass aber joga jemals die Bedeutung Geheimniss
haben könne, scheint mir durch nichts begründet zu sein. Burnouf giebt den Ausdruck wieder durch: tel est le mystére de la suprême Union. — Ich halte die
Erklärung dieses Ausdruckes für leicht, wenn man bei der Grundbedeutung des Wortes *joga*: junctio, conjunctio, Vereinigung, stehen bleibt. Krischna will demgemäss sagen: dies ist meine Vereinigung, meine Vertiefung in die Wesen, wie sie
mir als Herrn (isvara) derselben zukommt. Auch ich übe die Joga, zu der ich dich
ermahne, aber in anderer, in herrlicher Weise. Während der Menschengeist sich
in mich zu vertiefen suchen muss, bin ich als Herr der Schöpfung in dieselbe durch
meine geheimnissvolle Verbindung mit ihr vertieft.

14) Das Wort *bhârana* heisst wörtlich: bewirkend, bildend, zur Erscheinung bringend.
Schlegel übersetzt: animantia animans. Burnouf: Mon Ame est le soutien
des êtres. Thomson (am wörtlichsten): My spirit, which causes things to
exist, mit der Bemerkung: „being the efficient and rational cause." — Der
ganze Vers trägt ein vollkommen antipantheistisches Gepräge.

15) Unter *âkâsa* (Aether) ist das feine Fluidum zu verstehen, von dem schon die alten
Inder annahmen, dass es überall durch den unendlichen Weltraum verbreitet sei. *Vâju*
(der Wind, die atmosphärische Luft) wird hier der grosse genannt, weil er überall
hin dringt und seinem Wesen keine Grenze gesetzt werden kann. Vergl. Joan. 3, 8:
„Τὸ πνεῦμα ὅπου θέλει πνεῖ καὶ τὴν φωνὴν αὐτοῦ ἀκούεις, ἀλλ' οὐκ οἶδας πόθεν
ἔρχεται καὶ ποῦ ὑπάγει."

16) Der Vergleichungspunkt liegt, wie es scheint, einerseits in der Unbeweglichkeit des
Aethers (als Bild der Gottheit) und der Beweglichkeit des Windes, welcher die dem
beständigen Wechsel unterworfene Welt darstellt, und andererseits in der Unermesslichkeit des ersteren im Vergleich zu der Beschränktheit der irdischen Atmosphäre.

17) *Prakritim mamakim* (wörtlich: in naturam meam) übersetzt Thomson: nature
which is cognate with me. Burnouf: dans ma puissance creatrice. In
welchem Sinne Krischna die Natur seine nennt, ist oben (Les. IV. Anm. 7) schon
besprochen worden. Eine gewisse Consubstanzialität der Wesenheit der Natur (und
daher auch der Materie) mit der göttlichen Wesenheit scheint hier allerdings, wie in
der Vedanta-Philosophie, gelehrt zu werden, wenigstens insofern, als Gott die causa
efficiens und materialis derselben ist, was dort durch das Bild von der Spinne,
die ihre Fäden aus ihrem eigenen Leibe zieht, anschaulich gemacht wird.

Am Weltenende[18]); wieder sie am Weltanfang entlasse Ich.

8 Gestützet auf Meine Natur entlass' Ich wieder, wiederum
Die ganze diese Wesenschaar; willenlos folgt sie der Natur[19]).

9 Und nicht all' diese Handlungen da binden Mich, Dhanandschaja,
Wie ausser ihnen seiend und nicht hängend an den Werken
selbst[20]).

---

18) *Kalpakschaje.* Schlegel: in fine aevi mundani. Thomson: at the con-
clusion of a Kalpa. *Kalpa* ist die Bezeichnung für einen aus 1000 Mahajuga's
bestehenden Tag Brahmas (S. oben VIII. Anm. 25), an dessen Ende die ganze
Schöpfung in ihn zurückfliesst. Krischna identificirt sich hier, wie überall, vollkommen mit Brahma.

19) Diese Sloke, deren Sinn von Langlois und Chezy vollkommen missverstanden worden (wie Schlegel in der betreffenden Note der II. Ausgabe gründlich nachweisst)
übersetzt Schlegel: „Naturae meae innixus emitto iterum iterumque
elementorum compagem hanc totam, sponte natam, e solo naturae arbi-
trio;" Thomson: „Supported by my material essence i cause this entire
system of existing things to emanate again and again, without any
power of their own, by the power of the material essence;" Burnouf:
„Immuable dans ma puissance créatrice, je produis ainsi par inter-
valles tout cet ensemble d'êtres, sans qu'il le veuille et par la seul
vertu de mon émanation." Bei aller Möglichkeit einer verschiedenen Auffassung
der einzelnen Ausdrücke (namentlich der Bedeutung von *avastabhja*) scheint mir der Sinn
des Ganzen doch unzweifelhaft zu sein. Krischna will offenbar zwei Wahrheiten hier
aussprechen: 1) dass er, vermittelst seiner Prakriti, d. h. als *adhibhûta* (siehe VIII. Anm. 1.)
der Schöpfer der Welt ist, nicht die Prakriti, als ein unabhängig neben ihm bestehendes
schöpferisches Prinzip, wie es in der reinen Sankhja gelehrt wird; und 2) dass die
Welt willenlos d. h. mit Nothwendigkeit, dem Willen, d. h. dem Gebote, dem Gesetze,
der Kraft dieser seiner Prakriti folgt. Keineswegs wird aber hier gelehrt, dass Gott
selbst mit Nothwendigkeit die Welt aus sich entlassen d. h. schaffen müsse, was Schlegel ausdrücklich gegen Langlois bemerkt, wenn er sagt (Annot. ad 2. edit. pag. 208):
„Arbitra est natura rerum creandarum, quatenus cuique sortem suam
decernit et quasi arbitratur, sed juxta legem sibi impositam; liberum
autem arbitrium natura in creando non exercet, et delegato tantum
defungitur officio. Quod denique profert Langlois, necessariam factam
esse compagem rerum existentium, quasi imposita esset Deo creandi
necessitas, ejus rei ne hilum quidem in textu exstat."

20) Unter welchen Bedingungen sich der Mensch von den bindenden Folgen der Handlungen befreien könne, ist oben (namentlich Lesung IV.) ausführlich gelehrt worden.
Dasselbe gilt auch von der Gottheit. Indem Krischna hier sagt, dass er bei der
Schöpfung ohne Interesse handelt d. h. nicht an den Werken hängt und sich wie ausser
ihnen *(udâsinavat)* befindet, giebt er zugleich auch deutlich zu verstehen, dass er von
keiner Nothwendigkeit zum Handeln, (d. h. Schaffen, Entlassen) gezwungen wird.

10 In Meiner Aufsicht zeugt[21]) Natur, was sich bewegt und nicht bewegt.
Aus diesem Grunde[22]), Kaunteja, drehet im Kreise sich die Welt.

11 Es verschmähen die Thoren Mich, da Menschenleib Ich angelegt[23]),
Nicht Meine höchste Wesenheit kennend, der Wesen grossen
Herrn[24]),

12 Eitel im Hoffen, in Werken, und in Erkenntniss, ohn' Verstand,
Dämonischer, ungöttlicher Natur nur folgend, trüg'rischer[25]).

13 Aber die Grossgeist'gen, Pârtha, die folgen göttlicher Natur[26]),
Verehr'n mit ganzem Herzen Mich[27]), der Wesen ewig daur'nden
Grund[28]).

--- - - —

21) *Majâdhjakschena*, wörtlich: me inspectore. Schlegel: me praeside. Thomson: under my superintendence. Burnouf: sous ma surveillance. Auch
durch diesen Ausdruck wird die Abhängigkeit der Prakriti vom Willen Gottes auf das
deutlichste bezeichnet. Es scheint, dass die christliche Idee von der Weltregierung,
der Weisheit und Vorsehung Gottes, auch auf diese der Bh. G. eigenthümliche Lehre
nicht ohne Einfluss gewesen. Aehnlich lautende Ausdrücke kommen weder in den
Urkunden der Sankhja- noch der Vedanta-Philosophie vor, wohl aber in der, wie die
Bh. G. die verschiedenen Systeme vermittelnden, und, wie diese, von christlichem Einfluss nicht unberührten Svetasvatara-Upanischad. Dort heisst es IV. 11. (Bibl.
Ind. Vol. XV. p. 59): „Whoever comprehends him, who, one alone, super-
intends the first producer and the other producers, in whom this all
goes together and goes out, whoever comprehends him, the ruler, who
grants the wish, the praiseworthy god, obtains everlasting peace." Und
ibid. IV. 10: „Know delusion (maya) as nature (prakriti), him, who is
united with her, as the great Ruler (mahesvara); this whole world in
truth is pervaded by (powers which are) his parts."

22) D. h. in Folge meiner höchsten Aufsicht und Anordnung. Vergl. Ps. 118, 91: „Ordi-
natione tua perseverat dies, quoniam omnia serviunt tibi."

23) *Mânuschîm tanum âsritam* übersetzt Schlegel: humana specie indutum. Thomson: invested with a human form. Der Ausdruck erinnert stark an Philipp. 2,
6—7: „Ὅς ἐν μορφῇ Θεοῦ ὑπάρχων ... μορφὴν δούλου λαβών, ἐν ὁμοιώματι ἀνθρώπων γενόμενος." Man vergleiche zu dieser Stelle auch Joan. 1, 10: „Ἐν τῷ κόσμῳ
ἦν, καὶ ὁ κόσμος δι' αὐτοῦ ἐγένετο· καὶ ὁ κόσμος αὐτὸν οὐκ ἔγνω."

24) *Bhûtamakesraram*, wörtlich: den grossen Herren der Geschöpfe. So nennt Krischna
seine höchste Wesenheit (param bhâram mama) in demselben Sinne wie VII. sl. 5 u. 6.

25) Man vergleiche mit dieser ganzen Stelle die Aussprüche Christi bei Johannes cap. 8.
v. 41: „Ὑμεῖς ποιεῖτε τὰ ἔργα τοῦ πατρὸς ὑμῶν." v. 44: „ὑμεῖς ἐκ πατρὸς τοῦ διαβόλου ἐστὶ καὶ τὰς ἐπιθυμίας τοῦ πατρὸς ὑμῶν θέλετε ποιεῖν." v. 47: „διὰ τοῦτο
ὑμεῖς οὐκ ἀκούετε, ὅτι ἐκ τοῦ Θεοῦ οὐκ ἐστί." v. 49: „ὑμεῖς ἀτιμάζετέ με."

26) Joan. 8, 47: „ὁ ὢν ἐκ τοῦ Θεοῦ τὰ ῥήματα τοῦ Θεοῦ ἀκούει."

27) *Ananjamanaso*. Schlegel: animo unice intento. Thomson: with their heart

14 Mich unaufhörlich lobend[29]) und anstrebend[30]), im Gelübde fest,
    Sich neigend in Verehrung Mir, immer vertieft Mir dienen sie.

15 Mit Opfer der Erkenntniss auch opfernd, verehren Andre Mich[31])
    In Einheit und Besonderheit vielfältig allhin Schauenden[32]).

16 Ich bin das Opfer, Ich der Cult[33]), die Gabe Ich[34]) und die Arznei[35]),

---

turned to no other object. Der Ausdruck scheint mir eine ganz passende Sanskrit-
übersetzung zu sein, von: „ἐν ὅλῃ τῇ καρδίᾳ σου, καὶ ἐν ὅλῃ τῇ ψυχῇ σου, καὶ ἐν
ὅλῃ τῇ διανοίᾳ σου" (Matth. 22, 37).

28) Wörtlich lautet die Stelle: „Nachdem sie Mich erkannt haben als *bhûtadi* d. h. animantium principium, das unvergängliche." Vergl. Joan. 8, 25: „Ἔλεγον οὖν
αὐτῷ· σὺ τίς εἶ; καὶ εἶπεν αὐτοῖς ὁ Ἰησοῦς· τὴν ἀρχήν, ὅ, τι καὶ λαλῶ ὑμῖν."

29) Vergl. Psalm 32, 2: „Benedicam Domino in omni tempore; semper laus
ejus in ore meo."

30) *Jatantas*, Schlegel: annitentes. Thomson: striving. Burnouf: luttant.
D. h. mich zu erreichen strebend durch Uebung der Joga.

31) Ueber das Opfer der Erkenntniss *(dschnánajadschna)* siehe oben IV. sl. 33. (Anm.
56). Von diesem Erkenntnissopfer ist auch die Rede im Gesetzbuch des Manu (IV. 24),
wo es heisst: „Andere Brahmanen bringen dieses Opfer stets dar durch Erkenntniss
(avec la science, Loisel.), indem sie durch das Auge der Erkenntniss sehen, dass
die Erkenntniss die Wurzel (la base) der Verrichtungen ist."

32) Schlegel übersetzt diesen Vers: In unitate et specietate multifariam facie
quoque obversum. Thomson: Who am present everywhere in divers
forms, by means of my singleness and separability. Burnouf: me
voyant dans mon unité et simplicité, la face tournée de toutes parts.
Die Ausdrücke: *ekatrena*, *prithaktrena* (Abstrakta von *eka* eins, und *prithak* seorsum)
können sich entweder auf verehren *(updsate)* im vorigen Verse, oder auf *visvato-
mukham* (wörtlich: allgesichtig, facie quoque versa) beziehen. Im ersteren Falle
würde der Sinn sein: sie verehren mich (im Erkenntnissopfer) durch Generalisirung
und Spezialisirung, indem sie mich als das Eine in der Vielheit der Dinge und das
Vielfache in der Einheit erkennen; im letzteren wäre der Sinn: sie verehren mich, der
ich überallhin schaue durch meine Einheit, die Alles umfasst, und durch meine Theilbarkeit, vermöge welcher ich vielgestaltig bin. Die Uebersetzung von *prithaktva* durch
simplicité (Burnouf) scheint mir nicht gerechtfertigt zu sein.

33) Im Original stehen hier die beiden Worte *kratu* und *jadschna*, von denen das erstere
(das griechische κράτος) zunächst Rathschluss, Einsicht, Verstand, Erleuchtung, dann
Opferhandlung bedeutet. Schlegel übersetzt: Ego sum sacrificium, ego
ritus solemnis. Thomson: I am the immolation; i am the whole sacri-
ficial rite.

34) *Swadhá* bedeutet nach Bopp (im Glossar.) 1) majorum cibus; 2) vox quam
pronunciant ii, qui majoribus dona offerunt. Schlegel übersetzt: libatio.
Thomson: the libation offered to ancestors. Burnouf: l'offrande aux
morts.

Hymnus[36]) und Opferbutter Ich[37]), das Feuer Ich, der Weih-
rauch Ich[38]).

17 Der Vater bin Ich dieser Welt, Mutter, Erhalter und Urahn[39]);
Bin Lehre, Läut'rung, heil'ges Om[40]), Rig-Sama-Jadschur-Veda
auch[41]).

---

35) *Auschadham* bedeutet: Kraut, Heilkraut, Arznei. Demgemäss übersetzt Burnouf
l'herbe du salut; Schlegel: ador; Thomson: the drug. Jedenfalls bezieht
sich das Wort hier auf eine zur Opferhandlung gebrauchte Pflanze.

36) *Mantra* bedeutet hier das Gebet, die heiligen Worte, welche bei der Opferhandlung
gesprochen werden; precum formula (Bopp). Schlegel übersetzt: carmen;
Thomson: incantation; Burnouf: l'hymne sacré.

37) *Adschja* heisst die bei den brahmanischen Opfern in's Feuer geworfene flüssige und
gereinigte Butter.

38) *Hutam* (particip. von *hu*, sacrificare, Griechisch ϑύω) heisst wörtlich: das Geopferte.
Schlegel übersetzt: thus incensum. Thomson: the incense. Burnouf: le
victime. — Diese ganze Sloke, in der sich Krischna mit dem Opfer und mit Allem
was zum Opfer gehört, identificirt, ist wohl nichts Anderes als die mit orientalischer
Uebertreibung und Emphase wiederholte Idee, welche Krischna bereits im vorigen
Abschnitt (VIII. sl. 4.) ausgesprochen hat, wo er die Erklärung von *adhijadschna* giebt.
Er selbst, als Incarnation des Vischnu, tritt an die Stelle aller brahmanischen Opfer;
dieselben sind nur Symbole seines höchsten Opfers, der Glaube an ihn ersetzt sie vollständig und sie erhalten ihre wahre Bedeutung nur durch Ihn. Dass hier die christliche Vorstellung von der Vollendung und Erfüllung aller Opfer in Christo (wie sie
namentlich im Hebräerbriefe auseinandergesetzt ist) zu Grunde liegt und auf Krischna
angewendet worden, scheint mir zweifellos zu sein.

39) Nachdem Krischna in der vorigen Sloke mit poetischer Emphase sich als *Adhijadschna*
geschildert hat, erweitert er nunmehr seinen Gesichtskreis und schildert sich in den
folgenden Versen als *Adhibhúta*, vorläufig nur durch einige allgemeine Begriffe, um
später (Les. X.) diese Schilderung noch einmal aufzunehmen und bis in das Spezielle
durchzuführen. In dem Ausdruck: Vater und Mutter dieser Welt liegt möglicher Weise eine Anspielung auf die oben (Anm. 10) erwähnte Vorstellung, dass die
Mula-prakriti, das wurzelhafte Prinzip der Materie, (sakti) als die Frau des Brahma
betrachtet wurde, mit der er die Welt erzeugt hat. Indem sich Krischna hier selbst
als diese Mutter der Materie bezeichnet, deutet er dadurch ihren Ursprung aus seiner
eigenen Wesenheit an und tritt der Annahme der reinen Sankhja entgegen, dass die
Mula-prakriti ein neben der Gottheit und von ihr unabhängig bestehendes Urprinzip
sei. *Pitámaha* (wörtlich: Grossvater) der Welt nennt er sich in eben diesem Sinne,
als Erzeuger der Prakriti, der Mutter der Materie.

40 Thomson findet in diesen drei Worten: *redjam* (doctrina arcana, Schleg.)
paritram (lustramen) und *omkára* (monosyllabum mysticum) den Inbegriff aller
theoretischen und praktischen Religion, indem durch *redjam* das theologische Studium,
durch *paritram* die heiligen Gebräuche, und durch *omkára* die Gebete und Lobpreisungen bezeichnet würden.

18 Weg bin, Ernährer, Gebieter Ich, Zeuge, Wohnung, Hilfe, Freund,
Ursprung, Auflösung, Raum und Schatz, und Same, welcher nicht
vergeht[42]).

41) Dass hier nur die drei ersten Vedas, der Rig-, Sama- und Jadschur-Veda genannt
werden, des Atharvan aber nicht gedacht wird, ist kein Beweis für das respektiv
höhere Alter der Bh. G., da, wie wir bereits gesehen haben, mehrere Upanischads
das Atharva-Veda (namentlich die Katha- und Svetasvatara-Upanischad)
in der Bh. G., zum Theil selbst wörtlich, benützt werden. Der Atharvan hatte niemals vollkommen gleiche Autorität mit den drei anderen und bedurfte eine lange Zeit,
um sich in seinem Ansehn Bahn zu brechen. Da es dem Verfasser der Bh. G. darauf
ankam, seine Lehre als eine uralte darzustellen (vergl. IV. sl. 1 u. 2), so ist es begreif-
lich, wenn er den später entstandenen Atharvan nicht ausdrücklich erwähnt. —
Krischna identificirt sich hier selbst mit den Vedas, insofern die in ihnen enthaltene
Lehre eine Offenbarung seiner selbst ist. Vergl. Joan. 5, 39: „Ἐρευνᾶτε τὰς γραφάς,
ὅτι ὑμεῖς δοκεῖτε ἐν αὐταῖς ζωὴν αἰώνιον ἔχειν· καὶ ἐκεῖναί εἰσιν αἱ μαρτυροῦσαι
περὶ ἐμοῦ.“ Es ist überhaupt beachtenswerth, dass Krischna in der Bh. G. gegen
die *Vedas* eine analoge Stellung einnimmt, wie Christus zu den Schriften des Alten
Testamentes. Die Göttlichkeit der Vedas wird nirgends geläugnet, doch ihre Unzu-
länglichkeit und Unvollkommenheit an mehreren Stellen behauptet. — Man vergleiche
zu dieser ganzen Stelle auch Mundaka-Upanischad II. 1, 6 u. ff. (Bibl. Ind. Vol.
XV. p. 151): „From him (emanated) the Mantras of the Rik, the Sama and
the Yajur Vedas, the initiatory rites, the burnt offerings, all the sacrifices, the donations, the year and also the sacrificer, and the worlds
in which the sun and moon purify. From him also were produced in
many ways the gods, the Sadhyas, men, quadrupeds, birds, the vital
airs that go forward and descend, rice and barley, devotion, faith,
truth, the duties of a Brahma-student and observance etc.“

42) Wie Thomson richtig bemerkt, ist zu allen diesen Worten der Genitiv: „dieser Welt“
aus Sl. 17 zu ergänzen. — Für alle diese Epitheta lassen sich übrigens Analoga im
Neuen und Alten Testamente auffinden. Weg nennt sich Christus Joan. 14, 6; Ernährer wird Gott genannt: Oseas 11, 13 (ego quasi nutritius Ephraim); Gebieter (dominator) an sehr vielen Stellen; Zeuge *(sâkschin)* ist ein in der indischen
Philosophie gebräuchliches Epitheton des Geistes *(purûscha)* im Gegensatz zu der handelnden Natur (S. III. Anm. 32). Zeuge wird übrigens Gott auch genannt Apocal. 3, 14:
„Τάδε λέγει ὁ Ἀμήν, ὁ μάρτυς, ὁ πιστὸς καὶ ἀληθινός.“ Mit dem Ausdruck Wohnung
kann in Parallele gestellt werden die Bezeichnung κόλπος τοῦ πατρός (Joan. 1, 18).
Hilfe (auxilium, adjutorium) wird Gott unter anderem genannt Ps. 7, 11. und
Hebr. 13, 6. Freund nennt sich Christus Luc. 7, 34 (τελωνῶν φίλος καὶ ἁμαρτόλων)
und nennt die Apostel seine Freunde Luc. 12, 4 (λέγω δὲ ὑμῖν τοῖς φίλοις μου). Zu
den Worten: Ursprung und Auflösung (d. h. Schöpfer und Vernichter der Welt
am Weltende) vergleiche man Apocal. 1, 17—18: „Ἐγώ εἰμι ὁ πρῶτος καὶ ὁ ἔσχατος....
καὶ ἔχω τὰς κλεῖς τοῦ ᾅδου καὶ τοῦ θανάτου.“ Raum *(stânam)* nennt sich Krischna
wegen seiner Alles umfassenden Unermesslichkeit in demselben Sinne, wie der Apostel

19 Ich wärme⁴³); Ich halte zurück den Regen und entlasse ihn⁴⁴).

Unsterbliches und Tod bin Ich⁴⁵), was ist und nicht ist⁴⁶), Ardschuna!

20 Von Mir die Vedakund'gen, Somatrinker⁴⁷), schuldrein durch Opfer,

Himmelsweg erflehen;

Und in die reine Indrawelt getreten, geniessen sie im Himmel

Götterspeise.

---

sagt: (Act. 17, 28): „Ἐν αὐτῷ κινούμεθα καὶ ἐσμεν." Schatz (nidhânam), was Thomson abweichend the receptacle übersetzt, nennt er sich, insofern er das höchste, vortrefflichste und reichste aller Wesen ist. Vergl. Coloss. 2, 3: „Ἐν ᾧ εἰσι πάντες οἱ θησαυροὶ τῆς σοφίας καὶ τῆς γνώσεως ἀπόκρυφοι." Als Samen endlich, der nicht vergeht, bezeichnet sich Christus selbst Joan. 12, 24: „ἐὰν μὴ ὁ κόκκος τοῦ σίτου πεσὼν εἰς τὴν γῆν ἀποθάνῃ, αὐτὸς μόνος μένει· ἐὰν δὲ ἀποθάνῃ, πολὺν καρπὸν φέρει." Zugleich beachte man auch die Vergleichung des Himmelreiches mit einem Schatze und einem Senfkorn.

43) D. h. ich erwärme die Welt durch die Sonnenstrahlen.

44) Man vergleiche damit Matth. 5, 45: „Τὸν ἥλιον αὐτοῦ ἀνατέλλει ἐπὶ πονηροὺς καὶ ἀγαθοὺς, καὶ βρέχει ἐπὶ δικαίους καὶ ἀδίκους."

45) D. h. der Verursacher des Todes, insofern er durch seinen Willen die Geschöpfe vernichten kann.

46) Dies kann heissen: Alles wirklich Existirende und alles Mögliche, was noch nicht zur Erscheinung gekommen, oder, wie Thomson es fasst: Geist und Materie, da die letztere (nach der Vedanta-Lehre) kein wirkliches Sein besitzt, oder endlich, wie die indischen Scholiasten erklären: rjakta und arjakta, die entfaltete und die unentfaltete Natur. — Zu Sloke 16—19 vergleiche man die folgende Stelle der Svetasvatara-Upanischad (IV. 2—4. Bibl. Ind. Vol. XV. p. 58): „He, (the nature of Brahma) is even fire, he the sun, he the wind, he the moon, he even the brillant (stars), he Brahma, he is the water, he is Prajapati. Thou art woman, thou art man, thou art the youth, and even the maid, thou art the old man trembling on his staff, thou art born, thy face is the universe. Thou art the black bee, the green bird with the redcoloured eye (the parrot), the cloud, in whose womb the lightning sleeps, the seasons, the seas; without beginning thou embracest all; for by thee are all the worlds created." Der letzte Satz, („denn durch dich sind alle Welten geschaffen") ist höchst bezeichnend für den Sinn, in welchem die Identificirung Brahma's mit der sichtbaren Welt zu verstehen ist.

47) Der Saft der Soma-Pflanze (Asclepias acida) war der Gegenstand des ältesten und heiligsten Opfers, und sein Genuss als Getränk (nachdem er mit Molken, Gerstenmehl und einer wildwachsenden Kornart gemischt und gährend gemacht worden) wurde für besonders verdienstlich und zuträglich gehalten. Das Trinken dieses Saftes giebt Nahrung, Gesundheit, Schutz und Unsterblichkeit und führt zum Himmel.

21 Doch nach Genuss der Himmelswelt, der grossen, wenn sie ver-
            geht[48]), zur Todeswelt sie kehren.
So, die sich zum Vedagesetz gewendet, Vergängliches, begehrend,
            nur erhalten[49]).
22 Den Menschen aber, welche Mich, nichts And'res denkend, nur
            verehr'n,
Den stets Vertieften, bringe Ich auch die Vertiefungsseligkeit[50]).

---

48) *Kschîne punje* übersetzt Schlegel: praemio sanctitatis suae exhausto. Thomson: when the reward is exhausted. Burnouf: leur merite étant épuisé.
Alle fassen hier *punja* als Substantiv in der Bedeutung von virtus. Mir scheint es
natürlicher, dieses Wort hier ebenso, wie in dem vorigen Distichon, als Adjektiv in
der Bedeutung rein zu fassen und auf eben diese Indrawelt, welche dort die reine
genannt wird, zu beziehen, und demgemäss zu übersetzen: wenn die reine (Indrawelt) vergangen ist, was beim Weltuntergange geschehen wird. — Vergl. mit dieser Stelle Mundaka-Upanischad I. 2, 10 (Bibl. Indic. Vol. XV. p. 154): „Wenn
sie genossen haben (die Früchte ihrer Werke) in dem hohen Orte des Himmels, den
sie durch ihre Werke sich erwerben, treten sie wieder in diese Welt ein, oder in eine
noch niedrigere."

49) Der Zusammenhang dieser Verse mit dem Vorhergehenden und Nachfolgenden ist dieser: Ich bin der höchste Gegenstand der Verehrung und gewähre allein meinen Anhängern ewige Seligkeit. Ich bin es auch, der denen, welche die in den Vedas vorgeschriebenen Gebräuche verrichten, den Lohn ihrer Werke spendet, obgleich dieser
nur ein beschränkter (in der vergänglichen Indrawelt) ist, wenn ihr Verlangen nur
auf diese vergängliche Glückseligkeit, weil sie Mich nicht kennen, gerichtet ist. Nur
wer Mich erkannt hat und demgemäss verehrt, erlangt auch von Mir das höchste Ziel.
— Thomson bemerkt mit Recht, dass durch diese Verse nicht der Glaube an die
Vedas und die Ausübung des in ihnen vorgeschriebenen Cultus getadelt werden soll,
sondern nur die beschränkte und selbstsüchtige Absicht derer, welche das Höchste
nicht kennen und nicht nach demselben durch Vertiefung streben. — Man wird dabei
an den Tadel erinnert, welchen die Pharisäer von Christus erfuhren, insbesondere an
die Worte: (Matth. 5, 20): „Ἐὰν μὴ περισσεύσῃ ἡ δικαιοσύνη ὑμῶν πλεῖον τῶν γραμ-
ματέων καὶ φαρισαίων, οὐ μὴ εἰσέλθητε εἰς τὴν βασιλείαν τῶν οὐρανῶν" und (in Betreff
des keineswegs direkt ausgesprochenen Tadels der Veda's selbst) an Matth. 5, 17: „Μὴ
νομίσητε, ὅτι ἦλθον καταλῦσαι τὸν νόμον· οὐκ ἦλθον καταλῦσαι, ἀλλὰ πληρῶσαι. —
Vergl. auch Svetasvatara-Upanischad IV. 8. (Bibl. Ind. Vol. XV. p. 59): „Of
what use are the hymns of the Rig to him that does not know him, the
immortal letter of the Rig (or the eternal meaning of the Rig) the highest ether, in whom all gods abide? But those who know him, obtain
the highest end."

50) Ich nehme keinen Anstand das Wort *jogakschema* (S. Les. II. Anm. 38) hier, nach dem
Vorgange von Burnouf, nicht als den noch nicht hinlänglich aufgehellten juristischen

23 Die andern Göttern opfern, sie verehrend, gläubigen Gemüths,
Die opfern Mir auch, Kaunteja! wenn auch in ungehör'ger Form[51]).

24 Denn Ich bin aller Opfer ja Empfänger, aller Opfer Herr;
Doch nicht erkennen diese Mich in Wahrheit; darum fallen sie[52]).

25 Zu Göttern Götterdiener gehn[53]), Väterdiener zu Vätern geh'n[54]).
Zu Geistern gehn Geisteropf'rer[55]); die Mich verehren gehn zu Mir[56]).

26 Ein Blatt, Frucht, Blume, Wasser, wenn Mir Jemand opfert, ehrend
Mich,

Ausdruck, sondern in dem Sinne von Glückseligkeit, die durch Joga (Vertiefung) erworben wird, zu fassen. *Kschema* hat unter Anderem die Bedeutung von Ruhe, Frieden, Sicherheit (= *kusala, kaljâna, subha*), auch (nach dem Lexicon der Petersburger Akademie der Wissenschaften Bd. II. p. 577) = *mokscha*, die letzte Befreiung. *Jogakschema* wäre also der durch Joga erworbene Friede, Glückseligkeit, endliche Befreiung. Demgemäss übersetzt Burnouf: la felicité de l'Union. Da diese Bedeutung hier einen vortrefflichen und klaren Sinn giebt, während die anderen Uebersetzungen mehr oder weniger dunkel bleiben (Schlegel: securitatem boni eventus ego praebeo. Thomson: I bear responsability of the happiness), so scheint es angemessen, hier den einfachen und naheliegenden Sinn einem dunklen und complicirten vorzuziehen.

51) *Avidhipûrvakam.* Schlegel: cultu non rite instituto. Burnouf: en dehors de la règle antique. Der Ausdruck bedeutet wörtlich: von Unregelmässigkeit, Ungesetzlichkeit begleitet. Die Idee, dass die Verehrer anderer Götter eigentlich den Krischna verehren und ihm opfern, erinnert an die Worte des heil. Paulus im Areopag zu Athen (Act. 17, 23): „Ὃν οὖν ἀγνοοῦντες εὐσεβεῖτε, τοῦτον ἐγὼ καταγγέλλω ὑμῖν."

52) Sie fallen, d. h. nach der Erklärung Thomson's: they fall from heaven and are born again on earth. Schlegel übersetzt: ad inferiora delabuntur. Burnouf: ils font une chute nouvelle.

53) D. h. sie kommen nach dem Tode in die Welt der Götter (*indraloka*).

54) Die *Pitri* sind die Urväter, Patriarchen, die alten Rischis, welche als Halbgötter betrachtet werden und eine eigene Welt (*pitriloka*) nach dem Tode bewohnen.

55) *Bhûta*, was ich hier mit Geister übersetzt habe, sind dämonische, unheimliche Wesen, Gespenster, welche auf Begräbnissplätzen ihr Unwesen treiben, in todten Körpern wohnen und den Menschen zu schaden suchen. Aus dieser Stelle geht hervor, dass zur Zeit der Abfassung der Bh. G. auch diese Wesen ihre Verehrer hatten. Krischna weist den Letzteren hier als ihren Lohn den Aufenthalt in jenen Welten an, welche diese Geister bewohnen, d. h. in der Unterwelt, der Hölle. — Vergl. Mundaka-Upanischad III. 1, 10 (bei Windischmann l. c. S. 1705): „Welche Welt nur ein Jeder, gereinigten Wesens, sich ersehnt, und nach welchen Wünschen er verlangt, diese Welt eben erreicht er und jene Wünsche. Desshalb verehre der, welcher nach dem Sein verlangt, den Geisteskundigen."

56) Vergl. Joan. 6. 37: „Πᾶν ὃ δίδωσί μοι ὁ πατήρ, πρὸς ἐμὲ ἥξει" und v. 45: „Πᾶς οὖν ὁ ἀκούσας παρὰ τοῦ πατρὸς καὶ μαθών, ἔρχεται πρός με."

Geniess' Ich das, was dargebracht Verehrung des Ergeb'nen Mir[57]).

27 Was du thust, was du geniessest, was du opferst, was du hingiebst,
Und was du büssend übernimmst, Kaunteja, bringe Mir es dar[58]).

28 Ob Glück, ob Unglück ihre Frucht, von Werkbanden wirst dann
du frei[59]).

Entsagenden, vertieften Geist's wirst du, befreit, zu Mir dann geh'n.

29 Für alle Wesen bin Ich gleich; verhasst ist Keiner Mir noch lieb[60]);
Die, welche Mir Verehrung weih'n, die sind in Mir, in ihnen Ich[61]).

30 Wenn selbst ein grosser Bösewicht Mich ehrte, And'rem nicht
geweiht,

Für Guten wär' zu halten er; ganz gut entschlossen ja ist der[62]).

31 Er wird in Kurzem recht gesinnt; auf immer kommt er dann zur
Ruh'.

Erkenn' es an, o Kaunteja; wer Mich verehrt, geht nicht zu Grund[63]).

---

57) Dass die gute Gesinnung, in welcher sie dargebracht wird, auch die geringste und
einfachste Gabe in den Augen Gottes werthvoll und verdienstvoll macht, ist wieder
eine Idee, welche ihren christlichen Ursprung deutlich zu erkennen giebt. Vergl. Marc.
12, 42—43: „Καὶ ἐλθοῦσα μία χήρα πτωχὴ ἔβαλε λεπτὰ δύο. Καὶ προσκαλεσάμενος
τοὺς μαθητὰς αὐτοῦ, λέγει αὐτοῖς· Ἀμὴν λέγω ὑμῖν, ὅτι ἡ χήρα αὕτη, ἡ πτωχὴ,
πλεῖον πάντων βέβληκε τῶν βαλόντων εἰς τὸ γαζοφυλάκιον." — Thomson macht
hier die treffende Bemerkung: „Die Einfachheit der hier erwähnten Opfer soll einen
Contrast bilden zu dem Pomp und den Kosten von solchen Opfern wie das Rossopfer
(Asvamedha), welche den Göttern dargebracht wurden."

58) Tat kuruschva madarpanam, wörtlich: das thue als eine Darbringung an mich. Schle-
gel: id mihi tanquam proprium trade. Burnouf: fais m'en l'offrande. —
Vergl. oben V. sl. 10. (Anm. 17.) Auch hier liegt die christliche Anschauung von
Aufopferung aller Werke zur Ehre Gottes zu Grunde, nach der Lehre des Apostels
Coloss. 3, 17.

59) Das Niederlegen aller Werke in Brahma, was hier Darbringung derselben an Krischna
genannt wird, hat (nach V. sl. 10—13) zur Folge, dass man von den Banden der
Handlungen befreit wird.

60) D. h. bei mir gilt kein Ansehn der Person. Vergl. Röm. 2, 11: „Οὐ γάρ ἐστι προσωπο-
ληψία παρὰ τῷ Θεῷ."

61) Joh. 6, 56: „Ἐν ἐμοὶ μένει, κἀγὼ ἐν αὐτῷ" und Joan. 17, 23: „Ἐγὼ ἐν αὐτοῖς, καὶ
σὺ ἐν ἐμοί, ἵνα ὦσι τετελειωμένοι εἰς ἕν."

62) Vergl. oben IV. sl. 36. Beide Stellen erinnern an Jesai. 1, 18: „Si fuerint peccata
vestra ut coccinum, quasi nix dealbabuntur" und Matth. 9, 13: „Οὐ γὰρ
ἦλθον καλέσαι δικαίους, ἀλλ' ἁμαρτωλοὺς εἰς μετάνοιαν."

63) Vergl. Joan. 3, 15: „Ἵνα πᾶς ὁ πιστεύων εἰς αὐτὸν, μὴ ἀπόληται, ἀλλ' ἔχῃ ζωὴν
αἰώνιον."

32 Die Mich aufsuchen, Prĭthakind, sei'n sie aus sünd'gem Mutterschooss,

Die Weiber, Bauern, Knechte selbst, die gehen auch den höchsten
Weg[64]).

33 Was dann reine Brahmanen erst, und fromme Königsweise[65]) dann?

In dieser unbeständ'gen und freudlosen Welt[66]) verehre Mich;

34 Sei Mein gedenk, Mich ehrend, Mir opfernd, erweis' Anbetung Mir;
Dann wirst zu Mir du geh'n, wenn so du dich vertiefst in Mich allein.

---

64) Schon oben (sl. 29) hat Krischna gesagt, dass bei ihm kein Ansehn der Person gilt,
dass er Allen, welche ihn verehren, die Vereinigung mit ihm gewähre. In dieser Sloke
wird derselbe Gedanke noch bestimmter und concreter ausgesprochen. Die Gleich-
stellung aller Menschen vor Gott, welche das Christenthum lehrt, (und welche dem
indischen Kastenwesen direkt widerspricht) ist jedenfalls nicht ohne Einfluss auf diese
Anschauung gewesen. Noch auffallender aber ist die fast wörtliche Uebereinstimmung
dieser Stelle mit Act. 2, 17—18 (Joel 2, 28): „Ἐκχεῶ ἀπὸ τοῦ Πνεύματός μου ἐπὶ
πᾶσαν σάρκα· καὶ προφητεύσουσιν οἱ υἱοὶ ὑμῶν, καὶ αἱ θυγατέρες ὑμῶν... καὶ γε
ἐπὶ τοὺς δούλους μου καὶ ἐπὶ τὰς δούλας μου ἐκχεῶ ἀπὸ τοῦ Πνεύματός μου." Thomson erinnert hier mit Recht an die gedrückte und untergeordnete Stellung, welche die
Frauen in Indien einnahmen, so dass sie selbst des Himmels nicht für fähig gehalten
wurden und in den Dramen nicht im Sanskrit-, sondern im Prakrit-Dialekt redend auftreten. Uebrigens mag auch der Buddhismus, welcher die Kastenunterschiede aufhob
und die allgemeinen Menschenrechte proklamirte, so feindselig ihm auch das Brah-
manenthum entgegentrat, dazu mitgewirkt haben, dass sich in diesem selbst minder
exclusive Ideen allmählich entwickelten. Dass man, aus Opposition gegen den Buddhismus, selbst so weit ging, nicht bloss den Sudras, sondern auch der Kaste der Vaisjas
das Recht auf die höchste Glückseligkeit abzusprechen, geht aus dieser Stelle der Bh. G.
hervor, und ist dieselbe (nach Thomson) mit ein Beleg für die nachbuddhistische
Entstehung des Gedichtes.

55) *Rädscharschajas*, d. h. Könige, die zugleich Weise *(Rischis)* sind. Thomson bemerkt: „the allusion is here a lump of sugar thrust down the Kshatriya's
throat."

66) Wörtlich: „Diese unbeständige und freudlose Welt erlangt habend." Schlegel: In
hunc caducum infaustumque mundum ablegatus. Burnouf: placé en
ce monde périssable et rempli de maux. Thomson übersetzt: by obtaining this finite and wretched world, und findet in diesen Worten eine Auffor-
derung zum Kampfe. Dies scheint mir jedoch sehr gezwungen zu sein und zu den
Bezeichnungen, welche der Welt hier gegeben werden, kaum zu passen. Mir kommt
es vielmehr vor, als ob in dieser Stelle ein Anklang oder eine Reminiscenz an Joan.
16, 33 liege: „Ταῦτα λελάληκα ὑμῖν, ἵνα ἐν ἐμοὶ εἰρήνην ἔχητε· ἐν τῷ κόσμῳ θλῖψιν
ἕξετε· ἀλλὰ θαρσεῖτε, ἐγὼ νενίκηκα τὸν κόσμον."

Zehnte Lesung.

Der Erhabene spricht:

1 Noch weiter hör', Grossarmiger, dieses Mein ausgezeichnet Wort,
Das Ich dir, den Ich liebe, will nun sagen, für dein Heil bestrebt[1]).

2 Nicht Meinen Ursprung Götterschaar'n, noch die Altväter[2]) kennen ihn;
Denn Ich der Götter erster bin und der Altväter aller auch[3]).

3 Wer ungebor'n und anfangslos Mich weiss, den grossen Herrn der
Welt,
Der, unter Menschen irrthumslos, von allen Sünden wird befreit[4]).

4 Verstand, Erkenntniss, Nichtirrthum, Geduld, Wahrheit, Mässigkeit, Ruh',
Vergnügen, Schmerz, Entsteh'n, Vergeh'n, Furcht auch und Sicherheit zugleich,

5 Sanftmuth, Gleichmuth, Freude, Busse, Freigebigkeit, Ruhm und
Nichtruhm:
Das Zustände der Wesen sind, die aus Mir einzeln stammen her[5]).

---

1) *Hitakâmjajâ*. Schlegel: salutis tuae studio. Vergl. Act. 13, 26: „ὑμῖν ὁ λόγος
τῆς σωτηρίας ταύτης ἀπεστάλη" und Iud. 3: „πᾶσαν σπουδὴν ποιούμενος γράφειν ὑμῖν
περὶ τῆς κοινῆς σωτηρίας."

2) *Maharschajas*, die grossen Rischis, sind die sieben Pradschapati's, die Erzeuger und
Urahnen des Menschengeschlechtes, welche unten (sl. 6) erwähnt werden.

3) Man vergleiche die hebräische Redeweise: „Der Gott Abrahams, Isaaks und Jacobs."

4) Die richtige Erkenntniss hat nach der Anschauung aller indischen philosophischen
Schulen die Sündentilgung und die endliche Befreiung zur Folge. Man vergleiche
damit Joan. 17, 3: „Αὕτη δέ ἐστιν ἡ αἰώνιος ζωή, ἵνα γινώσκωσί σε τὸν μόνον ἀληθινὸν Θεὸν, καὶ ὃν ἀπέστειλας Ἰησοῦν Χριστόν." — Der Ausdruck *adscha*, in gen i-
tus, welcher mehrmal in der Bh. G. als Epitheton Gottes vorkommt (auch in der
Svetasvatara-Upanischad IV, 21.), erinnert an die christliche Ausdrucksweise zur
Bezeichnung Gottes des Vaters, im Gegensatz zum Sohne: „Pater a nullo est
factus, nec creatus, nec genitus (Symbol. S. Athanasii)."

5) Diese beiden Sloken (4 und 5), welche in gar keinem Zusammenhange, weder mit dem
Vorhergehenden, noch mit dem Folgenden stehen, und die Verbindung, welche zwischen
sl. 2 und 3 einerseits und sl. 6 andererseits offenbar vorhanden ist, unterbrechen,

6 Die sieben Weisen[6]) und die vier Alten[7]), die Manu's ebenfalls[8]),
Wurden aus Mir, aus Meinem Geist[9]), durch die erzeugt ist diese
Welt.

7 Wer diese Meine Meisterschaft[10]) und Vertiefung in Wahrheit kennt,
Der weiht sich unerschütterter Vertiefung.   Da kein Zweifel ist.

scheinen mir hier nicht an ihrer rechten Stelle zu stehen und sind wohl nur durch
Irrthum der Abschreiber hier eingeschoben worden.   Dagegen würden sie sich unten
an sl. 39 sehr natürlich anschliessen.   Uebrigens erinnert der Inhalt sowohl als die
Form sehr auffallend an Galat. 5, 22: „Ὁ δὲ καρπὸς τοῦ Πνεύματός ἐστιν ἀγάπη,
χαρά, εἰρήνη, μακροθυμία, χρηστότης, ἀγαθωσύνη, πίστις, πραότης, ἐγκράτεια.“ —
Matta era prithagridhâ übersetzt Schlegel: **singulatim ex me derivatae.**
Thomson: **severally derived from me alone.** Burnouf: **dont je suis le
distributeur.**

6) Dies sind die sieben *Maharschis*, grosse Weise, Seher, deren erster, Bhrigu, in sl. 25
erwähnt wird, und die bei Manu (I. 34—35) zugleich als Pradschapati's (Erzeuger
der Menschen) bezeichnet werden, obgleich ihrer dort zehn aufgeführt werden.

7) Hierunter sind nach Schlegel und Thomson wahrscheinlich die vier Söhne des
mythologischen Brahmâ zu verstehen: Sanatkumaras, Sanakas, Sanâtanas
und Sanandanas.

8) Vergl. Manu I. 36, wo eine Siebenzahl von Manu's erwähnt wird.   Jedes *Kalpa*,
d. h. jede Weltschöpfung, zerfällt in vierzehn Manvantaras, deren jedes einen Manu
(Adam) an der Spitze hat.   Der gegenwärtige Manu (von dem oben IV. sl. 1 die Rede
war) ist der siebente.

9) *Madbhâra mânasâ dschâtâ* übersetzt Schlegel: meae auctoritatis consortes
mero animi motu a me sunt geniti.   Thomson: partaking of my existence
were born by my mind.   Burnouf: contenus dans ma substance sont
nés par un acte de mon ésprit.   Nach der indischen Mythologie entsprangen die
Manu's aus dem Gehirn Brahma's, als er darüber nachdachte, wie die Welt zu
bevölkern sei. — Auch aus dieser Stelle geht hervor, dass der Verfasser der Bh. G.
nicht daran dachte, mit dem Volksglauben in Widerspruch zu treten, sondern vielmehr
ihn mit seinem System in Einklang zu bringen.   Man darf dabei nicht vergessen, dass
es sich hier um Mittheilung geheimer Weisheit, um esoterische Lehren handelt.

10) Das Wort *ribhûti* hat ausser der Bedeutung: excellentia, majestas, in dem System
des Patandschali noch den speziellen Sinn von ausserordentlichen, übernatürlichen
Kräften, welche durch die Uebung der Joga erworben werden, und wodurch sich der
wahre Jogi auszeichnet, von denen bereits oben (VII. Anm. 19) die Rede war.   Da nun
dieser Begriff hier, mit dem Ausdruck *joga* verbunden (S. IX. Anm. 13), von der Gottheit ausgesagt wird, und nach der Lehre des Patandschali die Joga des Menschen
in diesem die *ribhûti* zur Folge hat, so wird man zur Annahme versucht, dass Krischna
hier ebenfalls seine *ribhûti* als Folge seiner Joga darstellt.   Hierdurch erhält dann
der zweite Vers der Sloke eine sehr natürliche Erklärung, während er sonst schwer
zu erklären ist.   Krischna will nämlich sagen: Wer es erkannt hat, welche *ribhûti*

8 Ich bin von Allem der Ursprung.   Es gehet Alles aus von Mir[11]).
  So überzeugt, verehren Mich die Weisen, die Mir Liebe weih'n[12]).
9 Mich denkend, in Mir ersterbend[13]), einander unterrichtend sich,
  Mich immer nur erzählend, sie erfreuen sich und sind vergnügt[14]).
10 Denen, die immerfort vertieft Mich ehren, und Mich lieben auch[15]),

---

mir durch meine Joga zu Theil wird, der wird sich der Uebung der Joga unermüdlich weihen, um seinerseits ebenfalls zur *vibhúti* zu gelangen.   Schwierig bleibt allerdings die Erklärung des Begriffes Joga, auf die Gottheit angewendet.   Doch dürfte hier vielleicht die oben schon erwähnte, mythologische Vorstellung einiges Licht geben, dass nämlich Brahma, als er darüber nachdachte, wie die Welt zu bevölkern sei, die Manu's aus seinem Gehirn erzeugte.   Vielleicht ist es eben dieses Nachdenken, diese Concentration des göttlichen Geistes in sich selbst, die als seine Joga bezeichnet wird, und die mit der Vertiefung des menschlichen Geistes in die Gottheit allerdings etwas Analoges hat.   Man vergleiche damit auch die christlichen Ideen von der Theilnahme an der göttlichen Macht durch die Gabe, in seinem Namen und durch seine Kraft Wunder zu wirken, welche denjenigen zu Theil wird, die durch innige Vereinigung mit Gott in der Ausübung der Ascese sich ihm ähnlich machen und in gewisser Weise an seiner Allmacht theilnehmen.

11) Vergl. Svetasvatara-Upanischad VI. 5 (Bibl. Ind. vol. XV. p. 65): „He is the commencement (of all), the origine of the causes ... the adorable God, whose nature is the universe, who is the true origin.“   Beide Stellen erinnern an Joan. 1, 1: „Ἐν ἀρχῇ ἦν ὁ λόγος .... πάντα δὶ αὐτοῦ ἐγένετο,“ und Röm. 11, 36: „Ἐξ αὐτοῦ, καὶ δι' αὐτοῦ, καὶ εἰς αὐτὸν τὰ πάντα.“

12) *Bhávasamanvita* übersetzt Schlegel: contemplandi facultate praediti; ebenso Thomson; Burnouf dagegen: participants de l'essence suprême.   Nach dem Lexicon der Petersburger Academie (V. Bd. S. 259) bedeutet *bháva* hier: das Gefühl der Liebe, Zuneigung, und wäre demgemäss zu übersetzen: „von Liebe zu mir erfüllt“ (ähnlich wie Mahabh. III. 196: *tadbhávabhakta).   Diese Auffassung, abgesehen davon, dass sie mit der Forderung der *bhakti* übereinstimmt, welche Krischna stets für sich in Anspruch nimmt, vermittelt auch den Zusammenhang dieser Sloke mit dem Folgenden besser, als die anderen Erklärungen.

13) *Madgataprânâ* übersetzt Schlegel: me quasi spirantes; Burnouf: soupirant après moi.   Thomson (meines Erachtens allein richtig): dead in me.   *Gataprâna* heisst wörtlich: mit hinweggegangenem Lebenshauche d. i. todt, also *madgataprânâ:* in mir todt.   Der Ausdruck erinnert ganz an Coloss. 3, 3: „Ἀπεθάνετε γὰρ, καὶ ἡ ζωὴ ὑμῶν κέκρυπται σὺν τῷ Χριστῷ ἐν τῷ Θεῷ.“

14) Die ganze Sloke hat auffallende Aehnlichkeit mit Coloss. 3, 16: „Ὁ λόγος τοῦ Χριστοῦ ἐνοικείτω ἐν ὑμῖν πλουσίως, ἐν πάσῃ σοφίᾳ· διδάσκοντες καὶ νουθετοῦντες ἑαυτούς, ψαλμοῖς καὶ ὕμνοις καὶ ᾠδαῖς πνευματικαῖς, ἐν χάριτι ᾄδοντες ἐν τῇ καρδίᾳ ὑμῶν τῷ κυρίῳ.“

15) *Prítipûrvakam.*   Schlegel: ex amoris officio; Thomson: according to love; Burnouf: m'offrant un sacrifice d'amour.   Vergl. oben Anm. 12. — Die

Verleih' die Geistvertiefung Ich, durch welche sie zu Mir dann
gehn.

11 Aus Mitleid mit ihnen[16]) treibe Ich der Unkenntniss Finsterniss
Hinweg, bleibend in Meinem Sein[17]), durch der Erkenntniss glänzend Licht[18]).

Ardschuna spricht:

12 Höchstes Brahma, höchste Wohnung[19]), und höchste Läuterung[20])
bist Du.

---

persönliche Liebe, welche Krischna von seinen Anhängern hier ausdrücklich fordert, ist, da eine solche Idee allen heidnischen Vorstellungen von dem Verhältniss
der Gottheit zu den Menschen vollständig fern liegt, einer der wichtigsten Beweise
dafür, dass die Bh. G. unter dem Einfluss christlicher Ideen entstanden ist. Aehnliche
Ausdrücke kommen in der indischen Literatur nur in jenen Schriftdenkmälern noch
vor, welche, wie z. B. die Sandiljasutras und das Vischupurana, einer späteren
Periode angehören, wo jener christliche Einfluss sich bereits geltend gemacht hatte
(Vergl. Sandiljasutra 2: „sd parânuraktirîsvare" und Vischnupurana I. 2, 17,
welche letztere Stelle von Svapnesvara, dem Commentator des Sandilja, citirt wird.
Bibl. Indic. New. Series n. 11. pag. 4.)

16) *Anukampârtham.* Schlegel: benignitate motus. Thomson: on account of
my compassion. Burnouf: dans ma misericorde. Vergl. Marc. 8, 2:
„Σπλαγχνίζομαι ἐπὶ τοῦ ὄχλου."

17) Die Erklärung, welche Thomson von diesen Worten giebt, (Schlegel übersetzt:
in mea ipsius conditione permanens; Burnouf: sans sortir de mon unité)
scheint mir gezwungen und verfehlt zu sein. Er umschreibt Krischna's Worte:
„Andern offenbare ich mich in verschiedenen Formen, indem ich meine Individualität
verlasse, um einer oder der andere der Götter zu werden. Dem Vertieften aber erschliesse
ich meine wirkliche Natur und entferne so von ihm jene Unwissenheit, welche ihn hindert, meine wahre Universalität zu erkennen." Der Ausdruck: *âtmabhirastho*, wörtlich:
in meiner eigenen Natur, Wesenheit stehend, scheint mir mit der Bezeichnung
srabhâra zusammenzuhängen, welche Krischna oben (VIII. sl. 3) zur Erklärung von
adhjâtma anwendet. Krischna bezeichnet sich dadurch als den ewig Unveränderlichen, in seinem eigenen Sein sich stets Gleichen, der sich dadurch nicht verändert,
dass er den individuellen Geist des Menschen erleuchtet.

18) Vergl. 2. Corinth. 4, 6: „Ὅτι ὁ Θεὸς ὁ εἰπὼν ἐκ σκότους φῶς λάμψαι· ὃς ἔλαμψεν
ἐν ταῖς καρδίαις ἡμῶν, πρὸς φωτισμὸν τῆς γνώσεως τῆς δόξης τοῦ Θεοῦ ἐν προσώπῳ
Ἰησοῦ Χριστοῦ."

19) Höchste Wohnung wird Krischna genannt wegen seiner Unermesslichkeit, in der alle
Wesen enthalten sind. (Vergl. IX. sl. 6 u. 18.)

20) Während oben (IV. sl. 38) die Erkenntniss das beste Reinigungsmittel *(pavitram)* genannt wird, ist dieser Ausdruck hier auf Krischna selbst angewendet. Vergl. Tit. 2, 14:

Den Geist[21]), den ew'gen, göttlichen, höchsten Gott, ungeboren,
Herr'n,

13 So nennen alle Weisen Dich; der Götterseher Nârada[22]),
Asita, Devala[23]), Vjâsa[24]), und selber sagst auch Du es mir.

14 Das Alles halte ich für wahr, was Du mir sagst, o Lockenhaupt[25])!
Es kennen Deine Sichtbarkeit[26]) die Götter nicht, Dämonen nicht;

„Ὅς ἔδωκεν ἑαυτὸν ὑπὲρ ἡμῶν, ἵνα λυτρώσηται ἡμᾶς ἀπὸ πάσης ἀνομίας, καὶ
καθαρίσῃ ἑαυτῷ λαὸν περιούσιον, ζηλωτὴν καλῶν ἔργων.“

21) Ueber die Bedeutung des Wortes *purûscha* s. oben VIII. Anm. 1.

22) Es giebt verschiedene Klassen von Rischis (Weisen, Seher): die *Devarschis* (Götterseher), die als Halbgötter angesehn werden und in Indra's Himmel wohnen, die *Brahmarschis*, sieben an der Zahl, deren Haupt Vasischtha ist, die *Radscharschis*, Königsweise, von denen oben schon die Rede war, die *Maharschis*, ebenfalls sieben, unter
denen Bhrigu der vornehmste ist u. s. w. *Nârada* ist einer der Devarschis; ihm
wird die Erfindung der Vina, der indischen Lyra, zugeschrieben, wesshalb er als der
indische Jubal (Genes. 4, 21) betrachtet werden kann. Auch soll er der Verfasser
eines Gesetzbuches und eines der achtzehn Puranas sein. Seine Person entspricht
dem griechischen Orpheus. Manu I. 35 wird er zu den Pradschapati's, den Er-
zeugern des Menschengeschlechtes, gerechnet.

23) *Asita* und *Devala*, zwei Namen alter Rischi's, über welche nichts Näheres bekannt ist.

24) *Vjâsa* ist der Name eines alten berühmten Weisen (s. die historische Einleitung), dem
die Sammlung der Vedas, des Mahabbarata und unzählige andere Werke als Verfasser oder Compilator zugeschrieben werden. Das Wort *Vjâsa* ist ein Appellativum
und bedeutet: Ordner; der eigentliche Name dieses *Vjâsa* ist: Krischna Dvaipa-
jana. Die Puranas kennen 28 verschiedene Vjasas, von denen dieser der letzte ist.

25) Ich halte dieses Bekenntniss, das Ardschuna in den vorstehenden Versen von der Göttlichkeit des Krischna ablegt, für eine Nachahmung des Bekenntnisses des heil. Petrus
von der Gottheit Christi Matth. 16, 16: „Ἀποκριθεὶς δὲ Σίμων Πέτρος, εἶπε. Σὺ εἶ
ὁ Χριστός, ὁ υἱὸς τοῦ Θεοῦ τοῦ ζῶντος“ in Verbindung mit Joan. 6, 68: „Ἀπεκρίθη
οὖν αὐτῷ Σίμων Πέτρος· Κύριε, πρὸς τίνα ἀπελευσόμεθα; ῥήματα ζωῆς αἰωνίου
ἔχεις.“ Dies ist um so wahrscheinlicher, als wir unten (XI. sl. 41—42) den Ardschuna
noch einmal die Rolle des Petrus in einer anderen Situation werden spielen sehen.
Die Berufung auf die alten Weisen der Vorzeit entspricht der Berufung auf die Aussprüche der Propheten, welche im Neuen Testamente beständig stattfindet. Lassen
vermuthet, dass hier auf eine Stelle in irgend einer Upanischad angespielt werde, wo
in der Regel die alten Rischis redend eingeführt werden und sich über das Wesen des
höchsten Brahma unterhalten. Thomson glaubt, dass an die Hymnen der Vedas
gedacht werden müsse, welche den Rischis, wenn auch nicht als Verfassern, so doch
als Offenbarern zugeschrieben werden.

26) *Vjaktim* übersetzt Schlegel: Visibilis praesentiae tuae rationem. Thomson: thy manifestation. Burnouf: comment tu te rends visible. Den

15 Du selber kennest nur Dich selbst, Du der Männer Vortrefflichster[27]),
   Der Wesen Wesenheit und Herr, der Götter Gott[28]), Du Herr der
   Welt!
16 Erzählen wolle ganz und gar Deine göttlichen Kräfte mir[29]),
   Mit denen diese Welten hier Du ganz erfüllest, fort und fort[30]).

Sinn erklärt Thomson, indem er bemerkt: „Weder Götter, noch Dämonen, und um
so weniger Menschen, begreifen deine Macht, in einer sichtbaren Form als Gottheit,
oder als das erste und beste aller Wesen zu erscheinen." Ich vermuthe, dass hier
bereits angespielt wird auf jene sichtbare Offenbarung der göttlichen Form des Krischna,
um welche ihn Ardschuna unten (XI. sl. 3) ersucht, und die ihm dann gewährt wird,
und von der Krischna selbst sagt, (XI. sl. 52) dass sie schwer zu schauen und von
den Göttern selbst zu erblicken gewünscht werde.

27) Vergl. Joan. 1, 18: „Θεὸν οὐδεὶς ἑώρακε πώποτε· ὁ μονογενῆς υἱὸς, ὁ ὢν εἰς τὸν
κόλπον τοῦ πατρὸς, ἐκεῖνος ἐξηγήσατο." Vergl. auch Svetasvatara-Upanischad
III. 19. (Bibl. Ind. Vol. XV. p. 57): „Without hands and feet he speeds, he
takes; without eye he sees, without ear he hears. He knows all that is
to be known, yet none is there that knows him. They call him the supreme, great one (puruscha)." — Die Anrede purûschottama, welche auch sonst
häufig vorkommt, in der Bedeutung: vortrefflichster Mann, will Thomson hier
in der speziellen Bedeutung von purûscha, in der es den höchsten, göttlichen Geist
bedeutet, verstanden wissen. Doch scheint es mir natürlicher und zugleich poetischer
zu sein, bei der gewöhnlichen Bedeutung dieses Ausdrucks auch hier stehen zu bleiben. Ardschuna redet, obgleich er in ihm das höchste Wesen erkennt, doch zunächst
seinen Freund und Wagenlenker Krischna an, den er als Menschen vor sich sieht,
und es liegt durchaus kein Widerspruch darin, ihn den besten der Menschen zu nennen, während er zugleich seine übermenschliche Erhabenheit anerkennt, da er ja wirklich eine menschliche Gestalt angenommen hat und in dieser mit ihm verkehrt.

28) Deradera. Schlegel: Divorum Dive. Thomson: God of Gods. Dieser Ausdruck scheint eine durch das Christenthum vermittelte Nachbildung der gleichlautenden Alttestamentlichen Redeweise zu sein. Er findet sich übrigens auch in der
Tschandogja-Upanischad (III. 17, 7), wo die Sonne so genannt wird: „We
attain to thad god of gods and noblest of all lights, the sun" (Uebers.
von Radschendalala Mitra in Bibl. Ind. Nos. 78 und 181 p. 63).

29) Ueber die Bedeutung von ribhûti in Bezug auf die Gottheit (welches Wort hier im
Plural: ribhûtajas gebraucht wird) s. oben Anm. 10. Der zweite Vers der Sloko bestättigt die oben gegebene Erklärung, dass nämlich ribhûti die schöpferische Macht der
Gottheit bedeute; denn unter dem Erfüllen der Welten, von dem hier die Rede ist,
darf man nicht blos das Durchdringen derselben durch die göttliche Allgegenwart verstehen, sondern es scheint vielmehr die Schöpfung selbst ein Erfüllen der Welten,
(d. h. mit Geschöpfen der verschiedensten Art) genannt zu werden.

30) Vjâpja tischthasi übersetzt Schlegel: permeans consistis. Thomson jedenfalls
richtiger: thou hast pervaded and continuest to pervade these worlds,

17 Wie soll ich Dich, den Vertieften[31]) erkennen, dächt' ich immer
nach[32])?
In welcher, welcher Form[33]) bist Du, Erhab'ner, wohl zu denken
mir?

18 Ausführlich Deine Vertiefung und Herrlichkeit, Dschanârdana,
Erzähle weiter.   Nicht bin satt zu hören ich Unsterbliches[34]).

Der Erhabene spricht:

19 Ha, Meine Herrlichkeiten will Ich dir erzähl'n, die göttlichen,
Dem Wesen nach[35]), bester Kurû! Kein Ende Meiner Grösse ist[36]).

---

indem er dazu bemerkt: „When the verb *sthâ* is used with an indefinite
participle, it has generally the force of continuance, remaining." Ich
halte jedoch hier die Bedeutung des Verbum *âp* (mit *vi*), in der es erfüllen, und
nicht bloss umfassen oder durchdringen heisst, in dem oben angegebenen Sinne
für richtiger und dem Zusammenhange entsprechender.

31) Ardschuna giebt dem Krischna hier das Epitheton *Jogî*, Vertiefter. Ueber die Verbindung der beiden Begriffe der *joga* und der *vibhûti*, wenn sie auf die Gottheit bezogen werden, siehe oben Anm. 10. Da auch hier (in der vorhergehenden Sloke) die
göttliche *vibhûti* erwähnt wurde, so wird auch der Ausdruck *Jogî* in der dort ange-
deuteten Weise zu verstehen sein.

32) *Sadâ paritschintajan* übersetzt Schlegel: vel indesinenter meditando. Thomson dagegen: ever considering thee in all points of view, und bemerkt dazu:
„This is the force of the prep. *pari* in *paritschintajan*: how shall i dis-
cover thee in every object of the universe.

33) *Keschu keschu bhâveschu.* Schlegel: quibusnam tandem existendi modis.
Thomson: in what particular forms of existence. Burnouf: dans quelles
parties de ton essence.

34) *Amrita* (wörtlich: unsterblich) ist die gewöhnliche Bezeichnung der Götterspeise, der
Ambrosia, die Unsterblichkeit verschafft. Schlegel übersetzt demgemäss: nulla
me capit satietas, nectar quasi aure bibentem. Thomson: J am never
sated of devouring this ambrosia through mine ears. Burnouf: Ta
parole est pour mon oreille un ambroisie dont je ne puis me rassacier.
Vollkommen wörtlich übersetzt, würde der Satz lauten: Denn Sättigung meiner,
des Amrita hörenden, ist nicht. Ich ziehe es desshalb vor, *amrita* hier nicht
mit Götternahrung, sondern, der Grundbedeutung gemäss, mit Unsterbliches zu
übersetzen (d. h. Worte, welche für alle Ewigkeit bestehen), weil die Metapher:
Ambrosia (oder Nektar) hören im Deutschen kaum reproducirbar erscheint.

35) *Prâdhânjatas* d. h. der Hauptsache, dem Wesentlichen nach. Schlegel: praecipua
quaeque delibando. Thomson: at least the principal ones. Bournouf:
sommairement.

20 Ich die Seele, Gutâkesa, bin, wohnend in der Wesen Herz[37]);
  Ich der Anfang, die Mitte auch und das Ende der Wesen bin[38]).
21 Unter den Aditja's Vischnu[39]), den Sternen bin die Sonne Ich[40]);
  Unter den Winden Marîtschi[41]), unter den Nakschatras[42]) der Mond.
22 Der Vedas bin Sâma-Veda[43]), der Götter bin Ich Vâsava[44]);

---

36) *Vistara* bedeutet wörtlich: Ausdehnung. Vergl. Ps. 144, 3: „Magnus Dominus et laudabilis nimis, et magnitudinis ejus non est finis."

37) Wörtlich: die in dem Sitze, der Wohnung *(âsaja)* aller Wesen steht. Hierunter ist das Herz zu verstehen. Wie Thomson bemerkt, steht *âsaja* hier für *raktâsaja*, Sitz des Blutes. Schlegel übersetzt: omnium animantium cordi insidens. — Das Herz wird in der indischen Philosophie als Sitz der Seele angesehen; Krischna bezeichnet sich mithin hier, der allgemeinen indischen Vorstellung von der Consubstanzialität der individuellen Seele mit Gott gemäss, als die Seele selbst und nennt diese hier, als das edelste aller Wesen, zuerst unter allen den Dingen und Personen, die er mit sich identificirt.

38) Vergl. Apocal. 1, 17: „Ἐγώ εἰμι ὁ πρῶτος καὶ ὁ ἔσχατος." Im Sinne Krischna's bedeuten diese Worte: Aus Mir ist Alles entstanden, durch Meine fortwährende Thätigkeit wird Alles erhalten, und beim Weltuntergange fliesst Alles in Mich zurück.

39) *Aditja* ist der Name der Sonne. Wenn im Mahabharata und im Vischnupurana von zwölf Aditjas die Rede ist, so wird darunter die Sonne in den zwölf Zeichen des Thierkreises (in den zwölf Monaten) verstanden. Der zwölfte und letzte dieser Aditjas hat den Namen Vischnu. Im Mahabharata (I. 2524) heisst es: „Der zwölfte wird Vischnu genannt, denn der Letzte aller Aditjas ist an Kraft der Erste," und ibid. 2600: „Von diesen ist der jüngere Bruder Vischnu, durch den die Welten hingestellt sind." Lassen bemerkt zu dieser Stelle (index nom. prop.): „Confunditur itaque deus hic solaris cum magno ejusdem nominis numine, quod posterioris est aevi; hujus enim in Vedis nulla est mentio, ille cum ceteris Aditjis saepius memoratus." Dieselbe Verwechselung scheint übrigens auch dieser Stelle der Bh. G. zu Grunde zu liegen, wofür die Nennung des Namens Vischnu hier an erster Stelle spricht.

40) *Rariransumân*, wörtlich: die mit Strahlen begabte Sonne. Unter den *dschotischâm* sind alle übrigen leuchtenden Himmelskörper zu verstehen. Schlegel: inter sidera. Thomson: among luminous bodies.

41) Die indische Mythologie kennt sieben personifizirte Winde *(Marutas)*. Das Haupt derselben heisst: *Marîtschi*.

42) Die *Nakschatras* sind die Mondhäuser, mansiones lunares, the asterisms through which the moon passes. Es werden ihrer 27 oder 28 angenommen. Schlegel übersetzt: inter domos lunares ego Lunus. Thomson: among lunar mansions i am the mansion of the moon. Burnouf: la Lune parmi les constellations. Ich gestehe, dass mir der Ausdruck keineswegs klar ist.

43) Der Sama-Veda wurde für den heiligsten Theil der Vedas gehalten, wohl desshalb, weil die Sanhita (Hymnensammlung) desselben, diejenigen Verse enthält, welche bei den Ceremonien des Soma-Opfers gesungen werden sollen.

Unter den Sinnen Ich das Herz[45]), unter den Wesen der Verstand[46]).

23 Unter den Rûdras Sankara[47]), den Jakschas, Rakschas', Vittesa[48]).
Unter den Vasûs Pâvaka[49]), unter den Gipfeln Merû Ich[50]).

24 Unter den Priestern, Pârtha, Mich den Ersten wiss', Vrihaspati[51]);
Unter Feldherrn bin Skanda Ich[52]); unter den Wassern Ocean.

25 Von den Weisen bin Ich Bhrigu[53]), von Worten Ich das Eine Om[54]);

---

44) *Vâsava* ist der Name Indra's, des höchsten Gottes unter den *Devas*, den dii minorum gentium, während er in den Vedas noch als der höchste Gott überhaupt, entsprechend dem griechischen Zeus, erscheint.

45) Das *Manas* wird, wie schon oben erwähnt worden, als ein elfter (innerer) Sinn betrachtet, der die Eindrücke der zehn äusseren Sinne sammelt und leitet.

46) Das Wort *tschetanâ* ist hier synonym mit *buddhi* gebraucht, der erste und vornehmste der 23 Theile der entfalteten Natur (s. oben VII. Anm. 6).

47) Die *Rûdras* sind eine Art Halbgötter, elf an der Zahl, die ursprünglich zu den Vedischen Göttern gehörten. Als später Siva mit Brahma und Vischnu die mythologische Trias der höchsten Götter bildete, blieb ihm der Name Rudra, und die Rudras wurden als niedere Manifestationen Siva's angesehn. Desshalb wird **Sankara** (d. i. **Siva**) als das Haupt der Rudras bezeichnet.

48) Die *Jakschas* und *Rakschasas* (das Metrum erlaubte nicht, die Pluralform der Letzteren in den Text aufzunehmen) sind Genien, welche als Diener des Gottes des Reichthums, *Kuvera*, der hier *Vittesa* (d. h. Herr des Reichthums genannt wird) bezeichnet werden. Von den Rakschasas giebt es drei verschiedene Klassen: 1) die Diener des Kuvera, welche hier gemeint sind; 2) böswillige Geister, welche den Frommen nachstellen und die religiösen Handlungen zu stören suchen; 3) Riesen, Feinde der Götter, die im Naraka (in der Hölle) wohnen.

49) Die *Vasûs* sind acht halbgöttliche Wesen, Personificationen von Naturerscheinungen, die Diener des *Agni* (oder *Pâvaka*) des Gottes des Feuers.

50) *Merû* ist ein fabelhafter Berg, welcher den Mittelpunkt von *Dschambudvipa* d. h. von Indien, bildet, welches in der Mitte von sechs anderen *Dvipas* (Inseln) liegt, die dasselbe wie die Blätter der Lotusblume umgeben. Die Höhe des Meru beträgt 84000 Meilen, von den 16000 unter der Erde liegen. Von seinem Gipfel fliesst der Ganges in vier grossen Strömen auf die Erde herab, worin offenbar eine Erinnerung an die vier Ströme des Paradieses sich erhalten hat. Brahmâ, die Rischis und die Gandharvas residiren auf seiner Höhe.

51) *Vrihaspati* ist der Name des Planeten Jupiter. Hier bedeutet er den Beherrscher dieses Planeten, den Sohn Angira's, den Priester der Götter. Sein Wagen wird von acht fahlen Rossen gezogen.

52) *Skanda* ist der Gott des Krieges. Er gilt als ein Sohn des Siva oder des Agni, und wird auch *Kumâra* und *Kârtikeja* genannt.

53) Der erste unter den sieben *Maharschis*. S. oben Sl. 6.

54) *Ekam akscharam*, die Bezeichnung für die heilige Sylbe Om. S. VII. Anm. 12 und VIII. Anm. 20.

Von Opfern Ich stilles Gebet[55]), von Gebirgen Himâlaja[56]).

26 Von Bäumen heil'ger Feigenbaum[57]), von Götterschern Nârada[58]),
Von Gandharvas Tschitraratha[59]), von Heil'gen bin Ich Kapila[60]).

27 Uttschaisravâsa wisse Mich unter den Rossen, gottentspross'n[61]);
Airâvata als Elephant[62]), unter Männern den König Mich[63]).

28 Von den Geschossen bin Ich Blitz[64]), von Milchkühen der Wünsche
Kuh[65]);

55) *Dschapa* ist das leise, murmelnde Hersagen der in den Vedas vorgeschriebenen Gebete. Dass dieses hier als das vortrefflichste aller Opfer bezeichnet und ausdrücklich ein Opfer *(dschapajadschna)* genannt wird, erinnert wieder an christliche Vorstellungen insbesondere an Ps. 49, 14: „Immola Deo sacrificium laudis" und ibid. V. 23: „sacrificium laudis honorificabit me."

56) Das höchste indische Gebirge, von *hima*, Schnee, und *âlaja*, Wohnung, weil es mit ewigem Schnee bedeckt ist, Wohnung des Schnees genannt.

57) *Asvattha* (ficus religiosa) ist der heiligste Baum der Inder. Das Nähere über denselben wird unten (Lesung XV.) gesagt werden.

58) S. oben Anm. 22.

59) Die *Gandharvas* sind eine Art himmlischer Geister, welche in Indra's Himmel wohnen und im Himmel musiciren. Zu gleicher Zeit sind sie Zeugen von den Handlungen der Menschen. Ihre Zahl beträgt 60 Millionen. Sie kämpften mit den *Nâgas*, einer Art mythologischer Schlangen, und beraubten sie der Edelsteine, mit denen ihre Häupter geschmückt waren. Man sieht, dass sie vollkommen den christlichen Engeln entsprechen. *Tschitraratha* ist der Name des Ersten unter ihnen. Diese Wesen gehören, nach Thomson, erst der späteren epischen Periode an, und die Vorstellungen über dieselben erscheinen erst in den Puranas vollkommen ausgebildet. Wahrscheinlich ist auch das Christenthum nicht ohne Einfluss auf diese Vorstellungen gewesen.

60) Wörtlich: „Von Vollkomm'nen, *Kapila*, der Einsiedler." Schlegel übersetzt: Inter beatos Capilas anachoreta, indem er *siddha* hier nicht in seiner gewöhnlichen Bedeutung, sondern als Appellativum auffasst und darunter eine Art von Halbgöttern, unter die Götter versetzte Menschen, versteht. *Kapila* ist der berühmte alte Muni, dem die Gründung der philosophischen Schule der *Sânkhja* zugeschrieben wird. Die grosse Achtung, in welcher Kapila stand, geht daraus hervor, dass er zuweilen als eine Incarnation des Gottes Agni, und selbst des Vischnu betrachtet wurde (Mahabh. III. 1896 und Ramajana I. 41, 25).

61) Wörtlich: Aus dem *amrita* (der Ambrosia), oder wie es Burnouf auffasst: zugleich mit dem *amrita*, entstanden. Ueber den Mythus von der Entstehung dieses Pferdes s. oben III. Anm. 15.

62) *Airâvata* ist der bei derselben Gelegenheit, wie das eben genannte Ross, entstandene König aller Elephanten, auf welchem Indra reitet.

63) D. h. der Erste unter den Menschen, der Herrscher.

64) Die Waffe Indra's, des indischen Zeus.

65) S. oben III. Anm. 15.

Bin der Erzeuger Kandarpa[66]); von Schlangen bin Ich Vâsuki[67]),

29 Von den Lindwürmern Ananta[68]), von Wasserthieren Varûna[69]),

Von den Urvätern Arjaman[70]), von den Bestrafenden Jama[71]),

30 Von den Daitjas Prahlâda Ich[72]), Zeit bin Ich von den Rechnenden[73]),

---

66) *Kandarpa* oder *Kâma*, der Gott der Liebe, der indische Cupido. Vergl. VII. sl. 11.

67) Das Haupt derjenigen mythologischen Schlangen, welche *sarpa* heissen, und von denen es nach den Puranas tausend giebt. Sie sind Kinder des Kasjapa und der Kadru. Die Schlange *Vâsuki* kommt auch in dem oben (III. Anm. 15) erzählten Mythus vor.

68) *Ananta* ist der König derjenigen mythologischen Schlangen, welche *nâga* heissen, menschliche Gesichter haben, und im *Pâtâla* (der Unterwelt) die Stadt Bhogavati bewohnen. Der Name *Ananta* bedeutet: ohne Ende. Dieses Ungethüm wird im Vischnu-Purana beschrieben. Es hat 1000 Köpfe und dient dem Vischnu zur Ruhestätte. Am Ende eines jeden Kalpa speit es Feuer aus, welches die Schöpfung zerstört. Es trägt die Erde auf seinem Haupte und verursacht Erdbeben, wenn es gähnt u. s. w. — Alle diese abenteuerlichen Mythen gehören dem spätesten Zeitalter der altindischen Literatur, dem Puranischen, an. Die Bezugnahme unseres Gedichtes auf dieselben ist ein unumstösslicher Beweis für die relativ späte Abfassung der Bh. G.

69) *Jâdas* heisst: bestia aquatilis. *Varûna* ist der Gott des Wassers, der indische Neptun (das Wort stimmt mit dem Griechischen οὐρανος überein), der schon in der Vedischen Zeit als einer der Hauptgötter vorkommt. Dass dieser Gott hier zu den Wasserthieren gerechnet wird, während Indra, der höchste Vedische Gott, doch unter den Devas noch den ersten Platz behauptet, ist ein Beweis dafür, wie viel sich in den religiösen Begriffen der Inder zur Zeit der Abfassung unseres Gedichtes schon geändert hatte.

70) Unter den *Pitris* (Vätern) sind hier mythologische Personen zu verstehen, welche den Pitriloka bewohnen und die mit den Pradschapati's identisch sind. Ihr Haupt ist *Arjaman* (von *ârja*, ausgezeichnet, ehrwürdig, woher auch das Wort Arier, Arische Völker, stammt).

71) *Jama*, der Todtenrichter und Beherrscher der Unterwelt. In der epischen Periode wird *Jama* mit dem Tode selbst identificirt. Später (in den Puranas) erscheint er als Sohn der Sonne und Bruder des Manu Vaivasvata. Er herrscht über die 28 *Narakas*, die Orte der Strafen nach dem Tode, und bewohnt Jamapura, (die Stadt des *Jama*), wohin die Seele nach dem Tode kommt, um von *Jama* ihren Urtheilsspruch zu empfangen. Sie gelangt dann entweder in den *Svarga*, den materiellen Himmel, oder in den *Naraka*, oder wird auf Erden wiedergeboren.

72) Die *Daitjas* sind ebenso wie die *Dânavas*, eine Art mythologischer Riesen, Feinde der Götter, die den Patala bewohnen. Bei dem Umrühren des Weltmeeres suchten sie sich des *Amrita* zu bemächtigen, wurden aber von den *Devas* besiegt (S. oben III. Anm. 15). *Prahlâda* ist ihr König.

73) Schlegel übersetzt: tempus ego numeros modulantium. Thomson: Time among things which count. Burnouf: entre les mesures le temps. Da der Ausdruck *Kalajatâm* offenbar einen Gegensatz zu *sanjamatâm* (den Bestrafenden)

Vom Wild des Wildes König Ich[74]), von Vögeln Vainateja Ich[75]).

31 Von Reinigenden bin Ich Wind[76]), Râma von Waffenführenden[77]);

Von Fischen bin Ich Makara[78]), von Flüssen bin der Ganges Ich[79]).

32 Ich der Schöpfungen[80]) Anfang bin, Ende und Mitte, Ardschuna!

Vom Wissen Wissen höchsten Geist's[81]), Rede der Redenden bin Ich[82]).

— ——

in der vorigen Sloke bildet, so muss wohl hier nicht an Sachen, sondern an Personen gedacht werden, und die Zeit wird dadurch poetisch als der Erste aller Rechnenmeister bezeichnet. *Kâla* ist daher als Personification der Zeit aufzufassen.

74) Unter dem König des Wildes verstehen die Uebersetzer den Löwen. Vielleicht ist vielmehr an den Tieger zu denken, der Nal. 12, 31: *aranjarâdsch*, König des Waldes, genannt wird und der in Indien eine hervorragendere Rolle als der Löwe spielt.

75) *Vainateja* ist ein Beiname des *Garûta*, des heiligen Vogels des Vischnu, der diesen Gott zieht. Er ist der Fürst aller Vögel. Gleich nach seiner Geburt setzte er durch sein hellstrablendes Licht die Götter in Furcht. Sie hielten ihn für *Agni* und baten diesen um Schutz. Als sie erfuhren, dass es *Garûta* sei, priesen sie ihn als das höchste Wesen und nannten ihn Feuer und Sonne (Mbhb. I. 1239).

76) *Paratâm* d. h. purificantium. Der Wind wird als der grösste und mächtigste Reiniger bezeichnet, wie oben die Zeit als Erster unter den Rechnenden. Jedenfalls ist auch hier an den Gott des Windes *(vâju)* zu denken.

77) Unter diesem *Râma* ist Dasaratha Rama, der Held des Ramajana, der Bekämpfer der Daitjas, zu verstehen.

78) *Makara*, ein Wasserungeheuer, auf dem der Gott Varuna reitet. Es ist zugleich das Symbol des Liebesgottes (mit Rücksicht auf seine Fruchtbarkeit) und kommt auch unter den indischen Zeichen des Thierkreises vor.

79) *Dschâhnarî* wird hier der Ganges, der heiligste aller Ströme, genannt. Dieser Name ist ein Patronymikum von *Dschânu*, einem alten Muni, der, als er am Ufer des heiligen Flusses sich aufhielt, durch die Ueberschwemmung desselben in seinen Betrachtungen gestört wurde. In seinem Zorn verschluckte er, kraft der *riôhâti*, die er sich durch Vertiefung erworben, den ganzen Fluss, und konnte nur durch die Bitten der Götter und der Rischis dazu bewogen werden, ihn wieder von sich zu speien. Daher erhielt der Ganges den Namen Tochter des Dschâhnu.

80) *Sargânâm* übersetzt Schlegel hier: naturarum; Thomson: of creations und Burnouf: dans les choses créés. Weil bei der ersten und der letzten dieser Auffassungen dieser Vers nur eine ganz gleichlautende Wiederholung von Sl 20 (b) wäre, so ziehe ich die Auffassung Thomson's vor und verstehe unter *sarga* die jedesmalige neue Schöpfung, welche auf die respectiven Weltuntergänge folgt. Der Sinn ist dann: die einzelnen Schöpfungen verdanken mir nicht bloss ihre Entstehung, sondern auch ihre fortwährende Erhaltung, so wie ich es auch bin, der ihnen ihre Grenze setzt.

81) *Adhjâtmaridja ridjânâm*, wörtlich: die Adhjâtma-Kenntnis unter den Kenntnissen, d. h. die Kenntnis Gottes, insofern er als höchster Geist betrachtet wird (S. oben VIII.

33 Von Buchstaben bin Ich das A[83]), Verbindung im Verbundenen[84]).
Ich bin unvergängliche Zeit[85]), Erhalter, allhinschauender[86]),

---

Anm. 1.). Es scheint dadurch angedeutet werden zu sollen, dass die Erkenntniss des innersten Wesens Gottes und seiner Beziehung zu den Geistern noch erhabener ist, als die seiner Beziehungen zur materiellen Welt.

82) *Vâda: pravadatâm aham.* Schlegel übersetzt: oratio oratorum ego sum. Burnouf: pour ceux qui parlent je suis la Parole. Thomson dagegen: human speech among sounds of utterance. Ich bezweifle die Richtigkeit der letzteren Auffassung. Wenn auch das Verbum *vad* zuweilen vom Geschrei der Thiere gebraucht wird (wie z. B. Draup. 6, 3. ob aber auch *pravad*?), so würde doch das Substantivum *vâda* ohne jeglichen Zusatz einen zu wenig ausgeprägten Gegensatz dazu bilden. Naturgemässer scheint es zu sein, diese Stelle in eben dem Sinne zu erklären, wie sich Krischna unten den Glanz der Glänzenden, die Tüchtigkeit der Tüchtigen, die Erkenntniss der Erkennenden nennt. Vielleicht ist auch die Johanneische Bezeichnung Christi als λόγος nicht ohne Einfluss auf diesen Ausdruck gewesen, da auch anderweitige Spuren einer Analogie mit der Lehre vom λόγος in der indischen Literatur nachweisbar sind; so namentlich in dem merkwürdigen Hymnus des Rigveda (10, 125), wo die *vak* (vox) redet, und woselbst es unter anderem heisst: „Ich selbst bin es, die all dieses redet, was da lieb den Göttern und was den Menschen." Dieser Hymnus gehört übrigens der (späteren) Brahmana-, nicht der eigentlichen Rik-Periode an. Auf den inneren Zusammenhang mit dem Anfang des Johannes-Evangeliums ist ausdrücklich hingewiesen in Weber's Ind. Studien Bd. IX. S. 473.

83) Das A ist auch im Sanskrit Alphabet der erste unter den Buchstaben und zugleich der am häufigsten vorkommende Vokal in dieser Sprache. Sollte aber wirklich die wörtliche Uebereinstimmung dieser Stelle (und der anderen sl. 20 u. 32) mit Apocal. 1, 8: „Ἐγώ εἰμι τὸ Α καὶ τὸ Ω, ἀρχὴ καὶ τέλος" ein blosser Zufall sein? Dies erscheint um so unwahrscheinlicher, je grösser die Anzahl anderer ebenso wörtlicher Uebereinstimmungen mit neutestamentlichen Stellen in der Bh. G. ist.

84) Wörtlich: In dem zusammengesetzten Worte bin ich die Zusammensetzung. Schlegel: copulatio inter verba composita. Thomson: the combination itself of a compound word. Der Sinn ist wohl: Ich bin der Geist, das Göttliche in der Sprache, wodurch die Elemente derselben erst ihre Verbindung und Bedeutung erhalten. Man erkennt hierin ohne Schwierigkeit eine Andeutung der Wahrheit, dass die Sprache nicht von dem Menschen erfunden, sondern eine göttliche Gabe ist, die ihm schon bei seiner Schöpfung verliehen worden. Diese Wahrheit war den alten Brahmanen nicht unbekannt und sie liegt der Thatsache zu Grunde, welche Max Müller (Vorlesungen über die Wissenschaft der Sprache I. Bd. 3. Vorles.) folgendermassen mittheilt: „Die Brahmanen erhoben in den Vedahymnen die Sprache zu dem Range einer Gottheit, wie sie dies mit allen Dingen thaten, deren Wesen sie nicht verstanden .... In den Brahmanas heisst die Sprache die Kuh, der Athem, der Stier, und ihr Junges soll der Menschengeist sein. Von Brahma, dem höchsten Wesen, heisst es, dass es durch die Sprache erkannt werde, ja die Sprache selbst wird das höchste Brahma genannt."

85) *Akschaja: kâlo.* Schlegel: aevum inexhaustum. Thomson: eternal time.

34 Der Tod, der Alles reisst dahin, und Ursprung Ich des Künftigen[87]),
Ruhm, Glück, Stimme von Weiblichen[86]), Erinn'rung, Klugheit,
Kraft, Geduld.

35 Von Hymnen Vrihatsâman Ich[89]), von Liedern Ich die Gâjatri[90]),

---

Burnouf: le temps sans limites. Durch diesen Ausdruck soll die Zeit Krischna's in einen Gegensatz zu den, wenn auch noch so langen, doch vergänglichen Juga's und Kalpa's gebracht werden, welche die Zeit der Geschöpfe bilden (S. oben VIII. Anm. 25).

86) *Visvatomukha.* Schlegel: omnituens. Thomson: who watches in all directions. Burnouf: dont le regard se tourne de tous côtés. Es soll dadurch die durch die Allwissenheit bedingte Vorsehung Gottes in Bezug auf die Erhaltung der Welt angedeutet werden.

87) Dies ist in demselben Sinne zu verstehen, wie sich Krischna oben das Ende und den Anfang der Wesen nennt (sl. 20. u. 32).

88) Da alle in diesem Verse vorkommenden Worte Feminina sind, so wird von allen Uebersetzern der Genitiv *nârînâm* (wörtlich: der Frauen, der Weiber) mit: weibliche Worte übersetzt. Schlegel: inter feminina. Thomson: among feminin words. Ich gestehe, dass mir diese rein äusserliche, grammatische Anspielung, welche ganz vereinzelt dasteht und durch nichts motivirt ist, abgesehen von ihrem geringen poetischen Gehalte, hier keineswegs zusagt. Ich wäre daher lieber geneigt, das Wort *nârînâm* lediglich auf das voranstehende *râk* zu beziehen und mit Stimme der Weiber, weibliche Stimme, zu übersetzen. Das Süsse und Einschmeichelnde der weiblichen Stimme konnte den sinnlichen und für sanfte Eindrücke insbesondere empfänglichen Indern wohl als etwas Göttliches, als eine besondere Aeusserung der göttlichen Kraft erscheinen, und da in dieser ganzen Stelle die Gegenstände, mit denen sich Krischna identificirt, in bunter, poetischer Unordnung genannt werden, so darf die Erwähnung der weiblichen Stimme gerade an dieser Stelle keineswegs befremden. Noch eine andere Erklärung würde sich darbieten, wenn man *nârînâm* auf alle hier genannten Gegenstände bezöge und in ihnen Vorzüge und Tugenden der Frauen erblickte, deren Ursprung Krischna sich zuschreibt. Wir haben oben bereits gesehen, (IX. sl. 32) dass Krischna auch die Weiber von der Erlangung der höchsten Glückseligkeit nicht ausschliesst und ihnen keineswegs die verachtete Stelle anweist, die ihnen gewöhnlich beschieden war. Indem er also hier das Gute, was in ihnen vorhanden ist, sich selbst zuschreibt, tritt er dadurch jener Verachtung ausdrücklich entgegen.

89) *Vrihatsâman* (der grosse Saman) heisst ein Theil der Hymnen des Sama-Veda; es ist der wichtigste und heiligste Theil dieses heiligsten der Vedas.

90) *Gâjatri* heissen die heiligen Verse, welche ein kurzes Gebet an die Sonne enthalten, die hier mit dem höchsten Wesen identificirt wird. Sie stehen in Rigveda III. 4, 10 und müssen täglich nach den ersten Reinigungen und Abwaschungen von den Brahmanen in stiller Ehrfurcht, das Gesicht der Sonne zugewendet, leise gesprochen werden. Die eigentliche Gajatri (ohne die Einleitung und den Schluss) lautet: „Dies anbetungswürdige Licht des göttlichen Herrschers lasst uns bedenken. Möge es unsere Gedanken leiten. Verlangend nach Nahrung, flehen

Der Monate Mârgasîrscha [91]), der Jahreszeiten Frühling Ich [92]).

36 Das Würfelspiel Betrügender [93]), der Glanz auch bin Ich Glänzen-
der [94]),

Sieg bin Ich, Anstrengung [95]) bin Ich, die Tüchtigkeit der Tüchtigen [96]);

37 Der Vrischniden [97]) Vâsudeva, der Pandavas Dhanandschaja [98]);

---

wir um die Gabe der glänzenden Sonne, welche eifrig verehrt werden
soll. Ehrwürdige Männer, geleitet durch den Verstand, grüssen den
göttlichen (Befruchter) mit Opfer und Preis." Von der Gajatri sagt das Gesetz
des Manu (I. 77): „Der Herr der Creaturen, unbegreiflich erhaben, melkte allmählig aus
den drei Vedas die drei Verse des unaussprechlichen Textes, der mit dem Wort *Tad*
beginnt und Savitri oder Gajatri überschrieben ist." So gross ist die Verehrung,
welche die Worte der Gajatri geniessen, dass sie von den Abschreibern der Vedas oft,
sowohl im Texte, als auch im Commentar, ausgelassen werden, um sie vor Profanirung
zu bewahren. (Näheres über die Gajatri siehe bei Windischmann l. c. S. 792 u. ff.)

91) Der Monat *Mârgasîrscha* entspricht der zweiten Hälfte des November und der ersten
des December. Weshalb er als der erste der Monate hier bezeichnet wird, erklärt sein
anderer Name *Agrahâjana*, der ihn den Anfang des Jahres nennt. Vermuthlich
begann das Jahr bei den Indern früher mit diesem Monat, was jedoch jetzt nicht mehr
der Fall ist.

92) *Kusumâkara*, wörtlich: der Blüthenmacher. Die Inder zählen sechs Jahreszeiten, von
denen jede zwei Monate umfasst. Unter ihnen ist *Vasanta*, hier *Kusumâkara* genannt,
und die Zeit von Mitte März bis Mitte Mai umfassend, die erste.

93) Thomson übersetzt: ich bin das Würfelspiel unter den Dingen, welche betrügen,
täuschen. Das Würfelspiel wurde bei den Indern mit grosser Leidenschaft betrieben,
und diese Leidenschaft verblendete, wie die Geschichte des *Nala* und des *Judhischthira*
beweist, die alten Helden so sehr, dass sie all' ihre Reiche und all' ihr Besitzthum
verspielten. Während in der Geschichte des Nala der Dämon Kali als Urheber des
Würfelspieles und der mit ihm verbundenen Verblendung erscheint, wird diese geheimnissvolle Macht hier dem Krischna selbst zugeschrieben. In welchem Sinne dies zu
verstehen sei, siehe unten Anm. 107.

94) Dieselben Worte stehen VII. sl. 10. Thomson übersetzt sie hier, abweichend von
seiner Auffassung an obiger Stelle: splendour itself among splendid things.
Ebenso Schlegel: splendor splendidorum, während er dieselben Worte oben mit
robur robustorum wiedergiebt.

95) *Vjavasâja* bedeutet: labor, opera, studium, auch consilium, decretum.
Schlegel: perseverantia. Burnouf: le conseil.

96) *Sattvam Sattvavatâm*. Thomson übersetzt: the goodness of the good. Schlegel: vigor vigentium. Das Wort *sattva* bedeutet: Wesenheit, Güte, auch Geist.

97) *Vrischni* war der Sohn des Madhu und Vorfahre des Krischna, seiner menschlichen
Abstammung nach.

98) *Ardschuna* nämlich. Thomson bemerkt: „these are little compliments, en
passant, to his own and his hearer's superiority."

Von Einsiedlern bin Vjâsa Ich[99]), von Dichtern bin Ich Usana[100]).

38 Der Stab bin Ich der Zähmenden[101]), die List der Sieganstreben-
den[102]),

Das Schweigen der Geheimnisse[103]), Erkenntniss der Erkennenden.

39 Was immer aller Wesen nur ist Same, bin Ich, Ardschuna!

Nicht ist ein Wesen ohne Mich, das sich bewegt und nicht bewegt[104]).

40 Kein Ende Meiner göttlichen Herrlichkeiten giebt's, Feindbedräng'r[105])!

Nur beispielsweise ward gesagt von Meinen Herrlichkeiten dies[106]).

---

99) S. oben Anm. 24.

100) *Usana* ist der Name des Planeten Venus und seines Beherrschers. Der letztere wird als mythologische Person für einen Sohn des Rischi Bhrigu gehalten. Das Wort *Kavi*, Dichter, bedeutet hier wohl soviel als Weiser, Lehrer, Verfasser von Schriften. Dem Usana wird, wie dem Vrihaspati, die Abfassung eines Gesetzbuches zugeschrieben. (Ueber die Bedeutung des Wortes *Kavi* siehe oben VIII. Anm. 7.)

101) *Dando damajatâm.* Schlegel: Castigatio domantium. Thomson: The rod among tamers. Der Stab, die Ruthe, *(danda)* ist hier das Symbol der geheimnissvollen Macht, welche in der Zähmung und Züchtigung ausgeübt wird, und zugleich das physische Mittel derselben. Mit beiden identificirt sich Krischna. Es liegt eine ähnliche Idee zu Grunde, wie sie Röm. 13, 1 ausgesprochen ist: „Οὐ γάρ ἐστιν ἐξουσία εἰ μὴ ἀπὸ Θεοῦ."

102) Schlegel übersetzt: solertia concertantium. Thomson: polity among means of victory. Burnouf (am wörtlichsten): la règle d'action de ceux qui desirent la victoire.

103) Schlegel: silentium arcanorum. Der Sinn ist: Ich bin dasjenige, was die Geheimnisse geheimnissvoll macht. Thomson übersetzt: i am silence among mysteries, und bemerkt dazu: „Silence, since it explains nothing, is often a very great mystery, which cannot be fathomed," eine Auffassung, die einerseits zu gekünstelt und zu seicht erscheint, und andererseits mit den folgenden Worten: Erkenntniss der Erkennenden, welche diese Deutung des Genitivs vollständig ausschliessen, keinen passenden Parallelismus bilden würde.

104) Diese Sloke ist nichts Anderes, als der in die indisch-pantheistische Sprache übersetzte Ausspruch des heil. Johannes (Joan. 1, 4. 3): „Ἐν αὐτῷ ζωὴ ἦν... πάντα δι' αὐτοῦ ἐγένετο καὶ χωρὶς αὐτοῦ ἐγένετο οὐδὲ ἓν ὃ γέγονεν." Was Johannes ζωή nennt, wird hier durch *ridscha*, Samen, bezeichnet. Besonders auffällig ist die Uebereinstimmung von *rind majû* (ohne mich) mit χωρὶς αὐτοῦ. Uebrigens spricht auch Johannes von einem Samen Gottes (1. Joan. 3, 9): „ὅτι σπέρμα αὐτοῦ ἐν αὐτῷ μένει." *Tscharâtscharam* ist die indische Bezeichnung für den Inbegriff der ganzen Schöpfung, alles dessen, was lebendig oder leblos ist.

105) S. oben Anm. 36.

106) Wörtlich: Diese Ausdehnung (Auseinandersetzung, *vistaro*) meiner Herrlichkeit ward

41 Welch Ding nur immer herrlich ist, was glücklich nur und kräftig is
    Das wisse du aus einem Theil von Meiner Kraft entsprungen nur[107]

---

nur beispielsweise gesagt. Thomson: I have made this extended narratic
of my pre-eminence by way of instance. Burnouf (ganz frei, aber dem Sin
nach richtig): je ne t'ai exposé qu' une faible partie de mes perfection
107) Diese Sloke giebt den Schlüssel zum Verständniss alles Vorhergehenden. Alle die
Dinge, mit denen sich Krischna hier identificirt, sind das Vorzüglichste in ihrer A:
So pantheistisch auch die ganze Rede Krischna's klingt, und obgleich auch in d
That die Vorstellung, dass Gott der materielle Ursprung aller Dinge ist, zu Grun
liegt, so darf die hier vorgetragene Lehre doch keineswegs mit der in der Vedam
Philosophie ausgebildeten Vorstellung von dem einen absoluten Wesen, welches All
ist, und ausser dem Nichts existirt, identificirt werden. Das Böse, Schlechte, Unvo
kommene wird hier keineswegs in den Begriff der Gottheit aufgenommen, vielme:
bezeichnet sich Krischna exclusiv nur als das Beste und Vortrefflichste unter all
verschiedenen Existenzen. Auch wenn er sich unter den betrügenden Dingen d
Würfelspiel nennt, so will er sich dadurch nicht als Urheber der Immoralität des B
truges bezeichnen, sondern vielmehr als Urheber der gewaltigen Macht, welche d
Spiel ausübt. Wenn man der lebhaften, zur Personification und poetischen Uebertr
bung so sehr geneigten Phantasie der Indier Rechnung trägt, so dürfte dieser Pass
der Bh. G. sich vielleicht sogar in einem Sinne erklären lassen, dem von wirkliche
Pantheismus nichts anhaftet. Gott wirkt durch seine schöpferische und erhalten
Macht fortwährend in der Natur. Was in ihr nur immer gross, erhaben, schön, v
trefflich ist, stammt von ihm, ist eine Offenbarung seiner Macht, seiner Weisheit, sein
Schönheit. Seine Allgegenwart, mit der er die ganze Schöpfung durchdringt, kann d
Dichter wohl veranlassen, ihn selbst dort zu sehen, wo er eine besondere Aeus
rung seiner Macht und seiner Wirksamkeit gewahrt. Es kann dabei immer noch d
Bewusstsein seiner inneren, wesentlichen Verschiedenheit von seinen Geschöpfen l
stehen bleiben, wie dieses auch mehr oder minder deutlich durch unser ganzes Gedic
hindurchschimmert. Eben so verhält es sich auch mit seiner wirklichen, unendli
erhabenen, in der Welt sich zwar offenbarenden, aber zugleich über ihr stehend
Persönlichkeit. Diese wird schon durch das immer wiederkehrende aham (Ic
in Verbindung mit der dem Ardschuna in Wirklichkeit redend gegenüberstehend
menschlichen Person, höchst nachdrücklich betont. Jedenfalls ist die Lehre der Bh.
über die Wesenheit Gottes himmelweit verschieden von dem modernen, materiell
Pantheismus, der in seinem Wesen nichts Anderes ist, als ein sehr durchsichtig v
schleierter Atheismus. Vergleiche das oben (VII. Anm. 16) bereits über den wahr
Sinn des indischen Pantheismus Gesagte. Die dort ausgesprochene, und durch
Citat aus Balmes unterstützte Ansicht erhält eine merkwürdige Bestättigung dur
eine Bemerkung in der Einleitung zur englischen Uebersetzung der Tschandogj
Upanischad von Radschendralâla Mitra (Bibl. Indr. No. 78 u. 181. Calcu
1862. pag. 34), wo der Verfasser über den dort gelehrten Pantheismus sagt: „H
doctrin, in short, is not the absorption of the infinite into the finit
of God in nature, — but of the finite in the infinite — nature in Go

42 Doch wozu dir, o Ardschuna! so vielfältige Kenntniss denn?
Ich stelle immerwährend hin dies All durch einen Theil von Mir [108]).

Elfte Lesung.

Ardschuna spricht:

1 Was mir zu Gunsten Du von dem Geheimniss, höchster Geist genannt [1]),
Gesagt, durch dies Dein Wort ist mir der Irrthum fortgegangen jetzt.

2 Ursprung und Ende hörte ich der Wesen ausführlich von Dir,
Lotusblattaug'ger! und Deine unvergängliche Majestät.

3 Doch so wie selber Du Dich mir erklärtest jetzt, o höchster Herr!
So möcht' ich Deine herrliche Gestalt [2]) schauen, Vortrefflichster!

It might be an exaggeration of theism, but not the pantheism, which destroys
the responsability of man to his maker."

[108] *Ekänsena*. Schlegel: aliqua mei portione. Dies braucht nicht gerade im mate-
riellen Sinne verstanden zu werden, obgleich diese Auffassung mit der indischen Vorstellung von der Schöpfung, als Emanation aus dem göttlichen Wesen, wohl vereinbar
wäre. Unter diesem Theile kann man sehr wohl auch die verschiedenen *vibhútis*,
Kräfte, Herrlichkeiten, verstehen, welche Krischna im Vorhergehenden erklärt hat.
Dass er diese verschiedenartigen Kräfte Theile von sich selbst nennt, würde nichts
Befremdendes haben. — Die Worte *vischtabhjáham sthito* übersetzt Thomson, ohne
Zweifel richtiger als Schlegel (der den Vers folgendermassen wiedergiebt: Stabi-
lito hoc universo mundo aliqua mei portione, integer mansi): „I have
established and continue to establish," welcher Auffassung auch Lassen
beistimmt. (Annot. ad edit. II. pag. 217.)

[1]) Dies bezieht sich auf die am Ende der siebenten und am Anfang der achten Lesung
von Krischna gebrauchten und nun ausführlich erklärten Bezeichnungen der Gottheit, unter denen der Ausdruck *adhjátma* (höchster Geist) an der Spitze steht. Wenn
Ardschuna dieses „Geheimniss" hier der Kürze halber nur *adhjátma sandchnitam*
(adhjátma heissend) nennt, so scheint er darunter doch auch die anderen Bezeichnungen zu verstehen; denn die voranstehende Schilderung ist keineswegs bloss eine
Erklärung des speziellen Begriffes von *adhjátma*, sondern noch weit mehr von
adhibháta und *adhibhúta*, wie oben (IX. Anm. 39) bereits angedeutet wurde, da
Krischna sich hier vorzugsweise mit den hervorragendsten Devas und überhaupt
mit Allem, was unter den Wesen das Grösste und Beste ist, identificirt.

[2]) Dass Ardschuna hier eine körperliche Gestalt (*rúpa*) zu schauen verlangt, muss

4 Und wenn Du meinst, dass möglich sie von mir zu schauen, **Mäch-**

tigster!

Herr der Vertiefung! zeige dann Dich selber mir[3]), den Ewigen.

Der Erhabene spricht:

5 Schau' Meine Gestalten, Pârtha, hundertfältig und tausendfach,

Die mannichfachen, himmlischen, verschiedner Farbe und Natur.

6 Die Aditja's, die Vasû's sieh', die Rûdra's, Asvinau, Marut's[4]);

Schau' viele Wunder, die noch nie vorher du sahest, Bhârata!

7 Schau' hier als Eins[5]) die ganze Welt, was sich bewegt und nicht

bewegt,

---

befremdlich erscheinen, wenn man bedenkt, dass dasjenige, was Krischna bisher über das Wesen der Gottheit mitgetheilt hat, in das Gebiet abstrakter, philosophischer Speculation gehört und eine Möglichkeit der Wahrnehmung des höchsten Brahma durch die körperlichen Sinne vollkommen ausschliesst. Thomson sucht diesen Widerspruch dadurch zu erklären, dass er sagt, der Verfasser der Bh. G. habe es für nöthig gehalten, um dem Vischnu-Cult Eingang beim Volke zu verschaffen, dem von ihm gelehrten höchsten Gotte auch eine sichtbare, Ehrfurcht erregende Gestalt zu verleihen, welche jedoch nur ein Versuch sei, die Allgemeinheit, die Allgegenwart, die schöpferische und zerstörende Macht des Gottes zu symbolisiren und Alles dies mit den charakteristischen Zeichen des Gottes Vischnu zu verbinden. Ich halte dies an und für sich nicht für unwahrscheinlich, glaube aber den eigentlichen Schlüssel zur Erklärung des nun folgenden grossartigen Gesichtes, in welchem sich Krischna dem Ardschuna auf dessen Bitte in seiner wahren, göttlichen Gestalt zeigt, vielmehr darin zu finden, dass hier eine Nachahmung der Verklärungsgeschichte Christi vorliegt, wie sie in den Evangelien erzählt wird, eine Conjectur, welche zu den vielfachen Benützungen des Neuen Testamentes, welche in der Bh. G. nachweisbar sind, vortrefflich passt und auch noch durch mehrere Einzelheiten, denen wir in diesem Abschnitt begegnen werden, unterstützt wird.

3) Diese Worte erinnern an die Bitte des Philippus Joan. 14, 8: „Κύριε, δεῖξον ἡμῖν τὸν πατέρα, καὶ ἀρκεῖ ἡμῖν."

4) Von den hier genannten mythologischen Wesen, mit denen sich Krischna schon oben identificirt hat (X. sl. 21 und 23), sind nur die *Asvinau* noch nicht erwähnt worden. Dieser Dual bezeichnet die beiden schönen Zwillingssöhne der Sonne, die Aerzte der Götter, Nâsatja und Dasra. — Alle diese Wesen soll Ardschuna in dem Leibe Krischna's schauen, wenn er seine göttliche Gestalt annehmen wird.

5) *Ihaikastham dschagat kritsnam.* Schlegel: Heic in unitate comprehensum mundum universum. Thomson: the whole universe in a collective form. Burnouf: dans son Unité tout l'Univers. Der hier ausgesprochene Gedanke erinnert an die christliche Lehre, dass die Anschauung Gottes, welche den Seligen im

In Meinem Leib, Gutakesa! und was du sonst zu schauen wünschst.

8 Doch nicht vermagst zu schauen Mich mit diesem deinem Auge du;
Ein göttlich' Auge geb' Ich dir[6]). Meine Herrschervertiefung schau'[7]).

Sandschaja spricht:

9 So sprechend da, o König[8]), der Vertiefung grosser Herr, Hari[9]),
Liess schauen er den Prithasohn die höchste, herrliche Gestalt,

10 Die vielgesicht- und augige, die viele Wunder zeigende,
Die viel Götterschmuck tragende[10]), viel Himmelswaffen schwin-
gende,

11 Göttlich bekleidet und bekränzt und voll von Himmelssalbenduft,
Jenen gänzlich Wunderbaren, Ewigen, Allhinschauenden.

12 Wie wenn am Himmelsraum zugleich da tausend Sonnen gingen auf,
Der Glanz wär' ähnlich wohl dem Glanz von Diesem hier, dem
Herrlichen[11]).

Himmel zu Theil wird, ihnen auch die vollkommenste Kenntniss der Welt vermittelt,
deren Einzelheiten und inneres Wesen sie in Gott schauen, an dessen Allwissenheit
sie gleichsam Theil nehmen.

6) Man vergleiche mit diesen Worten die theologische Lehre von dem lumen gloriae,
wodurch die Seligen im Himmel befähigt werden, Gott zu schauen. S. Thomas. Aquin.
summ. theol. 1. q. 12. art. 2: „Dicendum, quod ad videndum Dei essentiam
requiritur aliqua similitudo ex parte visivae potentiae, scilicet lumen
divinae gloriae confortans intellectum ad videndum Deum, de quo
dicitur in Ps. 35: in lumine tuo videbimus lumen." Vergl. auch Apocal. 21,
23: „ἡ γὰρ δόξα τοῦ Θεοῦ ἐφώτισεν αὐτήν, καὶ ὁ λύχνος αὐτῆς τὸ ἀρνίον."

7) Dieselben Worte, welche oben (IX. al. 5) schon vorkommen, woselbst (Anm. 13) über
ihre Bedeutung gesprochen ist.

8) Dhritaráschtra wird hier von Sandschaja, dem Erzähler, angeredet.

9) Hari ist ein Beiname des Vischnu, der häufig auf Krischna übertragen wird.

10) Dies bezieht sich auf die Attribute und Symbole der einzelnen Gottheiten, welche
Vischnu in sich vereinigt.

11) Die Vergleichung der Herrlichkeit Krischna's mit dem Sonnenglanze stimmt vollkommen überein mit der Beschreibung der Verklärung Christi bei Matth. 17, 2: „Καὶ
μεταμορφώθη ἔμπροσθεν αὐτῶν, καὶ ἔλαμψε τὸ πρόσωπον αὐτοῦ ὡς ὁ ἥλιος, τὰ δὲ
ἱμάτια αὐτοῦ ἐγένετο λευκὰ ὡς τὸ φῶς." Die Erwähnung des Leuchtens der Kleider,
die sich auch bei Marc. 9, 3. findet („καὶ τὰ ἱμάτια αὐτοῦ ἐγένετο στίλβοντα, λευκὰ
λίαν ὡς χιών") stimmt gleichfalls überein mit der in der vorigen Sloke enthaltenen
Beschreibung der göttlichen Gewänder Krischna's. Während aber die Evangelisten
ohne jede Exaltation in den einfachsten Worten die wunderbare Thatsache mit histo-

13 Da schaut' als Eins die ganze Welt, die mannichfach geschiedene,
In dem Leibe des Gottes hier der Götter [12]) nun der Pândava.

14 Mit Staunen da erfüllt, das Haar zu Berg gesträubt, Dhanandschaja,
Das Haupt dem Gotte neigend und die Hände flehend faltend [13]),
sprach:

Ardschuna spricht:

15 Ich schau' die Götter, Gott, in Deinem Leibe alle, und der ver-
schiednen Wesen Schaaren,
Brahmâ den Herrn, sitzend im Lotuskelche [14]), die Weisen alle und
die Götterschlangen [15]).

---

rischer Treue referiren, treibt bei der indischen Nachahmung die orientalische Phantasie
ihr Spiel bis in's Ungeheuerliche, und so grossartig und mitunter wahrhaft poetisch
auch diese Schilderung der Verklärung Krischna's ist, so erreicht sie dennoch an
wahrer Schönheit nicht die erhabene Einfalt und Kürze der Evangelisten. Man sieht
auf den ersten Blick, dass, während dort der einfältig treue Bericht einer historischem
Thatsache vorliegt, man es hier mit einer tendenziösen Erfindung zu thun hat, welche
den Hörer, dem indischen Geschmack gemäss, durch Uebertreibung des Wunderbaren
in Staunen setzen und durch die ungeheuere Grösse des Gegenstandes gleichsam zu
erdrücken beabsichtigt. Die in's Fratzenhafte verzerrten bildlichen Darstellungen der
indischen Gottheiten, welche alle von der Schönheit gebotenen Schranken weit über-
steigen, erkennt man wieder in den Worten, mit denen Ardschuna im Folgenden den
in seiner göttlichen Gestalt vor ihm stehenden Krischna anredet.

12) S. oben X. Anm. 28. Durch diesen Ausdruck wird Vischnu ausdrücklich als der
höchste Gott und sein Cult als die wahre Religion, im Gegensatz zu den anderen
indischen Sekten bezeichnet.

13) Vergl. Matth. 17, 6: „Καὶ ἀκούσαντες οἱ μαθηταὶ ἔπεσον ἐπὶ πρόσωπον αὐτῶν καὶ
ἐφοβήθησαν σφόδρα." — Dass die ausführliche Schilderung der göttlichen Gestalt des
Krischna hier dem Ardschuna in den Mund gelegt wird, verleiht dem Ganzen eine
dramatische Lebendigkeit, welche den Verfasser der Bh. G. als einen wirklichen, höchst
begabten Dichter erscheinen lässt. Von sehr grosser Wirkung ist dabei der Uebergang des Metrums aus dem in den bisherigen Sloken vorwaltenden Anuschtubh in das
Trischtubh, wie jene längeren, aus zwei elfsilbigen Abschnitten bestehenden Verse
genannt werden, welche schon oben hin und wieder bei einzelnen, besonders patheti-
schen Stellen gebraucht wurden, hier aber so lange fortdauern, bis Krischna wieder
seine natürliche Gestalt angenommen hat.

14) Hier ist der mythologische Brahmâ gemeint, von dem im Vischnu-Purana erzählt wird,
dass er aus einem Lotuskelche entsprang, dessen Stil aus dem Nabel des Vischnu
hervorwuchs. In diesem Lotuskelche sitzend, brachte er tausend Jahre zu, bis ihn
Vischnu zur Weltschöpfung aufforderte.

15) Die oben bereits erwähnten mythologischen Schlangen. (X. 28. 29.)

16 Mit vielen Armen, Bäuchen, Münden, Augen, schau' ich Dich all-
seits Unendlichgestalt'gen;
Nicht End', nicht Mitte und nicht Anfang Deiner schau' ich, Du Aller
Herr, Du Allgestalt'ger[16])!

17 Mit Deiner Krone, Keule und Wurfscheibe[17]), ein Berg von Glanz[18]),
nach allen Seiten strahlend,
Schau' ich Dich überall schwer Anzuschau'nden[19]), wie Sonnen-
feuer glänzend, unermessen.

18 Das Einfache bist Du, des Wissens Höchstes[20]), der höchste Schatz[21])
bist Du von diesem Weltall;

16) Wenn Krischna hier, weil er in seiner unendlichen Form alle Wesen in sich schliesst,
allgestaltig *(visrarúpa)* und unten (40) selbst Alles *(sarram)* genannt wird, so
liegt in diesen Ausdrücken vielleicht eine Accommodation an die Vedanta-Lehre von
der einen allgemeinen Substanz, welche das Weltall mit Gott identificirt, obgleich die
Bedeutung dieser Ausdrücke jedenfalls nur im Sinne der theistischen Sankhja zu
fassen ist, oder in dem Sinne, wie Gregor von Nazianz sagt (orat. in natalitio):
„Ὅιον γὰρ ἐν ἑαυτῷ συλλαβὼν ἔχει τὸ εἶναι, μήτε ἀρξάμενον, μήτε παυσόμενον,
οἷόν τι πέλαγος οὐσίας ἄπειρόν τε καὶ ἀόριστον." Der eklektische, die verschiedenen Philosopheme vermittelnde Standpunkt des Verfassers, bietet jeder Schule Anhalts-
punkte, die Bh. G. in ihrem Sinne zu erklären (was wohl auch vom Verfasser selbst
beabsichtigt war), und bringt auch wohl wirkliche, nicht zu vermittelnde Widersprüche
mit sich.

17) Krischna behält, um dem Ardschuna seine Identität mit der von ihm geschauten Erscheinung darzuthun, auch hier seine gewöhnlichen Waffen und Insignien bei. *Kiríta*
ist ein Diadem, eine Krone (Schlegel: tiara), die von den Helden auch in der Schlacht
getragen wurde; *Gadá*, die Keule, welche Krischna, wie der griechische Herakles,
beständig trägt; *Tschakra* (wörtlich: Rad), ein Discus, eine Wurfscheibe, die bei den
Indern eine Kriegswaffe war. Die des Krischna war von Flammen umgeben, und er
hatte mittelst derselben in seinem Kriege gegen die Daitjas die Stadt Kasi in Brand
gesteckt. Da Krischna mit Vischnu identificirt wird, so erscheint das Flammenrad später
durchweg als Waffe des Vischnu. Thomson hält die Erwähnung dieser Waffen für
einen Typus der Incarnationsfähigkeit des Vischnu, so wie in dem vorigen Distichon
die vielen Arme für das Symbol der Allmacht, und die vielen Bäuche für das seiner
Macht, alle Dinge zu enthalten und zu umfassen.

18) *Tedschorásim*, wörtlich: splendoris cumulum. Thomson: a mass of light.

19) D. h. die Augen blendend, trotz der göttlichen Sehkraft, die ihm Krischna gegeben hat.

20) D. h. der höchste Gegenstand des Wissens.

21) *Nidhánam.* Schlegel übersetzt: Tu hujus mundi eximius thesaurus. Thomson dagegen: the supreme receptacle, und erklärt diesen Ausdruck, indem er
bemerkt: „The material essence, into which all matter was reabsorbed,
being a portion of the Supreme Being." Das Wort nidhána bedeutet sowohl

Unvergänglichen Schützer ew'gen Rechtes[22]), unsterblichen Lebensgeist[23]) ich Dich glaube.

19 Ohn' Anfang, Mitt' und End', unendlichkräftig, unendlicharmig,
Mond- und Sonnen-augig[23b])

Schau' ich Dich, mit dem Mund von Feuerflammen, mit Deinem
Glanz dies ganze All erwärmend[24]).

20 Den Zwischenraum hier zwischen Erd' und Himmel[25]) erfüllest Du
allein, und alle Orte.

Seh'n Deine Schreckgestalt, die wunderbare, die drei Welten, erzittern sie, Grossgeist'ger[26])!

21 Jene Götterschaaren zu Dir hin fliehen; Ein'ge, erschrocken, händefaltend, murmeln.

„Heil Dir!" so sprechend, sel'ger Rischi's Schaaren lobpreisen Dich
mit hehren Lobgesängen[27]).

Behälter, als auch Schatz. Die erstere Bedeutung würde allerdings der Vedanta-Lehre
mehr entsprechen. In der *Vedanta-Sâra* kommt folgende Stelle vor: „Diese Gesammtheit heisst, als Ursache von Allem, ursächlicher Leib, wegen der Ueberschwänglichkeit
der Seligkeit und wegen des Bedeckens wie eine Scheide (heisst sie) die glückselige
Scheide . . . Deswegen wird sie auch Ort des Unterganges der groben und feinen
elementarischen Entwickelung genannt." (Bei Windischmann. S. 1780.) Doch passt
diese Auffassung nicht wohl zu den anderen Attributen, welche dem Krischna hier
gegeben werden und welche alle seine Persönlichkeit hervorheben. Schatz des
Weltalles wird er genannt, weil er das vortrefflichste aller Wesen und zugleich die
Quelle von Allem ist.

22) Vergl. oben IV. sl. 7. u. 8,

23) Ueber die Bedeutung von Purûscha s. oben VIII. Anm. 1.

23b) Vergl. Mundaka-Upanischad II. 1, 4. (Bibl. Ind. Vol. XV. p. 156): „He, whose
head is the fire, whose eyes are the moon and the sun, whose ears the
quarters, whose revealed word the Vedas, whose vital air the mind,
whose heart the universe, from whose feet the earth (sprung forth), is
the inner soul of all beings."

24) Vischnu gilt als Repräsentant der milden, befruchtenden Wärme der Sonnenstrahlen,
während Siva die versengende, zerstörende Gluth derselben repräsentirt.

25) Die Gestalt des Krischna erscheint riesenhaft, so dass er mit dem Scheitel bis an den
Himmel reicht.

26) Dieser und die folgenden Verse erinnern an Philipp. 2, 10: „Ἵνα ἐν τῷ ὀνόματι Ἰησοῦ
πᾶν γόνυ κάμψῃ ἐπουρανίων καὶ ἐπιγείων καὶ καταχθονίων."

27) Man vergleiche hiermit Apocal. 4, 10—11: „Πεσοῦνται οἱ εἴκοσι καὶ τέσσαρες πρεσβύτεροι ἐνώπιον τοῦ καθημένου ἐπὶ τοῦ θρόνου, καὶ προσκυνήσουσι τῷ ζῶντι εἰς

22 Die Rudras, Aditjas, Vasû's, die Sâdhjas[28]), Visvas[29]), Asvinau,
Marut's, Uschmapâ's[30]) auch,
Gandharvas, Jakschas, Dämonen und Sel'ge, sie schauen Dich und
Staunen fasst sie Alle[31]).

23 Deine mächt'ge Gestalt, die vielgesicht'ge, Grossarm'ger! die viel-
händ'ge und vielfüss'ge,
Vielleib'ge, starrende von vielen Zähnen[32]), schauend die Welten,
zittern sie, und ich auch.

24 Den Himmel streifend, glänzend, Dich vielfarb'gen, mit offnem
Mund, mit grossen Flammenaugen,
Erblickend, beb' im innersten Gemüth ich; nicht find' ich Kraft,
noch Ruhe mehr, o Vischnu!

25 Wenn Deine zähnestarr'nden Angesichter, dem Weltenbrande ähnlich[33]), hier ich sehe,

---

τοὺς αἰῶνας τῶν αἰώνων, καὶ βαλοῦσι τοὺς στεφάνους αὐτῶν ἐνώπιον τοῦ θρόνου,
λέγοντες· Ἄξιος εἰ, κύριε, λαβεῖν τὴν δόξαν καὶ τὴν τιμὴν καὶ τὴν δύναμιν κ. τ. λ.“
Beachtenswerth ist die zwischen den beiden Bezeichnungen: Rischis und πρεσβύτεροι
bestehende Analogie.

28) Die *Sâdhjas* sind eine Art niederer Halbgötter, zwölf an der Zahl, welche zwischen
Himmel und Erde wohnen und als Söhne des Dharma und der Sadbja gelten. Der
Name bedeutet: Vollkommen.

29) Die *Visvas* sind ähnliche Wesen, wie die Vorigen. Der Name bedeutet: Alle. (Der
Curiosität wegen, und als Beleg dafür, wie weit die Unwissenheit englischer Protestan-
ten in katholischen Dingen geht, sei hier erwähnt, dass Thomson diese Visvas mit
den „All-Saints“ und „All-Souls,“ die nach ihm eine besondere Klasse
von Heiligen und Seelen sind! in Vergleich bringt. Index. of prop. Names.
pag. 149.)

30) *Uschmapâs* sind die Manen, die Schatten der Todten. Der Name bedeutet: heiss
trinkend und bezieht sich, nach der Erklärung des indischen Scholiasten, darauf, dass
die Seelen der Verstorbenen den heissen Dampf der warmen Speisen einschlürfen.

31) Vergl. Jacob 2, 19: „Καὶ τὰ δαιμόνια πιστεύουσι καὶ φρίσσουσι.“

32) *Danschtra* sind grosse, hervorstehende Zähne, Hauer. Wahrscheinlich liegt darin eine
Anspielung auf die Verkörperung des Vischnu als Eber, der mit seinen Hauern die
versinkende Erde aus dem Meere emporhob. (S. oben IV. Anm. 5.)

33) Nach der indischen Mythologie wird am Ende eines jeden Weltalters die Schöpfung
durch Feuer zerstört, welches die Schlange Ananta ausspeit. (S. oben X. Anm. 68.)
Möglicher Weise ist auch diese Vorstellung aus der Bekanntschaft mit 2. Petr. 3, 10
entstanden: „στοιχεῖα δὲ καυσούμενα λυθήσονται καὶ γῆ καὶ τὰ ἐν αὐτῇ ἔργα κατακαήσεται.“ — Ich übersetze hier *mukhâni*, wie unten (27. u. 29.) *vaktrâni*, mit An-

Kenn' keinen Ort ich mehr[34]), fühl' keine Freude. Sei gnädig,

Herr der Götter, Haus der Welten!

26 Und jene Dhritarâschtrasöhne alle, zugleich mit dieser Erde

Fürstenschaaren,

Bhîschma, Drona, und jener Sûtasprosse[35]), mit den Ausgezeichnet-

sten uns'rer Krieger,

27 Sie eilen schon in Deine Angesichter, die zähnestarrenden, die

fürchterlichen[36]).

Schon sieht man Ein'ge mit zermalmten Häuptern hängen in Deiner

Zähne Zwischenräumen.

28 So wie der Flüsse viele Wasserströme zum Oceane immer vor-

wärts laufen,

So gehen diese Männer, die Welthelden, in Deine ringsentflammten

Angesichter.

29 Wie in brennende Flammen Mücken gehen, mit Schnelligkeit flie-

gend zum Untergange,

So gehen auch zum Untergang die Welten[37]) mit Schnelligkeit in

Deine Angesichter.

30 Du schlürfst verschlingend allerwärts die Welten alle mit Deinen

Schlünden, den entflammten.

---

gesichter, da beide Worte dem lateinischen ora entsprechen, obgleich allerdings
zunächst an den Mund zu denken ist. (Thomson: thy mouths.)

34) Wörtlich: Kenne ich die Himmelsgegenden *(diso)* nicht mehr. Man vergleiche damit
die Verwirrung des Petrus bei der Verklärung Christi (Marc. 9, 6): „Οὐ γὰρ ᾔδει τί
λαλήσῃ· ἦσαν γὰρ ἔκφοβοι.“

35) Unter dem Sutasprossen ist *Karna* zu verstehen. (S. I. Anm. 13.)

36) Der Sinn ist: Ich sehe schon ihren Untergang und Tod in der Schlacht voraus, der
durch deine Macht bewirkt werden wird. Man braucht nicht anzunehmen, dass dem
Ardschuna diese Scene als prophetisches Vorbild in dem Gesichte wirklich gezeigt
wurde, sondern diese Worte können auch als Ausdruck dessen gelten, was seiner lebhaften Phantasie bei dem Anblick der furchtbaren Gestalt Krischna's vorschwebte.

37) *Lokâs* kann die Welten und auch die Menschen (mortales, wie Schlegel übersetzt) bedeuten. Im letzteren Falle würden sich diese Worte nur auf den bevorstehenden Kampf beziehen. Im ersteren würde hier von der Absorption aller Geschöpfe bei
ihrem Untergange in das göttliche Wesen die Rede sein. Dies scheint mir desshalb
wahrscheinlicher, weil dann eine natürliche Verbindung mit dem zweiten Verse des
dreissigsten Distichon vorhanden wäre, wo im Gegensatz zu dieser zerstörenden, von
der die Welt erhaltenden Kraft des Vischnu die Rede ist.

Mit Deinem Glanz die ganze Welt erfüllend, durchglüh'n sie Deine
scharfen Strahlen, Vischnu[38])!

31 Erzähl' mir, wer Du bist, Schrecklichgestalt'ger[39])! Anbetung Dir,
o grosser Gott! Sei gnädig!

Dich zu erkennen wünsche ich, den Ersten; denn noch verstehe
nicht ich Dein Beginnen.

Der Erhabene spricht:

32 Als weltzerstör'nder Tod[40]) bin ich erwachsen[41]); zu vertilgen die
Menschen[41b]) hier beginn' Ich;

Nicht werden, ausser dir, mehr leben Alle, die in den Heer'n ent-
gegenstehn, die Krieger[42]).

— —

38) Hier, wie auch schon oben (24.), redet Ardschuna den Krischna ausdrücklich mit
Vischnu an, als welchen er sich bereits im vorigen Gesange (sl. 21.) ihm zu erkennen gegeben hat, denn diese Anrede passt besser zu der ausserordentlichen Situation,
in der er sich befindet.

39) Diese Bitte hat nicht den Sinn, dass Ardschuna über das Wesen Krischna's noch weiter unterrichtet sein will, da ihm dieses in den vorhergehenden Gesängen durch münd-
liche Belehrung und jetzt durch wirkliche Anschauung schon hinreichend bekannt
geworden; sondern er will vielmehr eine Erklärung darüber erhalten, was Krischna
nun in dieser seiner schrecklichen Gestalt beginnen werde, wie aus dem folgenden
Verse hervorgeht.

40) *Kâla* übersetze ich hier, nach dem Vorgange Thomson's, mit Tod. (Schlegel:
Dies. Burnouf: le Temps.) *Kâla* ist (nach dem Lexicon der Petersburger Academie): „die Alles zu Ende führende, vernichtende Zeit; Tod, sowohl der, welcher
nur das einzelne Individuum trifft, als auch der, welcher am Ende der Welt Alles
zerstört." Krischna antwortet hiermit auf die von Ardschuna zuletzt gestellte Frage,
indem er sich als den seine Feinde erwartenden Tod bezeichnet und giebt dadurch zu
erkennen, dass der Zweck der Annahme dieser seiner furchtbaren Gestalt insbesondere
auch der war, den Ardschuna zum Kampfe zu ermuthigen und ihm Zuversicht des
Sieges einzuflössen.

41) *Prarriddho*. Schlegel: adultus. Thomson: mature. Burnouf: vieux. Ich
vermuthe, dass sich dieses Epitheton auf die ungeheure Grösse bezieht, die Krischna
in seiner göttlichen Gestalt angenommen hat, indem er in derselben mit dem Scheitel
bis zum Himmel reicht (24.).

41 b) Oder: die Welten *(lokân)*. Da aber im folgenden von der bevorstehenden Schlacht
die Rede ist, so ziehe ich hier die Bedeutung Menschen vor.

42) D. h. in den beiden sich entgegenstehenden Heeren. Nach dem Mahabharata über-
lebten ausser Ardschuna auch noch die anderen vier Pandava den Kampf.

33 Darum erhebe dich, dir Ruhm erwerbe! Geniess', der Feinde Sieger, ganz[43]) die Herrschaft!
Von Mir ja sind vorher sie schon geschlagen; das blosse Werkzeug
nur sei du, Linkskräft'ger[44])!

34 Den Drona, Bhîschma und den Dschajadratha[45]), den Karna, und
die andern auch der Helden,
Von Mir zermalmt, besiege! Nicht erbebe! Kämpfe! Im Krieg
besiegest du die Feinde.

Sandschaja spricht:

35 Als dieses Wort des Lockenhaupt's er hörte, die Hände faltend,
zitternd, der Gekrönte[46]),
Anbetend wiederum den Krischna, sprach er, stammelnd, von
Furcht erfüllt, und tief sich beugend:

Ardschuna spricht:

36 Mit Recht, o Lockenhaupt, an Deinem Ruhme erfreut die Welt sich
und ist Dir ergeben.
Die Riesen flieh'n erschrocken durch die Räume; es beten an Dich
aller Seel'gen Schaaren[47]).

37 Wesshalb verehrten sie Dich nicht, Grossgeist'ger, der besser Du
als Brahma, erster Schöpfer[48])?

---

43) *Samriddham* scheint mir, dem Zusammenhange nach, hier passender mit totus,
plenus, als mit magnus, amplus, zu übersetzen. (Schlegel: fruere imperio
amplissimo.)

44) *Savjasâtschin*, wörtlich: der den Bogen mit der linken Hand spannt. (Schlegel:
Ambidexter.)

45) *Dschajadratha*, König der Sindhavas, ein Feldherr im Heere der Kuru.

46) Ardschuna, der ebenso, wie Krischna, mit einem Diadem *(kirida)* geschmückt ist.

47) Der Gedanke erinnert an Matth. 4, 11: „Τότε ἀφίησιν αὐτὸν ὁ διάβολος· καὶ ἰδού,
ἄγγελοι προσῆλθον καὶ διακόνουν αὐτῷ.“

48) Hier wird wohl auf den Mythus angespielt, welcher den im Lotuskelche sitzenden
Brahmâ aus dem Nabel des Vischnu entstehen lässt. Man ist bei dieser Stelle fast
versucht an Joan. 8, 58 zu denken: „πρὶν Ἀβραὰμ γενέσθαι, ἐγώ εἰμι.“ Vielleicht
hat der Verfasser der Bh. G. in Abraham ebenso seinem Brahma, wie in Christus
seinen Krischna wieder zu finden geglaubt.

Unendlicher Götterherr, Haus der Welten! Einfach bist Du, was
ist und nicht ist[49]), Höchstes.

38 Du bist der höchste Gott[50]), der Geist, der Alte[51]); Du dieses Weltalls allerhöchstes Kleinod[52]),

Der Wissende und was zu wissen, höchstes Haus, des Alls Gründer,
Unendlichgestalt'ger!

39 Wind bist Du, Tod, Feuer und Mond und Wasser, der Schöpfung
Herr bist Du, und der Urvater[53]);

Anbetung sei Dir, tausendmal Anbetung! Und wiederum Anbetung
Dir, Anbetung!

---

49) Schon oben (IX. sl. 19) hat sich Krischna selbst *Sadasat*, was ist und nicht ist, genannt
und die Erklärung dieses Ausdruckes wurde ebenda gegeben. (Anm. 46.) Im Gesetzbuch des Manu I. 11 heisst es in demselben Sinne: „Von demjenigen, welches die
unentfaltete, ewige Ursache ist, seiend und nicht seiend, wurde hervorgebracht
der göttliche Puruscha, der als Brahma in der Welt berühmt ist." In demselben Sinne
wird auch unten (Lesung XIII. sl. 12) das Wesen des Brahma als „weder seiend, noch
nicht seiend" beschrieben. Man vergleiche hiermit folgende Stelle aus einem Carmen
des heil. Gregor v. Nazians:

„Σοὶ ἑνὶ πάντα μένει, σοὶ δ' ἀθρόα πάντα θοάζει.

Σὺ πάντων τέλος ἐσσί, καὶ εἷς, καὶ πάντα, καὶ οὐδίν,

Οὐχ ἓν ἐὼν, οὐ πάντα· κατώνυμε, τί σε καλέσσω

Τὸν μόνον ἀκλήϊστον;"

50) *Adideva*, offenbar derselbe Ausdruck, der oben (VIII. Anm. 1) erklärt wurde, wo aber
das Wort *Adhidaira* lautet. Krischna erklärt den Ausdruck dort mit *puruscha*,
welches Wort auch hier unmittelbar folgt.

51) *Puránas*, d. h. der Anfangslose, antiquus dierum. (Daniel. 7, 9.)

52) Ueber *nidhána* s. oben Anm. 21.

53) Ardschuna wiederholt hier alle die Epitheta, die sich Krischna selbst im vorigen Abschnitt gegeben hat. (Die Worte *Jama* und *Varúna* sind hier mit Tod und Wasser
übersetzt.) — Man vergleiche mit der ganzen Stelle Svetasvatara-Upanischad
VI. 7—9. (Bibl. Ind. Vol. XV. p. 66): „We know him, the supreme great
Ruler of all rulers, the supreme deity of all deitis, the lord of lords,
greater then what is greatest, the resplendant, the praiseworthy
Ruler of the worlds. There is no effect for him, or a cause; there is
none perceived that is like him or superior to him. The supreme
power of him is declared to be various; it is dependent upon himself
and acting according to his knowlgde and power. There is in the
world no lord of him, nor a ruler, nor also a cause; he is to cause, the
sovereign of the sovereign of causes; for him there is no producer, no
sovereign."

40 Anbetung sei von vorn Dir und im Rücken; von allen Seiten An-
    betung, Du Alles!

Unendlich kräftig, unermesslich mächtig, erreichst Du Alles, darum
    bist Du Alles[54]).

41 Nur Freund Dich glaubend[55]), was ich heftig sagte, „Ha Krischna!
    Jâdava! mein Freund!" Dich nennend,

Noch nicht erkennend diese Deine Grösse, aus Nachlässigkeit, oder
    auch aus Liebe,

42 Was Scherzes halber ich Dir nicht erwiesen beim Gehen, Liegen,
    Sitzen oder Essen,

Allein, oder vor Jenen auch[56]), Atschjuta! Das bitt' ich ab Dir jetzt,
    Unmessbarer!

---

54) In diesem Verse wird die Erklärung davon gegeben, in welchem Sinne es zu verstehen sei, wenn Krischna hier A l l e s *(sarva)* genannt wird. Jedenfalls nicht in dem
Sinne, dass er die Welt selber ist, sondern weil Gott, als Schöpfer der Welt, Alles
mit seiner Kraft und Unermesslichkeit durchdringt, und weil Alles in ihm seinen
Ursprung hat. (S. oben Anm. 16 und X. Anm. 107.) — Man vergleiche hiermit auch
den griechischen Namen *Πᾶν* zur Bezeichnung der Gottheit und den Ausspruch des
Orakels, den Plutarch anführt (de defectu Oraculorum c. 17): „*ὅτι Πὰν ὁ
μέγας τέθνηκε.*" — Den Ausdruck *samâpnoschi* giebt Schlegel mit perficis wie-
der; Thomson: thou comprehendest; Burnouf: tu embrasses. Ich habe die
Grundbedeutung (adipisci) beibehalten, in dem Sinne von hindringen, durchdringen. Den hier gebrauchten Ausdruck halte ich für vollkommen analog mit dem
im Buche der Weisheit gebrauchten (8, 1), wo von der göttlichen *σοφία* gesagt wird:
„*Διατείνει δὲ ἀπὸ πέρατος εἰς πέρας εὐρώστως καὶ διοικεῖ τὰ πάντα χρηστῶς.*"
(Attingit a fine usque ad finem. Vulg.) — Was den poetischen Werth dieser
Stelle betrifft, so bemerkt Thomson mit Recht: „Niemand kann die Schönheit dieses
leidenschaftlichen Ausbruches des Enthusiasmus auf den Lippen Ardschuna's leugnen,
wenn er, von der Idee der Unendlichkeit und Allgemeinheit des höchsten Wesens
ergriffen, in den Ruf ausbricht: „Du Alles!" Solche Stellen, wie diese und die nächst-
folgende, die in ihrem sanften Pathos unerreicht ist, sind es, welche die Bhagavad-
Gita zu einer wirklichen Dichtung machen und nicht als eine blosse Sammlung philosophischer Lehren, in Slokon gebracht, erscheinen lassen."

55) Ardschuna erschrickt, nachdem er die Grösse Krischna's erkannt hat, über die Ver-
traulichkeit, mit der er früher ihn behandelt hat, und bittet für seinen Mangel an Ehrfurcht um Verzeihung. Man wird dabei unwillkürlich an den Ausruf des Petrus,
nachdem er Zeuge des wunderbaren Fischfanges gewesen, erinnert (Luc. 5, 8): „*Ἰδὼν
δὲ Σίμων Πέτρος, προσέπεσε τοῖς γόνασι τοῦ Ἰησοῦ, λέγων· Ἔξελθε ἀπ' ἐμοῦ, ὅτι
ἀνὴρ ἁμαρτωλός εἰμι, Κύριε.*"

56) Den anderen Helden, welche sich in der Nähe befinden. Man darf nicht vergessen,

43 Vater der Welt, lebloser und lebend'ger, ehrwürdig ihr, wiegst
schwerer Du, als Lehrer[57]).
Nicht giebt's Dir Gleichen. Wie in den drei Welten, Unvergleich-
licher! gäb's noch einen Höh'ren[57b])?
44 Drum Dich verehrend mit gebeugtem Leibe, fleh' ich Dich an, den
Herren, den lobwürd'gen:
So wie dem Sohn der Vater, Freund dem Freunde, Geliebter der
Geliebten, Gott! sei gütig[58]).

---

dass das ganze Gespräch auf dem Schlachtfelde, unmittelbar vor dem Beginn des
Kampfes, stattfindet.

57) *Tvam asja pûdschastscha gurorgarîjän.* Ich beziehe *asja* nicht, wie Thomson will,
auf *guror*, sondern auf die in den vorhergehenden Worten erwähnte Welt und übersetze: ihr (der Welt) bist du ehrwürdig als *gurorgarîjän* d. h. als einer der noch über
der Autorität eines Lehrers *(gurû)* steht. Der Ausdruck ist ein ähnliches Wortspiel wie
oben VIII. sl. 9: *anoránîjänsam.* *Gurû* bedeutet: schwer, ehrwürdig und eben-
desshalb auch Lehrer. Der Comparativ *garîjän* hat also die Bedeutung: noch mehr
gurû, d. h. schwerer, ehrwürdiger, als der Schwere, der Ehrwürdige, d. i. der geist-
liche Lehrer *(gurû),* der bei den Indern die grösste Autorität und Verehrung geniesst.
Thomson, der *asja* mit *guror* in Verbindung bringt, muss demgemäss übersetzen:
als dieser Lehrer, obgleich im Texte seine Uebersetzung nur lautet: Thou art to be
honoured as more important than the Guru himself. In der Note will er
unter diesem Lehrer *(asja guror)* Brahma, als den Offenbarer der Vedas, verstanden wissen. Doch scheint mir ein so emphatischer Gebrauch des Demonstrativum,
da im Vorhergehenden von Brahma gar keine Rede ist, nicht gerechtfertigt zu sein,
und andererseits wird dann das eingeschobene *pûdschastscha* zu einer sinnstörenden
Ueberflüssigkeit. — Noch wichtiger aber, als diese grammatikalischen Bemerkungen,
erscheint mir die Analogie, welche durch die Bezeichnung Krischna's als höchsten
Lehrer hier wieder mit der Verklärungsgeschichte Christi vorhanden ist. Denn auch
dort wird der Verklärte als der höchste Lehrer der Welt durch die Stimme des
Vaters bezeichnet (Matth. 17, 5): „Ουτός ἐστιν ὁ υἱός μου ὁ ἀγαπητὸς, ἐν ᾧ εὐδόκησα·
αὐτοῦ ἀκούετε."

57b) Vergl. Svetasvatara-Upanischad IV. 19 (Bibl. Ind. Vol. XV. p. 60): „None is
able to comprehend him in the space above, in the space below, or in
the space between. From him, whose name is the glory of the universe,
there is no likeness."

58) Dass Gott den Menschen gegenüber als Vater, Freund und Bräutigam gedacht
und mit diesen Verhältnissen entsprechendem Vertrauen angerufen wird, ist eine den
Vorstellungen des gesammten Heidenthumes von der Gottheit so fernliegende Idee,
dass sie ihren christlichen Ursprung, so zu sagen, an der Stirn trägt. Obgleich die
Idee, Christum als den Bräutigam der menschlichen Seele zu betrachten, erst von der
späteren christlichen Mystik eigentlich ausgebildet und volksthümlich gemacht und

45 Noch nie Geseh'nes schauend bin ich fröhlich; aber von Furcht
       zugleich mein Herz erbebet.

 Jene Gestalt[59]) nun, Gott, mir wieder zeige. Sei gnädig, Herr der
       Götter, Haus der Welten!

46 Mit Deiner Krone, Keule und Wurfscheibe, so möcht' ich wieder
       Dich nur schauen eben.

 In der Gestalt sei wieder, der vierarm'gen[60]), Du Tausendarm'ger
       jetzo, Du Allleib'ger!

Der Erhabene spricht:

47 Dir gnädig zeigte die Gestalt, Ardschuna, die höchste, ich dir durch
       Meine Vertiefung[61]),

 Die strahl'nde, ganze, unendliche, erste, die nie ein And'rer noch,
       als du, gesehen.

48 Nicht durch Veda, Opfer, Lesung und Gaben, nicht durch Werke
       und nicht durch strenge Bussen

---

vom protestantischen Pietismus bis zu widerlicher Sentimentalität verbildet wurde,
sind die Keime derselben doch schon in der heil. Schrift selbst enthalten, theils im
Alten Testamente, im hohen Liede, das in allegorisch-mystischem Sinne nicht nur
im Christenthum, sondern selbst schon im Judenthum gedeutet wurde, theils auch im
Neuen Testamente, wo sich Christus selbst (Marc. 2, 19—20) den Bräutigam (νύμφιος)
nennt und auch in dem Gleichniss von den zehn Jungfrauen unter dem Bilde des
Bräutigams sich darstellt (Matth. c. 25), und wo (Apocal. 21, 9) von der Braut des
Lammes die Rede ist.

59) D. h. die frühere, menschliche.

60) Vischnu wird gewöhnlich mit vier Armen abgebildet; *Tschaturbhudscha* (der Vierarmige),
ist ein Beiname des Vischnu. Es fällt aber auf, dass Ardschuna ihn hier mit vier
Armen sehen will, während er doch offenbar verlangt, ihn wieder als den Menschen
Krischna zu schauen. Die Erklärer sagen über diesen Punkt nichts. Sollten vielleicht
die Keule und die Wurfscheibe, welche Krischna trägt, als zwei Arme betrachtet werden, die zu den natürlichen noch hinzukommen?

61) *Atmajogât.* Diese Stelle scheint hauptsächlich die Uebersetzer dazu verleitet zu haben,
das Wort *joga*, wo es auf die Gottheit angewendet wird, mit virtus mystica (Schlegel), mystic virtue (Thomson) zu übersetzen. Ich halte aber auch hier die
Grundbedeutung von *joga*: Vereinigung, Vertiefung für anwendbar. Eben durch
seine Vereinigung mit der Welt vermittelst seiner allbindringenden Wirksamkeit, durch
seine lebendige Allgegenwart in der Welt, ist Krischna im Stande, sich dem Ardschuna
in seiner göttlichen, das ganze All in sich schliessenden Gestalt zu zeigen.

Bin in der Menschenwelt ich sogestaltig möglich zu seh'n, als nur
von dir, Ardschuna.

49 Nicht sei Bestürzung dir, nicht Geistverwirrung, da diese Meine
Schreckensform du sahest;
Nun ohne Furcht mit frohem Herzen wieder in Meiner früheren
Gestalt Mich schaue.

Sandschaja spricht:

50 So sprechend zu Ardschuna Vâsudeva, seine eig'ne Gestalt er wieder zeigte;
Ihn den Erschrocknen tröstete er wieder, da sanftgestaltig wurde
der Grossgeist'ge[62]).

Ardschuna spricht:

51 Seh' Deine menschliche Gestalt, die sanfte, ich, Dschanârdana!
Bin jetzt ich wieder klaren Geist's[63]), geh' wieder in meine Natur[64]).

---

62) Vergl. Matth. 17, 7: „Καὶ προσελθὼν ὁ Ἰησοῦς, ἥψατο αὐτῶν καὶ εἶπεν· Ἐγέρθητε,
καὶ μὴ φοβεῖσθε."

63) Vergl. oben Anm. 34. — Der Rückfall aus dem Trischtubh-Metrum in das
Anuschtubh der gewöhnlichen Sloke ist hier von eigenthümlich beruhigender Wirkung.

64) Ebenso gewiss, als diese dem Ardschuna hier durch Krischna's Gnade zu Theil wer-
dende Erscheinung seiner göttlichen Herrlichkeit mir eine Nachbildung der in den
Evangelien erzählten Verklärung Christi zu sein scheint, halte ich es auch auf der
andern Seite für unläugbar, dass die, das ganze Weltall in sich abspiegelnde, unermess-
liche Gestalt des höchsten Wesens, welche hier in Scene gesetzt wird, keine eigenthümliche Erfindung des Verfassers der Bhagavad-Gita ist, sondern auf einer durch
das heidnische Alterthum weit verbreiteten philosophisch-mythologischen Vorstellung
von dem höchsten Wesen beruht, welche, ausser den Indern, bei vielen andern Völkern,
und wahrscheinlich lange vor der Abfassung der Bh. G. vorhanden war. Dafür spricht
zunächst das höchst interessante Fragment des Neu-Platonikers Porphyrius, welches
in der Schrift des Eusebius: Praeparatio Evangelica (προπαρασκευὴ εὐαγγε-
λικὴ) III. 9 enthalten ist (ed. Gaisford. Vol. I. p. 215), und worin eine Stelle eines
dem Orpheus zugeschriebenen Hymnus (der also jedenfalls weit älter als Porphyrius und die Bhagavadgita ist) mitgetheilt wird, in welchem sich auffallende Anklänge an die Schilderung der Bh. G. von der göttlichen Gestalt Krischna's wiederfinden. Diese merkwürdige Stelle lautet folgendermassen: „Ὅρα δὲ τὴν τῶν Ἑλλήνων
σοφίαν οὑτωσὶ δι· σκοπούμενος· Τὸν γὰρ Δία τὸν νοῦν τοῦ κόσμου ὑπολαμβάνοντες,
ὃς τὰ ἐν αὐτῷ ἐδημιούργησεν ἔχων τὸν κόσμον, ἐν μὲν ταῖς θεολογίαις ταύτῃ περὶ
αὐτοῦ παραδεδώκασιν οἱ τὰ Ὀρφέως ἐπόντες·

Der Erhabene spricht:

52 Die schwer zu schauende Gestalt Meiner, die du gesehen hast,

Ζεὺς πρῶτος γένετο, Ζεὺς ὕστατος ἀγρικέραυνος,
Ζεὺς κεφαλή, Ζεὺς μέσσα, Διὸς δ' ἐκ πάντα τέτυκται.
Ζεὺς ἄρσην γένετο, Ζεὺς ἄφθιτος ἔπλετο νύμφη.
Ζεὺς πυθμὴν γαίης τὲ καὶ οὐρανοῦ ἀστερόεντος.
Ζεὺς βασιλεύς, Ζεὺς αὐτὸς ἁπάντων ἀρχιγένεθλος.
ἓν κράτος, εἷς δαίμων γένετο, μέγας ἀρχὸς ἁπάντων,
ἓν δὲ δέμας βασίλειον, ἐν ᾧ τάδε πάντα κυκλεῖται,
πῦρ, καὶ ὕδωρ, καὶ γαῖα, καὶ αἰθήρ, νύξ τε καὶ ἦμαρ,
καὶ Μῆτις, πρῶτος γενέτωρ, καὶ Ἔρως πολυτερπής·
πάντα γὰρ ἐν μεγάλῳ Ζηνὸς τάδε σώματα κεῖται.
Τοῦ δή τοι κεφαλὴν μὲν ἰδεῖν καὶ καλὰ πρόσωπα
οὐρανὸς αἰγλήεις, οὗ χρύσεαι ἀμφὶς ἔθειραι
ἄστρων μαρμαρέων περικαλλέες ἠερέθονται,
ταύρεα δ' ἀμφοτέρωθε δύο χρύσεια κέρατα,
ἀντολίη τε δύσις τε, θεῶν ὁδοὶ οὐρανιώνων,
ὄμματα δ' ἠέλιός τε καὶ ἀντιόωσα σελήνη.
Νοῦς δέ (οἱ) ἀψευδής, βασιλήιος, ἄφθιτος αἰθήρ,
ᾧ δὴ πάντα κυκλεῖ καὶ φράζεται, οὐδέ τις ἐστὶν
αὐδή, οὔτ' ἐνοπή, οὔτε κτύπος, οὐδὲ μὲν ὄσσα,
ἣ λήθει Διὸς οὖας ὑπερμενέος Κρονίωνος·
Ὧδε μὲν ἀθανάτην κεφαλὴν ἔχει, ἠδὲ νόημα·
σῶμα δέ οἱ περιφεγγές, ἀπείριτον, ἀστυφέλικτον,
ὄβριμον, ὀβριμόγυιον, ὑπερμενές, ὧδε τέτυκτο·
Ὦμοι μὲν καὶ στέρνα, καὶ εὐρέα νῶτα θεοῖο
ἀὴρ εὐρυβίης· πτέρυγες δέ οἱ ἐξεφύοντο
τῆς ἐπὶ πάντα ποτᾶθ', ἱερὴ δέ οἱ ἔπλετο νηδύς,
γαῖά τε παμμήτειρ', ὀρέων τ' αἰπεινὰ κάρηνα.
μέσση δὲ ζώνη βαρυηχέος οἶδμα θαλάσσης,
καὶ πόντου· πυμάτη δὲ βάσις, χθονὸς ἔνδοθι ῥίζαι,
Τάρταρά τ' εὐρώεντα, καὶ ἔσχατα πείρατα γαίης.
Πάντα δ' ἀποκρύψας, αὖθις φάος ἐς πολυγηθὲς
μέλλεν ἀπὸ κραδίης προφέρειν πάλι, θέσκελα ῥέζων.

Ζεὺς οὖν ὁ πᾶς κόσμος, ζῷον ἐκ ζώων, καὶ θεὸς ἐκ θεῶν. Ζεὺς δέ, καθὸ νοῦς, ἀφ' οὗ προφέρει πάντα καὶ δημιουργεῖ τοῖς νοήμασι. Τῶν δὲ θεολόγων τὰ δὴ περὶ τοῦ θεοῦ τούτου ἐξηγησαμένων τὸν τρόπον, εἰκόνα μὲν τοιαύτην δημιουργεῖν, οἷαν ὁ λόγος ἐμήνυσεν, οἷ' οἷόν τε ἦν, οὔτ', εἴ τις ἐπινόησε, τὸ ζωτικὸν καὶ νοερὸν καὶ προνοητικὸν διὰ τῆς σφαίρας ἐδείκνυεν. Ἀνθρωπόμορφον δὲ τοῦ Διὸς τὸ δείκηλον πεποιήκασιν, ὅτι νοῦς ἦν καθ' ὃν ἐδημιούργει καὶ λόγοις σπερματικοῖς ἀπετέλει τὰ πάντα κ. τ. λ." — Wenn in dem vorstehenden Hymnus des Orpheus, wie ihn Porphyrius mittheilt, das Bestreben hervortritt, die gesammte Schöpfung mit allen ihren Theilen, ebenso wie es die Bh. G. versucht (nur mit noch krasser hervortretendem

Dieselbe wünschen immerfort die Götter selbst zu schauen an[65]).

materiellen Pantheismus) in das Bild, das sich die Phantasie von der höchsten Gottheit gemacht, aufzunehmen, dann treten in dem aegyptischen Todtenbuche andere Analogien mit den Ausdrücken, welche Krischna gebraucht, um sein Wesen und seine Wirksamkeit zu schildern, hervor, die kaum minder merkwürdig sind und gleichfalls als Beweis dafür dienen können, dass die in der Bh. G. sich findenden Anschauungen nicht so eigenthümlich indische sind, als es den Anschein hat. So heisst es: Todtenbuch cap. 12 (bei Uhlemann: Handbuch der ägyptischen Alterthumskunde Th. IV. S. 139): „Preis deinem Antlitze, König der beiden Welten, Schöpfer des Weltalls, Strahlenäugiger, der du segnest mit dem Glanze deines Lichtes das Firmament, der du als Flammen herabsendest auf die Länder deine Strahlen, allen Göttern zur Freude. Es schauen die Fürsten des Himmels alle den Glanz der Königskrone täglich auf deinem, des mächtigen Fürsten, Haupte, welche ist die Krone der Kraft, welche ist die Krone der Beständigkeit deiner Herrschaft, ein Abbild deiner Macht. Lobgesänge dem Schöpfer Aegyptens und der leuchtenden Barke des Herrn (der Sonne)... Lass mich treten zu dir, vereinige mich mit dir, dass ich schaue dein Sonnenlicht, König des Weltalls. Preis deinem Antlitze... dem Schöpfer und Gebieter, welcher Gerechtigkeit ertheilt allen Menschen, welche sich freuen dich zu sehen, wandelnd in deinem Glanzgewebe." Ferner: Todtenbuch cap. 21. (bei Uhlemann ibid. S. 142): „Preis deinem Antlitze, Osiris, Herr der Posaune, Weber der göttlichen Wohnung, Herr der Wolken des Himmels und des Dunkels des Himmels. Lass mich zu dir treten, mein Fürst; reinige meine Hände von den Vergehungen. Du vereinigst dich mit mir; du erleuchtest die, welche mit dir vereinigt sind." Todtenbuch cap. 79 (bei Uhlemann ibid. S. 145): „Ich bin der Schöpfer, der den Himmel gemacht, welcher gebildet hat die mannichfaltigen Lichter, welche die Erde erleuchten, der Bildner, der Erzeuger aller jener Gewalten der Vater der Götter, der Schöpfer, der strahlenäugige Herr des Lebens, der die übrigen Götter auferzogen hat." Ibid. S. 158 u. ff.: „Ich bin mein eigener Priester im Lande des Lichtes, welcher das Opfer in Abydos, der lieblichen Stadt, schlachtet, welcher das Opfer der Sünden für dich darbringt.... Es ist einer, welcher befestigt den Wandel der Sklaven, welche gebildet sind im Hause des Hochheiligen (Osiris)... Er sieht, wie ihr sehet; er hört, wie ihr höret; er steht, wie ihr stehet; er sitzt, wie ihr sitzet." Ibid. S. 171. „Ich bin der Schöpfer der übrigen Götter, leuchtend am Firmamente, welches umgürtet die Länder. Besinget ihr Menschen den Glanz meines Werkes mit Gesängen, sowie die Führer und die Kinder der Götter, welche wandeln im Raume des Gürtels des Osiris, in den Windungen ihres Weges aufsteigend und niedersteigend nach verschiedenen Bestimmungen.... Ich bin der Weber meiner lieblichen Gewebe, welche umgeben die verschiedenen Länder für unendliche Zeitperioden. Ich bin der Erlauchte, der schaffende Gott, ich dein Fürsorger, der allein Leuchtende. Beständigkeit ist mir mit Horus, Arbeit ist mir mit Ptah, Ehrfurcht ist mir mit Thoth, Macht ist mir mit der schaffenden Gottheit.... Niemand ist mir gleich; auch nicht einmal die Führer des Volkes u. s. w."

65) Vergl. 1. Petr. 1, 12: „Οἷς ἀπεκαλύφθη ὅτι οὐχ ἑαυτοῖς, ἡμῖν δὲ διηκόνουν αὐτά,

53 Nicht bin durch Vedalesung Ich, durch Busse, Gaben, Opfer auch,
Möglich in solcherlei Gestalt zu schau'n, wie du Mich schautest
an [65 b]).

54 Durch ausschliessliche Verehrung Meiner [66]) nur bin zu seh'n Ich so
Möglich, zu kennen wirklich und zugänglich [67]), Feindbedränger du!

55 Wer in Mir handelt [68]), ganz in Mich versenkt, Mich ehrt, begierdelos,
Für alle Wesen ohne Hass [69]), der kommt zu Mir, o Pândava!

ἃ νῦν ἀνηγγέλη ὑμῖν διὰ τῶν εὐαγγελισαμένων ὑμᾶς ἐν Πνεύματι ἁγίῳ ἀποσταλέντι
ἀκ' οὐρανοῦ, εἰς ἃ ἐπιθυμοῦσιν ἄγγελοι παρακύψαι."

65 b) Vergl. Mundaka-Upanischad III. 1, 8. (Bibl. Ind. Vol. XV. p. 162): „It is not
apprehended by the eye, not by speech, not by the other senses, not
by devotion or rites; but he, whose intellect is purified by the light
of knowlegde, behold him, who is without parts, through meditation."

66) *Bhaktjâ tvananjajâ*. Schlegel: cultu unice mihi oblato. Thomson: only
by worship of which alone i am the object.

67) *Praveschtum*. Wörtlich: es ist möglich, dass man in mich eingeht. — Vergl. auch
Svetasvatara-Upanischad IV. 20. (Bibl. Ind. vol. XV. p. 60): „Not in the sight
abides his form; none beholds him by the eye. Those who know him
dwelling in the heart by the heart and mind, become immortal."

68) *Matkarmakrit* übersetzt Schlegel: mihi grata opera qui perficit. Das Wort
bedeutet aber wörtlich: in mir handelnd, die Werke vollbringend, und besieht
sich offenbar auf das Niederlegen aller Werke in Brahma, von dem oben wiederholt
die Rede war. (III. sl. 30. IV. sl. 41. V. sl. 10.)

69) Die wiederholte Betonung der Nothwendigkeit, den Hass abzulegen, scheint gleichfalls
darauf hinzudeuten, dass das christliche Gebot der Liebe dem Verfasser nicht unbekannt war. Man vergleiche: V. sl. 18, 19. VI. sl. 9 IX. sl. 29. XII. sl. 15, 17, 18.
XVI. sl. 2.

Zwölfte Lesung.

Ardschuna spricht:

1 Die so, immer vertiefet, Dir ergeben sind und hängen an,
Und die Einfachem, Unsichtbar'n, von diesen wer ist meist vertieft[1])?

Der Erhabene spricht:

2 Die ihr Gemüth in Mich versenkt, Mir, stets ergeben, hängen an,
Von hohem Glauben durchdrungen[2]), die halt Ich für Vertiefteste.

3 Doch die Einfachem, Unzeigbar'n, die Unsichtbarem hängen an,
Allhindringendem, Undenkbar'n[3]), Höchststeh'ndem, Unbewegtem,
Fest'n[4]),

---

1) Der Gegensatz, welcher hier zur Sprache gebracht wird, bezieht sich nicht auf das Objekt der Verehrung, sondern nur auf die Art und Weise derselben. Ardschuna frägt, ob es besser sei, Gott unter der sichtbaren, eben geschilderten Gestalt des Vischnu oder Krischna zu verehren, oder ob die rein abstrakte Verehrung eines höchsten Wesens, welche durch philosophisches Nachdenken gewonnen wird, den Vorzug verdiene. Man sieht aus der Antwort, welche Ardschuna erhält, dass der Verfasser der Bh. G., obgleich er vor Allem den Vischnucult begünstigt, es doch auch mit den verschiedenen philosophischen Schulen nicht verderben will, indem er jenes höchste Wesen, das sie alle in mehr oder minder pantheistischer Weise gelten lassen und mit den unten (sl. 3) angeführten Ausdrücken bezeichnen, ebenfalls für Vischnu erklärt, in ähnlicher Weise, wie er oben schon alle anderen Götter mit ihm identificirt hat. Doch giebt er der Verehrung Gottes unter der Form des Vischnu entschieden den Vorzug, indem er sie für leichter, dem sinnlichen Menschen angemessener erklärt, während es für die Meisten zu schwierig sei, sich mit abstrakter, metaphysischer Speculation zu befassen. Auch dieser Gedanke bekundet eine Verwandtschaft mit christlichen Ideen. Die Menschwerdung Gottes hat den unsichtbaren, ohne Hülfe der Offenbarung nur von wenigen bevorzugten Geistern im Heidenthum erkannten einen wahren Gott der grossen Masse des Menschengeschlechtes erst offenbar und gleichsam zugänglich gemacht, während er, ohne diese Manifestation seiner selbst, für die Meisten ein verborgenes Geheimniss geblieben wäre.

2) *Sraddhajá parajopetas.* Man vergleiche damit den Ausdruck: *sd parânuraktir tsrare* (Sandilja Sutr. 2.). Es ist schon oben angedeutet worden, wie die oft wiederkehrende Forderung des Glaubens und der persönlichen Verehrung und Hingabe an Krischna mit dem christlichen Dogma von der Nothwendigkeit des Glaubens zusammenhängt.

3) *Atschintjam,* d. h. von dem man sich wegen seiner Erhabenheit keine deutliche Vorstellung machen kann, was grösser als jeder Gedanke ist. (S oben VIII. Anm. 10)

4) *Dhruvam,* d. h. das Feste, Unveränderliche.

13*

4 Bändigend ihrer Sinne Schaar, nach allen Seiten gleichgesinnt,
   Diese gleichfalls erlangen Mich, durch aller Wesen Gut erfreut[5]).
5 Grösser die Mühe derer ist, die Unsichtbarem sinnen nach.
   Der unsichtbare Weg[6]) nur schwer von Körperlichen[7]) wird erlangt.
6 Die aber jedes Werk in Mir ablegen, denkend nur an Mich,
   Durch ausschliessliche Vertiefung[8]) betrachtend Mich, Mir hängen an,
7 Denen Herausführer aus dem Todesumwälzungsocean[9])
   Werd' Ich in kurzer Zeit, Pârtha, die ihr Denken in Mich versenkt.
8 Mir überliefre du das Herz, in Mir lass' wohnen den Verstand,
   Dann wirst in Mir du wohnen in der Höhe[10]). Da kein Zweifel ist.

---

5) S. oben V. sl. 25, wo derselbe Ausdruck vorkommt.

6) *Arjaktâ gatir.* Schlegel: insensilis via. Thomson: the path wich is not
manifest. *Gati* scheint hier, wie das lateinische via, ganz die Bedeutung vom
Methode zu haben.

7) Wörtlich: Von mit Körper begabten Wesen. Schlegel: a corporalibus; Thom-
son: by mortals. Der Gedanke erinnert auffallend an Sap. 9, 15: „$\Phi\vartheta\alpha\varrho\tau\grave{o}\nu$ $\gamma\grave{\alpha}\varrho$
$\sigma\tilde{\omega}\mu\alpha$ $\beta\alpha\varrho\acute{v}\nu\epsilon\iota$ $\psi\upsilon\chi\grave{\eta}\nu$ $\varkappa\alpha\grave{\iota}$ $\beta\varrho\acute{\iota}\vartheta\epsilon\iota$ $\tau\grave{o}$ $\gamma\epsilon\tilde{\omega}\delta\epsilon\varsigma$ $\sigma\varkappa\tilde{\eta}\nu\varsigma$ $\nu o\tilde{\upsilon}\nu$ $\pi o\lambda\upsilon\varphi\varrho\acute{o}\nu\tau\iota\delta\alpha$.“

8) *Ananjena jogena,* d. h. durch Vertiefung in mich allein. Dieses ausschliessliche Streben nach der Gottheit, das dem Ardschuna wiederholt empfohlen wird, schildert die
Mundaka-Upanischad (II. 2, 2—5) in höchst poetischer Weise (Bibl. Ind. vol. XV.
pag. 159): „This is the indestructible Brahma, this life, this speech and
mind. This is true, this is immortal, this, o gentle one, know as (the
aim) to be pierced (by thee). Seizing as his bow the great weapon of
the Upanishad (let man) put (on it) the arrow, sharpened by devotion,
attracting with the mind, whose thought is fixed upon that (Brahma).
Know, o beloved, that indestructible (Brahma) as the aim. The sacred
word (Om) is called the bow, the arrow the soul, and Brahma its aim;
he shall be pierced by him whose attention does not swerve. Then he
will be of the same nature with Brahma, as the arrow (becomes one
with the aim when it has pierced it). On him are based the heavens,
the earth, the atmosphere, the mind, with all the organs. Him ye know
as the one soul alone. Dismiss (all) other words; he is the bridge to
immortality.“

9) *Mritju sansâra sâgarât.* Schlegel: e vicissitudinum mortalitatis oceano.
Thomson: from the ocean of the world of mortality. Man vergleiche Röm.
7, 24: „$\tau\acute{\iota}\varsigma$ $\mu\epsilon$ $\acute{\varrho}\acute{v}\sigma\epsilon\tau\alpha\iota$ $\acute{\epsilon}\varkappa$ $\tau o\tilde{\upsilon}$ $\sigma\acute{\omega}\mu\alpha\tau o\varsigma$ $\tau o\tilde{\upsilon}$ $\vartheta\alpha\nu\acute{\alpha}\tau o\upsilon$ $\tau o\acute{\upsilon}\tau o\upsilon$;“ und Philipp. 1, 23:
„$\tau\grave{\eta}\nu$ $\acute{\epsilon}\pi\iota\vartheta\upsilon\mu\acute{\iota}\alpha\nu$ $\acute{\epsilon}\chi\omega\nu$ $\epsilon\acute{\iota}\varsigma$ $\tau\grave{o}$ $\acute{\alpha}\nu\alpha\lambda\tilde{\upsilon}\sigma\alpha\iota$ $\varkappa\alpha\grave{\iota}$ $\sigma\grave{\upsilon}\nu$ $X\varrho\iota\sigma\tau\tilde{\omega}$ $\epsilon\tilde{\iota}\nu\alpha\iota$.“

10) *Urddhram.* Schlegel: apud superos. Thomson: on high after this life. —
Man vergleiche mit dieser Sloke Coloss. 3, 1: „$\tau\grave{\alpha}$ $\acute{\alpha}\nu\omega$ $\zeta\eta\tau\epsilon\tilde{\iota}\tau\epsilon$, $o\tilde{\upsilon}$ $\acute{o}$ $X\varrho\iota\sigma\tau\acute{o}\varsigma$ $\acute{\epsilon}\sigma\tau\iota\nu$
$\acute{\epsilon}\nu$ $\delta\epsilon\xi\iota\tilde{\alpha}$ $\tau o\tilde{\upsilon}$ $\Theta\epsilon o\tilde{\upsilon}$ $\varkappa\alpha\vartheta\acute{\eta}\mu\epsilon\nu o\varsigma\cdot$ $\tau\grave{\alpha}$ $\acute{\alpha}\nu\omega$ $\varphi\varrho o\nu\epsilon\tilde{\iota}\tau\epsilon$, $\mu\grave{\eta}$ $\tau\grave{\alpha}$ $\acute{\epsilon}\pi\grave{\iota}$ $\tau\tilde{\eta}\varsigma$ $\gamma\tilde{\eta}\varsigma$.“

9 Doch kannst du überliefern nicht dein Denken stets Mir unbewegt,
Dann wünsche zu erlangen Mich durch der Vertiefung Anstrengung.

10 Bist du der Uebung unfähig, dann sei in Mir doch handelnd ganz[11]);
Thust Meinethalb die Werke du, erlangst du die Vollkommenheit.

11 Kannst du auch das vollbringen nicht, Meiner Vertiefung zugewandt,
Auf aller Werke Frucht Verzicht dann leiste, dich bezähmend
selbst[12]).

12 Mehr als Uebung Erkenntniss gilt, Betrachtung mehr als Kenntniss
noch[13]),
Mehr als Betrachtung Werkefrucht-Verzicht. Der kommt der
Ruhe nah[14]).

---

11) *Matkarmaparamo bhava.* Vergl. oben XI. Anm. 68. Schlegel übersetzt auch hier:
mihi gratis operibus intentus esto. Thomson richtiger: be intent on the
performance of actions for me (i. e. as a sacrifice to me, offered in a
spirit of devotion). Ueber den Zusammenhang dieser Vorstellung mit der christlichen Lehre von der guten Meinung und den betreffenden Paulinischen Stellen wurde
schon oben gesprochen (V. Anm. 17.).

12) Dieses allmählige Herabstimmen der an Ardschuna gestellten Forderungen hängt
mit dem schon oben erwähnten Bestreben des Verfassers zusammen, seiner Lehre
Eingang beim Volke zu verschaffen und dieselbe mit der Vollziehung der Standespflichten in Einklang zu bringen. — Man vergleiche übrigens hier die folgende Stelle
des Thomas a Kempis (de imit. Chr. III. 51): „Fili, non vales semper in
ferventiori desiderio virtutum stare, nec in altiori gradu contempla-
tionis consistere: sed necesse habes interdum ob originalem corrupte-
lam ad inferiora descendere et onus corruptibilis vitae, etiam invito
et cum taedio portare.... Tunc expedit tibi ad humilia et exteriora
opera confugere et in bonis te actibus recreare, adventum meum et
supernam visitationem firma confidentia expectare.“ — Das Wenigste
aber, was Krischna von seinen Anhängern fordert, ist die Verzichtleistung auf die
Frucht der Werke d. h. jene Lostrennung von der Anhänglichkeit an die Welt und
von allen weltlichen Begierden, welche auch Christus zur nothwendigen Bedingung
seiner Nachfolge macht, wenn er sagt (Luc. 14, 33): „Ὃς οὐκ ἀποτάσσεται πᾶσι τοῖς
ἑαυτοῦ ὑπάρχουσιν, οὐ δύναταί μου εἶναι μαθητής.“

13) Unter Erkenntniss (*dschnâna*) scheint hier Wissen im Allgemeinen verstanden zu werden,
während Betrachtung (*dhjâna*) insbesondere religiöses Nachsinnen, Beschauung. bedeutet.

14) Schlegel: a renuntiatione tranquillitatis proxime distat. Thomson:
final emancipation results immediatly from such abandonment. Burnouf: tout près du renoncement est la beatitude. Thomson identificirt
hier, wie ich glaube, ohne hinreichenden Grund, *sânti* mit *mokscha*. *Sânti* ist vielmehr der der endlichen Befreiung auf Erden nothwendig vorhergehende Zustand der

13 Wer Hasser keines Wesens ist, wer gütig und barmherzig auch,
　　Nicht selbstsüchtig und stolz, sich gleich in Glück und Unglück,
　　　　　　　　　　　　　　　　　　　　　　voll Geduld,

14 Zufrieden, immerfort vertieft, sich zähmend, im Entschlusse fest,
　　Mir das Herz, den Verstand weihend[15]), Mich ehrend, solcher ist
　　　　　　　　　　　　　　　　　　　　　　Mir lieb.

15 Vor dem erbebet nicht die Welt, der nicht erbebet vor der Welt[16]),
　　Von Freude-, Zorn-, Furcht-Aufregung befreit, ein solcher ist Mir
　　　　　　　　　　　　　　　　　　　　　　lieb.

16 Wer auf nichts blickt[17]), wer rein und recht, gleichgültig und ver-
　　　　　　　　　　　　　　　　　　　　　　wirrungsfrei,
　　Alles Begonnene verlässt[18]) und Mir anhängt, der ist Mir lieb.

17 Wer sich nicht freuet und nicht hasst, nicht traurig ist, und nicht
　　　　　　　　　　　　　　　　　　　　　　begehrt,
　　Um Glück und Unglück unbesorgt, verehrungsvoll, der ist Mir lieb.

18 Sich gleich beim Feinde und beim Freund, in Ehre gleich sich und
　　　　　　　　　　　　　　　　　　　　　　in Schmach,
　　In Kälte, Hitze, Schmerz und Lust sich gleich, und von Begierde frei,

19 Bei Tadel gleich und Lob, schweigsam, zufrieden mit was immer nur,
　　Ohne Heimath[19]), im Vorsatz fest, verehrungsvoll, der ist Mir lieb[20]).

---

vollkommenen Geistesruhe, Besänftigung aller Leidenschaften, der durch die hier
geforderte Gleichgültigkeit gegen den Erfolg der Handlungen ebenso erworben wird,
wie durch Betrachtung und Dschnânajoga.

15) Vergl. 2. Corinth. 10, 5: „*αἰχμαλωτίζοντες πᾶν νόημα εἰς τὴν ὑπακοὴν τοῦ Χριστοῦ.*"

16) Schlegel: A quo non turbatur genus humanum et a genere humano qui
neque ipse turbatur. Thomson: from whom the world receives no
emotions and who receives no emotions from the world. *Vidsch* bedeutet
wörtlich: tremere, trepidare, und man hat nicht nöthig, von der Grundbedeutung
hier abzugehen.

17) *Anapekscha*. Schlegel: Nulla expectatione suspensus. Thomson: who
has not wordly expectations. Burnouf: sans arrière-pensée. Die wört-
lichste Uebersetzung von *anapekscha* wäre: rücksichtslos.

18) Schlegel: Omnibus inceptis qui renunciavit. Thomson: free from any
interest in all his undertakings. Burnouf: détaché de tout ce qu'il
entreprend. Vergl. Luc. 5, 11: „*ἀφέντες ἅπαντα ἠκολούθησαν αὐτῷ.*"

19) *Aniketa*. Schlegel: Domo carens, d. h. wer an der Scholle nicht hängt und bereit
ist, sein Haus zu verlassen. Man vergleiche Luc. 18, 29: „*οὐδείς ἐστιν, ὃς ἀφῆκεν*

20 Die dies heil'ge Unsterbliche[21]) befolgen, so wie Ich's gesagt,
Von Glauben voll, in Mich versenkt, Mich ehrend, sehr sind die
Mir lieb[22]).

οἰκίαν, ἢ γονεῖς ἢ ἀδελφούς, ἢ γυναῖκα, ἢ τέκνα ἕνεκεν τῆς βασιλείας τοῦ Θεοῦ,
ὃς οὐ μὴ ἀπολάβῃ πολλαπλασίονα etc."

20) Ich halte diese ganze Stelle (von Sl. 13—19) für eine Art Nachahmung der sogenannten
acht Seligkeiten, Matth. 5, 3—10. Dem wiederholten μακάριοι entspricht hier das
am Ende stets wiederholte: *sa me prija:* (der ist mir lieb), und die hier aufgezählten
Tugenden stimmen mit den dort gepriesenen im Hauptinhalt überein, wenn auch die
Aufzählung breiter und ausführlicher ist und einige echt indische Zusätze erhalten
hat. Dabei ist die wiederholte Betonung der Verehrung und Ergebenheit, welche
Krischna für sich in Anspruch nimmt *(bhaktá, bhaktimán)*, beachtenswerth.

21) Vergleiche oben X. sl. 18, wo Ardschuna die Worte Krischna's Unsterbliches
(amrita = Ambrosia) nennt, das zu hören er nicht satt werde.

22) Mit diesem Abschnitt endigt der zweite Haupttheil unseres Gedichtes, der die Abschnitte
VII—XII. umfasst. Ich möchte die Vermuthung wagen, dass hier ursprünglich das
ganze Gedicht geendigt habe, und dass der nun folgende dritte Theil ein späterer
Zusatz desselben Verfassers, oder (was mir jedoch unwahrscheinlich ist) eine von anderer
Hand später hinzugefügte Erweiterung sei. Die Gründe, welche zu dieser Annahme
bestimmen können, sind folgende: 1) Mit der Erscheinung von Krischna's göttlicher
Gestalt erreichen die dem Ardschuna ertheilten Offenbarungen ihren Höhepunkt. Die
zwölfte Lesung bildet nur eine Art von Resumé des Vorhergehenden und ihr emphatischer Schluss schliesst sich durch seinen Inhalt nahe an den Schluss des ganzen
Gedichtes (Lesung XVIII. sl. 64 bis zum Ende) an. Das wiederholte: "ein solcher
ist mir lieb" vergleiche man mit dem wiederholten: "Du bist mir lieb" in sl. 64
und 65 des XVIII. Abschnittes. Der Schluss dieses Abschnittes schloss sich vielleicht
ursprünglich unmittelbar an das Ende von Lesung XII. an. 2) Zwischen dem Ende
des XII. und dem Anfang des XIII. Abschnittes fehlt jeder innere Zusammenhang.
Um einen solchen herzustellen, beginnen einige Manuscripte (Cod. D. in Paris, zwei
Manuscripte in London und die Calcutta'er Ausgabe des Mahabharata) den XIII. Abschnitt mit einem dem Ardschuna in den Mund gelegten Distichon, in welchem derselbe
sich über die Begriffe *Prakriti* und *Purúscha, Kschetra* und *Kschetradschna, Dschnána*
und *Dschnejam* von Krischna Auskunft erbittet, in derselben Weise, wie Lesung XII.
mit einer Frage des Ardschuna beginnt. Dieses Distichon fehlt jedoch in den meisten
und besten Manuscripten und ist offenbar in ungeschickter Weise eingeschoben worden,
da sich Ardschuna nicht füglich über Worte (wie *Kschetra* und *Kschetradschna)* Auskunft erbitten kann, welche Krischna im Vorhergehenden noch nie gebraucht hat.
3) Der ganze Inhalt des letzten Theiles unterscheidet sich durch seinen fast syste-
matisch-didaktischen Charakter von den beiden ersten Theilen des Gedichtes. Schon
W. v. Humboldt bemerkt (in seiner Abhandlung über die Bh. G. S. 52), "dass die
letzten Gesänge zum Theil dogmatischere, mehr zu Wissenschaft gewordner Philosophie
angehörende Erörterungen und künstlichere Theorien als die ersteren enthalten."
Gleichwohl scheint mir die Annahme, dass der letzte Theil der Bh. G. einem anderen

Dreizehnte Lesung.

Der Erhabene spricht:

1 Dieser Körper, o Kaunteja! irdisches Feld wird er genannt[1]).
Wer dieses kennt, Feldkundigen nennen ihn Wahrheitwissende[2]).

Verfasser verrathe, nicht hinreichend begründet zu sein. Denn, wie ebenfalls W. v. Humboldt bemerkt (l. c.), „werden alle in dem letzten Theil vorkommenden Begriffe, bis auf wenige Ausnahmen, schon in dem ersten erwähnt und giebt nichts zu erkennen, dass sie im ersten auf andere, als die im letzten aufgeführte Weise genommen werden." Dazu kommt, dass auch im letzten Theil dieselbe Verschmelzung christlicher Ideen mit indischen Vorstellungen und dieselbe Benützung neutestamentlicher Stellen sich nachweisen lässt. Ich wäre daher am meisten zu der Annahme geneigt, den letzten Theil als einen spätern Zusatz desselben Verfassers zu betrachten, der aus dem Grunde gemacht wurde, um sein ganzes philosophisches System in das Gedicht hineinzubringen und demselben eine gewisse Vollständigkeit zu geben, die ihm den Charakter eines philosophischen Lehrbuches verleihen sollte. Dass dadurch die poetische Schönheit allerdings beeinträchtigt werden und die Einheit des Ganzen darunter leiden musste, liegt auf der Hand, wenn auch auf der anderen Seite nicht geläugnet werden kann, dass auch im letzten Theile sich poetische Schönheiten finden, welche denen des ersten Theiles würdig zur Seite stehen und für die Identität des Verfassers sprechen. Etwas Gewisses dürfte sich schwerlich über das Verhältniss des letzten Theiles der Bh. G. zu den beiden ersten jemals behaupten lassen.

1) Das Wort *kschetra* (von der Wurzel *kschi*, wohnen) bedeutet ursprünglich Grundbesitz, Grund und Boden, Feld; ferner den fruchtbaren Mutterleib, das als Feld gedachte Eheweib, welches der Mann selbst bestellt. In der philosophischen Sprache bedeutet es den Sitz der Seele, den Körper, überhaupt die organische, vom Geiste belebte Materie mit all den 23 Bestandtheilen, welche nach der indisch-philosophischen Auffassungsweise zur Materie gerechnet werden.

2) *Kschetradschna* heisst zunächst: ortskundig, das Feld kennend; ferner: sich mit dem Feldbau abgebend, auch sachkundig überhaupt; im philosophischen Sprachgebrauch: der Geist, die Seele, im Gegensatz zur Materie. In diesem Sinne wird *kschetradschna* gebraucht bei Manu, XII. 12: „Was diesen Körper in Bewegung setzt, wird *kschetradschna* von den Wissenden genannt," und bei Jadschnavalkja (Gesetzbuch III. 178): „Von diesem Gebiete *(kschetra)* wird der Geist der Gebietskundige *(kschetradschna)* genannt, welcher der Herrscher, in allen Wesen befindlich, der Seiende und Nichtseiende, das Seiende und Nichtseiende ist." (Bei Stenzler, S. 109.) Weshalb der Geist *(âtman, purûscha)* der Feldkundige, Feldwissende genannt wird, scheint wohl zunächst mit der Bezeichnung desselben als Zuschauer, Zeuge, zusammenzuhängen, der nicht handelt, sondern nur weiss und erkennt. (Dies geht namentlich aus einer Stelle des Mahabharata [I. 3018] hervor, wo die beiden Worte *karma-*

2 Feldkund'gen Mich auch wisse du in allen Feldern, Bharata³)!
  Des Feld's und Feldkund'gen Kenntniss für wahre Kenntniss halte
                                                          Ich⁴).

3 Was dieses Feld, von welcher Art⁵), wie sich's ändert, woher es ist⁶),
  Wer Jener⁷), und was er vermag, das hör' von Mir in Kürze jetzt,

4 Was von Weisen gesungen oft in vielen Hymnen⁸) einzeln schon,
  In Brahmasutra-Versen auch⁹), durchdachten, grundergründen-
                                                          den¹⁰).

_____

säkscht und *kschetradschna* beisammen stehen.) Vielleicht ist der Ausdruck auch in
Beziehung auf die von der Sankhja-Philosophie geforderte scharfe Unterscheidung
zwischen Geist und Materie gewählt, welche als nothwendige Bedingung gilt, um zur
endlichen Befreiung zu gelangen. Zugleich kann dieser Ausdruck auch als Beweis
dafür gelten, dass die *buddhi*, welche von den Indern noch zur Materie (zum *kschetra*)
gerechnet wird (s. unten sl. 5), ihnen nicht als wahre Erkenntniss *(dschnâna)* gilt,
ebensowenig wie die *Ahankâra* (das Selbstbewusstsein), und dass die wirkliche Erkenntniss dem Geiste allein zugeschrieben wird. — Unter den Wahrheitwissenden *(tad-*
ridas) sind hier, ebenso wie bei Manu (am oben angeführten Orte) unter den *buddhais*,
die Philosophen zu verstehen, wie Kapila, Isvara Krischna u. s. w.

3) Der Sinn ist: Ich selbst bin mit dem Geist, dem Feldkundigen, der in allen Körpern
ist, identisch, insofern nämlich der individuelle Geist nach der indischen Vorstellung
mit dem göttlichen Geiste consubstanzial ist.

4) Dieser Vers ist das griechische γνῶθι σεαυτόν in indisch-philosophische Sprache übersetzt. Indem der Körper mit dem Ausdruck *kschetra* bezeichnet wird, wird auch der
Mensch gewissermassen als Microcosmos dargestellt.

5) Durch die unten (sl. 6) erwähnten Leidenschaften.

6) S. unten sl. 26.

7) Der Feldkundige nämlich, d. i. der Geist.

8) Das Wort *tschandas* deutet auf die Hymnen der Vedas, als deren Offenbarer die Rischis
genannt werden. Lassen bemerkt: „haud dubie indicatur pars quaedam
Vedorum et probabiliter Upanischad quaedam." Thomson vermuthet, dass
unter den hier erwähnten Rischis die Philosophen der Sankhja- und Joga-Schule
(Kapila, Patandschali) gemeint seien und unter den Tschandas ihre Werke.

9) Unter den hier erwähnten Brahmasutras ist wohl kaum das diesen Titel führende
Werk des Bâdarâjana, eines Philosophen der Vedanta-Schule, gemeint, da die hier
vorgetragenen Lehren vielmehr der Sankhja-Schule angehören, sondern es sind darunter
überhaupt philosophische Sutras zu verstehen, welche von dem Wesen der Gottheit
(des Brahma), handeln. Dieser Meinung ist auch Weber (Akademische Vorlesungen
über indische Literaturgeschichte, S. 217), wenn er sagt, dass der Name Brahma-
sutra an dieser Stelle der Bh. G. wohl als Appellativum, nicht als nomen proprium
zu fassen sei.

10) *Hetumadbirrinistschitais* d. h. solchen, deren Objekt philosophische Fragen sind. Den
letzten Grund der Dinge zu erforschen, ist die eigentliche Aufgabe der Philosophie.

5 Elemente, Selbstbewusstsein, Verstand, das Unsichtbare auch,
  Der Sinnenorgane Elfzahl, und der fünf Sinne Wahrnehmung,

6 Verlangen, Hass, und Lust und Schmerz, Vielheit, Besinnung, Festig-
                                                                keit,
  Das wird in Kürze Feld genannt, und das Veränderliche auch[11]).

7 Bescheidenheit, Aufrichtigkeit, Sanftmuth, Geduld, Rechtschaffen-
                                                                heit,
  Vor dem Lehrer Erfurcht, Reinheit, Ausdau'r, Bezähmung seiner
                                                                selbst,

8 Sinnlicher Dinge Entsagung, Nichtselbstsüchtigkeit ebenfalls,
  Auf Geburt, Tod, Alter, Krankheit, auf Schmerz und Sünde Rück-
                                                        sicht'gung[12]),

---

11) Zum Verständniss dieser beiden Sloken (5 und 6) ist zunächst auf die oben VII.
Anm. 6 auseinandergesetzte, von der Sankhja-Philosophie aufgestellte Eintheilung aller
existirenden Dinge zu verweisen. Die dort namhaft gemachten 23 Bestandtheile der
Materie sind in der ersten dieser beiden Sloken (5) aufgeführt, wobei zu beachten ist,
dass unter den „Wahrnehmungen der fünf Sinne" hier die dort erwähnten fünf feinen
Elemente *(tanmâtra)* zu verstehen sind. Das *Manas* bildet mit den fünf Perceptions-
Sinnen und den fünf Handlungssinnen die „Elfzahl der Sinnesorgane." Dass auch das
Unsichtbare *(avjakta)* d. h. die unentfaltete Natur *(mûlaprakriti)* hier als mit zum
kschetra gehörig aufgeführt wird, kann allerdings auf den ersten Blick befremden, da
man bei dem Begriffe des *kschetra* zunächst nur an die entfaltete (sichtbare) Materie
zu denken hat, erklärt sich aber daraus, dass unter der *mûlaprakriti* das verborgene
Lebensprinzip der Materie verstanden wird, das von ihrer äusserlichen Erscheinung
nicht getrennt werden kann. W. v. Humboldt, der die Erwähnung des Unsichtbaren hier höchst auffallend findet und dasselbe „mit dem Geiste für identisch halten möchte" (l. c. S. 19 und 20) scheint die Bezeichnung der *mûlaprakriti* durch den
Ausdruck *avjakta* nicht gekannt zu haben. Was im ersten Verse der zweiten Sloke (6)
erwähnt wird, sind nicht Substanzen, sondern durch die *Guna's* hervorgerufene Zustände
der entfalteten *prakriti* und zwar der edelsten Theile derselben, des *manas* und der
buddhi; sie bilden jenes Veränderliche, das schon sl. 3 erwähnt wird, und auf
diese Ausdrücke bezieht sich der Zusatz in Sloke 6: „*savikâram*" d. h. zugleich mit dem
Veränderlichen, das Krischna ausser der Wesenheit des *kschetra* in diesen beiden
Sloken ebenfalls erklären will. Die Kürze und Dunkelheit derselben, in Verbindung
mit einer gewissen poetischen Unordnung, die in der Aufzählung herrscht, erinnert
stark an die Form der späteren philosophischen Sutras (Denksprüche), die sich alle
durch gedrängte Kürze und durch Mangel an strenger Methode, der überhaupt den Indern
eigenthümlich ist, auszeichnen.

12) D. h. Erwägung der Uebel dieses Lebens, um nicht von den verführerischen Reizen
desselben zur Sünde verlockt zu werden. Es scheint dies mit Rücksicht auf die dem

9 Nichtneigung, Nichtanhänglichkeit zuerst an Kinder, Frau und
Haus[13]),

Stete Gesinnungsgleichheit, ob Erwünschtes, Unerwünschtes
kommt,

10 In ausschliesslicher Vertiefung Mir unbeirrt geweihter Cult,

Verweilen an einsamem Ort, Nichtlust an Menschenversammlung,

11 Höchsten Geist's stete Erkenntniss, Wahrheitserkenntniss-Werth's
Erschau'n[14]):

Dieses wird Erkenntniss genannt[15]); Unwissenheit, was anders
ist.

Sâkja Muni (Buddha) in den buddhistischen Traditionen zugeschriebene Veranlassung
der Entstehung seiner Lehre gesagt zu sein, dass er nämlich durch die zufällige Be-
gegnung eines Greises, eines Kranken, eines Leichnams und eines Einsiedlers,
zu tiefem Nachdenken und zur Gründung seiner neuen Religionsform bewogen worden.
(Banerjea: Dialogues on the Hindu Philosophy. London. 1861. Preface.
p. XII. etc.) Wenn noch irgend ein Zweifel an dem nachbuddhistischen Ursprung
der Bh. G. bestehen könnte, so würde dieser Vers ebenfalls ein Argument dafür abgeben können. Dass die Brahmanen trotz ihrer Feindschaft gegen den Buddhismus
sich gewisse buddhistische Anschauungen angeeignet haben, lässt sich vielfach nachweisen.

13) Ich glaube den Ausdruck: *putradâragrihâdischu* im Deutschen nicht füglich anders
wiedergeben zu können. Was den Sinn dieser Worte betrifft, so vergleiche man
Luc. 14, 26: „Εἰ τις ἔρχεται πρός με, καὶ οὐ μισεῖ τὸν πατέρα ἑαυτοῦ, καὶ τὴν μητέρα,
καὶ τὴν γυναῖκα, καὶ τὰ τέκνα, καὶ τοὺς ἀδελφοὺς, καὶ τὰς ἀδελφάς, ἔτι δὲ καὶ τὴν
ἑαυτοῦ ψυχήν, οὐ δύναταί μου μαθητὴς εἶναι."

14) Alle diese Vorschriften stimmen vollkommen überein mit den Anforderungen der christlichen Ascese. Vergl. Thomas a Kempis (de imit. Christi I. 20): „Maximi
Sanctorum humana consortia, ubi poterant, vitabant, et Deo in secreto
servire eligebant... O qui omnem sollicitudinem amputaret et dumtaxat salutaria ac divina cogitaret et totam spem suam in Deo consti-
tueret, quam magnam pacem et quietem possideret.... Qui se abstra-
hit a notis et amicis, appropinquabit illi Deus cum angelis sanctis....
Laudabile est homini religioso raro foras ire, fugere videri, nolle
etiam homines videre etc."

15) Das Wort *dschnâna* (Erkenntniss) wird hier, wie oben (sl. 2), emphatisch gebraucht
und hat zugleich den Nebenbegriff praktische Erkenntniss, Weisheit, wie dieselbe
zur Erlangung des höchsten Zieles nothwendig ist. Ein innerer Zusammenhang dieser
Definition von *Dschnâna*, wie sie in Sl. 7—11 hier gegeben wird, mit der vorhergehenden Erklärung des *Kschetra* und *Kschetradschna*, scheint kaum vorhanden zu sein.
Der ganze Abschnitt enthält eine ziemlich willkührliche Aneinanderreihung von Erklärungen gewisser Ausdrücke, welche in der indischen Philosophie, namentlich in

12 Was zu wissen[16]), das sag' Ich jetzt. Wer das weiss, isst
                                                        Ambrosia[17]).

Anfangsloses, höchstes Brahma, nicht Sein, nicht Nichtsein wird's

  •   genannt[18]).

---

den Upanischads und Sutras, häufig gebraucht werden, und die der Verfasser im
Sinne seines eigenen Systemes in bestimmter Weise verstanden wissen will. Es sind
die Worte: *Kschetra, Kschetradschna, Dschnâna, Dschnejam, Prakriti* und *Purûscha*,
welche den Gegenstand bilden, über den Ardschuna hier belehrt wird, ohne dass die
Wahl der Zusammenstellung und Aufeinanderfolge dieser Definitionen und Erklärungen
irgendwie motivirt erscheint. Nur insofern, als sich Alles auf die zur Erlangung der
endlichen Befreiung nothwendige Kenntniss bezieht, ist ein innerer Zusammenhang vorhanden. Das Ganze macht in der That den Eindruck einer Antwort auf bestimmte,
dem Lehrer vorgelegte Fragen, wie sie in den Upanischads nicht selten vorkommen,
und insofern hatte der Abschreiber, welcher dieser Lesung das oben (XII. Anm. 22)
erwähnte Distichon vorsetzte, in welchem sich Ardschuna über die hier erklärten Ausdrücke Auskunft erbittet, nicht ganz Unrecht.

16) *Dschnejam,* d. h. das eigentliche Objekt der Erkenntniss. Auch dieser Ausdruck ist
hier emphatisch gebraucht und bezeichnet den höchsten und wichtigsten Gegenstand
der Erkenntniss, nämlich: Gott selbst. Thomson übersetzt: the object of
spiritual Knowlegde.

17) Vergl. oben X. sl. 18. Die Erklärung, welche Thomson von diesen Worten giebt:
„That is, enjoys immortality, which is final emancipation" scheint mir
zu gekünstelt zu sein. Krischna will einfach sagen: diese Kenntniss ist die köstlichste
Speise für den Geist.

18) Vergl. Lesung IX. sl. 19 und XI. sl. 37, wo das höchste Wesen das Seiende und zu
gleicher Zeit das Nichtseiende genannt wird. Ob die dort gegebene Erklärung, unter
dem Nichtseienden das noch nicht zur Erscheinung Gekommene, was nur in der Potenz und
Möglichkeit in der Gottheit vorhanden ist, zu verstehen, richtig sei, muss dahingestellt
bleiben. W. v. Humboldt fasst die Sache anders, wenn er sagt: „Wenn man sich
vollständig in die hier herrschende Vorstellungsart hineindenkt, so wird in dieser Bestimmung gleichsam die letzte Schranke der Allheit Gottes niedergerissen; das Allwesen
umfasste nicht Alles, wäre nicht unendlich, wenn seinem Sein noch ein Nichtsein ent-
gegengesetzt werden könnte. Auch ist es in höherem und reinerem philosophischen
Sinne richtig, dass die Gottheit dadurch, dass sie den Grund alles Seins in sich fasst,
nothwendig auch den Grund des Nichtseins in sich enthalten muss. Ueberhaupt aber
ist ein Sein, das sich individuell in unzählige Geschöpfe vertheilt, und zugleich, als
ein allgemeines, sie alle in sich vereinigt, mit keinem anderen Sein vergleichbar und
darum wird an einer anderen Stelle gesagt (XIII. sl. 12): „Die höchste Gottheit,
anfangslos, heisst nicht unseiend, seiend nicht," was mit dem oben angeführten Verse
(IX. sl. 19) im Grunde derselbe, nur von einer anderen Seite genommene Gedanke
ist." — Vergl. Svetasvatara-Upanischad IV. 18. (Bibl. Ind. Vol. XV. p. 60):
„When there is no darkness, then there is neither day nor night, neither

13 Allhin ist dieses Hand und Fuss, allhin Auge, Haupt und Gesicht,
Allhin auch hörend[19]); in der Welt steht Alles es umfassend da.

14 Glänzend mit aller Sinne Kraft, ist's allen Sinnen doch entrückt[20]);
Selbst losgetrennt[21]), trägt's Alles doch; Eigenschaftslos, geniesst's
sie doch[22]).

----

existence, nor nonexistence; the all-blessed oven alone. He is overlasting,
he is to be adored by Savitri; from him alone has arisen the ancient
knowlegde (of Brahma)."

19) Eine merkwürdige Uebereinstimmung mit diesen Worten findet sich in einer Stelle des
Plinius (histor. natural. II. c. 5): „Quisquis est Deus, si modo est alius
(sc. praeter mundum) et quacunque in parte, totus est sensus, totus visus,
totus auditus, totus animae, totus animi, totus sui." Vergl. auch Svetasvatara-Upanischad III. 3 (Bibl. Ind. Vol. XV. p. 55): „He is the eye of all, the
face of all, the arm of all, nay the foot of all. He joins man with arms,
the bird with wings, the one god, when creating the heaven and the earth"
(der letztere Ausdruck: „Himmel und Erde" für Universum, ist nicht echt indisch —
[die indische Bezeichnung wäre: alle Welten] — und beweist, dass auch die Svetasvatara-Upanischad unter christlichem Einfluss entstanden ist.) — Ferner ibid. III. 16.
(l. c. pag. 57): „Everywhere having his hands and feet, everywhere his
eyes and face, everywhere his ears, he pervades all within the world"

20) Man vergleiche hiermit, was die christliche Theologie über die Unkörperlichkeit Gottes
mit Bezug auf die betreffenden bildlichen Ausdrücke der heil. Schrift lehrt, in denen Gott
körperliche Glieder zugeschrieben werden. S. Thomas de Aquin. (Summ. theol. I. 9. 3.
art. 1.): „Partes corporeae attribuuntur Deo in scripturis ratione suo-
rum actuum secundum quandam similitudinem, sicut actus oculi est
videre: unde oculus de Deo dictus significat virtutem ejus ad videndum modo intelligibili, non sensibili; et simile de aliis partibus."

21) Asaktam übersetzt Schlegel: affectu immune; Thomson: disinterested; Burnouf: detaché de tout. Ich glaube, dass sakta hier nicht in übertragener Bedeutung
(addictus, deditus) sondern in seiner Grundbedeutung (adhaerens, cohaerens)
zu fassen ist, denn nur diese bildet einen entsprechenden Gegensatz zu dem Folgenden
sarrabhrit, Alles tragend. Der letztere Begriff ist offenbar derselbe, wie er oben (VII.
sl. 7) dem Bilde von der Perlenschnur zu Grunde liegt. Es wird meines Erachtens
durch das Wort asakta (non adhaerens) hier die vollständige Unabhängigkeit Gottes von der Welt ausgedrückt, die er trägt und erhält, ohne mit ihr materiell zusammenzuhängen oder eins zu sein. Die übertragene Bedeutung (ohne Neigung, ohne daran
zu hängen) bildet keinen contradiktorischen Gegensatz zu sarrabhrit, wie ihn der
Sinn hier erfordert und wie er in allen folgenden Sätzen vorhanden ist, wohl aber ist
ein solcher zwischen der Thätigkeit des Tragens und des Losgetrenntseins von dem,
was man trägt, vorhanden. Diese Stelle ist einer der deutlichsten Beweise dafür, dass
der Verfasser der Bh G. Gott keineswegs im Sinne der Vedantisten und der modernen
Pantheisten mit der Welt identificirt.

22) Nirgunam gunabhoktritscha. Schlegel: a qualitatibus exemtum et quali-

15 Ausser den Wesen und darin[23]), unbewegt und beweglich auch[24]),
Der Feinheit wegen[25]) unerkannt, ist fern es und zugleich auch nah[26]).

<hr>

tatibus fruens. Thomson: free from (the influence of the three) qualities, yet possessing every quality. Burnouf: sans modes il perceit
tous les modes. Was unter dem Geniessen der drei Gunas, welches hier der Gottheit zugeschrieben wird, zu verstehen sei, ist nicht leicht einzusehen. Im folgenden
Abschnitt, wo von den Gunas ausführlich gehandelt wird, werden dieselben, mit Ausnahme der ersten (des *sattva)* als Unvollkommenheiten der Natur geschildert, welche
zu besiegen sind, und von denen man sich losgemacht haben muss, um zur endlichen
Befreiung, zum Eingehen in Brahma, zu gelangen. Die Gottheit kann also unmöglich
als mit ihnen behaftet dargestellt werden. Auch wird im Folgenden (sl. 17) ausdrücklich gesagt, dass sie fern von Finsterniss *(tamas)*, der dritten dieser Eigenschaften,
sei. Thomson sucht die Sache zu erklären, indem er sagt: „The three qualities
have no effect on him; still he possesses the powers which those qualities give to matter." Doch ist schlechterdings nicht abzusehen, welche Kraft
die Eigenschaft der Finsterniss, welche in jeder Beziehung nur als ein Defekt erscheint, der Materie zu geben vermag. Ich möchte daher das Wort *guna* hier lieber
nicht auf die drei bekannten Qualitäten beziehen, sondern dasselbe in einem allgemei-
neren Sinne auffassen. Dann würde der Ausdruck bedeuten, dass auf das göttliche
Wesen, wegen seiner Unermesslichkeit, der Begriff Eigenschaft, Kraft, keine Anwendung habe, obgleich Gott alles dasjenige hat und geniesst, was man bei Geschöpfen
Eigenschaft oder Kraft zu nennen pflegt. In diesem Sinne heisst es z. B. bei Pseudo-
Dionysius (de divinis nominibus cap. 3): „Ἐν ᾧ πάντα ἐνικῶς συνῆκται καὶ
ὑπερήνωται καὶ πρόεστιν ὑπερουσίως." Vergl. auch S. Augustinus de Trinitate
lib. 6. cap. 7: „Deus multipliciter quidem dicitur magnus, bonus, sapiens,
beatus, verus, et quidquid aliud non indigne dici videtur. Sed eadem
magnitudo ejus est, quae sapientia, et eadem bonitas, quae sapientia
et magnitudo, et eadem veritas, quae illa omnia."

23) Vergl. S. Gregorius M. lib. 2. Moral. cap. 12: „Ipse manet intra omnia et
extra omnia, ipso supra omnia et infra omnia: superior per potentiam,
inferior per sustentationem; exterior per magnitudinem, interior per
subtilitatem; sursum regens, deorsum continens, extra circumdans,
interius penetrans; nec alia parte superior, alia inferior, aut alia parte
exterior, alia interior: sed unus et idem, totus ubique praesidendo
sustinens, et sustinendo praesidens, circumdando penetrans, pene-
trando circumdans."

24) S. Augustinus. lib. 1. Confess. c. 4: „Immutabilis mutans omnia, nunquam novus, nunquam vetus, innovans omnia, semper agens, semper
quietus."

25) Vergl. oben VIII. sl. 9.

26) Act. 17, 24—27: „Ὁ Θεὸς ὁ ποιήσας τὸν κόσμον καὶ πάντα τὰ ἐν αὐτῷ, οὗτος
οὐρανοῦ καὶ γῆς Κύριος ὑπάρχων, οὐκ ἐν χειροποιήτοις ναοῖς κατοικεῖ..... καὶ τοι
γε οὐ μακρὰν ἀπὸ ἑνὸς ἑκάστου ἡμῶν ὑπάρχοντα." — Vergl. auch Mundaka-

16 Unter die Wesen nicht vertheilt, doch unter sie vertheilt besteht's [27]);
Der Wesen Nährer wird's gewusst, gefrässig und erzeugend auch [28]).

17 Der Lichter Licht ist das, entfernt von Finsterniss wird es genannt [29]);

— — ——

Upanischad III. 1, 7. (Bibl. Ind. vol. XV. p. 126): „This (being of Brahma) is great, divine, of a nature not to be conceived by thinking, more subtle than what is subtle, it shines in various ways, **it is more distant than what is distant, and also near in this body.**" Ebenso Isa-Upanischad 5. (ibid. p. 72): „He is far and also near."

27) Thomson erklärt diese Worte folgendermassen: „Considered as a single indivisible personal spirit, he is not really divisible among beings; but since the soul, which exists within them, emanates from and is actually identical with him, he is within them, as if he were divisible." Doch lässt sich der Satz, auch ohne auf die von den Indern angenommene Consubstanzialität der individuellen Seelen mit der Gottheit Rücksicht zu nehmen, erklären in dem Sinne wie Isidorus Hispalensis (lib. sententiarum. s. de summo bono c. 2) sagt: „Immensitas divinae magnitudinis ita est, ut intelligamus eum intra omnia, sed non inclusum, extra omnia, sed non exclusum: et ideo interiorem, ut omnia contineat, ideo exteriorem, ut incircumscripta magnitudinis suae majestate omnia concludat. Per id ergo, quod est exterior, ostenditur esse creator, per id, quod interior, gubernare omnia demonstratur."

28) *Grasischnu prabarischnutscha.* Schlegel: edax et rursus genitale. Thomson: both devours and produces them (things) again, wozu er die Bemerkung macht: „He here speaks of him as the material essence (prakriti), into which all things are re-absorbed, as if devoured them and again caused them to emanate." Ich bezweifle die Richtigkeit dieser Auffassung, welche den Verfasser ganz auf den Standpunkt der Vedanta-Philosophie stellen würde. Krischna spricht wohl oben von seiner Prakriti (VII. sl. 4), identificirt sich aber selbst doch nicht mit ihr; denn der Begriff *adhibhûta* (VIII. Anm. 1.) hat doch noch eine andere Bedeutung. Ich glaube vielmehr, dass man hier an jene Stellen unseres Gedichtes zu denken habe, wo sich Krischna selbst den Tod nennt (XI. 32.), die Auflösung der Welt (VII. sl. 6 und X. sl. 34.) d. h. wo er sich ebenso die Macht der Vernichtung der Geschöpfe, wie die des Schaffens derselben zuschreibt.

29) *Tamasa: param utschjate.* Schlegel: a tenebris remotum praedicatur. Thomson: is said to be superior to darkness. Burnouf: par delà les ténèbres. Vergl. 1. Joan. 1, 5: „ὅτι ὁ θεὸς φῶς ἐστι, καὶ σκοτία ἐν αὐτῷ οὐκ ἔστιν οὐδεμία." Siehe auch Mundaka-Upanischad II. 2, 9 (Bibl. Ind. Vol. XV. p. 160): „In the golden (luminous) highest sheath the knowers of the soul know the Brahma, who is without spot, without part, who is pure, **who is the light of lights.**" — Mit dem Ausdruck *Dschotischâmapi tadoch dschotis* (der Lichter Licht ist das) vergleiche man die Bezeichnung Christi **lumen de lumine** im Symb. Nicaen.

Wissen, durch Wissen erkennbar[30]), wohnend in eines Jeden Herz[31]).

18 So ist das Feld, die Erkenntniss, was zu erkennen, kurz
erklärt.

Wer Mich verehrt und das erkennt, gelangt in Meine Wesenheit[32]).

19 Natur[33]), und Geist[34]), die beiden wiss' als anfangslose ebenfalls.

Aend'rungen, Eigenschaften auch, aus der Natur entstanden wiss'[35]).

20 Der Körperwerke Vollbringung Ursache wird Natur genannt;

Der Empfindung von Schmerz und Lust Ursache wird der Geist
genannt[36]).

---

30) *Dschnânam dschnejam dschnânagamjam.* Schlegel übersetzt: ipsa scientia, co-
gnoscendum et impetrandum scientiae ope. Thomson: It is spiritual
knowlegde itself, the object of this knowlegde to be obtained by spiritual knowlegde, und bemerkt dazu: „This is so forced, an idea, that we
should greatly prefer to read: *dschânadschnejam.*

31) Vergl. unten XIV. sl. 15. Der Ausdruck, dass Gott im Herzen *(hridi)* der Menschen
wohnt, bezieht sich wohl zunächst auf die Vorstellung, dass das Herz als Sitz der
Seele, die mit Gott consubstanzial ist, angesehen wird. Uebrigens hat der Ausdruck
ebenfalls einen christlichen Anstrich. Vergl. 2. Corinth. 4, 6: „ὅς ἔλαμψεν ἐν ταῖς
καρδίαις ἡμῶν;" 1. Petr. 3, 15: „κύριον δὲ τὸν Θεὸν ἁγιάσατε ἐν ταῖς καρδίαις
ὑμῶν" und 2. Petr. 1, 19: „ἕως οὗ ἡμέρα διαυγάσῃ, καὶ φωσφόρος ἀνατείλῃ ἐν ταῖς
καρδίαις ὑμῶν." — Zu der ganzen Stelle (sl. 13—17) vergleiche man auch Isa-
Upanischad 8. (Bibl. Ind. Vol. XV. p. 72): „He is all pervading, brilliant,
without body, invulnerable, without muscles, pure, untained by sin;
he is alwise, the Ruler of the mind, above all beings, and self-existent.
He distributed according to their nature the things for everlasting
years."

32) *Madbhâvâjopapadjate.* Schlegel: ad meam conditionem evehitur. Thomson: is conformed to my nature. Burnouf: parvient jusque à mon essence.
Vergl. oben IV. sl. 10 (Anm. 14), wo ein ganz ähnlicher Ausdruck vorkommt.

33) Unter *Prakriti* ist hier die nicht entfaltete Natur *(avjakta, mûlaprakriti)* zu verstehen,
die nach der Sankhja-Lehre ebenso, wie der Geist, ewig ist (s. oben VII. Anm. 6),
und die Krischna, im Gegensatz zur reinen Sankhja, mit sich selbst identificirt (VII.
sl. 6). Vergl. Sankhja-Karika 3: „Die Ur-Natur *(mûlaprakriti)* ist nicht Erzeugniss."

34) Ueber das Wort *purûscha* siehe oben VIII. Anm. 1.

35) Vergl. Sankhja-Karika, n. 16: „Das Unentfaltete ist die Ursache; es ist wirksam
durch die drei Gunas und durch deren Kampf, durch Verwandlung, wie das Wasser,
und durch den Unterschied des Anlehnens der einzelnen Gunas an einander."

36) Aus dieser Sloke geht hervor, dass der Geist *(purûscha)* auch von den alten Indern
schon als die eigentliche forma corporis erkannt wurde. Denn nicht dem *manas*
(das noch zur *prakriti* gerechnet wird) sondern dem *purûscha*, der mit der Gottheit
consubstanzial gedacht wird, ist auch die körperliche Empfindung zuzuschreiben (dieser

21 Denn der Geist, in Natur stehend, Natureigenschaften geniesst[37]);
Dess Eigenschaftsverbindung wirkt Geburt aus gutem, bösen
Schooss[38]).

22 Zuschauer und Zulasser auch, Träger, Geniesser, grosser Herr[39]),

----

puruscha wohnt nach indischer Anschauung nicht blos in den Menschen, sondern in allen Geschöpfen). — Diese Anschauung tritt namentlich in der höchst interessanten Prasna-Upanischad hervor, deren Haupt-Objekt die Erörterung des Verhältnisses des Lebensprinzipes (dort *Pradschâpati* genannt) zu den körperlichen Organen bildet. Es heisst dort (III. 3—4. Bibl. Ind. Vol. XV. p. 130): „From the soul is born this life. As a shadow by man, so this (life) is expanded upon that (Brahma, the cause). By the action of the mind it enters into this body. As a king command his officers: Govern those or those villages, so ordains life the other vital airs to separate and separate work.“

37) Der Sinn ist: Durch die Verbindung mit der Natur (wie im Menschen) nimmt der Geist auch Theil an den drei Gunas, obgleich dieselben ihrem Wesen nach nur Eigenschaften der Natur sind. Vergl. Svetasvatara-Upanischad V. 12. (l. c. pag. 63): „the individual soul chose (assumes), by its qualities manifold, gross or subtle forms. By the qualities of its actions and by the qualities of its body it appears, although it is without any difference, the cause of union with those forms.“

38) D. h. je nachdem sich der Geist mit der Eigenschaft des *sattram* (Wesenheit), oder mit denen des *radschas* und *tamas* (Leidenschaft und Finsterniss) verbindet, wird der Mensch auf einer höheren oder tieferen Stufe wiedergeboren. — Aus dieser Sloke geht deutlich hervor, dass der individuelle Geist, obgleich mit der höchsten Gottheit consubstantial gedacht, doch keineswegs mit derselben identificirt wird, dass er vielmehr in Folge seiner Verbindung mit der Natur und der Theilnahme an ihren Eigenschaften unter der höchsten Gottheit steht, ein Gedanke, den die Svetasvatara-Upanischad offen ausspricht, wenn es dort heisst (I. 8, 9. Bibl. Ind. Vol. XV. p. 49): „the Ruler (the absolute soul) upholds this universe, which in closest union is manifest and not manifest, destructible and indestructible; but the soul, which is not the ruler, is enchained by the condition of an enjoyer; when it knows god (the supreme ruler) it is liberated from all bonds. They are alwise the one, and ignorant the other, both unborn, omnipotent the one, and without power the other.“

39) Sankhja-Karika n. 19: „Aus diesem Gegensatz wird bewiesen: das Zeugesein dieses Puruscha, sein Für-sich-sein, sein In-der-Mitte-Stehen, sein Zuschauer-sein und sein Nichthandeln.“ — Das Wort *anumantri* übersetzt Schlegel, (dem die anderen Uebersetzer folgen) mit monitor. Es bedeutet aber zunächst: assentiens, permittens, und halte ich diese Bedeutung hier mit Rücksicht auf den Zusammenhang für die richtige. Nach der indischen Anschauung handelt der Geist nicht, sondern lässt nur zu, dass die Prakriti handelt. *Mahesvara*, grosser Herr, heisst der Geist wegen seiner Consubstanzialität mit der Gottheit.

Die höchste Seele auch[40]) genannt in diesem Körper wird der Geist[41]).

23 Wer so den Geist kennt und Natur mit ihren Eigenschaften auch,
Wie immer auch er sich verhält[42]), nicht wieder wird geboren der.

24 Durch Betrachtung in sich selbst seh'n die Seele Ein'ge durch sich
selbst[43]);
And're durch Denkvertiefung und durch Werkvertiefung And're
auch[44]).

25 And're, sie so erkennend nicht, von Andern hörend nehmen's an[45]);
Auch die überschreiten den Tod[46]), dem Gehörten ergeben ganz[47]).

26 So oft ein Wesen nur entsteht, das sich bewegt und nicht bewegt,
Durch Feldes und Feldkundigen Verbindung wiss' es, Bhârata[48])!

---

40) *Paramâtma.* Diese Bezeichnung ist nicht synonym mit *adhjâtma.* S. oben VIII. Anm. 1.

41) Im Original steht hier bei Geist *(puruscha)* noch das Epitheton *para,* der höchste.

42) *Sarvathâ vartamâno 'pi* übersetzt Schlegel wörtlich: quocunque tandem modo
versetur. Burnouf: en quelque condition qu'il se trouve. Thomson
scheint den Ausdruck auf die Sünden des vergangenen Lebens zu beziehen, wenn er
übersetzt: „in whatever way he may have lived." Ich glaube, dass man hier
zunächst nur an den Unterschied der Kasten zu denken hat. Wir haben oben bereits
gesehen (IX. sl. 29 und 32), dass Krischna, ähnlich wie die Buddhisten, allen Ständen,
selbst den Frauen, die Möglichkeit zuspricht, an das höchste Ziel, die endliche Befreiung, zu gelangen. Vergl. auch VI. sl. 31, wo derselbe Ausdruck vorkam.

43) Unter dieser Betrachtung *(dhjâna)* scheint hier das intuitive Schauen in der magnetischen
Ekstase verstanden zu werden.

44) Unter der *Sânkhja-Joga* ist hier die Lehre des Patandschali zu verstehen, welche
sonst auch *Dschnânajoga* genannt wird, und die auf alles Handeln verzichtet, um sich
ausschliesslich der Ascese zu widmen. *Karmajoga* ist, im Gegensatz dazu, die dem
Verfasser der Bh. G. eigenthümliche Lehre, welche die Joga mit dem Handeln verbindet, und die vor allem Anderen dem Ardschuna empfohlen wird.

45) Unter diesen sind die Schüler zu verstehen, die noch keine eigene Erfahrung in der
Vertiefung und in der magnetischen Ekstase haben (S. oben II. Anm. 16.).

46) Man vergleiche hiermit Isa-Upanischad 11.: „Wer Beides miteinander kennt, Wissen
und Nichtwissen, der überschreitet den Tod durch das Nichtwissen und geniesst durch
das Wissen Unsterblichkeit" (Bibl. Ind. Vol. XV. p. 73.).

47) Vergl. Röm. 10, 17: „ἡ πίστις ἐξ ἀκοῆς." Das Gewicht, welches auch sonst in der
Bh. G. auf die gläubige Annahme des Gehörten gelegt wird (III. sl. 31. IV. sl. 34
und 40. IX. sl. 3), bestätigt die Annahme, dass der Begriff des religiösen Glaubens
(sraddha) aus dem Christenthum herübergenommen ist.

48) Aus dieser Sloke geht hervor, dass nach der Annahme der Inder in jedem Wesen,
auch in dem leblosen, ein Geist *(puruscha, kschetradschna)* vorhanden ist, nicht bloss
in den Menschen. Man vergleiche mit dieser Stelle Sânkhja-Karika 20 und 21:

27 Wer in den Wesen allen sieht den gleichen, einen, höchsten Herr'n,
Der, wenn sie untergehen, nicht mit ihnen untergeht, der sieht[49]).

28 Denn sehend gegenwärtig dann überall diesen selben Herrn,
Verletzt er nicht sich durch sich selbst[50]), und geht fortan den
höchsten Weg.

29 Wer durch Natur die Werke sieht gewirket gänzlich überall[51]),
Und als Nichthandelnden darum auch sich selber erkennt, der sieht.

30 Wenn er der Wesen Einzelsein in Einheit stehend dann erblickt[52]),
Und hieraus es entfaltet sieht, so gehet er in's Brahma ein.

31 Weil anfangslos, eigenschaftslos[53]) die höchste ew'ge Seele ist,
So handelt auch im Körper sie, Kaunteja, nicht, wird nicht befleckt[54]).

———

„Desshalb ist durch die Verbindung mit Ihm (dem *Purúscha)* der an sich unlebendige
Lingam (feiner Leib) gleichsam lebendig und ebenso der Indifferente gleichsam ein
Handelnder bei dem Handeln der Gunas. Die Verbindung beider: des Puruscha
zum Schauen und zum Wiederfürsichsein, und der Prakriti, ist wie die eines Lahmen
und Blinden; durch sie (diese Verbindung) wird die Schöpfung." — Thomson
tadelt hier alle anderen Uebersetzer und will *sanjogát* nicht im Sinne von *sanjogena*
gelten lassen, sondern übersetzt vielmehr: „an account of the conjunction."
Die angeführte Stelle aus der Sankhja-Karika spricht jedoch für die Richtigkeit
der gewöhnlichen Uebersetzung.

49) Vergl. V. sl. 18 und VI. sl. 29—31.

50) *Na hinastjátmanátmánam* übersetzt Schlegel: non violat semetipsum sua
ipsius culpa. Thomson: he does not destroy his own soul. Burnouf: il
ne se fait aucun tort à lui-même. Was unter dieser Selbstverletzung zu verstehen sei, erklärt Thomson ohne Zweifel richtig, wenn er sagt: „Da ein solcher
erkennt, dass seine Seele ein Theil des höchsten Wesens ist, der in ihm existirt, is:
er demgemäss bestrebt, seine endliche Befreiung zu wirken, und hütet sich, durch
Vernachlässigung und Sünde den göttlichen Funken in die Hölle zu stürzen." Der
Ausdruck erinnert an Sap. 1, 11: „στόμα δὲ καταψευδόμενον ἀναιρεῖ ψυχήν."
und an Matth. 16, 26: „Τί γὰρ ὠφελεῖται ἄνθρωπος, ἐὰν τὸν κόσμον ὅλον κερδήσῃ,
τὴν δὲ ψυχὴν αὐτοῦ ζημιωθῇ;"

51) D. h. durch die drei Gunas, welche das Produkt der Prakriti sind. S. oben III.
sl. 27 und 28.

52) Vergl. XI. sl. 7 und 13. Dieser Satz schliesst sich in der Form ganz an die Ausdrücke der Vedanta an. Man sieht, dass es dem Verfasser darum zu thun war, die
verschiedenen philosophischen Systeme mit einander zu verschmelzen.

53) *Nirguna* d. h. von den drei Gunas in ihrem Wesen nicht berührt.

54) Es gehört mit zu den Irrthümern der indischen Philosophie, dass sie die individuelle
Seele, eben wegen ihrer vermeintlichen Consubstanzialität mit Gott, auch jeder moralischen Befleckung für unfähig hält. An den Sünden und Vergehungen, welche im

14*

32 Wie wegen Feinheit Aether nicht, allhindringender, sich befleckt,
    So die Seele, die überall ist im Körper[55]), sich nicht befleckt.

33 Wie eine Sonne nur allein erleuchtet diese ganze Welt,
    So der Feldkund'ge auch das Feld gänzlich erleuchtet, Bhârata[56])!

34 Die zwischen Feld und Feldkund'gem den Unterschied durch
                                 Wissensaug'
    So seh'n, der Wesen Lösung aus Natur[57]) auch, geh'n zum Höchsten
                                   hin.

Naraka (der Hölle) gestraft werden, hat nur die Prakriti Antheil und der individuelle Geist leidet nur insofern darunter, als er dadurch von seiner Emancipation vom
Körper entfernt wird.

55) *Sarvatrâvasthito dehe* übersetzt Schlegel: ubicunque cum corpore congressus
(spiritus). Thomson: present in every (kind of) body. Burnouf: l'âme
demeurt partout sans tache dans son union avec le corps. Ich halte es
für einfacher und dem Zusammenhange entsprechender, zu übersetzen: die überall
im Körper stehende Seele. Dann stimmt das hier Gesagte vollkommen mit der
Meinung der Aristoteliker überein, dass die Seele ganz im ganzen Körper und in allen
Theilen desselben vorhanden sei, eine Ansicht, die bei den Indern um so weniger auffällig wäre, da sie die Seele mit der Gottheit selbst identificiren. Auch stimmt mit
dieser Auffassung die folgende Sloke (33) besser überein, als mit jeder anderen.

56) Der Sinn ist: Wie die Sonne überall in der Welt gegenwärtig und wirksam ist, so
auch die Seele im Körper. Thomson fasst den Sinn allgemeiner, wenn er dazu
bemerkt: „The souls in every body, although individual, are really one
and the same, viz. The Supreme Spirit. Thus one soul illumines every
body". Vergl. Katha-Upanischad 5. valli 11. (Bibl. Ind. vol. XV. p. 114): „As
the one sun, the eye of the world, is not sullied by the defects of the
eye or of external things, so the soul, as the inner soul of all beings,
is not sullied by the unhappiness of the world, because it is (also)
without it;" und Svetasvatara-Upanischad V. 4 (ibid. p. 62): „As the sun,
manifesting all parts of space, above, between and below, shines
resplendant, so overrules the all-glorious, adorable God, one alone,
all that exists in likeness with its cause."

57) *Bhûta prakriti mokscham.* Schlegel: emancipationem animantium a natura.
Burnouf: la delivrance des liens de la nature. Der Ausdruck erinnert an
Röm. 8, 22: „Οἴδαμεν γὰρ ὅτι πᾶσα ἡ κτίσις συστενάζει καὶ συνωδίνει ἄχρι τοῦ νῦν."

Vierzehnte Lesung.

Der Erhabene spricht:

1 Noch weiter will aussprechen Ich der Wissenschaften Höchste jetzt,
Die kennend alle Einsiedler gingen von hier zum höchsten Glück[1]).

2 Diese anwendend gingen sie in Meines Stand's Gemeinschaft ein[2]);
Bei Schöpfung werden sie nicht neu, beim Untergang nicht beben sie[3]).

3 Mein Mutterleib das Brahma ist, dort leg' ich nieder Meine Frucht.
Der Ursprung aller Wesen ist von dort, o Sohn des Bharata[4])!

---

1) D. h. aus diesem Leben zur Auflösung in Brahma.

2) *Mama sâdharmjam âgatâ:* Schlegel: ad meae conditionis consortium progressi. Thomson: they attain to fellowship with me. Der Gedanke erinnert an Joan. 12, 26: „ὅπου εἰμὶ ἐγώ, ἐκεῖ καὶ ὁ διάκονος ὁ ἐμὸς ἔσται“ und Apocal. 20, 6: „Μακάριος καὶ ἅγιος ὁ ἔχων μέρος ἐν τῇ ἀναστάσει τῇ πρώτῃ· ἐπὶ τούτων ὁ θάνατος ὁ δεύτερος οὐκ ἔχει ἐξουσίαν, ἀλλ᾽ ἔσονται ἱερεῖς τοῦ Θεοῦ καὶ τοῦ Χριστοῦ, καὶ βασιλεύσουσι μετ᾽ αὐτοῦ χίλια ἔτη.“

3) Unter Schöpfung und Untergang ist hier der Anfang und das Ende eines jeden *Kalpa* zu verstehen. (S. VIII. Anm. 25). Vergl. damit den oben citirten Satz (Apocal. 20, 6): „ἐπὶ τούτων ὁ θάνατος ὁ δεύτερος οὐκ ἔχει ἐξουσίαν.“

4) In dieser und der folgenden Sloke stellt sich Krischna ausdrücklich in einen Gegensatz zu Brahma (welches Wort hier als Neutrum gebraucht wird und also nicht den mythologischen Brahmâ bedeuten kann. S. oben IV. Anm. 51), während er sich sonst durchweg mit Brahma (Neutrum) identificirt, und es unzweifelhaft ist, dass Brahma, ebenso wie Krischna selbst, das höchste göttliche Wesen bedeutet. Zur Erklärung dieses Gegensatzes bemerkt W. v. Humboldt (l. c. S. 21): „Krischna ist dasselbe mit ihm (Brahma), ist das höchste Brahma selbst. Aber umkehren dürfte man, und hierin liegt der Unterschied, den Satz wohl nicht. Brahma ist die göttliche Urkraft überhaupt, gleichsam ruhend in ihrer Ewigkeit; in Gott, hier Krischna, tritt die Persönlichkeit hinzu. Daher wird Krischna neben dem Brahma genannt.“ Ueber die vorliegende Stelle insbesondere bemerkt Humboldt (ibid. S. 22): „Noch bestimmter als zeugende und empfangende Gottheit werden beide Wesen in dieser Stelle unterschieden. Dies entspricht ganz den morgenländischen Begriffen von Spaltung der göttlichen Kraft, Ausgehen aus ihr und Zurückgehen in sie. Fremder dagegen scheint diese, nur in dieser einzigen Stelle desselben sich findende Vorstellungsart dem Systeme des übrigen Gedichtes.“ Thomson sucht die Sache folgendermassen zu erklären: „As Brahmâ (mascul.) is the mythological personification of the creative power of a Vedic or semi-mythological Supreme Being, so is Brahma here the philosophical type of the creative principle of the

4 Welche Körper, o Kaunteja, in Mutterleibern nur entsteh'n,
    Der'n Mutterleib das Brahma ist; Ich Vater, der den Samen giebt⁵).

5 Wesenheit, Leidenschaft, Dunkel, Eigenschaften, natur-
                                            erzeugt,
    Die binden in dem Körper, Held! den Geist, den unvergänglichen⁶).

----

philosophical Supreme Being. He is not a personification, nor even
separate from the Supreme Being, but merely a part of him distinct
from spirit, the material essence inherent in him, by means of which,
himself then both efficient and material creator, he produces the universe." Ich lasse die Richtigkeit dieser Erklärungen dahingestellt sein, wage aber
die Vermuthung, dass die Kenntniss des Verfassers vom Anfange des Johannes-
Evangeliums nicht ohne Einfluss auf diese Auffassungsweise gewesen sei. Wenn es
dort heisst: „Ἐν ἀρχῇ ἦν ὁ λόγος; καὶ ὁ λόγος ἦν πρὸς τὸν Θεόν, καὶ Θεὸς ἦν ὁ
λόγος.... πάντα δι' αὐτοῦ ἐγένετο," so wird ein Brahmane, der diese Worte las,
nothwendig den Gegensatz zweier göttlicher Prinzipe, von denen das eine das schaffende,
erzeugende ist, darin gefunden und das Letztere natürlich auf Brahma Pradschapati bezogen haben. Auf diese Weise lässt sich am einfachsten diese der indischen
Vorstellungsweise sonst fremde Vorstellung von zwei göttlichen, neben einander bestehenden Prinzipen erklären.

5) Da den Indern die Idee der Schöpfung durch den blossen allmächtigen Willen der
Gottheit (d. h. aus Nichts) abgeht, so können sie sich die Schöpfung nur als eine
Zeugung vorstellen, welche ein männliches und ein weibliches Prinzip fordert.
Anstatt aber, wie die reine Sankhja des Kapila und Isvara Krischna, dieses
weibliche Prinzip, die Prakriti, als neben der Gottheit und unabhängig von ihr
existirend zu denken, identificirt es der Verfasser der Bh. G. mit der Gottheit selbst
und nennt es hier selbst Brahma, woraus natürlich folgt, dass auch die Materie aus
dem Wesen der Gottheit stammt, und dass Gott nicht bloss die causa efficiens,
sondern auch materialis der Welt ist. Damit ist zugleich der Uebergang zu dem
Pantheismus der Vedanta-Lehre gebahnt und die Möglichkeit gegeben, dass auch die
Vedantisten, (wie Sankara) die Bh. G. in ihrem Sinne erklären können. Bei dem
offenbaren Bestreben des Verfassers, die in der indischen Philosophie vorhandenen
Gegensätze zu vermitteln, sind gewisse innere Widersprüche unausbleiblich gewesen.
— Das Wort Mutterleib (joni) hat hier einen weiten Sinn; es bedeutet überhaupt
die materielle Entstehungsursache irgend eines Dinges. Der Satz bezieht sich also
nicht bloss auf animalische Geburten, sondern auf die Entstehung der ganzen Schöpfung.
— Den Zusammenhang der hier ausgesprochenen Lehre mit der nun folgenden Erklärung der drei Gunas sucht Thomson folgendermassen darzustellen: „The object
in introducing these two shlokas, before explaining the three gunas,
is to show, what relation the material essence (commonly called prakriti,
but here Brahma) from which they spring, bears to the Supreme Spirit
on the one hand, and to matter on the other."

6) Hier, wo von den drei Guna's ausführlich und ex professo gehandelt wird, ist der

6 Die Wesenheit, die wegen der Reinheit ist leuchtend und gesund[7]),

Ort, über diese in unserem Gedicht schon oft vorgekommenen Ausdrücke und Begriffe einige nähere Erklärungen zu geben. Die Annahme dieser drei Eigenschaften oder Kräfte der Natur *(prakriti)* ist, ebenso wie die Lehre von der Seelenwanderung und von der Göttlichkeit des individuellen Geistes, nicht die Lehre irgend eines bestimmten philosophischen Systemes, sondern die allgemeine Anschauung Aller von dem Wesen der Natur („familiar to all the systems of Hindu speculation," wie Wilson sich ausdrückt) und scheint desshalb älteren Ursprungs als diese Systeme zu sein. Was Wilhelm v. Humboldt (in seiner Abhandlung über die Bh. G.) über diesen Gegenstand sagt, dürfte am besten geeignet sein, eine allgemeine Anschauung von der Bedeutung dieser auf den ersten Anblick sehr befremdlich erscheinenden Zusammenstellung von Naturqualitäten zu geben. Er sagt (S. 28 u. ff.): „Die Natur ist nach Krischna's Lehre gleich ewig mit der Gottheit. Sie besitzt drei Eigenschaften *(guna)*, welche den Geist, so wie er sich ihr gesellt, binden. Unter diesem Binden wird alles Verwickeln in irdische und weltliche Dinge verstanden, die den Menschen von allein auf die Gottheit gerichteten Gedanken abziehen und ihn dadurch an der Erreichung des letzten Zieles, der höchsten Ruhe, verhindern. In diesem Sinne kann auch das Edelste, z. B. die Erkenntniss, binden. Die Natureigenschaften, auch absolut die Eigenschaftsdreiheit *(triguna)* genannt, sind sogar dem Grade nach insofern verschieden, als dass in jeder Bindende mehr oder weniger edel ist. Die erste und edelste ist *Sattva*, wörtlich, die Eigenschaft des Seins, eben in dem Sinne, in welchem das Sein, frei von allem Mangel oder Nichtsein, durchaus real ist, also in der Erkenntniss zur Wahrheit, im Handeln zur Tugend wird. Denn das Wort, das ursprünglich bloss ein von dem Participium des Verbum sein gebildetes Abstraktum ist, wird für diese beiden Begriffe gebraucht. Ich übersetze diese Natureigenschaft, um, so gut es geben will, den Zusammenhang dieser Bedeutungen beizubehalten, durch Wesenheit. — Die zweite Eigenschaft ist *Radschas*. Dies Wort bedeutet eigentlich Staub; es kommt aber von einer Wurzel *(randsch¹)*, die ankleben, sich anhängen und durch eine naheliegende Metapher färben heisst. Ein davon abgeleitetes Nomen ist *rága*, zugleich Farbe und Begier. Alle diese Ausdrücke haben in ihrer bildlichen und Begriffs-Geltung einen nahen Zusammenhang untereinander. Die zweite der Natureigenschaften mit diesem Namen zu bezeichnen, mögen mehrere Beziehungen dieser Begriffe zusammengekommen sein, die leicht aufregbare Heftigkeit des zerbröckelt wirbelnden staubartigen Stoffes, das Schimmernde, Feurige des Farbenspieles, die zu dem Boden gehörende, sich leicht anheftende und verunreinigende Natur des Staubes. Je nachdem diese Begriffe anders und anders aufgefasst werden, giebt es mehr oder minder edle Abarten dieser Eigenschaft. Thatkraft, Feuer der Leidenschaft, Raschheit des Entschlusses, gehören ihr an, Könige und Helden sind mit ihr ausgestattet, aber immer ist ihr etwas zur Wirklichkeit und zur Erde herabziehendes beigemischt, das sie von der stillen und reinen Grösse der Wesenheit unterscheidet. Die von ihr Hingerissenen lieben alles Grosse, Gewaltige, Glänzende, aber sie verfolgen auch den Schein, sind befangen in der bunten Mannichfaltigkeit der Welt, und werden sogar unrein genannt (XVIII. 27), um dadurch zugleich auf die Befleckung hinzudeuten, der das weltlich gesinnte Gemüth nicht zu entgehen vermag. Obgleich aber stürmende Heftigkeit das

Bindet durch Freudehang[*]) und durch Erkenntnisshang, Sünd-
loser du!

Hauptmerkmal dieser Eigenschaft ist, so muss doch damit die Vorstellung eines niedrigeren, nicht die Grösse und Reinheit der Wesenheit erreichenden Standpunktes, der
bis zur Befleckung führen kann, verbunden werden. Ich habe versucht, in dem Worte
Irdischheit die verschiedenen Verzweigungen dieses Begriffes in der Wurzel zusammen zu fassen. Es liegt in diesem Ausdruck zugleich das Streben nach Mannichfaltigkeit und das Hangen am Einzelnen. Indess fühle ich wohl, dass er, gegen den
Indischen, zu abstrakt, auch sogar zu weit und von der concreten Anwendung der
Begriffe zu entfernt ist. [In unserer Uebersetzung ist das Wort radschas mit Leidenschaft wiedergegeben.] Die dritte und unterste Natureigenschaft ist Tamas (verwandt
mit Dämmerung) Dunkel, Finsterniss, die keiner Erklärung bedarf... Krischna bestimmt hernach, im 17. und 18. Gesange, eine Menge von Gegenständen: Handlungen,
Opfer, Gaben, Glauben, Vernunft u. s. w. nach der Verschiedenheit, welche die mit
jenen Eigenschaften begabten in dieselben bringen, und man kann sich diese Anwendung leicht denken. Ueberall gehört das, was aus reiner Absicht, mit Selbstbeherrschung
und Gleichmuth, in Richtung auf das Höchste gethan wird, den Wesenhaften, was
aus falschen Beweggründen, für nur vorübergehenden Genuss, zur Stillung augenblick-
licher Begier, auf ungezügelte Weise, in Richtung auf einzelne, beschränkte Gegenstände,
geschieht, den Irdischen, das in Irrthum, Verkehrtheit und trägem Starrsinn befan-
gene den Finsteren an. Es liegt in dieser Eintheilung unläugbar eine richtige und
philosophische Ansicht der Natur, die in derselben zuerst das Gediegene, Reale, vom
Mangelhaften, bloss Scheinbaren unterscheidet, die Quellen des Mangelhaften in den
beiden Grenzen aller Endlichkeit, dem Mangel an Kraft und dem Mangel an Gleichmuth aufsucht, und das Gediegene selbst als doch nur endlich real, auch wieder als
eine Naturbeschränkung auffasst." — Zur richtigen Beurtheilung der Vorstellung,
welche die Inder mit dem Begriff der drei Gunas verbanden, muss man jedoch beachten
(was Wilson in seinem Commentar zur Sankhja-Karika [pag. 52] hervorhebt), dass
unter dem Ausdruck guna, obgleich man ihn gewöhnlich mit Eigenschaft, Qualität, wiedergiebt, keineswegs ein substanzloses, accidentelles Attribut, sondern vielmehr
eine Substanz zu verstehen sei. „It is," sagt er, „nature or prakriti in one
of its three constituent parts or conditions, unduly prominent; nature
entire, or unmodified being nothing more than the three qualities in
equipoise, according to the Sutra ,Prakriti is the equal state of goodness, foulness and darkness,' on which the commentator remarks,
,Satwa and the rest are things, not specific properties'." — Was endlich
die specielle Bedeutung der zur Bezeichnung der drei Qualitäten gewählten Worte
(sattva, radschas und tamas) und die Uebersetzung derselben betrifft, so waltet hier
eine ebenso grosse Schwierigkeit in der Ergründung der ursprünglichen Bedeutung
und Anwendung der Worte, als eine begreifliche Verschiedenheit in der Auffassung
ob. Schlegel und Lassen übersetzen: essentia, impetus und caligo; Wilson: goodness, faulness (in der Bedeutung von Befleckung mit Rücksicht auf die
Wurzel randsch) und darkness; Thomson: goodness, badness und indifference; Burnouf: Vérité, instinct, obscurité. Am einfachsten und wahrschein-

7 Leidenschaft begierartig wiss', entstanden aus des Durstes Trieb;
Die bindet eben, Kaunteja, den Geist durch Werkvollbringungs-
drang⁹).

8 Finsterniss aus Unkenntniss wiss' entstanden, aller Geister Trug.
Durch Nachlässigkeit, Trägheit, Schlaf, bindet dieselbe, Bhârata[10])!

9 Wesenheit reisst zur Freude hin, zum Werk Leidenschaft, Bhârata!
Erkenntnissumhüllend aber Finsterniss reisst zur Thorheit hin[11]).

10 Sind Leidenschaft, Dunkel besiegt, besteht Wesenheit, Bhârata!
Leidenschaft, wenn die und Dunkel; dies, wenn Leidenschaft,
Wesenheit[12]).

———————

lichsten scheint mir die Erklärung zu sein, dass die drei Worte ursprünglich auf das
Licht sich beziehen, so dass unter *sattra* das reine, ungefärbte Licht, unter *radschas*
das gefärbte, getrübte Licht, (mit Rücksicht auf die Bedeutung von *randsch*, färben)
und unter *tamas*, die Abwesenheit alles Lichtes, Dunkelheit, zu verstehen sei. Diese
Erklärung empfiehlt sich namentlich, wenn man an die Bedeutung sich erinnert, welche
das körperliche Licht (vergl. VIII. Anm. 36) im brahmanischen Cultus hat. Unten
(sl. 22) werden diesen drei Worten die synonymen: *prakâsa* (Licht, Klarheit), *prawritti*
(Aktivität) und *moha* (Täuschung) substituirt.

7) Sankhja-Karika n. 13: „Das *Sattram* ist leicht, erleuchtend, erwünscht."

8) *Sukhasangena*, wörtlich: durch Hang am Angenehmen. Schlegel: dulcedinis
studio. Thomson: by means of connection with the pleasant. Das Streben
nach Glückseligkeit hat ebenso, wie das nach Erkenntniss *(dschnânasangena)* seine
Quelle in der Eigenschaft des *Sattram*. Das Unvollkommne, Bindende, d. h. den Geist
Hindernde und Beschränkende, liegt dabei nach indischer Anschauung in dem Verlangen
nach diesen Gütern, das in ihm entsteht und das mit der vollen Ruhe des Geistes,
die zur höchsten Glückseligkeit gehört, nicht vereinbar ist.

9) *Karmasanga* ist im Gegensatz zu *sukhasanga* und *dschnânasanga*, welche dem *Sattram*
angehören, der Trieb nach Thätigkeit, welcher den Indern auf einer noch tiefern
Stufe zu stehen scheint, als der nach Glückseligkeit und Erkenntniss, weil er den Geist
noch mehr beunruhigt; derselbe wird daher nicht dem *Sattram*, sondern der zweiten
Eigenschaft, dem *Radschas*, zugeschrieben. Die Sankhja-Karika sagt über diese
Eigenschaft (n. 13): „Das Radschas ist drängend und schwankend." Die beiden
anderen Eigenschaften sind ihrer Natur nach unthätig, und sie werden nur durch die
rastlose Aktivität und die antreibende Kraft des Radschas in Bewegung gesetzt.

10) Sankhja-Karika (13): „Schwer und hemmend ist das *Tamas*."

11. Vergl. Sankhja-Karika (12): „Die Gunas haben Freude, Schmerz und Betäubung
zu Wesen, dienen zur Erleuchtung, Thätigkeit und Hemmung und befinden sich im
Zustande gegenseitiger Ueberwältigung, Anlehnung, Erzeugung und Paarung."

12) Vergl. Manu XII 25: „Lorsque l'une de ces qualités domine entièrement
dans un corps mortel, elle rend l'être animé pourvu de ce corps émine-
ment distingué par les marques de cette qualité." (Uebers. v. Loiseleur-

11 Wenn durch alle Thore[13]) das Licht in diesem Leib entstanden ist,
     Die Erkenntniss, dann wisse man, dass Wesenheit gereifet ist[14]).

12 Habsucht, Thätigkeit, Beginnen der Werke, Aufregung, Begier,
     Die, wenn Leidenschaft ist gereift, entstehen, Fürst der Bhârata[15])!

13 Unerleuchtung, Unthätigkeit, Nachlässigkeit und Thorheit auch,
     Die entstehen, wenn Finsterniss gereifet ist, o Kurûsohn[16])!

14 Wenn bei gereifter Wesenheit zur Auflösung[17]) hingeht der Mensch,
     Dann in die reinen Welten der Höchstes Erreichenden er geht[18]).

Deslongchamps). Gänzlich können die Qualitäten nicht besiegt werden, sie werden nur relativ zurückgedrängt durch vorherrschende Ausbildung der einen oder der anderen.

13) D. h. durch die äusseren und inneren Sinne, durch deren Vermittelung der Geist die Erkenntniss empfängt. Vergl. Sankhja-Karika 35: „Weil die Buddhi mit den übrigen inneren Organen sich in jeden Gegenstand versenkt, desshalb ist das dreifache (innere) Organon (d. i. Buddhi, Manas und Ahankara) Thürhüter, die übrigen Thore."

14) Manu XII. 31: „L'étude du Véda, la dévotion austère, la science divine, la pureté, l'action de dompter les organes des sens, l'accomplissement des dévoirs et la meditation de l'Ame suprême, sont les effets de la qualité de bonté."

15) Manu XII. 32: „N'agir que dans l'espoir d'une recompense, se laisser aller au découragement, faire des choses defendues par la loi, et s'abandonner sans cesse aux plaisirs des sens, sont les marques de la qualité de passion."

16) Manu XII. 33: „La cupidité, l'indolence, l'irrésolution, la medisance, l'atheisme, l'omission des acts préscrits, l'importunité et la negligence denotent la qualité d'obscurité."

17) *Pralajam jâti.* Schlegel: ad dissolutionem pergit d. h. zum Tode. Vergleiche mit dieser Sloke 2. Corinth. 5, 1: „Οἴδαμεν γὰρ, ὅτι ἐὰν ἡ ἐπίγειος ἡμῶν οἰκία τοῦ σκήνους καταλυθῇ, οἰκοδομὴν ἐκ Θεοῦ ἔχομεν, οἰκίαν ἀχειροποίητον, αἰώνιον ἐν τοῖς οὐρανοῖς."

18) *Uttamavidâm* heisst hier nicht, wie Schlegel übersetzt: „eorum qui summum norunt", sondern das Wort kommt von der Wurzel *vid* (6. cl.), was erlangen bedeutet, wie es auch der Scholiast Sridarasvamin erklärt. Mit Recht bemerkt Thomson: „The highest place is not the highest of all, but only the highest of the three places here mentioned as the futures of the three different classes of beings, and the allusion is to the worlds of Brahma, the Pitris, the Devas etc., as contrasted with the bodies of men or beasts on earth. Hence too, the use of the word *lokân* in the plural. Had it referred to the Supreme Spirit, as the translations (of Schlegel etc.) would lead us to suppose, the word *loka*, if used of all, must have been in the singular number."

15 Ist Leidenschaft dann gereift, wird unter Geschäft'gen[19] er gebor'n;
Aufgelöster in Finsterniss aus Thoren-Schoosse[20]) wird gebor'n.

16 Des guten Werkes Frucht nennet man wesenhaft und unbefleckt[21]);
Leid ist der Leidenschaft Frucht[22]), der Finsterniss Frucht Unwissenheit[23]).

17 Erkenntniss aus der Wesenheit entsteht, Habsucht aus Leidenschaft;
Nachlässigkeit und Thorheit aus Finsterniss sind, Unkenntniss auch.

18 Zur Höhe Wesenhafte geh'n; die Gier'gen in der Mitte steh'n;
Die in dem tiefsten Stande sind, die geh'n abwärts, die Finsteren[24]).

----

19) *Karmasangischu*. Schlegel: inter agendi studiosos d. h. unter denen, in welchen
die Qualität des *Radschas* (welche unten auch mit *prarritti* [Geschäftigkeit] bezeichnet wird), vorherrscht.

20) *Mûdhajonischu*. Schlegel: e bruto quodam utero. Thomson: in the wombs
of the senseless. Burnouf: dans la matrice d'une race stupide. Hierunter
sind nicht bloss Geburten in der niedrigsten Menschenklasse, sondern auch, den indischen Ansichten gemäss, Geburten als Thiere, Pflanzen oder unorganische Wesen zu
verstehen.

21) Manu XII. 27: „Lorsque un homme decouvre dans l'âme intelligente un
sentiment affectueux, entièrement calme et pur comme le jour, qu'il
reconnaisse, que c'est la qualité de bonté *(sattra)*."

22) Manu XII. 28: „Mais toute disposition de l'âme qui est accompagnée de
chagrin, qui produit l'aversion et porte sans cesse les êtres animés aux
plaisirs des sens, qu'il la considère comme la qualité de passion *(radschas)*,
qui est difficile à vaincre."

23) Manu XII. 29: „Quant à cette disposition, qui est privée de la distinction
du bien et du mal, incapable de discerner les objets, inconcevable,
inappreciable (pour la conscience et les sens exterieurs) qu'il la reco-
naisse pour la qualité d' obscurité *tamas*."

24) Um zu verstehen, was unter dem Aufwärtsgehen, dem In-der-Mitte-Stehen und dem
Abwärtsgehen hier zu verstehen ist, vergleiche man Sankhja-Karika 53 und 54:
„Achtfach ist die göttliche, fünffach die thierische, einfach die menschliche
Schöpfung. — dies ist in Kürze die aus den Elementen entstandene Schöpfung. Die
Schöpfung ist auf der höchsten Stufe überwiegend sattvisch, unten überwiegend
tamasartig, in der Mitte überwiegend radschasartig, mit Brahmâ anfangend und
mit dem Starren endigend." Nach Wilson (The Sankhya-Karika. pag. 162) sind
die vierzehn Klassen von Wesen, welche hier erwähnt werden, folgende: I. Die acht übermenschlichen, göttlichen, nämlich: 1) Brahmâ (der mythologische Gott und die anderen
höchsten Götter) 2) Die Pradschapatis, wozu die Manu's, die Rischi's u. s. w
gehören. 3) Die Saumjas d. i. die Mond- und Planeten-Wesen. 4) Die Aindras d. h.
Indra und die niederen Gottheiten 5) Die Gandharvas. 6) Die Rakschasas

19 Wenn ausser Eigenschaften nicht noch Handler[25]) der Zuschauer[26])
                                                        sieht,
Und das kennt, was noch über die[27]), geht er in Meine Wesenheit.

20 Wer die drei Eigenschaften, die körpererzeugten[28]), überwand,
Von Geburt, Tod, Alter und Schmerz befreit, geniesst Ambrosia[29]).

Ardschuna spricht:

21 Mit welchen Zeichen ist, wer die drei Eigenschaften überwand?
Wie ist sein Leben? Wie besiegt er die drei Eigenschaften denn[30])?

Der Erhabene spricht:

22 Wer Erleuchtung, Geschäftigkeit und Thorheit auch[31]), o Pân-
                                                        dava,
Nicht hasst, wenn gegenwärtig sie, und, wenn abwesend, nicht
                                                        begehrt,

23 Gleichgültig sich verhaltend, nicht durch Eigenschaften wird
                                                        bewegt,

---

7) Die **Jakschas** und 8) die **Pisatschas**. II. Die Menschen, welche eine Klasse für
sich bilden. III. Die niederen Wesen und zwar: 1) **Pasu**, Hausthiere. 2) **Mriga**,
wilde Thiere. 3) Vögel. 4) Reptilien und Fische. 5) Pflanzen und Mineralien *(sthavira)*,
die feststehen, d. h. keine freie Bewegung haben. — **Aufwärtsgehen** heisst also hier,
in die Region der ersten acht Klassen gelangen; in der Mitte stehen: unter den
Menschen wieder geboren werden; **abwärtsgehen**: in eine der letzten fünf Klassen
gelangen.

25) D. h. keinen anderen Handler als die **Gunas**. Vergl. oben V. sl. 8 und 9; 14 und 15.
und XIII. sl. 31.

26) Unter dem **Zuschauer** *(draschtri)* ist der individuelle Geist im Menschen zu verstehen. Vergl. **Sankhja-Karika** 65: „Die kraft dieser Erkenntniss vom Gebären
aufhörende und um des Zweckes (des *Purúscha*) willen aus den sieben Formen zurückgekehrte *Prakriti* sieht der *Purúscha* wie ein **Zuschauer**, ruhig dabeistehend.“

27) Nämlich den höchsten Geist *(adhjátma)*.

28) Wörtlich: die zugleich mit dem Körper erzeugten *(samudbharán)*, nämlich aus der Prakriti. **Schlegel**: e corpore genitis.

29) D. h. er gelangt zur endlichen Befreiung.

30) Vergl. oben II. sl. 54, wo Ardschuna eine ganz ähnliche Frage thut.

31) Die Ausdrücke: *prakása* (Erleuchtung), *pravritti* (Geschäftigkeit) und *moha* (Thorheit)
bezeichnen hier die drei Gunas selbst. Um dieselben zu besiegen, ist die erste Bedingung, sich vollkommen indifferent gegen sie zu verhalten. (S. oben III. sl. 28.)

„Die," meinend, „haben ihren Lauf[32])," wer so feststeht und nicht
sich rührt,

24 Sich gleich in Schmerz und Lust, bei sich, gleich achtend Scholle,
Stein und Gold,

Bei Liebem und Unliebem gleich, fest, gleich bei Tadel und bei Lob,

25 Wer gleich in Ehre und in Schmach, bei Freunden und bei Feindes-
schaar'n,

Alles Begonnene aufgiebt, der Eigenschaftsbesieger heisst[33]).

26 Wer mit nimmer abschweifender treuer Vertiefung Mich verehrt,

Der, Eigenschaften besiegend, des Brahmaseins theilhaftig wird.

27 Denn des Brahma Wohnung bin Ich[34]), und des ew'gen Unsterblichen,

Unvergänglichen Rechtes auch und einzig nur vollkomm'ner Lust.

---

32) *Gunâ vartanta iti.* Hiermit wird offenbar auf die Worte: „*gunâ guneschu vartanta*"
(III. sl. 28) angespielt.

33) Vergl oben V. 19; IV. 20—22, II. 38. 56. 57. 71.

34) *Brahmano hi pratischthâham* übersetzt Schlegel: Numinis nimirum ego sum
Instar. Thomson: i am the representative of the Supreme Spirit. Burnouf: je suis la demeure de Dieu. Das Wort *pratischthâ* bedeutet wörtlich:
Standort, Stütze, Ort des Bleibens, Heimath, Wohnstätte. Der Gedanke scheint mit
dem sl. 3 und 4 Gesagten zusammenzuhängen und erinnert wieder an Joan. 1, 1:
„ὁ λόγος ἦν πρὸς τὸν Θεόν." — „Des ew'gen Unsterblichen" d. h. des *Amrita*,
Ambrosia, das oben (sl 20) erwähnt wurde.

Fünfzehnte Lesung.

Der Erhabene spricht:

1 Aufwurzelnd, niederzweigend, heisst ew'ger der heil'ge Feigenbaum[1]),

1) Was zunächst die grammatische Construktion dieses Verses betrifft, so beziehe ich
arjajam als Prädikat zu *prâhur* und fasse die beiden ersten Worte als Epitheta von
asvattha auf.   Thomson übersetzt umgekehrt: „They say that the eternal
sacred fig tree grows with its roots above and its branches downwards."
Die Eigenthümlichkeit des Wuchses des heiligen Feigenbaumes war aber jedenfalls
eine den Indern so bekannte Sache, dass nicht wohl anzunehmen ist, sie werde hier
gleichsam nur als Gegenstand der Tradition bezeichnet.   Wohl aber passt die Redeweise auf das Prädikat *arjajam* (ewig, unvergänglich), da Niemand im Stande ist, sich
aus eigener Erfahrung davon zu überzeugen.   Das grosse Alter, welches diese Bäume
erreichen, konnte zu dem Schluss auf ihre Unvergänglichkeit berechtigen. — *Urddhra
mûlam* und *adha: sâkham* („Sursum agentem radices, deorsum agentem
ramos" Schlegel) habe ich versucht auch im Deutschen mit einem Wort auszudrücken, was in der oben angeführten Weise zu erklären ist.   Auffallend bleibt es
jedoch, was schon W. v. Humboldt bemerkt hat (l. c. S. 50), dass der Baum erst
als die Wurzeln aufwärts, die Zweige abwärts treibend geschildert, und dann (sl. 2)
gesagt wird, dass die Zweige nach oben und unten, die Wurzeln nach unten verbreitet
sind, obgleich sich dies Alles mit der wirklichen Beschaffenheit des Baumes sehr gut
reimen lässt, da die Luftwurzeln aus den zuerst nach oben treibenden Zweigen entstehen.   Der indische Feigenbaum (s. Lassen: Indische Alterthumskunde I.
S. 255 u. ff.) ist vielleicht das grossartigste Gewächs unserer Erde; aus einer einzigen
Wurzel treibt er einen grossen grünen Tempel von vielen Hallen hervor, mit undurch-
dringlichem kühlen Schatten, und scheint nur erschaffen, um den obdachlosen Natur-
Menschen eine schon fertige Wohnung darzubieten.   Der Grund seiner Verehrung
liegt auch wohl hauptsächlich in der grossartigen und gleichsam überirdischen Erscheinung seines Wachsthums, seiner unvergänglichen Dauer und beständigen Verjüngung.
Der Stamm des Baumes theilt sich in keiner bedeutenden Entfernung von der Erde
in mehrere grosse Aeste, welche wagerecht herauswachsen; von diesen gehen Zweige,
oder eigentlich Luftwurzeln aus, die, sich zur Erde senkend, dort Wurzeln schlagen
und dann eine Stütze für den Mutterast abgeben.   Der Hauptstamm wiederholt höher
seine Ausbreitung in Aeste, welche wiederum ihre Luftwurzeln herabsenken, die dann
einen äusseren Kreis von stützenden Säulen bilden.   So wiederholt sich die Astbildung
des Hauptstammes gleichsam in verschiedenen Stockwerken übereinander und ebenso
die Bildung eines neuen Säulenkreises um den nächsten äusseren Kreis, zwar nicht
ganz regelmässig, doch so, dass ein ganzer Hain von Laubhallen und grünen Bogen-
gängen entsteht, der sich in's Unbeschränkte in riesenhaftem Maassstabe fortbildet.

Dess Blätter Hymnen sind [2]). Wer den erkannt hat, Veda-kundig
ist [3]).

Die Inder nennen den heiligen Feigenbaum gewöhnlich *Asrattha*, auch *Pippala*, und
bezeichnen ihn als einen Baum mit zitternden Blättern, mit rankenden Zweigen, die
sich senken und neue Stämme bilden. Eben dieser Baum erscheint als der bedeutsame
und heilige bei den Brahmanen und Buddhisten. Es ist Ficus (Urostigma) religiosa.
Ein anderer, ihm sehr ähnlicher (ficus indica) heisst *Njagrodha* („nach unten wach-
send"), gewöhnlich Banjanenbaum genannt. Dieser gilt als männlich, jener als weib-
lich. Der *Pippala* wird nicht so gross und hat nicht so viele Stämme, wie der Banjanenbaum. Der *Pippala* oder *Asrattha* gilt den indischen Philosophen als das Bild
der irdischen Welt, die zwar im höchsten, göttlichen Wesen wurzelt (daher wohl die
auffallende Bezeichnung *ûrdhva mûla*), aber ihre Richtung abwärts hat, in steter
Unruhe und Bewegung ist, sich stets verjüngt, aber nie zu ewig gleicher Ruhe gelangt.
Auch die heiligen Schriften der Vedas, welche auf die Interessen dieses Lebens gerichtet
sind und sich gleichsam zu den Menschen herabneigen, werden mit diesem Baume
verglichen. (Doch erst den Buddhisten wurde der Baum zu einem im strengeren Sinne
heiligen; unter ihm versenkte sich Buddha in die tiefste Betrachtung; das Bild des
unaufhörlich wechselnden Lebens lenkte seine Gedanken auf das allein ewig Ruhende
und Bleibende; unter diesem Baume gewann er die höchste Stufe der Intelligenz.
So wurde der Baum seinen Anhängern zu dem der Intelligenz *(bodhi)*, wurde ein heiliges Symbol. Die Brahmanische Bedeutung des Baumes als Bild des ewig kreisenden
Weltlaufes scheint den Buddhisten entschwunden zu sein.) — Dass auch an unserer Stelle
der heilige Feigenbaum als allegorisches Symbol des irdischen Weltumtriebes
aufzufassen sei, scheint mir aus dem Zusammenhange unzweifelhaft hervorzugehen.
Lassen ist zwar geneigt, mit Rücksicht auf den zweiten Vers der ersten Sloke, ihn
hier lediglich als Symbol der Vedas aufzufassen und findet darin (wie oben II. sl. 45)
einen scharfen Tadel der Vedas. Was aber sl. 2 von der Bedeutung der Zweige und
der Wurzeln gesagt wird, lässt sich mit dieser einseitigen Auffassung schlechterdings
nicht vereinigen und deutet jedenfalls auf die andere gewöhnliche Bedeutung hin.
Dazu kommt die Uebereinstimmung unserer Stelle mit einer Stelle der Katha-Upanischad (6 valli. 1), welche mit denselben Worten anfängt, und wo die *Asrattha* ebenfalls als weltbedeutender Baum aufgefasst wird. Sie lautet (nach der von Windischmann gegebenen Uebersetzung l. c. S. 1716.: „Hinauf die Wurzeln, herab die Zweige,
steht jener ewige Feigenbaum (die Welt): das heisst das Reine, das Brahma, das
Unsterbliche, auf ihm beruhen alle Welten, nicht überschreitet es irgendwer." Der
Scholiast Madhusudana citirt noch eine andere Stelle aus einer sonst unbekannten
Smriti (Ueberlieferung), welche in der von Lassen gegebenen Uebersetzung lautet:
„Perennis ista Brahmanis arbor oritur e radice non manifestati, ejus-
que favore expanditur; truncus ejus e mente consistit, sensus cavita-
tem efficiunt interiorem; tanquam ejus rami expansa sunt rerum ele-
menta, res sensibiles folia ejus sunt; floribus crebris quasi probitate
atque iniquitate uberrima est; tanquam fruges progignit voluptates
et dolores; animantium omnium ea Brahmanis arbor perennis vitam
sustentat. Hac arbore efficitur Brahmanis silva, eam peragrat Brahma.

2 Abwärts, aufwärts gespannt sind seine Zweige, Eigenschaften und
Sinnlichem entsprossen[4]);

testi similis. Optimo cognitionis ense qui scindit eam atque findit,
deinde viam obtinet spiritalem et ab isto loco nunquam revertitur."
Die fast wörtliche Uebereinstimmung des Schlusses dieser Stelle mit sl. 3 und 4
unseres Gesanges deutet auf eine gegenseitige Abhängigkeit beider Aussprüche von
einander hin. Auch Thomson ist der Ansicht, dass der Asvattha hier nicht das
Symbol der Vedas, sondern das der Welt sei, wenn er sagt: „I am inclined to
think with the scholiast, that the allegory is a figure of the whole
universe, the mass of creation, the whole current of revolving material existence."

2) *Tschandas* bedeutet im allgemeinen Vedatexte, insbesondere solche Lieder, welche
nicht *Rik*, *Saman* oder *Jadschus* sind, daher wohl ursprünglich: Zauberlieder (von
der Grundbedeutung des Wortes: Wunsch oder Lockung); dann auch Metrum und
Metrik. Hier scheint das Wort in allgemeinem Sinne Theile, Bestandtheile der Vedas
überhaupt zu bedeuten. Der Grund, wesshalb die Blätter des heiligen Feigenbaumes
in seiner allegorischen Bedeutung als Symbole der Vedas bezeichnet werden, scheint
mir, ohne dass man zu anderen künstlichen Erklärungen seine Zuflucht zu nehmen
braucht, einfach darin zu liegen, dass die Vedas eben auch Blätter sind, und zwar,
wie die des Feigenbaumes, sehr viele, so dass eine vollständige Sammlung derselben bis auf den heutigen Tag noch nicht gelungen ist. Auch lieferten Baumblätter,
wenn auch nicht die des Feigenbaumes, den Indern ihr Schreibmaterial. Die Erklärungen, welche Thomson anführt, dass, wie der Baum seine Blätter hervortreibt, die
zum Obdach für die Erde, (und die abgefallenen zu ihrer Düngung) dienen, so die in
den Vedas gelehrten Institutionen den Menschen gleichsam ein Obdach bieten und
den Zweck haben, sie zu bilden und zu civilisiren, dass, wie das Laub die Zierde
des Baumes, so die Vedas die Ehre und Zierde der Welt sind, dürften wohl zu
gekünstelt sein.

3) Der Sinn ist: Wer die tiefe allegorische Bedeutung des heiligen Feigenbaumes kennt,
der weiss die höchsten Geheimnisse, welche in den Vedas enthalten sind, d. h. er hat
die richtige Vorstellung von der Welt und ihrem Verhältniss zu Gott, welche zur
endlichen Befreiung führt. Er liest dann gleichsam die Blätter des Baumes, welche
die Vedas bedeuten. Ich vermag in der That nicht einzusehen, wie dieser Ausspruch
mit dem von Lassen hier vermutheten Tadel der Vedas vereinbar ist. Uebrigens
bezieht sich auch das Durchhauen des Baumes von dem unten (3.) die Rede ist, und
worauf jene Ansicht sich gründet, nicht auf die Blätter, sondern nur auf die Zweige
und Wurzeln, welche die Sinnenwelt und die Gunas bedeuten.

4) *Gunapravriddhá vischajaprabálá:* übersetzt Schlegel: qualitatum alimentis
adulti e rebus sensilibus germinantur. Thomson: nourished and in-
creased by the qualities, and having objects of sense as tendrils.
Burnouf: ayant pour rameaux les qualités, pour bourgeons les objets
sensibles. Der Sinn ist: die Zweige stellen allegorisch die einzelnen irdischen Körper
und alle materiellen Wesen dar, die aus dem Unentfalteten, der *múlaprakriti*, entstanden sind, und zwar durch die Wirkung der drei Gunas, deren Gebiet die Sinnenwelt ist.

Abwärts auch Wurzeln sind hervorgetrieben, die in der Menschenwelt durch Werke binden[5]).

3 Nicht ist dessen Gestalt hier zu erfassen, nicht sein Ende, noch
Anfang, noch Bestehen[6]).

Den Feigenbaum mit seinen mächt'gen Wurzeln durchhauend mit
des Gleichmuth's starkem Schwerte[7]),

4 Muss jenen Ort alsdann man auskundschaften[8]), zu dem gelangt,
man nimmer wiederkehret.

Ich führe hin[9]) zu jenem ersten Geiste, aus dem der alte Strom des
Lebens fliesset.

5 Die frei von Stolz und Thorheit, Hang besieget, im höchsten Geist
stets [10]), und fern von Begierde,

---

5) Die nach abwärts strebenden Wurzeln, welche den Baum immer auf's neue und immer
fester, je mehrere derselben sich aus den Aesten niedersenken, mit der Erde verbinden, sind das Bild jener Handlungen, von deren bindender Kraft schon vielfältig
die Rede war, und die eben dadurch die endliche Befreiung verhindern. (S. II. Anm. 20.)

6) Der Sinn ist: das Wachsthum dieses wunderbaren Baumes ist ein ebensolches Räthsel,
wie es die Erscheinung der sichtbaren Welt mit ihrem fortwährenden Vergehen und
Entstehen darbietet.

7) *Asangasastrena*. Schlegel: ense aequanimitatis. Thomson: with the axe
of indifference. Wir haben oben bereits gesehen (II. sl. 48), dass der Hang *(sanga)*
d. h. die ungeordnete Neigung, Anhänglichkeit an die Werke und ihre Früchte, es
allein ist, welche den Geist durch die Werke bindet, während der Gleichmuth *(samatra)*,
der dort auch *joga* (Vertiefung) genannt wird, das einzige Mittel ist, um sich von diesen
Banden zu befreien und zur endlichen Vereinigung mit Brahma zu gelangen. Vergl.
insbesondere auch II. sl. 55 72 und in Betreff des Bildes vom Durchhauen mit dem
Schwerte: IV. sl. 42.

8) *Padam tat parimârgitarjam*. Schlegel: sedes illa est anquirenda. Thomson:
may that place be sought. Unter diesem Ort ;padam' ist, wie Thomson bemerkt, the supreme Being zu verstehen. In ähnlichem Sinne wird das Wort *padam*
gebraucht II. sl. 51. Mit diesem Ausdruck scheint mir jedoch der Verfasser der Bh. G.
nicht, wie Thomson erklärt, das höchste Wesen selbst zu bezeichnen, sondern
vielmehr den Ort oder Zustand, in welchem sich diejenigen befinden, die in Brahma
aufgelöst sind. Das Wort *brahmaloka*, welches den vergänglichen Brahmâ-Himmel
bedeutet, liess sich dafür nicht anwenden; daher ist ein allgemeiner, unbestimmter Ausdruck, *pada*, gewählt. Dies wird insbesondere unten durch sl. 6 bestättigt, wo Krischna
diesen Ort seine höchste Wohnung *(dhâma)* nennt.

9) *Prapadje* übersetzt Schlegel wörtlich mit deduco. Thomson: i allude (ich spiele
an, indem ich von diesem Orte spreche).

10) *Adhjâtmanitjâ*. Schlegel: constanter in intimo-spiritu versantes. Der Sinn

15

Vom Zwillingspaar, dem Schmerz und Lust genannten, gelöst, geh'n

           unbeirrt zu diesem Höchsten[11]).

6 Den Ort erleuchtet Sonne nicht, noch auch der Mond, noch Feuer

           auch[12]),

Von dem znrück man nicht mehr kehrt; dies meine höchste Woh-

           nung ist.

7 Ein unsterblicher Theil von Mir[13]), lebendig in lebend'ger Welt[14]),

Das Herz zu sechst mit den Sinnen[15]), die in Natur steh'n, reisst

           an sich[16]).

---

ist: die hier auf Erden durch Betrachtung und Vertiefung mit ihrem Geiste stets sich in *Adhjâtma*, den höchsten göttlichen Geist, versenken.

11) Im Original steht hier noch das Epitheton *arjajam*, unvergänglich, neben *param* (das Höchste), welches in der Uebersetzung wegbleiben musste.

12) Eine ganz ähnlich lautende Stelle findet sich in der Katha-Upanischad 5. valli 15: „Nicht glänzt dort die Sonne, nicht Mond und Sterne, nicht diese Blitze scheinen; woher dieses Feuer? Ihm dem Glänzenden, glänzt Alles nach, durch sein Licht erglänzt dieses Alles." (Vergl. auch Svetasvatara-Upanischad VI. 14, und Mundaka-Upanischad II. 2, 10, wo die citirte Stelle aus der Katha-Upanischad wörtlich wiederkehrt.) Die Aehnlichkeit dieser Stellen mit Apocal. 21, 33: „Καὶ ἡ πόλις οὐ χρείαν ἔχει τοῦ ἡλίου οὐδὲ τῆς σελήνης, ἵνα φαίνωσιν ἐν αὐτῇ· ἡ γὰρ δόξα τοῦ Θεοῦ ἐφώτισεν αὐτήν, καὶ ὁ λύχνος αὐτῆς τὸ ἀρνίον" ist so auffallend, dass an eine zufällige Uebereinstimmung wohl nicht gedacht werden kann.

13) Der individuelle Geist des Menschen. Er wird ausdrücklich ein Theil *(ansa)* des höchsten göttlichen Geistes genannt. Von ihm handeln die nun folgenden Sloken (7 bis 11). — Ueber das Verhältniss des individuellen Geistes zum göttlichen Geiste vergleiche man auch Mundaka-Upanischad II, 1, 1. (Bibl. Ind. Vol. XV. p. 156): „This is the truth: As from a blazing fire in thousand ways similar sparks proceed, so, O beloved, are produced living souls of various kinds from the indestructible (Brahma) and they also return to him."

14) *Dschiraloke dschivabhuta.* Thomson übersetzt: having assumed life in this world of life. Unter dem Leben ist hier das materielle Leben zu verstehen, welches sein Prinzip in der Natur, dem Unentfalteten (der *mûlaprakriti*) hat, und das mit dem Untergange der Welt aufhört. Nach indischer Anschauungsweise bezieht sich der Begriff des Lebens nur auf dasjenige, was dem Tode unterworfen ist. Daher findet er auf das Wesen des unsterblichen Geistes keine Anwendung. Uebrigens wird in dieser Sloke ganz deutlich der im Menschen vorhandene Dualismus von Geist und Natur gelehrt.

15) *Mana: schaschtánindrijani.* Wörtlich: die Sinne, unter denen das *Manas* der sechste ist. Dass das *Manas* als ein innerer Sinn angesehen wird, der die Eindrücke der äusseren Sinne zusammenfasst und dem Geiste vermittelt, ist schon oben bemerkt worden. — Was die Construktion betrifft, so stimmt sie ganz mit der altdeutschen Redeweise überein,

8 Welchen Leib dieser Herr erlangt, aus welchem auch er wieder geht,
Dem eint er sich, entführend die[17]), wie Düfte Wind aus ihrem
Bett[18]).

9 Gehör, Auge und das Gefühl, den Geschmack auch und den Geruch
Beherrschend und das Herz, verkehrt Jener hier mit der Sinnenwelt[19]).

10 Wenn er ausgeht und wenn er bleibt und geniesst, eigenschaft-
begabt[20]),

Erblicken ihn die Thoren nicht; Erkenntnissaug'ge sehen ihn[21]).

----

wie sie sich z. B. im Nibelungenliede findet (v. 246): „Ich wil selbe zwelfter in Gun-
theres lant."

16) *Karschati* übersetzt Schlegel mit attrahit. (Thomson: attracts. Burnouf:
attire.) Thomson bemerkt dazu: „This is a mode of showing the connection
between the soul and matter. The senses and the heart are the links
between the soul and the external world. When therefore the soul
enters the body, it attracts to itself, that is, connects with itself these
senses, by which it is enabled to obtain that knowlegde of the universe,
which aids its emancipation." Es liegt auf der Hand, dass dieser Vorstellung
die Erkenntniss der Wahrheit zu Grunde liegt, dass die Seele die forma corporis
(im Sinne der Aristoteliker) ist.

17) Die Sinne nämlich. Den Ausdruck *grihitva* übersetzt Schlegel mit: illis accep-
tis. Thomson: by snatching. Burnouf (frei und ungenau): il les a toujours
avec lui dans sa marche. Der Sinn ist: wenn der Geist beim Eintritt des Todes
den Körper verlässt, so nimmt er die Fähigkeit der sinnlichen Wahrnehmungen mit
sich, wie der Wind den Blüthenduft entführt.

18) Unter diesem Bett (wörtlich: Wohnung, *râsajât*) sind die Blumen zu verstehen, welche
als Sitz der Wohlgerüche gedacht werden.

19) Unter dem Beherrschen der Sinne durch den Geist ist hier dasselbe zu verstehen, was
oben mit dem Ausdruck an sich reissen *(karschati)* bezeichnet wurde. Thomson
bemerkt: „The meaning of this sloka is, that whitout the soul and the
vital energy which accompauies it, the senses would be passive and
have no connection with the wordly objects, which they are intended
to grasp. By their intervention the soul, when it has once pervaded
and directed them, becomes cognisant of the objects of sense."

20) *Gunânritam* übersetzt Schlegel: qualitatibus consociatum. Thomson:
actuated by the qualities. In welcher Weise die Gunas auf den Geist einwirken,
wenn er mit einem Körper verbunden ist, wurde in der vorigen Lesung (sl. 5 u. ff.)
ausführlich gelehrt.

21) Diese Sloke, welche eine Polemik gegen den Materialismus enthält, beweist, welches
Gewicht die Inder auf die Erkenntniss des Dualismus im Menschen legen.

11 Bemühend sich Vertiefte seh'n den selbst in ihnen Weilenden[22]);
   Bemühend auch sich Unfert'ge[23]) erblicken nicht ihn, Thörichte.

12 Der Glanz, der in der Sonne ist und leuchtet durch die ganze Welt,
   Der in dem Mond, im Feuer ist, als Meinen Glanz erkenne den[24]).

13 Eindringend in die Erde, trag' die Wesen Ich durch Meine Kraft,
   Nähre die Kräuter alle, Saft geworden[25]), der Geschmack verleiht[26]).

14 Feuer geworden dring' Ich in den Körper der Lebendigen[27]);

---

22) Hierin scheint eine Anspielung auf das magnetische Hellsehen zu liegen, verbunden
   mit philosophischer Spekulation.

23) *Akritamano* übersetzt Schlegel: qui spirituales nondum facti sunt. Thomson: those who have not overcome themselves. Burnouf: qui ne se
   sont pas encore amendés. Der Ausdruck heisst wörtlich: die sich selbst noch
   nicht gemacht (d. i. vollendet) haben. Es ist das Gegentheil von dem unten (sl. 20)
   vorkommenden *kritakritjas*.

24) In den nun folgenden Sloken (12—16) ist die Rede von jenem allgemeinen Purûscha,
   den man die Weltseele nennen könnte und der ebenso, wie der individuelle Geist, mit
   der Gottheit consubstanzial ist. Es ist die lebendige Wirksamkeit der Gottheit im
   Weltall, welche der des individuellen Geistes im Körper analog gedacht wird und die
   schon oben (Lesung X.) ausführlich geschildert wurde, wo sich Krischna hauptsächlich
   als *Adhibhûta* (s. VIII. Anm. 1) offenbart hat. Thomson bemerkt: „This is the
   supreme Being, though not in its separate personality, but in his connection with matter. When we consider the universe in the light of a
   child produced in the womb of nature (prakriti) which is a part of the
   Supreme Being, by impregnation with spirit, the other portion of him,
   in the place of semen, we shall understand, that that semen which gives
   the strenght, the life, the vigour to the foetus, is the second *purûscha*,
   which, though really an emanation from the Supreme Being, just as
   much, as individual soul is, and remaining an emanation only so long
   as matter exists, in its development, that is during the existence of
   the universe, is so closely connected with the Supreme Spirit in his
   personal individuality, as to be identified with him, much more than
   individual soul can be."

25) *Soma* wird hier von Schlegel und Thomson mit Saft (succus, moisture) übersetzt. Der Soma-Saft scheint hier als der vorzüglichste aller Säfte (s. oben IX. Anm. 47)
   für den Begriff Kräutersaft überhaupt zu stehen. Vergl. mit dem hier ausgesprochenen
   Gedanken VII sl. 10 u. X. 39, wo sich Krischna den Samen aller Wesen nennt.

26) *Rasâtmaka*, wörtlich: dessen Natur Geschmack ist. Das Wasser (dem in den Pflanzen
   der Saft entspricht) steht nach der Anschauung der indischen Philosophie in besonderer
   Beziehung zum Geschmack (s. oben VII. sl. 8).

27) Unter dem Feuer *(vaisrânara)* ist hier die Wärme des animalischen Körpers (insbeson-

Mit Ein- und Aushauch verbunden, koch' Ich vierfache Speise aus [28]).

15 Ich sitze auch im Herzen eines Jeden [29]); von Mir Gedächtniss,
Kenntniss ist und Schliessen.

In allen Vedas bin Ich zu erkennen [30]), Vedanta-Lehrer [31]) Ich, und
Veda-kundig.

---

dere die des Magens) zu verstehen, die auch dem Aristoteles, der die vier alten Elemente im Körper zu finden glaubte, als das des Feuers erschien.

28) Das Wort k o c h e n scheint hier, wie T h o m s o n bemerkt, für den Begriff des Verdauens gebraucht zu sein. Was unter der vierfachen Speise zu verstehen, erklärt der Scholiast S r i d h a r a s v a m i n. Die Inder unterscheiden: 1) *Bhakchja*, was gekaut wird; 2) *Bhodschja*, was getrunken wird; 3) *Lehja*, was mit der Zunge geleckt wird, und 4) *Tschosja*, was mit den Lippen gesaugt wird. — Vergl. Mundaka-Upanischad II. 1, 8—9 (Bibl. Ind. Vol. XV. p. 157): „From him proceed the seven senses, the seven flames, the seven kinds of fuel, the seven sacrifices, the seven places, in which the vital airs move, that sleep in the cavity (of the heart) and that, always seven, are ordained (for every living being). Thence (proceed) all the seas and mountains, from him proceed the rivers of every kind, thence all the annual herbs, the juice by which, together with the elements, the inner body is uphold."

29) Siehe oben XIII. sl. 17. Man vergleiche auch mit dieser ganzen Stelle Svetasvatara-Upanischad III. 8—14 (Bibl. Ind. Vol. XV. p. 56): „I know that perfect spirit, who is like the sun after darkness. Thus knowing him, a person overcomes death; there is no other road for obtaining (liberation). By him, than whom nothing is greater, than whom nothing more subtle, nothing older, who one alone stands in the heavens like an unshaken tree, by him, the perfect spirit, all this is pervaded... He is the perfect spirit (puruscha) of the measure of a thumb, the inner soul, who always abides in the heart of every man, the ruler of knowlegde, who is concealed by the heart and mind. Those who know him, become immortal. The perfect spirit of thousand heads, of thousand eyes and thousand feet, pervading every where the world, dwells ten fingers above (the navel in the heart)"; und ibid. V. 5 (l. c. p. 63): „He who the cause of the universe, brings to maturity the nature, who changes all beings, which can be brought to maturity, who, one alone, overrules this whole universe and who distributes all the qualities."

30) Der Sinn ist offenbar: Ich bin das Hauptobjekt der Erkenntniss, welche aus den Vedas zu schöpfen ist, und bin in den Vedas ebenso gegenwärtig, wie in der übrigen Schöpfung und im Herzen der Menschen. Man vergleiche damit Joan. 5, 39: „Ἐρευνᾶτε τὰς γραφὰς καὶ ἐκεῖναί εἰσιν αἱ μαρτυροῦσαι περὶ ἐμοῦ." Der Ausdruck erinnert übrigens auch an die Aussprüche der späteren christlichen Theologen, in denen die Kenntniss Jesu Christi als der eigentliche und höchste Gegenstand der heil. Schrift bezeichnet wird; z. B. S. Bonaventura (breviloq. in prooemio): „Haec est notitia

16 Die beiden Geister in der Welt sind: theilbarer, untheilbarer;
   Theilbarer sind die Wesen all'; untheilbarer darüber steht[32]).
17 Und noch ein andrer höchster Geist die höchste Seele wird ge-
                                              nannt[33]);

Jesu Christi, ex qua originaliter manat firmitas et intelligentia totius
scripturae sacrae." Vergl. auch Svetasvatara-Upanischad V. 6 (Bibl. Ind.
vol. XV. p. 63): „He is concealed in the Upanischads, that are concealed
in the Vedas."

31) *Vedanta* bedeutet hier überhaupt (wie Bopp im Glossar. angiebt): doctrina theo-
logica et philosophica, quae Vedis innititur. *Vedantakrit* heisst demgemäss:
Urheber der theologischen und philosophischen Lehren, welche die Erklärung der
Vedas zum Zweck haben. Dass nur die philosophischen Schriften der Uttara-Mi-
mansa, welche auch den Namen Vedanta führt, hier gemeint seien, wäre zwar an
und für sich nicht unmöglich, da der Verfasser der Bh. G., obgleich sein System sich
hauptsächlich an die Sankhja anschliesst, auch auf diese Lehre vielfältig Rücksicht
nimmt; doch würde eine so ausschliessliche Hervorhebung der Vedantalehre an dieser
Stelle ihn offenbar als einen Anhänger dieser Schule bezeichnen, im Gegensatz zur
Sankhja, was mit dem übrigen Inhalte des Gedichtes in Widerspruch steht, und vom
Verfasser gewiss nicht beabsichtigt war.

32) Diese Sloke ist eine Recapitulation des bisher über den individuellen Puruscha und
den allgemeinen Weltgeist Gesagten. Der erstere wird hier durch das Wort *kschara*,
theilbar, bezeichnet, und der letztere *akschara*, untheilbar, genannt. Zugleich
erhellt aus dem Satze: „theilbar sind die Wesen all' *(sarvani bhûtani)*, dass in allen
Wesen, auch in den Thieren, Pflanzen und leblosen Geschöpfen, nach der indischen Vorstellung ein Geist *(puruscha)* wohnt.

33) Hier ist von der, von der Welt unabhängig gedachten höchsten göttlichen Persönlichkeit die Rede, deren Existenz, trotz der pantheistischen Identificirung des individuellen
Geistes und des allgemeinen Weltgeistes mit der Gottheit, in unserem Gedicht immer
noch festgehalten und, wie wir gesehen haben, an verschiedenen Stellen ausdrücklich
gelehrt wird (VII. sl. 5—7. ibid. 24—26. VIII. sl. 9 u. 20. IX. 4—8 u. 10—11. X.
sl. 14—15). Dieselbe wesentliche Verschiedenheit des höchsten göttlichen Wesens von
der Welt wird auch in der Svetasvatara-Upanischad gelehrt, und sogar die
endliche Befreiung von der Erkenntniss dieser Verschiedenheit abhängig gemacht: L 7
(Bibl. Ind. vol. XV. pag. 49): „The knowers of Brahma, knowing him in this
(universe) as different (from it) become free from birth, when they are
absorbed in Brahma and steady in abstract meditation." Ebenso ibid. V.
1 (l. c. p. 62): „He, the immortal, infinite, supreme Brahma, in whom
both, knowlegde and ignorance abide unmanifested, — ignorance
verily is mortal, knowlegde verily immortal — and who again rules
knowlegde as well as ignorance, is different (from them)." Hier scheint
unter knowlegde *(vidja)* und ignorance *(avidja)* Geist und Natur verstanden zu
werden, wie ja in der Vedanta-Philosophie gewöhnlich die Prakriti mit Unwissenheit

Durchdringend die dreifache Welt, trägt er sie, dieser ew'ge Herr[33b]).

18 Weil über dem Theilbaren Ich, höher als Untheilbarer auch,
Drum werd' in Welt und Veda Ich gefeiert als der höchste Geist[34]).

---

bezeichnet wird. — Wilhelm v. Humboldt bemerkt über den dreifachen Begriff des Puruscha, der in der Bh. G. gelehrt wird (l. c. pag. 28): „Krischna unterscheidet einen dreifachen, den theilbaren, mit allen Geschöpfen identischen, den untheilbaren, auf dem Gipfel stehenden, und einen dritten, der höchste oder Urgeist genannten, der die Welten durchdringend, sie ernährt und beherrscht ... Man erkennt hier wieder die Methode, allgemeine Begriffe real zu setzen. Dem in die Geschöpfe vertheilten geistigen, als Vermögen, sich zu vertheilen, zusammengefassten Wesen wird ein zweites von entgegengesetzter höherer Natur gegenübergestellt, zur Vollendung des Begriffes müssen aber auch beide wieder in einem noch höheren, der ihre entgegenstehenden Eigenschaften in sich vereinigt, zusammengefasst werden." Ich halte den Versuch, auf solche Weise Hegel'sche Ideen in die Lehre der Bhagavad-Gita hineinzutragen, für vollkommen unberechtigt. Nicht durch Generalisirung und Abstraktion sind die Inder auf die Idee des lebendigen, persönlichen Gottes gekommen, sondern umgekehrt, von der aus der Urtradition stammenden Kenntniss desselben und seiner Unermesslichkeit ausgehend, haben sie allmählich das ganze Weltall und den einzelnen Geist zu vergöttlichen und mit Gott, durch poetische Uebertreibung seiner Allgegenwart, zu identificiren gesucht.

33b) Vergl. VII. Anm. 16 und Svetasvatara-Upanischad VI. 1—2 (l. c. p. 65): „From delusion some sages say, that the own nature of things is the cause of the universe, others, that the time it is; but it is the glory of God in the world, by which this wheel of Brahma revolves. For over-ruled by him, by whom this all is eternally pervaded, who is alwise, the lord of time possessèd of (all) qualities, omniscient, turns round the creation."

34) Auch dieser Vers ist (wie oben sl. 15) ein Beweis dafür, dass die Annahme, welche in der obigen Allegorie vom heiligen Feigenbaum einen Tadel der Vedas erblicken will, falsch ist. — Indem sich Krischna hier ausdrücklich mit dem dritten, höchsten Puruscha identificirt, stellt er sich unzweideutig als Incarnation des höchsten, persönlichen Gottes, der, von der Welt unabhängig, sie trägt und regiert, dar, eine Vorstellung, die ihren Ursprung nur in der Kenntniss der Lehren des Christenthums haben kann. Fast noch deutlicher, als in der Bh. G. wird die Erhabenheit des höchsten Gottes über die individuellen Seelen und seine Verschiedenheit von denselben in der Svetasvatara-Upanischad gelehrt. Dort heisst es VI. 13 (Bibl. Indic. vol. XV. p. 67): „He is the eternal one among those that are eternal (i. e. among the souls) the conscious one among those that are conscious, the one among the many, who dispenses desirable objects. Whoever knows this cause, the god, who is to be comprehended by the Sankhya and Yoga, is liberated from all bonds;" ferner ibid. VI. 17 (l. c.): „He is like himself, immortal and abiding in the form of Ruler, alwise, omnipresent,

19 Wer so, befreit von Irrthum, Mich erkennet als den höchsten Geist,

Der, Alles wissend[35]), verehrt Mich in jeder Weise[36]), Bhârata!

20 So ist verborgenste Lehre von Mir erklärt, Sündloser! nun;

Wer die versteht, verständig wär' und gänzlich fertig[37]), Bhârata!

---

the preserver of this world; he rules eternally this world; there is no other cause of the dominion (of the world);" und ibid. 19: „Who is without parts, without action, who is tranquil, blameless, without spot, the last bridge to immortality, like fire when it consumes the wood." Die Spuren christlicher Ideen in diesen Worten sind unverkennbar.

35) Die Kenntniss des höchsten Gottes wird hierdurch als eine alles Wissen erschöpfende dargestellt, ebenso wie im Neuen Testament: Ephes. 3, 19: „Γνῶναί τε τὴν ὑπερβάλλουσαν τῆς γνώσεως ἀγάπην τοῦ Χριστοῦ· ἵνα πληρωθῆτε εἰς πᾶν τὸ πλήρωμα τοῦ Θεοῦ" und 1. Corinth. 2, 2: „Οὐ γὰρ ἔκρινα τοῦ εἰδέναι τι ἐν ὑμῖν, εἰ μὴ Ἰησοῦν Χριστόν."

36) *Sarvabhâvena.* Schlegel: omni vitae ratione. Thomson: by every condition. Burnouf: par toute sa conduite.

37) *Kritakritjas* übersetzt Schlegel: omni negotio defunctus. Thomson: will do his duty. Burnouf: son oeuvre doit être accompli. *Kritakritja* bedeutet wörtlich: der seine Absicht, seinen Zweck, erreicht hat, zufriedengestellt ist. Hier hat es jedenfalls den Sinn der geistigen Vollendung, Reife, so dass nichts mehr zu erstreben, zu erreichen und zu erkennen ist, mit Rücksicht auf den in der vorigen Sloke gebrauchten Ausdruck: *sarvavid* (Alles wissend).

Sechszehnte Lesung.

Der Erhabene spricht:

1 Furchtlosigkeit, Geistesreinheit, in Weisheitsvertiefung[1]) Bestand,
Almosen, Zucht, Opfer, stille Lesung[2]), Busse, Aufrichtigkeit,

2 Unschuld, Wahrheit, Sanftmuth, Verzicht, Beruhigung, Ungrausam-
keit,

Mitleid mit Wesen, Ungeilheit, Gutmüthigkeit, Schaam, Festigkeit,

3 Stärke, Geduld, Beständigkeit, Reinheit, Milde, Bescheidenheit,
Sind Dessen, der für göttliches Loos ward geboren, Bhârata[3])!

---

1) Im Original steht hier das Wort: *Dschnânajoga*, das wir oben (II. Anm. 54) im Gegensatz von *Karmajoga* als das noch Höhere und Vollkommenere als diese kennen gelernt
haben. Krischna kann es nicht unterlassen, obgleich er den Ardschuna hauptsächlich
zur Karmajoga ermahnt, ihn doch gelegentlich immer wieder auf das noch höhere
hinzuweisen, ohne jedoch ein strenges Gebot für ihn daraus zu machen, ebenso wie
Christus im Evangelium die freiwillige Armuth und vollkommene Keuschheit als das
Vorzüglichere lehrt, ohne das damit verbundene Opfer von allen seinen Nachfolgern
zu verlangen (Matth. 19. 12 u. 21). — Hiermit hängt, wie es scheint, der unten
gebrauchte Ausdruck: „Nicht traure!" u. s. w. (sl. 5) zusammen, wodurch ein mög-
liches Missverständniss von Seiten Ardschunas verhütet werden soll. Vergl. auch VI.
sl. 37—47.

2) *Swâdhjâja* übersetzt Schlegel: pia meditatio. Thomson: study. Das Wort
bedeutet: tacita vel susurrans lectio Vedorum. (Bopp.) Vergl. IV. Anm. 45.

3) „Der sechzehnte Gesang ist" (wie W. v. Humboldt sich ausdrückt l. c. S. 50)
„ganz der Auseinandersetzung der Vorherbestimmung der zu göttlichem und dämonischen Schicksal Gebornen gewidmet." Mit Rücksicht auf die oben schon angedeutete
Vermuthung, dass der letzte Theil der Bh. G. möglicher Weise einen andern Verfasser
habe (s. oben XII. Anm. 22), bemerkt Humboldt (ibid. S. 52): „Fremd scheint allerdings die Vorstellung ... der Vorherbestimmung zu dämonischem Schicksal, da man
nicht sieht, ob die dem ganzen übrigen Gedicht zu Grunde liegende Idee, dass die
feste Richtung auf die Gottheit aus jedem Zustande zur Vollendung führen kann, auch
auf die dämonischen Naturen Anwendung finden soll und vielmehr das Gegentheil
ausgemacht erscheint. Aber es könnte wohl hierin nur der in der Naturverkettung
nothwendig liegende Fatalismus, und mehr eine Thatsache, mithin eine bedingte Möglichkeit, als eine unbedingte, im Wesen der Dinge selbst ruhende ausgesprochen sein."
Hierzu ist zunächst zu bemerken, dass die in diesem Gesange ausführlich erörterte
Idee von dem göttlichen und dämonischen Loose *(sampada dairi und asuri)* doch
schon an zwei Stellen des zweiten Theiles der Bh. G. hervortritt, nämlich Lesung VII.

4 Heuchelei, Hochmuth, Uebermuth, Zorn und beschimpfendes Ge-
          spräch,
Unwissenheit, sind Dessen, der geboren für dämonisch Loos.

5 Göttlich Loos zur Befreiung führt, zur Fesslung das dämonische[4]).
Nicht traure! Für göttliches Loos bist du geboren, Pândava[5])!

6 Der Wesen zwei Naturen giebt's, göttliche und dämonische.
Göttliche reichlich ward erklärt[6]); dämonische nun hör' von Mir.

---

sl. 15 („folgend dämonischer Natur") und IX. sl. 12 („dämonischer, ungöttlicher Natur
nur folgend, trüg'rischer"), obgleich dort nicht der Ausdruck *sampada* (Loos, Schicksal)
vorkommt, wohl aber die Worte *bhâra* und *prakriti* (Natur), die mit dem unten (sl. 6)
vorkommenden *sarga* gleichbedeutend sind. (Schlegel übersetzt dort: indoles und
natura; hier ebenfalls indoles.) Humboldt hat übrigens offenbar Recht, wenn
er den Begriff *sampada* hier nicht in dem Sinne von unabänderlicher Nothwendigkeit
(Prädestination) fassen will, sondern ihn vielmehr als Bezeichnung der Thatsache
erklärt, dass von den Menschen die Einen den guten, und die Andern (durch ihre
Schuld und ohne innere Nothwendigkeit) den bösen Weg einschlagen. Da indessen
diese Anschauungsweise (soviel bisher bekannt) der Bhagavadgita eigenthümlich ist
und in anderen indischen Urkunden sich nicht wiederfindet, so dürfte die Annahme gerechtfertigt sein, dass wir hier wieder die Aufnahme einer christlichen Idee in das System
der Bh. G. zu registriren haben. Abgesehen von der oben schon als Analogon citirten
Stelle (Joan. 8, 44): „ὑμεῖς ἐκ πατρὸς τοῦ διαβόλου ἐστέ," vergleiche man insbesondere mit der ganzen hier vorgetragenen Lehre von dem göttlichen und dämonischen
Loose Matth. 7, 13—14: „Εἰσέλθετε διὰ τῆς στενῆς πύλης· ὅτι πλατεῖα ἡ πύλη, καὶ
εὐρύχωρος ἡ ὁδὸς ἡ ἀπάγουσα εἰς τὴν ἀπώλειαν, καὶ πολλοί εἰσιν οἱ εἰσερχόμενοι
δι' αὐτῆς. Ὅτι στενὴ ἡ πύλη καὶ τεθλιμμένη ἡ ὁδὸς ἡ ἀπάγουσα εἰς τὴν ζωήν, καὶ
ὀλίγοι εἰσὶν οἱ εὑρίσκοντες αὐτήν." Dabei ist beachtenswerth, dass auch der Ausdruck πύλη (Thor), der hier gebraucht wird, sich unten (sl. 21. „Dreifach ist dieses
Höllenthor") wiederfindet.

4) Damit ist nicht gemeint, dass dieses Endziel beider Loose sofort und ohne Umwege
   erreicht werde. Mit Recht bemerkt Thomson: „After a sojourn in the world
   of the Devas, the soul is again invested on earth with the body of the
   higher and superior among man, to whom the practice of devotion is
   easier then to others. On the other hand, after a sojourn among the
   Asuras, it is invested with the body of some animal, or, at best, with
   that of an inferior man, to whom the practice of devotion is almost
   impossible and transmigration consequently more liable to ensue."

5) S. oben Anm. 1. Man vergleiche mit diesem Satze Joan. 14, 1—3: „Μὴ ταρασσέσθω
   ὑμῶν ἡ καρδία... ἐν τῇ οἰκίᾳ τοῦ πατρός μου μοναὶ πολλαί εἰσιν... παραλήψομαι
   ὑμᾶς πρὸς ἐμαυτόν· ἵνα, ὅπου εἰμὶ ἐγώ, καὶ ὑμεῖς ἦτε."

6) Nicht blos in den ersten drei Sloken dieses Abschnittes, sondern an vielen Stellen in
   den vorhergehenden Gesängen, insbesondere VI. 1—9. XII. 6—20. XIV. 22—27.

7 Handeln und Unterlassen auch versteh'n nicht die Dämonischen[7]);
Nicht Reinheit, Rechtthun nicht, noch auch Wahrheit bei Diesen
findet sich.

8 Ohne Wahrheit sei, ohn' Bestand die Welt, sagen sie, ohne Herr'n[8]),
Nicht aus Ursach-Zusammenhang entstanden[9]), nur für Lustgenuss[10]).

---

7) Vergl. oben IV. sl. 17.

8) Die drei Epitheta *asatjam, apratischtam* und *anisvaram* (ohne Wahrheit, ohne Bestand,
ohne Herren) erfordern eine nähere Erklärung. Thomson sucht das erstere zu erklären, indem er sagt: „they deny the truth of the creation and preservation
of the world as taught by the Vedas or the schools of philosophy." Mir
scheint es wahrscheinlicher, dass durch diesen Ausdruck bezeichnet werden solle, es
gebe überhaupt in der Welt keine Wahrheit, in dem Sinne der skeptisch-spöttischen
Frage des Pilatus: Was ist Wahrheit? d. h. es giebt keine Wahrheit, die Welt ist
ohne Wahrheit, wenn man es nicht vorziehen wollte, hierin eine polemische Anspielung
auf die von der späteren Vedanta-Philosophie bis zum reinen Idealismus ausgebildete
Lehre von der Maja zu finden, nach welcher die ganze Welt eine blosse Täuschung
ist. (Vergl. Balabodhani 41—43: „Der scheinbare Lebendige hält diese scheinbare
Welt für real, der andere, wirkliche aber für falsch.... Es wird nur gesehen durch
Unwahrheit.") — Der Ausdruck *apratischta* (ohne Bestand) bezieht sich auf die Läug-
nung der ewigen Fortdauer der Welt durch immer neue Schöpfungen, und insbesondere auf die der ewigen Fortdauer des Geistes; und die Bezeichnung *anisvara* nicht
bloss auf die Leugnung des persönlichen ausserweltlichen Gottes, sondern auch auf die
des individuellen, mit Gott consubstanzialen Geistes, der ebenfalls *isvara* (Herr) genannt
wird, und von dem oben (XV. sl. 10) gesagt wurde, dass die Thoren ihn nicht erblicken.
Der Begriff des Atheismus fällt bei den Indern mit dem des Materialismus (der Läug-
nung des individuellen Geistes und seiner wesentlichen Verschiedenheit von der
Prakriti, der Materie) zusammen.

9) *Aparasparasambhûtam* übersetzt Schlegel: non ex certa causarum successione
ortam, und Thomson bemerkt dazu: „The regular succession of supreme
spirit to nature, nature to manifest matter, and of this last again in
the philosophical order already described." Die grammatische Rechtfertigung
dieses Sinnes giebt Lassen ausführlich in der Anmerkung zu dieser Stelle. Der Sinn
ist demgemäss: sie läugnen die göttliche Schöpfung und die Ordnung in der Entwickelung der Welt und halten dieselbe (wie die Epikuräer) für ein Produkt des Zufalls.

10) *Kâmahaitukam*, wörtlich: Lust-ursachig. Schlegel übersetzt: nihil aliud nisi
casus ludibrium, was sich durch den Wortsinn nicht rechtfertigen lässt. Thomson
treuer und, wie ich glaube, richtiger: that it is there for the sake of enjoyment.
Das Wort *kâma* wird in diesem ganzen Abschnitt im Sinne von Lust, Wollust, sinnliche Begierde gebraucht und darf daher auch hier wohl nicht anders erklärt werden.
Haituka (von *hetu*, Ursache, Grund) kann sowohl aktive als passive Bedeutung haben
und daher kann *kâmahaituka* übersetzt werden, entweder zur Wollust, zum Genuss
Grund oder Anlass gebend, oder: durch Wollust verursacht. Wollte man es im

9 Auf diese Meinung stützend sich, verderbten Geist's, wenig ver-
steh'nd,
Sind Uebelthat-Vollbringer sie, der Welt Verderben strebend an[11]).
10 Ergeben nimmersatter Lust, mit Trug, Hochmuth, Thorheit erfüllt,
Muthwill'ge Streiche übend[12]), geh'n Unreinheit liebend sie dahin.
11 Unmessbarem Nachsinnen, das im Tode endigt[13]), weihend sich,
Geh'n ganz in Lustgenuss sie auf; „soweit es geht"[14]), dies ihr
Entschluss.

---

letzteren Sinne fassen, dann läge hierin vielleicht eine Anspielung auf die oben
(XI. Anm. 20) erwähnte Vorstellung, dass Brahma Pradschapati durch die Lust
(kâma) an seiner Selbstbespiegelung zum Schaffen veranlasst wurde. Eine Polemik
gegen diese Ansicht scheint mir jedoch bei dem Verfasser der Bh. G. sehr unwahrscheinlich und dürfte wohl an dieser Stelle am allerwenigsten zu erwarten sein. Desshalb ziehe ich es vor, mit Thomson haituka hier im aktiven Sinne zu fassen, so
dass der Sinn ist: nur die Lust der Geschöpfe ist der Grund der Existenz der Welt.

11) Kschajâja dschagato hitâ: übersetzte Schlegel ursprünglich: in mundi perniciem
intenti, und verbesserte es in der zweite Ausgabe in: generi humano perniciosa,
indem er hitâ: auf karmanas bezog. Ich halte jedoch die erstere Auffassung, der
auch Thomson (they prevail for destruction) und Burnouf (sont les
ennemis du genere humain) folgen, für natürlicher und richtiger. Der Sinn ist
dann: sie werden der Welt durch ihre Uebelthaten verderblich. Sollte hierin vielleicht ein Anklang an die biblische Vorstellung vorhanden sein, dass die Sünden und
Uebelthaten der Menschen den Untergang der Welt beschleunigen? (Vergl. Genes.
6, 5 u. ff. Matth. 24, 12. und Luc. 17, 26—30.)

12) Mohâdgrihîtrâsadgrâhân übersetzt Schlegel: stulte ineptias aucupantes.
Thomson: in their folly they adopt wrong conceptions. Burnouf: l'er-
reur les entraîne à d'injustes prises. Asadgrâha bedeutet (nach dem Lexicon
der Petersburger Akademie) ein muthwilliger, böser Streich. Ich sehe keine Veranlassung, diesen Ausdruck hier auf das Erfassen thörichter Meinungen zu beschränken.

13) Tschintâm aparimejâm pralajântâm wird von Schlegel übersetzt: cogitatione
sine termino evagante, leto omnia finiri; wogegen Thomson es gewiss richtiger wiedergiebt: indulging unlimitid reflexions that end in annihilation,
obgleich ich es vorziehe, bei der gewöhnlichen Bedeutung von pralaja, Tod, auch
hier zu bleiben und pralajântâm mit „im Tode zu Ende gehend" zu übersetzen.
Aparimeja heisst wörtlich: unmessbar; hier wohl in dem Sinne von: ausschweifend,
thöricht. Man vergleiche mit diesem Ausdruck Röm. 1, 21: „ἐματαιώθησαν ἐν τοῖς
διαλογισμοῖς αὐτῶν." Tschinta (Gedanke) bezieht sich hier wohl nicht auf falsche
theoretische Grundsätze und Anschauungen, sondern vielmehr auf praktische Pläne,
Anschläge, wie sie ihren Begierden fröhnen können.

14) Etâvat kann als Adjektivum: so gross, von solcher Beschaffenheit, der-
artig, oder als Adverbium: so viel, so weit, bis hierher, aufgefasst werden.

12 Von hundert Hoffnungen umstrickt, in Gier und in Zorn ganz versenkt,

Suchen zur Gierbefriedigung durch Unrecht sie Schatzaufhäufung.

13 „Dies heut' von Mir erworben ward, die Freude werd' erlangen
Ich;

Dieser Gewinn ist Mir bereits, der wird Mir werden wiederum.

14 Der Feind von Mir erschlagen ist, die andern werd' Ich tödten auch.

Herr bin Ich, Ich Geniessender, Vollendeter, glücklich und stark.

15 Reich bin Ich, edel von Geburt; welch' Anderer ist ähnlich Mir?

Will opfern, schenken, Mich erfreu'n." So diese unverständ'gen
Thor'n.

16 Von vielen Gedanken verwirrt, umgeben von der Thorheit Netz,

Hängend an Gierbefriedigung, geh'n zur unreinen Hölle sie[15]).

17 Sich selbst hochschätzend, hartnäckig, von Schätzen, Stolz und
Thorheit voll,

Ich ziehe mit Schlegel das Letztere vor. Die Stelle erinnert an 1. Corinth. 15, 32:
„φάγωμεν καὶ πίωμεν· αὔριον γὰρ ἀποθνήσκομεν" (Isai. 22, 13).

15) Diese ganze Stelle (Sl. 12—16) erinnert dem Sinne sowohl als dem Ausdrucke nach
lebhaft an Luc. 12, 16—20: „Ἀνθρώπου τινὸς πλουσίου εὐφόρησεν ἡ χώρα. Καὶ
διελογίζετο ἐν ἑαυτῷ, λέγων· τί ποιήσω; ὅτι οὐκ ἔχω ποῦ συνάξω τοὺς καρπούς μου;
καὶ εἶπε· τοῦτο ποιήσω· καθελῶ μου τὰς ἀποθήκας καὶ μείζονας οἰκοδομήσω· καὶ
συνάξω ἐκεῖ πάντα τὰ γεννήματά μου, καὶ τὰ ἀγαθά μου. Καὶ ἐρῶ τῇ ψυχῇ μου·
ψυχή, ἔχεις πολλὰ ἀγαθὰ κείμενα εἰς ἔτη πολλά· ἀναπαύου, φάγε, πίε, εὐφραίνου.
Εἶπε δὲ αὐτῷ ὁ Θεός· Ἄφρον κ. τ. λ." Dazu vergleiche man noch (namentlich in
Rücksicht auf die vorhergehenden Sloken 8 u. 11) Sap. 2, 2 u. ff.: „Ὅτι αὐτοσχεδίως
ἐγεννήθημεν καὶ μετὰ τοῦτο ἐσόμεθα ὡς οὐχ ὑπάρξαντες..... ὅτι καπνὸς ἡ πνοὴ ὁ
βίος ἡμῶν καὶ οὐκ ἔστιν ἀναποδισμὸς τῆς τελευτῆς ἡμῶν, ὅτι κατεσφραγίσθη, καὶ
οὐδεὶς ἀναστρέφει. Δεῦτε οὖν καὶ ἀπολαύσωμεν τῶν ὄντων ἀγαθῶν καὶ χρησώμεθα
τῇ κτίσει ὡς νεότητι σπουδαίως. Οἴνου πολυτελοῦς καὶ μύρου πλησθῶμεν . . .
στεψώμεθα ῥόδων κάλυξι, πρὶν ἢ μαρανθῆναι . . . καταδυναστεύσωμεν πένητα δίκαιον,
μὴ φεισώμεθα χήρας μηδὲ πρεσβύτου ἐντραπῶμεν πολιὰς πολυχρονίους. Ἔστω δὲ
ἡμῶν ἡ ἰσχὺς νόμος τῆς δικαιοσύνης, τὸ γὰρ ἀσθενὲς ἄχρηστον ἐλέγχεται κ. τ. λ." —
Naraka, (Schlegel: infernum) ist derjenige Theil der Unterwelt, welcher speziell
für die Bestrafung der Menschen bestimmt ist, während Pâtâla den Aufenthalt der
Asuras und aller übermenschlichen Götterfeinde bezeichnet. Der Naraka besteht nach
dem Vischnu-Purana aus 28 Abtheilungen, von denen die eine immer schrecklicher als die andere ist, und wo die verschiedenen Laster, jedes in eigenthümlicher
Weise, wie in der Hölle des Dante, gestraft werden.

Opfern sie Namensopfer nur [16]), heuchlerisch, nicht nach rechtem
Brauch,

18 Selbstsucht, Gewaltthätigkeit, Stolz, Wollust und Zorn sich hin-
gebend,

Mich in sich selbst und And'rer Leib hassend [17]), redend Verwün-
schungen.

19 Die, Meine grimm'gen Feinde, in der Welt der Menschen Niedrigste,

Werf immer Ich, die Unsel'gen, in dämonischen Mutterschooss [18]).

20 In dämonischen Schooss gelangt, thöricht von Geburt zu Geburt,

Mich nicht erlangend, Kaunteja, gehen sie dann den tiefsten Weg [19]).

---

16) *Nâmajadschnais jadschante.* Schlegel: ad simulationem sanctitatis operantur
sacris. Thomson wörtlich: worship with nominal sacrifices. Vergl. Matth.
23, 23: „Οὐαὶ ὑμῖν Γραμματεῖς καὶ Φαρισαῖοι ὑποκριταὶ ὅτι ἀποδεκατοῦτε τὸ ἡδύοσ-
μον καὶ τὸ ἄνηθον καὶ τὸ κύμινον· καὶ ἀφήκατε τὰ βαρύτερα τοῦ νόμου, τὴν κρίσιν
καὶ τὸν ἔλεον, καὶ τὴν πίστιν.“ — Man vergleiche auch, was in der Tschandogja-
Upanischad von den Asuras erzählt wird, nach denen die Menschen „dämonischer
Natur“ dort benannt werden (VIII. 8, 5): „Desswegen sagt man in der Welt jetzt von
einem der nicht giebt, nicht glaubt und nicht opfert: er lebt nach Art der Asuras;
denn das ist die Lehre der Asuras“ (bei Windischmann l. c. S. 1657), oder, nach
der Uebersetzung des Radschendralala Mitra (Calcutta 1862. p. 139): „Therefore thenceforward the Asuras give no alms, have no faith in good
works, and officiate at no sacrifice; hence they are called Asuras.
This is their Upanischad (canon).“

17) Mich, der ich in ihrer eigenen Seele und in den Seelen der Anderen lebe. Vergleiche
Isa-Upanischad 3 (Bibl. Ind. Vol. XV. p. 72): „To the godless worlds with
gloomy darkness go all the people, when departing (from this world),
who are slayers of their souls. Der Ausdruck erinnert an Tobias 12, 10: „Qui
autem faciunt peccatum et iniquitatem, hostes sunt animae suae.“

18) D. h. sie werden im künftigen Leben im Leibe von Wesen dämonischer Natur wiedergeboren. Zu diesen werden offenbar auch die Thiere und die unorganischen Wesen
gerechnet. Beachtenswerth ist, dass Krischna sich hier selbst die Bestimmung über
die Art und Weise der Wiedergeburt und der Strafe nach dem Tode zuschreibt, ein
Beweis, dass nach der Lehre der Bh. G. auch die strafende Gerechtigkeit, den Menschen gegenüber, dem höchsten göttlichen Wesen, das also hier jedenfalls persönlich
und ausserweltlich gedacht ist, zugeschrieben wird. Nach der indischen Mythologie
ist *Jama*, der Gott der Unterwelt, derjenige, welcher die Strafen verhängt.

19) Unter diesem tiefsten Wege ist, im Gegensatz zur Auflösung in Brahma, der Aufenthalt im Naraka und die Wiedergeburt im Körper unorganischer Wesen und der
niedrigsten Thiere zu verstehen.

21 Dreifach ist dieses Höllenthor, das in's Verderben stürzt den Geist[20]):
Begierde, Zorn und Habsucht[21]). D'rum verlasse diese Dreie man.

22 Von den drei Finsterniss-Thoren[22]) wer sich befreit hat, Kaunteja,
Der geht dem eignen Heile zu; der geht daher den höchsten Weg.

23 Wer verlassend Gesetzes-Recht[23]) wandelt nach seinen Lüsten nur,
Erreichet nicht Vollkommenheit, nicht Glück, und nicht den höchsten Weg.

24 Drum sei's Gesetz die Regel dir beim Handeln und Nichthandeln auch.
Wenn durch Gesetzesspruch befohl'n das Werk du weisst, vollbring' es hier[24]).

---

20) Vergleiche Matth. 7, 13: „Πλατεῖα ἡ πύλη.... ἡ ἀπάγουσα εἰς τὴν ἀπώλειαν."

21) In die Augen springend ist die Uebereinstimmung der hier genannten Dreizahl mit den drei vom heil. Johannes, als das Wesen der Gott feindlichen Welt bildend, bezeichneten Begierden (1. Joann. 2, 16): „Ὅτι πᾶν τὸ ἐν τῷ κόσμῳ ἡ ἐπιθυμία τῆς σαρκός, καὶ ἡ ἐπιθυμία τῶν ὀφθαλμῶν, καὶ ἡ ἀλαζονεία τοῦ βίου." Offenbar ist káma (Wollust) mit der Fleischeslust, lobha (Habsucht) mit der Augenlust identisch, und krodha (Zorn) kann sehr wohl mit der Hoffarth des Lebens (ἀλαζονεία) in Uebereinstimmung gebracht werden. Ein zufälliges Zusammentreffen in der Zusammenstellung von so charakteristischen Worten und Begriffen ist so unwahrscheinlich, dass diese Stelle einen der wichtigsten Belege für die wirkliche Benützung des Neuen Testamentes von Seiten des Verfassers der Bh. G. enthält.

22) Thore der Finsterniss werden die Höllenthore hier genannt, wie im Evangelium die Hölle als die „äusserste Finsterniss" bezeichnet wird. Matth. 8, 12: „Ἐκβληθήσονται εἰς τὸ σκότος τὸ ἐξώτερον."

23) Sástravidhim übersetzt Schlegel mit: legis scriptae praecepta, und Thomson: the law of Holy Writ. Hierunter können nur die in den Vedas enthaltenen Vorschriften verstanden sein, und auch diese Stelle ist ein Beweis, dass der Verfasser der Bh. G. nicht daran dachte, durch seine Lehren eine Geringschätzung der Vedas hervorzurufen, für wie ungenügend er sie auch immer hält, was auch schon sein Charakter als Brahmane höchst unwahrscheinlich macht.

24) Vergleiche Matth. 5, 17: „Μὴ νομίσητε ὅτι ἦλθον καταλῦσαι τὸν νόμον..... οὐκ ἦλθον καταλῦσαι, ἀλλὰ πληρῶσαι."

Siebzehnte Lesung.

Ardschuna spricht:

1 Die, verlassend Gesetzes-Recht, opfern, von Glauben doch erfüllt[1]),
Welch' Zustand derer ist, Krischna? Wesenheit, Dunkel, Leidenschaft?

Der Erhabene spricht:

2 Dreifach der Menschen Glaube ist, entstanden aus ihrer Natur[2]):
Wesenhaft, leidenschaftlich und auch finster. Diesen höre nun.

---

1) Am Ende der vorigen Lesung wurde dem Ardschuna eingeschärft, sich bei all' seinen
Handlungen an das *Sástravidhi*, worunter hier im Allgemeinen das brahmanische
Gesetz zu verstehen ist, wie es in den Vedas und in den Gesetzbüchern vorgeschrie-
ben wird, zu halten. Da jedoch Krischna in seinen Lehren wiederholt auf die
Sraddhá, den Glauben an ihn und auch an andere Götter (IX. 23) und auf das Opfer
(IV. 23—33) das grösste Gewicht gelegt hat, und dem Glauben und Opfer das höchste
Ziel, auch abgesehen von der Beobachtung des brahmanischen Gesetzes, versprochen zu
haben scheint, so ist die Frage Ardschuna's natürlich, wie es sich mit Jenen verhalte,
welche opfern und jenen Glauben haben, ohne sich dabei pünktlich nach dem brahmani-
schen Gesetz zu richten. Krischna antwortet ohne jede Zweideutigkeit, dass Glaube und
Opfer als solche an und für sich noch nicht zum Heil verhelfen, sondern dass es vor
Allem darauf ankomme, wem und mit welcher Gesinnung geopfert werde, und auf
welchen Gegenstand sich der Glaube beziehe; denn sowohl Glaube und Opfer, als
auch die anderen sogenannten guten Werke, unterliegen ebenfalls dem Einfluss der drei
Naturqualitäten und können daher unter Umständen auch schlecht und werthlos sein.
Nur das Opfer, welches „nach rechtem Brauch" geopfert wird (sl. 11) und mit der rechten inneren Gesinnung, ist wesenhaft, d. h. heilbringend, sowie andererseits die „nicht
durch Gesetz bestimmte" Busse (sl. 5) eine finstere, d. h. schlechte genannt wird. Aus
dem ganzen Abschnitt geht deutlich hervor, dass Krischna an seiner Forderung, sich
nach dem *Sástravidhi* zu richten, streng festhält. Es steht auch hiermit keineswegs in
Widerspruch, wenn er am Ende des ganzen Gedichtes, als das letzte und geheimnissvollste Wort dem Ardschuna sagt, dass er, jedes Dharma verlassend, zu Ihm
allein seine Zuflucht nehmen solle (XVIII. sl. 66); denn dort ist unter dem Ausdruck
sarvadharmán, wie wir sehen werden, keineswegs dasselbe, wie hier unter *sástravidhi*
zu verstehen, sondern vielmehr alle anderen Religionen ausser dem von Krischna
gelehrten und mit dem *sástravidhi* in Uebereinstimmung gebrachten Vischnucult.

2) *Svabháradscha* d. h. aus der durch den Einfluss der Gunas einerseits und durch das
Verhalten der Menschen gegen denselben andererseits gebildeten Eigenthümlichkeit des einzelnen Menschen entstanden.

3 Dem Wesen eines Jeden ist der Glaube ähnlich, Bhârata!

Wer immer ist ein gläub'ger Mensch, ist, wie er glaubet, selber so[3]).

4 Es opfern Wesenhafte den Göttern; den Jakschas, Rakschasas

Leidenschaftliche; den Todten, den Gespensterschaar'n Finstere[4]).

5 Die durch kein Gesetz bestimmter, schwerer Busse sich unter-

zieh'n[5]),

Von Heuchelei und Selbstsucht voll, von Lust, Gier und Gewalt

erfüllt,

6 Quälend die Elementenschaar in ihrem Leib[6]), gedankenlos,

Und Mich, der innen steht im Leib[7]), die dämonischen Strebens

wiss'[8]).

---

3) Siehe oben VIII. sl. 6. (Anm. 3.) Man vergleiche auch den Ausdruck im Evangelium (Matth. 8, 13): „ὡς ἐπίστευσας γενηθήτω σοι."

4) Vergl. oben IX. 25. Die *Preta* (wörtlich: Hinübergegangene, Todte) und *Bhûta* (s. oben IX. Anm. 55) werden häufig zusammen erwähnt als gespenstische Geister, die auf den Begräbnissplätzen hausen. Die Verehrung dieser Wesen, die nur in aber-gläubischer Furcht ihren Grund hat, wird hier als die niedrigste (finstere) Art von religiöser Verehrung bezeichnet. Ueber die Jakschas und Rakschasas ist schon oben (X. Anm. 48) gesprochen worden. Sie werden als Diener des Gottes des Reich-thums von den Leidenschaftlichen verehrt, um durch ihre Hülfe irdische Güter zu erlangen.

5) Thomson ist der Meinung, dass hier unter dem Gesetz *(sâstravidhi)* nicht die Vedas, sondern die Vorschriften des Patandschali (die in seinen Joga-Sutras enthalten sind) zu verstehen seien. Indessen enthalten auch die Gesetzbücher des Manu und Jadschna-valkja, so wie viele der zu den Vedas gehörenden Upanischads, ausführliche Vorschrif-ten über die Ausübung des Tapas.

6) *Sarîrastham bhûtagramam* übersetzt Schlegel: elementorum compagem in cor-pore constitutam. Thomson: the collection of elementary parts which compose the body. Es sind hierunter die oben wiederholt namhaft gemachten Bestandtheile der Prakriti zu verstehen, die groben und feinen Elemente, die Sinne u. s. w.

7) Die individuelle Seele, der *purûscha*, welcher den Leib bewohnt und mit der Gottheit consubstanzial ist.

8) Es wird hier auf jene ausschweifenden Bussübungen und Selbstquälereien angespielt, welche in der späteren Ausartung der Joga-Praxis vorkommen und noch heute von den indischen Fakiren übernommen werden. Hierher gehörte z. B. das Stehen auf einem Fuss, das Durchwachsen der Nägel bei fest zusammengefalteten Händen, das Hinstarren des Blickes auf einen Punkt, das Verschliessen in eiserne Käfige, das Schleifen grosser Ketten, das Umklammern von Bäumen, so dass die Nägel in die Rinde hineinwachsen, das Liegen auf spitzigen Nägeln u. s. w. H. Windischmann bemerkt darüber (l. c. S. 1481): „Solche Selbstqualen, die oft bis in's Phantastische,

7 Die Speise aber auch dreifach ist, welche einem Jeden lieb;
Opfer auch, Busse, Almosen. Von diesen hör' den Unterschied[9]).

8 Die Alter, Wesenheit, Stärke, Gesundheit, Fröhlichkeit vermehr'n,
Schmackhafte, süsse, kräftige Speisen sind Wesenhaften lieb.

----

mitunter auch bis zum Scheusslichen durchgeführt werden, entspringen aus der Bezauberung durch jenen tief eingewurzelten stolzen Wahn, der nicht nur das irdische
Lebensfeuer auszulöschen sucht, um unendliches Licht zu gewinnen, sondern der dasselbe auch mit Gewalt an sich zu reissen trachtet, und den Eigenwillen in der Seele
zu tödten trachtet, um ihn im Geiste desto unbeugsamer und herrschender zu befestigen. Dergleichen Zustände kommen nicht nur, wie man hier und da meint, bei
den Sudras, besonders unter den Sivaiten vor; sie gehören mehr oder minder allen
Jogi's an und viele von diesen Büssungsarten sind in den Vorschriften des Dharma-
sâstra (Manu's Gesetzbuch) selbst gegründet, wie z. B. die Gluthbusse zwischen
fünf Feuern.... Alles was von den Gefahren des excentrischen und egoistischen
Willens gesagt wurde, findet sich hier auf eminente Weise zusammen, und es wird
einleuchtend genug, mit welcher Energie der Wille den Menschen bei annoch vor-
waltender besserer Intention zwar noch in reinere magische Zustände versetzen, aber
bei vorherrschender Bezauberung seines Gemüthes ihn auch durchaus bestricken und
den dämonischen Gewalten überliefern kann." Es ist ein besonderes Verdienst des Verfassers der Bh. G., dass er, obgleich im Grunde der Joga-Praxis des
Patandschali das Wort redend, dennoch vor ihren Ausartungen warnt und dieselben
als dämonisches Streben bezeichnet, und seine Lehre erhebt sich namentlich dadurch hoch über alles Andere, was die indische Literatur über diesen Gegenstand
aufzuweisen hat, dass sie den höchsten Werth auf die innere Gesinnung legt und
ohne dieselbe alle äusserlichen Werke für werthlos erklärt. Diese Anschauung trägt
die deutlichste Spur des Einflusses christlicher Ideen an sich, und lässt namentlich
vermuthen, dass die Aussprüche Christi über die Heuchelei und Werkheiligkeit der
Pharisäer (insbesondere Matth. cap. 23) dem Verfasser nicht unbekannt gewesen.

9) Zur Erklärung des Zusammenhanges und insbesondere des Umstandes, dass hier, scheinbar ohne Motivirung, von der Speise die Rede ist, bemerkt Thomson richtig, dass
Krischna, indem er dazu übergeht, den Einfluss der drei Qualitäten auf das Wesen
der Menschen bei ihren religiösen Akten zu schildern, um den Gegenstand noch deutlicher zu machen, ein Beispiel, das den gewöhnlichsten Dingen entnommen ist, voran-
schickt. Er zeigt, wie selbst bei der Speise, die Jeder täglich zu sich nimmt, dieser
Einfluss sich geltend macht. — Die drei religiösen Akte, welche dann besprochen
werden, sind: *jadschna* (Opfer), *tapas* (Busse) und *dânam* (Gabe, Almosen). Die Analogie dieser drei Begriffe mit den im Christenthum (speziell in der katholischen Kirche)
dreifach unterschiedenen Arten der guten Werke: Beten, Fasten, Almosengeben
springt in die Augen und kann unmöglich für ein zufälliges Zusammentreffen gehalten werden.

9 Scharfe, sau're, salz'ge, zu sehr feur'ge, bittere, brennende,
Leidenschaftlichen sind erwünscht, die Trauer, Krankheit, Schmerz
verleih'n.

10 Abgestand'nes, Unschmackhaftes, was durch Gestank verdorben
schon,
Ueberbleibsel, Unreinigkeit, die Nahrung Finsteren ist lieb [10]).

11 Welch Opfer von Nicht-Frucht-Gier'gen [11]) nach rechtem Brauch
geopfert wird,
„Zu opfern ist," darauf das Herz nur richtend, das ist wesenhaft.

12 Doch was in Rücksicht auf die Frucht, und auch was nur aus
Heuchelei
Geopfert wird, o Bhârata, das leidenschaftlich Opfer wiss'.

13 Was gegen Brauch [12]), was ohne Mahl [13]), ohne Gebet [14]), und ohne
Lohn [15]),

10) Dass der Charakter, das Temperament, der Bildungsgrad und selbst die moralische
Beschaffenheit des Menschen Einfluss auf die Wahl seiner Speisen hat, unterliegt keinem Zweifel, sowie dass umgekehrt auch die Nahrung wieder rückwirkende Kraft auf
die geistige und moralische Natur des Menschen ausübt. Auf diesem Gesetz beruht
zum Theil die Institution des Fastens und das Verbot gewisser Speisen und Getränke
bei fast allen Völkern des Alterthums. Die hier versuchte spezielle Unterscheidung
der Nahrungsmittel in solche, die denjenigen, in welchen das *sattvam*, das *radschas*
und das *tamas* vorherrscht, homogen sind, erinnert einigermassen an die Grundsätze
der Manichäer in Bezug auf Speise und Trank, von denen der heil. Augustinus berichtet de moribus Manichaeorum cap. 13 u. ff.

11) D. h. die von keinen eigennützigen Beweggründen angetrieben werden, sondern allein
von dem Bewusstsein, dass das Opfer eine gegen Gott zu erfüllende Pflicht sei.

12) *Vidhihinam.* Schlegel: a ritu alienum d. h. ohne das vorgeschriebene Ceremoniell.

13) Die ein Opfer darbringen liessen, waren verpflichtet, den Brahmanen ein Gastmahl zu
geben.

14) *Mantrahinam.* Schlegel: sine carminibus solemnibus d. h. ohne Recitation
der in den Vedas vorgeschriebenen Hymnen (*mantras*).

15) Der Brahmane, welcher als Priester fungirte, hatte für die Darbringung des Opfers
eine bestimmte Belohnung zu beanspruchen. Die Sitte, dass die Priester für ihre
Funktionen besondere Gaben und Geschenke empfangen, war in Indien ebenso, wie
bei allen anderen Völkern des Alterthums, vorhanden; sie hat an und für sich, wenn
sie nicht missbraucht wird, nichts Anstössiges, und wird selbst durch die heil. Schrift
des Alten und Neuen Testamentes (1. Corinth. 9. 13) gebilligt. Es lag daher an und
für sich kein Grund zu der hämischen Bemerkung vor, welche Thomson zu dieser
Stelle macht: „The spirit of the Brahman here peers disgracefully through

Des Glaubens auch entbehret[16]), das ein finst'res Opfer wird **genannt.**

14 Götter-Brahmanen- und Lehrer-Verehrung[17]), Reinheit, **Rechtlich-**
keit,

Vollkomm'ne Keuschheit[18]) und Sanftmuth, leibliche Busse **wird**
genannt.

15 Nicht Aufregung bewirkend Wort[19]), wahrhaftiges, das **freund-**
lich ist,

Uebung in stiller Lesung auch[20]), der Stimme Busse wird **genannt.**

16 Herzensheiterkeit, Freundlichkeit, Stillschweigen, **Selbstzurück-**
haltung,

Reinheit der eigenen Natur, Busse des Herzens wird genannt[21]).

---

the mask of the philosopher. Like the Jew of old, and the priest of
modern days, and perhaps more then either, the Brahman knew to
acquire and keep his portion of this world's goods, and his pay for the
services he performed."

16) Vergl. Röm. 14, 23: „πᾶν δὲ ὃ οὐκ ἐκ πίστεως, ἁμαρτία ἐστίν." — Derselbe Gedanke
ist ausgesprochen: Mundaka-Upanischad I. 2, 2. (Bibl. Ind. Vol. XV. p. 153):
„With faith (sraddhajá) must be offered. By a sacrifice, which is not
accompanied with the rites on the day of the new-moon, or an the day
of the full-moon, or every four monthes, or in the autumnal season,
or where no guests are invited, or which is not done in proper time,
or which is performed without the rite to the Visvadevas, or against
the regulations — a person is robbed of the seven worlds."

17) Ueber die dem geistlichen Lehrer (gurú) nach dem Gesetz zu erweisende Verehrung
siehe oben IV. Anm. 57.

18) *Brahmatscharjam* bedeutet wörtlich: das Gelübde, der Zustand des Brahmatschari,
des Brahmanenschülers. Schlegel übersetzt: abstinentia a rebus venereis und
Thomson bemerkt: „The allusion is here to the chastity and purity
undertaken by that vow."

19) *Anudvegakaram vákjam* übersetzt Schlegel: sermo nullam commotionem
excitaturus, was Thomson durch die Bemerkung erklärt: „Such as abuse,
which excites anger, or indecent conversation, which excites desire."

20) *Srádhjájábhjásanam.* Schlegel: lectionis (librorum sacrorum) consuetudo.
Thomson: diligence in muttering prayers.

21) Diese dreifache Unterscheidung des *Tapas* (der Busse) in leibliche Busse, Busse der
Stimme, und Busse des Herzens, erinnert an das dreifache sogenannte signaculum
der Manichäer (signaculum oris, manus et sinus). Es kann überhaupt kaum
einem Zweifel unterliegen, dass sich bei den Gnostikern und Manichäern vielfache Spuren
indischer Anschauungen wiederfinden. Selbst der Name Manes scheint auf Manu
hinzudeuten.

17 Wird die dreifache Busse mit vollkomm'nem Glauben[22]) ausgeübt,
Von Männern, die nicht fruchtgierig, vertieften, heisst sie wesenhaft.

18 Die Busse, die um Gastfreundschaft[23]), Ehr' und Achtung, und
heuchlerisch
Geübt wird, leidenschaftlich wird genannt, flatterhaft, ungewiss.

19 Mit thörichtem Ergreifen[24]) die zu eig'ner Qual geübet wird,
Zu des Andern Verderben auch[25]), die Busse finst're wird genannt.

20 „Zu geben ist", was so gesinnt[26]) dem Nichtvergelter[27]) wird geschenkt,
An rechtem Ort und Zeit[28]), Würd'gem[29]), die Gabe wesenhafte
heisst[30]).

------

22) *Sraddhajā parajā*. Vergl. den Audruck *parānurakti* in den Sandilja-Sutras (2).
— Die Betonung des Glaubens, welche immer wiederkehrt, erinnert stark an das
elfte Kapitel des Hebräerbriefes, das überhaupt in Betreff des Einflusses christlicher
Ideen auf die Ausbildung der Vorstellungen von *Sraddha* und *Bhakti* eine besondere
Berücksichtigung verdient.

23) *Satkāramānapūdschārthaṃ* übersetzt Schlegel: Honorem, dignitatem ac reve-
rentiam sibi comparandi gratia. Thomson genauer: For the sake of
one's good reception, honour and respect, wozu er die Bemerkung macht:
„This proves the great esteem, in which the Yogi must have been held
even at the period at which our author writes, since impostors could
assume that character as a means of being entertained and held in
honour." Vergleiche auch Matth. 6, 2: „Ὅταν οὖν ποιῇς ἐλεημοσύνην, μὴ σαλπίσῃς
ἔμπροσθέν σου, ὥσπερ οἱ ὑποκριταὶ ποιοῦσιν ἐν ταῖς συναγωγαῖς καὶ ἐν ταῖς ῥύμαις,
ὅπως δοξασθῶσιν ὑπὸ τῶν ἀνθρώπων."

24) *Mūdhagrāhena*. Schlegel: ex inepto commento. Thomson: from an erro-
neous view, indem sie *grāha* im Sinne des Griechischen αἵρεσις fassen. Ich bleibe
bei der Grundbedeutung: Erfassen, Ergreifen, Beginnen, Unternehmen, weil
nichts nöthigt, von derselben hier abzugehen. So wird diese Stelle auch von den
Herausgebern des Lexicons der Petersburger Akademie (Vol. II. p. 863) aufgefasst.

25) D. h. um sich durch den *tapas* jene zauberischen Kräfte *(vibhūti)* zu verschaffen,
welche Patandschali den Jogi's verspricht, und durch Anwendung derselben Anderen
zu schaden. — Von dieser Art von Busse ist schon oben (Anm. 8) die Rede gewesen.

26) Ueber den Sinn und die Ausdrucksweise siehe oben sl. 11.

27) Vergleiche Luc. 14. 14: „Καὶ μακάριος ἔσῃ, ὅτι οὐκ ἔχουσιν ἀνταποδοῦναί σοι· ἀντα-
ποδοθήσεται γάρ σοι ἐν τῇ ἀναστάσει τῶν δικαίων."

28) *Deschakālatscha*. Schlegel: justo loco et tempore Der indische Scholiast ist der
Meinung, dass unter dem Ort hier ein heiliger Ort (wie z. B. Benares) und unter
der Zeit die Zeit einer Sonnen- oder Mondfinsterniss, der elfte Tag des Monats, der
Vollmond und der Morgen zu verstehen sei. Es bleibt zweifelhaft, ob der Verfasser

21 Doch was um Gegendienstes will'n, oder aus Rücksicht auf die Frucht

Gegeben wird, und ungern auch, leidenschaftliche Gabe heisst.

22 Was zur Unzeit, und nicht am Ort, und nicht Würd'gem gegeben wird,

Unfreundlich [31]), mit Verachtung auch, die Gabe eine finst're heisst.

23 Om, Tat, Sat, so die dreifache Bezeichnung Brahma's wird erwähnt [32]).

---

an solche Dinge hier gedacht hat. Doch würde es mit den Les. VIII. sl. 23—26 ausgesprochenen Ansichten sich wohl reimen.

29) *Patre* d. h. wörtlich: einem geeigneten, würdigen Gefässe. Der Empfänger des Almosens wird unter dem Bilde eines Gefässes (einer Almosenbüchse) gedacht, in welche die Gabe hineingelegt wird. Daher auch, wie Thomson bemerkt, die Anwendung des Lokalis statt des Dativs.

30) Diese Sloke ist in die Fabeln des Hitopadesa (I. 2) übergegangen, wo ein alter heuchlerischer Tiger mit diesen Worten seine Wohlthätigkeit rühmt.

31) *Asatkritam.* Schlegel: sine comitate. Thomson: without the proper attentions (such as embracing and washing the feet).

32) In wiefern diese drei Worte als Bezeichnungen des Brahma, d. h. des höchsten, einen Gottes, gelten, möge hier durch einige Beispiele veranschaulicht werden. *Om* (über diese heilige Silbe wurde oben schon VII. Anm. 12. VIII. Anm. 20 gesprochen) wird als Bezeichnung Brahmas erwähnt: Manu II. 83: „*Ekam akscharam param brahma*" (le monosyllabe mystique, Om, est le Dieu suprême). Ferner Katha-Upanischad II. 15—16: „Das Wort, das alle Vedas nennen, das alle Bussen sprechen, das wünschend sie die Schülerpflichten üben, dieses Wort will ich dir in Kürze sagen: Om, so ist es. Denn dieser Laut ist Brahma, denn dieser Laut ist das Höchste, denn diesen Laut erkannt habend, erlangt man, was immer man wünscht." Ferner Prasna-Upanischad V. 2 (Bibl. Ind. Vol. XV. p, 137): „The supreme and the inferior Brahma are both the word Om," und Mandukja-Upanischad 1. (ibid. p. 167): „Om, this is immortal. Its explanation is this all; what was, what is, and what will be, all is verily the word Om, and every thing else which is beyond the threefold time is also verily the word Om." — *Tat,* (das Neutrum des Pronomen demonstrativum, unser Das) wird als Bezeichnung des höchsten Wesens gebraucht, insofern es in sich das All, alles Existirende, beschliesst, unter Anderem in den Gebeten des Jadschur-Veda bei der Feier des Weltopfers *(sarramedha)* (bei Windischmann l. c. S. 1618 u. ff.): „Dies ist *Tat,* was den *Akâsa,* den Himmel und die Erde zusammenfasst. Dies ist *Tat,* was eins ist mit dem Meer der *Mâjâ,* alle Dinge webend und begränzend, bindend und lösend; feiner als das Feinste, höher als das Höchste, einzig und verborgen, zahllos gestaltet und ohne Gestalt; älter als das Aelteste, von der Unwissenheit nie zu erreichen. Feuer ist *Tat,* die Sonne ist *Tat,* ebenso die Luft und der Mond und auch

Durch dieses die Brahmanen, die Vedas und Opfer wurden einst[33]).

24 D'rum Om aussprechend, des Opfers, der Gaben, Busse Handlungen,
Die vom Gesetz befohl'nen, stets beginnen Brahmaredende[34]).

25 Tat meinend[35]), ohne Rücksicht auf die Frucht, Opfer- und Busse-
Werk
Und der Gaben vielfältig Werk thu'n Befreiung Anstrebende.

26 Von der Wahrheit und des Guten Wesen dies Sat wird ausgesagt[36]);

---

jenes reine Brahma und jene Gewässer und jener Pradschapati." (Man vergleiche
mit diesen Ausdrücken die Bezeichnungen, die sich Krischna oben giebt, wo er sich
als Adhibhuta schildert.) — Ferner Katha-Upanischad 4. valli 9 (Bibl. Ind.
Vol. XV. p. 111): „From whom the sun rises and in whom it sets again,
him all the gods entered; from him none is separated. **This is Tat.**" —
Sat (das Particip. Praesens von *as*, sein, das Seiende, Wirkliche, Wesenhafte,
zu vergleichen mit der Bezeichnung Gottes im Alten Testament „Ich bin, der ich bin")
kommt als Bezeichnung Gottes unter Anderem vor in der Tschandogja-Upanischad VI. 2: „*Sat* (seiend) war dies von Anfang, Eines, ohne Zweites." — Thomson macht darauf aufmerksam, dass die drei Worte: Om, Tat, Sat, äquivalent sind
mit der bekannten mystischen Phrase: *Tat twam asi*: Du bist das, die gleichsam
als das Schibolet der Vedanta-Philosophie zu betrachten ist.

33) Manu I. 22—25.

34) Vergleiche Tschandogja-Upanischad I. 1, 8—10: „Verily this (i. e. Om, the
Udgitha) is an injunctive term. Whatever is enjoined, Om is surely
repeated; hence this injunction is called Prosperity. He verily becomes the gratifier of desires, and promotor of prosperity, who, knowing
all this, adores the undecaying Udgitha. Through its greatness and
effects is the threefold knowlegde maintained; for the worship of this
letter is Om recited, Om exclaimed, Om chanted. Both, those who are
versed in the letter thus described, and those who are not, alike per-
form ceremonies through this letter" (Bibl. Ind. The Chandogya Upanischad translated by Rajendralala Mitra. Calcutta 1862. p. 8 u. 9). — Unter
den Brahmaredenden (*brahmavâdinas*) sind diejenigen zu verstehen, welche die
höchste Kenntniss, die des Brahma, besitzen und in Wort und Schrift davon handeln.
Schlegel: theologi. Das Wort hat hier noch eine feine Nebenbedeutung, insofern
sie, Om aussprechend, auch ebendadurch Brahma-Aussprechende (*brahmavâdinas*) sind.

35) *Tad iti* übersetzt Schlegel: „Id ipsum est" sic statuto, und Thomson: with
the conviction that the Deity is *tat*. Der Sinn scheint zu sein: sie verrichten
alle diese Werke, indem sie dieselben (in der oben auseinandergesetzten Weise) in Brahma
niederlegen d. h. indem sie Gott (*tat*) dabei im Sinne haben.

36) *Sat* heisst wörtlich: Das Seiende. Daher bedeutet es Wirklichkeit, Realität,
und da alles Böse nur ein Mangel, ein Defekt ist, auch das Gute. Beide Begriffe
kommen der Gottheit im höchsten Grade zu.

Von vorzüglichem Werke auch der Ton Sat, Pârtha, wird gesagt[37]).

27 In Opfer, Busse, Almosen Beharrlichkeit[38]) wird Sat genannt.

Das Werk auch, das zu diesem Zweck geschieht[39]), mit Sat bezeichnet wird.

28 Was ohne Glauben wird vollbracht, geopfert, gegeben, gebüsst, Nicht-Sat, o Pârtha! wird's genannt[39b]); nicht nach dem Tode gilt's, noch hier[40]).

---

37) Insofern ein solches Werk etwas wirklich Reales ist, einen wirklichen inneren Werth hat, während den bösen Werken ein eigentliches Sein nicht inne wohnt. Vergleiche S. Thomas Aquin. Summ. theolog. 1. 2. quaest. 18. art. 1: „In rebus unumquodque tantum habet de bono, quantum habet de esse; bonum enim et ens convertuntur. Solus autem Deus habet totam plenitudinem sui esse, secundum aliquid unum et simplex; unaquaeque vero res alia habet plenitudinem essendi sibi convenientem secundum diversa... Quantum igitur habet de esse, tantum habet de bonitate; in quantum vero aliquid ei deficit de plenitudine essendi, in tantum deficit a bonitate et dicitur malum."

38) *Sthiti* übersetzt Thomson mit: quiescent state und versteht darunter die inneren Geistesakte, welche den hier genannten drei Werken entsprechen, und welche ebenso gut und verdienstlich sind, als die äusseren Werke. Ich ziehe es vor, mit Schlegel und Burnouf *sthiti* hier gleichbedeutend mit Beständigkeit aufzufassen. (Schlegel: certa consuetudo. Burnouf: persevérance.)

39) Thomson versteht hierunter, seiner Auffassung gemäss, die äusseren Akte des Opfers, der Busse und des Almosens. Schlegel übersetzt: nec minus opus horum gratia susceptum. Der Sinn ist dann: jedes andere Werk, das mit den drei Genannten zusammenhängt als Mittel zum Zweck oder als nothwendige Folge derselben.

39b) Vergl. Röm. 14, 23: „πᾶν δὲ ὃ οὐκ ἐκ πίστεως, ἁμαρτία ἐστίν."

40) Die Worte erinnern stark an die christliche Lehre von den todten verdienstlosen Werken, die ohne den habitus caritatis verrichtet werden.

Achtzehnte Lesung.

Ardschuna spricht:

1 Der Verzichtung, Grossarmiger! Natur zu wissen wünsche ich,
Und der Entsagung[1]), Lockenhaupt! besonders[2]), Kesitödter Du.

Der Erhabene spricht:

2 Lustgier'ger Werke[3]) Aufgebung als Verzichtung Dichter[4]) versteh'n;

---

1) *Sanjâsa* (wörtlich: Ablegung, von mir mit Verzichtung übersetzt) und *tjâga* (wörtlich: Verlassen, das ich mit Entsagung wiedergebe) sind zwei ähnliche, auf den
ersten Blick fast synonyme Ausdrücke, die im Laufe des Gedichtes schon wiederholt
vorgekommen sind (und wohl auch zuweilen promiscue gebraucht werden), deren
spezielle Erklärung sich aber Arschuna hier erbittet, damit der Verfasser Gelegenheit
erhält, seine eigenthümliche Lehre in Betreff der Handlungen (die Moral seiner Theologie) im Gegensatz zu den Lehren anderer philosophischen Schulen, am Schlusse des
Gedichtes noch einmal zusammenzufassen und ausführlich vorzutragen. Der Haupt-
unterschied zwischen *sanjâsa* und *tjâga*, wie er hier ausdrücklich angegeben wird,
und auch im Verlaufe des Gedichtes sich nachweisen lässt, besteht darin, dass das
erstere das gänzliche Aufgeben der Werke, und das Letztere das Aufgeben des Hanges
(sanga) an der Frucht (den Folgen) der Werke bezeichnen soll. Im letzteren Sinne
wird jedoch in unserem Gedichte meistens das Verbum *(tjadsch,* verlassen), gewöhnlich in Verbindung mit *sanga*, gebraucht. (Vergl. II. sl. 48.) Doch kommt auch das
Substantiv *(tjâga)* vor und zwar in der bezeichnenden Verbindung: *sarvakarmaphala-
tjâga* (Aller-Werke-Frucht-Entsagung) XII. sl. 11. Das Substantiv *sanjâsa* wird im
ersteren Sinne besonders im Anfange des V. Gesanges gebraucht, wo ihm nicht, wie
hier, *tjâga*, sondern *joga* und *karmajoga* gegenübergestellt wird. Dieser Ausdruck ist
auch in der That synonym mit *tjâga*, wie es hier erklärt wird; denn die *karmajoga*
besteht eben darin, die Werke in Vertiefung d. h. ohne Hang an dem Erfolge derselben, zu verrichten. Es ist die der Bh. G. eigenthümliche Lehre, welche die grösste
Aehnlichkeit mit der Lehre des Christenthums von der guten Meinung und der inneren
Abtödtung der unordentlichen Neigungen und Begierden hat.

2) *Prithak* d. h. von jedem der beiden besonders (singularum separatim. Schleg.).

3) *Kâmjanâm karmanâm.* Schlegel: operum ex desiderio alique susceptorum.
Thomson: actions which have a desired object. Burnouf: oeuvres du
désir. Es sind hierunter diejenigen Handlungen zu verstehen, die nicht ohne jenen
abzulegenden Hang *(sanga)* verrichtet werden können, die daher ganz zu vermeiden
und zu unterlassen sind, vor allem jene Handlungen, die in der *kâma* (Begierde,
Wollust) ihren Antrieb haben.

4) Ueber die Bedeutung des Wortes *hari* (Dichter) siehe oben IV. sl. 16 (Anm. 24.).

Aller Werkefrucht Entsagung nennen Entsagung Kundige[5]).

3 Zu lassen sei, wie Schuld, das Werk, behaupten Weiser Einige[6]);
Opfer-, Geschenk- und Busse-Werk sei nicht zu lassen, Andere[7]).

4 Meine Entscheidung höre nun über Entsagung, Bhârata!
Entsagung wird, o Tiger du der Männer, dreifache[8]) genannt.

5 Opfer-, Geschenk- und Busse-Werk ist nicht zu lassen, ist zu
thun[9]);
Opfer, Gabe und Busse sind Läuterungen der Weisen ja[10]).

6 Auch diese Werke aber sind dem Hang entsagend und der Frucht
Zu thu'n[11]); Meine entschiedene, höchste Meinung ist das, Pârtha!

7 Doch des nothwendigen Werkes[12]) Verzichtung nicht geziemet sich;

---

5) *Vitschakschand:* Schlegel: sermonis periti; Thomson: the learned. Mit
diesem Ausdruck werden diejenigen bezeichnet, welche nach dem Urtheil des Verfassers
der richtigen, d. h. seiner eigenen Ansicht huldigen.

6) Thomson vermuthet, dass hier *Kapila* und seine Anhänger gemeint seien. Ich möchte
eher an *Patandschali* und die von ihm geforderte Joga-Praxis denken, welche mit Verrichtung der Berufspflichten unvereinbar ist.

7) Vor allem die Anhänger der Mimansa, oder Vedanta-Schule, welche auf die in
den Vedas vorgeschriebenen Handlungen das grösste Gewicht legen.

8) Dies bezieht sich auf die unten in Rücksicht auf die drei Gunas gegebene Erklärung
von wesenhafter, leidenschaftlicher und finsterer Entsagung. Die Stellung dieses
Hemistichon scheint hier nicht die richtige zu sein. Man würde es vielmehr unmittelbar
vor sl. 7 erwarten. Vielleicht ist es hier eingeschoben worden, um die grammatische
Verknüpfung von sl. 5 und 6, die dann vorhanden sein würde, wenn das Hemistichon
hier ausfiele, aufzuheben. Doch finden sich Beispiele einer solchen Verknüpfung auch
in anderen Theilen des Gedichtes. (Vergl. II. sl. 42—44 und unten XVIII. sl. 36—37.)

9) Dies ist ein neuer Beweis dafür, dass der Verfasser der Bh. G. keineswegs beabsichtigt,
durch seine Lehre zu den Vedas und dem in ihnen vorgeschriebenen Gottesdienst in
Opposition zu treten.

10) Dass diese drei Arten von Handlungen, welche genau den drei Klassen der guten
Werke (Beten, Fasten und Almosengeben) entsprechen, hier als Reinigungsmittel
(pâvanâni) der Weisen *(manischinâm)* bezeichnet werden, wie sie als solche auch in
den Vedas bezeichnet sind und von den alten Rischis geübt wurden, ist ein Beweis,
dass die indische Ascese, bei all' ihren Ausartungen und Sonderbarkeiten, doch noch
ein aus der Urtradition herstammendes Capital von praktischen Wahrheiten in sich
schloss, welches die Verbindung mit christlichen Ideen, wie sie in der Bh. G. versucht
wird, begünstigte.

11) D. h. mit reiner Intention und ohne irdische, selbstsüchtige Absichten.

12) Unter dem nothwendigen Werke sind zunächst die Standespflichten, je nach der
Kaste, der Jemand angehört, dann aber auch die zum Lebensunterhalt nöthigen Ver-

Dessen Entsagung [13]) aus Thorheit finst're Entsagung wird genannt.

8 „Schwer ist's," wer desshalb lassen wollt' das Werk, aus Leibes-
mühe-Furcht,

Leidenschafts-Entsagung übend, Entsagungsfrucht [14]) genösse nicht.

9 „Zu thun ist's" [15]), wenn nothwend'ges Werk desshalb thät'
Jemand, Ardschuna,

Dem Hang entsagend und der Frucht, wesenhafte Entsagung wär's.

10 Nicht hasst ein unglückliches Werk, glücklichem auch nicht hän-
get an [16])

Der Entsager, von Wesenheit erfüllt, verständig, zweifellos.

11 Nicht kann, wer noch den Körper trägt, die Werke lassen ganz
und gar [17]);

Doch wer der Werke Frucht entsagt, Entsager ist; so heisset er.

12 Nicht erwünschte, erwünschte und gemischte Werkesfrucht, dreifach,

Ist Nichtentsagern nach dem Tod; Entsagern aber keine je [18]).

---

richtungen zu verstehen, die von den Moraltheologen „actus hominis" genannt
werden, und welche die Inder ebenfalls Werke *(karmani)* nennen. (Vergl. oben III sl. 8.)

13) Hier wird das Wort *parityága* offenbar in demselben Sinne, wie im vorigen Verse
sanyása (Verzichtung) gebraucht.

14) *Tjágaphalam.* Unter dieser Frucht ist hier das Verdienst, der Lohn der Entsagung
zu verstehen. Hieraus geht hervor, dass, wenn oben gelehrt wird, man müsse auf
jede Frucht der Werke verzichten, dies nur von irdischen, niederen Zwecken und Folgen zu verstehen ist, und dass durch diese Lehre nicht ausgeschlossen wird, nach
der höchsten Frucht, worunter vor allem die endliche Befreiung zu verstehen ist, zu
streben. (Vergl. oben II. sl. 50. Anm. 48.)

15) D h. die Nothwendigkeit, die Pflicht erfordert es.

16) *Akusalam* und *kusalam karma* übersetzt Schlegel mit minus prosperum und prosperum opus. Es sind hierunter solche Handlungen zu verstehen, die einen irdischen
glücklichen oder unglücklichen Erfolg haben, gegen welchen der Weise gleichgültig sein
muss, ohne dass jedoch hier der stumpfe Fatalismus der Muhamedaner gelehrt würde.

17) S. oben III sl. 5.

18) Dies steht nicht in Widerspruch mit dem oben (Anm. 14) über die Frucht der Entsagung Bemerkten. Denn unter der dreifachen Frucht, von welcher hier die Rede ist,
(angenehme, unangenehme und aus beiden gemischte) sind zwar Folgen der Werke,
die nach dem Tode eintreten, gemeint, jedoch solche, welche durch selbstsüchtige
Bestrebungen erzielt werden. Die Frucht der verhältnissmässig guten Werke, die
ohne vollkommene Entsagung verrichtet werden, ist *svarga*, der Himmel, d h. der

13 Diese fünf Ursachen von Mir, Grossarmiger, vernimm nunmehr,
Durch Sankhja-Schliessen schon erklärt[19]), für das Gelingen jedes
Werks:

14 Der Ort[20]), und dann der Handelnde[21]), das Werkzeug auch[22]),
einzeln getheilt,

Das Streben auch[23]) einzeln getheilt; das Schicksal[24]) als das
fünfte dann.

15 Welch Werk mit Körper, Stimme und Gemüth[25]) immer beginnt
ein Mann,

Das rechte, das unrechte auch, dies seine fünf Ursachen sind.

Genuss einer vorübergehenden Seligkeit, die der bösen Werke *naraka*, die Hölle; die der weder entschieden guten, noch entschieden bösen, die Wiedergeburt auf Erden. Nur diejenigen, welche vollkommen entsagt haben, erhalten die endliche Befreiung als Frucht, aber keine von den drei oben genannten Früchten.

19) Es kann keinem Zweifel unterliegen, dass mit den Worten: *Sânkhja kritânte* die Sankhja-Philosophie bezeichnet wird, obgleich sich die hier erwähnten Ausdrücke weder bei Kapila noch bei Iswara-Krischna wörtlich wiederfinden. Dem Sinne nach ähnliche Gedanken kommen allerdings in der Sankhja-Karika vor (28—31).

20) *Adhischthânam* (wörtlich: regio, Ort) erklären die Scholiasten durch den Körper, der gleichsam der Ort aller Handlungen ist, da der Geist nach indischer Anschauung nicht handelt. Andere übersetzen *adhischthânam* mit Herrschaft. Thomson: the prescribed method. Burnouf: la puissance directrice.

21) Der Handelnde *(kartâ)* ist die Person selbst, oder vielmehr das *manas*. Thomson: agent.

22) Werkzeug werden die fünf sogenannten Handlungssinne *(karmendrijani)* genannt. Auf die Mehrzahl derselben bezieht sich der Zusatz: prithakridham (einzeln getheilt).

23) Unter dem Streben *(tscheschthâ)* verstehen die Scholiasten die Thätigkeiten der fünf Sinne. Thomson: the different movements, wozu er bemerkt: the actions of the senses and organs.

24) Was hier unter *daivam* (Schlegel: fatum) zu verstehen sei, ist zweifelhaft. Thomson übersetzt: divine will und macht dazu die Bemerkung: „If the Sankhya here mentioned refer either to Kapila's or Iswara Krischna's writings, this word should be translated „circumstance, destiny," since they do not recognise a Divine will." Am wahrscheinlichsten scheint mir zu sein, dass unter *daivam* hier die vom Menschen unabhängigen äusseren Einflüsse zu verstehen sind, welche auf das Gelingen oder Nichtgelingen der Handlungen Einfluss haben.

25) Dies heisst wohl (in umgekehrter Ordnung) soviel als: in Gedanken, Worten und Werken (cogitatione, verbo et opere). Burnouf übersetzt in der That: en action, en parole ou en pensée. Höchst auffallend ist die Uebereinstimmung verschiedener Ausdrücke in der Bh. G. mit der später ausgebildeten kirchlich-theolo-

16 Da dies so ist, wer selber sich allein als den Vollbringer sieht[26]),
Unvollkomm'nen Verstandes, der sieht wahrhaft nicht, der Thörichte[27]).

17 Wessen Natur selbstsüchtig nicht, wessen Verstand nicht ist befleckt,
Der, tödtend jene Leute auch, tödtet nicht, noch auch bindet sich[28]).

18 Kenntniss, Kennbares, Erkenner, dies der dreifache Werkantrieb[29]);
Werkzeug, Handlung, Vollbringer, dies des Werks dreifacher Inbegriff[30]).

19 Kenntniss, Werk, Vollbringer, dreifach nach Eigenschaften-Unter-
schied
Werden erklärt; nach Eigenschafts-Aufzählung hör' sie demgemäss.

20 Durch die in allen Wesen nur eine ew'ge Natur man sieht,
In dem Getrennten ungetrennt, die Kenntniss wisse wesenhaft[31]).

---

gischen Redeweise. Man vergleiche: *Jadschna, tapas, dânam* = Beten, Fasten, Almosengeben. (XVII. sl. 27.)

26) „Forgetting that four other things are requisite to the performance of
every action." (Thomson.)

27) Vergl. oben III. sl. 27—28 und V. sl. 8—9.

28) Anspielung auf den Ausgangspunkt des ganzen Gespräches, dass nämlich Ardschuna
Anstand nimmt, seine Verwandten in der Schlacht zu tödten. Der Sinn ist: ein solcher
kann kein Mörder genannt werden, der durch den Kampf nur seine Pflicht als Krieger
erfüllt, und wird daher auch nicht in die Banden der Handlungen verstrickt. Vergl.
oben II. sl. 19—20.

29) *Karmatschodanâ.* Schlegel: agendi momentum. Thomson: incitement to
action. Burnouf: moteur de l'action. *Tschodanâ* heisst: Treiben, Aufforde-
rung, Anweisung, Befehl, Regel. Der Sinn scheint zu sein: Was allein zum Handeln
bewegen und antreiben soll, ist die Rücksicht auf Gott, welcher oben (XII. 12 - 17)
als das *Dschnejam* (das zu Erkennende) bezeichnet wurde; die *Dschnâna* selbst (Kenntniss) ist das Mittel, um zu Gott (d. h. zur endlichen Befreiung) zu gelangen, und derjenige, der dies zu bewerkstelligen hat, ist der individuelle, mit Gott consubstansiale
Geist, der *paridschnâtri* (Erkenner) genannt wird.

30) Thomson macht auf den Parallelismus aufmerksam, der zwischen *karma* (Werk) und
dschneja (Erkennbares), zwischen *karana* (Werkzeug) und *dschnâna* (Erkenntniss),
und zwischen *kartri* (Vollbringer) und *paridschnâtri* (Erkenner) hier vorhanden ist.

31) Vergl oben VI. sl. 30. Derselbe Gedanke ist ausgesprochen in der Vrihad Aranjaka Upanischad I. cap. 4. Brahmana 7 (Bibl. Ind. Vol. II. part. III. pag 86):
„Whosoever worships one or the other special being, separate from
that totality, he does not know; for that soul is incomplete; it is deter-
mined by this or that individual function. The soul, considering this,

21 Die Kenntniss aber, die getrennt viele gesonderte Natur'n[32])
   Erkennt in allen Wesen, die Leidenschafts-Kenntniss wisse du.

22 Doch die, als wär's das All, nur hängt an einer Sache, grundsatz-
                                                              los[33]),
   Für Wahrheit unfähig, beschränkt, die Kenntniss finst're wird
                                                              genannt.

23 Nothwend'ges Werk, das ohne Hang, ohne Neigung und Hass gethan,
   Von Einem, der die Frucht nicht sucht, wird wesenhaftes Werk
                                                              genannt.

24 Was aber von Lustgierigem, oder von Selbstsüchtigem auch,
   Gethan mit grosser Anstrengung[34]) wird, heisst ein leidenschaftlich
                                                              Werk.

25 Was ohne Rücksicht auf Folge[35]), Schaden, Verletzung[36]), eig'ne
                                                              Kraft,
   Aus Thorheit unternommen wird, das Werk wird finsteres genannt.

---

let a man worship it, for in it all these differences become one. This,
even this is to be conceived in this all, viz. This soul; for by this on
knows this all." — Diese wesenhafte Kenntniss, von der hier die Rede ist, hat
Krischna dem Ardschuna ausführlich mitgetheilt im X. Gesange, wo er sich mit der
ganzen Schöpfung identificirt, und der hierin ausgesprochene Pantheismus ist in dem
dort (Anm. 107) angegebenen Sinne zu fassen.

32) *Nânâbhârâ prithakvidhân.* Schlegel: varios existendi modos peculiares.
   Der Sinn ist: die den inneren Zusammenhang der Dinge in Gott nicht erkennt, und
   die Gesammtheit der einzelnen Existenzen nicht für Schein, sondern für Wirklichkeit
   hält. Vergl. Katha-Upanischad 4. valli. 14 (Bibl. Ind. Vol. XV. p. 112): „As
   water, when rained down on elevated ground, runs scattered off in the
   valleys, so even runs after difference a person, who beholds attributes
   different."

33) D. h. die sich nur mit einzelnen Erscheinungen und Spezialitäten befasst, ohne nach
   dem tieferen Grunde zu fragen, oder sich über ihren beschränkten Horizont nicht zu
   erheben vermag und ihre Kleinigkeiten für die Welt hält. — *Ahaitukam* übersetzt
   Schlegel: qui principiis caret; Thomson erklärt den Sinn: „Which is ignorant, that final emancipation is the reason of our existence on earth."

34) *Bahulâjâsam.* Schlegel: cum magno molimine. Thomson: with great
   exertion. Burnouf: avec de grands efforts. Der Ausdruck scheint zugleich
   den Begriff von Hast und innerer Aufregung einzuschliessen, während das wesenhafte
   Werk in vollkommner Geistesruhe vollbracht wird.

35) D. h. auf die Folgen, die aus dem Werke entstehen können.

36) Anderer nämlich.

26 Wer ohne Hang, nicht grosssprech'risch, mit Ausdauer und Kraft
begabt,

Bei Glück und Unglück unbewegt, wesenhafter Vollbringer heisst.

27 Wer aufgeregt, fruchtbegehrend, gierig, verletzend und unrein,

Von Lust und Traurigkeit erfüllt, der Leidenschafts-Vollbringer
heisst.

28 Wer ungeschickt, gemein[37]), störrisch, boshaft, müssiggäng'risch
und faul,

Unentschlossen und langsam ist, finst'rer Vollbringer wird genannt.

29 Des Verstand's[38]), der Ausdauer auch Theilung nach Eigenschaften hör'

Ausführlich jetzt erklärt und in Besonderheit, Dhanandschaja!

30 Der Thätigkeit und Ruhe, was zu thun und nicht, Furcht und Nicht-
furcht[39]),

Was bindet, was befreit[40]), erkennt, der Verstand wesenhafter ist.

31 Durch den man Recht und Unrecht, und was zu thun ist und nicht
zu thun,

Nicht wie's geziemend ist[41]). erkennt, Leidenschafts-Verstand,
Pàrtha, ist.

32 Der das Unrechte hält für Recht, von Finsterniss umgeben ganz,

---

37) *Pràkrita*: Schlegel: vilis. Thomson: without discrimination, indem er
dazu bemerkt: „that is, regarding everything from a common point of
view, adopting a common mode of action, not varying with the nature
of the thing to be done"

38) *Buddhi*. Darunter ist hier der praktische Verstand zu verstehen, wie die folgenden
Definitionen zeigen. Die Vergleichung von sl. 30—32 mit sl. 20—22 macht den Unterschied zwischen *buddhi* und *dschnâna* deutlich, welche beiden Begriffe bei den Indern
streng auseinandergehalten werden.

39) *Bhajâbhaje*. Schlegel: periculum et securitatem d. h. ob ein Grund zur Furcht
vorhanden ist, oder nicht.

40) *Bandam mokscham*. Schlegel: nexum, solutionemque. D. h. welche Werke
den Menschen binden und welche nicht, nach der wiederholt erklärten Anschauung
des Verfassers über die Folgen der Werke.

41) *Ayathâvat* Schlegel: incongrue Thomson: by which one takes a wrong
view. Burnouf: confusement. Der Ausdruck, den ich wörtlich übersetzt habe,
bezeichnet eine Weise des Verstehens, die nicht entschieden falsch und verkehrt, aber
ungenügend, unklar, durch den Einfluss der Leidenschaft getrübt ist.

Und alle Dinge sieht verkehrt, der Verstand, Pârtha, finster ist.

33 Durch die das Herz erhalten wird, der Athem, Sinne, Werke auch
In Vertiefung, die nicht ausschweift, die Ausdauer ist wesenhaft[42]).

34 Durch die, was recht, lieb, nützlich ist[43]), dauernd verfolget,
Ardschuna,
Mit Hang der Fruchtbegier'ge, die Ausdauer leidenschaftlich ist.

35 Durch die Schlaf, Furcht und Traurigkeit, Kleinmuth und Unbe-
sonnenheit
Nicht abschüttelt der Thörichte, finst're Ausdauer, Pârtha, ist.

36 Die Freude[44]) auch, die dreifache, hör' jetzt von Mir, o Bhârata!
Die sich der Uebung freut, wenn an der Mühe Ende sie gelangt,

37 Der, was wie Gift am Rande ist, am Grund des Kelch's wird
nektargleich[45]),
Die wesenhafte Freude heisst, aus Geistesheiterkeit entstammt.

---

42) Siehe, was oben im VI. Gesange über das Wesen und die Praxis der Joga und insbesondere sl. 33—36 über die Beharrlichkeit in derselben gesagt wurde. — Man vergleiche auch Matth. 10, 22: „'O δὲ ὑπομείνας εἰς τέλος, οὗτος σωθήσεται.“

43) Schlegel übersetzt: honestum, utile, dulce. Thomson: duty, pleasure
and wealth.

44) *Sukham*, wörtlich: das Angenehme. Schlegel: voluptatem. Thomson: pleasure. Die Freude, hier gleichbedeutend mit Genuss, scheint von dem Verfasser als
eine besondere Art von Werk betrachtet zu werden; daher wird sie an dieser Stelle
ebenfalls mit Rücksicht auf ihre dreifache Qualität definirt.

45) Wörtlich übersetzt, lauten diese Verse: „dasjenige, worüber sich Jemand freut durch
Uebung und an das Ende der Mühe (des Schmerzes) kommt, was zu Anfange wie
Gift ist, am Ende aber wie Ambrosia.“ Ich habe mir an dieser Stelle eine etwas
freiere Uebersetzung erlaubt und das Wort Kelch eingeschoben, weil die beiden
Ausdrücke *agre* und *parinâme* mir auf das Bild vom Austrinken des Kelches hinzudeuten scheinen. (*Agra* heisst Spitze, äusserstes Ende, das Oberste; *agre*,
adverbial, auch am Anfange; *parinâma* bedeutet Veränderung, Umwand-
lung, auch Verdauung; ferner: die Folgen, das Ende, der Schluss.) In welcher
Weise der Ablativ *abhjasât* hier zu erklären sei, ist zweifelhaft. Schlegel übersetzt
ubi quis consuetudine parta demum delectatur. Thomson: that in
which one experiences delight, from being habituated. Ich vermuthe,
dass *abhjâsa* (Uebung) hier den Nebenbegriff von Mühe, Anstrengung hat, und dass
durch den Ablativ nicht bloss das Mittel, wodurch die Freude erworben wird, sondern
auch der Gegenstand derselben bezeichnet werden soll, so dass der Sinn ist: wer über
seine eigene Anstrengung (Uebung) sich freut, weil sie ihm ein Mittel ist, an das Ende
der Beschwerde (*du: khântam*) zu gelangen. Die copulative Verbindung der beiden

38 Was, wenn sich Sinn zu Sinnesding gesellt[46]), am Anfang nektargleich,
Am Ende aber wird wie Gift, Leidenschafts-Freude wird genannt.

39 Die Freude, die zuerst und in der Folge Geistverwirrung[47]) ist,
Aus Schlaf, Faulheit, Trug entstanden, die finst're Freude wird
genannt.

40 Nicht ist auf dieser Erde, noch im Himmel, bei den Göttern selbst,
Ein Wesen frei von diesen drei Eigenschaften, naturentstammt[48]).

41 Der Brahmanen, der Kschatrijas, der Visa's und der Sudras auch
Werke sind ihnen zugetheilt nach ihrer Natur-Eigenschaft[49]).

42 Ruhe, Selbstbeherrschung, Busse, Reinheit, Geduld, Aufrichtigkeit,
Weisheit, Erkenntniss, Religion[50]) Brahmawerk[51]) sind, naturentstammt.

Gedanken durch die Partikel *tscha* dürfte dieser Auffassung nicht entgegenstehen, da
es häufig vorkommt, dass zwei Sätze, die in einem Causalnexus zu einander stehen,
einfach durch die Copula nebeneinander gestellt werden.

46) *Vischajendrijasanjogât.* Schlegel: propter copulationem sensuum cum rebus
sibi subjectis. Thomson: from the connection of the senses with the
objects of sense.

47) *Mohanamâtmana:.* Schlegel: fascinatio animi. Thomson: a cause of the
bewilderment of the soul. Der Sinn ist: diese Freude hindert den Geist, zu einer
richtigen Ansicht und zur Erkenntniss der Natur der Dinge zu gelangen.

48) Aus dieser Sloke geht hervor, dass auch die Götter (*devas*) von den Indern als individuelle Geister gedacht werden, die mit einem, von dem irdischen allerdings verschiedenen Leibe, der aber der Prakriti angehört, bekleidet sind, da die Gunas auf den
Geist nur durch das Medium des Körpers Einfluss üben können. Aus eben diesem
Grunde sind sie auch sterblich; nur der höchste Geist allein ist im strengen Sinne des
Wortes unsterblich und immateriell. Vergl. Sankhja-Karika 54: „Die Schöpfung
ist auf der höchsten Stufe überwiegend sattvisch, unten überwiegend tamasartig, in
der Mitte überwiegend radschasartig, mit Brahmâ (mascul.) anfangend und mit dem
Starren (den leblosen Dingen) endigend."

49) *Srabhâra prabhavair gunai:* wörtlich: nach den in ihrer Natur vorherrschenden
Eigenschaften. Thomson: according to the qualities which predominate
in the dispositions of each. — Krischna geht nunmehr auf die den vier Kasten
eigenthümlichen Werke über, um seine Lehre über die Handlungen zum Abschlusse
zu bringen und dem Ardschuna noch einmal die Nothwendigkeit, dass er kämpfen
müsse, zu beweisen

50) *âstikja* bedeutet: fides in futurum mundum (von *asti* = *ist*). Schlegel
übersetzt: fides rebus divinis habita. Thomson: belief in the existence
of an other world. Ich glaube den Begriff am besten durch Religion wiedergeben

43 Tapferkeit, Kraft, Ausdau'r, Geschick im Kampfe und Standhaftigkeit,

Freigebigkeit, Herrschernatur sind Kschatra-Werk, naturentstammt.

44 Ackerbau, Viehzucht, Handelschaft sind Vaisja-Werk, naturentstammt.

Des Dienens eigenthümlich Werk ist Sudra-Werk, naturentstammt[52]).

45 Wer seines eig'nen Werk's sich freut[53]), der Mann erlangt Vollkommenheit.

Wie, wer sich seines Werkes freut, findet Vollkommenheit, das hör'.

46 Woher der Wesen Ursprung ist, durch Den entfaltet ist dies All,
Den ehrend durch sein eignes Werk[54]), findet Vollkommenheit der
Mensch.

47 Besser ist eig'ne Pflicht kraftlos erfüllt, als trefflich fremde Pflicht[55]);
Eig'ner Natur nothwend'gen Werk's Vollbringer fällt in keine Schuld.

48 Angebor'nes Werk[56]), Kaunteja, sei Schuld auch drin, nicht lasse
man[57]);

---

zu können, da in dem Worte die Verbindung, der Zusammenhang der gegenwärtigen
mit der übernatürlichen Welt angedeutet ist.

51) Auch im Original steht Brahmawerk *(brahmakarma)* anstatt Brahmanen-werk.

52) Bezeichnend ist, dass die Werke der beiden niedrigsten Kasten nur kurz aufgezählt und
in einer Sloke besprochen werden. Dadurch wird eine gewisse Zusammengehörigkeit
dieser beiden angedeutet, und es stimmt dazu die anderweitig hervortretende Ansicht,
dass bei den Brahmanen das Sattvam, bei den Kschatrijas das Radschas, und bei
den Vaisjas und Sudras die Eigenschaft des Tamas vorherrsche.

53) D. h. der mit seinem Stande zufrieden ist.

54) *Abhjartschja.* Schlegel: veneratus. Thomson: if a man worship. Der Ausdruck erinnert noch deutlicher, als das sogenannte „Niederlegen der Werke in Brahma",
an das Wort des Apostels (1. Corinth. 10, 31): „πάντα εἰς δόξαν Θεοῦ ποιεῖτε."

55) Dieser Vers kam schon oben III. sl. 35 vor. Derselbe Gedanke, fast mit denselben
Worten ausgesprochen, findet sich bei Manu X. 97.

56) *Sahadscham karma.* Schlegel: connatum opus. Thomson: the duty to which
one is born.

57) Das scheint sich darauf zu beziehen, dass Ardschuna oben (I. sl. 36 und 45) die
Tödtung der Verwandten im Kriege als Schuld und Unrecht bezeichnet hat. Der
Sinn ist demgemäss: bei eintretender Collision zweier Pflichten steht die Erfüllung der
Standespflicht oben an. Wenn Krischna im folgenden Verse behauptet, dass alle Werke
der Menschen mit Schuld verbunden sind, so liegt in dieser allgemeinen Behauptung
ein Anklang an 1. Joan. 1, 8: „Ἐὰν εἴπωμεν ὅτι ἁμαρτίαν οὐκ ἔχομεν, ἑαυτοὺς

Alles Beginnen ja von Schuld, wie Feu'r von Rauch, umhüllet ist.

49 Wer unanhänglich[58]) ist, sich selbst besiegend ganz[59]), und ohne
Wunsch,

Zu der Ruhe Vollkommenheit grösster durch die Verzichtung
kommt[60]).

50 Wie, wer Vollkommenheit erlangt, Brahma erlanget[61]), hör' von mir
In Kürze jetzo, Kaunteja! Das ist der Weisheit höchstes Ziel.

51 Wer reinen Geistes ist vertieft, mit Ausdauer sich selbst beherrscht,
Töne, und was sonst sinnlich ist, verlassend[62]), Hang und Hass
ablegt,

52 Einsamkeit suchend, wenig isst, bezähmend Stimme, Leib und Herz,
Ganz in Betrachtung sich vertieft, mit Neigungsfreiheit[63]) angethan,

53 Wer von Selbstsucht, Gewalt, Hochmuth, Wollust, Zorn, und von
Habsucht sich

Befreit, uneigennützig, still, erlangt die Brahmawesenheit.

54 Brahma geworden[64]), heit'ren Geist's, nicht trauert dieser, noch
begehrt;

πλανώμεν καὶ ἡ ἀλήθεια οὐκ ἔστιν ἐν ἡμῖν", und an Job. 15, 14: „Quid est homo,
ut immaculatus sit et ut justus appareat natus de muliere?"

58) *Asakta buddhi:*. Thomson: He whose thoughts are not attached (to the
world). Schlegel: Inambitiose animatus.

59) *Sarvatra*, wörtlich: nach allen Seiten hin. Thomson: in every thing.

60) Drei verschiedene Grade der Vollkommenheit *(siddhi)* werden hier offenbar unterschieden: 1) diejenige, welche in der Erfüllung der Standespflichten besteht (sl. 45),
indem alle Handlungen zur Ehre Gottes verrichtet werden (sl. 46); 2) diejenige,
welche durch *sanjâsa* (Verzichtung) d. h. durch Aufgeben der Werke (sl. 49), indem
man sich ganz der Beschaulichkeit widmet, erreicht wird (sl. 50—55); endlich 3) diejenige, bei welcher man sich, auch in der Welt bleibend, und alle Werke verrichtend
ganz dem Dienste Krischna's (Vischnu's) widmet, und zu ihm seine Zuflucht nimmt
(sl. 56). Auch hier ist offenbar eine Analogie mit den Grundsätzen christlicher Ascese
vorhanden.

61) Hierunter ist nicht die endliche Befreiung selbst zu verstehen, sondern jener Zustand
auf Erden, welcher ihr ähnlich und gleichsam ein Anfang derselben ist, der Zustand
des *Dschîvanmukti*, von welchem oben (VI. Anm. 46) die Rede war.

62) Vergl. oben IV. sl. 26 und 27.

63) *Vairâgjam*. Schlegel: immunitas ab affectibus. Thomson: apathy.

64) *Brahmabhûta*. Schlegel: numinis consers. Thomson: When he is in a condition for the Suprem Being. Es ist hier eben jener Zustand des *Dschîvanmukti* gemeint, der dem *Nirvâna* fast gleichkommt.

Für alle Wesen immer gleich, erlangt er Meinen höchsten Dienst[65]).

55 Durch Dienst erkennt er Mich, wie gross und wer Ich bin in Wirklichkeit[66]).

Dann kennend Mich in Wirklichkeit, geht gänzlich er in Mich hinein.

56 Wer immer alle Werke auch verrichtet[67]), auf Mich stützend sich[68]),

Durch Meine Gunst den ew'gen Ort erlangt, den unvergänglichen[69]).

57 Im Geist die Werke all' in Mich niederlegen, in Mich vertieft,

Geistesvertiefung anwendend, sei immer Meiner eingedenk[70]).

58 Mich denkend, alle Schwierigkeit wirst Du besteh'n durch Meine
Gunst[71]);

Doch wenn in Selbstvertrauen du Mich hörest nicht, geh'st du zu
Grund[72]).

59 Wenn dich stützend auf Selbstvertrau'n, „nicht kämpf' ich" deine
Meinung ist,

Umsonst ist dieser Vorsatz dir; es wird dich zwingen die Natur[73]).

---

65) *Madhhaktim labhate parâm.* Schlegel: mei cultum accipit summum. Thomson: attains to the highest state of devotion to me.

66) Der Gedanke erinnert auffallend an Joan. 7, 17: „Ἐάν τις θέλῃ τὸ θέλημα αὐτοῦ
ποιεῖν, γνώσεται περὶ τῆς διδαχῆς, πότερον ἐκ τοῦ Θεοῦ ἐστιν, ἢ ἐγὼ ἀπ' ἐμαυτοῦ
λαλῶ."

67) D. h. wer sich auch nicht als ein Einsiedler aus der Welt zurückzieht.

68) *Madvjapâsraja.* Schlegel: me fretus. Thomson: if he flees for refuge to
me. Dieser Ausdruck entspricht vollkommen dem biblischen: „Δεῦτε πρός με πάντες
οἱ κοπιῶντες κ. τ. λ." (Matth. 11, 28.)

69) D. h. die endliche Auflösung und Vereinigung mit Gott.

70) *Matschtschitta: satatam bhara.* Schlegel: mei contemplator semper esto.
Thomson: think on me alone. Burnouf: pense a moi toujours. Obgleich
die beständige Richtung des Geistes auf Brahma ein Hauptgrundsatz der indischen
Ascese ist und jedenfalls älter als die Bekanntschaft der Inder mit dem Christenthum,
so erinnert doch die Form, in der er hier ausgesprochen wird, stark an christlichen
Einfluss, namentlich an die Idee des Gebetes im christlichen Sinne, des beständigen
persönlichen Verkehrs mit Gott durch das Gebet, eine Uebung, welche nicht auf heid-
nischem Boden entsprungen ist.

71) *Matprasâdât.* Schlegel: meo favore. Das Wort *prasâda* scheint ganz dem christlichen Begriff Gnade zu entsprechen, da hier offenbar ein thätiger Beistand gemeint ist.

72) Vergl. Joan. 5, 24: „Ἀμὴν λέγω ὑμῖν, ὅτι ὁ τὸν λόγον μου ἀκούων.... ἔχει ζωὴν
αἰώνιον, καὶ εἰς κρίσιν οὐκ ἔρχεται."

73) Thomson giebt dazu die Erklärung: „As a kschatriya, thine innate feelings
of courage and honour, which will prevent thee from quitting the

60 Durch dein Werk, eigener Natur entstammt, gebunden, Kaunteja,
    Wirst, was aus Thorheit nicht du willst thun, gegen deinen Will'n
                          du thun.

61 Der Herr von allen Wesen steht in der Herzgegend[74]), Ardschuna,
    Bewegend alle Wesen durch Zauber, die fahr'n auf diesem Rad[75]).

62 Zu Ihm nimm deine Zuflucht denn mit ganzem Wesen[76]), Bhârata!
    Durch seine Gunst wirst höchste Ruh' erlangen du und ew'gen Stand.

63 So ist dir Weisheit offenbart von Mir, geheimnissvollste[77]), jetzt.
    Erwägend diese durch und durch, wie dir's gefällig ist, so thu'.

battle field as a coward, or allowing thy party to suffer by thy refusal
to defend them." Dabei liegt aber jedenfalls auch die Vorstellung zu Grunde, dass
die der Kschatrija-Kaste von Natur bestimmten Werke mit einer gewissen inneren
Nothwendigkeit, welche nicht überwunden werden kann, verrichtet werden müssen
(s. oben sl. 43), was insbesondere aus der folgenden Sloke hervorgeht.

74) *Hriddese.* Schlegel: in cordis regione. *Hrid* ist das körperliche Herz, das von
den Indern als der eigentliche Sitz der Seele angesehen wird. Vergl. Svetasvatara-
Upanischad III. 13 (Bibl. Ind. Vol. XV. pag. 56): „He is the perfect spirit
puruscha! of the measure of a thumb, the inner soul, who always abides
in the heart of every man, the ruler of knowlegde, who is concealed
by the heart and mind" und Ibid. III. 20 (pag. 56): „The soul, dwelling
in the cavity (of the heart) of his creature." Vergl. auch oben XV. sl. 15.

75) *Jantrârûdhâni* übersetzt Schlegel: „(tanquam neurospasta) machinae imposita. Thomson: mounted, as it were, on a circular engine. *Mâjajâ*
giebt Schlegel wieder mit: mirabili quodam artificio. Thomson: by means
of his magic. Die Welt wird als ein Mechanismus gedacht, der durch den höchsten
Geist in Bewegung gesetzt wird, durch seine *mâjâ*, seinen Zauber, worunter hier die
Natur, das allgemeine Lebensprinzip, zu verstehen ist. Einmal in Bewegung gesetzt,
bringt dieser Mechanismus Alles nach festen Gesetzen hervor. Philosophisch wichtig
ist dabei vor allem Andern die Idee, dass Gott das primum movens ist, von dem
alle Bewegung den Ursprung hat. Das Wort *bhrâmajan* (wörtlich: erschütternd),
das hier mit bewegend übersetzt ist, hängt wahrscheinlich mit dem Namen Brahma
selbst zusammen, der also Gott als den Bewegenden, Alles Erschütternden bezeichnen
wurde. (Die wahre Etymologie von Brahma ist noch nicht festgestellt. Gewöhnlich
bringt man das Wort mit der Wurzel *vrih* [crescere] in Verbindung; doch scheint mir
sein Zusammenhang mit *bhram* [vagari. Causativ: circumvolvere] keineswegs
unmöglich zu sein.)

76) *Sar' abhâvena.* Schlegel: omni reverentia. Thomson: in every state of
life. Burnouf: de toute ton âme. Die letztere Auffassung scheint mir die einfachste und natürlichste zu sein.

77) Wörtlich: noch geheimnissvoller als Geheimniss *guhjâdguhjataram).*

64 Das allgeheimnissvollste Wort hör' noch von Mir, das höchste jetzt.
    Du bist Mir ganz besonders lieb[78]); drum will ich Gutes sagen dir.

65 Mich denkend sei, Mich verehrend, Mir opfernd, Mir verneigend dich;
    Zu Mir dann kommest du. Wahrheit versprech' ich dir. Du bist
                                                               Mir lieb[79]).

66 Aufgebend alles and're Recht[80]), zu Mir allein die Zuflucht nimm;
    Von allen Sünden werd' ich dich erlösen; nicht betrübe dich[81]).

67 Dies werde Keinem je von dir, der ohne Buss' und Ehrfurcht ist,
    Und nicht gelehrig, je gesagt, noch Einem, welcher lästert Mich[82]).

---

78) Oder vielleicht: Du bist mir lieb als Einer, der festen Geistes ist.

79) Vergl. Joan. 16, 7: „τὴν ἀλήθειαν λέγω ὑμῖν" und ibid. v. 27: „Αὐτὸς γὰρ ὁ πατὴρ φιλεῖ ὑμᾶς."

80) *Sarvadharmân paritjadschja.* Schlegel: cunctis religionibus dimissis. Diese Auffassung ist ohne Zweifel die richtige. Unter *dharma* verstehen auch die heutigen Brahmanen (cfr. Banerjea: Dialogues on the Hindu Philosophy pag. 25) das-jenige, was wir mit Religion im engeren Sinne (Religionsgesellschaft, Sekte) bezeichnen. Aus dem Zusammenhange geht deutlich hervor, dass hier der Vischnu-Cult, im Gegensatz zu den Sivaiten und anderen indischen religiösen Sekten, als das Vorzüg-lichste empfohlen wird. Thomson, der die Worte übersetzt: abandoning all reli-gions duties und darunter das Aufgeben der in den Vedas vorgeschriebenen äusse-ren religiösen Pflichten (Opfer u. s. w.) versteht, sucht den Widerspruch, welcher durch eine solche Auffassung mit den eigenen Worten Krischna's entsteht, der die Ausübung dieser Pflichten ausdrücklich verlangt (s. oben sl. 5 u. XVII. sl. 24 u. 27), dadurch zu beheben, dass er *tjadsch* hier nicht durch vollständiges Aufgeben, sondern nur durch Aufgeben als einziges und höchstes Mittel des Heils erklären will, im Gegensatz zu den Worten des vorigen Verses: *saranam vradscha* (die Zuflucht nimm). Doch glaube ich nicht, dass eine solche Unterscheidung hier gemacht werden kann. Jedenfalls wäre der Ausdruck dann höchst zweideutig, und diese Form hier, wo Krischna mit einer gewissen Feierlichkeit gleichsam sein letztes Wort ausspricht, nicht an der Stelle. Versteht man jedoch unter *sarvadharmân* hier alle anderen Religionsübungen, theologischen und philosophischen Lehren, welche dem mit den Vedas von Krischna in Uebereinstimmung gebrachten Vischnu-Cult widersprechen, dann ist ein sehr klarer und bestimmter Sinn vorhanden, welcher namentlich zu dem Ende seiner Belehrungen, bei welchem Krischna hier angekommen ist, vortrefflich passt.

81) Man vergleiche hiermit Matth. 9, 2: „Θάρσει τέκνον, ἀφίωνταί σοι αἱ ἁμαρτίαι σου."

82) Vergl. Matth. 7, 6: „Μὴ δῶτε τὸ ἅγιον τοῖς κυσί, μηδὲ βάλητε τοὺς μαργαρίτας ὑμῶν ἔμπροσθεν τῶν χοίρων." — Die letzten Worte dieser Sloke („noch Einem, welcher lästert mich") beziehen sich wahrscheinlich speziell auf die Sekte der Saivjas (die Verehrer des Siva, Sivaiten), welche in beständigem Streit mit den Vischnuiten lagen. Thomson zieht daraus den Schluss, dass der Verfasser der Bh. G. zu einer

68 Wer dies höchste Geheimniss Mich Verehrenden[83]) erzählen wird,

Der, höchste Ehr' erweisend Mir, wird zu Mir kommen, zweifellos.

69 Nicht wird Mir von den Menschen noch Lieb'res erweisend Einer

sein,

Und nicht wird auf der Erde noch ein And'rer Mir noch lieber sein[84]).

70 Wer dieses heilige Gespräch zwischen uns Beiden lesen wird,

Mit Erkenntnissopfer[85]) von dem würd' Ich geehrt. So meine Ich.

71 Wenn glaubensvoll, und lästernd nicht, es würde hören auch ein

Mann,

Die sel'gen Welten würd', befreit, erlangen er der Unschuld'gen[86]).

— ———

Zeit gelebt haben müsse, wo dieser Streit zwischen den Verehrern Vischnu's und Siva's besonders heiss gewesen, und glaubt, dass die chronologische Bestimmung dieser Zeitepoche für das Alter der Bh. G. entscheidend sein würde. Dagegen scheint mir jedoch die sehr häufige Benützung der Svetasvatara-Upanischad zu sprechen, welche einen Sivaiten zum Verfasser hat, falls nicht etwa der Name Rudra (d. h. Siva), mit welchem das höchste Wesen dort durchweg bezeichnet wird, erst später von den Sivaiten einem anderen substituirt worden ist, um diese Urkunde zu ihren Gunsten sprechen zu lassen, da ihr sonstiger Inhalt mit den Lehren der Bh. G. ganz überein-stimmt. — Man vergleiche auch mit dieser Sloke Sap. 1, 4: „Ὅτι εἰς κακότεχνον ψυχὴν οὐκ εἰσελεύσεται σοφία, οὐδὲ κατοικήσει ἐν σώματι κατάχρεῳ ἁμαρτίας." — Einen ganz ähnlichen Schluss hat übrigens auch die Svetasvatara-Upanischad (VI. 22): „The deepest mystery of the Vedanta is not to be declared to a son or again to a pupil, whose mind or senses or not subdued. To the high-minded, who has an absolute reliance in God, and as in God, also in the teacher, reveal themselves the meanings declared (in this Upanishad)."

83) D. h. den Anhängern der Vischnu Sekte, welche die in der vorigen Sloke geforderten Eigenschaften haben.

84) Vergl. Joan. 14, 21: „Ὁ ἔχων τὰς ἐντολάς μου καὶ τηρῶν αὐτάς, ἐκεῖνος ἐστιν ὁ ἀγαπῶν με· ὁ δὲ ἀγαπῶν με, ἀγαπηθήσεται ὑπὸ τοῦ πατρός μου· καὶ ἐγὼ ἀγαπήσω αὐτὸν καὶ ἐμφανίσω αὐτῷ ἐμαυτόν."

85) Ueber den Ausdruck Erkenntnissopfer (dschnânajadschna) siehe oben IV. sl. 33 (Anm. 56).

86) Thomson ist der Ansicht, dass hier von den Vaisjas und Sudras die Rede ist, welche nicht lesen können, und dass unter den „seligen Welten der Unschuldigen" nicht die endliche Befreiung, sondern die fünf Welten der Götter und der Guten zu verstehen sind, von deren oben (V. Anm. 57) die Rede war. — Vergleiche den Schluss des dritten Valli der Katha-Upanischad (womit, wie Weber, Indische Studien vol. II p. 194—200, nachgewiesen hat, diese Upanischad ursprünglich schloss): „The wise who says and hears the eternal tale, which Nachiketas received

72 Ward dies gehört von dir, Pàrtha, mit ungetheiltem Geiste nun?
   Ist der Unwissenheit Thorheit[57]) zerstört in dir, Dhanandschaja?

Ardschuna spricht:

73 Zerstört ist Thorheit, Erinnern[88]) erfasst von mir durch Deine Gunst.
   Fest bin ich; fort der Zweifel ist; nach Deinem Worte will ich thun.

Sandschaja spricht:

74 So dies Gespräch Vàsudeva's mit Pàrtha, dem Grossgeistigen,
   Hört'ich, das wunderbare, das das Haar zu Berge sträuben macht[89]).
75 Durch Vjâsa's Gunst[90]) da ich gehört dieses höchste Geheimniss, wo

---

and Death related, is adored in the world of Brahma. Whoever pure
(in mind) explains this (work) of deep import, which (other wise) should
be concealed, in the assembly of the Brahmans or at the time of the
Sraddha, obtains thereby infinite fruit" (Bibl. Ind. Vol. XV. p. 109.). Ferner
Mundaka-Upanischad III. 2, 10—10 (ibid. p. 164): „Let communicate this
science of Bhrama to those, who are performers of ceremonies, versed
in the Vedas and devoted to Brahma, who themselves offer with faith
oblations to the one Rishi (the fire) and by whom the observance to bear
fire on their heads has been performed according to prescribed rite....
Let non read this, who has not performed the rite."

87) Die falsche Meinung nämlich, dass es unrecht sei, zu kämpfen, welche aus Unkenntniss der wahren Natur der Werke entsprang.

88) *Smriti.* Schlegel: recordatio est accepta a me. Thomson: i have reco-
vered my senses. W. v. Humboldt fasst die Sache tiefer, wenn er zu dieser
Stelle bemerkt (l. c. S. 37): „Es scheint, als würde die Wahrheit als ursprünglich in
den Menschen gelegt und nur nach und nach in Vergessenheit eingeschläfert betrachtet." Doch finden sich von dieser platonischen Idee sonst keine Spuren in unserem
Gedicht, und es scheint mir wahrscheinlicher, dass durch *smriti* hier, in demselben
Sinne, wie dieses Wort sonst von den Traditionen der Vorzeit gebraucht wird, die
ganze Lehre des Krischna und der Inhalt der Bhagavad-Gita als zur Smriti gehörig,
d. h. einen Theil der Offenbarung bildend, vom Verfasser bezeichnet wird.

89) *Romaharschañam.* Ein indisch hyperbolischer Ausdruck für: äusserst wunderbar,
einen tiefen Eindruck machend. Diese Redeweise wird nicht bloss von Furcht
und Schreck erregenden Eindrücken, sondern auch von freudigen gebraucht; hier
jedenfalls im letzteren Sinne, wie aus sl. 76 und 77 hervorgeht.

90) Da der Verfasser seine Arbeit als Episode dem Mahabharata einverleiben wollte,
so führt er den Inhalt derselben auch auf Vjâsa, den angeblichen Verfasser oder
Sammler des grossen Gedichtes zurück.

Vertiefung der Vertiefung Herr, Krischna, offenbar[91]) selbst erklärt,

76 O König! denkend, denkend[92]) an dies wunderbar reine Gespräch
Kesava's und Ardschuna's, freu' ich mich in jedem Augenblick.

77 Und denkend, denkend der Gestalt, der höchstwunderbaren Hari's[93]),
Füllt grosses Staunen, König! mich, und Freude wieder, wiederum[94]).

78 Wo der Vertiefung Herr, Krischna, wo der Bogenspanner Pârtha,
Dort ist Glück, Sieg und Heil, und fest ist Alles[95]). Dieses meine ich.

---

91) *Nâkschât.* Wörtlich: coram. Thomson: openly.

92) Die Wiederholung des Wortes hat im Sanskrit den Sinn: so oft immer nur ich
daran denke.

93) D. h. der Erscheinung des Krischna in seiner wahren Gestalt, die im XI. Gesange
erzählt wird, und die eine Nachbildung der Verklärung Christi ist.

94) Man ist fast versucht, hier an die Erinnerung des heil. Petrus an die Verklärung Christi
zu denken, die er in seinem Briefe niedergelegt hat (2. Petr. 1, 16–18): „Ἐπόπται
γενηθέντες τῆς ἐκείνου μεγαλειότητος. Λαβὼν γὰρ παρὰ Θεοῦ πατρὸς τιμὴν καὶ
δόξαν, φωνῆς, ἐνεχθείσης αὐτῷ τοιᾶςδε ὑπὸ τῆς μεγαλοπρεποῦς δόξης· Οὗτός ἐστιν
ὁ υἱός μου ὁ ἀγαπητός, εἰς ὃν ἐγὼ εὐδόκησα. Καὶ ταύτην τὴν φωνὴν ἡμεῖς ἠκού-
σαμεν ἐξ οὐρανοῦ ἐνεχθεῖσαν, σὺν αὐτῷ ὄντες ἐν τῷ ὄρει τῷ ἁγίῳ.“

95) Sandschaja sucht durch diese Worte dem Dhritaraschthra, den er anredet, und
der zur Parthei der Kuru, den Feinden der Pandava, gehört, den eigentlichen Grund
des Sieges der Letzteren klar zu machen.

Anhang.

Ueber die in der Bhagavad-Gita vorhandenen Spuren einer Benützung christlicher Schriften und Ideen.

Wenn durch die in dem voranstehenden Commentar gegebenen Andeutungen auch die vielfache und oft überraschende Uebereinstimmung verschiedener Ausdrücke und Ideen der Bhagavad-Gita mit einzelnen Stellen des Neuen Testamentes und mit allgemeinen christlichen Vorstellungen und Grundsätzen in überzeugender Weise schon dargethan sein dürfte, so wird es gleichwohl nicht überflüssig erscheinen, zur Führung des Beweises, dass hier keine zufälligen Aehnlichkeiten vorliegen, sondern eine wirkliche Entlehnung stattgefunden hat, die gewonnenen Resultate am Schluss in übersichtlicher Weise zusammen zu stellen, und aus denselben noch einige Folgerungen zu ziehen, welche die Ansicht, dass die Lehren der Bhagavad-Gita nicht bloss eine eklektische Verschmelzung verschiedener indischer Philosopheme, sondern auch mit aus dem Christenthum herübergenommenen Ideen und Sentenzen zum mindesten stark versetzt sind, über das Gebiet einer blossen Hypothese hinaus, zu einer so hohen Wahrscheinlichkeit erheben, dass dieselbe der Gewissheit fast gleichkommen durfte.

Da, bei dem gänzlichen Mangel einer sicheren Zeitrechnung, an dem das indische Alterthum leidet, auch bis jetzt zur Beurtheilung des Alters der indischen Literaturdenkmaler nur von einer relativen, keineswegs aber von einer absoluten Chronologie die Rede sein kann, so kommt es zunächst darauf an, festzustellen, dass die Abfassungszeit der Bhagavad-Gita in eine Zeitperiode fallen könne, in der eine Bekanntschaft ihres Verfassers mit dem Christenthum und den heiligen Urkunden desselben (namentlich verschiedenen Büchern des Neuen Testamentes) nicht unmöglich erscheint.

Hier haben wir nicht nöthig, uns von demjenigen zu entfernen, was die neuere Kritik über das Alter der Bhagavad-Gita bereits ermittelt hat. Es steht einerseits fest, dass die Bhagavad-Gita aus nachbuddhistischer Zeit stammt, und andererseits sprechen die gewichtigsten Gründe dafür, dass ihre Abfassung in eine Zeitperiode zu setzen sei, welche um Jahrhunderte über den Anfang der christlichen Aera hinausliegt. Wie weit hinab jedoch diese Abfassungszeit anzusetzen sei, wird solange noch eine offene Frage bleiben, bis es mit Bestimmtheit ermittelt sein wird, wann Sankara, der berühmte Philosoph der Vedanta-Schule, unter dessen zahlreichen Commentaren sich auch einer der Bhagavad-Gita befindet, gelebt hat. Nach der gewöhnlichen Annahme, welche zwar auf gewichtigen Gründen beruht, die aber keineswegs auf unumstössliche Gewissheit Anspruch machen kann, hat Sankara im achten Jahrhundert nach Christus gelebt. Lassen zieht daraus den Schluss, dass die Bhagavad-Gita einige (etwa fünf) Jahrhunderte früher entstanden sein müsse, also ungefähr im dritten Jahrhundert nach Christus. Ist diese Annahme richtig (und jedenfalls kann sie insofern auf Richtigkeit Anspruch machen, als sie den frühesten Zeitpunkt bezeichnet, über welchen zurück die Entstehung der Bhagavad-Gita wohl nicht verlegt werden kann), so ist die Möglichkeit erwiesen, dass der Verfasser des Gedichtes von den Lehren und den heil. Schriften des Christenthums Kenntniss haben konnte, da um diese Zeit, wie wir mit Bestimmtheit wissen, bereits christliche Gemeinden in Indien vorhanden waren, da ferner, wie Eusebius (H. E. lib. 5. cap. 10) erzählt, von Pantaenus, der schon am Ende des zweiten Jahrhunderts als Missionar nach Indien vorgedrungen, daselbst ein Exemplar des hebräischen Matthäus-Evangeliums vorgefunden wurde, welches angeblich durch den Apostel Bartholomäus dorthin gebracht worden und das er nach Alexandrien zurückbrachte, und da endlich, was für unseren Zweck von ganz besonderer Wichtigkeit ist, auch bereits eine indische Uebersetzung des Neuen Testamentes existirte, worüber wir ein positives Zeugniss in den Schriften des heil. Johannes Chrysostomus besitzen, das bisher von den Erforschern des Indischen Alterthums übersehen worden zu sein scheint. Die betreffende Stelle findet sich Cap. 1. Evang. Joan. homil. 1. und lautet folgendermassen: „Ἀλλὰ καὶ Σύροι, καὶ Αἰγύπτιοι, καὶ Ἰνδοὶ, καὶ Πέρσαι, καὶ Αἰθίοπες, καὶ μυρία ἕτερα ἔθνη εἰς τὴν αὐτῶν μεταβαλόντες γλῶτταν τὰ παρὰ τούτου δόγματα εἰσαχθέντα ἔμαθον ἄνθρωποι βάρβαροι φιλοσοφεῖν."

Man könnte versucht sein, die Bedeutung dieses Zeugnisses durch den Zusatz „καὶ μυρία ἕτερα ἔθνη" für abgeschwächt zu halten; diese Besorgniss schwindet jedoch, wenn man erwägt, dass alle hier namentlich erwähnten Uebersetzungen, mit alleiniger Ausnahme der Indischen, auch anderweitig nachweisbar sind und sich sogar bis auf den heutigen Tag erhalten haben. Jedenfalls hätte Chrysostomus die Inder hier nicht ausdrücklich erwähnt, wenn er nicht positive Kunde von der in ihrer Sprache vorhandenen Uebersetzung gehabt hätte. Der heil. Chrysostomus starb im Jahre 407 n. Ch. Die indische Uebersetzung, von der er Kunde hatte, musste wohl mindestens um hundert Jahre früher schon vorhanden sein, ehe die Kenntniss derselben in damaliger Zeit bis zu ihm gelangen konnte. Wahrscheinlich aber hatte schon Pantaenus, der Lehrer des Clemens Alexandrinus, von dem wir wissen, dass er selbst in Indien gewesen, diese Kunde in das Abendland mitgebracht. Die Entstehung dieser Uebersetzung kann also möglicher Weise bis in das erste oder zweite Jahrhundert n. Ch. hinauf reichen. Ob dieselbe im Sanskrit, der damals schon im Munde des Volkes ausgestorbenen gelehrten Sprache der Brahmanen, oder in einem indischen Volksdialekt abgefasst war, kann wohl schwerlich ermittelt werden, ist aber auch hier vollkommen gleichgültig, da jedenfalls anzunehmen ist, dass der gelehrte und höchst talentvolle Brahmane, der die Bhagavad-Gita geschrieben, auch des Volksdialektes kundig war. Aber auch selbst dann, wenn man von der Existenz einer indischen Uebersetzung des Neuen Testamentes ganz absehen wollte, wäre die Möglichkeit nicht ausgeschlossen, dass ein des Griechischen kundiger Brahmane den Urtext gekannt und benützt habe, was vielleicht in dem Umstande eine Bestättigung finden könnte, dass ausser dem Neuen Testament sich Spuren einer Benützung der ursprünglich griechisch geschriebenen Sophia Salomonis (des Buches der Weisheit) vorfinden.

So wäre also die Möglichkeit, dass der Verfasser der Bhagavad-Gita nicht bloss von den Lehren des Christenthums im Allgemeinen Kenntniss gehabt, sondern auch Einsicht in die Schriften des Neuen Testamentes genommen, auf sehr natürliche Weise dargethan, ohne dass man nöthig hätte, zu gewagten Hypothesen seine Zuflucht zu nehmen.

Ist es aber auch denkbar, dass ein Brahmane, der, wie der Verfasser der Bhagavad-Gita, fest an seiner überlieferten brahmanischen Weisheit hielt und dieselbe über Alles stellte, sich herabgelassen, vom Christenthum so spezielle Kenntniss zu nehmen, ja sogar einzelne Lehren desselben und Aussprüche seiner heil. Schriften zu benützen, um sie seinem eigenen System anzupassen und einzuverleiben? Auch von dieser Seite ist die Möglichkeit einer solchen Benützung vorher nachzuweisen, ehe wir daran gehen können, die wirkliche Thatsache derselben aus den deutlich vorhandenen Spuren darzuthun.

Der Verfasser der Bhagavad-Gita gehört der Sekte der Vischnuiten an: denn er überträgt auf Vischnu alle Attribute der höchsten Gottheit, des Brahma im philosophischen Sinne des Wortes, und erblickt in dem Helden Krischna eine Incarnation dieses höchsten Wesens. Auf diese Vergötterung des Krischna, welche unter allen ähnlichen Einschiebseln des Mahabharata in der Bhagavad-Gita wohl am schärfsten ausgeprägt erscheint, ist aber, wie insbesondere Professor Dr. A. Weber in seinen Indischen Studien nachgewiesen hat, die Bekanntschaft mit dem Christenthum von entscheidendem Einfluss gewesen, und zwar hauptsächlich dadurch, dass man den Helden Krischna, durch die Aehnlichkeit des Namens verleitet, in Christus wiederzufinden glaubte und auf Krischna Vieles übertrug, was die Christen von Christus erzählten und glaubten. In Betreff dieses Zusammenhanges der Krischna-Sagen mit den Lehren des Christenthumes sagt Professor Weber, auf dem Gebiete der Indischen Sprach- und Alterthumskunde eine selbst in Indien anerkannte Autorität (Indische Studien. Bd. I. S. 400): „Es bietet sich mir hier eine ganz andere Vermuthung unwillkührlich dar, die nämlich, dass Brahmanen über das Meer nach Alexandrien oder gar Kleinasien gekommen seien zur Zeit der Blüthe des ersten Christenthums, und dass sie, heimgekehrt nach Indien, die monotheistische Lehre und einige Legenden derselben auf den einheimischen, durch seinen Namen an Christus, den Sohn der göttlichen (?!) Jungfrau erinnernden und vielleicht schon vorher göttlich verehrten Weisen oder Heros Krischna Devakiputra (Sohn der Devakî, Göttlichen*) übertragen haben, im übrigen die christlichen Lehren durch Sankhya- und Yoga-Philosophemata ersetzend, wie sie umgekehrt ihrerseits vielleicht auf die Bildung gnostischer Sekten hingewirkt hatten. Die Legenden von der Geburt des Krischna und seiner Verfolgung durch Kansa erinnern zu auffällig an die betreffenden christlichen Sagen, als dass ihre Aehnlichkeit ganz zufällig sein sollte. Die Chronologie setzt zudem keine Hindernisse in den Weg; denn auch nach Lassen I, 623 sind die Stücke des Mahabharata, in denen Krischna göttlich verehrt wird, späteren Ursprungs (das ist, meiner Ansicht nach, aus der Purana-Zeit), und der eigentliche Krischna-Dienst lässt sich erst im 5. und 6. Jahrhundert p. Chr. nachweisen." Ferner (ibid. Bd. II. S. 398 u. ff.): „Es werden in der früheren Zeit vereinzelte christliche Lehrer, wenn sie eine imponirende Persönlichkeit hatten, und eine solche glaube ich in der Sage von dem Çveta zu finden, nicht ohne Einfluss geblieben sein, wenn sich auch nach ihrem Absterben, falls eben kein neuer Zufluss von Aussen kam, ihre Lehre bald immermehr abschliff, an Ursprünglichkeit verlor und der indischen Auffassung homogen ward. Einen bei weitem grösseren Einfluss aber mussten, wie das in allen Landen und allen Zeiten gewesen ist, eingeborne Inder ausüben, die das in fremden Landen Kennengelernte heimgekehrt auf die einheimischen Verhältnisse erweiterten; sie waren aber selbst keineswegs etwa Christen geworden, aber in ihren, durch den damaligen, nach einer concreten Einheit hindrängenden Zug der indischen Philosophie genugsam dazu vorbereiteten Seelen hatte die Lehre von dem Glauben (bhakti) an den menschgewordenen Christus fruchtbaren Boden gefunden: sie erkannten in ihm möglicher Weise ohne Weiteres ihren einheimischen Helden Krischna wieder, gerade wie die Griechen überall ihren Herakles und Dionysos fanden: hatten sie nun den Krischna bisher als einen Helden ver-

---

*) Doch ist diese Bedeutung von Devakî nur eine anscheinend richtige, wie Weber in seiner neuesten Abhandlung über Krischna's Geburtsfest (Berlin 1868), die mir leider erst während des Druckes zugegangen, pag. 316 und 318 nachweist, und das Wort vielmehr mit Spielerin (Wurzel: div) zu übersetzen.

ehrt, wie er denn in der That ursprünglich jedenfalls wohl eine bestimmte, menschliche Persönlichkeit gewesen zu sein scheint, so ward ihnen nunmehr, als sie einen gleichnamigen Gott im fremden Lande so hoch verehrt fanden, dies zum evidenten Beweis seiner Göttlichkeit. Die Hauptpunkte, auf die es hier überhaupt ankommt, scheinen mir die folgenden zu sein: 1) Der gegenseitige Einfluss und die Wechselwirkung der gnostischen und der indischen Anschauungen in den ersten Jahrhunderten der christlichen Zeitrechnung sind evident, wie schwierig es vor der Hand auch noch sein mag, hierbei die einzelnen Punkte, die bei einem jeden eigenthümlich oder entlehnt sind, auseinander zu halten. 2) Die Verehrung Krischna's als Eingottes, der Krischnadienst, ist eine der jüngsten Phasen des indischen Religionssystemes und lässt sich bei Varâhamihira sogar noch nicht nachweisen, der den Krischna zwar erwähnt, aber nur höchst beiläufig. 3) Diese Verehrung Krischna's steht mit der Stellung desselben, die er früher in der brahmanischen Sage einnimmt, in keinem irgend erklärlichen Zusammenhange, es ist eine Kluft zwischen beiden, deren Ausfüllung nur durch Annahme eines von Aussen kommenden Einflusses möglich erscheint. 4) Die Sage des Mahabharata von Çvetadvipa und die Offenbarung, die dort dem Narada durch Bhagavat selbst ward, beweist, dass die Existenz eines solchen Einflusses auch in der indischen Tradition fortlebte. 5) Die Sagen von Krischna's Geburt, die rituelle Feier seines Geburtstages, die Verehrung seiner Mutter Devaki dabei, und endlich als letzte, am weitesten von der ursprünglichen Vorstellung entrückte Phase, sein Hirtenleben, lassen sich nur durch den Einfluss christlicher Legenden erklären, die im Laufe der ersten etwa 5 Jahrhunderte unserer Zeitrechnung von einzelnen Indern in christlichen Ländern allmählich aufgefasst und heimgekehrt in ihrer Weise modificirt wurden, wozu dann auch noch möglicher Weise, bis vielleicht in die neuere Zeit hinab, die Bemühungen vereinzelter christlicher Lehrer selbst gekommen sind*)." — Uebrigens steht Weber mit dieser seiner Ansicht vom Einfluss des Christenthums auf die Krischna-Legenden nicht vereinzelt da. Auch in England hat Talboys Wheeler in seiner „History of India" (London 1867) einige dieser Legenden (p. 470 u. 471) „a travestie of Christianity" genannt, und von anderen eine directe Entlehnung aus dem Evangelium behauptet, wenn er

*) Dieses letztere Moment scheint mir von Weber geringer angeschlagen zu werden, als es, meiner Ansicht nach, verdient. Die Bemühungen christlicher Lehrer, das Christenthum in Indien einzuführen, führt die Tradition wohl nicht o'ne Grund bis auf die Apostel Thomas und Bartholomäus zurück. Gewiss ist die Existenz zahlreicher Christengemeinden in Indien schon in den ersten Jahrhunderten der christlichen Zeitrechnung, die sich unter dem Namen Thomaschristen fortwährend erhielten und noch von den Portugiesen dort vorgefunden wurden. Jedenfalls dürfte die Bekanntschaft der Brahmanen mit den Schriften des Neuen Testamentes eher durch einheimische indische Christen, als durch Reisen von Brahmanen nach Alexandrien und Kleinasien vermittelt worden sein.

sagt: „The healing of the woman who had been bowed down for
eighteen years and who was made straight by Christ on the sab-
bathday, and the incident of the womam who broke an alabaster box
of spikenard and poured it upon his head, seem to have been thrown
together in the legend of Kabjâ.“ — Beachtenswerth sind auch die Worte
des ungenannten Recensenten des Wheeler'schen Werkes im Athenaeum
No. 2076 (10. Aug. 1867) p. 168 u. ff., wo derselbe geradezu ausspricht: „It must
be admitted, then, that there are most remarkable coincidences
between the history of Krishnah and that of Christ. This being the
case and there being proof positive that Christianity was introdu-
ced into India at an epoch, when there is good reason to suppose the
episodes which refer to Krishnah were inserted in the Mahâ Bhârata,
the obvious inference is, that the Brahmans took from Gospel such
things as suited them.“

Wenn aus den vorstehenden Citaten unzweifelhaft hervorgeht, dass ein Einfluss
christlicher Lehren und „Legenden“ (wie Weber die Erzählungen des Evangeliums
nennt) auf die spätere Ausbildung brahmanischer Weisheit von der Indischen Alter-
thumswissenschaft jetzt schon erkannt werden muss, und es insbesondere nicht geläugnet werden kann, dass dieser Einfluss auf die Verehrung Krischna's als Incarnation
des Vischnu von grosser Bedeutung gewesen, und dass auf Krischna Vieles, was
im Evangelium von Christus erzählt wird, übertragen worden, dann darf die Möglichkeit nicht mehr bezweifelt werden, dass der Verfasser der Bhagavad-Gita, in
welcher diese Vergöttlichung Krischna's gewissermassen ihren Gipfelpunkt erreicht,
auch christliche Ideen und Sentenzen benützt und Aussprüche Christi, welche in
den Evangelien erzählt werden, falls er anders Kenntniss derselben hatte, auf Krischna
übertragen hat, ganz aus demselben Grunde und mit demselben Rechte, wie die Lebens-
geschichte Krischna's mit Begebenheiten ausgeschmückt wurde, welche die Christen
von Christus erzählten. Wenn sich nun also wirklich in der Bhagavad-Gita, nicht
vereinzelte und unklare, sondern sehr viele und sehr deutliche Spuren finden, welche
einen überraschenden Anklang an Stellen des Neuen Testamentes darbieten, dann
wird der Schluss gerechtfertigt sein, dass diese Uebereinstimmungen kein sonderbares
Spiel des Zufalls gewesen, sondern vielmehr, in ihrer Gesammtheit und auffallend häu-
figen Wiederkehr betrachtet, den Beweis liefern, dass der Verfasser die Schriften des Neuen Testamentes gekannt, sie, wo es ihm passend erschien,
benutzt, und zahlreiche Stellen derselben (wenn nicht wörtlich, so doch dem
Sinne nach und nach seiner indischen Auffassungsweise umgeformt) in seine Arbeit
verflochten hat, wenn auch diese Thatsache bisher noch von Niemandem beachtet
und nachgewiesen worden ist.

Eine Zusammenstellung der wichtigsten dieser Stellen der Bhagavad-Gita mit den betreffenden Texten des Neuen Testamentes wird die hier ausgesprochene Behauptung fast bis zur Evidenz einleuchtend machen. Ich unterscheide drei verschiedene Arten von Stellen, denen Parallelstellen aus dem Neuen Testamente gegenübergestellt werden können: erstens solche, die, dem Wortlaut nach mehr oder minder verschieden, im Sinne übereinstimmen, und zwar in der Weise, dass ein offenbar christlicher Gedanke in indischer Form ausgedrückt erscheint; (von dieser Art sind natürlich bei Weitem die meisten Stellen, welche hier in Betracht kommen, und dieselben sind für die Art und Weise der Benutzung im Allgemeinen bezeichnend) zweitens solche, in denen ein eigenthümlicher und charakteristischer Ausdruck des Neuen Testamentes wörtlich aufgenommen worden, wenn auch der Sinn zuweilen ein ganz verschiedener ist; endlich drittens solche, in denen Sinn und Ausdruck übereinstimmen, obgleich der erstere durch den Zusammenhang eine den indischen Anschauungen angepasste Deutung erhält.

I. Stellen, die bei verschiedenem Wortlaut im Sinne übereinstimmen.

Bhagavad-Gita.	Neues Testament.
Wer Handlungssinne hat gezähmt und sitzt, im Herzen denkend dann an Sinnesdinge, thör'chten Geists, ein solcher Heuchler wird genannt. (III, 6.)	Ich aber sage euch, dass ein Jeder, der ein Weib mit Begierde nach ihr ansieht, schon die Ehe mit ihr gebrochen hat in seinem Herzen. (Matth. 5, 28.)
Die aber, dieses lästernd, nicht befolgen, was von mir gelehrt, die wisse jeglichen Verstands beraubt, verlorne Thoren sind's. (III, 32.)	Einen ketzerischen Menschen meide, ... denn du weisst, dass ein solcher verkehrt ist und sündiget, da er sich selbst das Urtheil der Verdammung spricht. (Tit. 3, 10—11.)
Aus jeden Sinnes Gegenstand Neigung und Abscheu sich erzeugt. Nicht geb' auf deren Will'n er ein, die beide seine Feinde sind. (III, 34.)	Darum lasset die Sünde nicht herrschen in eurem sterblichen Leibe, so dass ihr seinen Gelüsten gehorchet. (Röm. 6, 12.) Denn die fleischliche Gesinnung ist Feindschaft wider Gott. (Röm. 8, 7.)
Deine Geburt die spätre ist, die des Vivasvat früher war; wie soll ich das verstehen denn, dass du's im Anfang schon gelehrt? (IV, 4.)	Da sprachen die Juden zu ihm: Du bist noch nicht fünfzig Jahre alt, und hast Abraham gesehen? (Joan. 8, 57.)
Viel Geburten vorüber sind meiner, deiner auch, Ardschuna! Die weiss ich alle, aber du, o Feindbedränger, weisst sie nicht. (IV, 5.)	Ich weiss, woher ich gekommen bin und wohin ich gehe; ihr aber wisset nicht, woher ich komme, oder wohin ich gehe. (Joan. 8, 14.)

Bhagavad-Gita.

Zur Stütze der Gerechtigkeit werd' ich gebor'n von Zeit zu Zeit. (IV, 8.)

Wer ohn' Erkenntniss, ungläubig, zweifelnden Geists, der untergeht. (IV, 40.)

Ich thue nichts, so denket der Vertiefte, der die Wahrheit weiss, sieht, hört, berührt und riechet er, isst, gehet, schläft und athmet er ... Wer niederlegend in Brahma die Werke, ohne Hang sie thut, der wird von Sünde nicht befleckt. (V, 8. 10.)

Von Unkenntniss Erkenntniss ist umhüllt, d'rum die Geschöpfe irr'n. (V, 15.)

Doch denen die Unkenntniss hat Erkenntniss aus dem Geist getilgt, der'n sonnengleich Erkennen dann erhellet, was das Höchste ist. (V, 16.)

Wer hier ertragen kann, bevor er von dem Körper ist befreit, den Drang der Liebe und des Zorns, der ist vertieft, ein sel'ger Mann. (V, 23.)

Es übe der Vertiefte stets sich selbst in der Verborgenheit. (VI, 10.)

Vertiefung wird nicht dem zu Theil, der viel isst, noch der gar nicht isst. (VI, 16.)

Des Zweifels andrer Löser nicht wird ja gefunden, als nur du. (VI, 39.)

Wie ... mich ganz du wirst erkennen, Partha! Höre nun. Die Kenntniss ... will ich dir erklären. ... Und hast du die erkannt, so bleibt nichts Andres zu erkennen hier. (VII, 1. 2.)

Neues Testament.

Ich bin dazu geboren und dazu in die Welt gekommen, dass ich der Wahrheit Zeugniss gebe. (Joan. 18, 37.) Der Sohn Gottes ist dazu erschienen, die Werke des Teufels zu zerstören. (1. Joan. 3, 8.)

Wer glaubt ... der wird selig werden; wer aber nicht glaubt, der wird verdammt werden. (Marc. 16, 16.)

Möget ihr essen oder trinken, oder etwas Anderes thun, thuet Alles zur Ehre Gottes. (1. Corinth. 10, 31.) Alles was ihr thuet, in Wort oder in Werk, das thuet Alles im Namen des Herrn Jesu Christi. (Coloss. 3, 17.)

Deren Verstand mit Finsterniss verdunkelt ist ... durch die Unwissenheit, die in ihnen ist, durch die Blindheit ihres Herzens. (Ephes. 4, 18.)

Bis der Tag anbricht und der Morgenstern aufgeht in euoren Herzen. (2. Petr. 1, 19.) Gott ... hat unsere Herzen erleuchtet, das Licht der Erkenntniss Gottes strahlen zu lassen in Christo Jesu. (2. Corinth. 4, 6.)

Selig der Mann, der die Versuchung aushält. (Jacob. 1, 12.)

Du aber, wenn du betest, geh in deine Kammer und schliesse die Thüre zu und bete zu deinem Vater im Verborgenen. (Matth. 6, 6.)

Warum fasten die Jünger des Johannes so oft ... die Deinigen aber essen und trinken? (Luc. 5, 33.) Des Menschen Sohn ist gekommen, er isset und trinket. (Matth. 11, 19.)

Herr, zu wem sollen wir gehen? Du hast Worte des ewigen Lebens. (Joan. 6, 69.)

Ich meinte, nichts unter euch zu wissen, als allein Jesum Christum. (1. Corinth. 2, 2.)

Bhagavad-Gita.

Nur welche sich zu mir flüchten, den Zauber überschreiten die. (VII, 14.)

Nicht flüchten Uebelthäter, Thor'n, der Menschen Niedrigste zu mir .... folgend dämonischer Natur. (VII, 15.)

Bedrängte, Wissbegier'ge, Gutbegehr'nde, Weise (ehren mich). (VII, 16.)

Und dann empfängt er zugetheilt, was Gutes er gewünscht, von mir. (VII, 22.)

Ich kenne die vergangenen, die gegenwärt'gen, Ardschuna, und die zukünft'gen Wesen. (VII, 26.)

Durch Doppeltäuschung, die entsteht aus Wunsch und Abscheu .... geb'n alle Wesen in der Welt in Irrthum. (VII, 27.)

Die verehren mich, im Vorsatz fest. (VII, 28.)

Die strebend nach Alter- und Todbefreiung sind zu mir geflohn. (VII, 29.)

Zu mir das Herz, den Geist gewandt, kommt ohne Zweifel du zu mir. (VIII, 7.)

Der fern von Dunkel. (VIII, 9)

Im Innern dess' die Wesen sind, durch den dies All entfaltet ist. (VIII, 22)

Die geheimnissvollste Kenntniss will ich dich lehren mit Verständniss. (IX, 1.)

Neues Testament.

Kommet zu mir Alle, die ihr mühselig und beladen seid und ich will euch erquicken. (Matth. 11, 28.)

Das Licht ist in die Welt gekommen und die Menschen liebten die Finsterniss mehr als das Licht, denn ihre Werke waren böse. Denn jeder, der Böses thut, hasset das Licht. (Joan. 3, 19—20.) Ihr habt den Teufel zum Vater. (Joan. 8, 44.)

Kommet zu mir Alle, die ihr mühselig und beladen seid. (Matth. 11, 28.) Wer immer aus der Wahrheit ist, der hört meine Stimme. (Joan. 18, 37.) Den Armen wird das Evangelium gepredigt. (Matth. 11, 5.)

Jede gute Gabe und jedes vollkomme Geschenk ist von oben herab, vom Vater der Lichter. (Jacob. 1, 17.)

Es ist kein Geschöpf vor ihm verborgen, sondern Alles ist nackt und offenbar vor seinen Augen. (Hebr. 4, 13.)

Verirrt, Sklaven von mancherlei Begierden und Lüsten. (Tit. 3, 3.)

Festgegründet und beständig im Glauben. (Coloss. 1, 23.)

Wenn Jemand meine Worte hält, wird er in Ewigkeit den Tod nicht sehen. (Joan 8, 51.)

Alles, was mir der Vater giebt, das wird zu mir kommen, und wer zu mir kommt, den werde ich nicht hinausstossen. (Joan. 6, 37.)

Gott ist Licht und in ihm ist keine Finsterniss. (1. Joan. 1, 5.)

In ihm leben wir und bewegen uns und sind wir. (Apostelgesch. 17, 28.)

Euch ist gegeben, die Geheimnisse des Reiches Gottes zu verstehen; den Uebrigen aber in Gleichnissen. (Luc. 8, 10.)

Bhagavad-Gita.

Es verschmähen die Thoren mich, da Menschenleib ich angelegt. (IX, 11.)

Nicht meine höchste Wesenheit kennend .... eitel im Hoffen, in Werken und in Erkenntniss, ohn' Verstand, dämonischer, ungöttlicher Natur nur folgend, trüg'rischer. (IX, 11. 12.)

Die sich zum Vedagesetz gewendet, Vergängliches begehrend nur erhalten. (IX, 21.)

Die andern Göttern opfern, sie verehrend gläubigen Gemüths, die opfern mir auch, Kaunteja! wenn auch in ungehör'ger Form. (IX, 23.)

Verhasst ist keiner mir, noch lieb. (IX, 29.)

Wenn selbst ein grosser Bösewicht mich ehrte, and'rem nicht geweiht, für Guten wär zu halten er; ganz gut entschlossen ja ist der. (IX, 30.)

In dieser unbeständ'gen und freudlosen Welt verehre mich .... dann wirst zu mir du geh'n, wenn so du dich vertiefst in mich allein. (IX, 33. 34.)

Noch weiter bör' dieses mein ausgezeichnet Wort, das ich dir will nun sagen, für dein Heil bestrebt. (X, 1.)

Wer ungebor'n und anfangslos mich weiss, den grossen Herrn der Welt .... von allen Sünden wird befreit. (X. 3.)

Aus Mitleid mit ihnen treibe ich der Unkenntniss Finsterniss hinweg, ... durch der Erkenntniss glänzend Licht.

Neues Testament.

Er war in der Welt ... aber die Welt hat ihn nicht erkannt. (Joann. 1, 10.) Welcher, da er in Gottes Gestalt war .... Knechtsgestalt annahm, den Menschen gleich und im Aeusseren wie ein Mensch erfunden ward. (Philipp. 2, 6—7.)

Ihr habt den Teufel zum Vater und wollet nach den Gelüsten eueres Vaters thun. (Joan. 8, 44.) Wer aus Gott ist, der höret auf Gottes Wort; darum höret ihr nicht darauf, weil ihr nicht aus Gott seid. (ibid. v. 47.)

Wenn euere Gerechtigkeit nicht grösser ist, als die der Schriftgelehrten und Pharisäer, so werdet ihr nicht in das Himmelreich eingehen. (Matth. 5, 20.)

Den ihr, ohne ihn zu kennen, verehret, den verkündige ich euch. (Apostelgesch. 17, 23.)

Bei Gott ist kein Ansehen der Person. (Röm. 2, 11.)

Ich bin nicht gekommen, die Gerechten zu berufen, sondern die Sünder. (Matth. 9, 13.)

In der Welt werdet ihr Bedrängniss haben; aber vertrauet, ich habe die Welt überwunden. (Joan. 16, 33.)

Da ich voller Sorgfalt bin, euch über euer gemeinschaftliches Heil zu schreiben. (Jud. 3.)

Das ist das ewige Leben, dass sie dich, den allein wahren Gott, erkennen und den du gesandt hast, Jesum Christum. (Joan. 17, 3.)

Mich erbarmt das Volk. (Marc. 8, 2.) Gott, welcher befahl, dass aus Finsterniss Licht leuchtete, derselbe hat unsere Herzen erleuchtet, das Licht der Erkenntniss Gottes strahlen zu lassen in Christo Jesu. (2. Corinth. 4, 6.)

Bhagavad-Gita.

Es kennen Deine Sichtbarkeit die Götter nicht, Dämonen nicht; du selber kennest nur dich selbst. (X, 14. 15.)

Seh'n deine Schreckgestalt, die wunderbare, die drei Welten, erzittern sie. Jene Götterschaaren zu dir hin fliehen; ein'ge erschrocken händefaltend murmeln. Heil dir! so sprechend sel'ger Rischi's Schaaren, lobpreisen dich mit hehren Lobgesängen. (XI, 20—21.)

·Dämonen und Sel'ge, sie schauen Dich, und Staunen fasst sie Alle. (XI, 22.)

Die schwer zu schauende Gestalt meiner, die du gesehen hast, dieselbe wünschen immerfort die Götter selbst zu schauen an. (XI, 52.)

Denen Herausführer aus dem Todesumwälzungsocean werd' ich in kurzer Zeit, Partha! die ihr Denken in mich versenkt. (XII, 7.)

Mir überliefre du das Herz, in mir lass wohnen den Verstand; dann wirst in mir du wohnen in der Höhe. (XII, 8.)

Mir das Herz, den Verstand weihend. (XII, 14.)

Der Lichter Licht ist das, entfernt von Finsterniss wird es genannt. (XIII, 17.)

Wohnend in eines jeden Herz. (XIII, 17.)

Dem Gehörten ergeben ganz. (XIII, 25.)

Diese (höchste Wissenschaft) anwendend gingen sie in meines Stands Gemeinschaft ein; bei Schöpfung werden sie nicht neu, beim Untergang nicht beben sie. (XIV, 2.)

Neues Testament.

Niemand hat Gott je gesehen; der eingeborne Sohn, der im Schoosse des Vaters ist, der hat es uns erzählt. (Joan. 1, 18.)

Dass im Namen Jesu sich beugen alle Kniee deror, die im Himmel, auf der Erde und unter der Erde sind. (Philipp. 2, 10.) Es fielen die vier und zwanzig Aeltesten nieder vor dem, der auf dem Throne sass und boteten an den, der da lebt in alle Ewigkeit, und legten ihre Kronen nieder vor dem Throne und sprachen: Würdig bist du, Herr unser Gott, zu empfangen Preis und Ehre und Kraft u. s. w. (Apocal. 4, 10—11.)

Auch die Teufel glauben und zittern. (Jacob. 2, 19.)

Welchen (die Herrlichkeit Christi) geoffenbart worden, dass sie nicht für sich selbst, sondern für euch das mittheilen, was euch jetzt verkündigt wird .... was anzuschauen selbst die Engel gelüstet. (1. Petr. 1, 12.)

Wer wird mich von dem Leibe dieses Todes befreien? Die Gnade Gottes durch Jesum Christum, unsern Herrn. (Röm. 7, 24—25.)

Suchet, was droben ist, wo Christus ist, der zur Rechten Gottes sitzt. Was droben ist, habet im Sinne, nicht was auf Erden. (Coloss. 3, 1—2.)

Indem wir gefangen nehmen jeden Verstand zum Gehorsame Christi. (2. Corinth. 10, 5.)

Gott ist Licht und Finsterniss ist keine in ihm. (1. Joan. 1, 5.)

Gott den Herren haltet heilig in eueren Herzen. (1. Petr. 3, 15.)

Der Glaube kommt vom Hören. (Röm. 10, 17.)

Wo ich bin, da soll auch mein Diener sein. (Joan. 12, 26.) Selig und heilig ist, wer Theil hat an der ersten Auferstehung; über solche hat der zweite Tod keine Gewalt, sondern sie werden Priester Gottes und Christi sein und mit ihm herrschen tausend Jahre. (Apocal. 20, 6.)

Bhagavad-Gita.

Wenn bei gereifter Wesenheit zur Auflösung
hingeht der Mensch, dann in die reinen Welten
der Höchstes Erreichenden er geht. (XIV, 14.)

In allen Vedas bin ich zu erkennen. (XV, 15.)

Wer so befreit von Irrthum mich erkennet
als den höchsten Geist, der, Alles wissend,
mich verehrt in jeder Weise. (XV, 19.)

Nicht traure! für göttliches Loos bist du
geboren, Pandava! (XVI, 5.)

Verderbten Geist's, wenig versteh'nd, sind
Uebelthatvollbringer sie . . . . unmessbarem
Nachsinnen, das im Tode endigt, weihend sich.
(XVI, 9, 11.)

Von hundert Hoffnungen umstrickt . . .
suchen zur Gierbefriedigung durch Unrecht sie
Schatzaufhäufung. „Dies heut von mir erworben ward; die Freude werd' erlangen ich . . .
Herr bin ich, ich Geniessender. Will opfern,
schenken und mich freu'n." So diese unverständ'gen Thor'n. (XVI, 12—15.)

Drum sei's Gesetz die Regel dir . . . Wenn
durch Gesetzesspruch befohl'n das Werk du
weisst, vollbring' es. (XVI, 24.)

Was dem Nichtvergelter wird geschenkt, die
Gabe wesenhafte heisst. (XVII, 20.)

Neues Testament.

Wir wissen, dass, wenn dieses unser irdisches Wohnhaus aufgelöst wird, wir ein Gebäude
von Gott empfangen, ein Haus, nicht von Händen gemacht, ein ewiges im Himmel. (2. Corinth. 5, 1.)

Ihr forschet in den Schriften . . . . sie sind
es, die von mir Zeugniss geben. (Joan. 5, 39.)

Dass Christus durch den Glauben in eueren
Herzen wohne . . . damit ihr . . . erkennet die
Liebe Christi, die alles Erkennen übersteigt
und mit der ganzen Fülle Gottes erfüllet werdet. (Ephes. 3, 17—19.)

Euer Herz betrübe sich nicht! . . . Im
Hause meines Vaters sind viele Wohnungen . . .
Ich gehe hin für euch einen Ort zu bereiten.
(Joan, 14, 1—2.)

Sie wurden eitel in ihren Gedanken . . . .
darum überliess sie Gott den Lüsten ihres Herzens. (Röm. 1, 21. 24.)

Da dachte er bei sich selbst und sprach:
Was soll ich thun? Denn ich habe keinen Ort
wo ich meine Früchte zusammenbringen könnte.
Und er sprach: das will ich thun: ich will
meine Scheunen abbrechen und grössere bauen;
daselbst will ich Alles, was mir gewachsen und
meine Güter zusammenbringen. Dann will ich
zu meiner Seele sagen: Meine Seele, du hast
grossen Vorrath an Gütern auf sehr viele Jahre;
ruhe aus, iss', trink', lass dir wohl sein. Gott
aber sprach zu ihm: Du Thor! in dieser Nacht
wird man deine Seele von dir fordern. (Luc.
12, 17—20.)

Glaubet nicht, dass ich gekommen sei, das
Gesetz oder die Propheten aufzuheben. Ich bin
nicht gekommen, sie aufzuheben, sondern zu
erfüllen. (Matth. 5, 17.)

Selig wirst du sein, weil sie dir nicht vergelten können. (Luc. 14, 14.)

Bhagavad-Gita.	Neues Testament.
Was ohne Glauben wird vollbracht, geopfert, gegeben, gebüsst .... Nicht-Sat wird es genannt. (XVII, 28.)	Alles, was nicht aus dem Glauben, ist Sünde. (Röm. 14, 23.)
Woher der Wesen Ursprung ist, durch den entfaltet ist dies All, den ehrend durch sein eignes Werk, findet Vollkommenheit der Mensch. (XVIII, 46.)	Thuet Alles zur Ehre Gottes. (1. Corinth. 10, 31.)
Durch Dienst erkennt er mich, wie gross, und wer ich bin in Wirklichkeit. (XVIII, 55.)	Wer meine Gebote hat und sie hält, der ist's, der mich liebt. .... Ich werde ihn auch lieben und mich selbst ihm offenbaren. (Joan. 14, 21.) Wenn Jemand seinen (des Vaters) Willen thun will, wird er inne werden, ob diese Lehre von Gott sei, oder ob ich aus mir selbst rede. (Joan. 7, 17.)
Dies werde Keinem je von dir, der ohne Buss' und Ehrfurcht ist, und nicht gelehrig, je gesagt, noch Einem, welcher lästert mich. (XVIII, 67.)	Gebet das Heilige nicht den Hunden und werfet eure Perlen nicht vor die Schweine hin. (Matth. 7, 6.)

Wenn die vorstehenden Stellen, denen sich leicht noch mehrere hinzufügen liessen, auch vielleicht (mit Ausnahme einiger, bei denen, wie z. B. Bhagavad-Gita XVI, 12--15 verglichen mit Luc. 12, 16—20, die Uebereinstimmung frappant ist) einzeln betrachtet, immer noch die Möglichkeit einer zufälligen Aehnlichkeit nicht ausschliessen sollten, so muss doch die häufige Wiederkehr einer solchen Aehnlichkeit einerseits, und der speziell christliche Charakter der Gedanken, die in ihnen hervortreten, andererseits, jedenfalls von vornherein verdächtig erscheinen und bei dem, ganz unabhängig von dem Inhalt der Bhagavad-Gita, anderweitig festgestellten Einfluss christlicher Ueberlieferungen auf die Ausbildung des Krischna-Dienstes die Hypothese eines äusseren Zusammenhanges dieser Stellen mit den ähnlich oder fast gleich lautenden Aussprüchen des Neuen Testamentes sehr nahe legen. Es kommen jedoch noch andere Stellen in der Bhagavad-Gita vor, bei denen es weit schwieriger, wo nicht unmöglich ist, an eine bloss zufällige Uebereinstimmung zu denken, und die dasjenige, was bisher nur als naheliegende Hypothese erschien, fast zur Gewissheit erheben. Hierher gehören zunächst diejenigen Stellen, in denen sich ein ganz charakteristischer Ausdruck des Neuen Testamentes wörtlich wiederfindet, auf den wohl schwerlich ein blosser Zufall geführt haben kann. Auf diese Uebereinstimmung im Ausdruck ist meines Erachtens ein noch grösseres Gewicht zu legen, als auf die Aehnlichkeit des Sinnes, selbst dort, wo ein solcher Ausdruck in einem Sinne gebraucht wird, der von der christlichen Bedeutung ganz verschieden ist. Um so grösser wird die Beweiskraft eines solchen Ausdrucks für unseren Zweck werden, wenn auch der

Sinn ein gleicher, oder wenigstens ähnlicher ist. Natürlich kann man auch hier nicht verlangen, dass der Sinn dem des neutestamentlichen Ausdrucks vollkommen adäquat sei, da ja der Verfasser der Bhagavad-Gita weit davon entfernt war, ein Christ zu sein und die Lehren des Christenthums überhaupt nur richtig zu verstehen, da er sich christlicher Sentenzen nur dazu bedient, um seine vom Christenthum total verschiedenen indischen Sankhja- und Joga-Philosopheme damit zu illustriren. Die Zusammenstellung nachstehender Stellen der Bhagavad-Gita mit den betreffenden des Neuen Testamentes wird diese Behauptungen rechtfertigen.

II. Stellen, in denen ein charakteristischer Ausdruck des Neuen Testamentes, bei sonst verschiedenem Sinne, vorkommt.

Bhagavad-Gita.

Bewegt' ich einen Augenblick im Werk mich, unermüdet, nicht .... versänken diese Welten gleich, wenn einmal Werk ich wirkte nicht. (III, 23. 24.)

Meinen Wegen folgen nach die Menschen, Partha, überall. (III, 23.)

Die diese meine Lehre stets befolgen, solche Menschen nur, die gläubig sind, die lästern nicht, werden befreit. (III, 31.)

Wer mein Geborenwerden so, mein himmlisch Werk, in Wahrheit kennt, der geht, wenn er den Leib verlässt, nicht zur Geburt, er geht zu mir. (IV, 9.)

Verlassend jeglichen Besitz .... erwirbt er kein Verschulden sich. (IV, 21.)

Wie angezündet Feuer Holz in Asche wandelt, Ardschuna, so wandelt der Erkenntniss Feu'r in Asche alle Werke dann. (IV, 37.)

Die Opferrests Ambrosia essen, ins ew'ge Brahma gehn. (IV, 31.)

Wie Erkenntniss giebt es nicht ein ähnlich Rein'gungsmittel hier. (IV, 38.)

Spaltend mit der Erkenntniss Schwerdt. (IV, 42.)

Neues Testament.

Mein Vater wirket bis jetzt und auch ich wirke. (Joan. 5, 17.)

Wenn Jemand mir nachfolgen will. (Matth. 16, 24.)

Wenn Jemand mein Wort befolgt. (Joan. 8, 51.) Damit das Wort Gottes nicht gelästert werde. (Tit. 2, 5.)

Ich habe das Werk vollbracht, welches du mir gegeben, dass ich es thue. (Joan. 17, 4.) Das ist das Werk Gottes. (Joan. 6, 29.) Alles, was mir der Vater giebt, das wird zu mir kommen. (Joan. 6, 37.)

Keiner von euch, der nicht Allem entsagt, was er besitzt, kann mein Jünger sein. (Luc. 14, 33.)

Wie das Werk eines Jeden sei, wird das Feuer erproben ... Wenn Jemandes Werk verbrannt wird. (1. Cor. 3, 13. 15.)

Wer von diesem Brote isset, wird leben in Ewigkeit. (Joan. 6, 52.)

Indem er durch den Glauben ihre Herzen gereinigt hat. (Apostelgesch. 15, 9.)

Nehmet das Schwert des Geistes. (Ephes. 6, 17.)

Bhagavad-Gita.

Wer sich besiegt, beruhigt ist, auf's Höchste richtet seinen Geist, in Kälte, Hitze, Lust und Leid, in Ehre, in Unehre auch. (VI, 7.)

Der ich der allerhöchste Weg. (VII, 18.)

Deren Sünde unterging. (VII, 28.)

.... (Ich will dich lehren) schmähst du nicht. Dies Königswissenschaft, Königsgeheimniss. (IX, 1. 2.)

Die folgen göttlicher Natur, verehr'n mit ganzem Herzen mich. (IX, 13.)

Die mich verehren, geh'n zu mir. (IX, 25.)

Die mich aufsuchen .... sei'n sie aus sünd'gem Mutterschooss, die Weiber, Bauern, Knechte selbst, die gehen auch den höchsten Weg. (IX, 32.)

In mir erstorbend. (X, 9.)

Was immer aller Wesen nur ist Same, bin ich, Ardschuna! Nicht ist ein Wesen ohne mich, das sich bewegt und nicht bewegt. (X, 39.)

Wer alles Begonnene verlässt und mir anhängt, der ist mir lieb .... Ohne Heimath, im Vorsatz fest, verehrungsvoll, der ist mir lieb. (XII, 16. 19.)

Nichtneigung, Nichtanhänglichkeit zuerst an Kinder, Frau und Haus ... Dieses wird Erkenntniss genannt. (XIII, 9. 11.)

Neues Testament.

In allen Dingen erweisen wir uns als Diener Gottes in grosser Geduld, in Trübsalen, in Nöthen, in Aengsten .... bei Ehre und bei Schmach. (2. Corinth. 6, 4. 8.)

Ich bin der Weg ... Niemand kommt zum Vater ausser durch mich. (Joan. 14, 6.)

Auf dass der Leib der Sünde zerstört werde. (Röm. 6, 6.)

Lästern sie nicht den schönen Namen, wornach ihr genannt seid? Wenn ihr demnach das königliche Gebot erfüllet u. s. w. (Jacob. 2, 7—8.)

Du sollst Gott deinen Herren lieben aus deinem ganzen Herzen. (Matth. 22, 37.)

Wer immer von dem Vater es gehört und gelernt hat, der kommt zu mir. (Joan. 6, 45.)

Ich werde von meinem Geiste über alles Fleisch ausgiessen, und euere Söhne und euere Töchter werden weissagen .... Ja auch über meine Knechte und über meine Mägde will ich in jenen Tagen von meinem Geiste ausgiessen und sie werden weissagen. (Apostelgesch. 2, 17—18.)

Ihr seid gestorben und euer Leben ist verborgen mit Christo in Gott. (Coloss. 3, 3.)

Alles ist durch dasselbe gemacht, und ohne dasselbe wurde nichts gemacht, was gemacht worden. In ihm war das Leben. (Joan. 1, 3—4.)

Sie verliessen Alles und folgten ihm nach. (Luc 5, 11.) Niemand ist, der Haus, oder Eltern, oder Brüder, oder Weib, oder Kinder um des Reiches Gottes willen verlassen hat, der nicht viel mehr dafür erhält u. s. w. (Luc. 18, 29.)

Wenn Jemand zu mir kommt, und hasset nicht seinen Vater und Mutter und Weib und Kinder ... der kann mein Jünger nicht sein (Luc. 14, 26.)

Bhagavad-Gita.	Neues Testament.
Fern ist es (das höchste Brahma) und zugleich auch nah. (XIII, 15.)	Obwohl er (Gott) nicht ferne von Jedem aus uns ist. (Apostelgesch. 17, 27.)
Den Ort erleuchtet Sonne nicht, noch auch der Mond, noch Feuer auch, von dem zurück man nicht mehr kehrt; dies meine höchste Wohnung ist. (XV, 6.)	Und die Stadt bedarf weder der Sonne, noch des Mondes, dass sie leuchten in ihr; denn die Herrlichkeit Gottes erleuchtet sie, und ihre Leuchte ist das Lamm. (Apocal. 21, 23.)
Dreifach ist dieses Höllenthor, das in's Verderben stürzt den Geist, Begierde, Zorn und Habsucht. (XVI, 21.)	Weit ist das Thor und breit der Weg, der zum Verderben führt. (Matth. 7, 13.) Alles was in der Welt ist, das ist die Begierde des Fleisches, die Begierde der Augen und die Hoffarth des Lebens. (1. Joan. 2, 16.)

Am deutlichsten aber tritt die Entlehnung in folgenden Stellen hervor, die im Ausdruck wie im Sinn mit den betreffenden des Neuen Testamentes zusammenstimmen, und wo bei den meisten an eine zufällige Uebereinstimmung auch aus dem Grunde nicht mehr gedacht werden kann, weil die Reihenfolge der gleichlautenden Sätze und Gedanken dieselbe ist.

III. Stellen, in denen Sinn und Ausdruck übereinstimmen.

Bhagavad-Gita.	Neues Testament.
Wie diese mir sich wenden zu, so ehre ich sie auch alsdann. Es folgen meinen Wegen nach die Menschen, Partha, überall. (IV, 11.)	Wer aber mich liebt, der wird von meinem Vater geliebt werden und auch ich werde ihn lieben. (Joan. 14, 21.) Wenn mir Jemand dienen will, der folge mir nach, und wo ich bin, dort soll auch mein Diener sein. Wenn Jemand mir dienet, den wird mein Vater ehren. (Joan. 12, 26.)
Er zieh' sich selbst aus sich heraus . . . Die Seele ist ihr eigner Freund, die Seele auch ihr eigner Feind. Des Menschen Freund die Seele ist, der selber sich durch sie besiegt; durch Feindschaft des Ungeistigen wird aber er sein eigner Feind. (VI, 5—6.)	Wenn Jemand mir nachfolgen will, der verläugne sich selbst . . . . Denn wer seine Seele erhalten will, der wird sie verlieren; wer aber seine Seele um meinetwillen verliert, der wird sie finden. (Matth. 16, 24—25.) Wer seine Seele liebt, der wird sie verlieren, und wer seine Seele in dieser Welt hasset, der wird sie zum ewigen Leben bewahren. (Joan. 12, 25.)

Bhagavad-Gita.	Neues Testament.

Bhagavad-Gita.

Lieb bin dem Weisen mehr als Gut ich;
er auch wieder ist mir lieb. (VII, 17.)

Nicht irgend Einer kennet mich. (VII, 26.)

Leicht zu versteh'n, ... süss zu erfüll'n.
(IX, 2.)

Weg bin ich .... Ursprung, Auflösung.
(IX, 18.)

Ich wärme, ich halte zurück den Regen
und entlasse ihn. (IX, 19.)

Aus dem entschwinde nimmer ich, noch auch
entschwindet er aus mir. (VI, 30.)

Die, welche mir Verehrung weih'n, die sind
in mir, in ihnen ich. (IX, 29.)

Wer mich verehrt, geht nicht zu Grund.
(IX, 31.)

Sanftmuth, Gleichmuth, Freude, Busse, Freigebigkeit .... das Zuständе der Wesen sind,
die aus mir einzeln stammen her. (X, 5.)

Ich bin von Allem der Ursprung; es gehet
Alles aus von mir. (X, 8.)

Mich denkend .... einander unterrichtend
sich, mich immer nur erzählend, sie erfreuen
sich und sind vergnügt. (X, 9.)

Ich, der Anfang, die Mitte auch und das Ende
der Wesen bin. (X, 20.)

Von Buchstaben bin ich das A. (X, 33.)

Von allen Sünden werd' ich dich erlösen.
Nicht betrübe dich. (XVIII, 66.)

Neues Testament.

Wer mich liebt, der wird von meinem Vater
geliebt werden und auch ich werde ihn lieben.
(Joan. 14, 21.)

Niemand hat Gott je gesehen. (Joan. 1, 18.)
Der in einem unzugänglichem Lichte wohnt,
den kein Mensch gesehen hat, noch sehen kann.
(1. Timoth. 6, 16.)

Mein Joch ist süss und meine Bürde ist
leicht. (Matth. 11, 30.)

Ich bin der Weg. (Joan. 14, 6.) Ich bin
der Erste und der Letzte. (Apocal. 1, 17.)

Der seine Sonne aufgehen lässt .... und
regnet .... (Matth. 5, 45.)

Der bleibt in mir und ich in ihm. (Joan. 6, 57.)

Ich in ihnen und du in mir, damit sie vollkommen eins seien. (Joan. 17, 23.)

Damit Jeder, der an ihn glaubt, nicht verloren gehe, sondern das ewige Leben habe.
(Joan. 3, 15.)

Die Frucht des Geistes aber ist: Liebe,
Freude, Friede, Geduld, Milde, Güte, Langmuth,
Sanftmuth, Treue, Mässigkeit, Enthaltsamkeit,
Keuschheit. (Galat. 5, 22.)

Von Ihm und durch Ihn und in Ihm ist
Alles. (Röm. 11, 36.)

Das Wort Christi wohne reichlich in euch
mit aller Weisheit. Lehret und ermahnet
einander mit Psalmen und Lobliedern und geistlichen Gesängen und singet Gott mit Dankbar-
keit in eueren Herzen. (Coloss. 3, 16.)

Ich bin der Erste und der Letzte. (Apocal. 1, 17.)

Ich bin das Alpha und das Omega, der Anfang und das Ende. (Apocal. 1, 8.)

Sei getrost mein Sohn! Deine Sünden sind
dir vergeben. (Matth. 9, 2.)

Wenn nun der Beweis, dass der Verfasser der Bhagavad-Gita das Neue Testament gekannt und benützt hat, bisher durch die Nachweisung der Uebereinstimmung einzelner Gedanken und Ausdrücke geführt worden, und zwar, wie
ich glaube, in so überzeugender Weise, dass wohl kaum noch ein vernünftiger Zweifel
an der Thatsache dieser Entlehnung bestehen bleiben kann, so tritt schliesslich zur
Bestättigung des hier schon gewonnenen Resultates noch die Wahrnehmung hinzu,
dass auch einige grössere Abschnitte oder Einzelheiten der evangelischen
Erzählungen in der Bhagavad-Gita eine Nachbildung erfahren haben.

Ich rechne zu diesen Nachbildungen erstens und hauptsächlich die der Verklärungsgeschichte Christi, ferner die des Bekenntnisses Petri von der
Gottheit Christi, und ebenfalls die des Bekenntnisses seiner Unwürdigkeit in
der Gesellschaft des Herrn zu sein nach dem wunderbaren Fischzuge; sowie
endlich vielleicht auch die der sogenannten acht Seligkeiten.

Dass die elfte Lesung, in der sich Krischna dem Ardschuna auf dessen
Begehren in seiner unermesslichen göttlichen Herrlichkeit zeigt, in welcher er das
ganze Weltall in sich umfasst, eine in indische Vorstellungsweise übertragene Copie
der Verklärung Christi sei, wie diese in den Evangelien erzählt wird, ist einerseits
schon um desshalb von vorn herein wahrscheinlich, weil, wie oben bereits erwähnt
worden, auch andere charakteristische und hervorragende Momente aus dem Leben
des Heilandes (wie seine Verfolgung als Kind durch Herodes, die Fusswaschung am
letzten Abendmahle u. a.) anerkannter Weise auf Krischna übertragen worden sind,
und wird andererseits durch die dem Evangelium entlehnten Ausdrücke bestättigt,
mit denen diese Verklärung Krischna's in der Bhagavad-Gita erzählt wird. Man
vergleiche hier die folgenden Stellen:

Bhagavad-Gita.	Neues Testament.
Wie wenn am Himmelsraum zugleich da tausend Sonnen gingen auf, der Glanz wär' ähnlich wohl dem Glanz von diesem hier, dem Herrlichen. (XI, 12.) Göttlich bekleidet und bekränzt. (ibid. 11.)	Da ward er von ihnen verklärt, und sein Angesicht glänzte wie die Sonne, seine Kleider aber wurden weiss, wie das Licht. (Matth. 17, 2.)
Mit Staunen da erfüllt, das Haar zu Berg gesträubt, Dhanandschaja, das Haupt dem Gotte neigend und die Hände flehend faltend sprach. (XI, 14.)	Da die Jünger dieses hörten, fielen sie auf ihr Angesicht und fürchteten sich sehr. (Matth. 17, 6.)
Wenn deine Angesichter hier ich sehe, kenn' keinen Ort ich mehr, fühl' keine Freude. (XI, 25.)	Er wusste nicht, was er sagte, denn sie waren erschrocken. (Marc. 9, 5.)
Ihn, den Erschrocknen, tröstete er wieder, da sanftgestaltig wurde der Grossgeist'ge. (XI, 50.)	Und Jesus trat hinzu, berührte sie und sprach: Stehet auf und fürchtet euch nicht. (Matth. 17, 7.)

An das Bekenntniss des Petrus von der Gottheit Christi, in Verbindung mit seiner Antwort bei Joan. 6, 69, erinnert in auffallender Weise die Rede des Ardschuna im zehnten Gesange sl. 12 u. ff.:

Bhagavad-Gita.

(Ardschuna spricht:) Höchstes Brahma bist du .... den Geist den ew'gen göttlichen, höchsten Gott .... so nennen alle Weisen dich .... Das Alles halte ich für wahr, was du mir sagst. (X, 12—14.)

Neues Testament.

Da antwortete Simon Petrus und sprach: „Du bist Christus, der Sohn des lebendigen Gottes." (Matth. 16, 16.) Und Simon Petrus antwortete ihm: Herr, zu wem sollen wir gehen? Du hast Worte des ewigen Lebens. (Joan 6, 69.)

Ebenso unverkennbar ist die Aehnlichkeit zwischen der Entschuldigung des Ardschuna, dass er mit Krischna, ohne seine göttliche Herrlichkeit zu kennen, früher vertraulich umgegangen, und des Ausrufes des Petrus, nachdem er Zeuge des wunderbaren Fischzuges gewesen; denn wenn auch die Worte verschieden sind, so ist doch die Situation genau dieselbe.

Bhagavad-Gita.

Nur Freund dich glaubend, was ich heftig sagte: Ha Krischna! Jadava! mein Freund! dich nennend .... was ich dir nicht erwiesen .... das bitt' ich ab dir jetzo, Unmessbarer! (XI, 41—42.)

Neues Testament.

Als das Simon Petrus sah, fiel er Jesu zu Füssen und sprach: Herr, gehe weg von mir; denn ich bin ein sündiger Mensch. (Luc. 5, 8.)

Endlich scheint eine gewisse Aehnlichkeit, die wohl ebenfalls ihren Grund in absichtlicher Nachbildung haben dürfte, zwischen dem Schluss der zwölften Lesung (sl. 13—20.), und dem Anfange der Bergpredigt (Matth. 5, 1—8) zu bestehen, insofern nämlich den wiederholten Worten: Μακάριοι (Selig sind ...) hier der immer wiederkehrende Ausdruck: ein solcher ist mir lieb entspricht, und in beiden Stellen eine Aufzählung von Tugenden und Vollkommenheiten stattfindet, zu deren Erwerbung ermahnt wird.

Werfen wir schliesslich noch einen Blick auf die einzelnen Theile des Neuen Testamentes, von deren Benützung sich Spuren in der Bhagavad-Gita finden, so ist es vor Allem das Johannes-Evangelium, aus dem der Verfasser die meisten und wichtigsten Sentenzen entlehnt hat. Aber auch aus dem Matthäus-, Marcus- und Lucas-Evangelium, aus der Apostelgeschichte und Apocalypse hat er Mehreres entnommen. Ebenso sind die sämmtlichen Briefe des heil. Paulus (mit Ausnahme der an die Thessalonicher und an Philemon) sowie auch die Briefe der Apostel Petrus, Johannes, Jacobus und Judas benützt worden. Vom alten Testament ist (von einigen seltenen Anklängen an Propheten- und Psalmenstellen abgesehen, die zur Annahme einer direkten Entlehnung kaum berechtigen) nur, wie es scheint, das Buch der Weisheit (σοφία Σαλώμων) dem Verfasser vielleicht bekannt gewesen, was aus nachstehenden Stellen hervorgehen dürfte:

Bhagavad-Gita.	Buch der Weisheit.
Unendlich kräftig, unermesslich mächtig, erreichst du Alles. (XI, 40.)	Also reicht sie (die ewige Weisheit) von einem Ende zum anderen mächtig und ordnet Alles lieblich. (8, 1.)
Der unsichtbare Weg nur schwer von Körperlichen wird erlangt. (XII, 5.)	Der vergängliche Leib beschweret die Seele und die irdische Hülle drückt nieder den vieldenkenden Geist. (9, 15.)

Zum Schluss dieser Untersuchungen, bei denen dasjenige noch unberücksichtigt geblieben ist, was sich, wie im Commentar angedeutet worden, ohne dass vorläufig ein strikter Beweis dafür geführt werden könnte, noch ausserdem, als christlichem Einfluss entstammend, mit grosser Wahrscheinlichkeit bezeichnen lässt, sind noch zwei Einwürfe zu beseitigen, welche gegen die hier ausgesprochene Ansicht möglicher Weise erhoben werden könnten.

Der voranstehende Commentar weist nach, dass mehrere der ein christliches Gepräge tragenden Stellen, und selbst solche, welche im Ausdruck mit Stellen des Neuen Testamentes übereinstimmen, sich in einigen Upanischads, theils wörtlich, theils mit geringen Veränderungen wiederfinden. Weil den Upanischads, die als Bestandtheile der Vedas gelten, im Allgemein ein relativ hohes Alter zugeschrieben wird und man dieselben durchschnittlich für älter hält, als die ältesten christlichen Urkunden, so scheint hierdurch die Annahme der Entlehnung jener Ausdrücke und Gedanken aus dem Christenthum ausgeschlossen zu werden. Da eine gründliche Untersuchung über das Alter jener Upanischads und ihr Verhältniss zu christlichen Lehren und Vorstellungen die Grenzen dieser Schlussbemerkungen weit überschreiten würde, so beschränke ich mich hier lediglich darauf, meine Ansicht über die in Rede stehenden Upanischads und ihr Verhältniss zum Christenthum und zur Bhagavad-Gita kurz auszusprechen, indem ich es anderen Forschungen überlasse, dieselbe ausführlicher zu begründen. Diejenigen Upanischads, welche hier zunächst in Betracht kommen, sind die Svetasvatara-, Katha-, Mundaka- und Prasna-Upanischad. Alle diese Upanischads stehen, was ihren Inhalt betrifft, sowohl untereinander, als auch mit der Bhagavad-Gita in einem inneren Zusammenhange; sie haben mehrere gleichlautende Stellen mit einander gemein; sie huldigen sämmtlich (wie Dr. Roer Bibl. Ind. Vol. XV. pag. 37 und 97 insbesondere von der Svetasvatara- und Katha-Upanischad behauptet) einem System, welches die Grundsätze der

Sankhja-, Vedanta- und Joga-Lehre, ebenso wie die Bhagavad-Gita, zu vereinigen sucht; sie gehören dem jüngsten unter den Vedas, dem Atharvan an, und es sind
bei keiner derselben entscheidende und zwingende Gründe vorhanden, welche die
Annahme ihrer nachchristlichen Entstehung unmöglich machten. Im Gegentheil
sprechen bei der wichtigsten, und, wie ich vermuthe, ältesten derselben, der Svetasvatara-Upanischad, auch äussere Gründe dafür, dass ein christlicher Einfluss
auf dieselbe stattgefunden habe. Dr. Weber sagt hierüber in seinen indischen
Studien (I. Bd. Seite 421 und ff.) folgendes: „Was zunächst den Namen dieser
Upanischad betrifft, so heisst es am Schluss der sechsten Adhyaya: „„Durch
die Gewalt seiner Busse und die Gnade Gottes hat der Brahmakundige weise Çvetáçvatara dieses vortreffliche Reinigungsmittel den benachbarten Einsiedlern mitgetheilt. Dieses in der Vedánta höchste Geheimniss, aus der Vorzeit stammend, ist
nicht an einen Uneingeweihten, noch einen Ungelehrten mitzutheilen: denn wer die
höchste Demuth Gott, und, wie Gott, so dem Lehrer weiht, diesem Grossgeistigen
leuchten die hier erzählten Dinge ein.““ Dem Namen dieses Weisen Çvetáçvatara
bin ich nun noch nirgend wo wieder begegnet. . . . Çvetáçvatara mag vielleicht
Ehrentitel irgend eines Priesters gewesen sein, dessen eigentlicher Name uns somit
fehlte.“ Dazu in der Anmerkung (ebenda S. 421.) „Nach Wilson (As. Res. 17,
187) ist Çvetáçva ein Schüler des Çiva in seiner Gestalt als çveta (weiss), in welcher er am Anfang des Kalijuga erschienen sein soll, um die Brahmanen zu
belehren. Er wohnte auf dem Himalaya und lehrte den yoga. Ausser Çve-
taçva hatte er noch drei Schüler, deren einer ebenfalls bloss çveta (weiss), die beiden anderen çvetaçikha (Weisshaar) und çvetalohita (Weissblut) hiessen. Man
hat wohl hierbei an eine syrisch-christliche Mission zu denken?
Dass deren Lehren von ihren indischen Schülern in brahmanisches Gewand gekleidet
wurden und vom Christenthum nur der Monotheismus übrig blieb, liegt in der Natur
der Sache. Im M. Bh. XII, 5743 wird das Beispiel eines Çvetasya rájarscheh
(weissen Königs) der, weil er dharmanishtha war, seinen Sohn wieder belebt habe,
zum Beweise für die Möglichkeit der Wiederbelebung der Todten angeführt. Auch
hierbei könnte vielleicht eine christliche Sage zu Grunde liegen *).“

Die Katha-Upanischad wird zwar von Weber für älter gehalten, doch scheint
mir die Erwähnung des Vischnu (3, 9) und der Ausdruck sraddhá (Glaube, 3, 17),

---

*) Dass der Verfasser der Svetasvatara-Upanischad das höchste göttliche Wesen mit
dem Namen Rudra (einem Beinamen des Siva) bezeichnet, und also nicht, wie der der Bhagavad-Gita, zu den Vischnuiten, sondern zu den Sivaiten zu rechnen ist, ändert an dem
Inhalt seiner Lehre nichts. Dieselbe stimmt in allen Hauptsachen mit der Bhagavad-Gita
überein, und die Erwähnung des Rudra hat den Verfasser der Letzteren nicht abgehalten,
diese Upanischad vielfach zu benützen.

sowie der ganze Inhalt vielmehr dafür zu sprechen, dass auch diese Upanischad aus jener Zeit stammt, wo der Vischnu-Cult unter Einwirkung christlicher Ideen sich zu bilden anfing.

Was insbesondere das Verhältniss der Bhagavad-Gita zu diesen Upanischads betrifft, so halte ich die Erstere für jünger und zwar unter Anderem auch aus dem Grunde, weil in der Bhagavad-Gita die Benützung christlicher Ideen und Ausdrücke unvergleichlich häufiger und deutlicher hervortritt, als in jenen Upanischads, in welchen, meiner Ansicht nach, nur die ersten, schwachen Spuren einer solchen Entlehnung hervortreten.

Ein zweiter Einwurf, den man möglicher Weise noch erheben könnte, bezieht sich auf die im Commentar nachgewiesene Aehnlichkeit mehrerer Stellen der Bhagavad-Gita mit Sentenzen des Thomas a Kempis und auf die Anklänge an theologische Lehren, welche erst in späterer Zeit als Resultate der theologischen Wissenschaft im Christenthum deutlich hervortreten. Man könnte hier den Grundsatz geltend machen wollen: Wer zu viel beweist, beweist nichts. Hält man die ähnlich klingenden Stellen des Neuen Testamentes für entlehnt, so müsste man folgerichtig auch die des Thomas a Kempis für entlehnt halten und dann die Abfassungszeit der Bhagavad-Gita soweit herabverlegen, als sie aller Wahrscheinlichkeit nach nicht herabgesetzt werden kann.

Hiergegen bemerke ich: 1) dass zwischen den im Commentar citirten Parallelstellen aus Thomas a Kempis und denen aus dem Neuen Testament bei aufmerksamer Vergleichung sich ein bedeutender Unterschied in der Art und Weise der Uebereinstimmung zeigt, welche bei den letzteren durchaus bestimmter und prägnanter als bei den ersteren hervortritt; 2) dass die christliche Ascese und die indische Joga-Praxis in vielen Dingen innere Berührungspunkte besitzt, welche zur Aehnlichkeit im Ausdruck von selbst hinführen mussten, ohne dass ein äusserer Einfluss der einen auf die andere zur Erklärung dieser Aehnlichkeit angenommen zu werden braucht; 3) dass auch in den ersten christlichen Jahrhunderten die Ascese bereits so ausgebildet war, dass es nicht befremden dürfte, wenn gewisse Gedanken und Grundsätze, welche bei Thomas a Kempis sich finden, auch den alten indischen Christen schon geläufig gewesen, so dass sie möglicher Weise eine Brahmane durch mündlichen Umgang mit ihnen erfahren und für sein System verwerthen konnte.

Von weit grösserer Bedeutung sind meines Erachtens die Anklänge an spätere christliche Theologumena, wie z. B. die Lehre von dem lumen gloriae (IX. sl. 8. Anm. 6.), das credo ut intelligam (IV. sl. 39.) und an christliche Ausdrucksformeln, wie die bekannte Eintheilung der moralischen Akte in Gedanken, Worte und Werke, und der guten Werke in Beten, Fasten und Almosengeben (XVII, Anm. 40) u. s. w. Doch ist auch hier zu beachten, dass alle diese Ausdrücke und Vorstellungen*) jedenfalls weit früher im Christenthum vorhanden gewesen, ehe sie bei christlichen Schriftstellern nachweisbar sind, obgleich ich nicht unbedingt in Abrede stellen will, dass, falls die Lebenszeit Sankara's wirklich, was künftige Forschungen vielleicht ermitteln werden, noch später als in das 8. Jahrhundert fallen sollte, auch die Abfassungszeit der Bhagavad-Gita möglicher Weise eine noch spätere sein dürfte, als sie gegenwärtig auf Grund der bisher vorliegenden Data angenommen wird.

---

*) Die Zusammenstellung von Gebet, Almosen und Fasten findet sich schon im Buche Tobias cap. XII, v. 8.